100만 수험생과 함께한

바이블

BIBLE

23년 ANNIVERSARY

EBS 특강

경비지도사 1차

일반 · 기계경비

최종모의고사

1과목 법학개론 2과목 민간경비론

Always with you
사람이 길에서 우연하게 만나거나 함께 살아가는 것만이 인연은 아니라고 생각합니다.
책을 펴내는 출판사와 그 책을 읽는 독자의 만남도 소중한 인연입니다.
(주)시대고시기획은 항상 독자의 마음을 헤아리기 위해 노력하고 있습니다.
늘 독자와 함께하겠습니다.
합격의 공식
온라인 강의
잠깐!
혼자 공부하기 힘드시다면 방법이 있습니다.
시대에듀의 동영상강의를 이용하시면 됩니다.
www.sdedu.co.kr → 회원가입(로그인) → 강의 살펴보기

머 / 리 / 글

PREFACE

"생명과 재산을 지켜주는 수호자! 경비지도사"

현대인들은 자신의 의지와 상관없이 외부로부터 가해지는 각종의 위협에 노출되어 있다. 그러나 국가 경찰력이 각종 범죄의 급격한 증가 추세를 따라잡기에는 현실적으로 한계가 있으며, 이에 국가가 사회의 다변화 및 범죄의 증가에 효과적으로 대응하고 경찰력을 보완할 수 있는 전문인력을 양성하고자 경비지도사 국가자격시험을 시행한 지도 24년이 되었다.

경비지도사는 신변보호, 국가중요시설의 방호는 물론이고 경비인력을 지도 · 관리하고 감독할 수 있는 전문인력으로서 그 중요성이 나날이 커지고 있으며 그 수요 역시 꾸준히 증가하고 있지만, 합격인원을 한정하고 있기 때문에 경비지도사를 준비하는 수험생들의 부담감 역시 커지고 있다. 해마다 높아지고 있는 합격점에 대한 부담감을 안고 시험 준비에 어려움을 겪고 있을 수험생들을 위하여 본서를 권하는 바이다.

대부분의 자격시험이 그러하듯, 학습을 시작하는 수험생에게는 기출문제를 통해 출제경향과 난이도 등을 파악하는 것이 가장 기초라 할 수 있다. 그 다음이 학습계획에 따라 이론을 숙지하고 반복된 문제풀이를 통하여 지식을 완전히 습득하는 것이라 할 수 있을 것이다. 경비지도사 시험에는 분명 "출제의 흐름"이 있고, 빈출되는 주제와 문제가 있다. 실전문제와 유사하게 구성한 최종모의고사 10회분은 학습한 내용을 최종적으로 점검하고 실전 적응력을 높일 수 있는 기회를 제공할 것이다.

"2021 EBS 특강 경비지도사 1차 시험 최종점검 Final 모의고사"의 특징은 다음과 같다.

첫째, 최근 개정법령과 최신 기출문제의 출제경향을 완벽하게 반영하여 수록하였다.
둘째, 문제편과 해설편을 분리하였고, 해설편에는 문제와 함께 상세해설을 수록하였다.
셋째, 핵심만 콕과 꼼꼼한 상세해설, 필요한 법령을 수록하여 심화학습까지 가능하도록 구성하였다.
넷째, 최근 5년간의 주제별 출제빈도, 난이도 등을 고려하여 실제 시험과 유사하게 구성하였다.
다섯째, 시험에 자주 출제되는 중요 부분과 핵심내용을 중심으로 문제를 제작하였다.

끝으로 본서가 모든 수험생들에게 합격의 지름길을 제시하는 안내서가 될 것을 확신하면서 본서로 공부하는 모든 수험생들에게 행운이 함께 하기를 기원한다.

대표 편저자 씀

도서의 구성 및 특징

PART 1 문제편

최종모의고사 10회분, 핵심만 엄선한 적중예상 800제

- 실전 테스트 및 반복 학습이 가능하도록 정답 및 해설편과 분리하여 수록하였다.
- 최근 5년간의 주제별 출제빈도, 난이도 등을 고려하여 실제 시험과 유사하게 구성하였다.
- 시험에 자주 출제되는 중요 부분과 핵심내용을 중심으로 문제를 제작하였다.

제7회 법학개론

경비지도사 제1차 시험

✓ 중요문제 / 틀린 문제 CHECK

01	02	03	04	05	06	07	08	09	10	11	12	13	14	15	16	17	18	19	20
21	22	23	24	25	26	27	28	29	30	31	32	33	34	35	36	37	38	39	40

❶

✓ 각 문항별로 회독수를 체크해 보세요. ☑☐☐

Time 분 | 해설편 256p ❷

01 법과 도덕의 차이점에 관한 설명으로 옳은 것은?
☐☐☐

❸

① 법은 양면성이 강하고 도덕은 일면성이 강하다.
② 권리 및 의무의 측면에서 법은 일면적이나 도덕은 양면적이다.
③ 법은 내면성을 갖지만 도덕은 외면성을 갖는다.
④ 자율성의 측면에서 법은 자율적이나 도덕은 타율적이다.

02 법 목적의 상관관계에 관한 설명으로 옳지 않은 것은?
❹☐☐☐

① 정의나 합목적성은 법실증주의 시대에서도 중시되었다.
② 정의는 법의 내용을 일반화하고 합목적성은 그것을 개별화하는 경향이 있
③ 합목적성을 강조하면 "민중의 행복이 최고의 법률이다."라고 하고, "국민이
고 주장하게 된다.
④ 정의만 강조하면 "세상은 망하더라도 정의는 세우라."고 하고, "정의만이 통
장한다.

03 법의 효력에 관한 설명으로 옳지 않은 것은?
☐☐☐

① 법은 시행일부터 폐지일까지 그 효력을 갖는다.
② 법률은 특별한 규정이 없는 한 공포일로부터 30일을 경과하면 효력이 발
③ 관습법은 성립과 동시에 효력을 갖는다.
④ 동일 사항에 관하여 서로 모순·저촉되는 신법의 제정으로 구법이 당연히
폐지라 한다.

148 경비지도사 1차 | 문제편

톡! 뜯어지는 정답 마킹표

정답 마킹표(40문/4지선다)

연 도					과 목				
시 간					회 독				
문 번	CHECK				문 번	CHECK			
1	①	②	③	④	21	①	②	③	④
2	①	②	③	④	22	①	②	③	④
3	①	②	③	④	23	①	②	③	④
4	①	②	③	④	24	①	②	③	④
5	①	②	③	④	25	①	②	③	④
6	①	②	③	④	26	①	②	③	④
7	①	②	③	④	27	①	②	③	④
8	①	②	③	④	28	①	②	③	④
9	①	②	③	④	29	①	②	③	④

※ 실제 시험장에서 사용되는 답안지와는 규격, 형식, 재질 등이 상이한 연습용 모의 답안지입니다.

❶ 중요문제 & 틀린 문제 CHECK
❷ 소요 시간 & 해당 정답 및 해설 페이지
❸ 최종점검 FINAL 모의고사 문제
❹ 회독수 체크 박스

PART 2 정답 및 해설편

최종모의고사 10회분의 정답 및 상세해설

- 최근 개정법령 및 최신 출제경향을 완벽하게 반영하여 수록하였다.
- 편리하게 학습할 수 있도록 기본서 형식으로 문제와 정답을 함께 수록하였다.
- 자주 출제되는 중요 부분과 핵심내용에 대한 심화학습까지 가능하도록 구성하였다.

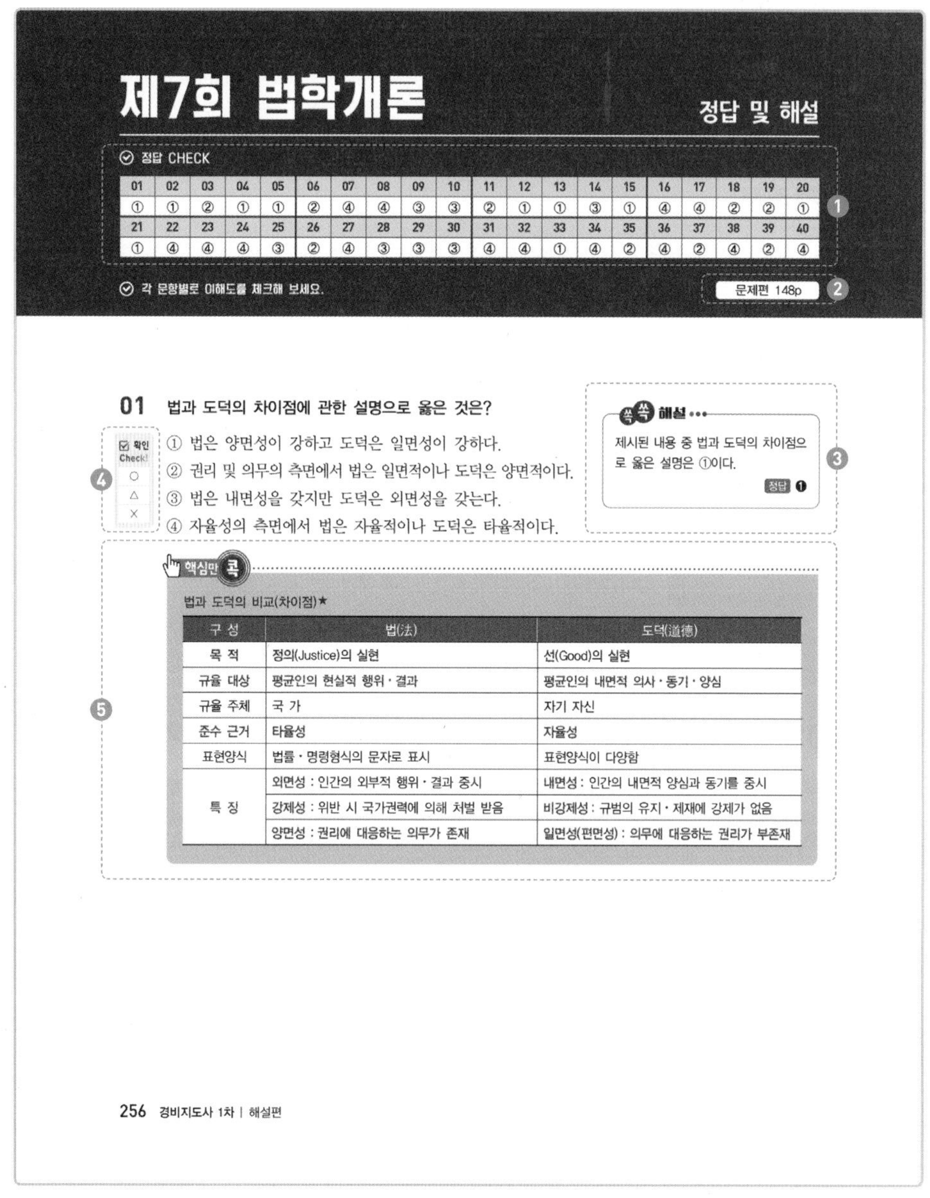

제7회 법학개론 정답 및 해설

정답 CHECK

01	02	03	04	05	06	07	08	09	10	11	12	13	14	15	16	17	18	19	20
①	①	②	①	①	②	④	④	③	③	②	①	①	③	①	④	④	②	②	①
21	22	23	24	25	26	27	28	29	30	31	32	33	34	35	36	37	38	39	40
①	④	④	④	③	②	④	③	③	③	④	④	①	④	②	④	②	④	②	④

❶

각 문항별로 이해도를 체크해 보세요. 문제편 148p ❷

01 법과 도덕의 차이점에 관한 설명으로 옳은 것은?

확인 Check! ○ △ × ❹

① 법은 양면성이 강하고 도덕은 일면성이 강하다.
② 권리 및 의무의 측면에서 법은 일면적이나 도덕은 양면적이다.
③ 법은 내면성을 갖지만 도덕은 외면성을 갖는다.
④ 자율성의 측면에서 법은 자율적이나 도덕은 타율적이다.

쏙쏙 해설

제시된 내용 중 법과 도덕의 차이점으로 옳은 설명은 ①이다.

정답 ❶ ❸

핵심만 콕 ❺

법과 도덕의 비교(차이점)★

구 성	법(法)	도덕(道德)
목 적	정의(Justice)의 실현	선(Good)의 실현
규율 대상	평균인의 현실적 행위·결과	평균인의 내면적 의사·동기·양심
규율 주체	국 가	자기 자신
준수 근거	타율성	자율성
표현양식	법률·명령형식의 문자로 표시	표현양식이 다양함
특 징	외면성 : 인간의 외부적 행위·결과 중시	내면성 : 인간의 내면적 양심과 동기를 중시
	강제성 : 위반 시 국가권력에 의해 처벌 받음	비강제성 : 규범의 유지·제재에 강제가 없음
	양면성 : 권리에 대응하는 의무가 존재	일면성(편면성) : 의무에 대응하는 권리가 부존재

256 경비지도사 1차 | 해설편

❶ 정답 CHECK
❷ 해당 해설의 문제편 페이지
❸ 쏙쏙해설 및 정답
❹ 난이도 확인 CHECK
❺ 심화학습까지 가능한 핵심만 콕과 법령

경비지도사 소개 및 시험안내

경비지도사란?

경비원을 지도 · 감독 및 교육하는 자를 말하며, 일반경비지도사와 기계경비지도사로 구분한다.

경비지도사의 업무

일반경비지도사	용역경비업(시설경비 · 호송경비 · 신변보호)에 종사하는 용역경비원과 특수경비원에 대한 지도 · 감독 · 교육의 계획을 수립하여 이를 실시하고, 그 기록을 유지한다.
기계경비지도사	각종 감지기를 이용한 전자회로와 첨단컴퓨터를 이용한 방범시스템을 이용하는 시설경비업무에 종사하는 용역경비원에 대한 지도 · 감독 · 교육의 계획을 수립하여 이를 실시하고, 그 기록을 유지한다.

자격종목

자격명	영문명	관련부처	시행기관
일반경비지도사	Security Instructor	경찰청	한국산업인력공단
기계경비지도사			

응시자격 및 결격사유

응시자격	제한 없음
결격사유	경비업법 제10조 제1항 각호의 1에 해당하는 자

※ 결격사유에 해당하는 자는 시험 합격 여부와 관계없이 시험을 무효처리한다.

2021년 일반 · 기계경비지도사 시험 일정(사전공고 기준)

회 차	응시원서 접수기간	제1차 · 제2차 시험 동시 실시	합격자 발표일
23	9.6~9.10 / 10.28~10.29(추가)	11.6(토)	12.22(수)

합격기준

구 분	합격기준
제1차 시험	매 과목 100점을 만점으로 하여 매 과목 40점 이상, 전 과목 평균 60점 이상 득점한 자
제2차 시험	• 선발예정인원의 범위 안에서 전 과목 평균 60점 이상을 득점한 자 중에서 고득점순으로 결정 • 동점자로 인하여 선발예정인원이 초과되는 때에는 동점자 모두를 합격자로 결정

※ 제1차 시험 불합격자는 제2차 시험을 무효로 한다.

경비지도사 자격시험

구 분	과목구분	일반경비지도사	기계경비지도사	문항수	시험시간	시험방법
제1차 시험	필 수	1. 법학개론 2. 민간경비론		과목당 40문항 (총 80문항)	80분 (09:30~10:50)	객관식 4지택일형
제2차 시험	필 수	1. 경비업법(청원경찰법 포함)		과목당 40문항 (총 80문항)	80분 (11:30~12:50)	객관식 4지택일형
	선택(택1)	1. 소방학 2. 범죄학 3. 경호학	1. 기계경비개론 2. 기계경비기획 및 설계			

일반경비지도사 제1차 시험 검정현황

○ 제1차 시험 응시인원 및 합격률

구 분	대상자	응시자	합격자	합격률
2016년(제18회)	7,188	5,345	2,744	51.33%
2017년(제19회)	7,297	5,251	2,534	48.26%
2018년(제20회)	7,808	5,243	2,942	56.11%
2019년(제21회)	8,576	5,719	2,976	52.04%
2020년(제22회)	8,090	5,860	3,679	62.78%

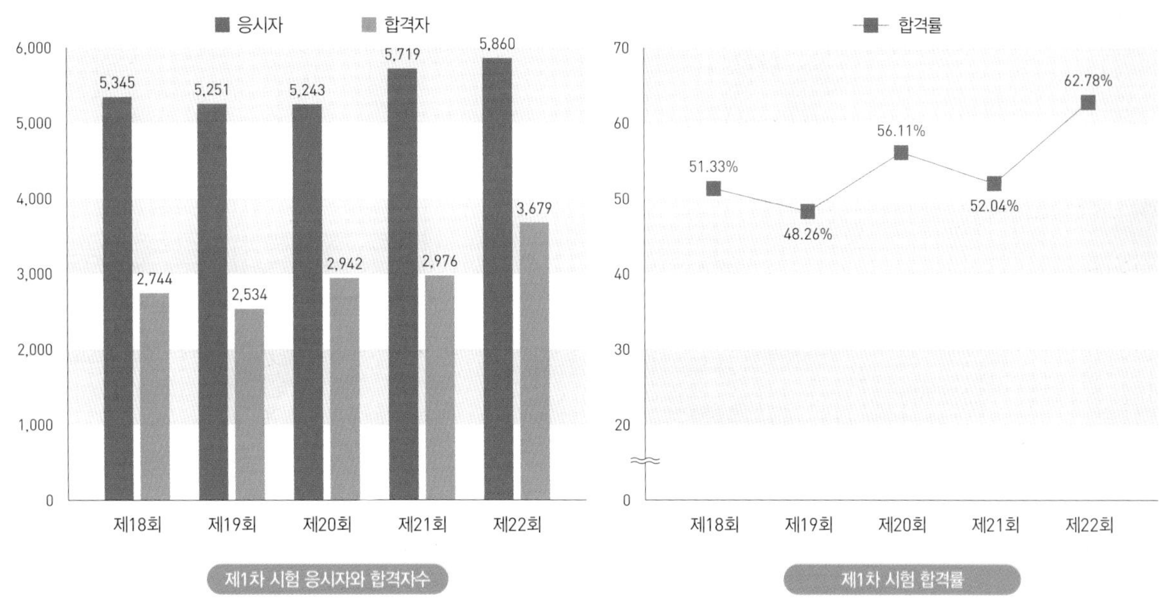

제1차 시험 응시자와 합격자수

제1차 시험 합격률

시험접수부터 자격증 취득까지

1. 응시자격조건

- 경비업법 제10조 제1항의 결격사유에 해당하지 않는 어느 누구나 응시할 수 있습니다.
- 결격사유 기준일은 원서접수 마감일이며, 해당자는 시험합격 여부와 상관없이 시험을 무효처리합니다.

2. 필기원서접수

※ 인터넷 원서 접수 사이트 : www.q-net.or.kr

8. 자격증 발급

- 경비지도사 기본교육 종료 후 교육기관에서 일괄 자격증 신청
- 경찰청에서 교육 사항 점검 후, 20일 이내 해당 주소지로 우편 발송

7. 경비지도사 기본교육

3. 일반 · 기계 경비지도사의 시험

4. 1·2차 시험안내

5. 합격기준

6. 합격자발표

※ 확인 홈페이지 : www.q-net.or.kr

최근 5년간 출제경향 분석

제1과목 법학개론

법학개론 회당 평균 출제횟수 : 법학 일반(8.8문제), 형사법(7.2문제), 민사법(7문제)순이다.

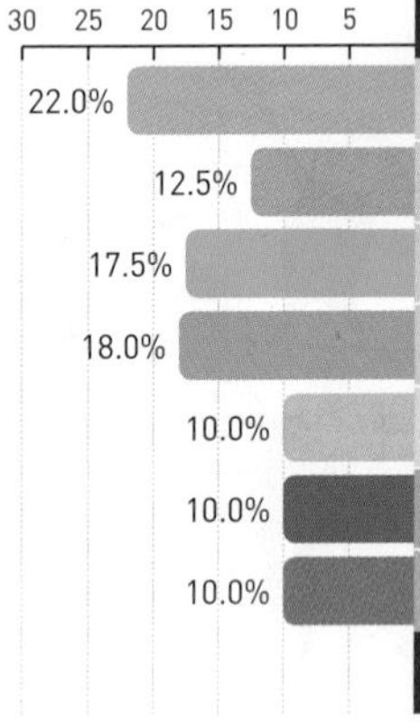

비율	출제영역		2016 (제18회)	2017 (제19회)	2018 (제20회)	2019 (제21회)	2020 (제22회)	총 계 (문항수)	회별출제 (평균)
22.0%	제1장	법학 일반	9	9	9	9	8	44	8.8
12.5%	제2장	헌 법	5	5	5	5	5	25	5
17.5%	제3장	민사법	7	7	7	7	7	35	7
18.0%	제4장	형사법	7	7	7	7	8	36	7.2
10.0%	제5장	상법 일반	4	4	4	4	4	20	4
10.0%	제6장	사회법 일반	4	4	4	4	4	20	4
10.0%	제7장	행정법 일반	4	4	4	4	4	20	4
	합계(문항수)		40	40	40	40	40	200	40

❖ **2020년도 법학개론 총평 :** 예년에 비해 난이도가 상승하였다. 특히 형사소송법의 비중이 커졌으며, 사회보장법에서는 세부적인 내용을 묻는 문제가 출제되었다. 다만, 1차시험의 특성상 반복 출제되는 부분의 비율이 합격선을 크게 상회하므로, 지엽적인 내용을 깊이 학습하는 것보다는 기출문제를 기반으로 반복 학습하는 것이 효율적인 수험전략이라고 판단된다.

제2과목 민간경비론

민간경비론 회당 평균 출제횟수 : 경비와 시설보호의 기본원칙(8.6문제), 민간경비의 조직(7.8문제), 세계 각국의 민간경비(7.6문제) 순이다.

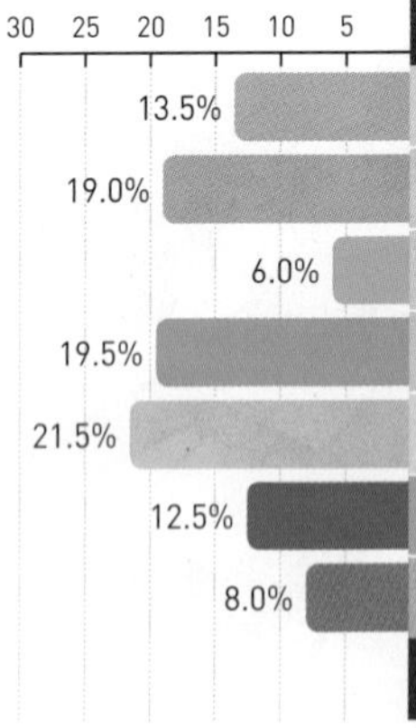

비율	출제영역		2016 (제18회)	2017 (제19회)	2018 (제20회)	2019 (제21회)	2020 (제22회)	총 계 (문항수)	회별출제 (평균)
13.5%	제1장	민간경비 개설	5	6	6	3	7	27	5.4
19.0%	제2장	세계 각국의 민간경비	11	8	7	4	8	38	7.6
6.0%	제3장	민간경비 환경	1	3	4	1	3	12	2.4
19.5%	제4장	민간경비의 조직	6	6	7	13	7	39	7.8
21.5%	제5장	경비와 시설보호의 기본원칙	9	8	7	12	7	43	8.6
12.5%	제6장	컴퓨터 범죄 및 안전관리	5	6	5	4	5	25	5
8.0%	제7장	민간경비산업의 과제와 전망	3	3	4	3	3	16	3.2
	합계(문항수)		40	40	40	40	40	200	40

❖ **2020년도 민간경비론 총평 :** 2019년도 이전과 유사한 비율로 출제되었다. 문제의 난이도는 대체적으로 평이하였으며, 세계 각국의 민간경비에서 종합 문제가 다수 출제되었다. 단순 암기보다는 이해 위주로 학습한다면 충분히 고득점이 가능하다고 판단되며, 출제 분석표를 참고하여 학습하되 전 영역에 걸쳐 소홀한 부분이 없도록 꼼꼼히 학습하는 것이 좋다.

최신 개정법령 소개

경비지도사 제1차 시험 관련 주요 법령

본 도서에 반영된 주요 최신 개정법령은 아래와 같다(적색 : 2020년 이후 개정법령).

구 분	법 령	시행일
헌 법	헌 법	1988.02.25
	국민의 형사재판 참여에 관한 법률	2017.07.26
민사법	민 법	2021.01.26
	민사소송법	2021.01.01
형사법	형 법	2020.10.20
	형사소송법	2021.06.09
상 법	상 법	2020.12.29
사회법 일반	근로기준법	2021.10.14
	근로기준법 시행령	2021.04.06
	근로기준법 시행규칙	2021.04.06
	노동조합 및 노동관계조정법	2021.07.06
	노동위원회법	2021.01.05
	산업재해보상보험법	2021.07.27
	사회보장기본법	2020.07.08
	국민연금법	2021.06.30
	국민건강보험법	2021.06.30
	고용보험법	2021.07.01
행정법 일반	행정절차법	2020.06.11
	행정소송법	2017.07.26
	행정심판법	2020.12.10
	정부조직법	2020.12.10
	국가공무원법	2021.06.08
	국가배상법	2017.10.31
	지방자치법	2021.10.21

※ 경비지도사 자격시험에서 법률 등을 적용하여 정답을 구하여야 하는 문제는 시험 시행일 현재 시행 중인 법률 등을 적용하여 정답을 구하여야 한다.

목차

	제1과목 법학개론	제2과목 민간경비론
PART 1 문제편		
제1회 최종점검 FINAL 모의고사	004	015
제2회 최종점검 FINAL 모의고사	028	039
제3회 최종점검 FINAL 모의고사	052	064
제4회 최종점검 FINAL 모의고사	077	089
제5회 최종점검 FINAL 모의고사	102	114
제6회 최종점검 FINAL 모의고사	126	137
제7회 최종점검 FINAL 모의고사	148	159
제8회 최종점검 FINAL 모의고사	171	183
제9회 최종점검 FINAL 모의고사	195	206
제10회 최종점검 FINAL 모의고사	219	232
PART 2 정답 및 해설편		
제1회 최종점검 FINAL 모의고사	002	024
제2회 최종점검 FINAL 모의고사	045	066
제3회 최종점검 FINAL 모의고사	089	110
제4회 최종점검 FINAL 모의고사	131	153
제5회 최종점검 FINAL 모의고사	175	194
제6회 최종점검 FINAL 모의고사	217	236
제7회 최종점검 FINAL 모의고사	256	276
제8회 최종점검 FINAL 모의고사	296	316
제9회 최종점검 FINAL 모의고사	332	351
제10회 최종점검 FINAL 모의고사	371	388

P/A/R/T/1

문제편

최종모의고사 10회분

제1회 최종점검 FINAL 모의고사
제2회 최종점검 FINAL 모의고사
제3회 최종점검 FINAL 모의고사
제4회 최종점검 FINAL 모의고사
제5회 최종점검 FINAL 모의고사
제6회 최종점검 FINAL 모의고사
제7회 최종점검 FINAL 모의고사
제8회 최종점검 FINAL 모의고사
제9회 최종점검 FINAL 모의고사
제10회 최종점검 FINAL 모의고사

2021

경비지도사 제1차 시험 최종모의고사

1 법학개론

2 민간경비론

수험생

MEMO

2021년도 제23회 경비지도사 1차 국가자격시험

교 시	문제형별	시험시간	시 험 과 목
1교시	A	80분	1 법학개론 2 민간경비론

수험번호		성 명	

【수 험 자 유 의 사 항】

1. **시험문제지 표지**와 시험문제지 내 **문제형별**의 **동일여부** 및 시험문제지의 **총면수, 문제번호 일련순서, 인쇄상태** 등을 확인하시고, 문제지 표지에 수험번호와 성명을 기재하시기 바랍니다.
2. 답은 각 문제마다 요구하는 **가장 적합하거나 가까운 답 1개**만 선택하고, 답안카드 작성 시 시험문제지 **형별누락, 마킹착오**로 인한 불이익은 전적으로 **수험자에게 책임**이 있음을 알려드립니다.
3. 답안카드는 국가전문자격 공통 표준형으로 문제번호가 1번부터 125번까지 인쇄되어 있습니다. 답안 마킹 시에는 반드시 **시험문제지의 문제번호와 동일한 번호**에 마킹하여야 합니다.
4. **감독위원의 지시에 불응하거나 시험시간 종료 후 답안카드를 제출하지 않을 경우** 불이익이 발생할 수 있음을 알려 드립니다.
5. 시험문제지는 시험 종료 후 가져가시기 바랍니다.

안내사항

1. 수험자는 QR코드를 통해 가답안을 확인하시기 바랍니다.
   (※ 사전 설문조사 필수)
2. 시험 합격자에게 '**합격축하 SMS(알림톡) 알림 서비스**'를 제공하고 있습니다.

- 수험자 여러분의 합격을 기원합니다 -

제1회 법학개론

경비지도사 제1차 시험

중요문제 / 틀린 문제 CHECK

01	02	03	04	05	06	07	08	09	10	11	12	13	14	15	16	17	18	19	20
21	22	23	24	25	26	27	28	29	30	31	32	33	34	35	36	37	38	39	40

각 문항별로 회독수를 체크해 보세요. ☑□□

Time 분 | 해설편 002p

01 다음 (　) 안에 들어갈 법의 목적(이념)으로 올바르게 연결된 것은?

> ㄱ. (　)을 강조하면 "민중의 행복이 최고의 법률이다"라고 하고, "국민이 원하는 것이 법이다"라고 주장하게 된다.
> ㄴ. (　)을 강조하면 "악법도 법이다"라고 하고, "정의(법)의 극치는 부정의(불법)의 극치"라고 한다.

	ㄱ	ㄴ
①	정 의	합목적성
②	정 의	법적 안정성
③	합목적성	법적 안정성
④	법적 안정성	합목적성

02 법과 도덕에 관한 설명으로 옳지 않은 것은?

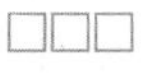

① 법은 행위의 외면성을, 도덕은 행위의 내면성을 다룬다.
② 법과 도덕 모두 규율 주체는 국가이다.
③ 법은 타율성을, 도덕은 자율성을 갖는다.
④ 권리 및 의무의 측면에서 법은 양면적이나, 도덕은 일면적이다.

03 관습법에 관한 설명으로 옳지 않은 것은?

① 민법 제1조에서는 관습법의 보충적 효력을 인정하고 있다.
② 헌법재판소 다수의견에 의하면 관습헌법도 성문헌법과 동등한 효력이 있다.
③ 유수사용권과 온천권은 우리나라에서 인정되고 있는 관습법이다.
④ 죄형법정주의에 따라 관습형법은 인정되지 않는다.

04 법의 효력에 관한 설명으로 옳지 않은 것은?

□□□

① 법은 공포일부터 폐지일까지 그 효력을 갖는다.
② 대통령령, 총리령 및 부령은 특별한 규정이 없으면 공포한 날로부터 20일이 경과함으로써 효력을 발생한다.
③ 동일 사항에 관하여 서로 모순・저촉되는 신법의 제정으로 구법이 당연히 폐지되는 것을 묵시적 폐지라 한다.
④ 대통령은 내란 또는 외환의 죄를 범한 경우를 제외하고는 재직 중 형사상의 소추를 받지 아니한다.

05 법의 분류에 관한 설명으로 옳지 않은 것은?

□□□

① 공법과 사법의 구별은 대륙법계의 특징이다.
② 공법은 헌법, 행정법, 형법, 형사소송법, 민사소송법, 행정소송법, 국제법 등이 이에 해당된다.
③ 사법은 민법, 상법, 회사법, 어음법, 수표법, 사회법 등이 있다.
④ 실체법이 목적인 데 대하여 절차법은 수단이라 할 수 있다.

06 다음 중 법의 적용 및 해석에 관한 설명으로 옳은 것은?

□□□

① 문리해석은 유권해석의 한 유형이다.
② 법률용어로 사용되는 선의・악의는 일정한 사항에 대해 아는 것과 모르는 것을 의미한다.
③ 유사한 두 가지 사항 중 하나에 대해 규정이 있으면 명문규정이 없는 다른 쪽에 대해서도 같은 취지의 규정이 있는 것으로 해석하는 것을 준용이라 한다.
④ 간주란 법이 사실의 존재・부존재를 법정책적으로 확정하되, 반대사실의 입증이 있으면 번복되는 것이다.

07 권리와 관련된 설명으로 옳은 것은?

□□□

① 사권(私權)은 권리의 내용에 의해 지배권, 청구권, 형성권, 항변권으로 구분된다.
② 사원권은 단체의 구성원이 그 구성원의 지위에서 단체에 대하여 갖는 권리로 이에는 의결권, 업무집행감독권, 이익배당청구권 등이 있다.
③ 사권(私權)은 권리의 작용에 의해 인격권, 가족권(신분권), 재산권, 사원권으로 구분된다.
④ 사권은 권리의 이전성에 따라 절대권과 상대권으로 구분된다.

08 청구권의 행사에 대하여 급부를 거절할 수 있는 권리로, 타인의 공격을 막는 방어적 수단으로 사용되며 상대방에게 청구권이 있음을 부인하는 것이 아니라 그것을 전제하고, 다만 그 행사를 배척하는 권리를 무엇이라고 하는가?

□□□

① 지배권 ② 청구권
③ 형성권 ④ 항변권

09 권리의 충돌과 순위와 관련한 설명으로 옳은 것은?

□□□

① 제한물권은 소유권에 우선한다.
② 대항요건을 갖춘 부동산 임차권이라도 나중에 성립한 전세권이 우선한다.
③ 채권이 충돌하는 경우, 먼저 성립한 채권이 나중에 성립한 채권에 우선한다.
④ 하나의 물건에 대하여 물권과 채권이 병존하는 경우 그 성립시기를 불문하고 물권이 언제나 우선한다.

10 헌법개정절차의 내용으로 옳지 않은 것은?

□□□

① 헌법개정은 국회재적의원 과반수 또는 대통령의 발의로 제안된다.
② 제안된 헌법개정안은 20일 이상 공고하여야 한다.
③ 국회는 헌법개정안의 공고가 종료된 날로부터 60일 이내에 의결해야 한다.
④ 국회 의결 시 수정의결은 불가능하다.

11 헌법전문에 대한 설명으로 옳지 않은 것은?

□□□

① 헌법전문은 현행헌법이 제9차 개정 헌법임을 간접적으로 표현하고 있다.
② 헌법재판소는 헌법전문의 재판규범성을 인정하고 있다.
③ 헌법전문의 자구수정은 가능하나 핵심적인 내용은 헌법개정의 한계이다.
④ 헌법전문은 최고규범성을 가지므로 헌법전문으로부터 곧바로 국민의 개별적인 기본권을 도출할 수가 있다.

12 □□□ **현행 헌법상의 신체의 자유에 관한 설명 중 옳은 것은?**

① 법률과 적법한 절차에 의하지 아니하고는 강제노역을 당하지 아니한다.
② 누구든지 법률에 의하지 아니하고는 체포 · 구속 · 압수 · 수색 또는 신문을 받지 아니한다.
③ 체포, 구속, 수색, 압수, 심문에는 검사의 신청에 의하여 법관이 발부한 영장이 제시되어야 한다.
④ 누구든지 체포 또는 구속을 당한 때에는 즉시 변호인의 조력을 받을 권리를 가진다. 다만, 형사피의자 또는 형사피고인이 스스로 변호인을 구할 수 없을 때에는 법률이 정하는 바에 의하여 국가가 변호인을 붙인다.

13 □□□ **현행 헌법은 대통령제를 취하고 있지만, 엄밀히 말하면 의원내각제적 요소도 포함하고 있다. 다음 중 의원내각제적 요소로 볼 수 없는 것은?**

① 정부의 법률안 제출권
② 국무총리 및 관계 국무위원의 부서제도
③ 국무회의제
④ 국정조사 및 국정감사 제도

14 □□□ **다음 중 생존권적(사회권적) 기본권에 속하지 않는 권리는 무엇인가?**

① 교육을 받을 권리
② 근로의 권리
③ 생명권
④ 혼인의 자유와 모성의 보호를 받을 권리

15 □□□ **대리에 관한 설명 중 옳은 것은?**

① 공동대리의 경우 대리인이 각각 본인을 대리한다.
② 대리인은 행위능력자임을 요한다.
③ 복대리인의 선임 후에도 대리인은 여전히 대리권을 가진다.
④ 무권대리는 절대적으로 무효이다.

16 주물과 종물에 관한 설명으로 옳지 않은 것은?

□□□

① 주물과 종물은 원칙적으로 소유자가 같은 사람이어야 하고, 장소적으로도 밀접한 관계에 있어야 한다.

② 주물 위에 저당권이 설정된 경우에 그 저당권의 효력은 저당권설정 당시의 종물에는 미치나 설정 후의 종물에는 미치지 않는다.

③ 주물·종물은 동산이든 부동산이든 상관없다.

④ 종물은 주물의 처분에 따른다는 규정은 강행규정이 아니고 당사자의 의사에 따라 달리 정할 수 있는 임의규정이다.

17 甲이 乙에 대한 채권을 丙으로 하여금 추심하도록 하기 위하여 그 채권을 丙에게 양도하는 것은?

□□□

① 은닉행위
② 통정허위표시
③ 탈법행위
④ 신탁행위

18 법률행위의 조건에 관한 설명이다. 옳지 않은 것은?

□□□

① 불능조건이 해제조건이면 무효이고, 정지조건이면 조건 없는 법률행위가 된다

② 조건이 사회질서에 반하는 것인 때에는 그 법률행위는 무효로 한다.

③ 법률행위의 효과의 발생 또는 소멸을 장래의 도래가 불확실한 사실의 성부에 의존시키는 법률행위의 부관이다.

④ 조건의 성취가 미정한 권리의무는 일반규정에 의하여 처분, 상속, 보존 또는 담보로 할 수 있다.

19 다음 중 무효로서 다루어지는 것은?

□□□

① 제한능력자의 행위
② 착오에 의한 의사표시
③ 사기·강박에 의한 의사표시
④ 불능한 법률행위

20 □□□

보증채무와 연대채무에 관한 설명으로 옳지 않은 것은?

① 주채무가 소멸하면 보증채무도 소멸한다.
② 어느 연대채무자에 대한 법률행위의 무효나 취소의 원인은 다른 연대채무자의 채무에 영향을 미치지 아니한다.
③ 채무를 변제한 보증인은 선의의 주채무자에 대해서는 구상권을 행사하지 못한다.
④ 연대채무자는 최고・검색의 항변권이 없다.

21 □□□

다음 사례에서 지현이 태욱에게 청구할 수 있는 채권의 소멸시효 기간은?

서울에서 땅끝 마을로 자전거 여행을 떠난 대학생 태욱은 전주의 한 비빔밥 집에서 점심 식사를 하였으나 계산할 때 돈이 없음을 알게 되었다. 다행히 인심 좋은 사장 지현의 배려로 외상으로 해결하여 무전취식의 굴욕을 면할 수 있었다.

① 1년
② 3년
③ 5년
④ 7년

22 

민법상 경비계약 및 업무에 관한 내용 중 옳은 것은?

① 고객은 경비계약상의 채무가 이행되지 않는 경우 강제이행을 청구할 수 있다.
② 경비계약은 고용형식의 유상계약이다.
③ 경비원이 경비업무 중 고의로 제3자에게 입힌 손해를 경비업자가 배상한 경우, 경비업자는 경비원에게 구상권을 행사할 수 없다.
④ 경비원이 경비 중 고객의 금고에서 현금을 절취한 경우에는 적극적 채권침해에 해당한다.

23 다음 (   ) 안의 ㄱ, ㄴ, ㄷ에 들어갈 내용이 알맞게 연결된 것은?

□□□

- 범죄 후 법률의 변경에 의하여 그 행위가 범죄를 구성하지 아니하거나 형이 (ㄱ)보다 경한 때에는 (ㄴ)에 의한다.
- 재판확정 후 법률의 변경에 의하여 그 행위가 범죄를 구성하지 아니하는 때에는 형의 집행을 (ㄷ)한다.

① ㄱ : 구법, ㄴ : 신법, ㄷ : 취소
② ㄱ : 구법, ㄴ : 신법, ㄷ : 면제
③ ㄱ : 신법, ㄴ : 구법, ㄷ : 취소
④ ㄱ : 신법, ㄴ : 구법, ㄷ : 면제

24 다음 중 계속범을 모두 고르면?

□□□

ㄱ. 살인죄
ㄴ. 상해죄
ㄷ. 체포감금죄
ㄹ. 주거침입죄

① ㄱ, ㄴ
② ㄱ, ㄷ
③ ㄴ, ㄷ
④ ㄷ , ㄹ

25 처분할 수 있는 자의 승낙에 의하여 그 법익을 훼손한 행위는 법률에 특별한 규정이 없는 한 벌하지 아니하는 경우를 무엇이라고 하는가?

□□□

① 정당방위
② 피해자의 승낙
③ 의무의 충돌
④ 정당행위

26 형법상 형벌의 종류가 아닌 것은?

□□□

① 생명형
② 재산형
③ 명예형
④ 과태료

27 다음 중 형법상 재산에 대한 죄를 모두 고른 것은?

ㄱ. 업무방해죄
ㄴ. 배임죄
ㄷ. 손괴죄
ㄹ. 통화에 관한 죄
ㅁ. 장물죄

① ㄱ, ㄴ, ㄷ
② ㄱ, ㄷ, ㄹ
③ ㄴ, ㄷ, ㅁ
④ ㄴ, ㄹ, ㅁ

28 친고죄에 관한 설명으로 옳지 않은 것은?

① 피해자 또는 법정대리인의 고소가 있어야 한다.
② 고소는 서면 또는 구술로써 할 수 있다.
③ 고소를 취소한 자는 다시 고소할 수 없다.
④ 친고죄의 공범 중 그 1인 또는 수인에 대한 고소 또는 그 취소는 다른 공범자에게 효력이 없다.

29 수사에 관한 설명 중 옳지 않은 것은?

① 임의수사가 원칙이고, 강제수사는 법의 규정이 있을 때 예외적으로 가능하다.
② 현행법상 고소권자로는 피해자, 피해자의 법정대리인, 피해자의 배우자 또는 친족, 지정고소권자가 있으나 고발권자는 제한이 없다.
③ 객관적 혐의가 없는 경우 수사를 개시할 수 없다.
④ 형사소송법은 국가소추주의, 기소독점주의를 채택하고 있다.

30 범죄 혐의가 충분하고 소추조건을 갖추었다고 하더라도 검사에게 기소 또는 불기소처분의 재량을 인정하는 제도는 무엇인가?

① 기소법정주의
② 기소편의주의
③ 기소유예제도
④ 기소변경주의

31 상법상 회사의 종류에 관한 설명으로 옳지 않은 것은?

□□□

① 상법상 회사에는 합명회사, 합자회사, 유한책임회사, 주식회사, 유한회사의 5종이 있다.
② 합명회사는 회사채권자에 대하여 직접 · 연대하여 무한책임을 지는 무한책임사원만으로 구성되는 회사이다.
③ 합자회사의 무한책임사원은 출자를 함과 아울러 업무집행권과 대표권을 가지나, 유한책임사원은 업무집행이나 대표행위를 하지 못하며, 감사권을 가지는 데 그친다.
④ 유한회사는 회사에 대하여 일정한 출자의무만을 지는 유한책임사원으로 구성되는 회사이므로 사원 지분의 양도는 제한할 수 없다.

32 인보험계약을 체결한 후 피보험자의 보험사고 시 보험금을 지급받게 되는 사람은?

□□□

① 보험자 ② 피보험자
③ 보험수익자 ④ 보험계약자

33 상법상 손해보험증권의 필요적 기재사항이 아닌 것은?

□□□

① 보험계약의 종류
② 보험사고의 성질
③ 보험료와 그 지급방법
④ 무효와 실권의 사유

34 근로기준법상 용어의 정의로 옳은 것은?

□□□

① "근로자"란 직업의 종류를 불문하고 임금·급료, 기타 이에 준하는 수입에 의하여 생활하는 자를 말한다.
② "근로"란 정신노동과 육체노동을 말한다.
③ "단시간근로자"란 1주 동안의 소정근로시간이 다른 사업장에서 같은 종류의 업무에 종사하는 통상 근로자의 1주 동안의 소정근로시간에 비하여 짧은 근로자를 말한다.
④ "임금"이란 사용자가 근로의 대가로 근로자에게 임금, 봉급의 명칭으로 지급하는 금전만을 말한다.

35 사회보험 분야에 해당하는 법률이 아닌 것은?

□□□

① 고용보험법
② 국민연금법
③ 국민건강보험법
④ 국민기초생활보장법

36 산업재해보상보험법상 내용에 관한 설명으로 옳지 않은 것은?

□□□

① 업무상 재해는 업무상의 사유에 따른 근로자의 부상·질병·장해 또는 사망을 말한다.
② 장해는 업무상의 부상 또는 질병에 따른 정신적 또는 육체적 훼손으로 노동능력이 상실되거나 감소된 상태에서 그 부상 또는 질병이 치유되지 아니한 상태를 말한다.
③ 진폐란 분진을 흡입하여 폐에 생기는 섬유증식성 변화를 주된 증상으로 하는 질병을 말한다.
④ 휴게시간 중 사업주의 지배관리하에 있다고 볼 수 있는 행위로 발생한 사고는 업무상 사고이다.

37 다음이 설명하는 행정행위의 특성은 무엇인가?

□□□

> 행정행위의 성립에 하자가 있는 경우에도 그것이 중대ㆍ명백하여 무효로 인정되는 경우를 제외하고는, 권한 있는 기관에 의하여 취소되기까지 유효한 것으로 통용되는 힘을 말한다.

① 불가쟁력
② 불가변력
③ 공정력
④ 강제력

38 행정행위의 주된 내용에 부가하여 그 상대방에게 작위ㆍ부작위ㆍ급부ㆍ수인의무를 부과하는 부관은?

□□□

① 조 건
② 철회권의 유보
③ 기 한
④ 부 담

39 행정법상 행정주체에 해당하지 않는 것은?

□□□

① 영조물법인
② 공무수탁사인
③ 공공조합
④ 지방자치단체장

40 다음 중 행정상 강제집행의 수단을 모두 고르면?

□□□

> ㄱ. 직접강제
> ㄴ. 집행벌(이행강제금)
> ㄷ. 과태료
> ㄹ. 대집행
> ㅁ. 강제징수
> ㅂ. 즉시강제
> ㅅ. 행정조사

① ㄱ, ㄴ, ㅁ
② ㄱ, ㄹ, ㅂ
③ ㄱ, ㄴ, ㄹ, ㅁ
④ ㄱ, ㄴ, ㄹ, ㅁ, ㅂ

제1회 민간경비론

경비지도사 제1차 시험

중요문제 / 틀린 문제 CHECK

41	42	43	44	45	46	47	48	49	50	51	52	53	54	55	56	57	58	59	60
61	62	63	64	65	66	67	68	69	70	71	72	73	74	75	76	77	78	79	80

각 문항별로 회독수를 체크해 보세요. ☑☐☐

Time 분 | 해설편 024p

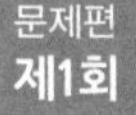

41 ☐☐☐ 다음은 공경비와 민간경비를 비교한 것이다. 옳지 않은 것은?

① 공경비와 민간경비 모두 법 집행(범인 체포 및 범죄 수사 등)에 목적을 둔다.
② 공경비는 각종 강제권을 포함한 권한이 주어져 있으나, 민간경비는 이러한 권한이 극히 한정되어 있다.
③ 공경비와 민간경비 모두 국민 또는 고객의 생명과 재산을 보호하고 사회공공의 안녕과 질서를 유지한다는 데 궁극적인 목표가 있다.
④ 공경비의 역할은 범죄예방 및 범죄 대응에 있으나, 민간경비의 역할은 범죄예방에 있다.

42 ☐☐☐ 민간경비의 특성으로 옳지 않은 것은?

① 영리성
② 범죄의 사후적 관리기능
③ 계약자 등 특정인이 수혜대상
④ 공경비에 비해 한정된 권한과 각종 제약

43 ☐☐☐ 민간경비의 개념에 관한 설명으로 옳지 않은 것은?

① 공공기관에 의한 공경비 활동을 제외한 모든 경비활동은 광의의 개념이다.
② 형식적 의미에서의 민간경비 개념은 공경비와 명확히 구별된다.
③ 실정법에서 규정하고 있는 민간경비는 개념적으로 실질적인 의미의 민간경비에 해당된다.
④ 고객의 생명, 재산, 신체보호, 질서유지를 위한 범죄예방활동은 (최)협의의 개념이다.

44 ☐☐☐ **공동화이론에 대한 설명으로 옳은 것은?**

① 경찰이 수행하고 있는 경찰 본연의 기능이나 역할을 민간경비가 보완하거나 대체한다는 이론이다.
② 특정한 사회 현상을 설명함에 있어 그 현상이 직접적으로는 경제와 무관한 것임에도 불구하고, 그 발생 원인을 경제문제에서 찾으려고 한다.
③ 민간경비도 자신의 집단적 이익을 극대화 하기 위해 규모를 팽창시키는 등의 노력을 한다는 이론이다.
④ 개인의 안전과 보호는 해당 개인이 책임져야 한다는 자본주의 체제하에서 주장되는 이론이다.

45 ☐☐☐ **헨리 필딩(Henry Fielding)의 활동에 대한 설명으로 옳지 않은 것은?**

① 헨리 필딩(Henry Fielding)이 시민들 중 지원자로 구성한 소규모 단위의 범죄예방조직을 만들어 보수를 지급하고, 1785년경 인류 역사상 최초의 형사기동대에 해당하는 조직을 만들었다.
② 범죄예방을 위해서는 시민 스스로가 단결해야 한다는 개념을 확립하고, 영구적이며 직업적으로 충분한 급료를 받는 민간경비를 제안했다.
③ Peeler 또는 Bobbies라는 애칭으로 불리우는 수도경찰을 재조직하였다.
④ 도보경찰, 기마경찰, 보우가의 주자 등을 만드는데 공헌하였다.

46 ☐☐☐ **치안서비스 공동생산이론에 관한 설명으로 옳지 않은 것은?**

① 민간경비를 공경비의 보조적 차원이 아닌 주체적 차원으로 인식한다.
② 그냥 내버려두면 보호받지 못한 채로 방치될 재산을 민간경비가 보호한다는 이론이다.
③ 치안서비스 제공은 경찰의 역할수행과 민간경비의 공동 참여로 이루어진다.
④ 공동생산이론은 경찰이 안고 있는 한계를 일부 극복하고 시민의 안전욕구를 증대시키기 위하여 민간부문의 능동적 참여를 다각적으로 유도하는 이론이다.

47 민선행정관인 보안관(Sheriff)의 무능함을 견제하기 위해 영국의 국왕이 치안판사직을 신설했던 시대는?

☐☐☐

① 보우가의 주자
② 크롬웰 집권기
③ 주야 감시원 시대
④ King's Peace시대

48 우리나라 민간경비산업의 발전과정이 순서대로 나열된 것은?

☐☐☐

ㄱ. 주한 미8군부대의 용역경비 실시
ㄴ. 용역경비업법 제정
ㄷ. 경비지도사의 직무로 집단민원현장에 배치된 경비원에 대한 지도·감독 추가
ㄹ. 특수경비원 제도 도입
ㅁ. 사단법인 한국경비협회 설립

① ㄱ - ㄴ - ㅁ - ㄹ - ㄷ
② ㄱ - ㄴ - ㄹ - ㅁ - ㄷ
③ ㄱ - ㅁ - ㄴ - ㄹ - ㄷ
④ ㄱ - ㅁ - ㄹ - ㄴ - ㄷ

49 영국의 민간경비 발전과정에 대한 설명으로 옳지 않은 것은?

☐☐☐

① 영국에서는 사설 경찰활동이 공적인 경찰활동보다 먼저 존재하였으며, 공경찰의 도입 필요성을 제기하는 계기가 되었다.
② 범죄예방을 위해서는 시민 스스로가 단결해야 한다는 개념을 확립하고, 영구적이며 직업적으로 충분한 급료를 받는 민간경비를 제안한 사람은 올리버 크롬웰이다.
③ 레지스 헨리시법은 민간경비 차원에서 실시되던 경비활동을 국가적 치안 개념으로 발전시킨 것으로 줄여서 헨리시법이라고도 한다.
④ 민선행정관인 보안관(Sheriff)의 무능함을 견제하기 위해 영국의 국왕이 치안판사직을 신설했던 시대는 주야 감시원 시대이다.

50 □□□ **미국의 민간경비 발전과정에 관한 설명으로 옳은 것을 모두 고른 것은?**

> ㄱ. 18세기 무렵 신개척지에 거주하고 있던 주민들을 보호하기 위해 밤에만 활동하는 야간경비원이 생겨났다.
> ㄴ. 범죄에 대응하는 방식에 있어서 자치경찰조직의 형태를 추구하는 것보다 강력한 경찰조직의 형태를 추구하였다.
> ㄷ. 1858년 에드윈 홈즈가 홈즈 방호회사를 설립하여 최초의 중앙감시방식의 경보서비스 사업을 시작하였다.
> ㄹ. 1883년 워싱턴 페리 브링스가 트럭수송회사를 설립, 방탄장갑차를 이용한 현금수송을 개시하였다.

① ㄱ, ㄷ
② ㄱ, ㄹ
③ ㄴ, ㄷ
④ ㄴ, ㄹ

51 □□□ **일본 민간경비원의 법적 지위에 관한 설명으로 옳지 않은 것은?**

① 경비원에게는 특별한 권한이 주어져 있지 않아 경찰사법권을 행사할 수 없다.
② 경비원에게는 호신 용구의 소지에 관한 금지·제한 사항이 있다.
③ 경비원은 일정한 사적 영역뿐만 아니라 공공 영역도 활동 영역으로 한다.
④ 경비원은 정당방위, 긴급피난, 자구행위, 현행범 체포 등을 할 수 있다.

52 □□□ **한국 민간경비원의 법적 지위에 관한 설명으로 옳지 않은 것은?**

① 민간경비원은 현행범을 체포할 수 있다.
② 국가중요시설에 근무하는 특수경비원은 필요한 경우 무기 휴대가 가능하지만 수사권이 인정되지는 않는다.
③ 특수경비원은 인질·간첩 또는 테러 사건에 있어서 은밀히 작전을 수행하는 부득이한 경우에도 경고 후 소총을 발사할 수 있다.
④ 민간경비원의 법적 지위는 일반시민과 동일하다.

53 □□□ **민간경비의 국내 · 외 치안환경 변화에 관한 설명으로 옳지 않은 것은?**

① 집단이기주의로 인한 불법적 집단행동은 증가될 것이다.
② 범죄 연령이 연소화되는 추세이다.
③ 범죄행위 및 방법이 지역화, 기동화, 조직화, 집단화되고 있다.
④ 고령화로 인해 소외된 노인들의 범죄는 계속 증가하여 심각한 사회문제로 대두되고 있다.

54 □□□ **경찰방문에 대한 설명으로 옳지 않은 것은?**

① 비권력적 사실행위로서의 행정지도이다.
② 방문시간은 일출 후부터 일몰 시간 전에 함이 원칙이다.
③ 별도의 법적 근거에 의해서만 경찰방문이 가능하다.
④ 매 분기 1회 이상의 방문은 상대방의 동의를 얻어 수시로 실시한다.

55 □□□ **치안서비스 공동생산의 유형 중 제Ⅳ유형(집단적 · 적극적 자율방범활동)에 대한 설명을 모두 고른 것은?**

ㄱ. 시민자율순찰대 활동
ㄴ. 주민공동 경비원의 고용
ㄷ. 목격한 범죄행위 신고 · 증인 행위
ㄹ. 이웃안전감시단 활동

① ㄱ, ㄹ ② ㄱ, ㄷ
③ ㄴ, ㄹ ④ ㄴ, ㄷ

56 □□□ **자체경비와 계약경비에 관한 설명으로 옳지 않은 것은?**

① 경비업법은 도급계약 형태이므로 계약경비를 전제로 한다.
② 오늘날은 자체경비서비스가 계약경비서비스보다 더 빠르게 증가하고 점차 확대되고 있다.
③ 자체경비는 계약경비에 비해 임금이 높고 안정적이므로 이직률이 낮은 편이다.
④ 자체경비원은 계약경비원보다 고용주에 대한 충성심이 더 높다.

57 다음 중 경비지도사의 결격사유로 옳지 않은 것은?

□□□

① 18세 미만인 사람
② 60세 이상인 사람
③ 금고 이상의 형의 집행유예 선고를 받고 그 유예기간 중에 있는 자
④ 파산선고를 받고 복권되지 아니한 자

58 청원경찰의 교육에 대한 설명으로 옳은 것은?

□□□

① 경찰교육기관의 교육계획상 부득이하다고 인정할 때에는 우선 배치하고 임용 후 1년 이내에 교육을 받게 할 수 있다.
② 경찰공무원 또는 청원경찰에서 퇴직한 사람이 퇴직한 날부터 5년 이내에 청원경찰로 임용되었을 때에는 교육을 면제할 수 있다.
③ 청원주는 청원경찰에 대하여 행정안전부령이 정하는 시간(6시간) 이상의 직무교육을 실시하여야 한다.
④ 경찰청장은 필요하다고 인정하는 경우에는 청원경찰이 배치된 사업자에 소속공무원을 파견하여 직무집행에 필요한 교육을 실시할 수 있다.

59 경비원이 경비순찰활동 중 도보나 차량을 이용하여 정해진 순찰노선을 따라 경비구역 및 시설물의 상태를 점검하는 경비형태는?

□□□

① 고정근무
② 순찰근무
③ 상근근무
④ 예비근무

60 다음 중 경비관리 책임자의 역할이 바르게 연결된 것은?

□□□

① 관리상 역할 – 경비의 명확성, 회사 규칙의 위반과 모든 손실에 관한 관리・감시・회계, 경찰과 소방서와의 유대관계, 관련 문서의 분류 등이 해당된다.
② 예방상 역할 – 예산과 재정상의 감독, 사무행정, 경비문제를 관할하는 정책의 설정, 조직체계와 절차의 개발 등이 해당된다.
③ 조사상의 역할 – 경비원에 관한 감독・순찰, 화재와 경비원의 안전, 출입금지구역에 관한 감시 등을 일컫는 활동이다.
④ 경영상의 역할 – 기획, 조직화, 채용, 지도, 감독, 혁신 등이 있다.

61 다음에서 설명하는 민간경비조직의 운영원리는 무엇인가?

□□□

- 경비원은 직속상관에게 직접 명령을 받고 보고해야 한다.
- 지휘계통의 일원화로 책임소재를 명확히 해야 한다.

① 계층제의 원리
② 명령통일의 원리
③ 전문화의 원리
④ 조정・통합의 원리

62 다음 제시문은 경비실시방식에 따른 경비의 분류에 대한 내용이다. ( ) 안의 ㉠, ㉡에 들어갈 알맞은 말을 바르게 묶은 것은?

□□□

단지 특정한 손실이 발생할 때마다 그 사건에만 대응하는 경비형태는 (㉠)이고, 포괄적・전체적 계획 없이 필요할 때마다 손실예방 등의 역할을 수행하기 위해 추가되는 경비형태는 (㉡)이라고 한다.

	㉠	㉡
①	1차원적 경비	단편적 경비
②	단편적 경비	1차원적 경비
③	반응적 경비	단편적 경비
④	단편적 경비	반응적 경비

63 경비위해요소에 대한 설명으로 옳지 않은 것은?

□□□

① 경비위해요소는 일반적으로 자연적 위해와 인위적 위해, 특정한 위해 등으로 구분할 수 있다.
② 경비위해요소의 분석에 있어서 첫 번째 단계는 위해요소를 인지하는 것이다.
③ 경비위해요소의 평가 및 분석에 있어서 경비활동의 비용효과분석을 실시할 필요가 없다.
④ 경비위해요소는 경비대상의 안전성에 위험을 끼치는 제반요소를 의미한다.

64 환경설계를 위한 범죄예방(CPTED)에 관한 설명으로 옳지 않은 것은?

□□□

① CPTED는 기계적 통제와 감시는 고려하지 않고, 자연적 접근방법을 통해 범죄예방효과를 극대화시키는 전략이다.
② 전통적 CPTED는 단순히 외부 공격으로부터 보호 대상을 강화하는 THA(Target Hardening Approach)방법을 사용하였다.
③ 뉴만(Newman)이 방어공간(Defensible space) 개념을 확립한 것에서 제퍼리(Jeffery)가 처음으로 CPTED의 개념을 제시하였다.
④ CPTED의 활용 예로는 컬드삭(또는 쿨데삭, Culdesac), 앨리게이터(Alleygater) 등을 들 수 있다.

65 보호대상의 물건에 직접적으로 센서를 부착하여 그 물건이 움직이게 되면 경보를 발하며 미술품이나 전시 중인 물건을 보호하기 위하여 주로 사용하는 방범기기는?

□□□

① 전자파 울타리
② 무선 주파수장치
③ 진동탐지기
④ 압력반응식 센서

66 국가중요시설 분류 중 "다"급에 해당하지 않는 것은?

□□□

① 한국은행 각 지역본부
② 중앙행정기관의 청사
③ 대검찰청
④ 국가정보원 지부

67 경비계획수립의 순서대로 나열된 것은?

ㄱ. 문제의 인지	ㄴ. 자료 및 정보의 수집분석
ㄷ. 경비의 실시 및 평가	ㄹ. 최종안 선택
ㅁ. 목표의 설정	ㅂ. 피드백

① ㄱ - ㅁ - ㄹ - ㄴ - ㄷ - ㅂ
② ㄱ - ㄹ - ㅁ - ㄴ - ㄷ - ㅂ
③ ㄱ - ㅁ - ㄴ - ㄹ - ㄷ - ㅂ
④ ㄱ - ㄹ - ㄴ - ㅁ - ㄷ - ㅂ

68 시설물의 물리적 통제시스템에 관한 설명으로 옳은 것은?

① 출입문의 경첩(hinge)은 출입문 바깥쪽에 설치하여 보안성을 강화해야 한다.
② 외부 침입 시 경비시스템 중 1차 보호시스템은 내부 출입통제 시스템이고, 2차 보호시스템은 외부 출입통제시스템이다.
③ 체인링크(chain link)는 콘크리트나 석재 담장과 유사한 보호기능을 하면서도 저렴하다는 장점이 있다.
④ 안전유리(security glass)는 동일한 두께의 콘크리트 벽에 비해 충격에는 약하나 외관상 미적 효과가 있다.

69 경비수준에 관한 설명으로 옳지 않은 것은?

① 최저수준경비(Level Ⅰ)는 보통 출입문과 자물쇠를 갖춘 창문과 같은 단순한 물리적 장벽으로 구성되는 일반 가정에 대한 경비를 말한다.
② 하위수준경비(Level Ⅱ)는 작은 소매상점, 저장창고 등에 대한 경비를 말한다.
③ 중간수준경비(Level Ⅲ)는 보다 발전된 원거리 경보시스템, 경계지역의 보다 높은 물리적 수준의 장벽 등이 조직되어 진다.
④ 상위수준경비(Level Ⅳ)는 최첨단의 경보시스템과 현장에서 즉시 대응할 수 있는 24시간 무장체계가 갖춰진 경비체계를 말한다.

70 **조명등의 종류와 그 특징에 관한 설명으로 옳지 않은 것은?**

① 백열등 : 가정집에서 보편적으로 사용되지만 수명이 짧다.
② 수은등 : 푸른빛을 띠고 매우 강한 빛을 방출하며, 백열등보다 수명이 길어 효과적이다.
③ 나트륨등 : 연한 노란색을 발하며, 안개가 자주 끼는 지역에 효과적이다.
④ 석영등 : 수은등처럼 매우 밝은 푸른빛을 빠르게 발산하므로 경계구역과 사고발생 다발지역에 유용하나 가격이 비싸다는 단점이 있다.

71 **다음의 경보체계 종류는?**

> 일반적으로 활용하고 있는 경보체계로서 경계가 필요한 곳에 CCTV를 설치하여 활용하므로 사태파악이나 조치가 빠르고 오경보나 오작동에 대한 염려가 없는 경보체계

① 상주경보시스템
② 제한적 경보시스템
③ 외래경보시스템
④ 중앙통제관리시스템

72 **폭발물에 의한 테러 위협 시 대응에 관한 설명으로 옳은 것은?**

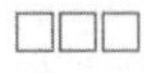

① 폭발물의 폭발력 약화를 위해서 모든 창과 문은 닫아 두어야 한다.
② 경비원은 12시간 비상계획을 수립하여 만일의 폭발상황에 대비해야 한다.
③ 폭발물이 발견되면 그 지역을 출입하는 사람이나 출입이 제한된 사람들의 명단을 신속히 파악한다.
④ 사고가 발생하면 수습대책을 사후에 마련해야 한다.

73 컴퓨터 안전대책에 대한 설명 중 옳은 것은?

□□□

① 컴퓨터실은 벽면이나 바닥을 강화콘크리트 등으로 보호하고 화재에 대비하여 불연재를 사용하여야 한다.
② 컴퓨터 시스템의 보안성 유지를 위하여 프로그램 개발자와 컴퓨터운영자 상호 간의 접촉을 되도록 많이 한다.
③ 컴퓨터설비가 24시간 이상 가동되는 경우에도 중앙경보시스템이 반드시 설치되어야 한다.
④ 화재발생 감지기는 컴퓨터 시스템 센터시설이 완공된 이후에 설치해야 한다.

74 다음 중 컴퓨터 시스템에 대한 기술적 안전대책의 내용으로 옳지 않은 것은?

□□□

① 개별 데이터의 암호화
② 프로그램 개발·통제
③ 침입탐지시스템 구축
④ 방화벽(Firewall) 구축

75 다음 중 컴퓨터범죄의 특징에 대한 설명으로 옳지 않은 것은?

□□□

① 컴퓨터 시스템이나 회사 경영조직에 전문적인 지식을 갖춘 자들이 범죄를 저지른다.
② 범행이 연속적·광역적·자동적으로 이루어질 수 있다.
③ 대부분이 외부인의 소행이며, 완전범죄의 가능성은 낮다.
④ 컴퓨터 지식을 갖춘 비교적 젊은 층의 컴퓨터 범죄자들이 많다.

76 다음 설명에 해당하는 컴퓨터범죄의 유형은?

□□□

> 컴퓨터 작업 수행 후 주변에서 정보를 획득하는 방법으로, 쓰레기통이나 주위에 버려진 명세서 또는 복사물을 찾아 습득하거나 컴퓨터 기억장치에 남아 있는 것을 찾아내서 획득하는 방법이다.

① 트랩 도어(Trap Door)
② 스캐빈징(Scavenging)
③ 살라미 기법(Salami Techniques)
④ 슈퍼 재핑(Super Zapping)

77 다음 사례에 해당하는 신종 금융범죄는?

□□□

> A씨는 택배주소가 정확하지 않아 변경을 요망한다는 내용과 함께 URL주소가 포함된 문자를 받아, URL 주소를 클릭하여 사이트에 들어가 휴대폰 번호와 주소를 입력하였다. 다음날 A씨는 자신도 모르는 사이 휴대폰에 악성코드가 설치되어 이미 소액결제가 이루어졌다는 사실을 알았다.

① 피싱(Phishing)
② 스미싱(Smishing)
③ 파밍(Pharming)
④ 메모리 해킹(Memory Hacking)

78 청원경찰법과 경비업법을 이원적으로 운용함으로써 발생되는 현상이 아닌 것은?

□□□

① 청원경찰이 의무적으로 배치되어야 할 중요시설물에 기술상의 문제로 기계경비를 운용하게 되어 시설주인 청원주에게 이중의 부담이 된다.
② 청원경찰과 민간경비의 보수면에서 상당한 차이가 발생해 청원주가 청원경찰의 배치를 기피한다.
③ 청원경찰의 근무배치 및 감독, 임용 및 해임 등의 권한이 모두 민간경비업자에게 위임되고 있다.
④ 민간경비원들의 사기가 저하되고 이직률이 높다.

79 민간경비산업의 전망과 관련된 설명으로 옳지 않은 것은?

□□□

① 앞으로 민간경비업은 더욱 발전할 것이다.
② 물리보안과 사이버보안을 하나로 묶는 토탈 시큐리티 산업으로 나아갈 것이다.
③ 사이버범죄에 대응한 예방사업이 발전할 것이다.
④ 인력경비산업의 성장속도가 기계경비업의 성장속도를 능가할 것이다.

80 융합보안의 개념에 관한 설명으로 옳은 것은?

□□□

① 권한 없는 접근의 제지 및 억제, 지연 그리고 범죄 등에 의한 위험 및 위험의 감지 등의 활동을 말한다.
② 차량통제와 물품 반출입통제를 동시에 제한하는 활동이다.
③ 출입통제, 접근 감시, 잠금장치 등과 불법 침입자 정보인식시스템 등을 상호 연계하여 보안의 효과성을 높이는 활동이다.
④ 컴퓨터 시스템과 네트워크 상에서 저장 및 전달되고 있는 정보를 안전하게 관리・보호하는 활동이다.

제2회 법학개론

경비지도사 제1차 시험

⊘ 중요문제 / 틀린 문제 CHECK

01	02	03	04	05	06	07	08	09	10	11	12	13	14	15	16	17	18	19	20
21	22	23	24	25	26	27	28	29	30	31	32	33	34	35	36	37	38	39	40

⊘ 각 문항별로 회독수를 체크해 보세요. ☑□□

Time 분 | 해설편 045p

01 법원에 대한 다음 설명 중 옳은 것은?

□□□

① 판례법은 법적 안정성 및 예측 가능성 확보에 유리하다.
② 우리 민법 제1조는 조리의 법원성을 인정하고 있다.
③ 관습법은 당사자의 주장·입증이 있어야만 법원이 이를 판단할 수 있다.
④ 헌법재판소는 관습헌법을 인정하지 않는다.

02 다음의 내용이 설명하는 아리스토텔레스의 정의는 무엇인가?

□□□

> 개인은 동일한 가치를 가지고 평등하게 다루어져야 한다는 형식적·절대적 평등을 주장하는 산술적·교환적 정의

① 일반적 정의
② 특수적 정의
③ 평균적 정의
④ 배분적 정의

03 법의 체계에 관한 설명으로 옳지 않은 것은?

□□□

① 일반법과 특별법은 적용되는 법의 효력 범위에 따른 구분이다.
② 실체법과 절차법은 법이 규율하는 내용(권리·의무의 실체)의 유무에 따른 구분이다.
③ 성문법과 불문법은 법의 존재형식에 따른 구분이다.
④ 공법과 사법으로 분류하는 것은 영미법계의 특징이다.

04 □□□ **법의 분류 등에 관한 설명으로 옳지 않은 것은?**

① 국제사법은 섭외적 법률관계를 규율하는 것으로 국제법에 속한다.
② 일반법과 특별법이 충돌하는 경우에는 특별법이 우선한다.
③ 절차법은 권리나 의무의 실질적 내용을 실현하는 절차, 즉 권리나 의무의 행사・보전・이행・강제 등을 규율하는 법으로 민사소송법, 민사집행법, 형사소송법, 부동산등기법, 채무자회생 및 파산에 관한 법률 등이 있다.
④ 강행법은 당사자의 의사와는 관계없이 절대적・일반적으로 적용되는 법으로 헌법・형법 등 공법의 대부분이 이에 해당한다.

05 □□□ **다음 (가), (나)의 법적 개념에 대한 설명으로 옳지 않은 것은?**

(가) 확실하지 않은 사실을 그 반대 증거가 제시될 때까지 진실한 것으로 인정하여 법적 효과를 부여한다. (나) 본질이 다른 일정한 것을 법률적 취급에서는 동일한 것으로 보고 동일한 효과를 부여한다.

① (가)는 반증만으로 효력이 번복된다.
② (나)는 법조문에서 '~으로 본다.'로 표현된다.
③ 혼인한 미성년자의 성년의제는 (가)의 예이다.
④ 주소를 알 수 없으면 거소를 주소로 보는 것은 (나)의 예이다.

06 □□□ **법의 해석에 관한 설명으로 옳지 않은 것은?**

① 법해석의 목표는 법적 안정성을 저해하지 않는 범위 내에서 구체적 타당성을 찾는데 두어야 한다.
② 민법, 형법, 행정법에서는 유추해석이 원칙적으로 허용된다.
③ 법해석 방법 중 가장 우선적이고 기본적인 해석은 문리해석이다.
④ 법해석의 방법은 해석의 구속력 여부에 따라 유권해석과 학리해석으로 나눌 수 있다.

07 권리의 종류에 관한 설명으로 틀린 것은?

□□□

① 인격권, 가족권(신분권), 재산권, 사원권은 권리의 내용에 따른 분류이다.
② 지배권, 청구권, 형성권, 항변권은 권리의 작용(효력)에 따른 분류이다.
③ 일신전속권, 비전속권은 권리의 대외적 효력범위에 따른 분류이다.
④ 종된 권리, 주된 권리는 권리의 독립성 여부에 따른 분류이다.

08 권리(權利)와 구별되는 개념에 대한 설명으로 옳지 않은 것은?

□□□

① 권한(權限)은 본인 또는 권리자를 위하여 법률행위를 할 수 있는 법률상의 자격이다.
② 권능(權能)은 권리에서 파생되는 개개의 법률상의 작용을 말하는데, 의사무능력자도 권능의 주체가 될 수 있다.
③ 권원(權原)은 어떤 법률적 또는 사실적 행위를 하는 것을 정당화시키는 법률상의 원인을 말한다.
④ 반사적 이익(反射的 利益)이란 법이 일정한 사실을 금지하거나 명하고 있는 결과, 어떤 사람이 저절로 받게 되는 이익으로서 그 이익을 누리는 사람에게 법적인 힘이 부여된 결과 타인이 그 이익의 향유를 방해하면 그것의 보호를 청구할 수 있다.

09 권리와 의무에 관한 설명으로 옳지 않은 것은?

□□□

① 공권(公權)은 공법관계에서 인정되는 권리이다.
② 헌법상 납세의 의무는 의무만 있고 권리를 수반하지 않는 경우에 해당한다.
③ 형성권은 청구권자의 이행청구에 대하여 이를 거절하는 형식으로 행사된다.
④ 자연인과 법인은 권리와 의무의 주체가 된다.

10 다음 중 헌법개정절차에 관한 설명으로 옳은 것은?

□□□

① 헌법개정은 국회재적의원 과반수 또는 대통령의 발의로 제안되며, 제안된 개정안은 대통령이 15일 이상의 기간 이를 공고하여야 한다.
② 헌법개정안은 발의된 날부터 60일 이내 국회 출석의원 3분의 2 이상이 찬성해야 의결된다.
③ 헌법개정안은 국회가 의결한 후 30일 이내 국민투표에 부쳐야 하며, 국회의원 선거권자 과반수의 투표와 투표자 과반수의 찬성으로 확정된다.
④ 헌법개정이 확정되면 대통령은 15일 이내 국회의 동의를 얻어 공포하여야 한다.

11 □□□ **제한선거제에 반대되는 제도로서 사회적 신분 · 재산 · 납세 · 교육 · 신앙 · 인종 · 성별 등에 차별을 두지 않고 원칙적으로 모든 성년자에게 선거권을 부여하는 선거제도는?**

① 보통선거제
② 평등선거제
③ 비밀선거제
④ 자유선거제

12 □□□ **헌법상 신체의 자유에 관한 설명으로 옳지 않은 것은?**

① 신체의 자유는 법률에 따르지 않고서는 신체적 구속을 받지 아니할 자유를 말하는 것으로, 신체의 자유는 인간의 모든 자유 중에서 가장 원시적인 자유이다.
② 누구든지 법률에 의하지 아니하고는 체포 · 구속 · 압수 · 수색 또는 심문을 받지 아니하며, 법률과 적법한 절차에 의하지 아니하고는 처벌 · 보안처분 · 강제노역을 받지 아니한다.
③ 체포 · 구속 · 압수 또는 수색 또는 심문을 할 때에는 적법한 절차에 따라 검사의 신청에 의하여 법관이 발부한 영장을 제시하여야 한다.
④ 누구든지 체포 또는 구속을 당한 때에는 적부의 심사를 법원에 청구할 권리를 가진다.

13 □□□ **국회에 대한 다음 설명 중 옳지 않은 것은?**

① 대법원장은 국회의 동의를 얻어 대통령이 임명한다.
② 국회의원과 정부는 법률안을 제출할 수 있다.
③ 국회의원은 표결에 있어 투표함이 폐쇄되기 전까지는 표시한 의사를 변경할 수 있다.
④ 국회에서 의결된 법률안은 정부에 이송되어 15일 이내에 대통령이 공포한다.

14 □□□ **우리 헌법재판소의 관장사항이 아닌 것은?**

① 법원의 제청에 의한 법률의 위헌여부 심판
② 법률이 정하는 헌법소원에 관한 심판
③ 정당의 해산 심판
④ 국회의원에 대한 탄핵심판

15 다음 중 미성년자가 법정대리인의 동의 없이 할 수 있는 행위가 아닌 것은?

□□□

① 부담 없는 증여계약의 수락
② 처분을 허락한 재산의 처분행위
③ 대리행위
④ 하나의 영업 중 일부분만을 허락

16 표현대리에 대한 설명 중 옳지 않은 것은?

□□□

① 표현대리가 성립되면 무권대리의 성질이 유권대리로 전환된다.
② 강행법규에 위반되는 행위에 대하여 표현대리의 법리가 적용될 여지가 없다.
③ 대리권수여 표시에 의한 표현대리의 경우 임의대리에만 적용된다는 것이 통설이다.
④ 대리권 소멸 후의 표현대리에서 제3자는 거래행위의 상대방만을 지칭한다.

17 다음 중 법정추인 사유가 아닌 것은?

□□□

① 이의를 보류한 채무의 전부 이행
② 이행청구
③ 담보의 제공
④ 경 개

18 무효와 취소에 관한 설명 중 옳지 않은 것은?

□□□

① 무효는 기간의 제한이 없으나, 취소는 제척기간의 제한이 있다.
② 당사자가 무효임을 알고 추인한 때에는 새로운 법률행위로 본다.
③ 취소를 하면 법률행위는 취소한 때로부터 효력을 상실한다.
④ 취소할 수 있는 법률행위를 추인하면 그 법률행위는 확정적으로 유효가 된다.

19 채권자대위권에 대한 설명 중 옳지 않은 것은?

□□□

① 기한이 도래하기 전에는 법원의 허가 없이는 채권자대위권을 행사할 수 없다. 단, 보전행위는 가능하다.
② 채권자대위권 행사의 상대방은 제3채무자이다.
③ 채권자대위권의 행사는 반드시 재판상으로 행사하여야 한다.
④ 대위소송의 기판력은 소송사실을 인지한 채무자에게 미친다.

20 다음 중 집행유예의 요건으로 옳지 않은 것은?

□□□

① 형을 병과할 경우에는 그 형의 일부에 대하여 집행을 유예할 수 있다.
② 금고 이상의 형을 선고한 판결이 확정된 때부터 그 집행을 종료하거나 면제된 후 3년이 지난 범죄에 대하여 형을 선고하는 경우에 적용된다.
③ 집행유예기간은 1년 이상 5년 이하이다.
④ 3년 이하의 징역이나 금고, 자격정지 또는 500만원 이하의 벌금의 형의 대상자에 한한다.

21 다음 중 민법상 경비계약의 위반에 관한 설명으로 옳지 않은 것은?

□□□

① 경비원 모집이 예정대로 이루어지지 않아 약속된 경비개시 시간에 개시를 하지 못한 경우는 이행지체에 해당한다.
② 경비계약 체결 후 경비개시 전에 경비업체가 도산한 경우는 이행불능에 해당한다.
③ 경비계약에서 정한 인원수보다 적은 수의 경비원을 파견하여 경비한 경우에는 불완전이행에 해당한다.
④ 경비원이 경비업무 수행 중 고객이 세워둔 차량 안에서 현금을 절취한 경우에는 적극적 채권침해에 해당한다.

22 보증채무에 관한 설명으로 옳지 않은 것은?

□□□

① 주된 채무가 소멸하면 보증채무도 소멸한다.
② 주된 채무가 이행되지 않을 때 비로소 이행할 의무가 있다.
③ 보증인은 채권자가 주채무자에게 먼저 청구할 것을 요구할 수 있다.
④ 채권자는 채무자와 보증인 중 임의로 선택하여 채무의 전부 이행을 청구할 수 있다.

23 다음 중 상상적 경합범의 성립요건에 해당하지 않는 것을 모두 고르면?

ㄱ. 1개의 행위가 수개의 죄에 해당해야 한다.
ㄴ. 수개의 죄는 수개의 구성요건에 해당함을 의미한다.
ㄷ. 수개의 죄는 동종의 죄이어야 한다.
ㄹ. 수개의 죄는 모두 고의범이어야 한다.

① ㄱ, ㄴ
② ㄴ, ㄷ
③ ㄴ, ㄹ
④ ㄷ, ㄹ

24 형법상 형벌의 내용으로 옳지 않은 것은?

① 형벌의 종류로 형법은 과태료를 규정하고 있다.
② 벌금은 5만원 이상으로 한다.
③ 과료는 2천원 이상 5만원 미만으로 한다.
④ 구류는 1일 이상 30일 미만으로 한다.

25 다음 중 사회적 법익에 관한 죄를 모두 고른 것은?

ㄱ. 내란죄
ㄴ. 배임죄
ㄷ. 손괴죄
ㄹ. 비밀침해의 죄
ㅁ. 장물죄
ㅂ. 음용수에 관한 죄
ㅅ. 통화에 관한 죄
ㅇ. 아편에 관한 죄

① ㄱ, ㅂ, ㅇ
② ㅁ, ㅂ, ㅅ, ㅇ
③ ㅂ, ㅅ, ㅇ
④ ㄴ, ㄷ, ㄹ, ㅁ

26 친고죄와 반의사불벌죄에 관한 설명으로 옳지 않은 것은?

□□□

① 사자명예훼손죄는 친고죄에 해당한다.
② 폭행죄, 협박죄, 명예훼손죄는 반의사불벌죄에 해당한다.
③ 형법이 규정하는 소추조건에는 친고죄와 반의사불벌죄가 있다.
④ 고소권자는 대법원 판결선고 전까지 고소를 취소할 수 있다.

27 법원이 직권으로 변호인을 선임하는 경우가 아닌 것은?

□□□

① 피고인이 구속된 때
② 피고인이 미성년자인 때
③ 피고인이 70세 이상인 때
④ 피고인이 사형, 무기 또는 장기 3년 이상의 징역이나 금고에 해당하는 사건으로 기소된 때

28 다음 중 임의수사의 방법을 모두 고른 것은?

□□□

ㄱ. 출석요구	ㄴ. 참고인 진술 청취
ㄷ. 피의자 신문	ㄹ. 공무소에의 조회
ㅁ. 증거보전	ㅂ. 현행범 체포

① ㄴ
② ㄱ, ㄴ, ㄷ
③ ㄱ, ㄴ, ㅁ
④ ㄴ, ㄷ, ㄹ

29 피고인이 공판정에서 자백한 사건에 대하여 증거능력의 제한을 완화하는 등의 방법으로 심리를 신속하게 진행하기 위하여 인정되는 절차는?

□□□

① 모두절차 ② 공판준비절차
③ 간이공판절차 ④ 증거개시절차

30 상업사용인에 대한 설명으로 옳지 않은 것은?

□□□

① 상인은 지배인의 선임과 그 대리권의 소멸에 관하여 본점에서만 등기하여야 한다.
② 지배인은 영업주에 갈음하여 그 영업에 관한 재판상 또는 재판 외의 모든 행위를 할 수 있다.
③ 상인은 수인의 지배인에게 공동으로 대리권을 행사하게 할 수 있다.
④ 지배인의 대리권에 대한 제한은 선의의 제3자에게 대항할 수 없다.

31 상법상 주주총회의 특별결의사항에 해당하지 않는 것은?

□□□

① 영업 전부의 경영위임
② 영업의 중요한 일부 양도
③ 타인과 영업의 손익 일부를 같이 하는 계약
④ 회사의 영업에 중대한 영향을 미치는 다른 회사의 영업 일부의 양수

32 작업장에서 의도적으로 작업을 태만히 하거나, 불완전한 제품을 만듦으로써 사용자에게 대항하는 행위는 무엇인가?

□□□

① 피케팅(Picketing) ② 보이콧(Boycott)
③ 태 업 ④ 동맹파업

33 □□□ **다음 ( ) 안의 ㄱ, ㄴ, ㄷ에 들어갈 숫자의 합은?**

> 보험금청구권은 (ㄱ)년간, 보험료 또는 적립금의 반환청구권은 (ㄴ)년간, 보험료청구권은 (ㄷ)년간 행사하지 아니하면 시효의 완성으로 소멸한다.

① 6 ② 7
③ 8 ④ 9

34 □□□ **현행법상 노동조합에 관한 설명으로 옳지 않은 것은?**

① 현재 실업 중인 자는 노동조합에 가입할 수 없다.
② 공무원의 노동조합설립은 인정된다.
③ 노동조합의 파업에 대한 사용자의 직장폐쇄도 쟁의행위에 해당된다.
④ 노조전임자는 전임기간 동안 사용자로부터 어떠한 급여도 받을 수 없다.

35 □□□ **다음 중 국민연금법상 급여의 종류가 아닌 것은?**

① 노령연금 ② 장애연금
③ 고용촉진지원금 ④ 유족연금

36 □□□ **다음은 무엇에 대한 설명인가?**

> 사회보장기본법상 국가와 지방자치단체의 책임 하에 생활유지능력이 없거나 또는 생활이 어려운 국민의 최저생활을 보장하고 자립을 지원하는 제도

① 장애인복지법 ② 사회보험제도
③ 국민연금법 ④ 공공부조제도

37 □□□ 행정청이 특정한 사실 또는 법률관계의 존부에 관하여 의문이 있거나 다툼이 있는 경우에 이를 공적으로 판단하는 행정행위는?

① 인 가　　② 확 인
③ 특 허　　④ 허 가

38 □□□ 행정기관에 관한 설명으로 옳지 않은 것은?

① 행정청의 자문기관은 합의제이며, 그 구성원은 공무원으로 한정된다.
② 보조기관은 행정청에 소속되어 행정청의 권한행사를 보조하는 것을 임무로 하는 기관을 말한다.
③ 보좌기관은 행정청 또는 그 보조기관을 보좌하는 기관으로, 대통령실, 국무총리실, 행정 각부의 차관보, 담당관 등이 이에 해당한다.
④ 행정청은 행정주체의 의사를 결정하여 외부에 표시하는 권한을 가진 기관이다.

39 □□□ 다음 중 형성적 행정행위에 해당하는 것을 모두 고른 것은?

ㄱ. 하 명	ㄴ. 허 가
ㄷ. 인 가	ㄹ. 특 허
ㅁ. 확 인	ㅂ. 공 증
ㅅ. 통 지	ㅇ. 수 리

① ㄱ, ㄴ　　② ㄱ, ㄴ, ㄹ
③ ㄷ, ㄹ　　④ ㅁ, ㅂ, ㅅ, ㅇ

40 □□□ 사인이 국가 또는 지방자치단체에 대해 부담하고 있는 공법상 금전급부의무를 불이행한 경우에 행정청이 강제적으로 그 의무가 이행된 것과 같은 상태를 실현하는 작용을 무엇이라 하는가?

① 강제징수　　② 강제금
③ 직접강제　　④ 행정대집행

제2회 민간경비론

경비지도사 제1차 시험

중요문제 / 틀린 문제 CHECK

41	42	43	44	45	46	47	48	49	50	51	52	53	54	55	56	57	58	59	60
61	62	63	64	65	66	67	68	69	70	71	72	73	74	75	76	77	78	79	80

각 문항별로 회독수를 체크해 보세요. ☑□□

Time 분 | 해설편 066p

41 민간경비와 공경비의 차이점으로 옳지 않은 것은?

□□□

① 민간경비는 계약자 등 특정인이 수혜 대상자이다.
② 민간경비의 목적은 주로 범인 체포 및 범죄 수사 등에 있다.
③ 민간경비업은 경제적 이익을 추구한다.
④ 민간경비는 공경비에 비해 강제력 사용에 제약을 받는다.

42 민간경비 성장의 이론적 배경인 수익자부담이론에 대한 설명으로 옳은 것은?

① 수익성 행사의 경우 민간경비는 우발사태 대비 개념으로 운용되어야 한다.
② 철저한 수익자부담원칙의 적용에는 현실적인 어려움이 있으므로 단기적으로 대응하여야 한다.
③ 국민의 세금으로 운용되는 경찰의 역할은 국민의 생명과 재산을 보호하는 것이라는 일정한 제한이 있으므로 개인적 편익을 위한 비용부담은 수익자 자신이 부담하여야 한다는 것이다.
④ 국가적 행사의 경우 수익자부담의 원칙을 엄격히 적용할 수 있다.

43 다음 글에 해당하는 민간경비의 성장배경이론은?

□□□

> • 경찰이 수행하고 있는 경찰 본연의 기능이나 역할을 민간경비가 보완하거나 대체한다는 이론이다.
> • 사회의 다원화와 분화에서 초래되는 사회적 긴장과 갈등, 대립 등에 의한 무질서나 범죄의 증가에 대응하기 위해서는 경찰력이 증가하여야 하나 현실적으로 어려운 상태이므로 그 결과 생겨나는 공백을 메우기 위해서는 민간경비가 발전한다는 이론이다.

① 경제환원론적이론
② 공동화이론
③ 이익집단이론
④ 수익자부담이론

44 공동생산이론에 관한 설명으로 옳은 것을 모두 고른 것은?

□□□

> ㄱ. 민간경비를 공경비의 보조적 차원이 아닌 주체적 차원으로 인식한다.
> ㄴ. 경찰이 안고 있는 한계를 일부 극복하고 시민의 안전욕구를 증대시키기 위하여 민간부문의 능동적 참여를 다각적으로 유도한다.
> ㄷ. 치안서비스 제공은 경찰의 역할수행과 민간경비의 공동참여로 이루어진다.
> ㄹ. 민간경비는 집단적 이익의 실현을 위해 규모를 팽창시킨다.

① ㄱ
② ㄱ, ㄴ
③ ㄱ, ㄴ, ㄷ
④ ㄱ, ㄴ, ㄷ, ㄹ

45 민간경비에 관한 설명으로 옳지 않은 것은?

□□□

① 서구에서는 민간경비를 논의할 때 영리를 목적으로 하는 계약경비뿐만 아니라 자체경비도 포함시키는 경향이 있다.
② 민간경비는 각 나라마다 차이가 있으며, 형식적인 민간경비와 실질적인 민간경비는 차이가 있다.
③ 실정법에서 규정하고 있는 민간경비는 개념적으로 실질적인 의미의 민간경비에 해당된다.
④ 우리나라에서는 경찰관이 부업으로 민간경비원의 업무를 수행할 수 없다.

46 다음 중 영국 헨리왕의 King's Peace 시대에 관한 올바른 내용으로 볼 수 없는 것은?

□□□

① 레지스 헨리시법을 공포한 시기이다.
② 공법에서 사법으로 법개념의 변천이 이루어졌다.
③ 경찰의 공복으로서의 역할이 보다 강조된 시기이다.
④ 그 당시 범죄는 개인에 대한 위법이 아닌 국왕의 평화에 대한 도전으로 간주했다.

47 일본의 민간경비산업에 관한 설명으로 옳지 않은 것은?

□□□

① 교통유도경비업무란 도로에 접속한 공사현장 및 사람과 차량을 통행에 위험이 있는 장소 또는 도로를 점유하는 행사장에서 부상 등 사고 발생을 방지하는 업무이다.
② 미국의 교통유도원(flagger) 제도는 각 주에서는 다양한 방법 및 기관을 통해 교육과정을 개설하고 있으며, 일부 주에서는 필기 및 실기시험을 통과한 후 인증서를 발급하여 유도원 채용 시 반드시 인증서를 제출하도록 하는 등 체계적으로 관리하고 있다.
③ 일본에서 민간경비원의 교통유도경비는 경찰관의 교통정리와 같은 법적 강제력이 없다.
④ 일본의 민간경비는 1980년대 이후부터 한국과 중국에 진출을 시도하면서 인력경비가 급속히 성장하고 있다.

48 다음 중 핑커톤 경비조직에 대한 설명으로 옳지 않은 것은?

□□□

① 남북전쟁 당시에는 링컨 대통령의 경호업무를 담당하기도 하였다.
② 북군의 교란작전으로 대량 유포된 마약에 대한 적발임무를 수행하는 데 결정적 공헌을 하였다.
③ 경찰당국의 자료요청에 응하여 경찰과 민간경비업체의 바람직한 관계를 정립하였다.
④ 범죄자를 유형별로 정리하는 방식은 오늘날 프로파일링 수사기법에 영향을 주었다.

49 각국 민간경비의 발전과정에 관한 설명으로 옳은 것을 모두 고른 것은?

□□□

ㄱ. 보우가의 주자 시대에 교구경찰이 탄생하였으며, 그들의 책임은 교회 구역 내로만 한정하였다.
ㄴ. 제1차 세계대전 시 민간경비업은 군수물자를 생산하는 기업체들을 파업이나 적군의 탐정으로부터 보호해야 하는 임무를 띠게 되었다.
ㄷ. 우리나라는 2001년 경비업법이 개정되어 경비업의 종류에 특수경비업무가 추가되었다.
ㄹ. 일본의 민간경비는 중세기부터 지방 성주들에 의하여 사적으로 실시되었다.

① ㄱ
② ㄱ, ㄴ
③ ㄱ, ㄴ, ㄷ
④ ㄱ, ㄴ, ㄷ, ㄹ

50 한국의 민간경비산업의 현황으로 옳은 것을 모두 고른 것은?

□□□

ㄱ. 일부 업체를 제외하고는 대체로 영세한 편이다.
ㄴ. 경비분야의 연구 전문인력이 부족하다.
ㄷ. 경찰 및 교정업무의 민영화 추세는 민간경비업 확장의 한 요인이 된다.
ㄹ. 인력경비보다 기계경비에 치중되어 있는 실정이다.

① ㄱ
② ㄱ, ㄴ
③ ㄱ, ㄴ, ㄷ
④ ㄱ, ㄴ, ㄷ, ㄹ

51 다음에서 설명하는 것은 빌렉이 분류한 민간경비원의 법적 지위 유형 중 어느 유형인가?

□□□

제한된 근무지역인 학교, 공원지역이나, 주지사, 보안관 시당국, 정부기관에 의해 특별한 경찰업무를 위임받은 민간경비원이며, 우리나라의 청원경찰과 같은 개념이다.

① 경찰관 신분을 가진 민간경비원
② 특별한 권한이 있는 민간경비원
③ 일반시민과 같은 민간경비원
④ 군인 신분을 가진 민간경비원

52 우리나라와 일본의 민간조사제도에 관한 설명으로 옳지 않은 것은?

□□□

① 일본은 2006년 민간조사업과 관련된 법령이 제정되었으며, 2007년부터 시행되었다.
② 한국에서 공인탐정제도와 관련된 법안은 발의된 적이 없다.
③ 일본의 민간조사업은 신고제 형식을 취하고 있다.
④ 한국에서 경비업법상 민간조사업무는 경비업무의 한 영역이라고 보기 어렵다.

53 현행 법령상 국가경찰의 임무에 해당하는 것을 모두 고른 것은?

□□□

ㄱ. 고객의 생명·신체 및 재산의 보호
ㄴ. 범죄의 예방·진압 및 수사
ㄷ. 경비·주요 인사(人士) 경호 및 대간첩·대테러 작전 수행
ㄹ. 치안정보의 수집 및 서비스 제공
ㅁ. 교통의 단속과 교통 위해(危害)의 방지
ㅂ. 외국 정부기관 및 국제기구와의 국제협력

① ㄱ, ㄴ, ㄷ, ㅁ
② ㄴ, ㄷ, ㄹ, ㅁ
③ ㄴ, ㄷ, ㅁ, ㅂ
④ ㄱ, ㄴ, ㄷ, ㄹ, ㅁ, ㅂ

54 경찰 방범활동의 한계요인에 대한 설명으로 옳지 않은 것은?

□□□

① 특수한 상황에서 경찰 인력이 시국치안에 동원되는 경우 실질적으로 민생치안에 근무하게 되는 경찰 인력은 더욱 감소하게 된다.
② 열악한 근무조건 외에 개인 방범장비의 부족과 노후화는 효율적인 방범활동을 수행하는 데 있어서 장애가 되고 있다.
③ 다른 부서의 협조업무가 높은 비율로 이루어져 민생치안 고유 업무 수행을 더 원활하게 할 수 있다.
④ 경찰에 대한 부정적인 이미지나 불신 등의 이유로 주민과 경찰과의 관계 개선이나 범죄 발생 시 신고 등의 협조가 미비하다.

55 □□□ **개인적 차원에서 자신과 가족의 안전에 대한 예방활동을 하는 것을 말하며, 방범장비의 휴대, 각종 첨단경보장치의 설치, 귀가 중인 자녀의 안전을 위한 마중 등과 같이 개인적으로 이루어지는 자율방범활동은 치안서비스 공동생산의 유형 중 어느 유형에 속하는가?**

① 개별적 · 소극적 공동생산(제Ⅰ유형)
② 개별적 · 적극적 공동생산(제Ⅱ유형)
③ 집단적 · 소극적 공동생산(제Ⅲ유형)
④ 집단적 · 적극적 공동생산(제Ⅳ유형)

56 □□□ **계약경비에 대한 설명으로 옳은 것은?**

① 오늘날은 자체경비서비스가 계약경비서비스보다 더 빠르게 증가하고 점차 확대되고 있다.
② 비용면에서 계약경비가 자체경비보다 더 많은 비용이 든다.
③ 경비업법은 도급계약 형태이므로 계약경비를 전제로 한다.
④ 유지보수에 적지 않은 비용과 전문인력이 요구된다.

57 □□□ **기계경비와 인력경비에 관한 설명으로 옳지 않은 것은?**

① 인력경비란 화재, 절도, 분실, 파괴, 기타 범죄 내지 피해로부터 개인이나 기업의 인적 · 물적 안전을 확보하기 위해서 경비원 등의 인력으로 경비하는 것을 말한다.
② 인력경비의 장점은 경비업무를 전문화할 수 있고, 고용창출 효과와 고객 접점 서비스 효과가 있다는 점이다.
③ 인력경비의 단점은 야간에는 경비활동의 제약을 받아 효율성이 감소된다는 점이다.
④ 순수 무인기계경비는 불법침입을 감지한 센서가 컴퓨터에 음성이나 문자 등으로 표시하여 이를 본 사람이 조치를 취하도록 하는 경비형태이다.

58 다음에서 설명하는 민간경비의 유형은?

> • 혼잡한 상황에서 발생할 가능성이 있는 여러 가지 안전사고를 경계하고 예방하는 제반활동이다.
> • 지방자치단체가 주관하는 축제・행사에서 안전사고에 대비하는 질서유지활동이다.
> • 일본의 경우 이것을 경비업법에서 규정하고 있으며, 교통유도업무가 대부분을 차지하고 있다.

① 혼잡경비　　② 호송경비
③ 특수경비　　④ 경호경비

59 기계경비시스템의 3대 기본구성요소에 포함되지 않는 것은?

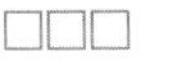

① 불법침입에 대한 감지
② 침입정보의 전달
③ 침입행위의 대응
④ 광범위한 감시효과

60 경비업법령상 특수경비원의 교육에 관한 설명으로 옳지 않은 것은?

① 특수경비업자는 특수경비원 신임교육을 받지 아니한 자를 특수경비업무에 종사하게 해서는 아니 된다.
② 특수경비업자는 소속 특수경비원에 대하여 매월 4시간 이상의 직무교육을 실시해야 한다.
③ 특수경비원의 교육시 관할경찰서 소속 경찰공무원이 교육기관에 입회하여 대통령령이 정하는 바에 따라 지도・감독하여야 한다.
④ 특수경비업자는 채용 전 3년 이내에 특수경비업무에 종사하였던 경력이 있는 사람을 특수경비원으로 채용한 경우에는 해당 특수경비원을 특수경비원 신임교육 대상에서 제외할 수 있다.

61 공동목표의 달성을 위해 하부조직 사이에서 수행하고 있는 업무가 통일성 내지 조화를 이루도록 하는 민간경비조직의 운영원리는?
□□□

① 계층제의 원리
② 명령통일의 원리
③ 전문화의 원리
④ 조정·통합의 원리

62 경비관리 책임자의 조사상 역할로 옳은 것은?
□□□

① 기획의 조직화
② 예산과 재정상의 감독
③ 사무행정
④ 감시, 회계, 회사 규칙의 위반 확인

63 확인된 위험의 대응방법에 대한 설명으로 옳지 않은 것은?
□□□

① 위험의 제거 : 위험관리에서 최선의 방법은 확인된 모든 위험요소를 제거하는 것이다.
② 위험의 회피 : 범죄 및 손실이 발생할 기회를 아예 제공하지 않는 것이다.
③ 위험의 감소 : 위험성이 높은 보호대상을 한 곳에 집중시키지 않고 여러 곳에 분산시키는 것이다.
④ 위험의 대체 : 직접적으로 위험을 제거하거나 감소 및 최소화시키기보다는 보험과 같은 대체수단을 통해서 손실을 전보하는 방법이다.

64 다음 국가중요시설의 분류기준에 대한 설명으로 옳은 것은?
□□□

① 가급 – 중앙부처의 장 또는 시·도지사가 필요하다고 지정한 행정 및 산업시설
② 나급 – 국가안보상 국가경제·사회생활에 중대한 영향을 끼치는 행정 및 산업시설
③ 다급 – 국방·국가기간산업 등 국가의 안전보장에 고도의 영향을 미치는 행정 및 산업시설
④ 기타급 – 국가안보상 국가경제·사회생활에 중요하다고 인정되는 행정 및 산업시설

65 대부분의 패턴이 없는 외부 및 내부의 침입을 발견 · 저지 · 방어 · 예방하도록 계획되어진 경비시스템을 갖춘 경비수준은?

□□□

① 하위수준경비(Level Ⅱ)
② 중간수준경비(Level Ⅲ)
③ 상위수준경비(Level Ⅳ)
④ 최고수준경비(Level Ⅴ)

66 자력에 의해 문을 잠그는 잠금장치로 1,000파운드(약 453.6kg)의 압력에도 견디어 내는 고강도문에 많이 사용되며 종업원들의 출입이 잦지 않은 제한구역에 주로 사용되는 자물쇠는?

□□□

① 판날름쇠 자물쇠(Disc Tumbler Locks)
② 숫자맞춤식 자물쇠(Combination Locks)
③ 전자식 자물쇠(Electromagnetic Locks)
④ 암호사용 자물쇠(Code Operated Locks)

67 다음에서 설명하는 잠금장치는 무엇인가?

□□□

원거리에서 문을 열고 닫도록 제어하는 장점이 있으며, 특히 마당이 있는 가정집 내부에서 스위치를 누름으로써 외부의 문이 열리도록 작동하는 보안 잠금장치이다.

① 일체식 잠금장치
② 전기식 잠금장치
③ 기억식 잠금장치
④ 카드식 잠금장치

68 다음 지문이 설명하는 경비조명은 무엇인가?

□□□

> 휴대가 가능하며 잠재적으로 사고가 일어날 만한 지역의 원거리 표적을 정확하게 관찰하기 위해 사용되며, 외딴 산간지역이나 작은 배로 쉽게 시설물에 접근할 수 있는 위치에 설치한다.

① 가로등
② 투광조명등
③ 프레이넬등
④ 탐조등

69 경보체계에 대한 설명으로 옳지 않은 것은?

□□□

① 중앙관제시스템(중앙통제관리시스템)은 일반적으로 활용하고 있는 경보체계로서 경계가 필요한 곳에 CCTV를 설치하여 활용하므로 사태파악이나 조치가 빠르고 오경보나 오작동에 대한 염려도 거의 없다.
② 상주경보시스템은 조직이 자체적으로 경비부서를 조직하고 경비활동을 실시하는 가장 고전적인 방법으로 각 주요 지점마다 경비원을 배치하여 비상시에 대응하는 방식이다.
③ 제한적 경보시스템은 사이렌이나 종, 비상등과 같은 제한된 경보장치를 설치한 시스템으로, 사람이 없으면 대응할 수 없다는 단점이 있다.
④ 다이얼 경보시스템은 전용 전화회선을 통하여 비상 감지 시에 직접 외부의 각 관계기관에 자동으로 연락이 취해지는 방식이다.

70 폭발물 탐지활동 시 유의사항으로 옳지 않은 것은?

□□□

① 천천히 움직이면서 되도록 발자국 소리를 내지 않는다.
② 귀는 시계소리나 태엽소리에 집중하고, 평소 익숙한 주위 배경소리와 다른 소리가 나면 주의를 기울인다.
③ 방이나 밀폐된 공간의 경우에는 허리에서 눈, 눈에서 천장으로 공간을 이등분하여 조사한다.
④ 의심나는 물체가 발견되면 즉시 보고하고, 급박한 상황이므로 폭탄전문가가 도착하기전이라도 이를 처리해야 한다.

71 □□□ **보안업무와 관련하여 비인가자가 비밀, 주요시설 및 Ⅲ급 비밀 소통용 암호자재에 접근하는 것을 방지하기 위하여 안내를 받아 출입하여야 하는 구역은?**

① 제한지역
② 통제구역
③ 금지구역
④ 제한구역

72 □□□ **화재유형별 진압 방법으로 옳지 않은 것은?**

① 일반화재의 경우 물을 사용하여 진압하는 것이 가장 효과적이다.
② 유류화재의 경우 산소공급을 중단시키거나 이산화탄소의 살포 등이 가장 효과적이다.
③ 전기화재의 경우 물을 사용한 진압은 금지된다.
④ 금속화재의 경우 건성분말의 화학식 화재진압이 효과적이다.

73 □□□ **컴퓨터 암호화 시스템에 관한 설명으로 옳지 않은 것은?**

① 컴퓨터 암호는 특정시스템에 대한 접근권을 가진 이용자의 식별장치라 할 수 있다.
② 암호시스템은 암호화되지 않은 상태의 원문을 암호문으로 만드는 암호화 과정만을 의미한다.
③ 암호설정은 단순 숫자 조합보다는 특수문자 등을 사용하여 조합하는 것이 바람직하다.
④ 보안을 위해서는 가능한 한 암호수명(Password age)을 짧게 하고, 자주 변경하는 것이 좋다.

74 □□□ **다음 중 컴퓨터범죄의 특징으로 옳지 않은 것은?**

① 범행의 증거가 남지 않고 증거인멸이 용이하다.
② 범행이 연속적이며 지속적으로 이루어질 수 있다.
③ 컴퓨터 시스템이나 회사 경영조직에 전문적인 지식을 갖춘 자들이 범죄를 저지른다.
④ 대부분 외부인의 소행이며, 범죄행위자들은 초범자인 경우가 드물다.

75 다음에서 설명하는 컴퓨터의 부정조작의 종류는 무엇인가?

□□□

> 컴퓨터의 시동·정지, 운전상태의 감시, 정보처리 내용과 방법의 변경·수정의 경우 사용되는 콘솔을 거짓으로 조작하여 컴퓨터의 자료처리 과정에서 프로그램의 지시나 처리될 기억정보를 변경시키는 것을 말한다.

① 입력 조작
② 프로그램 조작
③ 콘솔 조작
④ 출력 조작

76 네티즌들이 공통의 관심사를 논의하기 위해 개설한 토론방에 고의로 가입하여 개인 등에 대한 악성루머를 유포하여 개인이나 기업을 곤경에 빠뜨리는 수법은 무엇인가?

□□□

① 스토킹
② 전자폭탄
③ 플레임
④ 허프건

77 컴퓨터범죄의 예방대책 중 관리적 대책에 해당되지 않는 것은?

□□□

① 직무권한의 명확화와 상호 분리 원칙
② 프로그램 개발·통제
③ 데이터 자체의 암호화
④ 액세스 제한 제도(Graduated Access)의 도입

78 국내 민간경비산업의 문제점으로 옳지 않은 것은?

□□□

① 경비업법과 청원경찰법이 이원화되어 경비의 효율성이 떨어진다.
② 경비분야의 전문 연구인력이 부족하다.
③ 경비입찰단가가 비현실적이다.
④ 기계경비에 치중되어 있다.

79 □□□ 외부의 침입이나 화재 및 가스 누출과 같은 비상경보가 CCTV회선을 통해 경비회사에 전송되어 경비회사는 그 이상 여부를 확인하여 경찰서 및 소방서에 통보하는 시스템은?

① 타운 시큐리티
② 고층빌딩 경비
③ 홈 시큐리티
④ 공동주택 경비

80 □□□ 민간경비산업의 발전방안으로 옳지 않은 것은?

① 민간경비와 청원경찰제도를 단일화한다.
② 경비인력을 전문화한다.
③ 방범장비에 대한 오경보로 인한 인력의 소모와 방범상의 허점을 개선하여야 한다.
④ 일반경비원에게도 청원경찰과 마찬가지로 총기를 적극적으로 사용할 수 있도록 하여야 한다.

제3회 법학개론

경비지도사 제1차 시험

중요문제 / 틀린 문제 CHECK

01	02	03	04	05	06	07	08	09	10	11	12	13	14	15	16	17	18	19	20
21	22	23	24	25	26	27	28	29	30	31	32	33	34	35	36	37	38	39	40

각 문항별로 회독수를 체크해 보세요. ☑☐☐

Time 분 | 해설편 089p

01 다음은 헌법재판소 결정문의 일부이다. 밑줄 친 부분에서 중시하는 법이념을 나타내는 법언(法諺)은?

☐☐☐

> 호주제를 규정한 민법 조항은 성역할에 관한 고정관념에 기초한 차별의 성격이 강하므로 위헌의 소지가 있다. 하지만 단순위헌 결정을 하게 될 경우 해당 민법 조항과 이를 기준으로 제정된 호적법의 효력이 즉각 상실되어 호적 관련 사무에 심각한 혼란이 발생할 것이 우려된다. 따라서 호주제를 전제로 하지 않는 새로운 호적 체계로 호적법이 개정될 때까지 해당 민법 조항들의 효력을 그대로 유지하는 것이 적절하다고 판단하여 헌법불합치 결정을 선고한다.

① 법에도 눈물이 있다.
② 정의만이 통치의 기초이다.
③ 국민이 원하는 것이 법이다.
④ 정의의 극치는 부정의의 극치이다.

02 '법은 도덕의 최대한이다'라는 법의 개념에 대한 견해를 가진 학자는?

☐☐☐

① 라드브루흐 ② 옐리네크
③ 슈몰러 ④ 칸 트

03 법의 효력에 관한 설명으로 옳지 않은 것은?

☐☐☐

① 한시법에 있어서 시행기간이 경과하여 적용되지 않게 된 경우, 이는 명시적 폐지에 해당한다.
② 민법은 특별한 규정이 있는 경우 외에는 법률불소급의 원칙이 적용된다.
③ 소급입법에 의한 참정권 제한 금지는 헌법에 규정되어 있다.
④ 법은 속지주의를 원칙으로 하고, 보충적으로 속인주의를 적용한다.

04 다음 중 옳지 않은 것은?

□□□

① 사실인 관습은 사회의 법적 확신의 뒷받침이 없는 단순한 사실로서의 관습을 말한다.
② 관습법으로 인정되는 제도로 온천권, 분묘기지권 등이 있다.
③ 관습법은 성문법을 보충하는 효력이 있다.
④ 조리는 법의 흠결 시 법원이 될 뿐만 아니라, 법률행위의 해석의 기준이 되기도 한다.

05 성문법에 관한 설명 중 옳지 않은 것은?

□□□

① 대법원규칙은 명령으로서의 성격을 갖는다.
② 성문법이라 함은 그 제정의 주체가 반드시 의회인 경우에 국한된다.
③ 법의 고착화는 성문법주의의 단점이다.
④ 헌법 제6조 제1항은 "헌법에 의하여 체결·공포된 조약과 일반적으로 승인된 국제법규는 국내법과 같은 효력을 가진다."라고 규정하고 있다.

06 법의 적용에 관한 설명으로 옳지 않은 것은?

□□□

① 법을 적용하기 위한 사실의 확정은 증거에 의한다.
② 사실의 인정을 위하여 증거를 내세우는 것을 입증이라고 한다.
③ 확정의 대상인 사실이란 자연적으로 인식한 현상 자체를 말한다.
④ 사실의 추정은 확정되지 못한 사실을 그대로 가정하여 법률효과를 발생시키는 것이다.

07 법의 분류에 관한 설명으로 옳지 않은 것은?

□□□

① 사회법은 공법 영역에 사법적 요소를 가미하는 제3의 법 영역이다.
② 노동법, 경제법, 사회보장법은 사회법에 속한다.
③ 민사소송법, 민사집행법, 형사소송법, 행정소송법, 채무자회생 및 파산에 관한 법률, 부동산등기법은 절차법에 해당한다.
④ 일반법과 특별법은 적용되는 법의 효력 범위가 일반적인가 또는 특수적인가에 의한 분류로서, 대체로 일반법은 그 효력 범위가 넓고 특별법은 비교적 좁은 효력 범위를 갖는다.

08 다음 각 용어에 관한 설명으로 옳지 않은 것은?

□□□

① 권원이란 일정한 법률행위나 사실행위를 할 수 있게 하는 근거를 말한다.
② 반사적 이익이란 특정인이 법률규정에 따라 일정한 행위를 하였을 때 그 법률상 이익을 직접 누릴 수 있는 권리를 말한다.
③ 권능이란 권리의 내용을 이루는 각개의 법률상의 작용을 말한다.
④ 법인의 대표이사가 정관 규정에 의하여 일정한 행위를 할 수 있는 힘을 권한이라 한다.

09 다음은 헌법재판소 판례이다. ( ) 안에 들어갈 말로 적절한 것을 고르면?

□□□

국민보건 또는 기타 공익을 위한 법령상의 규제 때문에 종전에 사실상 독점하고 있던 영업행위를 관계법의 개정에 따라 다른 사람들도 할 수 있게 됨으로써 종전에 누리고 있던 독점적 영업이익이 상실된다고 하여도 그 사실만으로 기본권의 침해가 있는 것은 아니다. 같은 이치로, 설령 한약학과 졸업예정자인 청구인들이 한약사 면허취득에 관한 관계 법령에 터잡아 이익독점을 기대하고 있었는데 한약학과 외의 학과 출신자에 대한 한약사시험 응시자격의 부여로 인해 한약사 면허취득자가 증가함으로써 그 기대가 실현되지 않게 된다고 하더라도 이는 사실상 기대되던 ( )이 실현되지 않게 된 것에 불과한 것이지 어떠한 헌법상 기본권의 제한 또는 침해의 문제가 생기는 것은 아니다.

① 권 한
② 권 능
③ 권 원
④ 반사적 이익

10 다음 중 평상적 헌법보호수단이 아닌 것은?

□□□

① 방어적 민주주의의 채택
② 국정감사 및 조사제도
③ 위헌법률심판제도
④ 대통령의 계엄선포권

11 다음 중 현대 복지국가 헌법의 특징으로만 묶인 것을 고르면?

□□□

ㄱ. 실질적 법치주의
ㄴ. 국제평화주의
ㄷ. 형식적 법치주의
ㄹ. 자유권 중심의 기본권 보장
ㅁ. 사회적 기본권 보장의 실질화

① ㄱ, ㄴ, ㄷ
② ㄴ, ㄹ, ㅁ
③ ㄱ, ㄴ, ㅁ
④ ㄴ, ㄷ, ㅁ

12 다음 중 헌법전문에서 규정하고 있지 않은 내용은?

□□□

① 대한민국임시정부의 법통과 4・19이념의 계승
② 각인의 기회 균등
③ 자유민주적 기본질서에 입각한 평화적 통일정책
④ 국민생활의 균등한 향상

13 기본권의 주체에 관한 설명으로 옳지 않은 것을 모두 고른 것은?

□□□

ㄱ. 외국인은 대한민국에 입국할 자유를 보장받는다.
ㄴ. 태아는 제한적으로 기본권의 주체가 될 수 있다.
ㄷ. 사법인(私法人)은 언론・출판의 자유, 재산권의 주체가 된다.

① ㄱ
② ㄴ
③ ㄱ, ㄴ
④ ㄱ, ㄴ, ㄷ

14 다음 중 국회의 권한이 아닌 것은 모두 몇 개인가?

□□□

> ㄱ. 국무총리 해임권
> ㄴ. 국군 외국파견 동의권
> ㄷ. 국회의원 제명권
> ㄹ. 예비비 지출에 대한 동의권
> ㅁ. 헌법개정안의 확정동의권
> ㅂ. 선전포고에 대한 동의권

① 2개　　② 3개
③ 4개　　④ 5개

15 감사원에 관한 설명으로 옳지 않은 것은?

① 대통령의 직속기관으로 직무상 대통령의 지휘·감독을 받는다.
② 원장이 궐위(闕位)되거나 사고(事故)로 인하여 직무를 수행할 수 없을 때에는 감사위원으로 최장기간 재직한 감사위원이 그 권한을 대행한다.
③ 감사원장과 감사위원의 임기는 4년으로 하며, 1차에 한하여 중임할 수 있다.
④ 감사원은 원장을 포함한 5인 이상 11인 이하의 감사위원으로 구성한다.

16 민법상 능력에 관한 설명으로 옳지 않은 것은?

① 국제사법은 "사람의 권리능력은 그의 본국법에 의한다."라고 규정하고 있다.
② 출생 전의 태아에게는 원칙적으로 권리능력이 인정되지 않으나 불법행위로 인한 손해배상청구, 재산상속, 대습상속, 유증, 인지 등의 경우에는 권리능력이 예외적으로 인정된다.
③ 제한능력자가 법정대리인의 동의 없이 한 법률행위는 무효이다.
④ 권리능력에 대한 규정은 강행규정으로서 권리능력의 시기나 종기는 당사자의 합의로 달리 정할 수 없다.

17 □□□

민법상 물건에 관한 설명으로 옳지 않은 것은?

① 주물 · 종물은 동산에 한한다.
② 종물은 주물의 처분에 따른다는 규정은 강행규정이 아니고 당사자의 의사에 따라 달리 정할 수 있는 임의규정이다.
③ 건물은 토지로부터 독립한 부동산으로 다루어질 수 있다.
④ 토지 및 그 정착물은 부동산이다.

18 □□□

민법상 조건과 기한에 관한 설명으로 옳지 않은 것은?

① 조건이 되는 사실이나 기한이 되는 사실이나 모두 장래의 사실이다.
② 조건의 성취가 미정한 권리의무는 일반규정에 의하여 처분, 상속, 보존 또는 담보로 할 수 없다.
③ 조건이 사회질서에 반하는 것인 때에는 그 법률행위는 무효로 한다.
④ 기한의 이익은 포기할 수 있으나 상대방의 이익을 해하지 못한다.

19 □□□

민법상 소멸시효기간이 1년인 것은?

① 의복의 사용료 채권
② 도급받은 자의 공사에 관한 채권
③ 의사의 치료에 관한 채권
④ 1년 이내의 기간으로 정한 금전의 지급을 목적으로 한 채권

20 유치권에 관한 설명으로 옳지 않은 것은?

□□□

① 유치권의 행사는 채권의 소멸시효의 진행에 영향을 미치지 않는다.
② 유치권자는 채권의 변제를 받기 위하여 유치물을 경매할 수 있다.
③ 점유의 상실로 유치권이 소멸하는 것은 아니다.
④ 유치권자는 채권 전부의 변제를 받을 때까지 유치물 전부에 대하여 그 권리를 행사할 수 있다.

21 보증채무에 관한 설명으로 옳지 않은 것은?

□□□

① 주채무가 소멸하면 보증채무도 소멸한다.
② 채무를 변제한 보증인은 선의의 주채무자에 대해서는 구상권을 행사하지 못한다.
③ 보증채무는 주채무가 이행되지 않을 때 비로소 이행하게 된다.
④ 보증채무는 주채무와는 독립한 별개의 채무이다.

22 민법상 경비계약에 관한 설명으로 옳지 않은 것은?

□□□

① 경비계약은 도급계약의 일종이다.
② 경비업자는 계약상 채무를 선량한 관리자의 주의로 이행하여야 한다.
③ 보수는 시기의 약정이 없으면 관습에 의하고, 관습이 없으면 경비업무를 종료한 후 지체 없이 지급하여야 한다.
④ 고객은 경비계약상의 채무가 이행되지 않는 경우 강제이행을 청구할 수 없다.

23 다음 중 당사자 일방의 의사표시로 성립하는 법률행위인 '단독행위' 중 그 성질이 다른 것은?

□□□

① 재단법인의 설립행위
② 소유권의 포기
③ 계약의 해제 또는 해지
④ 유 언

24 □□□

다음에서 설명하는 형법상 기본원칙과 관련이 가장 적은 것은?

> 이 원칙은 일정한 행위를 범죄로 하고 형벌을 과하기 위해서는 반드시 성문의 법규를 필요로 한다는 것으로 근대 형법의 가장 중요한 기본원리이다. "법률이 없으면 범죄도, 형벌도 없다"로 표현된다.

① 소급효금지의 원칙
② 관습형법금지의 원칙
③ 유추해석금지의 원칙
④ 상대적 부정기형 금지의 원칙

문제편
제3회

25 □□□

아파트 경비원 A씨는 평소처럼 취약지를 순찰하던 중 자전거 보관대 주변에 서성거리는 남성들을 발견하고 순찰을 강화하다, 이내 자전거를 절취하여 달아나는 B군 등 2명을 추격해 검거하였고, 즉시 경찰에 인도하였다. 이 경우 아파트 경비원 A씨의 행위로 알맞은 것은?

① 긴급피난
② 정당방위
③ 자구행위
④ 법률상 정당행위

26 □□□

범죄의 실행에 착수한 자가 범죄 완성 전에 자기 의사로 행위를 중지한 경우를 무엇이라 하는가?

① 착수미수
② 실행미수
③ 착수중지
④ 실행중지

27 **선고유예에 관한 설명으로 옳지 않은 것은?**

□□□

① 개전의 정상이 현저하여야 한다.
② 자격정지 이상의 형을 받은 전과가 없어야 한다.
③ 재범방지를 위하여 1년의 기간 동안 보호관찰을 받을 것을 명할 수 있다.
④ 선고유예를 받은 날로부터 2년을 경과한 때에는 형 선고의 효력이 상실된다.

28 **다음 중 사회적 법익에 관한 죄는?**

□□□

① 소요죄
② 무고죄
③ 내란죄
④ 간첩죄

29 **형사소송법에 관한 설명으로 옳지 않은 것은?**

□□□

① 우리나라 형사소송법은 탄핵주의가 기본 소송구조이다.
② 국가소추주의를 규정하고 있다.
③ 공판절차뿐만 아니라 수사절차도 규정하고 있다.
④ 형식적 진실주의, 적법절차의 원칙, 신속한 재판의 원칙을 지도이념으로 한다.

30 **고소와 고발에 관한 설명으로 옳지 않은 것은?**

□□□

① 피해자가 아니면 고발할 수 없다.
② 고소를 취소한 자는 다시 고소하지 못한다.
③ 고소의 취소는 대리인으로 하여금 하게 할 수 있다.
④ 고소와 고발은 서면 또는 구술로써 검사 또는 사법경찰관에게 해야 한다.

31 주식회사에 관한 설명으로 옳지 않은 것은?

□□□

① 무액면주식의 발행도 허용되며, 액면주식이 발행되는 경우 1주의 금액은 100원 이상 균일하여야 한다.
② 회사가 가진 자기주식에도 의결권이 있다.
③ 창립총회에서 이사와 감사를 선임하여야 한다.
④ 회사는 정관으로 정하는 바에 따라 발행된 액면주식을 무액면주식으로 전환하거나 무액면주식을 액면주식으로 전환할 수 있다.

32 인보험에서 사람의 생명 또는 신체에 관하여 보험이 붙여진 자를 의미하는 용어는?

□□□

① 보험자
② 보험수익자
③ 보험계약자
④ 피보험자

33 상법상 피보험자가 보험기간 중에 사고로 인하여 제3자에게 배상할 책임을 지는 경우에 이를 보상하는 보험은?

□□□

① 보증보험
② 생명보험
③ 책임보험
④ 상해보험

34 근로기준법상 미성년자의 근로에 관한 설명으로 옳지 않은 것을 모두 고른 것은?

□□□

ㄱ. 미성년자는 독자적으로 임금을 청구할 수 있다.
ㄴ. 친권자는 미성년자의 근로계약을 대리할 수 있다.
ㄷ. 고용노동부장관은 근로계약이 미성년자에게 불리하다고 인정하는 경우에도 독자적으로 이를 해지할 수 없다.

① ㄱ, ㄴ
② ㄱ, ㄷ
③ ㄴ, ㄷ
④ ㄱ, ㄴ, ㄷ

35 다음 (　) 안의 ㄱ과 ㄴ에 각각 들어갈 내용을 순서대로 나열한 것은?

□□□

- 사용자는 해고를 피하기 위한 방법과 해고의 기준 등에 관하여 그 사업 또는 사업장에 근로자의 과반수로 조직된 노동조합이 있는 경우에는 그 노동조합(근로자의 과반수로 조직된 노동조합이 없는 경우에는 근로자의 과반수를 대표하는 자를 말한다.)에 해고를 하려는 날의 (ㄱ) 전까지 통보하고 성실하게 협의하여야 한다.
- 사용자는 대통령령으로 정하는 일정한 규모 이상의 인원을 해고하려면 대통령령으로 정하는 바에 따라 (ㄴ)에게 신고하여야 한다.

① ㄱ : 30일, ㄴ : 보건복지부장관
② ㄱ : 30일, ㄴ : 고용노동부장관
③ ㄱ : 50일, ㄴ : 보건복지부장관
④ ㄱ : 50일, ㄴ : 고용노동부장관

36 산업재해보상보험법상 진폐에 따른 보험급여의 종류에 해당하지 않는 것을 모두 고른 것은?

□□□

ㄱ. 요양급여
ㄴ. 휴업급여
ㄷ. 간병급여
ㄹ. 장례비
ㅁ. 상병보상연금
ㅂ. 진폐유족연금

① ㄴ, ㅁ
② ㄴ, ㄷ, ㄹ
③ ㄴ, ㄷ, ㅁ
④ ㄱ, ㄷ, ㄹ, ㅂ

37 행정법관계에 대한 설명 중 옳지 않은 것은?

□□□

① 행정법관계란 행정상의 법률관계 가운데 특히 행정법이 규율하는 법률관계를 말한다.
② 국가・지방단체와 같은 행정주체가 당사자로 되어 있는 모든 법률관계를 말한다.
③ 행정조직법적 관계와 행정작용법적 관계에서의 행정법관계는 포함되지만 국고관계는 제외한다.
④ 행정법관계도 본질적으로는 사법관계에서와 같은 권리・의무의 관계에 불과하나, 다만 행정법이 가지는 사법에 대한 특수성에 따라 사법관계에서와는 다른 법원리가 지배한다.

38 □□□ 일정한 경우 행정행위를 발한 행정청 자신도 행정행위의 하자 등을 이유로 직권으로 취소 · 변경 · 철회할 수 없는 제한을 받게 되는 효력을 무엇이라고 하는가?

① 공정력
② 불가쟁력
③ 불가변력
④ 구성요건적 효력

39 □□□ 다음 중 명령적 행정행위에 해당하는 것을 모두 고른 것은?

ㄱ. 하 명	ㄴ. 허 가
ㄷ. 인 가	ㄹ. 특 허
ㅁ. 확 인	ㅂ. 공 증
ㅅ. 통 지	ㅇ. 수 리

① ㄱ, ㄴ　　② ㄱ, ㄴ, ㄹ
③ ㄷ, ㄹ　　④ ㅁ, ㅂ, ㅅ, ㅇ

40  행정소송법상 항고소송의 종류에 해당하지 않는 것은?

① 취소소송
② 무효 등 확인소송
③ 당사자소송
④ 부작위위법확인소송

제3회 민간경비론

경비지도사 제1차 시험

중요문제 / 틀린 문제 CHECK

41	42	43	44	45	46	47	48	49	50	51	52	53	54	55	56	57	58	59	60
61	62	63	64	65	66	67	68	69	70	71	72	73	74	75	76	77	78	79	80

각 문항별로 회독수를 체크해 보세요. ☑□□

Time 분 | 해설편 110p

41 □□□ 다음 중 실질적 의미의 민간경비 개념에 대한 설명으로 옳은 것은?

> ㄱ. 고객(국민)의 생명·신체·재산보호 및 사회적 손실 감소와 질서유지를 위한 일체의 활동을 의미함
> ㄴ. 민간경비 개념을 공경비와 명확히 구별
> ㄷ. 민간경비 개념을 공경비와 유사하게 봄
> ㄹ. 경비업법에 의해 허가받은 법인이 경비업법상 수행하는 경비활동

① ㄱ, ㄴ
② ㄱ, ㄷ
③ ㄴ, ㄷ
④ ㄷ, ㄹ

42 민영화이론에 대한 설명으로 옳지 않은 것은?

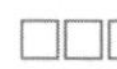

① 정부의 역할을 줄이는 대신 민간의 역할을 증대시키는 것을 민영화로 정의하고 있다.
② 캐머맨과 칸의 정의에 의하면 광의의 민영화란 재화나 서비스의 생산이 공공부분에서 민간분야로 이전되는 것이다.
③ 2010년 최초로 설립된 민영교도소는 민영화의 사례로 볼 수 있다.
④ 1980년대 이후 복지국가의 이념에 대한 반성으로 국가 독점에 의한 비효율성을 극복하고자 시장경쟁논리를 도입한 이론이다.

43 민간경비와 공경비의 차이점에 대한 설명으로 옳지 않은 것은?

□□□

① 공경비의 주체는 정부이나 민간경비는 영리기업이다.
② 민간경비의 목적은 사익보호이고, 공경비의 목적은 공익보호에만 한정되어 있다.
③ 공경비는 주로 공공의 이익을 위해 행하나 민간경비는 특정한 의뢰자를 위해 행한다.
④ 공경비의 역할은 범죄예방 및 범죄 대응에 있으나 민간경비는 범죄예방에 있다.

44 경제환원론적이론에 대한 설명으로 옳지 않은 것은?

□□□

① 특정한 사회현상의 발생의 원인을 경제문제에서 찾으려는 입장이다.
② 거시적인 차원에서 범죄의 증가 원인을 실업의 증가에서 찾으려 한다.
③ 경제환원론적 이론은 내재적으로 포함하고 있는 단순논리적 한계가 있다.
④ 경제침체와 민간경비 부문의 수요증가와의 관계는 원인과 결과를 규정지을 수 있는 인과관계적 성격이 있다.

45 다음 내용이 설명하는 것은?

□□□

> 모든 사람은 자신의 행동뿐만 아니라 이웃의 행동에 대해서도 책임이 있음을 명시하고, 범죄가 발생하면 고함소리를 지르고 사람을 모아 그 지역에 침범한 범죄자를 추적하는 것이 시민 각자의 임무라고 하였으며, 만일 범죄자를 체포하지 못하면 모든 사람은 국왕으로부터 벌금이 부과되었다. 건장한 모든 사람들은 범법자 체포에 참여하여야 하는데, 이것은 현대 사회에 있어 '시민체포'의 발상이라고 할 수 있다.

① 레지스 헨리시법(The Legis Henrici Law)
② 상호보증제도(Frank Pledge System)
③ 윈체스터법(The Statute of Winchester)
④ 규환제도(Hue and Cry)

46 핑커톤 경비조직에 대한 설명으로 옳지 않은 것은?

□□□

① 핑커톤은 위폐사범일당을 검거하는 데 결정적 공헌을 하여 부보안관으로 임명되었다.
② 1883년에는 보석상 연합회의 위탁을 받아 도난보석이나 보석절도에 관한 정보를 집중관리하는 조사기관이 되었다.
③ 경찰 당국의 자료요청에 응하여 경찰과 민간경비업체의 바람직한 관계를 정립하였다.
④ 1850년대에 야간경비회사로서 방호회사를 설립하여 최초의 중앙감시방식의 경보서비스 사업을 시작하였다.

47 치안서비스의 순수공공재 이론 중 다음 내용에 해당되는 특성은?

□□□

치안서비스의 이용에 있어서 '추가 이용자의 추가 비용이 발생하지 않는다.'

① 비경합성
② 비배제성
③ 비거부성
④ 비한정성

48 미국 민간경비산업 현황에 대한 설명으로 옳지 않은 것은?

□□□

① 자체경비업체가 계약경비업체보다 비약적으로 발전하고 있다.
② 미국에서 항공 교통량의 급증에 따른 항공기 납치는 민간경비산업의 성장에 영향을 끼쳤다.
③ 홀크레스트 보고서에 의하면 민간탐정업은 미국 민간경비의 중요 업무에 해당한다.
④ 현재 미국에서 경찰과 민간경비회사는 범죄예방활동을 위해 긴밀한 상호협조체계를 유지하고 있다.

49 우리나라 민간경비의 역사적 배경에 관한 설명으로 옳지 않은 것은?

□□□

① 고대는 부족이나 촌락 단위의 공동체 성격을 가진 자체경비 조직을 활용하였다.
② 삼국시대는 지방의 실력자들이 해상을 중심으로 사적 경비 조직을 활용하였다.
③ 고려시대의 공경비로는 2군 6위, 5부, 순마소, 내군부, 성중애마를 들 수 있다.
④ 조선시대는 공경비 조직은 다양하게 존재하였으나 민간경비 조직은 상대적으로 미약했다.

50 우리나라 민간경비의 발전과정에 관한 설명으로 옳지 않은 것은?

□□□

① 1962년 청원경찰법 제정, 1973년 청원경찰법 전면 개정, 1976년 용역경비업법이 제정되었고 1978년에는 사단법인 한국경비협회가 설립되었다.

② 2001년 「용역경비업법」의 법명을 「경비업법」으로 개정하였다.

③ 한국의 민간경비는 1986년 아시안게임, 1988년 서울올림픽, 1993년 대전 EXPO 행사를 통하여 안전 및 경호경비 문제를 무사히 치르고 난 이후부터 매년 성장을 거듭하여 왔다.

④ 2001년 「경비업법」이 전면 개정되면서 경비업의 종류에 특수경비업무가 추가되었고 기계경비산업이 급속히 발전하여 기계경비업무를 신고제에서 허가제로 변경하였으며 특수경비원제도가 도입되었다.

51 일본의 민간경비산업 현황에 대한 설명으로 틀린 것은?

□□□

① 1972년도에 경비업법이 제정된 이래 일본 민간경비원의 수는 약 10배 증가하여 1998년도에 이미 40만명을 넘어섰다.

② 경비업법 제정 당시부터 허가제로 운영되고 있다.

③ 1999년 일본 민간경비업체의 총매출은 동년도 일본경찰 총예산의 65%에 달한다.

④ 일본 민간경비는 1980년대 초에 한국에 진출하고, 1980년대 후반에는 중국에까지 진출하는 등 성장을 계속하고 있다.

52 경비업법과 청원경찰법의 손해배상에 대한 설명으로 옳지 않은 것은?

□□□

① 국가기관에 근무하는 청원경찰의 직무상 불법행위에 대한 배상책임에 관하여서는 민법의 규정을 따른다.

② 청원경찰은 손해배상에 있어서는 민간인 신분, 형사책임에 있어서는 공무원의 신분을 적용받으므로 업무 수행에 있어서 갈등을 겪고 있다.

③ 경비업자는 경비원이 업무 수행 중 고의 또는 과실로 제3자에게 손해를 입힌 경우에는 이를 배상하여야 한다.

④ 청원주가 손해배상책임의 당사자인 동시에 피해자가 될 수 있다.

53 다음 중 현대사회 범죄현상의 특징에 해당하는 것으로만 묶인 것은?

□□□

ㄱ. 범죄의 국지화	ㄴ. 범죄의 조직화
ㄷ. 범죄의 소형화	ㄹ. 범죄의 기동화
ㅁ. 범죄의 국제화	

① ㄱ, ㄴ, ㄷ

② ㄱ, ㄷ, ㅁ

③ ㄴ, ㄹ, ㅁ

④ ㄷ, ㄹ, ㅁ

54 경찰의 범죄예방활동에 대한 설명 중 옳지 않은 것은?

□□□

① 경찰방문은 비권력적 사실행위로서 행정지도의 성격을 가진다.

② 경찰관은 임의동행한 사람을 8시간을 초과하여 경찰관서에 머물게 할 수 없다.

③ 순찰이라 함은 지역경찰관이 개괄적인 임무수행과 관내정황을 파악하기 위하여 일정한 지역을 순회시찰하는 근무이다.

④ 경찰관은 불심검문자에게 질문을 할 때에 그 사람이 흉기를 가지고 있는지를 조사할 수 있다.

55 다음 내용이 설명하고 있는 경비는?

- 유지보수에 적지 않은 비용과 전문인력이 요구된다.
- 단기적으로 설치비용이 많이 드나, 장기적으로 소요비용이 절감된다.
- 외부환경에 영향을 받지 않고 감시가 가능하다.

① 자체경비

② 계약경비

③ 인력경비

④ 기계경비

56 □□□

계약경비와 자체경비에 관한 설명으로 옳은 것은?

① 비용면에서 자체경비가 계약경비보다 더 많은 비용이 든다.
② 계약경비원은 자체경비원보다 회사나 고용주에게 높은 충성심을 갖는다.
③ 계약경비원은 고용주에 의해 조직의 구성원으로 채용됨으로써 안정적이다.
④ 계약경비원은 경비부서에 오래 근무함으로써 회사의 운영・매출・인사 등에 관한 지식이 높다.

57 □□□

호송경비업무의 방식 중 다음 제시문이 설명하는 방식은?

경비업자가 무장 호송차량 또는 일반 차량을 이용하여 운송과 경비업무를 겸하는 호송경비방식이다.

① 동승호송방식
② 통합호송방식
③ 휴대호송방식
④ 편성호송방식

58 □□□

청원경찰의 직무교육과 관련된 설명으로 옳지 않은 것은?

① 신임교육기간은 2주로 한다.
② 교육시간은 총 76시간으로 한다.
③ 시・도 경찰청장은 청원경찰에 대하여 그 직무집행에 관하여 필요한 교육을 매월 4시간 이상 하여야 한다.
④ 관할 경찰서장은 필요하다고 인정하는 경우에는 그 사업장에 소속 공무원을 파견하여 청원경찰의 직무집행에 필요한 교육을 할 수 있다.

59 통솔범위에 대한 설명 중 옳은 것은?

□□□

① 통솔범위란 1인의 상관이 직접 통솔할 수 있는 부하의 수를 말한다.
② 계층수가 많아지면 통솔범위가 넓어진다.
③ 리더의 능력이 탁월할수록 통솔범위가 좁아진다.
④ 참모기관과 정보관리체계가 발달할수록 통솔범위가 좁아진다.

60 경비관리 책임자의 관리상의 역할로 옳은 것은?

□□□

① 예산과 재정상의 감독
② 기획의 조직화, 채용
③ 경비활동에 대한 규칙적인 감사
④ 감시, 회계, 회사 규칙의 위반 확인, 관련 문서의 확인

61 다음에서 설명하는 경비위해요소 분석단계는 무엇인가?

□□□

범죄피해로 인한 인적·물적 피해의 정도, 고객의 정신적 안정성, 개인 및 기업체의 비용부담정도 등을 고려하는 단계이다.

① 경비위험요소 인지단계
② 손실발생 가능성 예측단계
③ 경비위험도 평가단계
④ 경비비용효과 분석단계

62 다음 중 인위적으로 발생하는 위해가 아닌 것은?

□□□

① 절도, 좀도둑, 사기
② 방화, 시민폭동
③ 산업스파이, 태업, 교통사고
④ 수재, 산사태, 해일, 지진

63 다음 중 경비계획수립의 순서가 옳은 것은?

□□□

① 경비목표 설정 → 경비문제의 발생 및 인지 → 경비요소 및 위해분석 → 경비의 실시 및 평가 → 경비대안의 비교검토 및 최종안 선택
② 경비요소 및 위해분석 → 경비문제의 발생 및 인지 → 경비목표 설정 → 경비의 실시 및 평가 → 경비대안의 비교검토 및 최종안 선택
③ 경비문제의 발생 및 인지 → 경비목표 설정 → 경비요소 및 위해분석 → 경비대안의 비교검토 및 최종안 선택 → 경비의 실시 및 평가
④ 경비문제의 발생 및 인지 → 경비요소 및 위해분석 → 경비목표 설정 → 경비대안의 비교검토 및 최종안 선택 → 경비의 실시 및 평가

64 경비조명 설치 시 유의사항으로 옳지 않은 것은?

□□□

① 보호조명은 경계구역 내의 지역과 건물에 적합하도록 설계되어야 한다.
② 경비조명은 침입자의 탐지 외에 경비원의 시야를 확보하는 기능이 있으므로 경비원의 감시활동, 확인점검활동을 방해하는 강한 조명이나 각도, 색깔 등을 고려해야 한다.
③ 인근 지역을 너무 밝게 하거나 영향을 미침으로써 타인의 사생활을 침해하지 않도록 해야 한다.
④ 도로, 고속도로, 항해수로 등에 인접한 시설물의 조명장치는 통행에 영향을 미치더라도 모든 부분을 구석구석 비출 수 있도록 설치되어야 한다.

65 외곽경비에 관한 설명으로 옳지 않은 것은?

□□□

① 모든 출입구의 수를 파악하고 하수구, 배수로 등도 출입구와 같은 차원에서 경비계획에 포함시켜야 한다.

② 외곽경비의 기본 목적은 불법침입을 지연시키는 것이다.

③ 콘서티나 철사는 빠른 설치의 필요성 때문에 주로 군부대에서 많이 사용하고 있다.

④ 외곽경비는 장벽, 건물 자체, 출입구 순으로 수행된다.

66 다음 중 적절한 경비수준으로 짝지어진 것은?

□□□

ㄱ. 작은 소매상점, 저장창고 – 중간수준경비
ㄴ. 교도소, 제약회사, 전자회사 – 최고수준경비
ㄷ. 일반가정 – 최저수준경비
ㄹ. 큰 물품창고, 제조공장, 대형 소매점 – 중간수준경비

① ㄱ, ㄴ
② ㄱ, ㄷ
③ ㄴ, ㄷ
④ ㄷ, ㄹ

67 경비와 시설보호의 기본원칙에 관한 설명으로 옳지 않은 것은?

□□□

① 경계구역과 건축물 입구 수는 안전규칙의 범위 내에서 최소한으로 유지되어야 한다.

② 장금장치는 정교하고 파손이 어렵게 만들어져야 하고, 열쇠를 분실할 경우에 대비하여 적절한 조치를 취할 수 있어야 한다.

③ 효과적인 경비를 위해서는 안전경비조명이 설치되어야 하고, 물건을 선적하거나 수령하는 지역은 분리되어야 한다.

④ 경비관리실은 가능한 한 건물에서 통행이 많은 곳에 설치하고 직원의 출입구는 주차장으로부터 가까운 곳에 위치해야 한다.

68 국가 중요시설에 대한 보호지역의 분류 중 비밀 또는 국 · 공유재산의 보호를 위하여 울타리 또는 방호 · 경비인력에 의하여 승인을 받지 않은 사람의 접근이나 출입에 대한 감시가 필요한 지역은?

① 제한지역
② 통제지역
③ 배제지역
④ 보호구역

69 일반시설물 경비계획 중 출입구 경비요령에 대한 설명으로 옳지 않은 것은?

① 출입문은 일정 수로 통제하고, 출입용도에 따라 달리 사용하도록 한다.
② 폐쇄된 출입구를 제외한 모든 출입문은 정기적인 확인이 필요하다.
③ 출입문은 출입자의 편리성과 안전성이 함께 고려되어야 한다.
④ 상품판매시설의 경우 직원용 출입문과 고객용 출입문을 구분하는 것이 좋다.

70 패드록에 대한 설명 중 옳지 않은 것은?

① 패드록 장치는 강한 외부충격에 약한 단점이 있다.
② 패드록은 자물쇠와 유사한 기능을 가진다.
③ 패드록은 문의 몸체 중간에 설치되어 키를 삽입하게 되면 문이 열리는 장치다.
④ 자물쇠의 단점을 보완하고 경비안전성을 강화하기 위해 고안되었다.

71 다음은 화재의 유형과 소화기 표시색과 관련된 표이다. ( ) 안에 들어갈 내용으로 올바르게 연결된 것은?

구 분	화재의 유형	표시색
A	일반화재	백 색
B	( )화재	황 색
C	전기화재	( )
D	( )화재	무 색
E	( )화재	황 색

① B – 금속
② C – 백색
③ D – 유류
④ E – 가스

72 비상사태 발생 시 민간경비원의 역할로 옳은 것을 모두 고른 것은?

ㄱ. 비상사태에 대한 초동조치
ㄴ. 장애인 등 특별한 대상의 보호 및 응급조치 실시
ㄷ. 경제적으로 보호해야할 자산의 보호
ㄹ. 시설 내의 이동통제 업무
ㅁ. 비상사태 발생의 책임소재 파악

① ㄱ, ㄴ
② ㄱ, ㄴ, ㄷ
③ ㄱ, ㄴ, ㄷ, ㄹ
④ ㄱ, ㄴ, ㄷ, ㄹ, ㅁ

73 컴퓨터 안전대책 중 외부 침입에 대한 안전조치에 관한 설명으로 옳지 않은 것은?

① 외부 침입자가 은폐물로 이용할 수 있는 장식적인 식수나 조경은 삼가야 한다.
② 다른 건물과 충분한 거리를 두고 있는 경우에는 화재로 불이 옮겨 붙는 위험을 막기 위하여 건물 내 각종 방화설비를 설치해야 할 필요가 없다.
③ 정사각형 모양의 환기용 창문, 쓰레기 낙하구멍, 공기 조절용 배관이나 배수구 등을 통한 침입을 차단할 수 있어야 한다.
④ 각 출입구마다 화재 관련 법규와 안전검사 절차를 거친 방화문이 설치되어야 한다.

74 컴퓨터범죄의 특징으로 옳지 않은 것은?

□□□

① 행위자의 대부분은 재범자인 경우가 많다.
② 일반적으로 죄의식이 희박하고, 컴퓨터 전문가가 많다.
③ 컴퓨터 지식을 갖춘 비교적 젊은층이 많다.
④ 대부분 내부인의 소행이며, 완전범죄의 가능성이 높다.

75 아래의 내용이 설명하고 있는 것은?

□□□

> • 마이크로소프트(Microsoft)의 데이터베이스 관리시스템인 SQL서버의 허점을 이용, 특정 포트(Port)를 이용해 MS SQL server를 공격하는 신종 컴퓨터 웜바이러스다.
> • 웜이 창궐해 2003년 1월 25일에는 국내에서 인터넷 대란이 일어난 바 있다.

① 브레인 ② 미켈란젤로
③ 슬래머 ④ 예루살렘

76 다음에서 설명하고 있는 사이버테러는 무엇인가?

□□□

> 13일의 금요일 등 컴퓨터의 일정한 사항이 작동 시마다 부정행위가 일어날 수 있도록 프로그램을 조작하는 수법으로, 일정한 조건이 충족되면 자동으로 컴퓨터 파괴활동을 시작한다.

① 논리폭탄(Logic Bomb)
② 전자폭탄(Electronic bomb)
③ 플레임(Flame)
④ 스팸(Spam)

77 컴퓨터 안전대책에서 컴퓨터 시스템의 물리적 안전대책에 관한 설명으로 옳지 않은 것은?

□□□

① 컴퓨터실은 벽면이나 바닥을 강화콘크리트 등으로 보호하고, 화재에 대비하여 불연재를 사용하여야 한다.

② 컴퓨터실은 출입자기록제도를 시행하고, 지정된 비밀번호는 주기적으로 변경해 주는 것이 좋다.

③ 컴퓨터실의 내부에는 화재방지장치를 설치해야 하며 갑작스러운 정전에 대비하여 무정전장치를 설치해야 한다.

④ 컴퓨터실 및 파일 보관장소는 접근 권한의 정기적인 갱신이 검토될 필요는 없다.

78 정보보호에 관한 기본원칙에 대한 설명으로 옳지 않은 것은?

□□□

① 정보보호를 통해 달성하고자 하는 목표는 비밀성, 무결성, 가용성이다.

② 정보시스템의 보안은 타인의 권리와 합법적 이익이 존중・보호되도록 운영되어야 한다.

③ 정보시스템의 보안은 합법적 사용과 전달이 상호 조화가 이루어지도록 해야 한다.

④ 정보시스템의 보안은 시간이 경과하더라도 주기적인 재평가가 요구되지 않는다.

79 다음 중 한국 경찰의 범죄예방활동 수행에 있어 한계요인으로 옳지 않은 것은?

□□□

① 경찰 방범 장비의 부족 및 노후화

② 타 부처와의 업무협조 원활

③ 경찰 활동에 대한 국민들의 이해 부족

④ 치안수요 증가로 인한 경찰 인력의 부족

80 다음 중 우리나라 민간경비산업의 전망에 관한 설명 중 옳지 않은 것은?

□□□

① 지역 특성과 경비 수요에 맞는 민간경비 상품의 개발이 요구될 것이다.

② 경찰 인력의 부족, 경찰장비의 부족, 경찰 업무의 과다로 인해 민간경비업은 급속히 발전할 것이다.

③ 민간경비업의 홍보활동이 소극적으로 전개될 것이다.

④ 21세기에는 인력경비보다 기계경비업의 성장속도가 훨씬 빠를 것이다.

제4회 법학개론

경비지도사 제1차 시험

중요문제 / 틀린 문제 CHECK

01	02	03	04	05	06	07	08	09	10	11	12	13	14	15	16	17	18	19	20
21	22	23	24	25	26	27	28	29	30	31	32	33	34	35	36	37	38	39	40

각 문항별로 회독수를 체크해 보세요. ☑☐☐

Time 분 | 해설편 131p

01 다음에 제시된 법에 대한 옳은 설명을 〈보기〉에서 모두 고른 것은?

> 제1조 이 법은 일본 제국주의의 식민통치에 협력하고 우리 민족을 탄압한 반민족행위자가 그 당시 친일반민족행위로 축재한 재산을 국가에 귀속시키고 … 정의를 구현하고 민족의 정기를 바로 세우며 일본제국주의에 저항한 3·1 운동의 헌법이념을 구현함을 목적으로 한다.
> 제3조 ① 친일재산은 그 취득·증여 등 원인 행위시에 이를 국가의 소유로 한다.

> ㄱ. 기본권 제한의 근거가 된다.
> ㄴ. 법률의 소급효를 인정하고 있다.
> ㄷ. 일본과의 관계에서 국제법적 성격을 지닌다.
> ㄹ. 합목적성을 희생시키고 법적 안정성을 중시한다.

① ㄱ, ㄴ ② ㄱ, ㄹ
③ ㄴ, ㄷ ④ ㄴ, ㄹ

02 법원(法源)에 관한 설명으로 옳지 않은 것은?

① 법원이란 법의 연원으로 법에 대한 인식수단 내지는 존재형식을 말한다.
② 불문법이란 성문법 이외의 법으로 관습법, 판례법, 조리가 있다.
③ 성문법은 입법자의 횡포가 가능하다는 단점이 있다.
④ 불문법은 법의 적용에 융통성이 있어서 법적 안정성을 기할 수 있다.

03 법의 체계에 대한 내용 중 옳지 않은 것은?

□□□

① 국내법체계는 공법, 사법, 사회법의 3법체계로 나누어진다.
② 켈젠(Kelsen)은 법단계설을 주장하였다.
③ 한국인 A와 미국인 B가 캘리포니아 주에 소재한 C건물을 매매한 경우 미국법에 따라 소유권이전이 이루어진다고 규정한 국내법은 국제법이다.
④ 국제법은 주로 국가 간의 관계를 규율하는 법이나 국내법체계와 같이 통일성이 명확하지 못하다.

04 다음 중 공법인 것은 모두 몇 개인가?

□□□

ㄱ. 근로기준법	ㄴ. 형사소송법
ㄷ. 어음법	ㄹ. 국제법
ㅁ. 행정법	ㅂ. 회사법

① 2개
② 3개
③ 4개
④ 5개

05 법 적용 원칙 중 (가), (나)에 대한 설명으로 옳은 것은?

□□□

(가) 모든 국민은 행위시의 법률에 의하여 범죄를 구성하지 아니하는 행위로 소추되지 아니하며……(헌법 제13조 제1항).
(나) 명령・규칙 또는 처분이 헌법이나 법률에 위반되는 여부가 재판의 전제가 된 경우에는 대법원은 이를 최종적으로 심사할 권한을 가진다(헌법 제107조 제2항).

① (가)는 법률의 효력이 발생하기 이전의 사항에 대해서는 적용되지 않는 것이다.
② (가)는 동일한 문제에 관하여 서로 다른 법이 존재할 때에는 신법이 구법보다 우선 적용되는 것이다.
③ (나)는 실정법상 상위의 법규에 위배되더라도 하위법의 효력은 인정되는 것이다.
④ (나)는 기득권 존중의 원칙에 입각하여 역사적으로 사유재산의 확립에 기여한 이론이다.

06 법의 해석에 관한 설명으로 옳지 않은 것은?

□□□

① 법을 구체적 사실에 적용하기 위하여 법의 의미・내용을 명확히 하는 것을 법의 해석이라고 한다.
② 행정법은 기술성・구체성을 가지므로 헌법의 가치를 실현할 수 있도록 해석해야 하고, 실질적 법치주의의 실현과 구체적 타당성의 확보를 위하여 목적론적 해석이 이루어져야 한다.
③ 법해석 방법 중 가장 우선적이고 기본적인 해석은 문리해석이다.
④ 헌법은 국가의 기본법이며 정치적 성격이 강하고 공익 우선적 법이므로 국가에게 유리하도록 해석하여야 한다.

07 권리와 구별되는 개념에 관한 설명으로 옳은 것은?

□□□

① 의사무능력자는 권능의 주체가 될 수 없다.
② 권원은 그 작용에 따라 지배권, 청구권, 형성권, 항변권으로 분류된다.
③ 법인의 대표이사가 정관 규정에 의하여 일정한 행위를 할 수 있는 힘을 권리라 한다.
④ 권리는 반사적 이익과 구별되는 개념으로 법익을 누리기 위하여 법이 허용하는 힘이다.

08 다음 중 지배권에 해당하는 것은?

□□□

① 친 권
② 부양청구권
③ 추인권
④ 보증인의 최고 및 검색의 항변권

09 권리의 충돌과 순위와 관련한 설명으로 옳지 않은 것은?

□□□

① 제한물권은 소유권에 우선한다.
② 종류를 달리하는 제한물권 상호 간에는 일정한 원칙은 없고, 법률의 규정에 의하여 순위가 정하여진다.
③ 하나의 물권에 대하여 물권과 채권이 병존하는 경우에는 그 성립시기를 불문하고 원칙적으로 물권이 우선한다.
④ 대항요건을 갖춘 부동산 임차권이라도 나중에 성립한 전세권이 우선한다.

10 헌법개정절차에 관한 설명으로 옳지 않은 것은?

□□□

① 헌법개정은 국회 재적의원 과반수 발의로만 제안된다.
② 헌법개정안은 공고일로부터 60일 이내에 국회 재적의원의 3분의 2 이상이 찬성해야 의결된다.
③ 대통령의 임기연장을 위한 헌법개정은 그 제안 당시의 대통령에 대하여는 효력이 없다.
④ 헌법개정안은 국회가 의결한 후 30일 이내에 국민투표에 붙여 국회의원 선거권자 과반수의 투표와 투표자 과반수의 찬성으로 확정된다.

11 다음 중 우리 헌법의 기본원리로만 묶인 것을 고르면?

□□□

ㄱ. 문화국가의 원리	ㄴ. 권력집중주의
ㄷ. 사유재산절대의 원칙	ㄹ. 국민주권주의
ㅁ. 법치주의의 원리	

① ㄱ, ㄴ, ㄷ
② ㄴ, ㄷ, ㄹ
③ ㄱ, ㄹ, ㅁ
④ ㄷ, ㄹ, ㅁ

12 다음 내용에 해당하는 청구권은 무엇인가?

□□□

> 형사피의자 또는 형사피고인으로서 구금되었던 자가 법률이 정하는 불기소처분을 받거나 무죄판결을 받은 때에는 법률이 정하는 바에 의하여 국가에 정당한 보상을 청구할 수 있다.

① 형사보상청구권
② 국가배상청구권
③ 재심청구권
④ 범죄피해자구조청구권

13 헌법상 국회의원의 권리와 의무에 관한 설명으로 옳지 않은 것은?

① 법률이 정하는 직을 겸할 수 있다.
② 국가이익을 우선하여 양심에 따라 직무를 행한다.
③ 현행범인인 경우를 제외하고는 회기 중 국회의 동의 없이 체포 또는 구금되지 아니한다.
④ 국회에서 직무상 행한 발언과 표결에 관하여 국회 외에서 책임을 지지 아니한다.

14 다음 중 포괄적 기본권은 모두 몇 개인가?

ㄱ. 인간의 존엄과 가치	ㄴ. 근로 3권
ㄷ. 평등권	ㄹ. 환경권
ㅁ. 청원권	ㅂ. 행복추구권

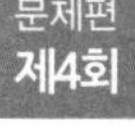

① 1개
② 2개
③ 3개
④ 4개

15 민법상 능력에 관한 설명으로 옳지 않은 것은?

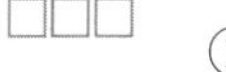

① 권리능력은 권리를 갖고 의무를 부담할 수 있는 자격으로, 법인은 그 주체가 될 수 없다.
② 의사능력은 행위의 의미·결과를 변별 및 판단할 수 있는 능력으로, 의사무능력자의 행위는 무효이다.
③ 행위능력은 단독으로 완전하고 유효한 법률행위를 할 수 있는 지위 또는 자격으로, 행위무능력자의 법률행위는 취소할 수 있다.
④ 책임능력은 불법행위책임을 변식할 수 있는 판단능력으로, 의사능력을 기초로 한다.

16 소급효가 있는 것은?

□□□

① 피한정후견선고의 취소
② 착오에 의한 의사표시의 취소
③ 해 지
④ 무효행위의 추인

17 A라는 법률행위로는 무효인데 그것이 B라는 법률행위로는 유효요건을 갖추고 있는 경우에 A를 B로 인정하는 제도는?

□□□

① 일부무효
② 무효행위의 추인
③ 무효행위의 전환
④ 법정추인

18 다음 중 3년의 단기소멸시효에 해당하지 않는 것은?

□□□

① 변호사 및 변리사의 직무에 관한 채권
② 도급받은 자, 기사 기타 공사의 설계 또는 감독에 종사하는 자의 공사에 관한 채권
③ 여관, 음식점, 대석, 오락장의 숙박료, 음식료, 대석료, 입장료, 소비물의 대가 및 체당금의 채권
④ 의사, 조산사, 간호사 및 약사의 치료, 근로 및 조제에 관한 채권

19 취득시효에 의한 소유권의 취득과 관련하여 ( ) 안의 ㄱ, ㄴ, ㄷ에 들어갈 알맞은 것은?

□□□

> (ㄱ)년간 소유의 의사로 평온・공연하게 부동산을 점유하거나, 부동산의 소유자로 등기한 자가 (ㄴ)년간 소유의 의사로 평온・공연하게 (ㄷ)로 그 부동산을 점유한 경우에는 그 소유권을 취득한다.

	ㄱ	ㄴ	ㄷ
①	20	10	선의・무과실
②	20	10	선의
③	10	5	선의・무과실
④	10	5	선의

20 채권자가 채무자 또는 제3자(물상보증인)로부터 점유를 옮기지 않고 그 채권의 담보로 제공된 목적물(부동산)에 대하여 우선변제를 받을 수 있는 담보물권은?

① 질 권
② 지역권
③ 유치권
④ 저당권

21 경비원이 업무수행 중 고의 또는 과실로 행인을 다치게 한 경우, 경비업자가 행인에 대하여 지는 책임은?

① 도급인 책임
② 채무불이행 책임
③ 사용자 책임
④ 불법행위 책임

22 죄형법정주의의 파생원칙에 대한 설명으로 옳지 않은 것은?

① 유추해석금지의 원칙에 따라 불리한 유추해석은 금지되며, 유리한 유추해석은 허용된다.
② 명확성의 원칙에 따라 형의 장기 또는 장・단기가 정해진 상대적 부정기형은 허용되지 않는다.
③ 관습형법금지의 원칙에 따라 성문의 법률로 규정되지 않은 관습법에 의한 가벌성의 인정은 금지된다.
④ 형벌불소급의 원칙에 따라 형벌법규의 시행 이후의 행위에 대하여만 적용하여야 하며, 시행 이전의 행위에 대하여는 적용할 수 없다.

23 다음 ( ) 안의 ㄱ, ㄴ, ㄷ, ㄹ에 들어갈 범죄의 유형에 관한 내용으로 옳지 않은 것은?

- (ㄱ) : 결과의 발생을 구성요건의 내용으로 하는 범죄
- (ㄴ) : 결과의 발생과 동시에 범죄도 완성되는 범죄
- (ㄷ) : 범죄의 완성 후에도 위법상태가 계속되는 범죄
- (ㄹ) : 행위자 자신이 직접 실행해야 범할 수 있는 범죄

① ㄱ : 실질범
② ㄴ : 즉시범
③ ㄷ : 계속범
④ ㄹ : 목적범

24 다음 중 임의적 감경사유는?

□□□

ㄱ. 장애미수	ㄴ. 농아자
ㄷ. 중지미수	ㄹ. 자수, 자복

① ㄱ ② ㄴ
③ ㄷ ④ ㄹ

25 우리나라의 형사소송법에 관한 설명으로 옳지 않은 것은?

□□□

① 형법의 적용 및 실현을 목적으로 하는 절차법이다.
② 공판절차뿐만 아니라 수사절차도 규정하고 있다.
③ 규문주의 소송구조를 채택하고 있다.
④ 실체적 진실발견, 적정절차의 원칙, 신속한 재판의 원칙을 지도이념으로 한다.

26 형법상 형의 집행에 관한 설명으로 옳지 않은 것은?

□□□

① 벌금은 판결확정일로부터 60일 내에 납입해야 한다.
② 과료를 납입하지 아니한 자는 1일 이상 30일 미만의 기간 노역장에 유치하여 작업에 복무하게 한다.
③ 징역은 형무소 내에 구치하여 정역에 복무하게 한다.
④ 벌금 또는 과료를 선고할 때에는 납입하지 아니하는 경우의 유치기간을 정하여 동시에 선고하여야 한다.

27 수사의 방법에 대한 설명으로 옳지 않은 것은?

□□□

① 임의수사의 방법으로는 피의자 신문, 검증, 공무소에의 조회, 등을 들 수 있다.
② 임의수가가 원칙이고, 강제수사는 예외적으로 법의 규정이 있을 때 가능하다.
③ 증거보전은 수사기관의 청구에 의해서 법관이 하는 강제수사 방법이다.
④ 강제수사의 방법으로는 압수, 수색, 구속 등이 있다.

28 □□□ **공소제기 후 피고인이 사망하였을 때, 법원이 행하는 재판의 종류는?**

① 공소기각의 결정
② 공소기각의 판결
③ 면소의 판결
④ 무죄의 판결

29 □□□ **상법상 주식회사의 설립에 관한 설명으로 옳은 것은?**

① 설립 시에는 발기인에 한해서 현물출자를 할 수 있다.
② 주식회사는 설립등기가 종료한 때에 법인격을 취득한다.
③ 발기인이 받은 특별이익은 양도에 관하여 주식과 분리하여 양도할 수 없다.
④ 모집 설립 시에 발기인은 법원의 허가를 얻지 아니하고 납입 은행을 변경할 수 있다.

30 □□□ **주식회사 정관의 절대적 기재사항이 아닌 것은?**

① 회사가 발행할 주식의 총수
② 현물출자를 하는 자의 성명
③ 회사가 공고를 하는 방법
④ 발기인의 성명·주민등록번호 및 주소

31 □□□ **보험계약에 관한 설명으로 옳지 않은 것은?**

① 부합계약이다.
② 유상(有償)·쌍무(雙務)계약이다.
③ 낙성(諾成)·불요식(不要式)계약이다.
④ 사행계약(射倖契約)이 아니다.

32 상법상 손해보험에 해당하는 것을 모두 고른 것은?

□□□

㉠ 책임보험	㉡ 화재보험
㉢ 운송보험	㉣ 생명보험
㉤ 상해보험	㉥ 재보험

① ㄱ, ㄴ
② ㄴ, ㄷ, ㄹ
③ ㄹ, ㅁ
④ ㄱ, ㄴ, ㄷ, ㅂ

33 부당노동행위의 구제절차에 관한 설명으로 옳지 않은 것은?

□□□

① 노동위원회에 대한 구제의 신청은 부당노동행위를 안 날로부터 6월 이내에 하여야 한다.
② 부당노동행위로 인하여 그 권리를 침해당한 근로자 또는 노동조합은 노동위원회에 그 구제를 신청할 수 있다.
③ 노동위원회는 부당노동행위가 성립한다고 판정한 때에는 사용자에게 구제명령을 발하여야 한다.
④ 노동위원회의 구제명령은 행정소송의 제기에 의하여 그 효력이 정지되지 아니한다.

34 다음 쟁의행위 중 설명이 잘못된 것은?

□□□

① 직장폐쇄 : 조합원이 단결하여 노동을 거부하는 것
② 피케팅 : 근로자들이 공장이나 사업장의 출입구에서 파업의 방해자나 배신자를 감시하는 행위
③ 보이콧 : 노동자가 동맹하여 그 공장의 제품을 사지 않고, 대중들에게까지 불매를 호소·협력하는 것
④ 태업 : 작업장에서 의도적으로 작업을 태만히 하거나 불완전한 제품을 만드는 행위

35 다음은 사회보장기본법상 어떤 제도에 관한 설명인가?

□□□

> 이것은 생애주기에 걸쳐 보편적으로 충족되어야 하는 기본욕구와 특정한 사회위험에 의하여 발생하는 특수욕구를 동시에 고려하여 소득・서비스를 보장하는 맞춤형 사회보장제도를 말한다.

① 평생사회안전망
② 사회보험제도
③ 공공부조제도
④ 사회서비스

36 국민연금법에 관한 설명으로 옳지 않은 것은?

□□□

① 국민연금 수급권은 양도할 수 없다.
② 국민연금공단 이사장은 보건복지부장관이 임면한다.
③ 「국민연금법」에 따른 급여는 노령연금, 장애연금, 유족연금, 반환일시금이 있다.
④ 국민연금 가입자는 사업장가입자, 지역가입자, 임의가입자 및 임의계속가입자로 구분한다.

37 국가뿐만 아니라 지방자치단체의 의사를 결정하여 자신의 이름으로 외부에 표시할 수 있는 권한을 가진 행정기관은?

□□□

① 행정청
② 의결기관
③ 집행기관
④ 자문기관

38 특정인에게 일정한 권리・권력 또는 포괄적 법률관계를 설정・변경・소멸시키는 행정행위의 강학상의 용어는 무엇인가?

□□□

① 인 가
② 면 제
③ 허 가
④ 특 허

39 □□□ **행정지도에 관한 설명으로 옳지 않은 것은?**

① 행정지도는 반드시 법적 근거를 필요로 하지는 않는다.
② 행정지도에 대해서는 원칙적으로 취소소송을 제기할 수 없다.
③ 현행 행정절차법은 행정지도에 관한 규정을 두고 있다.
④ 행정지도는 조언·권고 등의 비권력적 수단을 통해 일정한 법적 효과를 발생시키는 비권력적 법률행위이다.

40 □□□ **행정청의 처분 등을 원인으로 하는 법률관계에 관한 소송 그 밖에 공법상의 법률관계에 관한 소송으로서 그 법률관계의 한쪽 당사자를 피고로 하는 소송은?**

① 항고소송
② 기관소송
③ 민중소송
④ 당사자소송

제4회 민간경비론

경비지도사 제1차 시험

중요문제 / 틀린 문제 CHECK

41	42	43	44	45	46	47	48	49	50	51	52	53	54	55	56	57	58	59	60
61	62	63	64	65	66	67	68	69	70	71	72	73	74	75	76	77	78	79	80

각 문항별로 회독수를 체크해 보세요. ☑☐☐

Time 분 | 해설편 153p

41 민간경비와 공경비에 관한 설명으로 옳지 않은 것은?

☐☐☐

① 민간경비는 범죄예방과 범죄 대응의 임무를 가진다.
② 공경비 권한의 근거는 통치권이다.
③ 공경비는 범인 체포 및 범죄수사와 조사를 목적으로 한다.
④ 민간경비는 강제력 사용에 제한이 있다.

문제편 제4회

42 다음 중 민간경비산업 성장의 이론적 배경에 대한 설명으로 옳은 것은?

☐☐☐

① 공동화이론 – 그냥 내버려두면 보호받지 못한 채로 방치될 재산을 민간경비가 보호한다.
② 민영화이론 – 범죄로 인한 신체적 피해의 보호는 개인적 비용 부담에 의해 민간경비가 담당한다.
③ 이익집단이론 – 공경비가 대응하기 어려운 범죄의 사각지대를 민간경비가 보완해준다.
④ 경제환원이론 – 경기침체에 따른 실업자의 증가로 범죄가 증가함으로써 민간경비 시장이 성장・발전한다.

43 경비업법에 규정된 업무유형인 것은?

☐☐☐

① 민간조사업무
② 신변보호업무
③ 정보보호업무
④ 인력경비업무

44 치안서비스 공동생산에 대한 설명으로 옳지 않은 것은?

□□□

① 경찰의 역할 증대와 더불어 민간의 참여를 활성화시키려는 움직임의 일환
② 경찰이 치안서비스의 공급자이고 시민이 수혜자라는 접근에서 시작
③ 민간경비 분야를 치안서비스 공동생산의 주체로 인식
④ 주민신고체제의 확립, 금융기관 방범시설의 확충 등이 존재

45 민간경비에 대한 설명으로 옳지 않은 것은?

□□□

① 국민의 생명과 재산을 보호하고 사회공공의 안녕과 질서를 유지하는 임무는 국가가 수행하는 것이 원칙이므로 민간경비의 영역이 좁아지고 있다.
② 특정 의뢰자로부터 보수를 받고 경비 및 안전에 필요한 서비스를 제공하는 개인, 단체, 영리기업을 말한다.
③ 국가기관에 의한 공경비에 대응하는 개념이다.
④ 활동영역에 자체경비를 포함시키는 것이 일반적이다.

46 미국 민간경비의 역사적 배경과 관련하여 옳지 않은 것은?

□□□

① 미국 초기 국민들은 강력한 연방 중심의 중앙집권적 통치방식을 선호하였다.
② 18세기 무렵 신개척지에 거주하고 있던 주민들을 보호하기 위해 밤에만 활동하는 야간경비원이 생겨났다.
③ 1845년 미국 최초의 현대적 경찰인 뉴욕시 주야간 경찰조직이 생겨났다.
④ 서부의 개척지에서는 상설경찰이라 해도 시가지화한 읍이나 촌의 경찰에 불과했고 그 이외의 지역에서도 실효력 있는 경찰은 아직 존재하지 않았다.

47 다음에서 설명하고 있는 것은?

□□□

> • 어떠한 범죄도 개인에 대한 위법이 아니라 국왕의 평화에 대한 도전이라고 명시하고 있다.
> • 중죄와 경범죄에 대한 법률적인 구분을 내렸다.

① 윈체스터법
② 함무라비 법전
③ 규환제도
④ 헨리 국왕의 법령

48 영미법계와 대륙법계의 경비개념에 대한 설명 중 옳지 않은 것은?

□□□

① 영미법계 국가의 경찰조직은 지방분권적인 자치제 경찰제도이다.
② 대륙법계 국가의 민간경비원은 영미법계 국가의 민간경비원보다 폭넓은 권한을 행사하고 있다.
③ 대륙법계 국가에서의 경비활동은 국가경찰의 고유한 임무 중 하나이다.
④ 현실적인 필요에 따라 양제도의 장점을 혼합하여 병행하는 국가가 늘어나는 추세이다.

49 한국 민간경비산업의 특징으로 옳지 않은 것은?

□□□

① 한국의 청원경찰제도는 미국으로부터 도입한 제도이다.
② 비용절감 등의 효과로 인하여 자체경비보다 계약경비가 발전하고 있다.
③ 현재까지는 기계경비보다 인력경비에 대한 의존도가 높다.
④ 향후 인건비 절감을 위해 인력경비보다 기계경비의 성장이 가속화될 것으로 전망된다.

50 우리나라 민간경비 발전과정에 관한 설명으로 옳지 않은 것은?

□□□

① 1976년에는 용역경비업법이 제정되었다.
② 초기 용역경비는 미군의 군납형태로 제한적으로 실시되었다.
③ 1980년부터 특수경비원 제도가 실시되었다.
④ 2001년부터 기계경비업이 경비업의 한 형태로 법제화되었다.

51 일본의 민간경비산업에 대한 설명으로 틀린 것은?

□□□

① 경비업법 제정 당시에는 신고제로 운영되었다가 1982년 허가제로 바뀌었다.
② 현재 일본의 민간경비원은 매년 증가세를 보이며 1972년과 비교할 때 10배 이상 증가하였다.
③ 경비택시제도가 있는데, 이는 긴급사태가 발생하였을 때 택시가 출동하여 관계기관에 연락하거나 가까운 의료기관에 통보하는 제도이다.
④ 법적 강제력이 있는 교통유도경비에 관한 검정제도가 있다.

52 일본 민간경비의 발달에 관한 설명으로 옳지 않은 것은?

□□□

① 현대 이전의 민간경비는 헤이안 시대에 출현한 무사계급에서 그 뿌리를 찾을 수 있다.
② 제2차 세계대전 이후에는 대부분의 일본 산업계에서 야경, 수위, 순시 또는 보안원 등의 이름으로 각기 자체경비를 실시하여 왔다.
③ 도쿠가와 시대에는 장병위라는 이름으로 경비업을 전문으로 하는 직업 경비업자가 생겨나 노동자 공급이나 경비업무를 실시하였다.
④ 일본에서 전업(專業) 경비업자가 출현한 것은 제2차 세계대전 이후 1962년 7월에 일본경비보장주식회사(SECOM의 전신으로 스웨덴의 경비회사와 제휴)가 설립된 것에서 비롯되었다.

53 다음은 국제정세에 따라 최근의 한반도 치안상태의 변화를 설명한 것이다. 적절하지 못한 것은?

□□□

① 4.27 판문점 선언을 통해 남과 북은 한반도 비핵화를 실현한다는 공동의 목표를 확인하였다.
② 국제사회에서의 위상과 정세에 따라 한국 경찰의 역할은 점점 증가할 것이다.
③ 국제적인 테러나 범죄에 대응하기 위해서는 공조수사체제가 크게 요구되고 있다.
④ 외국인에 대한 범죄가 점차 감소하고 있다.

54 방범리콜제도에 대한 설명으로 옳은 것은?

□□□

ㄱ. 방범리콜제도는 치안행정상 주민참여와는 관련이 없다.
ㄴ. 일선기관의 권한과 재량의 폭이 넓어져야만 효과적으로 활용할 수 있다.
ㄷ. 고객이 만족하는 행정서비스의 제공이 최종목표이다.
ㄹ. 잘못된 행정서비스에 대한 불만제기권을 행정기관에게 부여하고 있다.

① ㄱ, ㄴ
② ㄴ, ㄷ
③ ㄷ, ㄹ
④ ㄱ, ㄷ

55 자체경비와 비교하여 계약경비의 장점으로 옳은 것은?

□□□

① 자체경비에 비해 조직에 대한 충성심이 높다.
② 인사관리 차원에서 결원의 보충 및 추가인력의 배치가 용이하다.
③ 자체경비에 비해 이직률이 낮은 편이다.
④ 회사내부의 기밀이나 중요정보가 외부에 유출될 가능성이 낮다.

56 인력경비에 대한 설명 중 옳지 않은 것은?

□□□

① 경비원이 저학력, 고령일 경우 경비의 질 저하가 우려된다.
② 야간에는 경비활동의 제약을 받아 효율성이 감소된다.
③ 사건 발생 시 기계경비보다 현장에서의 신속한 대처가 어렵다.
④ 고용창출 효과와 고객 접점 서비스 효과가 있다.

57 다음 보기의 (　) 안의 ㉠, ㉡에 들어갈 알맞은 말을 바르게 묶은 것은?

□□□

> • 경비업무 형태를 (㉠)에 따라 분류하면 1차원적 경비, 단편적 경비, 반응적 경비, 총체적 경비로 나눌 수 있다.
> • (㉡)는 특정의 위해요소와 관계없이 언제 발생할지도 모르는 상황에 대비하여 인력경비와 기계경비를 종합한 표준화된 경비 행태를 말한다.

	㉠	㉡
①	경비실시방식	반응적 경비
②	경비실시방식	총체적 경비
③	경비투입요소	반응적 경비
④	경비투입요소	총체적 경비

58 다음 중 일반경비원의 신임교육 시 이론교육 과목에 해당하는 것은?

□□□

① 헌 법
② 형사법
③ 경비업법
④ 경찰관직무집행법

59 청원경찰의 교육에 관한 설명 중 옳지 않은 것은?

□□□

① 청원주는 소속 청원경찰에게 그 직무집행에 필요한 교육을 매월 6시간 이상 실시하여야 한다.
② 청원경찰의 신임교육의 기간은 2주로 한다.
③ 교육과목으로 정신교육, 형사법, 체포술 및 호신술 등이 있다.
④ 관할 경찰서장은 필요한 경우 청원경찰이 배치된 사업장에 소속공무원을 파견하여 직무집행에 필요한 교육을 할 수 있다.

60 다음 중 경비업법령상 특수경비원의 결격사유로 옳은 것은 모두 몇 개인가?

□□□

> ㄱ. 19세 미만이거나 60세 이상인 사람
> ㄴ. 금고 이상의 형의 선고유예를 받고 그 유예기간 중에 있는 자
> ㄷ. 팔과 다리가 완전하고 두 눈의 맨눈시력 0.3 이상 또는 교정시력 각각 0.6 이상인 자
> ㄹ. 파산선고를 받고 복권되지 아니한 자

① 1개
② 2개
③ 3개
④ 4개

61 다음에 해당하는 민간경비의 조직운영원리는?

□□□

> • 조직의 전체기능을 기능별·특성별로 나누어 임무를 분담시킨다.
> • 각 개인별 능력을 충분히 고려하여 적재적소에 배치한다.

① 계층제의 원리
② 명령통일의 원리
③ 조정·통합의 원리
④ 전문화의 원리

62 경비위해요소 분석에 관한 설명으로 옳은 것은?

□□□

① 경비위해분석을 통해 손실의 취약성, 손실가능성을 주관적으로 파악하며 분석 결과에 따라 장비 및 인원 등의 투입이 결정된다.
② 인지단계에서는 경비보호대상의 보호가치에 따른 손실발생 가능성을 예측하는 단계이다.
③ 경비위해요소의 분석단계는 '경비위험요소의 인지 → 손실발생 가능성 예측 → 경비위험도 평가 → 경비비용효과 분석' 순이다.
④ 각종 사고 및 손실 예방과 안전 확보를 위해서는 경비위해요소에 대한 인지와 평가가 후행되어야 한다.

63 다음 중 경비계획수립의 순서가 올바르게 연결된 것은?

□□□

ㄱ. 문제의 인지	ㄴ. 목표의 설정
ㄷ. 경비계획안 비교·검토	ㄹ. 전체계획 검토
ㅁ. 경비위해요소 조사·분석	ㅂ. 최선안 선택

① ㄱ → ㄴ → ㄷ → ㄹ → ㅁ → ㅂ
② ㄱ → ㄴ → ㄹ → ㅁ → ㄷ → ㅂ
③ ㄱ → ㄴ → ㅁ → ㄹ → ㄷ → ㅂ
④ ㄱ → ㄷ → ㅁ → ㄹ → ㄴ → ㅂ

64 다음에서 설명하는 경비수준으로 옳은 것은?

□□□

> 이 수준의 경비는 불법적인 일부 외부침입을 방해하고 탐지할 수 있도록 계획된 경비시스템을 말한다. 일단 단순한 물리적 장벽과 자물쇠가 설치되고 거기에 보강된 출입문, 창문의 창살, 보다 복잡한 수준의 자물쇠, 조명시스템, 기본적인 경비시스템, 기본적인 안전장치가 설치되며, 작은 소매상점, 저장창고 등이 대표적인 예이다.

① 최저수준경비(Level Ⅰ : Minimum Security)
② 하위수준경비(Level Ⅱ : Low-Level Security)
③ 중간수준경비(Level Ⅲ : Medium Security)
④ 상위수준경비(Level Ⅳ : High-Level Security)

65 외곽경비에 관한 설명으로 옳은 것을 모두 몇 개인가?

□□□

> ㄱ. 외곽경비의 기본 목적은 불법침입을 지연시키는 것이다.
> ㄴ. 차량출입구는 충분히 넓어야 하며 평상시에는 양방향을 유지한다.
> ㄷ. 모든 출입구 수를 파악하고 공기흡입관, 배기관 등도 경비계획에 포함시켜야 한다.
> ㄹ. 안전유리의 설치목적은 침입자의 침입시도를 완벽하게 저지하는 것이다.

① 없 음
② 1개
③ 3개
④ 4개

66 □□□ **경보체계에 관한 설명으로 옳지 않은 것은?**

① 제한적 경보시스템은 사이렌이나 종, 비상등 등을 이용하는 경보체계이다.
② 중앙관제시스템은 일정지역에 국한해 한 두 개의 경보장치를 설치하는 경보체계이다.
③ 외래경보시스템은 전용 전화회선 등을 이용하여 직접 외부의 각 관계기관에 자동으로 연락하는 경보체계이다.
④ 상주경보시스템은 주요 지점에 경비원을 배치하여 비상시에 대응하는 경보체계이다.

67 □□□ **경비조명의 형태에 대한 설명으로 옳은 것은?**

① 투광조명등은 특정지역에 빛을 집중시키거나 직접적으로 비추는 광선의 형태로 상당히 많은(밝은) 빛을 만들 수 있다
② 프레이넬등은 사고발생 가능지역을 정확하게 관찰하기 위한 조명장비로서, 휴대가 가능하며 잠재적으로 사고가 일어날 만한 지역의 원거리 표적을 정확하게 관찰하기 위해 사용된다.
③ 탐조등은 넓은 폭의 빛을 내는 조명으로 경계구역에의 접근을 방지하기 위해 길고 수평하게 빛을 확장하는데 유용하게 사용된다.
④ 프레이넬등은 외딴 산간지역이나 작은 배로 쉽게 시설물에 접근할 수 있는 위치에 설치한다.

68 □□□ **다음 중 가정집 내부에서 스위치를 눌러서 출입문이 열리도록 할 수 있는 잠금장치의 올바른 명칭은 어느 것인가?**

① 기억식 잠금장치
② 일체식 잠금장치
③ 패드록
④ 전기식 잠금장치

69 경비시설물의 물리적 통제시스템에 관한 설명으로 옳지 않은 것은?

□□□

① 외부 침입 시 경비시스템 중 1차 보호시스템은 내부 출입통제시스템이고, 2차 보호시스템은 외부 출입통제시스템이다.

② 시설물 내에 존재하는 내부 자산들은 그 가치가 다르기 때문에 상이한 경비보호계획을 수립하여 대응해야 한다.

③ 체인링크(Chain link)는 콘크리트나 석재 담장과 유사한 보호기능을 하면서도 저렴하다는 장점이 있다

④ 안전유리(Security glass)는 동일한 두께의 콘크리트 벽에 비해 충격에 강하고 외관상 미적 효과가 있다.

70 다음 중 옳지 않은 것은?

□□□

① 셉테드(CPTED)는 환경설계를 통한 범죄예방의 줄인 말로 물리적 환경을 개선함으로써 범죄를 억제한다는 제도이다.

② 환경의 효율적인 이용을 통해 범죄예방의 목적을 달성하기 위하여 자연적 전략에서 조직적·기계적 전략으로 그 중심을 바꾸는데 기여하였다.

③ 2007년 이후 혁신도시 건설사업 실시계획에 CPTED기법이 반영된 이후 2008년도에 CPTED의 기반 규격 표준을 개발·공고하였다.

④ CPTED의 1차적 기본전략은 자연적인 접근통제, 자연적인 감시, 영역성의 강화라는 세 가지 차원에서 출발한다.

71 폭발물에 의한 테러 위협 시 대피활동에 대한 설명으로 옳지 않은 것은?

□□□

① 사람들이 대피하여야 하는 경우에는 보안을 유지하면서 침착하게 사람들을 대피시켜야 한다.

② 화재대피와 동일한 방법으로 대피해야 하며 엘리베이터의 사용은 금지한다.

③ 범인이 사람의 이동을 감지하여 그대로 폭파시킬 수 있으므로 대피는 매우 신중해야 한다.

④ 모든 창문과 문은 닫아 두어야 한다.

72 화재발생의 불꽃발화 단계에서 적용되는 감지기는?

□□□

① 이온 감지기
② 광전자 감지기
③ 적외선 감지기
④ 열 감지기

73 백업시스템의 비상계획 수립 시 고려사항으로 옳지 않은 것은?

□□□

① 제3자에 의한 핫 사이트(Hot site)를 구비해서는 안 된다.
② 시스템 간의 지속적인 호환성 유무를 확인하기 위해 정기적으로 시험가동이 수행되어야 한다.
③ 다수의 기업체와 공백 셸[Empty Shell(cold)] 계약방식에 의한 계약체결을 고려한다.
④ 컴퓨터를 설치할 때는 분산 형태의 보완시스템이 갖춰진 컴퓨터를 구비한다.

74 다음 중 컴퓨터범죄의 특징에 대한 설명으로 옳지 않은 것은?

□□□

① 컴퓨터 전반에 걸쳐 정통한 전문가보다는 특수하고 전문화된 일정 기술에만 정통한 기술자들이 대다수이다.
② 장소, 국경 등에 관계없이 컴퓨터 침입이 가능하며 증거가 남지 않고 증거인멸이 용이하기 때문에 범죄의 발견이 어렵다.
③ 컴퓨터범죄 행위자는 대부분 상습범이거나 누범자이다.
④ 컴퓨터의 기술개발 측면에만 연구를 집중하고 컴퓨터 사고 방지와 범죄방지 측면에는 소홀한 면이 있다.

75 다음에서 설명하는 컴퓨터범죄 유형은?

□□□

- 컴퓨터 시스템의 자료를 권한 없이 획득하거나 불법이용 또는 누설하여 타인에게 경제적 손해를 야기하는 행위를 말한다.
- 자료와 프로그램의 불법획득과 이용이라는 2개의 행위로 이루어진다.

① 컴퓨터 부정조작 ② 컴퓨터 스파이
③ 컴퓨터 부정사용 ④ 컴퓨터 파괴

76 다음의 제시문이 설명하는 컴퓨터의 부정조작은 무엇인가?

□□□

불법적인 목적을 달성하기 위해 입력될 자료를 조작하여 컴퓨터로 하여금 거짓 처리결과를 만들어내게 하는 행위로 천공카드, 천공테이프, 마그네틱테이프, 디스크 등의 입력매체를 이용한 입력장치나 입력타자기에 의하여 행하여진다.

① 입력 조작 ② 콘솔 조작
③ 출력 조작 ④ 프로그램 조작

77 컴퓨터 시스템 안전대책 중 관리적 대책의 내용으로 옳지 않은 것은?

□□□

① 패스워드의 철저한 관리
② 직무권한의 명확화와 분리
③ 프로그램 개발·통제
④ 데이터의 암호화

78 청원경찰법과 경비업법의 이원적 운용체제에 따른 문제점이 아닌 것은?

□□□

① 청원경찰과 일반경비원 모두 총기 사용에 따른 훈련부족으로 사고가 빈번하다.
② 청원경찰은 경찰공무원도 경비원도 아닌 이중적인 법적 지위 때문에 업무 수행에 있어서 혼란 등을 겪을 수 있다.
③ 민간경비원은 청원경찰보다 직업안정성이 낮고 이직률이 높은 편이다.
④ 청원경찰과 민간경비의 보수 면에서 상당한 차이가 발생해 청원주가 청원경찰의 배치를 기피한다.

79 경비업법령상 경비업의 허가를 받은 법인이 신고하여야 할 사항을 모두 고른 것은?

□□□

ㄱ. 영업을 폐업하거나 휴업한 때
ㄴ. 법인의 명칭이나 대표자·임원을 변경한 때
ㄷ. 법인의 주사무소나 출장소를 신설·이전 또는 폐지한 때
ㄹ. 기계경비업무를 개시하거나 종료한 때

① ㄱ
② ㄱ, ㄴ
③ ㄱ, ㄴ, ㄷ
④ ㄱ, ㄴ, ㄷ, ㄹ

80 민간경비산업의 전망에 관한 설명으로 옳지 않은 것은?

□□□

① 향후 기계경비업보다 인력경비업의 성장속도가 빠를 것이다.
② 지역 특성과 경비수요에 맞는 민간경비 상품의 개발이 요구될 것이다.
③ 경찰인력의 부족, 장비의 부족, 업무의 과다로 인해 민간경비업은 급속히 발전할 것이다.
④ 민간경비업의 홍보활동이 적극적으로 전개될 것이다.

제5회 법학개론

경비지도사 제1차 시험

중요문제 / 틀린 문제 CHECK

01	02	03	04	05	06	07	08	09	10	11	12	13	14	15	16	17	18	19	20
21	22	23	24	25	26	27	28	29	30	31	32	33	34	35	36	37	38	39	40

각 문항별로 회독수를 체크해 보세요. ☑☐☐

Time 분 | 해설편 175p

01 아리스토텔레스의 정의론에 관한 설명으로 옳지 않은 것은?

☐☐☐

① 정의는 일반적 정의와 특수적 정의로 나뉜다.

② 일반적 정의는 평균적 정의와 배분적 정의로 나뉜다.

③ 배분적 정의는 실질적·상대적 평등을 의미한다.

④ 평균적 정의는 형식적·절대적 평등을 의미한다.

02 법의 효력에 관한 설명으로 옳지 않은 것은?

☐☐☐

① 한시법에 있어서 시행기간이 경과하여 적용되지 않게 된 경우, 이는 명시적 폐지에 해당한다.

② 우리나라는 속지주의를 원칙으로 하고 보충적으로 속인주의를 채택한다.

③ 법률불소급의 원칙은 절대적인 것이어서 입법으로도 제한할 수 없다.

④ 동일 사항에 관하여 서로 모순·저촉되는 신법의 제정으로 구법이 당연히 폐지되는 것을 묵시적 폐지라 한다.

03 다음 ( ) 안의 ㄱ, ㄴ, ㄷ에 들어갈 법원(法源)이 바르게 연결된 것은?

□□□

- (ㄱ) – 국회의 의결을 거치지 않고 행정기관에 의해 제정되는 성문법규
- (ㄴ) – 지방자치단체가 법령의 범위 안에서 그 사무에 관하여 제정한 법규
- (ㄷ) – 지방자치단체의 장이 법령이나 (ㄴ)이/가 위임한 범위에서 그 권한에 속하는 사무에 관하여 제정한 법규

① ㄱ : 명령, ㄴ : 조례, ㄷ : 규칙

② ㄱ : 명령, ㄴ : 규칙, ㄷ : 조례

③ ㄱ : 조례, ㄴ : 명령, ㄷ : 규칙

④ ㄱ : 조례, ㄴ : 규칙, ㄷ : 명령

문제편
제5회

04 다음 법조문의 논리해석과 관련한 설명으로 가장 적절한 것은?

□□□

- 형법 제250조(살인, 존속살해) ① '사람'을 살해한 자는 사형, 무기 또는 5년 이상의 징역에 처한다.
- 형법 제250조에서 말하는 사람에는 법인과 자기 자신은 포함하지 않게 해석한다.

① 법규의 자구의 의미를 그 입법취지에 비추어 보통의 일반적인 의미보다 넓게 해석한다.

② 법률의 문언을 문리보다 좁게, 엄격하게 해석한다.

③ 법문이 규정하는 요건과 반대의 요건이 존재하는 경우에 그 반대의 요건에 대하여 법문과 반대의 법적 판단을 하는 해석이다.

④ 법문에 규정된 사항 이외의 사항도 물론 포함되는 것으로 해석한다.

05 다음 중 절차법에 해당하는 것들을 모두 고르면?

□□□

> ㄱ. 헌 법
> ㄴ. 민 법
> ㄷ. 형 법
> ㄹ. 부동산등기법
> ㅁ. 채무자회생 및 파산에 관한 법률

① ㄱ, ㄴ　　② ㄱ, ㄹ
③ ㄴ, ㅁ　　④ ㄹ, ㅁ

06 법의 적용과 관련된 다음 기술 중 타당하지 않은 것은?

□□□

① 재판의 과정을 살펴보면, 먼저 적용될 추상적 법규를 대전제로 하고, 구체적 사건을 소전제로 하며 여기에 재판이라는 결론을 도출하는 3단 논법의 형식이 적용된다.
② 민법 제28조에서 "실종선고를 받은 자는 실종기간이 만료한 때 사망한 것으로 본다."고 규정한 것은 '사실의 추정'의 예라 할 수 있다.
③ 사실의 존부는 증거에 의해 확정되며 이를 증거재판주의라고 부른다.
④ 확정되지 못한 사실을 잠정적으로 확정된 것처럼 법률효과를 발생시키는 것을 '사실의 추정'이라 한다.

07 권리자의 일방적인 의사표시에 의하여 일정한 법률관계를 발생·변경·소멸시키는 권리에 해당하지 않는 것은?

□□□

① 취소권　　② 영구적 항변권
③ 추인권　　④ 해지권

08 권리와 의무에 관한 설명으로 옳지 않은 것은?

□□□

① 계약해제권은 형성권으로서 그에 대응하는 의무가 없다.
② 사권(私權)은 작용에 따라 지배권, 청구권, 형성권, 항변권으로 분류할 수 있다.
③ 납세의무, 교육의무는 공법상 의무이다.
④ 권리·의무의 주체는 자연인뿐이다.

09 권리의 충돌과 순위와 관련한 설명으로 옳지 않은 것은?

□□□

① 제한물권은 소유권에 우선한다.
② 종류를 달리하는 제한물권 상호 간에는 일정한 원칙은 없고, 법률의 규정에 의하여 순위가 정하여진다.
③ 하나의 물권에 대하여 물권과 채권이 병존하는 경우에는 그 성립시기를 불문하고 언제나 물권이 우선한다.
④ 채권은 성립의 선후에 따른 우선순위의 차이가 없고 모든 채권자는 같은 순위로 변제를 받는 것이 원칙이다.

10 헌법개정절차에 관한 설명으로 옳지 않은 것은?

□□□

① 헌법개정은 국회 재적의원 과반수 또는 대통령의 발의로 제안된다.
② 국회는 헌법개정안이 공고된 날로부터 30일 이내에 의결하여야 하며, 국회의 의결은 재적의원 3분의 2 이상의 찬성을 얻어야 한다.
③ 대통령의 임기연장 또는 중임변경을 위한 헌법개정은 그 헌법개정 제안 당시의 대통령에 대하여는 효력이 없다.
④ 헌법개정안은 국회가 의결한 후 30일 이내에 국민투표에 붙여 국회의원 선거권자 과반수의 투표와 투표자 과반수의 찬성을 얻으면 헌법개정은 확정된다.

11 헌법의 조문은 그대로 있으면서 그 의미나 내용이 실질적으로 변화하는 것을 무엇이라 하는가?

□□□

① 헌법의 파괴
② 헌법의 변천
③ 헌법의 정지
④ 헌법의 폐지

12 우리나라의 헌법전문에서 규정하고 있는 내용으로 옳지 않은 것은?

☐☐☐

① 국제평화주의
② 대한민국 영토
③ 국민주권주의
④ 모든 사회적 폐습과 불의를 타파

13 지방자치법상 주민의 권리가 아닌 것은?

☐☐☐

① 균등한 행정혜택을 받을 권리
② 공공시설의 설치를 반대하는 사항에 대한 조례제정청구권
③ 공공시설이용권
④ 지방의회에 대한 청원권

14 법원(法院)에 대한 설명으로 옳지 않은 것은?

☐☐☐

① 대법원장은 국회의 동의를 얻어 대통령이 임명한다.
② 대법관은 대법원장의 제청으로 국회의 동의를 얻어 대통령이 임명한다.
③ 대법원장과 대법관이 아닌 법관은 대법관회의의 동의를 얻어 대통령이 임명한다.
④ 법률이 헌법에 위반되는지 여부가 재판의 전제가 된 경우, 당해 사건을 담당하는 법원이 헌법재판소에 위헌법률심판을 제기한다.

15 헌법재판소의 권한에 관한 설명으로 옳지 않은 것은?

☐☐☐

① 국회가 소추한 고위 공직자의 탄핵사건을 심판한다.
② 국가기관이나 지방자치단체 상호 간의 권한쟁의를 심판한다.
③ 법률이 헌법에 위배되는지의 여부를 법원의 제청에 의하여 심판한다.
④ 헌법재판소의 모든 심판은 재판관 6인 이상의 찬성으로 결정된다.

16 □□□

권리자가 장기간에 걸쳐 그 권리를 행사하지 아니함에 따라 그 의무자인 상대방이 더 이상 권리자가 그 권리를 행사하지 아니할 것으로 신뢰할만한 정당한 기대를 가지게 되는 경우에 새삼스럽게 권리자가 그 권리를 행사하는 것은 법질서 전체를 지배하는 신의성실의 원칙에 위반되어 허용되지 않는다는 것을 의미하는 원칙은?

① 실효의 원칙
② 금반언의 원칙
③ 사정변경의 원칙
④ 권리남용금지의 원칙

17 □□□

다음 설명 중 옳지 않은 것은?

① 부동산이란 토지 및 그 정착물을 말한다.
② 종물은 주물의 처분에 따른다.
③ 민법에서 물건이란 유체물 및 전기 기타 관리할 수 있는 자연력을 말한다.
④ 천연과실은 원물을 타인에게 사용시킨 대가로써 얻은 과실이고 법정과실은 원물의 용법에 따라 그로부터 수취되는 산출물이다.

18 □□□

다음 중 ( ) 안의 ㄱ, ㄴ에 들어갈 내용으로 알맞은 것은?

- 어떤 사유로 이사가 전혀 없게 되거나 정관에서 정한 이사의 수에 결원이 생겨 손해가 생길 염려가 있는 때에는 법원은 이해관계인이나 검사의 청구에 의하여 (ㄱ)를 선임하여야 한다
- (ㄴ)은 법인과 이사 간에 이익이 상반하는 사항이 있는 경우 그 이사에 갈음하여 법인을 대표하는 기관으로 이해관계인·검사의 청구에 의하여 법원이 선임하는 임시기관이다.

	ㄱ	ㄴ
①	임시이사	특별대리인
②	특별대리인	임시이사
③	임시이사	감 사
④	감 사	특별대리인

19 소멸시효에 대한 설명으로 옳지 않은 것은?

□□□

① 소멸시효의 이익은 시효완성 후에 포기할 수 있다.
② 소유권은 소멸시효에 걸리지 아니한다.
③ 소멸시효의 중단사유로는 청구, 압류 또는 가압류·가처분, 승인, 취소 등이 있다
④ 소멸시효에는 소급효가 있다.

20 물권에 관한 설명으로 옳지 않은 것은?

□□□

① 유치권의 행사는 채권의 소멸시효의 진행에 영향을 미친다.
② 지상권, 지역권, 전세권은 용익물권에 해당한다.
③ 유치권, 질권, 저당권은 담보물권에 해당한다.
④ 유치권은 점유의 상실로 인하여 소멸한다.

21 다음 중 무효인 법률행위로만 묶인 것은?

□□□

ㄱ. 의사능력 없는 자의 법률행위
ㄴ. 행위능력 없는 자의 법률행위
ㄷ. 강행규정에 반하는 법률행위
ㄹ. 착오에 의한 의사표시
ㅁ. 사기·강박에 의한 의사표시
ㅂ. 진의 아닌 의사표시임을 상대방이 알았던 경우
ㅅ. 불법조건이 붙은 법률행위

① ㄱ, ㄴ, ㄷ, ㄹ
② ㄱ, ㄴ, ㅁ, ㅂ
③ ㄱ, ㄷ, ㅂ, ㅅ
④ ㄴ, ㄷ, ㅂ, ㅅ

22 다음 중 부동산을 대상으로 할 수 없는 것은?

□□□

① 지상권
② 지역권
③ 질 권
④ 저당권

23 다음은 자구행위에 대한 규정이다. (　　) 안에 들어갈 말로 알맞은 것은?

> 형법 제23조(자구행위)
> ① 법정절차에 의하여 청구권을 보전하기 불능한 경우에 그 청구권의 실행불능 또는 현저한 실행곤란을 피하기 위한 행위는 상당한 이유가 있는 때에는 벌하지 아니한다.
> ② 전항의 행위가 그 정도를 초과한 때에는 정황에 의하여 형을 (　　)할 수 있다.

① 가 중　　② 감 경
③ 면 제　　④ 감경 또는 면제

24 다음의 밑줄 친 '이것'에 대한 설명으로 적절한 것을 고르면?

> 총을 들고 협박하는 은행 강도로부터 자신을 방어하기 위하여 그 강도를 넘어뜨려 상해를 입힌 행위는 위법성조각사유 중의 하나인 <u>이것</u>에 해당하여 범죄가 성립하지 아니한다.

① 자기 또는 타인의 법익에 대한 현재의 부당한 침해를 방위하기 위한 상황에서 인정된다.
② 공무원의 직무집행행위가 여기에 해당한다.
③ 두 개 이상의 작위의무 중 하나만 이행함으로써 다른 의무를 이행하지 못한 상황에서 인정된다.
④ 법정절차에 의하여 청구권을 보전하기 불가능한 상황에서 인정된다.

25 형의 감면에 대한 다음 설명 중 옳지 않은 것은?

① 종범의 형은 정범의 형보다 감경한다.
② 미수범의 형은 기수범보다 감경한다.
③ 불능미수범은 형을 감경 또는 면제할 수 있다.
④ 중지미수범은 형을 감경 또는 면제한다.

26 □□□ 甲은 사제폭탄을 제조, 丁소유의 가옥에 투척하여 乙을 살해하고 丙에게 상해를 입혔다. 그리고 丁소유의 가옥은 파손되었다. 이러한 경우 살인죄, 상해죄, 손괴죄의 관계는?

① 포괄적 일죄
② 상상적 경합범
③ 실체적 경합범
④ 누 범

27 □□□ 다음 중 국가적 법익에 관한 죄를 모두 고른 것은?

ㄱ. 범죄단체조직죄
ㄴ. 내란죄
ㄷ. 소요죄
ㄹ. 외환유치죄

① ㄱ
② ㄴ, ㄹ
③ ㄱ, ㄴ
④ ㄴ, ㄷ, ㄹ

28 □□□ 우리나라 형사소송법의 기본원리에 관한 설명으로 옳지 않은 것은?

① 규문주의를 취하고 있다.
② 기소독점주의를 취하고 있다.
③ 당사자주의와 직권주의의 절충적인 소송구조이다.
④ 국가소추주의를 취하고 있다.

29 □□□ 약식절차에 관한 설명 중 옳지 않은 것은?

① 피고인은 약식명령의 고지를 받은 날로부터 7일 이내에 정식재판의 청구를 할 수 있다.
② 약식명령은 해당 사건의 관할 경찰서장이 청구할 수 있다.
③ 공판절차 없이 약식명령으로 피고인을 벌금, 과료 또는 몰수에 처할 수 있다.
④ 정식재판의 청구기간이 경과하거나 그 청구의 취하 또는 청구기각의 결정이 확정된 때에는 확정판결과 동일한 효력이 발생한다.

30 무죄의 판결을 해야 하는 경우로 옳은 것은?

□□□

① 공소의 시효가 완성된 경우
② 친고죄에 있어서 고소가 취소된 경우
③ 반의사불벌죄에서 처벌불원의 의사표시가 있는 경우
④ 범죄사실의 증명이 없는 경우

31 상업장부 및 상업등기에 관한 다음 설명 중 옳지 않은 것은?

□□□

① 상인은 영업상의 재산 및 손익의 상황을 명백히 하기 위하여 회계장부 및 대차대조표를 작성하여야 한다.
② 상업등기 전에도 선의의 제3자에게 대항 가능하다.
③ 상인은 10년간 상업장부와 영업에 관한 중요서류를 보존하여야 한다.
④ 고의 또는 과실로 인하여 사실과 상위한 사항을 등기한 자는 그 상위를 선의의 제3자에게 대항하지 못한다.

32 상법상 손해보험증권의 필요적 기재사항이 아닌 것은?

□□□

① 보험자의 주소, 성명 또는 상호
② 보험료와 그 지급방법
③ 보험계약의 연월일
④ 무효와 실권의 사유

33 다음 중 인보험이 아닌 것은?

□□□

① 화재보험
② 상해보험
③ 사망보험
④ 혼합보험

34 노동조합 및 노동관계조정법상 용어의 정의에 관한 설명으로 옳지 않은 것은?
□□□

① 근로자는 직업의 종류를 불문하고 임금·급료, 기타 이에 준하는 수입에 의하여 생활하는 자를 말한다.
② 사용자는 사업주, 사업의 경영담당자 또는 그 사업의 근로자에 관한 사항에 대하여 사업주를 위하여 행동하는 자를 말한다.
③ 사용자단체는 노동관계에 관하여 그 구성원인 사용자에 대하여 조정 또는 규제할 수 있는 권한을 가진 사용자의 단체를 말한다.
④ 쟁의행위는 노동조합과 사용자 또는 사용자단체 간에 임금·근로시간·복지·해고, 기타 대우 등 근로조건의 결정에 관한 주장의 불일치로 인하여 발생한 분쟁상태를 말한다.

35 산업재해보상보험법상 보험급여의 종류가 아닌 것은?
□□□

① 요양급여
② 실업급여
③ 상병(傷病)보상연금
④ 직업재활급여

36 근로자의 업무상의 재해를 신속하고 공정하게 보상하며, 재해근로자의 재활 및 사회 복귀를 촉진하기 위하여 이에 필요한 보험시설을 설치·운영하고, 재해 예방과 그 밖에 근로자의 복지 증진을 위한 사업을 시행하여 근로자 보호에 이바지하는 것을 목적으로 하는 법률은?
□□□

① 국민연금법
② 최저임금법
③ 국민기초생활보장법
④ 산업재해보상보험법

37 행정기관에 관한 설명으로 옳은 것은?
□□□

① 다수 구성원으로 이루어진 합의제 행정청이 대표적인 행정청의 형태이며 지방자치단체의 경우 지방의회가 행정청이다.
② 감사기관은 다른 행정기관의 사무나 회계처리를 검사하고 그 적부에 관해 감사하는 기관이다.
③ 자문기관은 행정청의 내부 실·국의 기관으로 행정청의 권한 행사를 보좌한다.
④ 의결기관은 행정청의 의사결정에 참여하는 권한을 가진 기관이지만 행정청의 의사를 법적으로 구속하지는 못한다.

38 다음 중 준법률행위적 행정행위에 해당하지 않는 것은?

□□□

① 수 리 ② 면 제

③ 공 증 ④ 통 지

39 하자 없이 유효하게 성립된 행정행위에 대해 공익상 그 효력을 존속시킬 수 없는 새로운 사유가 발생했을 때, 장래를 향해 그 효력을 잃게 하는 것은?

□□□

① 행정행위의 철회 ② 하자의 승계

③ 행정행위의 직권취소 ④ 하자 있는 행정행위의 전환

40 다음의 내용이 설명하는 판결은?

□□□

> 원고의 청구가 이유 있다(처분 등이 위법하다)고 인정하는 경우에도 처분 등을 취소하는 것이 현저히 공공복리에 적합하지 않다고 판단될 때 법원이 원고의 청구를 기각하는 판결이다.

① 인용판결 ② 각하판결

③ 기각판결 ④ 사정판결

제5회 민간경비론

경비지도사 제1차 시험

중요문제 / 틀린 문제 CHECK

41	42	43	44	45	46	47	48	49	50	51	52	53	54	55	56	57	58	59	60
61	62	63	64	65	66	67	68	69	70	71	72	73	74	75	76	77	78	79	80

각 문항별로 회독수를 체크해 보세요. ☑☐☐

Time 분 | 해설편 194p

41 다음 중 공경비에 관한 설명으로 옳지 않은 것은?

☐☐☐

① 공경비는 일반적으로 경찰에 의하여 제공되는 치안서비스를 의미한다.

② 사전적 범죄예방 임무를 수행한다.

③ 공경비는 공공성, 공익성, 영리성을 그 특징으로 한다.

④ 공경비는 민간경비에 비해 강제력을 갖고 있다.

42 공경비와 민간경비의 관계에 관한 설명으로 옳지 않은 것은?

☐☐☐

① 우리나라의 치안 메커니즘은 크게 공경비와 민간경비 양축으로 구성된다.

② 공경비 분야에서 나타난 한계와 비생산성은 민간경비가 등장하는 계기가 되었다.

③ 공경비는 국민의 세금으로 운용되지만, 개인의 필요에 의한 민간경비는 소비자의 경제능력이 이용에 큰 영향을 미친다.

④ 민간경비와 공경비의 공통적 임무로는 범죄예방, 위험 방지, 질서유지, 범죄수사 등을 들 수 있다.

43 은행이나 프로야구 경기장에서 자체경비원을 확보하는 것은 민간경비 성장의 이론적 배경 중 무엇과 관련된 것인가?

☐☐☐

① 경제환원론적이론

② 공동화이론

③ 이익집단이론

④ 수익자부담이론

44 민간경비 성장의 이론적 배경에 대한 설명으로 옳지 않은 것은?

□□□

① 경제환원론은 경제 침체와 민간경비 부문의 수요 증가의 관계를 인과적 성격으로 보고 있다.
② 공동화이론은 경찰이 수행하고 있는 경찰 본연의 기능이나 역할을 민간경비가 보완하거나 대체한다는 이론이다.
③ 이익집단이론은 경제환원론이나 공동화이론을 부정하는 입장으로, 그냥 내버려 두면 보호받지 못한 채로 방치될 재산을 민간경비가 보호해야 한다는 주장이다.
④ 민영화이론은 1980년대 이후 복지국가의 이념에 대한 반성으로서 국가 독점에 의한 비효율성을 극복하고자 시장경쟁 논리를 도입한 이론이다.

45 치안서비스의 순수공공재 이론 중 다음 내용에 해당되는 특성은 무엇인가?

□□□

> 소비를 위하여 어떤 대가를 치르지 않은 사람을 소비에서 배제할 수는 없는 것으로, 무임승차자 문제가 발생한다.

① 비경합성　② 비거부성
③ 비배제성　④ 비한정성

46 다음 중 대륙법계 국가에서의 경비에 대한 설명으로 옳지 않은 것은?

□□□

① 개인의 생명, 신체 그리고 재산의 보호뿐만 아니라 국가의 정책을 유지하기 위해 필요한 행정까지도 경찰 개념 속에 포함시킨다.
② 중앙집권적인 경찰조직을 가지고 있다.
③ 경비활동을 국가경찰의 고유한 임무의 하나로 본다.
④ 민간경비와 공경비를 대등한 관계로 인정한다.

47 다음 중 각국의 민간경비에 대한 설명으로 옳은 것은?

□□□

① 한국의 청원경찰제도는 다른 나라에서도 활성화되어 있다.
② 미국은 제2차 세계대전을 계기로 민간경비가 비약적으로 발전하였다.
③ 일본의 민간경비는 제2차 세계대전 이후 지속적인 발전을 거듭하여 1970년대 초 한국에 진출하였다.
④ 영국의 레지스 헨리시법(The Legis Henrici Law)은 공경비 차원의 경비개념에서 민간 차원의 경비개념으로 바뀌게 한 결과를 가져왔다.

48 일본의 민간경비산업에 대한 설명으로 옳지 않은 것은?

□□□

① 일본의 민간경비산업은 1964년 동경올림픽과 1970년 오사카 만국박람회를 계기로 급성장하였다.
② 긴급사태가 발생하였을 때 택시가 출동하여 관계기관에 연락하거나 가까운 의료기관에 통보하는 경비택시제도가 있다.
③ 민간경비업은 경비업법 제정 당시에는 허가제로 운영되었다가 1982년 신고제로 바뀌었다.
④ 일본 민간경비는 1980년대 초에 한국에 진출하고, 1980년대 후반에는 중국에까지 진출하였다.

49 한국 민간경비의 발전과정을 올바르게 나열한 것을 고른 것은?

□□□

ㄱ. 청원경찰법 제정
ㄴ. 용역경비업법 제정
ㄷ. 한국경비협회 설립

① ㄱ → ㄴ → ㄷ
② ㄱ → ㄷ → ㄴ
③ ㄴ → ㄷ → ㄱ
④ ㄴ → ㄱ → ㄷ

50 미국과 일본의 민간경비산업 현황에 관한 설명으로 옳은 것은?

□□□

① 홀크레스트(Hallcrest) 보고서에 의하면 2000년대 이후 미국의 민간경비 인력은 경찰 인력의 절반 수준으로 성장하고 있다.
② 일본의 민간경비는 1990년대 이후부터 한국과 중국에 진출을 시도하면서 인력경비가 급속히 성장하고 있다.
③ 미국은 1972년에 민간경비가 사회안전 및 보호에 중요한 역할로 인식되게 되어 연방정부법집행원조국(LEAA ; Law En-forcement Assistance Administration)에 민간경비자문위원회(PSAC ; Private Security Advisory Council)를 설치하였다.
④ 일본에서는 1970년대에 이르러 민간경비업무를 전문적・직업적으로 수행하는 민간경비회사가 등장하였다.

51 우리나라의 민간경비 관련 제도에 관한 설명으로 옳지 않은 것은?

□□□

① 1962년 청원경찰법과 1976년 용역경비업법이 제정되면서 민간경비의 법적・제도적 기틀이 마련되었다.
② 우리나라의 청원경찰제도는 외국에서 흔히 볼 수 없는 제도이다.
③ 경비지도사의 직무는 경비업법에서 구체적으로 규정하고 있다.
④ 민간조사제도는 경비업법상 규정되어 있다.

52 민간경비원의 직무 및 형사상 법적 문제에 관한 설명으로 옳은 것은?

□□□

① 민간경비원의 지위는 일반시민과 동일하다.
② 민간경비원의 모든 업무행위는 위법성이 조각된다.
③ 근무구역 내에서 경찰관직무집행법에 따라 직무를 행한다.
④ 민간경비원도 공권력을 가지고 수사를 할 수 있다.

53 경찰방범활동의 한계요인에 대한 설명으로 옳지 않은 것은?

□□□

① 경찰관 1인이 담당해야 할 인구가 증가함에 따라 경찰인력 부족현상이 심화되고 있다.
② 경찰과의 관계가 개선되어 범죄발생 시 신고 등의 협조가 잘 이루어진다.
③ 개인 방범장비의 부족과 노후화는 효율적인 방범활동을 수행하는 데 있어서 장애가 되고 있다.
④ 민생치안부서의 업무량 과다 및 인사 복무상 불리한 근무여건 등으로 근무기피현상이 나타나고 있다.

54 다음 중 경찰방문에 대한 설명으로 옳지 않은 것은?

□□□

① 경찰방문은 비권력적 사실행위인 동시에 권력적 사실행위의 성격을 가진다.
② 경찰방문 시 방범진단카드를 휴대하여 필요한 내용을 기재하여야 한다.
③ 방범진단카드는 담당구역별로 방문순서대로 편철하여 3년간 보관한다.
④ 경찰방문은 방문요청이 있거나 경찰서장 또는 지구대장이 필요하다고 인정할 때 상대방의 동의를 얻어 실시한다.

55 국가중요시설 경비에 관한 설명으로 옳지 않은 것은?

□□□

① 3지대 방호 개념은 제1지대는 핵심방어지대, 제2지대는 주방어지대, 제3지대는 경계지대이다.
② 국가중요시설의 통합방위사태는 갑종사태, 을종사태, 병종사태로 구분된다.
③ 평상시 주요 취약지점에 경비인력을 중점 배치하여 시설 내외의 위험요소를 제거한다.
④ 국가중요시설은 공공기관 등 적에 의하여 점령 또는 파괴되거나 기능이 마비될 경우 국가안보와 국민생활에 심각한 영향을 주는 시설을 의미한다.

56 다음 중 우리나라의 민간경비업체 업무 중에서 민간경비원이 무기를 소지할 수 있는 경비업무의 종류는?

□□□

① 시설경비업무
② 호송경비업무
③ 신변경비업무
④ 특수경비업무

57 경비위해요소의 분석단계로 옳은 것은?

□□□

① 경비위해요소의 인지 → 위해요소 손실발생 가능성 예측 → 위해정도 평가 → 비용효과 분석
② 경비위해요소의 인지 → 위해요소 손실발생 가능성 예측 → 비용효과 분석 → 위해정도 평가
③ 위해요소 손실발생 가능성 예측 → 비용효과 분석 → 경비위해요소의 인지 → 위해정도 평가
④ 위해요소 손실발생 가능성 예측 → 경비위해요소의 인지 → 위해정도 평가 → 비용효과 분석

58 민간경비의 조직형태에 관한 설명으로 옳지 않은 것은?

□□□

① 청원경찰은 자체경비의 일종이다.
② 자체경비는 결원의 보충 및 추가 인력의 배치가 용이하다.
③ 현행 경비업법은 계약경비를 전제로 한 것이다.
④ 자체경비는 계약경비에 비해 다른 부서의 직원들과 지나치게 친밀한 관계를 형성함으로써 효과적인 직무수행을 하지 못할 수 있다.

59 다음 중 자체경비에서 경비책임자의 역할이 바르게 연결된 것은?

□□□

① 관리상 역할 – 기획, 조직화, 채용, 지도, 감독 등
② 예방적 역할 – 순찰, 경비원의 안전, 경비활동에 대한 규칙적인 감사 등
③ 조사활동 – 교통통제, 출입금지구역에 대한 감시 등
④ 경영상의 역할 – 예산과 재정상의 감독, 사무행정, 직원 교육훈련 등

60 청원경찰에 대한 설명 중 옳지 않은 것은?

□□□

① 청원경찰의 교육비는 청원경찰 본인이 부담한다.
② 청원경찰을 배치받으려는 자는 관할 시 · 도 경찰청장에게 청원경찰 배치를 신청하여야 한다.
③ 국가기관 또는 지방자치단체에 근무하는 청원경찰의 보수를 책정할 때 재직기간이 30년 이상인 경우는 경찰공무원 중 경위의 보수를 감안한다.
④ 국가기관이나 지방자치단체에 근무하는 청원경찰의 직무상 불법행위에 대한 배상책임에 관하여는 국가배상법을 따른다.

61 인력경비의 장점으로 보기 어려운 것은?

□□□

① 경비업무, 안내, 질서유지, 보호·보관의 업무를 하나로 통합가능
② 상황연락의 신속성
③ 고용창출효과
④ 경비업무의 전문화

62 경비업무 형태를 1차원적 경비, 단편적 경비, 반응적 경비, 총체적 경비로 분류한 것은 어떤 유형으로 분류한 것인가?

□□□

① 성격에 따른 분류
② 형태에 따른 분류
③ 목적에 따른 분류
④ 실시방식에 따른 분류

63 경비계획수립의 기본원칙에 대한 설명으로 옳지 않은 것을 모두 고른 것은?

ㄱ. 경비원의 대기실은 시설물의 출입구와 비상구에서 인접한 곳에 위치해야 한다.
ㄴ. 경비관리실은 출입자 등의 통행이 많은 곳에 설치하여야 한다.
ㄷ. 직원의 출입구는 주차장으로부터 가급적 인접한 곳에 위치해야 한다.
ㄹ. 항구·부두지역은 차량운전자가 바로 물건을 창고지역으로 움직일 수 있도록 해야 한다.
ㅁ. 효과적인 경비를 위해서는 안전경비조명이 설치되어야 하고, 물건을 선적하거나 수령하는 지역은 분리되어서는 안 된다.

① ㄱ, ㄴ, ㄷ
② ㄱ, ㄹ, ㅁ
③ ㄴ, ㄷ, ㄹ
④ ㄷ, ㄹ, ㅁ

64 ☐☐☐ **국가중요시설에 관한 설명으로 옳지 않은 것은?**

① “가”급 시설에는 청와대, 국회의사당, 대법원, 정부중앙청사, 국방부 등이 있다.
② “나”급 시설에는 대검찰청, 경찰청, 한국산업은행・한국은행 본점 등이 있다.
③ “다”급 시설에는 중앙행정기관의 청사, 국가정보원 지부, 한국은행 각 지역본부 등이 있다.
④ 기타급 시설에는 중앙부처의 장 또는 시・도지사가 필요하다고 지정한 행정 및 산업시설 등이 있다.

65 ☐☐☐ **외곽경비에 관한 설명으로 옳지 않은 것은?**

① 일정 기간이나 비상시에만 사용하는 문은 평상시에는 폐쇄하고 잠겨있어야 하며, 잠금장치는 특수하게 만들어져야 하고 외견상 즉시 확인할 수 없도록 하여야 한다.
② 담장 위에 철조망을 설치하면 방범 효율이 증대된다.
③ 지붕은 외곽시설물 경비에서 가장 취약한 부분이므로 경보시스템을 설치해야 한다.
④ 경계구역 내에서 가시지대를 가능한 한 넓히기 위하여 모든 장애물을 양쪽 벽으로부터 제거해야 한다.

66 ☐☐☐ **내부절도의 경비에 관한 설명으로 옳지 않은 것은?**

① 주기적 순찰과 감시 경비원 및 CCTV의 확충으로 경비인력의 혼합 운영이 필요하다.
② 직원의 채용 시 학력, 경력, 전과, 이념 등 신원조사를 실시한다.
③ 고객 특성 및 사업장 분위기에 맞는 업무 스타일을 구축해야 하며 강도나 긴급 대처에 대한 교육이 필요하다.
④ 경비 프로그램을 수시로 변화시킨다.

67 ☐☐☐ **다음 중 경계구역으로 접근하는 것을 방지하기 위해 길고 수평하게 빛을 확장하는 데 중요하게 사용되는 조명장비의 형태는?**

① 가로등
② 탐조등
③ 투광조명
④ 프레이넬등

68 □□□ **다음이 설명하는 자물쇠는 무엇인가?**

> • 일반적으로 가장 많이 사용되는 자물쇠이며, 이 자물쇠를 열기 위해서는 통상적으로 3분 정도가 소요된다.
> • 열쇠의 홈이 한쪽 면에만 있으며 열쇠 구조가 복잡하여 맞는 열쇠를 꽂지 않으면 열리지 않는다.
> • 책상, 서류함, 패드록 등 경비산업에서 보편적으로 사용되고 있다.

① 돌기 자물쇠(Warded Locks)
② 판날름쇠 자물쇠(Disc Tumbler Locks)
③ 핀날름쇠 자물쇠(Pin Tumbler Locks)
④ 숫자맞춤식 자물쇠(Combination Locks)

69 □□□ **화재의 분류와 소화기 표시색상의 연결이 옳지 않은 것은?**

① 일반화재 - 백색
② 유류화재 - 황색
③ 금속화재 - 무색
④ 가스화재 - 청색

70 □□□ **경비시설물 내에 노사분규가 발생하였을 때 경비원의 역할을 설명한 것으로 옳지 않은 것은?**

① 파업이 발생하였을 때는 사고를 미연에 방지하기 위해서 주변의 가연성 있는 물질을 제거한다.
② 파업이 일어나면 모든 출입구를 봉쇄한다.
③ 파업에 참여하는 근로자로부터 모든 열쇠를 회수할 필요는 없다.
④ 평화적인 시위에 대해서는 이를 보호하려는 노력을 하여야 한다.

71 □□□ **환경설계를 통한 범죄예방(CPTED)에 대한 설명으로 옳지 않은 것은?**

① 물리적 환경을 개선함으로써 범죄를 억제하고 주민의 불안감을 해소하는 제도이다.
② 개인의 본래 활동에 상관없이 범죄예방효과를 극소화시키는 데 목표를 두고 있다.
③ 범죄원인을 개인적 요인보다는 환경적 요인에서 찾고 있다.
④ 현대적 CPTED는 시민들의 삶의 질 향상까지 고려하여 시행하고 있다.

72 비상사태 발생 시 민간경비원의 역할로 옳은 것을 모두 고른 것은?

ㄱ. 경찰과의 통신업무
ㄴ. 경제적으로 보호해야 할 가치가 있는 것들에 대한 보호조치 실행
ㄷ. 비상인력과 시설 내의 이동통제
ㄹ. 출입구와 비상구 및 위험지역의 출입통제

① ㄱ
② ㄱ, ㄴ
③ ㄱ, ㄴ, ㄷ
④ ㄱ, ㄴ, ㄷ, ㄹ

73 오퍼레이팅시스템과 업무처리프로그램의 경우에 반드시 복제프로그램을 준비해 두는 것은 백업(Back-up)의 종류 중 어느 것에 해당하는가?

① 컴퓨터 기기에 대한 백업
② 프로그램에 대한 백업
③ 도큐멘테이션에 대한 백업
④ 데이터 파일에 대한 백업

74 컴퓨터범죄에 관한 설명으로 옳지 않은 것은?

① 트로이 목마는 프로그램 속에 은밀히 범죄자만 아는 명령문을 삽입하여 이를 범죄자가 이용하는 수법을 말한다.
② 장소, 국경 등에 관계없이 컴퓨터 침입이 가능하며 증거가 남지 않고 증거인멸이 용이하기 때문에 범죄의 발견이 어렵다.
③ 범죄행위 측면에서 범행이 연속성과 광역성 및 자동성을 가지고 있고 고의를 입증하기 힘들다.
④ 컴퓨터 부정사용은 컴퓨터 시스템의 자료와 프로그램의 불법획득과 이용이라는 행위를 통해 타인에게 재산적 손해를 야기시키는 행위이다.

75 □□□ **'자료의 부정변개'라고도 하며 데이터를 입력하는 동안이나 변환하는 시점에서 최종적인 입력 순간에 자료를 절취 또는 변경, 추가, 삭제하는 모든 행동을 일컫는 컴퓨터범죄 수법은?**

① 살라미 기법(Salami Techniques)
② 데이터 디들링(Data Diddling)
③ 슈퍼 재핑(Super Zapping)
④ 트랩 도어(Trap Door)

76 □□□ **컴퓨터범죄의 유형 중 컴퓨터 시스템의 자료를 권한 없이 획득하거나 이용·누설하여 타인에게 재산적 손해를 야기하며, 자료와 프로그램의 불법획득과 이용이라는 2개의 행위로 이루어지는 범죄유형은?**

① 컴퓨터 스파이
② 컴퓨터 부정조작
③ 프로그램 조작
④ 컴퓨터 부정사용

77 □□□ **컴퓨터범죄 예방대책에 관한 설명으로 옳지 않은 것은?**

① 거래기록 파일 등 데이터 파일에 대한 백업을 할 때는 내부와 외부에 이중으로 파일을 보관해서는 안 된다.
② 극비의 경영자료 등이 수록된 파일이나 중요한 상품의 프로그램이 수록되어 있는 테이프나 디스크 파일에는 별도의 명칭을 부여한다.
③ 컴퓨터 사용에 대한 회계감사나 사후평가를 면밀히 해야 한다.
④ 프로그래머는 기기조작을 하지 않고 오퍼레이터는 프로그래밍을 하지 않는다는 원칙을 철저히 준수한다.

78 4차 산업혁명의 주요 특징 중 다음 (   ) 안의 ㄱ~ㄷ에 들어갈 내용을 순서대로 바르게 연결한 것은?

□□□

- (ㄱ)화 – 전면적 디지털화에 기초한 전면적 온라인화에 따른 현실과 가상의 경계 소멸 및 데이터베이스화를 의미한다.
- (ㄴ)화 – 데이터 분석 및 기계학습을 통한 인공지능의 발전, 이를 통한 전면적 기계-자율의 확대가 핵심이다.
- (ㄷ)화 – (ㄱ)과 (ㄴ)의 확대는 결과적으로 기존에 분리되어 있던 다양한 영역들의 (ㄷ)으로 이어지게 된다.

① ㄱ : 초연결, ㄴ : 초지능, ㄷ : 융복합
② ㄱ : 초지능, ㄴ : 초연결, ㄷ : 융복합
③ ㄱ : 초가상, ㄴ : 초지능, ㄷ : 통합
④ ㄱ : 초연결, ㄴ : 초가상, ㄷ : 통합

79 융합보안에 관한 설명으로 옳지 않은 것은?

□□□

① 물리적・기술적・관리적 보안요소를 상호 연계하여 보안의 효과성을 높이는 것을 내용으로 한다.
② 가트너는 융합보안을 "물리적 보안과 정보보호가 IT 위험을 관리하기 위해 비슷해지거나, 연계되거나, 동일한 프로세스와 가능을 갖추는 것"이라고 정의하였다.
③ 우리나라는 일반적으로 물리보안과 정보보안의 융합이라는 통합보안 관점과 비 IT 산업에 보안을 적용하는 복합보안 관점 등을 통칭하여 융합보안이라고 한다.
④ 융합보안은 출입통제, 접근감시, 잠금장치 등을 통하여 보안의 효과성을 높이는 활동이다.

80 국내 민간경비산업의 발전방안으로 옳지 않은 것은?

□□□

① 민간경비업체들의 영세성을 탈피하기 위한 경비업체 업무의 다변화가 필요하다.
② 기계경비 중심의 민간경비산업 지향
③ 경찰과 민간경비원의 개별순찰제도 활성화
④ 경비관련 자격증제도의 전문화

제6회 법학개론

경비지도사 제1차 시험

중요문제 / 틀린 문제 CHECK

01	02	03	04	05	06	07	08	09	10	11	12	13	14	15	16	17	18	19	20
21	22	23	24	25	26	27	28	29	30	31	32	33	34	35	36	37	38	39	40

각 문항별로 회독수를 체크해 보세요. ☑☐☐

Time 분 | 해설편 217p

01 법의 이념 중 법적 안정성을 강조하는 법언과 관련이 없는 것은?

☐☐☐

① 정의의 극치는 부정의의 극치이다.
② 악법도 법이다.
③ 무질서한 것보다 오히려 불평등한 것이 낫다.
④ 국민이 원하는 것이 법이다.

02 다음 중 법의 효력에 관한 내용 중 옳지 않은 것은?

☐☐☐

① 법률은 특별한 규정이 없는 한 공포한 날로부터 15일을 경과함으로써 효력을 발생한다.
② 법의 효력은 원칙적으로 시행 후에 발생한 사항에 관해서만 적용되고 시행 이전에 발생한 사항에 대하여는 소급적용이 불가하다.
③ 법은 속지주의를 원칙으로 하고, 보충적으로 속인주의를 적용한다.
④ 기국주의란 대한민국영역 외에 있는 대한민국의 선박 또는 항공기 내에서 죄를 범한 외국인에게 적용하는 것이다.

03 다음의 기술 중 가장 부적당한 것은?

☐☐☐

① 법원은 법의 연원으로 법에 대한 인식수단 내지는 존재형식을 가리킨다.
② 성문법이라 함은 그 제정의 주체가 반드시 의회인 경우에 국한된다.
③ 명령은 국회의 의결을 거치지 않고 행정기관에 의하여 제정되는 성문법규이다.
④ 헌법에 의하여 체결·공포된 조약과 일반적으로 승인된 국제법규는 국내법과 같은 효력을 가진다.

04 다음 중 관습법의 성립요건이 아닌 것은?

□□□

① 관행이 존재할 것
② 그 관행이 선량한 풍속 기타 사회질서에 반하지 않을 것
③ 그 관행을 국민이 법규범으로 인식하고 지킬 것
④ 법원의 판결에 의해 관습법으로 인정될 것

05 다음 설명 중 옳지 않은 것은?

□□□

① 법의 존재형식에 따라 성문법과 불문법으로 구분할 수 있다.
② 법이 규율하는 생활의 실체를 기준으로 공법・사법・사회법으로 구분할 수 있다.
③ 법이 규율하는 내용을 기준으로 일반법・특별법으로 구분할 수 있다.
④ 효력의 강제성 여부에 따라 강행법・임의법으로 구분할 수 있다.

06 법의 적용에 관한 설명으로 옳지 않은 것은?

□□□

① 어떠한 구체적 사건이 발생하였을 경우 실정법의 어느 규정이 그 사건에 적용될 것인지를 판단하는 과정을 법의 적용이라 한다.
② 사실의 확정은 법규를 적용하기 전에 법적으로 가치 있는 사실만을 확정하는 법적 인식작용으로, 객관적 증거에 의함을 원칙으로 한다.
③ 추정된 사실과 다른 주장을 하는 자는 반증을 들어 추정의 효과를 뒤집을 수 있다.
④ 간주는 입증부담을 완화하기 위하여 입증이 용이하지 않은 확정되지 않는 사실을 통상의 상태를 기준으로 하여 사실로 인정하고 이에 상당한 법률효과를 주는 것을 말한다.

07 □□□ **형법 제250조는 "사람을 살해한 자는 사형, 무기 또는 5년 이상의 징역에 처한다."라고 규정하고 있는데, 분만 중 또는 분만 직 후의 영아는 살인죄의 객체인 사람에 포함되지 않는다고 보는 해석방법은?**

① 반대해석
② 축소해석
③ 물론해석
④ 유추해석

08 □□□ **권한에 관한 설명 중 옳은 것은?**

① 특정한 이익을 누리게 하기 위하여 특정인에게 주어진 법률상의 힘
② 타인에게 일정한 법률효과를 발생케 하는 행위를 할 수 있는 법률상의 자격
③ 권리에서 파생되는 개개의 법률상의 힘
④ 어떤 행위를 정당화시켜 주는 법률상의 원인

09 □□□ **다음 판결에서 중시한 법원칙으로 가장 적절한 것은?**

> 법원은 A변호사가 자신에게 소송을 위임했다가 상의 없이 상대방과 화해하고 소송을 취하한 B씨를 상대로 "계약대로 성공보수 전액을 지급하라"라며 낸 소송에서 원고 패소판결을 내렸다. 법원은 "변호사의 동의 없이 의뢰인이 소송을 취하하거나 화해 등을 할 경우 그 경위나 목적, 의뢰인이 얻는 경제적 이익 등에 관계 없이 항상 전부 승소한 경우의 성공보수를 지급하게 하는 계약은 의뢰인에게 지나치게 부당한 부담을 주는 것으로서 효력이 없다"라고 판결했다.

① 계약공정의 원칙
② 사적자치의 원칙
③ 자기책임의 원칙
④ 무과실책임의 원칙

10 헌법의 개정절차와 관련하여 ( ) 안의 ㄱ, ㄴ에 알맞은 것은?

□□□

국회의결은 공고일로부터 (ㄱ)일 이내에 국회 재적의원 (ㄴ) 이상의 찬성으로 의결한다.

	ㄱ	ㄴ
①	20	과반수
②	20	3분의 2
③	60	과반수
④	60	3분의 2

11 정당에 관한 설명 중 옳지 않은 것은?

□□□

① 정당은 5개 이상의 시·도당을 가져야 하며, 시·도당은 1천인 이상의 당원을 가져야 한다.
② 헌법은 정당이 국민의 정치적 의사형성에 참여하는 데 필요한 조직을 가질 것을 명문으로 규정하고 있다.
③ Bias현상은 소수대표제의 단점으로 지적되는데, 이는 평등선거의 원칙에 비춰볼 때 문제점이 발생한다.
④ 외국인인 국립대학교 교수는 정당에 가입할 수 없다.

12 기본권의 분류 중 포괄적 기본권에 해당하는 것은?

□□□

① 인간다운 생활을 할 권리
② 평등권
③ 선거권
④ 청원권

13 현행 헌법의 내용 중 의원내각제적 요소로 볼 수 있는 것은?

□□□

① 대통령은 국가원수이자 정부의 수반이다(헌법 제66조).
② 정부는 법률안을 제출할 수 있다(헌법 제52조).
③ 대통령은 법률안 거부권을 가진다(헌법 제53조).
④ 국정조사 및 국정감사 제도(헌법 제61조)

14 헌법재판소에 대한 설명 중 옳은 것은?

□□□

① 헌법재판소 재판관의 임기는 6년이며, 연임이 불가하다.
② 헌법재판소 재판관은 탄핵 또는 금고 이상의 형의 선고에 의하지 않고서는 파면당하지 아니한다.
③ 대통령에 대한 탄핵소추는 국회재적의원 과반수의 발의와 국회재적의원 3분의 1 이상의 찬성이 있어야 한다.
④ 헌법재판소의 위헌정당해산 결정으로 정당은 해산되고 그 정당의 재산은 정당의 당헌에 의한다.

15 제한능력자의 철회권과 거절권에 대한 내용으로 옳지 않은 것은?

□□□

① 상대방이 계약 당시에 제한능력자임을 알았을 경우에도 철회할 수 있다.
② 제한능력자가 맺은 계약은 추인이 있을 때까지 상대방이 그 의사표시를 철회할 수 있다.
③ 거절의 의사표시는 제한능력자에게도 할 수 있다.
④ 제한능력자의 단독행위는 추인이 있을 때까지 상대방이 거절할 수 있다.

16 부재자의 생사불명 상태가 일정기간 계속된 경우에 가정법원의 선고에 의하여 사망으로 의제하고, 종래의 주소나 거소를 중심으로 한 법률관계를 확정하는 제도는?

□□□

① 부재자 재산관리
② 인정사망
③ 실종선고
④ 동시사망

17 허위표시에 관한 설명 중 옳지 않은 것은?

□□□

① 허위표시로 인한 무효는 선의의 제3자에 대항할 수 없다.
② 허위표시의 경우 제3자의 무과실을 대항요건으로 한다.
③ 허위표시의 규정인 민법 제108조는 합동행위에는 적용되지 않는다.
④ 신분상의 가장행위는 언제나 무효이다.

18 기한에 관한 설명으로 옳지 않은 것은?

□□□

① 기한의 이익을 갖는 자는 그 이익을 포기할 수 있다.
② 기한은 채무자의 이익을 위한 것으로 추정된다.
③ 종기있는 법률행위는 기한이 도래한 때로부터 그 효력을 잃는다.
④ 기한은 당사자의 특약이 있는 경우에도 소급효가 인정된다.

19 다음 중 법정추인에 해당하지 않는 것은?

□□□

① 취소권자가 채권자로서 경개를 한 때
② 취소권자가 채권자로서 담보의 제공을 받은 때
③ 취소권자가 채권자로서 상대방의 이행을 수령한 때
④ 취소권자가 이행의 청구를 받은 때

20 법률상 또는 계약상의 의무 없이 타인을 위하여 사무를 처리함으로써 법정채권관계가 성립하는 것을 무엇이라 하는가?

□□□

① 계 약
② 사무관리
③ 부당이득
④ 불법행위

21 민사소송법의 기본원리에 관한 설명으로 옳지 않은 것은?

□□□

① 민사소송은 공개심리주의가 원칙이다.
② 소송진행 중이라도 청구의 포기나 인낙을 통해 소송을 종료할 수 있다.
③ 당사자가 신청한 범위 내에서만 판결하는 처분권주의가 원칙이다.
④ 민사소송을 지배하고 있는 원리는 실체적 진실주의이다.

22 다음 중 친고죄에 해당하지 않는 것은?

□□□

① 모욕죄
② 업무상 비밀누설죄
③ 사자명예훼손죄
④ 명예훼손죄

23 다음 글의 밑줄 친 '이것'에 해당하는 사례로 가장 적절한 것은?

□□□

> 교도관이 징역형이 확정된 자를 교도소에 수용하는 행위는 위법성조각사유 중의 하나인 이것에 해당하여 범죄가 성립되지 아니한다.

① 가게에서 물건을 훔치고 있는 자를 가게 종업원이 붙잡은 경우
② 수일 전 자신의 지갑을 훔쳐간 소매치기를 잡아 지갑을 되찾은 경우
③ 치료 불가능한 암환자로부터 진지한 승낙을 받고 그 암환자를 살해한 경우
④ 총을 들고 협박하는 은행 강도로부터 자신을 방어하기 위하여 그 강도를 밀쳐 넘어뜨려 상해를 입힌 경우

24 형법상 위법성조각사유에 관한 설명으로 옳지 않은 것은?

□□□

① 자구행위는 사후적 긴급행위이다.
② 정당방위에 대해 정당방위를 할 수 없다.
③ 긴급피난에 대해 긴급피난을 할 수 없다.
④ 정당행위는 위법성이 조각된다.

25 형의 선고유예에 관하여 옳지 않은 것은?

□□□

① 1년 이하의 징역, 금고, 자격정지 또는 벌금의 형을 대상으로 한다.
② 자격정지 이상의 형을 받은 전과가 없어야 한다.
③ 재범방지를 위하여 2년의 기간 동안 보호관찰을 받을 것을 명할 수 있다.
④ 형의 선고유예를 받은 날로부터 2년을 경과한 때에는 면소된 것으로 간주한다.

26 공범에 관한 설명으로 틀린 것은?

□□□

① 공동정범은 각자를 그 죄의 정범자로서 처벌한다.
② 교사범은 정범과 동일한 형으로 처벌한다.
③ 의사연락은 수인 간에 직접 공모함을 요하지 않으므로, 통설 · 판례는 상호의사 연락이 없는 편면적 공동정범을 인정한다.
④ 내란죄는 필요적 공범에 해당한다.

27 형사소송에서 제척사유가 있는 법관이 재판에 관여하거나, 기타 불공정한 재판을 할 우려가 있을 때 당사자의 신청에 의해 그 법관을 배제하는 제도는?

□□□

① 기 피
② 회 피
③ 제 척
④ 거 부

28 고소와 고발에 대한 설명으로 옳지 않은 것은?

□□□

① 고소는 고소권자가 해야 하지만, 고발은 제3자도 할 수 있다.
② 친고죄의 경우 고소는 범인을 안 날로부터 6月의 고소기간의 제한이 있으나, 고발은 제한이 없다.
③ 고소는 재고소가 허용되지 않지만, 고발은 동일한 내용으로 고발할 수 있다.
④ 고소는 대리가 허용되지 않지만, 고발은 대리가 허용된다.

29 다음 (　) 안의 ㄱ, ㄴ, ㄷ에 들어갈 공판절차의 순서로 옳은 것은?

□□□

> 피고인의 진술거부권 고지 → 인정신문 → (ㄱ)의 진술 → (ㄴ)의 진술 → 증거조사 → (ㄷ)신문 → 변론 → 판결의 선고

	ㄱ	ㄴ	ㄷ
①	피 고	검 사	피고인
②	검 사	피고인	검 사
③	피고인	검 사	검 사
④	검 사	피고인	피고인

30 상법상 주식회사의 자본에 관한 설명으로 옳지 않은 것은?

□□□

① 회사가 보유하여야 할 책임재산의 최저한도를 의미한다.
② 발행주식의 액면총액을 말한다.
③ 주주의 출자로서 구성된다.
④ 1천만원 이상이어야 한다.

31 회사별 지배인 선임방법에 대한 설명으로 옳지 않은 것은?

□□□

① 합명회사는 정관에 다른 정함이 없으면 업무집행사원이 있는 경우에도 총사원 과반수의 결의로 지배인을 선임해야 한다.
② 합자회사는 업무집행사원이 있는 경우에도 무한책임사원 과반수의 결의로 지배인을 선임해야 한다.
③ 주식회사는 이사회 결의로 지배인을 선임해야 한다.
④ 유한회사는 사원총회만이 지배인을 선임할 수 있다.

32 다음 중 인보험에 해당하는 것은?

□□□

① 상해보험　　② 자동차보험
③ 보증보험　　④ 책임보험

33 근로기준법의 내용에 대한 설명으로 옳지 않은 것은?

□□□

① 근로조건은 최저기준이므로 근로관계 당사자는 이 기준을 이유로 근로조건을 낮출 수 없다.
② 누구든지 법률에 의하지 아니하고는 영리로 타인의 취업에 개입하거나 중간인으로서 이익을 취득하지 못한다.
③ 동거의 친족만을 사용하는 사업 또는 사업장과 가사사용인에 대해서는 근로기준법이 적용되지 않는다.
④ 근로계약은 계약의 형식이나 명칭을 불문하고 명시 및 묵시의 계약의 체결도 가능하지만 반드시 서면으로 작성하여야 효력이 발생한다.

34 사회보장기본법에 관한 설명으로 옳지 않은 것은?

□□□

① 국가와 지방자치단체는 사회보장에 관한 책임과 역할을 합리적으로 분담해야 한다.
② 사회보장에 관한 주요 시책을 심의 · 조정하기 위하여 국무총리 소속으로 사회보장위원회를 둔다.
③ 사회보장수급권은 포기할 수 있으나, 그 포기는 취소할 수 없다.
④ 사회보장수급권은 다른 사람에게 양도하거나 담보로 제공할 수 없으며, 이를 압류할 수 없다.

35 근로기준법상 용어의 정의로 옳은 것은?

□□□

① "근로자"란 직업의 종류와 관계없이 임금 · 급료 기타 이에 준하는 수입에 의하여 생활하는 자를 말한다.
② "사용자"란 사업주 또는 사업 경영 담당자, 그 밖에 근로자에 관한 사항에 대하여 사업주를 위하여 행위하는 자를 말한다.
③ "평균임금"이란 이를 산정하여야 할 사유가 발생한 날 이전 3개월 동안에 그 근로자에게 지급된 임금의 총액을 그 기간의 총일수로 나눈 금액을 말한다. 근로자가 취업한 후 3개월 미만인 경우에는 적용하지 않는다.
④ "임금"이란 사용자가 근로의 대가로 근로자에게 임금, 봉급의 명칭으로 지급하는 금전만을 말한다.

36 국민연금법에 관한 설명으로 옳지 않은 것은?

□□□

① 18세 이상 60세 미만의 국내 거주 국민은 국민연금 가입대상이 된다.
② 부담금이란 사업장가입자의 근로자가 부담하는 금액을 말한다.
③ 기여금이란 사업장가입자가 부담하는 금액을 말한다.
④ 이 법을 적용할 때 배우자, 남편 또는 아내에는 사실상의 혼인관계에 있는 자를 포함한다.

37 일정한 행정작용을 하거나 하지 않을 것을 내용으로 하는 행정청의 구속력 있는 약속 또는 자기구속적 의사표시를 무엇이라 하는가?

□□□

① 행정계획
② 행정상 확약
③ 행정지도
④ 비공식 행정작용

38 행정행위 중 의사표시를 구성요소로 하고 그 의사의 내용에 따라 법률적 효과가 발생하는 행위를 무엇이라 하는가?

□□□

① 법률행위적 행정행위
② 침익적 행정행위
③ 복효적 행정행위
④ 기속행위

39 행정기관의 종류 중 전문성을 바탕으로 내부적으로 의사결정만을 할 수 있는 기관은?

□□□

① 행정청
② 보조기관
③ 보좌기관
④ 의결기관

40 다음 중 행정상 강제집행의 수단이 아닌 것은?

□□□

① 대집행
② 집행벌
③ 직접강제
④ 과태료

제6회 민간경비론

경비지도사 제1차 시험

중요문제 / 틀린 문제 CHECK

41	42	43	44	45	46	47	48	49	50	51	52	53	54	55	56	57	58	59	60
61	62	63	64	65	66	67	68	69	70	71	72	73	74	75	76	77	78	79	80

각 문항별로 회독수를 체크해 보세요. ☑☐☐

Time 분 | 해설편 236p

41 다음 중 민간경비의 주체에 관한 설명으로 옳지 않은 것은?

☐☐☐

① 고객으로부터 보수를 받고 이에 따른 경비 서비스를 제공하는 개인, 단체, 영리기업이다.

② 경비업법상 민간경비업은 법인만 영위할 수 있다.

③ 민간경비원은 준공무원의 신분에 해당한다.

④ 민간경비에서 급료지불의 주체는 의뢰자이다.

문제편 제6회

42 민간경비 성장의 이론 중 그냥 내버려 두면 보호받지 못한 채로 방치될 재산을 민간경비가 보호한다는 이론은 무엇인가?

☐☐☐

① 경제환원론적이론

② 공동화이론

③ 이익집단이론

④ 수익자부담이론

43 공경비의 주요 임무로 보기 어려운 것은?

☐☐☐

① 사전적 범죄예방 임무

② 범죄수사 및 범인의 체포 임무

③ 안전에 관련된 특정인에 대한 경비서비스 임무

④ 개인의 생명과 신체, 재산보호의 임무

44 공동화이론에 대한 설명으로 옳은 것은?

□□□

① 거시적 차원에서 범죄의 증가 원인을 실업의 증가에서 찾으려고 하는 것이 특징이다.
② 민간경비도 자신의 집단적 이익을 극대화하기 위하여 규모를 팽창시키고, 새로운 규율이나 제도를 창출시키는 등의 노력을 한다는 이론이다.
③ 경찰의 허술한 법적 대응력을 보충 내지 보조하여 공경비의 힘이 미치지 못하는 치안 환경의 사각지대를 메워주면서 성장한 것이 민간경비이다.
④ 경찰은 국가가 자본주의의 전반적 체제수호를 위한 정치적 역할, 즉 공적 임무를 수행하는 데 있어 일부분을 담당하는 공조직으로 파악되어야 한다는 이론이다.

45 고대 민간경비의 특징으로 옳지 않은 것은?

□□□

① 개인의 생명과 재산의 보호는 인류 역사상 가장 오래된 과제 중 하나이다.
② 문헌 등을 통해 고대에도 야간감시자나 신변보호요원을 이용했음을 알 수 있다.
③ 역사적으로 공경비가 민간경비보다 앞서 있다.
④ 민간경비 개념과 공경비 개념의 분리는 함무라비 왕 시대부터이다.

46 핑커톤(Allan Pinkerton)에 관한 설명으로 옳지 않은 것은?

□□□

① 범죄자를 유형별로 정리하여 프로파일링(profiling) 수사기법의 전형을 세웠다.
② 철도수송의 안전을 담당하는 경비회사를 설립하였다.
③ 뉴욕시 경찰국 최초의 탐정이었다.
④ 위폐 사범 일당을 검거하는데 결정적 공헌을 하여 부보안관으로 임명되었다.

47 한국 민간경비산업 현황에 대한 설명으로 옳지 않은 것은?

□□□

① 현대적 의미의 최초 민간경비는 1962년에 주한 미8군부대의 용역경비를 실시하면서부터 시행되었다.
② 1960년대부터 1970년대에는 청원경찰에 의한 국가 주요 기간산업체의 경비가 주류를 이루었다.
③ 청원경찰법(1973년)과 용역경비업법(1976년)이 제정되어 제도적인 발전의 기틀을 마련하였다.
④ 2001년 경비업법 개정에서 기계경비업무를 더욱 강화하고, 국가중요시설의 효율성 제고 방안으로 특수경비원제도가 도입되어, 청원경찰의 입지가 축소되었다.

48 일본의 민간경비에 관한 설명으로 옳은 것은?

□□□

① 2차 세계대전 이전, 대부분의 일본 산업계에서는 야경, 수위, 순시 또는 보안원 등의 이름으로 각기 자체경비를 실시하여 왔다.
② 1970년 동경올림픽 선수촌 경비를 계기로 민간경비의 역할이 널리 인식되었다.
③ 1964년 오사카 만국박람회(EXPO) 개최 시 민간경비가 투입되었다.
④ 일본 민간경비는 1990년대에 한국과 중국에 진출하였다.

49 미국의 민간경비 발전과정에 대한 설명으로 옳지 않은 것은?

□□□

① 신개척지에 거주하던 주민들을 보호하기 위한 야간경비원으로부터 미국 민간경비는 시작된다.
② 1800년대 산업혁명과 19세기 중엽 서부개척 시대에 본격적으로 민간경비가 출현하였다.
③ 19세기 말 유럽사회의 사회주의, 무정부주의의 영향을 받은 노동자들에 대항해 자본가들의 민간경비 수요가 급증했다.
④ 미국은 9·11테러 이후 국토안보부를 설립하였으며 이는 민간경비가 쇠퇴하는 원인이 되었다.

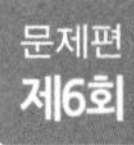

50 우리나라 민간경비의 발전과정에 관한 설명으로 옳지 않은 것은?

□□□

① 1976년 용역경비업법이 제정되었고, 1978년에는 사단법인 한국경비협회가 설립되었다.
② 청원경찰제도는 우리나라뿐만 아니라 유럽에도 있는 제도이다.
③ 2001년 경비업법이 전면 개정되면서 경비업의 종류에 특수경비업무가 추가되었고, 기계경비산업이 급속히 발전하여 기계경비업무를 신고제에서 허가제로 변경하였다.
④ 1962년대에 청원경찰법이 제정되었다.

51 청원경찰이 직무를 수행할 때 직권을 남용하여 국민에게 해를 끼친 경우의 처벌은?

□□□

① 1년 이하의 징역 또는 200만원 이하의 벌금
② 3개월 이하의 징역이나 금고
③ 3개월 이하의 징역이나 금고 또는 500만원 이하의 벌금
④ 6개월 이하의 징역이나 금고

52 한반도의 경비환경에 대한 설명 중 옳지 않은 것은?

□□□

① 불법사금융의 증가는 서민들의 범죄를 증가시키는 요인이 되었다.
② 체류외국인의 증가로 외국인 범죄에 대한 대비책이 필요하다.
③ 청소년범죄는 그 연령이 점차 높아지고 있다.
④ 범죄의 국제화로 그 피해 규모나 파급효과가 급격하게 증가하고 있다.

53 방범활동계획의 순서가 올바르게 연결된 것은?

□□□

① 준비 → 계획 → 방범활동 → 평가 또는 측정
② 방범활동 → 평가 또는 측정 → 계획 → 준비
③ 평가 또는 측정 → 계획 → 준비 → 방범활동
④ 계획 → 준비 → 방범활동 → 평가 또는 측정

54 다음에서 설명하는 경비업무는?

□□□

> 공항(항공기를 포함한다) 등 대통령령이 정하는 국가중요시설의 경비 및 도난・화재 그 밖의 위험발생을 방지하는 업무

① 신변보호업무　　② 호송경비업무
③ 시설경비업무　　④ 특수경비업무

55 다음 중 계약경비의 장점으로 보기 어려운 것은?

□□□

① 일반적으로 고용, 훈련, 보험 등의 비용을 절감할 수 있어 경제적이다.
② 경비수요의 변화에 따라 기존 경비인력을 감축하거나 추가적으로 고용을 확대할 수 있다.
③ 비교적 높은 급료를 받을 뿐만 아니라, 경비원에 대한 위상이 높기 때문에 자질이 우수한 사람들이 지원한다.
④ 구성원 중에 질병이나 해임 등으로 인해 업무 수행상의 문제가 발생했을 때 인사이동과 대체에 따른 행정상의 문제를 쉽게 해결할 수 있다.

56 다음에서 설명하는 경비위해요소의 형태는 무엇인가?

□□□

> 위해에 노출되는 정도가 시설물 또는 특정 상황에 따라 다양하게 나타나는 위해를 말한다. 예컨대, 화재나 폭발의 위험은 화학공장에서 더 크게 나타나고, 강도나 절도는 소매점이나 백화점에서 더 크게 나타난다.

① 자연적 위해
② 인위적 위해
③ 특정한 위해
④ 일반적 위해

57 민간경비조직에서 통솔범위의 결정요인에 관한 설명으로 옳지 않은 것은?

□□□

① 신설조직이 구조직보다 통솔범위가 좁다.
② 직무의 성질이 단순할수록 통솔범위가 좁다.
③ 계층제의 수가 적을수록 통솔범위가 넓다.
④ 리더의 능력이 탁월할수록 통솔범위가 넓다.

58 민간경비조직의 운영원리에 관한 설명으로 옳지 않은 것은?

□□□

① 명령통일의 원리 : 직속상관에게 지시를 받고 보고함으로써 책임소재를 명확히 해야 한다.
② 계층제의 원리 : 권한과 책임에 따라 직무를 등급화함으로써 상하 계층 간 지휘·감독 관계를 수립하여야 한다.
③ 조정·통합의 원리 : 조직의 목표 달성을 위해 업무의 조화를 추구한다는 원리로서 전문화·분업화된 조직일수록 그 필요성이 감소한다.
④ 전문화의 원리 : 조직의 전체기능을 기능별·특성별로 나누고, 각 개인별 능력을 고려하여 적재적소에 배치하여 임무를 분담시켜야 한다.

59 경비위해분석에 관한 설명으로 옳지 않은 것은?

□□□

① 경비활동의 대상이 되는 위험요소들을 파악하는 경비진단 활동이다.
② 위험요소의 척도화는 대상물이 갖고 있는 인지된 사실들의 환경을 고려하여 무작위로 배열하는 것이다.
③ 비용효과분석은 투입비용 대비 산출효과를 비교하여 적정한 경비수준을 결정하는 과정이다.
④ 위험요소분석에 있어서 가장 선행되어야 하는 것은 위험요소를 인지하는 것이다.

60 □□□ **다음 중 우리나라의 인력경비와 기계경비의 실정에 대한 설명으로 옳지 않은 것은?**

① 아직까지 많은 경비업체가 인력경비 위주의 영세성을 벗어나지 못하고 있는 부분도 있다.
② 인력경비 없이 기계경비시스템만으로도 경비활동의 목표달성이 가능한 수준에 이르고 있다.
③ 이들 양자 가운데 어디에 비중을 둘 것인가 하는 문제는 경비대상의 특성과 관련된다.
④ 최근 선진국과 기술제휴 등을 통한 첨단 기계경비시스템의 개발뿐만 아니라 국내 자체적으로도 새로운 기술이 개발되고 있다.

61 □□□ **경비업법령상 특수경비원 교육에 대한 설명으로 옳지 않은 것은?**

① 특수경비업자는 대통령령으로 정하는 바에 따라 특수경비원으로 하여금 특수경비원 신임교육과 정기적인 직무교육을 받게 하여야 한다.
② 특수경비원의 교육 시 관할경찰서 소속 경찰공무원이 교육기관에 입회하여 대통령령이 정하는 바에 따라 지도·감독하여야 한다.
③ 특수경비업자는 소속 특수경비원에게 선임한 경비지도사가 수립한 교육계획에 따라 매월 4시간 이상 직무교육을 받도록 하여야 한다.
④ 특수경비원 신임교육을 받지 아니한 자를 특수경비업무에 종사하게 하여서는 아니 된다.

62 □□□ **경비계획수립의 기본원칙에 대한 설명 중 옳지 않은 것은?**

① 직원의 출입구는 주차장으로부터 가급적 멀리 떨어진 곳에 위치해야 한다.
② 효과적인 경비를 위해서는 안전경비조명이 설치되어야 하고 물건을 선적하거나 수령하는 지역은 분리되어야 한다.
③ 경비관리실은 출입자 등의 통행이 많은 곳에 설치하여야 한다.
④ 경비원 대기실은 시설물 출입구와 비상구에서 가급적이면 멀리 떨어져 있어야 한다.

63 내부절도의 경비요령에 관한 내용으로 옳지 않은 것은?

□□□

① 직원의 채용단계에서부터 인사담당자와의 협조하에 신원조사를 실시한다.
② 경비 프로그램을 수시로 변화시킨다.
③ 감사부서와의 협조하에 정기적으로 정밀한 회계감사를 실시하는 것도 한 방법이다.
④ 주기적인 순찰은 필요하나 감시경비원 및 CCTV의 확충, 경비인력의 다중화는 비용부담이 커서 바람직하지 않다.

64 외곽경비에 대한 설명으로써 옳지 않은 것은?

□□□

① 외곽경비의 목적은 침입시간을 지연시킴으로써 시설을 보호하는데 있다.
② 모든 출입구의 수를 파악하고 하수구, 배수로, 배기관 등도 출입구와 같은 차원에서 경비계획에 포함시켜야 한다.
③ 차량출입구는 충분히 넓혀야 하며 평상시에는 한쪽방향으로만 유지한다.
④ 외곽경비는 장벽, 출입구, 건물자체 순으로 수행된다.

65 경비조명에 대한 설명으로 옳지 않은 것은?

□□□

① 경비조명은 경계구역을 자세히 볼 수 있도록 최대한 강한 밝기로 설치한다.
② 조명시설의 위치가 경비원의 시야를 방해해서는 안 된다.
③ 경비조명은 가능한 한 그림자가 생기지 않도록 설치한다.
④ 경비조명은 위험발생 가능성이 있는 지역에 직접적으로 비춰야 한다.

66 안전유리(UL-Listed 유리)에 대한 설명 중 옳지 않은 것은?

□□□

① 안전유리는 작고 동그란 모양의 파편으로 쪼개지기 때문에 사람들에게 손상을 주지 않는 장점이 있다.
② 안전유리는 설치하기 어렵고, 가격이 비싸다는 단점이 있다.
③ 불연성 물질이기 때문에 화재 시에도 타지 않는다.
④ 안전유리의 설치목적은 외부에서 불법침입을 시도하는 도둑이 창문을 깨는 시간을 최대한 지연시킴으로써 그 사이에 경비원이나 경찰이 출동할 수 있는 시간적 여유를 갖게 하여 외부침입을 막고자 하는 데 있다.

안심Touch

67 압력반응식 센서의 특징 중 옳지 않은 것은?

☐☐☐

① 센서에 직간접적인 압력이 가해지면 작동된다.
② 지붕이나 천장 등에 주로 설치한다.
③ 지뢰 매설식으로 설치한다.
④ 자동문이나 카펫에 설치한다.

68 다음 중 실제 불은 눈에 보이지 않지만 불꽃과 연기는 보이는 상태를 감지하기에 적합한 감지는?

☐☐☐

① 이온 감지기
② 광전자 감지기
③ 적외선 감지기
④ 열 감지기

69 자력에 의해 문을 잠그는 잠금장치로 고강도문에 많이 사용되며 종업원들의 출입이 잦지 않은 제한구역에 주로 사용되는 자물쇠는?

☐☐☐

① 판날름쇠 자물쇠
② 전자식 자물쇠
③ 카드작동 자물쇠
④ 암호사용 자물쇠

70 환경설계를 통한 범죄예방(CPTED)에 대한 설명으로 옳지 않은 것은?

☐☐☐

① 범죄원인을 개인적 요인보다는 환경적 요인에서 찾고 있다.
② 현대적 CPTED는 시민들의 삶의 질 향상까지 고려하여 시행하고 있다.
③ 동심원 영역론도 CPTED의 접근 방법의 하나라고 볼 수 있다.
④ 제퍼리(Jeffery)가 방어공간 개념을 확립한 것에서 뉴만(Newman)이 처음으로 CPTED의 개념을 제시하였다.

71 □□□ 다음 중 허가된 개인과 차량을 제외한 모든 출입과 행동의 제약을 받게 되는 지역으로 일반사무실, 화장실, 화물도착지, 개개인에 의해 사용될 수 있는 라커룸 등은 어떤 지역이라고 부르는가?

① 배제지역 ② 통제지역
③ 제한지역 ④ 금지지역

72 □□□ 비상사태에 대한 대응으로써 비상계획의 수립에 관한 설명으로 옳지 않은 것은?

① 비상계획은 재난에서 생존할 수 있는 기회의 증가에 중점을 두어야 한다.
② 비상사태나 경비업무에 책임을 지고 있는 자에게 상응하는 책임관계를 명확하게 규정해 주어야 한다.
③ 비상사태 발생 시 초기에 사태대응을 보다 신속하게 할 수 있도록 가장 신속하게 명령을 내릴 수 있는 사람에게 명령권을 준다.
④ 경비감독관은 비상위원회에 반드시 포함되어야 하는 것은 아니다.

73 □□□ 피해자 컴퓨터에 상주한 악성코드로 인하여 메모리에 있는 수취인의 계좌번호, 송금액을 변조하거나, 보안카드 비밀번호를 절취한 후 돈을 빼돌리는 신종 금융범죄 수법은 무엇인가?

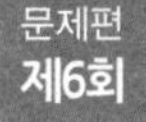

① 보이스 피싱(Voice Phishing)
② 메모리 해킹(Memory Hacking)
③ 스미싱(Smishing)
④ 파밍(Pharming)

74 □□□ 컴퓨터 시스템의 안전대책에 관한 설명으로 옳지 않은 것은?

① 컴퓨터실은 벽면이나 바닥을 강화 콘크리트 등으로 보호하고 화재에 대비하여 불연재를 사용하여야 한다.
② 컴퓨터설비가 24시간 가동되는 경우를 제외하고는 중앙경보시스템이 반드시 설치되어야 한다.
③ 컴퓨터 시스템의 보안성 유지를 위하여 프로그램 개발자와 컴퓨터 운영자 상호 간의 접촉 횟수를 늘려야 한다.
④ 정보보호를 통해 달성하고자 하는 목표는 비밀성, 무결성, 가용성이다.

75 다음이 설명하고 있는 컴퓨터 사이버테러는?

□□□

> 고출력 전자기장을 발생시켜 컴퓨터의 자기기록 정보를 파괴시키며 기업들의 핵심정보가 수록된 하드디스크가 주요 공격목표가 된다.

① 허프건(Huffgun)
② 플레임(Flame)
③ 스팸(Spam)
④ 논리폭탄(Logic Bomb)

76 컴퓨터범죄의 특징 중 범죄행위자의 측면에서 본 것으로 적당한 것은?

□□□

① 범행이 연속적이며 지속적이다.
② 광범위적이며 자동적이다.
③ 범행을 발각하거나 증명하기 곤란하다.
④ 죄의식이 희박한 편이다.

77 컴퓨터범죄의 예방절차로 옳은 것을 모두 고른 것은?

□□□

> ㄱ. 컴퓨터 사용에 대한 회계감사나 사후평가를 면밀히 해야 한다.
> ㄴ. 프로그래머들은 작업실 내부에 머물게 해야 한다.
> ㄷ. 프로그램 채택 후 정기적으로 점검해야 한다.
> ㄹ. 프로그래머, 조작요원, 시험 및 회계요원, 유지보수 요원들 간의 접촉의 횟수를 늘려야 한다.

① ㄱ, ㄴ
② ㄱ, ㄷ
③ ㄴ, ㄷ
④ ㄴ, ㄹ

78 민간경비업을 허가받은 법인의 신고사항이 아닌 것은?

□□□

① 법인의 임원을 변경한 때
② 출장소를 폐지한 때
③ 특수경비업무를 개시한 때
④ 도급받은 경비업무를 변경한 때

79 경찰과 민간경비의 협력방범체제를 구축하기 위한 방안으로 옳지 않은 것은?

□□□

① 상호 역할과 책임에 대한 명확한 기준설정이 필요한 것은 아니다.
② 상호 간의 원활한 협조체제를 이룩하기 위해 조정기구와 같은 제도적 장치가 필요하다.
③ 치안서비스 공동생산의 동반자관계를 정립해 나가야 한다.
④ 정기적 모임, 학술 세미나 등을 통해 상호 간의 입장, 역할을 이해하기 위한 노력이 병행되어야 한다.

80 홈 시큐리티에 대한 설명으로 옳지 않은 것은?

□□□

① 주로 기계경비시스템을 중심으로 서비스를 제공한다.
② 고령화시대에 맞춰 노인들의 위급상황에 대비할 수 있다.
③ 광케이블을 사용하는 CCTV를 통해 쌍방향 정보를 주고받을 수 있다.
④ 지역단위의 방범활동이며, 선진국에서는 일반화되고 있는 추세이다.

제7회 법학개론

경비지도사 제1차 시험

중요문제 / 틀린 문제 CHECK

01	02	03	04	05	06	07	08	09	10	11	12	13	14	15	16	17	18	19	20
21	22	23	24	25	26	27	28	29	30	31	32	33	34	35	36	37	38	39	40

각 문항별로 회독수를 체크해 보세요. ☑□□

Time 분 | 해설편 256p

01 법과 도덕의 차이점에 관한 설명으로 옳은 것은?
□□□

① 법은 양면성이 강하고 도덕은 일면성이 강하다.
② 권리 및 의무의 측면에서 법은 일면적이나 도덕은 양면적이다.
③ 법은 내면성을 갖지만 도덕은 외면성을 갖는다.
④ 자율성의 측면에서 법은 자율적이나 도덕은 타율적이다.

02 법 목적의 상관관계에 관한 설명으로 옳지 않은 것은?
□□□

① 정의나 합목적성은 법실증주의 시대에서도 중시되었다.
② 정의는 법의 내용을 일반화하고 합목적성은 그것을 개별화하는 경향이 있다.
③ 합목적성을 강조하면 "민중의 행복이 최고의 법률이다."라고 하고, "국민이 원하는 것이 법이다."라고 주장하게 된다.
④ 정의만 강조하면 "세상은 망하더라도 정의는 세우라."고 하고, "정의만이 통치의 기초이다."라고 주장한다.

03 법의 효력에 관한 설명으로 옳지 않은 것은?
□□□

① 법은 시행일부터 폐지일까지 그 효력을 갖는다.
② 법률은 특별한 규정이 없는 한 공포일로부터 30일을 경과하면 효력이 발생한다.
③ 관습법은 성립과 동시에 효력을 갖는다.
④ 동일 사항에 관하여 서로 모순・저촉되는 신법의 제정으로 구법이 당연히 폐지되는 것을 묵시적 폐지라 한다.

04 성문법과 불문법에 관한 설명으로 옳지 않은 것은?

□□□

① 성문법은 전통적으로 영미법계 국가에서 취하는 입법태도이다.
② 불문법은 문서의 형식이 아니므로 법의 존재와 그 의미가 명확하지 않은 단점이 있다.
③ 성문법은 법규의 내용을 일반국민에게 알리기에 적합하다는 장점이 있다.
④ 성문법은 입법기간이 짧으며, 입법정책을 통하여 발전적 방향으로 사회제도를 개혁할 수 있는 장점이 있다.

05 법 해석의 방법과 관련하여 (　　) 안에 들어갈 용어는?

□□□

> (　　)은 두 개의 유사한 사실 중 법규에서 어느 하나의 사실에 관해서만 규정하고 있는 경우에 나머지 다른 사실에 대해서도 마찬가지의 효과를 인정하는 해석방법이다.

① 유추해석　　② 물론해석
③ 확장해석　　④ 반대해석

06 법체계에 관한 설명으로 옳지 않은 것은?

□□□

① 논리적 통일성에 맞추어 복수의 법규범에 의하여 형성된 체계를 법체계라고 한다.
② 국제사법은 섭외적 법률관계를 규율하는 것으로 국제법에 속한다.
③ 국제법은 주로 국가 간의 관계를 규율하는 법이나 국내법체계와 같이 통일성이 명확하지 못하다.
④ 국내법체계는 일반적으로 공법・사법・사회법의 3법체계로 나누어진다.

07 권리와 구별되는 개념에 관한 설명으로 옳은 것은?

□□□

① 반사적 이익은 권리가 될 수 있다.
② 권한은 일정한 법률적 또는 사실적 행위를 정당화시키는 법률상의 원인을 말한다.
③ 권리는 그 내용에 따라 지배권, 청구권, 형성권, 항변권으로 분류된다.
④ 의사무능력자도 권리의 주체가 될 수는 있다.

08 국제사법상 한 영토 안에 있는 사람은 본국의 국적과 관계없이 누구나 그 나라의 법을 따라야 한다는 원칙은?

□□□

① 보호주의
② 기국주의
③ 속인주의
④ 속지주의

09 신의성실의 원칙에 관한 설명으로 옳지 않은 것은?

□□□

① 신의성실의 원칙은 채권관계뿐만 아니라 물권관계나 가족관계에서도 적용된다.
② 신의성실의 원칙은 구체적 내용이 정하여져 있지 않은 일반조항으로서 그 내용은 재판에 의하여 형성된다.
③ 신의성실의 원칙의 파생원칙으로 사적자치의 원칙, 실효의 원칙, 금반언의 원칙이 있다.
④ 신의성실의 원칙은 강행법규의 성질을 가지므로 당사자의 주장이 없더라도 법원이 직권으로 판단할 수 있다.

10 헌법의 분류 등에 관한 설명으로 옳지 않은 것은?

□□□

① 흠정헌법・민정헌법・협약헌법・국약헌법은 제정주체에 따른 분류에 해당한다.
② 경성헌법・연성헌법은 개정 절차의 난이도에 따른 분류에 해당한다.
③ 장식적 헌법은 헌법을 이상적으로 제정하였으나 사회 여건은 이에 불일치하는 헌법이다.
④ 불문헌법은 주요 부분이 관습 등에 의하여 성립된 것으로 헌법전의 형식으로 존재하지 않는 헌법을 의미한다.

11 우리나라의 비상적 헌법 보장제도에 해당하는 것은?

□□□

① 헌법소원제도
② 국가긴급권
③ 헌법의 최고규범성 선언
④ 경성헌법

12 □□□ **우리나라 헌법전문에서 명시적으로 규정하고 있는 내용으로 옳은 것은?**

① 대한민국의 건국이념
② 침략전쟁의 부인
③ 자유민주적 기본질서에 입각한 평화적 통일정책
④ 민주공화국, 국가형태

13 □□□ **현행 헌법상 정당설립과 활동의 자유에 관한 설명으로 옳지 않은 것은?**

① 정당의 목적이나 활동이 자유민주적 기본질서에 위배될 때에는 국회는 헌법재판소에 그 해산을 제소할 수 있다.
② 정당은 그 목적, 조직과 활동이 민주적이어야 한다.
③ 정당은 헌법재판소의 심판에 의하여 해산된다.
④ 국가는 법률이 정하는 바에 의하여 정당의 운영에 필요한 자금을 보조할 수 있다.

14 □□□ **청구권적 기본권에 관한 설명으로 옳지 않은 것은?**

① 국민이 국가기관에 청원할 때에는 법률이 정하는 바에 따라 문서로 해야 한다.
② 재판청구권에는 신속한 재판을 받을 권리도 포함된다.
③ 형사피고인과 달리 형사피의자에게는 형사보상청구권이 없다.
④ 헌법은 범죄행위로 인한 피해구조에 관해 규정하고 있다.

15 □□□ **다음 중 권리능력에 관한 설명으로 타당한 것은?**

① 대표자 또는 관리인이 있는 비법인사단은 권리능력이 없지만 민사소송법상 당사자능력이 인정된다.
② 민사상 미성년자는 19세 이하인 자를 의미한다.
③ 미성년자가 법정대리인의 동의 없이 행한 법률행위의 경우에 미성년자는 취소할 수 없다.
④ 행위능력은 모든 자연인에게 제한 없이 인정된다.

16 실종선고에 관한 설명으로 옳지 않은 것은?

□□□

① 부재자의 생사가 불분명하고 그 생사불명이 일정기간 계속되어야 한다.

② 보통실종의 실종기간은 5년이고, 특별실종의 실종기간은 1년이다.

③ 이해관계인은 직접적인 법률상의 이해관계인에 한하며, 사실상의 이해관계를 가진 자는 이에 해당하지 않는다.

④ 실종선고를 받은 자는 실종기간이 만료한 때 사망한 것으로 추정한다.

17 민법상 법인의 기관에 관한 설명 중 옳지 않은 것은?

□□□

① 사원총회와 이사는 비영리 사단법인의 필수기관이고, 감사는 임의기관이다.

② 비영리 재단법인에는 그 성질상 사원총회가 존재하지 않는다.

③ 이사의 임면 방법은 정관의 필요적 기재사항이며, 법인과 이사와의 임면 관계는 민법상 위임에 관한 규정을 준용한다.

④ 이사의 대표권을 정관에 의해 제한하는 경우 이를 정관에 기재하여야 효력이 있고, 악의의 제3자에게는 이를 등기하지 않은 경우에도 대항할 수 있다.

18 소멸시효에 관한 설명으로 옳지 않은 것은?

□□□

① 소멸시효는 그 기산일에 소급하여 효력이 생긴다.

② 소멸시효의 이익의 포기는 시효완성 전에도 가능하다.

③ 청구, 압류 또는 가압류, 가처분, 승인은 소멸시효의 중단사유에 해당한다.

④ 시효의 중단은 당사자 및 그 승계인 간에만 효력이 있다.

19 동산 물권의 양도에서 당사자의 계약으로 양도인이 그 동산의 점유를 계속하는 것은?

□□□

① 간이인도

② 점유개정

③ 목적물반환청구권의 양도

④ 혼 동

20 다음은 무엇에 대한 설명인가?

□□□

> 채무불이행에 관하여 채권자에게 과실이 있는 때에는 법원은 손해배상책임 및 그 금액을 정함에 이를 참작하여야 한다.

① 과실상계　　② 손익상계
③ 손해배상액의 예정　　④ 부당이득

21 민법상 계약에 관한 설명으로 옳지 않은 것은?

□□□

① 현상광고는 낙성계약이다.
② 위임은 무상계약이 원칙이다.
③ 무상소비대차, 무상위임, 증여는 편무계약이다.
④ 이자부 소비대차계약은 유상·쌍무계약이다.

22 다음 중 죄형법정주의에서 파생되는 원칙이 아닌 것을 고르면?

① 유추해석금지의 원칙
② 관습형법금지의 원칙
③ 형벌불소급의 원칙
④ 변론주의의 원칙

23 의사가 환자를 치료하기 위해서 환자의 배를 절개하는 행위는 위법성이 조각되는데 그 근거는 무엇인가?

① 정당방위
② 피해자의 승낙
③ 자구행위
④ 업무상 정당행위

24 의사 甲이 그 사정을 전혀 알지 못하는 간호사를 이용하여 환자 乙에게 치료약 대신 독극물을 복용하게 하여 乙이 사망에 이른 경우에 甲의 범죄 형태는?

□□□

① 교사범
② 단독정범
③ 공동정범
④ 간접정범

25 범죄의 처벌조건과 소추조건에 대한 설명으로 옳지 않은 것은?

□□□

① 범죄의 처벌조건에는 객관적 처벌조건과 인적처벌조각사유가 있다.
② 범죄의 소추조건은 범죄가 성립하고 형벌권이 발생하는 경우라도 그 범죄를 소추하기 위하여 소송법상 필요한 조건을 말하며, 형법이 규정하고 있는 소추조건에는 친고죄와 반의사불벌죄가 있다.
③ 친고죄에 대하여는 범인을 알게 된 날로부터 1년을 경과하면 고소하지 못한다.
④ 반의사불벌죄는 피해자의 의사에 관계없이 공소를 제기할 수 있으나, 피해자의 명시한 의사에 반하여 처벌할 수 없는 범죄이다.

26 고소에 관한 설명 중 옳지 않은 것은?

□□□

① 고소를 취소한 자는 다시 고소할 수 없다.
② 고소 또는 고소의 취소는 본인이 직접 하여야 한다.
③ 고소는 제1심 판결선고 전까지 취소할 수 있다.
④ 고소는 구술 또는 서면으로써 검사 또는 사법경찰관에게 하여야 한다.

27 형의 집행에 관한 내용으로 옳지 않은 것은?

□□□

① 사형은 형무소 내에서 교수하여 집행한다.
② 징역은 형무소 내에 구치하여 정역에 복무하게 한다.
③ 벌금은 판결확정일로부터 30일 내에 납입하여야 한다.
④ 벌금을 납입하지 아니한 자는 1일 이상 30일 미만의 기간 노역장에 유치하여 작업에 복무하게 한다.

28 공소시효의 기간으로 다음 중 옳은 것은?

□□□

ㄱ. 사형에 해당하는 범죄 : 20년
ㄴ. 무기징역 또는 무기금고에 해당하는 범죄 : 15년
ㄷ. 장기 10년 이상의 징역 또는 금고에 해당하는 범죄 : 10년
ㄹ. 장기 10년 미만의 징역 또는 금고에 해당하는 범죄 : 5년

① ㄱ, ㄴ
② ㄱ, ㄷ
③ ㄴ, ㄷ
④ ㄴ, ㄹ

29 법관이 기피의 사유가 있다고 생각하여 스스로 직무집행에서 탈퇴하는 제도는?

□□□

① 제 척
② 기 피
③ 회 피
④ 포 기

30 다음 중 상인에 대한 설명으로 옳지 않은 것은?

□□□

① 상인은 기업활동에 있어서 권리의무가 귀속되는 기업의 주체로 상인의 행위는 영업을 위하여 하는 것으로 추정한다.
② 당연상인은 자기명의로 상행위를 하는 자이다.
③ 의제상인은 점포 기타 유사한 설비에 의하여 상인적 방법으로 영업을 하는 자를 말하고 상행위를 하지 않는 회사는 의제상인이 아니다.
④ 소상인은 소규모 상인으로서 자본금이 1,000만원 미만으로 회사가 아닌 자를 말한다.

31 인보험에서 보험자란?

① 보험사고가 발생한 때 보험금액의 지급을 받을 자를 말한다.
② 보험자의 상대방으로서 자기명의로 보험계약을 체결하는 자를 말한다.
③ 자신의 생명이나 신체를 보험에 붙인 자연인을 말한다.
④ 보험사고가 발생한 때에 보험금액을 지급할 의무를 부담하는 자를 말한다.

32 상법상 회사의 종류와 그 해산사유의 연결이 옳지 않은 것은?

□□□

① 합명회사 - 사원이 1인으로 된 때
② 유한책임회사 - 사원이 없게 된 때
③ 합자회사 - 무한책임사원 또는 유한책임사원의 전원이 퇴사한 때
④ 주식회사 - 주주총회의 특별결의에 의해서만 해산된다.

33 다음 중 노동법의 법원(法源)이 아닌 것은 모두 몇 개인가?

□□□

> ㄱ. 노사자치법규(단체협약, 취업규칙, 조합규약, 근로계약)
> ㄴ. 헌법, 노동관계법령
> ㄷ. 우리나라가 비준·공포한 ILO 협약들
> ㄹ. 판례 및 행정해석

① 1개
② 2개
③ 3개
④ 4개

34 근로기준법상 해고예고의 적용 예외사유가 아닌 것은?

□□□

① 근로자가 계속 근로한 기간이 3개월 미만인 경우
② 천재·사변의 사유로 사업을 계속하는 것이 불가능한 경우
③ 근로자가 고의로 사업에 막대한 지장을 초래하거나 재산상 손해를 끼친 경우로서 고용노동부령이 정하는 사유에 해당하는 경우
④ 수습 사용 중인 근로자

35 근로기준법상 근로시간에 관한 내용 중 옳지 않은 것은?

□□□

① 사용자는 근로자에게 1주일에 평균 1회 이상의 유급휴일을 주어야 한다.
② 사용자는 1년간 85% 이상 출근한 근로자에게 15일의 유급휴가를 주어야 한다.
③ 사용자는 연장근로와 야간근로에 대하여는 통상임금의 100분의 50 이상을 가산하여 지급하여야 한다.
④ 당사자 간의 합의로 1주간에 12시간을 한도로 근로시간을 연장할 수 있다.

36 다음 중 사회보장법 분야에 해당하지 않는 것은?

□□□

① 아동복지법
② 국민기초생활보장법
③ 국민연금법
④ 근로기준법

37 다음 중 준법률행위적 행정행위가 아닌 것은?

□□□

① 확 인
② 인 가
③ 공 증
④ 통 지

38 행정기관이 그 소관 사무의 범위에서 일정한 행정목적을 실현하기 위하여 특정인에게 일정한 행위를 하거나 하지 아니하도록 지도, 권고, 조언 등을 하는 행정작용은?

□□□

① 행정예고
② 행정계획
③ 의견제출
④ 행정지도

39 다음 중 행정기관에 의하여 기본권이 침해된 경우의 행정상 구제수단으로서 부적당한 것은?

□□□

① 행정소송
② 형사재판청구권
③ 국가배상청구권
④ 이의신청과 행정심판청구

40 다음 중 (   ) 안의 ㄱ과 ㄴ에 들어갈 내용으로 알맞은 것은?

□□□

> 행정심판청구는 처분이 있음을 알게 된 날부터 (ㄱ)일 이내에 제기하여야 하고, 처분이 있었던 날부터 (ㄴ)일이 지나면 청구하지 못한다.

	ㄱ	ㄴ
①	60일	90일
②	60일	120일
③	90일	120일
④	90일	180일

제7회 민간경비론

경비지도사 제1차 시험

✓ 중요문제 / 틀린 문제 CHECK

41	42	43	44	45	46	47	48	49	50	51	52	53	54	55	56	57	58	59	60
61	62	63	64	65	66	67	68	69	70	71	72	73	74	75	76	77	78	79	80

✓ 각 문항별로 회독수를 체크해 보세요. ☑☐☐

Time 분 | 해설편 276p

41 민간경비와 공경비에 대한 설명으로 옳은 것은?

☐☐☐

① 민간경비의 대상은 특정인과 일반시민들이다.
② 민간경비업자는 불특정 다수인에게 경비서비스를 제공할 의무가 없다.
③ 현행범의 경우 공경비는 영장 없이 체포할 수 있으나, 민간경비는 영장 없이 체포할 수 없다.
④ 민간경비의 주된 임무는 범죄예방과 범인 구인이다.

42 경찰의 공권력 작용은 질서유지, 체제수호와 같은 거시적 측면에서 이루어지고, 개인의 안전과 보호는 해당 개인이 책임져야 한다는 자본주의 체제하에서 주장되는 민간경비 성장이론은 무엇인가?

☐☐☐

① 경제환원론적이론
② 수익자부담이론
③ 이익집단이론
④ 공동화이론

43 경제환원론에 관한 설명으로 옳지 않은 것은?

☐☐☐

① 공경비 이론의 배경으로도 설명된다.
② 사회현상이 직접적으로 경제와 무관하더라도 발생 원인을 경제문제에서 찾고자 한다.
③ 거시적 차원에서 범죄의 증가 원인을 실업의 증가에서 찾으려고 하는 것이 그 특징이다.
④ 경제 침체기 미국 민간경비 시장의 성장과정에 대한 경험적 관찰에 기초한 이론이다.

문제편 제7회

44 민영화이론에서 말하는 민영화의 내용에 관한 설명으로 옳지 않은 것은?

□□□

① 작은 정부의 구현이다.
② 비용효과분석 차원에서 기업의 경쟁력과 효율성을 증대시킬 수 있다.
③ 공공지출과 행정비용의 증가효과를 유발하기 위한 방법이다.
④ 재화나 서비스의 생산이 공공분야에서 민간분야로 이전되는 것이다.

45 영미법계와 대륙법계에서의 경비 개념에 대한 설명으로 옳지 않은 것은?

□□□

① 영미법계 국가에서는 공경비보다 민간경비의 우월적 지위를 인정한다.
② 대륙법계 국가에서는 민간경비보다 공경비의 우월적 지위를 인정한다.
③ 영미법계 국가는 지방분권적인 경찰조직을 추구한다.
④ 대륙법계 국가는 중앙집권적인 경찰조직을 추구한다.

46 다음 중 조선시대의 공경비가 아닌 것은?

□□□

① 내시위
② 시위부
③ 내금위
④ 별시위

47 우리나라 민간경비산업에 대한 설명으로 옳지 않은 것은?

□□□

① 아직까지는 기계경비보다 인력경비에 대한 의존도가 높다.
② 청원경찰과 민간경비 간 지휘체계, 신분보장 등 이원화와 관련된 문제가 대두되고 있는 실정이다.
③ 민간경비의 수요 및 시장규모는 일부 지역에 편중되어 있다.
④ 비용절감 등의 효과로 인하여 계약경비보다 자체경비가 발전하고 있다.

48 미국의 민간경비 발달에 대한 설명으로 옳지 않은 것은?

□□□

① 식민지 시대의 법집행과 관련된 기본적 제도로는 영국의 영향을 받은 보안관(sheriff), 치안관(constable), 경비원(watchman) 등이 있었다.

② 남캐롤라이나의 찰스턴 시경비대(A City Guard of Armed Officers)는 1846년 시경찰국으로 발전하였다.

③ 본격적으로 민간경비가 출현한 것은 1800년대 산업혁명과 19세기 중엽 서부개척 시대이다.

④ 시카고 경찰국 최초의 탐정인 핑커톤은 새로 구성된 시카고 경찰에서 물러나 1854년 탐정사무소를 설립한 후 1857년에 핑커톤 국가탐정회사(Pinkerton National Detective Agency)로 회사명을 바꾸고 철도수송 안전 확보에 일익을 담당하였다.

49 우리나라 민간경비의 발전과정에 관한 설명으로 옳지 않은 것은?

□□□

① 1960년대 초 화영기업, 경원기업 2개 회사가 미군의 군납형태로 미8군부대의 용역경비를 담당한 것이 현대적 의미의 민간경비의 효시라 할 수 있다.

② 우리나라는 2013년 경비업법상 경비지도사의 직무로 집단민원현장에 배치된 경비원에 대한 지도·감독이 추가되었다.

③ 1976년 용역경비업법이 제정되었고 1978년에는 사단법인 한국경비협회가 설립되었다.

④ 1999년 「경비업법」이 전면 개정되면서 경비업의 종류에 특수경비업무가 추가되었고, 기계경비업무를 신고제에서 허가제로 변경하였다.

50 각국 민간경비의 발전에 관한 설명으로 옳지 않은 것은?

□□□

① 미국에서 핑커톤(A. Pinkerton)은 1850년대에 탐정사무소를 설립하였다.

② 일본의 민간경비산업은 1964년 동경 올림픽과 1970년 오사카 만국 박람회를 계기로 급성장하였다.

③ 로버트 필은 시민들 중 지원자로 구성한 소규모 단위의 범죄예방조직을 만들어 보수를 지급하고 최초의 형사기동대에 해당하는 조직을 만들었다.

④ 우리나라는 한국전쟁 이후 주한미군에 대한 군납경비를 통해 민간경비산업이 태동하게 되었다.

51 A. J. Bilek의 민간경비원의 법적 지위 유형에 해당하지 않는 것은?

□□□

① 경찰관 신분을 가진 민간경비원
② 일반시민과 같은 민간경비원
③ 특별한 권한이 있는 민간경비원
④ 행정권한을 가진 민간경비원

52 산업스파이와 관련된 내용으로 옳지 않은 것은?

□□□

① 산업스파이 활동을 합법적인 방법으로도 할 수 있다.
② 특정정보의 입수를 위한 상대회사 사원의 스카우트는 산업스파이 활동에 해당하지 않는다.
③ 상대회사가 기밀이 누설된 사실을 눈치 채지 못하게 하는데 가장 역점을 두고 있다.
④ 화이트칼라(White-collar) 범죄의 유형으로서 적발이 어려운 편이다.

53 민간경비의 국내·외 치안환경 변화에 관한 설명으로 옳지 않은 것은?

□□□

① 지역별, 권역별 경제공동체인 EU, 북미자유경제권 등이 붕괴되었다.
② 양극화된 이념체제가 붕괴되면서 다극화된 경제실리체제로 변모하였다.
③ 인접 국가 간의 오랜 종교적·문화적·민족적 갈등과 대립으로 국제 테러리즘의 위협이 증가되고 있다.
④ 마약 및 소형 총기 거래, 해적행위, 컴퓨터범죄, 불법이민, 불법자금세탁 등 초국가적 범죄가 중요 문제로 부각되면서 국제적 연대가 활성화되고 있다.

54 다음 중 인력경비의 장점으로 옳지 않은 것은?

□□□

① 경비 업무 이외에 안내, 질서유지, 보호·보관 업무 등을 하나로 통합한 통합서비스의 제공이 가능하다.
② 인력이 상주함으로써 현장의 실시간 상황에 신속한 조치가 가능하다.
③ 고용창출 효과와 고객 접점 서비스 효과가 있다.
④ 야간에도 경비활동의 효율성이 높아진다.

55 자체경비에 대한 설명으로 옳지 않은 것은?

□□□

① 자체경비는 계약경비에 비해 이직률이 낮은 편이다.
② 시설주가 경비원들을 직접 관리함으로써 경비원들에 대한 통제를 강화할 수 있다.
③ 계약경비원보다 고용주(사용자)에 대한 충성심이 더 높다.
④ 계약경비에 비해 인사관리 차원에서 결원의 보충 및 추가인력의 배치가 용이하다.

56 민간경비의 조직형태에 관한 설명으로 옳지 않은 것은?

□□□

① 자체경비는 개인 및 기관, 기업 등이 중요하다고 판단되는 자신들의 보호대상을 보호하기 위하여 자체적으로 관련 업무를 수행할 수 있는 경비부서를 조직화하는 것이다.
② 청원경찰은 자체경비의 일종이다.
③ 계약경비는 고용주를 의식하지 않고 소신껏 경비업무에 전념할 수 있다.
④ 자체경비는 이직률이 높은 편이며 고용주의 요구에 신속하게 대처하기 힘들다.

57 경비업무형태를 경비실시방식에 따라 분류하였을 경우 포괄적 · 전체적 계획이 없이 필요할 때마다 손실예방 등의 역할을 수행하기 위해 추가되는 경비형태는 무엇인가?

□□□

① 1차원적 경비
② 단편적 경비
③ 반응적 경비
④ 총체적 경비

58 민간경비의 조직화 및 관리과정에 관한 설명으로 옳지 않은 것은?

□□□

① 민간경비의 조직화 과정에서 위험성, 돌발성, 기동성, 조직성 등 경비업무의 특수성을 고려해야 한다.
② 조직의 목표달성을 위하여 조직구성원의 책임과 의무의 적정한 배분이 이루어져야 한다.
③ 민간경비부서를 독립적으로 설치하지 않고 다른 관리부서와 연계시켜 통합적으로 설치하게 되면 전문성은 저하된다.
④ 자체경비와 계약경비로 구분할 때 편의점, 소규모 상점 등 보호대상 시설의 규모가 작을수록 자체경비를 운용하는 경우가 많다.

59 위험관리(Risk Management)의 순서를 올바르게 나열한 것은?

□□□

ㄱ. 보안성 · 안전성 평가	ㄴ. 위험요소의 확인
ㄷ. 우선순위의 설정	ㄹ. 위험요소의 감소
ㅁ. 위험요소의 분석	

① ㄱ → ㄴ → ㄷ → ㄹ → ㅁ

② ㄴ → ㄷ → ㄱ → ㄹ → ㅁ

③ ㄱ → ㅁ → ㄹ → ㄷ → ㄴ

④ ㄴ → ㅁ → ㄷ → ㄹ → ㄱ

60 민간경비조직의 운영원리와 설명이 옳은 것은?

□□□

① 계층제의 원리 : 조직의 전체기능을 기능별 · 특성별로 나누어 임무를 분담시킨다.

② 명령통일의 원리 : 경비원은 직속상관에게 직접 명령을 받고 보고해야 하며, 지휘계통의 일원화로 책임소재를 명확히 해야 한다.

③ 전문화의 원리 : 권한과 책임에 따라 직무를 등급화한 것으로 상하 계층 간에 직무상의 지휘 · 감독관계를 가지고 있다.

④ 조정 · 통합의 원리 : 각 개인별 능력을 충분히 고려하여 적재적소에 배치한다.

61 민간경비를 활용한 국가중요시설 경비의 효율화 방안으로 옳지 않은 것은?

□□□

① 전문경비자격증제도 도입

② 경비원의 최저임금보장

③ 경비전문화를 위한 교육훈련의 강화

④ 인력경비의 확대와 기계경비시스템의 최소화

62 다음에서 설명하는 경비계획의 수준으로 옳은 것은?

> 대부분의 패턴이 없는 외부 및 내부의 침입을 발견・저지・방어・예방하도록 계획되어진 경비시스템을 말한다. CCTV, 경계경보시스템, 고도로 훈련받은 무장경비원, 고도의 조명시스템, 경비원과 경찰의 협력시스템 등으로 이루어지며, 관계기관과의 조정계획 등을 갖춘 교도소, 제약회사, 전자회사 등이 대표적이다.

① 하위수준경비
② 중간수준경비
③ 상위수준경비
④ 최고수준경비

63 경비계획에 관한 내용으로 옳지 않은 것은?

① 경비계획이란 경비위해요소분석과 조사활동을 통해 수집된 자료와 경영상 환경을 종합적으로 고려하여 경비실시의 과정을 구체적으로 결정하는 계획을 말한다.
② 경비계획은 계약처가 요구하는 경비내용을 구체적으로 실시할 방법을 정하는 것이다.
③ 경비계획은 경비부서의 조직관리・실행과정과 평가과정의 관계 속에서 역동적으로 작용하고 있다.
④ 현장조사는 직접 현장에 가서 시설물의 상태를 확인하고 실무자들의 의견을 청취하여 잠재된 위험을 찾아내는 업무이다.

64 외곽시설물 경비에 대한 설명으로 옳지 않은 것은?

① 자연적 장벽은 침입에 대한 적극적인 예방대책이 아니므로 추가적인 경비장치가 필요하며, 다른 구조물에 의해 보강된다.
② 콘서티나 철사는 가시철선을 6각형 모양으로 만든 철사로 강철철사의 코일형이며, 이는 빠른 설치의 필요성 때문에 주로 군부대에서 많이 사용하고 있다.
③ 경계구역 내에서 가시지대를 가능한 한 넓히기 위해서는 모든 장애물을 양쪽 벽으로부터 제거해야 한다.
④ 하수구, 배수로, 배수관, 배기관, 맨홀 뚜껑 등은 경비계획에서 제외시켜야 한다.

65 다음의 경비시스템 중 레이저 광선을 발사하여 비교적 넓은 범위의 경비가 가능한 것은 어느 것인가?

□□□

① 진동탐지기
② CCTV
③ 전자파 울타리
④ 광전자식 센서

66 다음 중 높은 가치의 화물만을 취급하고 보관하기 위한 곳으로서 일반적으로 제한지역 내의 조그마한 방, 금고실 등으로 구성되어 있으며, 이 지역의 출입을 허가받은 사람의 수는 지극히 제한되어 있고, 항상 감시하에 있어야 하는 지역을 무엇이라고 하는가?

□□□

① 배제지역
② 통제지역
③ 제한지역
④ 금지지역

67 CCTV(Closed Circuit Television)에 대한 설명 중 옳지 않은 것은?

□□□

① 사람의 접근이 불가능한 지역도 관찰이 가능하다.
② 고속의 16mm 필름과 신속렌즈를 사용하여 연속적인 사진을 촬영한다.
③ 초기 설치비용이 많이 들어간다.
④ 범죄자의 범법행위가 다른 장소나 대상으로 이동될 수 있다.

68 한 문이 잠길 경우에 전체의 문이 동시에 잠기도록 되어 있는 잠금장치로 교도소에서 많이 사용하는 것은?

□□□

① 일체식 잠금장치
② 압력식 잠금장치
③ 전기식 잠금장치
④ 기억식 잠금장치

69 다음은 화재의 예방과 진압에 대한 설명이다. 내용상 옳지 않은 것은?

□□□

① 화재 발생 시 본인의 역할에 대한 사전 분담 교육을 실시하여야 한다.
② 화재진압장비의 사용법에 대한 교육과 대피방법에 대한 교육을 실시하여야 한다.
③ 화재가 직접적으로 발생했을 경우 화재 초동진압과 소방관들이 출동하였을 때 이들에 대한 지원 업무의 담당을 사전에 분배한다.
④ 평상시에 화재예방에 대한 철저한 관리를 해야 하지만, 유사시 일사불란하게 화재진압을 할 수 있는 명령지휘체제까지 유지할 필요는 없다.

70 경비시설물의 출입통제를 실시하는 근본 목적이 아닌 것은?

□□□

① 불필요한 인적·물적 요소의 출입통제
② 외부침입에 의한 내부 재산보호
③ 외부로 반출되는 물품의 확인 및 점검
④ 직원 및 임원들의 개인적인 동태파악 및 보고임무

71 경계구역의 경비조명에 대한 설명으로 옳지 않은 것은?

□□□

① 경비조명은 경계구역 내 모든 부분을 충분히 비출 수 있도록 적당한 밝기와 높이로 설치한다.
② 경계지역 내의 건물이 경계선에 가깝거나 건물 자체가 경계선의 일부분일 경우에 조명을 간접적으로 건물에 비춘다.
③ 경비조명은 위험발생 가능성이 있는 지역에 직접적으로 비춰야 한다.
④ 조명시설의 위치는 경비원의 눈을 부시게 하는 것을 피하며, 가능한 한 그림자가 생기지 않도록 해야 한다.

72 다음 중 화재경보 센서에 대한 설명으로 옳지 않은 것은?

□□□

① 화재 센서는 공기의 배출구로부터 1.5m 이상 떨어진 장소에 설치한다.

② 연기 센서의 종류로는 이온화식 스포트형, 광전식 스포트형, 광전식 분리형이 있다.

③ 불꽃 센서는 화재 시 불꽃에서 나오는 자외선이나 적외선, 혹은 그 두가지의 일정량을 감지하여 내장된 MPU가 신호를 처리하는 것이다.

④ 화재 센서는 설치장소의 높이가 20m 이상인 장소에 설치해야 한다.

73 다음 중 비상계획 수립 시 고려할 사항이 아닌 것은?

□□□

① 비상위원회 구성에 있어 경비감독관은 반드시 포함되어야 한다.

② 초기에 사태대응을 보다 신속하게 할 수 있도록 체계가 잘 갖추어 있어야 한다.

③ 비상사태에 책임을 지고 있는 자에게는 그 책임관계를 명확히 규정하여야 한다.

④ 비상업무를 수행하면서 대중 및 언론에 대한 정보제공은 최대한 은폐하여야 한다.

74 다음 중 컴퓨터범죄의 특징이 아닌 것은?

□□□

① 범죄행위 측면에서 범행의 연속성, 광역성과 자동성, 발각과 증명의 곤란, 고의의 입증 곤란을 특징으로 한다.

② 일반 형사범에 비해 죄의식이 희박하다.

③ 범죄행위자 측면에서 연소화 경향을 보인다.

④ 대부분이 외부인의 소행이며, 완전범죄의 가능성은 낮다.

75 다음 중 컴퓨터범죄의 유형에 대한 설명으로 옳지 않은 것은?

□□□

① 컴퓨터 파괴는 컴퓨터 자체, 프로그램, 컴퓨터 내·외부에 기억되어 있는 자료를 개체(객체)로 하는 파괴행위를 말한다.
② 컴퓨터 스파이는 컴퓨터 시스템의 자료를 권한 없이 획득하거나 불법이용 또는 누설하여 타인에게 재산적 손해를 야기시키는 행위로, 자료와 프로그램의 불법획득과 이용이라는 2개의 행위로 구성된다.
③ 컴퓨터 부정조작의 종류에는 입력·출력 조작, 프로그램 조작, 콘솔 조작, 데이터 파괴 조작이 있다.
④ CD(Cash Dispenser) 범죄는 현금자동지급기를 중심으로 하는 범죄를 말한다.

76 컴퓨터 시스템의 안전대책에 관한 설명으로 옳지 않은 것은?

□□□

① 컴퓨터실은 벽면이나 바닥을 강화 콘크리트 등으로 보호하고, 화재에 대비하여 불연재를 사용하여야 한다.
② 컴퓨터실은 출입자기록제도를 시행하고, 지정된 비밀번호는 주기적으로 변경해 주는 것이 좋다.
③ 컴퓨터 시스템의 보안성 유지를 위하여 프로그램 개발자와 컴퓨터 운영자를 통합하여 운용하여야 한다.
④ 컴퓨터실의 위치 선정 시 화재, 홍수, 폭발의 위험과 외부 침입자에 의한 위험으로부터 안정성을 고려하여야 한다.

77 다음 사례에 해당하는 신종 금융범죄는?

□□□

문자메시지(SMS)와 피싱(phishing)의 합성어로 '무료쿠폰 제공, 돌잔치 초대장, 모바일 청첩장' 등을 내용으로 하는 문자메시지 내의 인터넷 주소를 클릭하면 악성코드가 스마트폰에 설치되어 피해자가 모르는 사이에 소액결제 피해 발생 또는 개인의 금융정보를 탈취하는 신종 금융범죄 수법이다.

① 파밍(Pharming)
② 보이스 피싱(voice phishing)
③ 메모리 해킹(Memory Hacking)
④ 스미싱(Smishing)

78 □□□ **청원경찰법과 경비업법을 이원적으로 운용함으로써 발생되는 현상이 아닌 것은?**

① 청원경찰은 경찰공무원도 경비원도 아닌 이중적인 법적 지위 때문에 업무 수행에 있어서 혼란 등을 겪을 수 있다.
② 현재 대부분의 중요 경비시설에 있어서 특수한 경비대상 시설이나 기타 분야를 제외하고는 청원경찰과 경비가 동시에 이루어지거나, 청원경찰을 점차 경비로 전환하는 추세이다.
③ 청원경찰과 일반경비원 모두 총기 사용에 따른 훈련부족으로 사고가 빈번하다.
④ 민간경비원은 청원경찰보다 직업안정성이 낮고 이직률이 높은 편이다.

79 □□□ **다음 사례에 해당되는 개념은?**

A회사는 출입통제, 접근감시, 잠금장치 등 물리적 보안요소와 불법 침입자 정보인식시스템 등 정보보안요소를 상호 연계하여 보안의 효과성을 높이고자 한다.

① 융합보안
② 절차적 통제
③ 방화벽
④ 정보보호

80 □□□ **민간경비산업의 전망에 대한 설명 중 옳지 않은 것은?**

① 시설경비업은 국가중요시설의 경비를 담당하는 경비원 제도로 청원경찰과의 이원적 체제로 인한 문제점이 상존하고 있어 관련 정비가 시급한 실정이다.
② 21세기에는 인력경비보다 기계경비업의 성장속도가 훨씬 빠를 것이다.
③ 지역의 특성과 경비 수요에 맞는 민간경비 상품의 개발이 요구될 것이다.
④ 산업화와 정보화 시대로 접어들면서 경찰 인력의 부족, 경찰장비의 부족, 경찰 업무의 과다로 인해 민간경비업은 급속히 발전할 것이다.

제8회 법학개론

경비지도사 제1차 시험

중요문제 / 틀린 문제 CHECK

01	02	03	04	05	06	07	08	09	10	11	12	13	14	15	16	17	18	19	20
21	22	23	24	25	26	27	28	29	30	31	32	33	34	35	36	37	38	39	40

각 문항별로 회독수를 체크해 보세요. ☑☐☐

Time 분 | 해설편 296p

01 ☐☐☐ "강제를 수반하지 않는 법은 타지 않는 불, 비치지 않는 등불이나 마찬가지로 그 자체가 모순이다."라고 주장한 학자는?

① 라드브루흐(Radbruch)
② 예 링(Jhering)
③ 슈몰러(Schmoller)
④ 옐리네크(Jellinek)

02 ☐☐☐ 법의 효력에 관한 설명으로 옳지 않은 것은?

① 민법은 원칙적으로 법률불소급의 원칙이 적용되지 않는다.
② 소급법률에 의한 참정권 제한 금지는 헌법에 규정되어 있다.
③ 법은 타당성만 있어도 효력이 인정된다.
④ 하위 법규범으로 상위 법규범을 개폐할 수 없다.

03 ☐☐☐ 형법의 장소적 적용범위에 대한 설명 중 옳은 것은 모두 몇 개인가?

ㄱ. 속지주의 : 자국영토 내의 범죄는 자국의 형법을 적용한다.
ㄴ. 속인주의 : 자국민의 범죄에 대해서는 자국의 형법을 적용한다.
ㄷ. 보호주의 : 외국에서의 범죄라도 자국 또는 자국민의 이익이 침해되는 경우에는 자국의 형법을 적용한다.
ㄹ. 세계주의 : 반인도적 범죄행위에 대하여는 세계적 공통의 연대성을 가지고 각국이 자국의 형법을 적용한다.
ㅁ. 우리 형법은 속지주의, 속인주의, 보호주의, 세계주의를 명문화하고 있다.

① 2개
② 3개
③ 4개
④ 모두

04 □□□

다음 ( ) 안의 ㄱ, ㄴ, ㄷ에 들어갈 법원(法源)이 바르게 연결된 것은?

> • (ㄱ) – 국회의 의결을 거치지 않고 행정기관에 의해 제정되는 성문법규
> • (ㄴ) – 국가기관이 그 소관 사무에 관하여 법률에 저촉되지 않는 범위 내에서 정하는 내부규율
> • (ㄷ) – 지방자치단체의 장이 법령의 범위 내에서 제정한 법규

① ㄱ : 명령, ㄴ : 조례, ㄷ : 규칙
② ㄱ : 명령, ㄴ : 규칙, ㄷ : 규칙
③ ㄱ : 조례, ㄴ : 명령, ㄷ : 조례
④ ㄱ : 규칙, ㄴ : 규칙, ㄷ : 명령

05 □□□

불문법의 법원성에 관한 설명으로 옳은 것은?

① 민법은 조리의 법원성을 인정하지 않는다.
② 관습법은 사법보다 공법의 영역에서 중요한 법원이다.
③ 온천권은 우리나라에서 인정되고 있는 관습법이다.
④ 법원조직법 제8조는 상급법원의 판단은 해당 사건에서만 하급법원에 기속력을 지닌다고 규정하여 사실상의 구속력을 인정하고 있다.

06 

실체법과 절차법에 관한 설명으로 옳지 않은 것은?

① 실체법은 권리・의무의 실체적인 사항을 규정한 법이다.
② 절차법은 권리・의무의 실현을 위한 수단과 방법을 규정한 법이다.
③ 채무자회생 및 파산에 관한 법률은 실체법이다.
④ 형사소송법, 행정소송법, 부동산등기법은 절차법이다.

07 법의 적용에 관한 설명으로 옳지 않은 것은?

□□□

① 법을 적용하기 위한 사실의 확정은 증거에 의한다.
② 사실의 추정은 확정되지 못한 사실을 그대로 가정하여 법률효과를 발생시키는 것이다.
③ 추정된 사실과 다른 주장을 하는 자는 반증을 들어 추정의 효과를 뒤집을 수 없다.
④ 확정의 대상인 사실은 법적으로 가치 있는 구체적 사실이어야 한다.

08 법해석 방법 중 가장 우선적이고 기본적인 것은?

□□□

① 논리해석
② 문리해석
③ 행정해석
④ 사법해석

09 법규정의 결과로 각 사람이 저절로 받는 이익으로서 적극적으로 어떤 힘이 부여되어 있는 것이 아니기 때문에 타인이 그 이익의 향유를 방해하더라도, 그것의 보호를 청구하지 못하는 것은?

□□□

① 권 능
② 권 한
③ 반사적 이익
④ 권 리

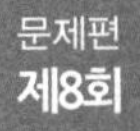

10 헌법상 신체의 자유에 관한 설명으로 옳지 않은 것은?

□□□

① 모든 국민은 고문을 받지 아니하며, 형사상 자기에게 불리한 진술을 강요당하지 아니한다.
② 누구든지 체포 또는 구속을 당한 때에는 적부의 심사를 법원에 청구할 권리를 가진다.
③ 누구든지 법률에 의하지 아니하고는 체포·구속·압수·수색 또는 심문을 받지 아니하며, 법률과 적법한 절차에 의하지 아니하고는 처벌·보안처분·강제노역을 받지 아니한다.
④ 누구든지 체포 또는 구속을 당한 때에는 즉시 국선변호인의 조력을 받을 권리를 가진다.

11 다음은 재산권에 관한 헌법 제23조 규정이다. (   ) 안의 ㄱ, ㄴ, ㄷ에 들어갈 용어가 옳게 연결된 것은?

> 헌법 제23조
> ① 모든 국민의 재산권은 보장된다. 그 내용과 한계는 (ㄱ)(으)로 정한다.
> ② 재산권의 행사는 (ㄴ)에 적합하도록 하여야 한다.
> ③ 공공필요에 의한 재산권의 수용·사용 또는 제한 및 그에 대한 보상은 법률로써 하되, (ㄷ) 보상을 지급하여야 한다.

	ㄱ	ㄴ	ㄷ
①	민법	공공복리	상당한
②	민법	사회상규	정당한
③	법률	공공복리	정당한
④	법률	사회상규	상당한

12 선거구제에 관한 설명 중 옳지 않은 것은?

① 소선거구제하에서는 게리맨더링이 일어날 수 있다.
② 소선거구제하에서는 군소정당이 난립할 가능성이 있다.
③ 소선거구제하에서는 비례대표의 목적이 손상될 우려가 있다.
④ 일반적으로 소선거구제는 1선거구에서 1인의 대표자를 선출하는 제도이고, 중선거구제는 1선거구에서 2~4인의 대표자를 선출하는 제도이며, 대선거구제는 1선거구에서 5인 이상의 대표자를 선출하는 제도이다.

13 국회의 특별의결정족수 중 재적의원 과반수의 찬성을 요하는 경우가 아닌 것은?

① 헌법개정안 발의
② 대통령을 포함한 탄핵소추 의결
③ 계엄해제 요구
④ 국회의장 및 부의장의 원칙적인 선출

14 □□□ **다음 중 의원내각제적 요소를 모두 고르면?**

ㄱ. 행정부 구성원의 탄핵소추	ㄴ. 국무회의제
ㄷ. 대통령의 법률안 거부권	ㄹ. 국회의원과 국무위원의 겸직 허용

① ㄱ, ㄴ
② ㄱ, ㄷ
③ ㄴ, ㄷ
④ ㄴ, ㄹ

15 □□□ **민법상 능력에 관한 설명으로 옳지 않은 것은?**

① 피성년후견인의 법률행위는 취소할 수 있다.
② 피한정후견인은 원칙적으로 행위능력을 보유한다.
③ 미성년자가 법정대리인의 동의 없이 행한 법률행위는 무효이다.
④ 피성년후견인, 피한정후견인, 미성년자는 민법상 제한능력자이다.

16 □□□ **원칙적으로 무효이나 선의의 제3자에 대해서는 무효를 주장할 수 없는 경우는?**

① 통정허위표시
② 비진의의사표시
③ 반사회질서행위
④ 강박에 의한 의사표시

17 □□□ **대리인이 자기의 이름으로 행위하고 효과도 자기가 받는 제도는?**

① 대 리
② 간접대리
③ 사 자
④ 대 표

18 다음 무효행위 중에서 추인이 가능한 것은?

□□□

① 사회질서에 반하는 행위
② 허위표시
③ 인륜에 반하는 행위
④ 폭리행위

19 민법상 동산과 부동산에 대하여 모두 성립할 수 있는 제한물권은?

□□□

① 지상권
② 전세권
③ 유치권
④ 질 권

20 연대채무자 1인에게 생긴 사유의 효력에 절대적 효력이 있는 경우가 아닌 것은?

□□□

① 변 제
② 공 탁
③ 이행불능
④ 경 개

21 계약기간 중 경비하지 않은 날이 있거나, 심야에 경비계약대로 순회하지 않고 경비계약에 정한 인원수보다 적은 수의 경비원을 파견했다. 이 사례에 대한 설명 중 옳지 않은 것은?

□□□

① 위 사례는 경비업무에서의 불법행위 사례이다.
② 채권자는 본인이 입은 손해로 지연배상이나 전보배상을 청구할 수 있다.
③ 위 사례의 결과로 이행지체 또는 이행불능이 생긴 때에는 계약을 해제할 수 있다.
④ 이행되더라도 채무의 내용에 하자가 있으면 재차 채무의 내용의 이행을 요구할 수 있다.

22 '법률이 없으면 범죄도, 형벌도 없다.'라는 표현이 나타내는 것으로 가장 적절한 것은?

① 죄형법정주의
② 형벌불소급의 원칙
③ 유추해석금지의 원칙
④ 일사부재리의 원칙

23 다음 중 옳은 내용을 모두 고르면?

ㄱ. 작위범은 작위를 구성요건의 내용으로 규정한 범죄이다.
ㄴ. 부작위범은 법규범이 요구하는 의무 있는 행위를 이행하지 않음으로써 성립한다.
ㄷ. 부진정부작위범이란 형법규정에서 부작위에 의해 범할 것을 내용으로 하는 범죄를 말한다.
ㄹ. 작위의무의 근거로 법령, 계약, 조리, 선행행위를 들 수 있다.

① ㄱ, ㄴ
② ㄱ, ㄴ, ㄷ
③ ㄱ, ㄴ, ㄹ
④ ㄴ, ㄷ, ㄹ

24 형을 가중 · 감경할 사유가 경합된 때, 가중 · 감경의 순서로 옳은 것은?

① 각칙 본조에 의한 가중 → 제34조 제2항의 가중 → 경합범 가중 → 법률상 감경 → 누범 가중 → 작량 감경
② 각칙 본조에 의한 가중 → 제34조 제2항의 가중 → 누범 가중 → 법률상 감경 → 경합범 가중 → 작량 감경
③ 제34조 제2항의 가중 → 각칙 본조에 의한 가중 → 경합범 가중 → 법률상 감경 → 누범 가중 → 작량 감경
④ 제34조 제2항의 가중 → 각칙 본조에 의한 가중 → 누범 가중 → 법률상 감경 → 경합범 가중 → 작량 감경

25 형벌에 대한 설명으로 옳지 않은 것은?

① 유기징역은 1개월 이상 30년 이하(가중 시 50년까지)로 한다.
② 구류는 2천원 이상 5만원 미만이며, 불납 시 1일 이상 30일 미만의 기간 동안 노역장에 유치한다.
③ 벌금은 5만원 이상이며, 판결확정일로부터 30일 이내에 납입하여야 한다.
④ 자격정지와 자격상실은 명예형에 해당한다.

26 죄수론에 대한 설명으로 옳지 않은 것은?

① 법조경합이란 한 개 또는 수개의 행위가 외관상 수개의 형벌법규에 해당하는 것 같이 보이지만 형벌법규의 성질상 하나의 법규만 적용되고 다른 법규는 배척되는 것을 말한다.
② 포괄일죄는 수개의 행위가 포괄적으로 한 개의 구성요건에 해당하여 일죄를 구성하는 경우를 말한다.
③ 상상적 경합범은 1개의 행위가 수개의 죄에 해당하나 처벌상 하나의 죄로 취급되는 경우로, 가장 경한 죄에 정한 형으로 처벌한다.
④ 실체적 경합범은 판결이 확정되지 아니한 수개의 죄 또는 판결이 확정된 죄와 그 판결이 확정되기 전에 범한 죄를 말한다.

27 다음 중 피의자의 구속기간에 관한 설명으로 옳지 않은 것은?

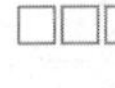

① 사법경찰관이 피의자를 구속한 때에는 10일 이내에 피의자를 검사에게 인치하지 아니하면 석방하여야 한다.
② 검사가 피의자를 구속한 때 또는 사법경찰관으로부터 피의자의 인치를 받은 때에는 10일 이내에 공소를 제기하지 아니하면 석방하여야 한다.
③ 지방법원 판사는 검사의 신청에 의하여 수사를 계속함이 상당한 이유가 있다고 인정하는 때에는 10일을 초과하지 아니하는 한도에서 구속기간의 연장을 2차에 한해 허가할 수 있다.
④ 구속영장 청구 시 피의자 심문을 하는 경우 법원이 구속영장청구서 등을 접수한 날부터 구속영장을 발부하여 검찰청에 반환한 날까지의 기간은 수사기관의 구속기간 적용에 있어 산입하지 아니한다.

28 구속적부심사청구권에 관한 기술 중 옳지 않은 것은?

□□□

① 법관이 발부한 영장에 대한 재심절차의 성격을 갖는다.
② 법원의 구속적부심사결정에 대하여 검사는 즉시항고를 할 수 있다.
③ 현행 헌법은 모든 범죄에 관하여 구속적부심사청구가 가능하다.
④ 영장을 발부한 판사는 일정한 경우 구속적부심에 관여할 수 있다.

29 회사에 대한 설명으로 옳은 것은?

□□□

① 회사는 유증을 받을 수 있다.
② 회사도 독립된 법인격을 가지므로 형법상 범죄능력을 가진다는 것이 학설과 판례의 태도이다.
③ 회사는 다른 회사의 무한책임사원이 될 수 있다.
④ 회사는 자연인과 완전히 동일한 권리능력을 갖는다.

30 주식회사에 대한 설명으로 옳지 않은 것은?

□□□

① 주식회사는 설립등기에 의해 법인격을 취득한다.
② 회사설립의 무효는 소에 의해서만 주장할 수 있다.
③ 주식회사의 설립이 강행법규에 반하는 경우 설립무효의 원인이 된다.
④ 상법상 주식은 원칙적으로 타인에게 이를 양도할 수 없다.

31 회사에 관한 다음의 설명 중 옳지 않은 것은?

□□□

① 상법상의 회사에는 합명회사, 합자회사, 주식회사, 유한회사, 유한책임회사의 다섯 가지가 있다.
② 합명회사는 2인 이상의 무한책임사원으로 조직된 회사이다.
③ 합자회사는 무한책임사원과 유한책임사원으로 조직된 이원적 회사이다.
④ 유한회사는 사원이 출자금액을 한도로 간접 유한책임을 지는 점에서 주식회사와 같으나, 지분의 양도가 자유스럽지 못한 점에서 주식회사와 다르다. 또한 출자의 종류는 재산출자에 한하지 않는다.

32 □□□ **상법상 보험에 관한 설명으로 옳은 것은?**

① 보험계약의 당사자는 보험자와 보험수익자이다.
② 보험계약은 보험자가 청약에 대해 승낙의 통지를 발송한 때에 성립한다.
③ 보험금청구권과 보험료청구권의 소멸시효기간은 각각 3년이다.
④ 피보험이익은 인보험계약에서의 본질적 요소이다.

33 □□□ **노동조합 및 노동관계조정법상 용어의 정의에 관한 설명으로 옳지 않은 것은?**

① 근로자는 직업의 종류를 불문하고 임금·금료 기타 이에 준하는 수입에 의하여 생활하는 자를 말한다.
② 사용자는 사업주, 사업의 경영담당자 또는 그 사업의 근로자에 관한 사항에 대하여 사업주를 위하여 행동하는 자를 말한다.
③ 형법 제20조(정당행위)의 규정은 노동조합이 단체교섭·쟁의행위 기타의 행위로서 노동조합의 목적을 달성하기 위하여 한 정당한 행위에 대하여 적용된다. 다만, 어떠한 경우에도 폭력이나 파괴행위는 정당한 행위로 해석되어서는 아니 된다.
④ 노동쟁의는 파업·태업·직장폐쇄 기타 노동관계 당사자가 그 주장을 관철할 목적으로 행하는 행위와 이에 대항하는 행위로서 업무의 정상적인 운영을 저해하는 행위를 말한다.

34 □□□ **노동법에 관한 다음 설명 중 옳지 않은 것은?**

① 노동법은 노동관계, 즉 근로자의 노동력 제공에 관련된 생활관계를 규율하는 법으로, 이 경우 노동은 종속적 노동을 의미한다.
② 직장폐쇄는 근로자가 할 수 있는 쟁의행위에 포함된다.
③ 노동조합 및 노동관계조정법은 집단적 노사관계법에 해당한다.
④ 노동법이란 자본주의사회에서 근로자가 인간다운 생활을 할 수 있도록 노동관계를 규율하는 법규범의 총체를 말한다.

35 다음 중 사용자의 부당노동행위가 아닌 것은?

□□□

① 노동조합에 가입하려고 하는 행위를 이유로 근로자를 해고하는 행위
② 근로자가 특정 노동조합에 가입하지 아니할 것을 고용조건으로 하는 행위
③ 근로자가 노동조합을 조직 또는 운영하는 것을 지배하거나 이에 개입하는 행위
④ 쟁의기간 동안의 임금을 지급하지 않는 행위

36 사회보장법 관련 분야에 해당하는 법률은?

□□□

① 노동조합 및 노동관계조정법
② 산업재해보상보험법
③ 소비자기본법
④ 독점규제 및 공정거래에 관한 법률

37 다음 중 형이 확정되지 않은 사람에게 죄수복을 입힌 것은 위헌이라는 판결에서 나타난 행정법의 일반원칙은?

□□□

① 비례의 원칙
② 부당결부금지의 원칙
③ 평등의 원칙
④ 신의성실의 원칙

38 국가나 지방자치단체로부터 공권을 부여받아 자신의 이름으로 공권력을 행사하는 사인이나 사법인을 무엇이라고 하는가?

□□□

① 공공조합
② 공재단
③ 영조물법인
④ 공무수탁사인

39 다음 중 명령적 행정행위에 해당하는 것은?

□□□

① 공 증　　② 면 제
③ 확 인　　④ 수 리

40 다음 중 행정상 강제집행의 수단을 모두 고르면?

□□□

ㄱ. 직접강제	ㄴ. 집행벌
ㄷ. 과태료	ㄹ. 대집행

① ㄱ, ㄴ
② ㄴ, ㄹ
③ ㄱ, ㄴ, ㄷ
④ ㄱ, ㄴ, ㄹ

제8회 민간경비론

경비지도사 제1차 시험

중요문제 / 틀린 문제 CHECK

41	42	43	44	45	46	47	48	49	50	51	52	53	54	55	56	57	58	59	60
61	62	63	64	65	66	67	68	69	70	71	72	73	74	75	76	77	78	79	80

각 문항별로 회독수를 체크해 보세요. ☑☐☐

Time 분 | 해설편 316p

41 ☐☐☐ 다음 중 민간경비의 개념요소에 관한 설명으로 옳지 않은 것은?(다툼이 있는 경우 경비업법을 전제로 함)

① 민간경비는 영리성을 본질적으로 가지고 있다.
② 경비업법상 경비업의 종류는 시설경비, 호송경비, 신변보호, 기계경비, 특수경비에 한한다.
③ 민간경비에게 공공성을 요구하는 것은 민간경비의 본질에 반하는 것이다.
④ 자연인은 신변보호업을 영위할 수 없다.

42 ☐☐☐ 다음 도표의 공경비와 민간경비의 비교 내용 중 옳지 않은 것은?

	구 분	공경비	민간경비
①	대 상	일반 국민	특정 고객
②	주 체	정부 및 영리기업	영리기업
③	주요기능	법 집행 (범인 체포 및 범죄수사와 조사)	범죄예방
④	권한의 근거	통치권	위탁자의 사권(私權)

43 □□□ **다음에서 설명하는 민간경비 성장이론은 무엇인가?**

> 경찰의 공권력 작용은 원칙적으로 거시적인 측면에서 체제수호 등과 같은 역할과 기능에 한정되고, 사회 구성원 개개인 차원이나 집단과 조직의 안전과 보호는 결국 해당 개인이나 조직이 담당하여야 한다는 인식에 기초를 둔 이론이다.

① 경제환원론적이론
② 수익자부담이론
③ 이익집단이론
④ 공동화이론

44 □□□ **다음 중 공동화이론의 내용과 거리가 먼 것은?**

① 경찰이 수행하고 있는 경찰 본연의 기능이나 역할을 민간경비가 보완하거나 대체한다는 이론이다.
② 범죄에 대한 현실적 불안감의 증대에서 민간경비가 성장한다고 보았다.
③ 경찰의 공권력 작용은 질서유지, 체제 수호와 같은 거시적 측면에서 이루어지고, 개인의 안전과 보호는 해당 개인이 책임져야 한다는 자본주의 체제하에서 주장되는 이론이다.
④ 공경비와 민간경비의 관계에 대해서 경쟁적 관계에 있다는 입장과 상호보완적 관계에 있다는 입장이 있다.

45 □□□ **핑커톤 경비조직에 대한 설명으로 옳지 않은 것은?**

① 시카고 경찰 최초의 형사였던 앨런 핑커톤이 설립했다.
② 50년 동안 미국 철도수송의 안전을 도모하는 미국 유일의 주간(州間) 경비회사였다.
③ 남북전쟁 당시 위조화폐에 대한 적발임무를 수행하였다.
④ 20세기에 들어와 민간대상 정보의 영역을 넘은 정보까지도 집중 관리하는 조사기관이 되었다.

46 미국 민간경비의 역사적 배경과 관련하여 옳지 않은 것은?

□□□

① 초기 미국의 국민들은 영국에서 이주하였기 때문에 영국 왕실의 권위주의적인 통치방식을 싫어하고 자치적인 지방분권주의적 통치방식을 선호하였다.
② 범죄에 대응하는 방식에 있어서도 강력한 경찰조직보다는 자치 경비조직의 형태를 추구하였다.
③ 지방자치 경비조직인 자경단의 형태 방식으로 1845년 미국 최초의 현대적 경찰인 시카고 주야간 경찰조직이 생겨났다.
④ 18세기 무렵 신개척지에 거주하고 있던 주민들을 보호하기 위해 밤에만 활동하는 야간경비원이 생겨났다.

47 한국의 민간경비산업의 특징이 아닌 것은?

□□□

① 한국의 청원경찰제도는 외국에서는 볼 수 없는 특별한 제도이다.
② 1976년 용역경비업법이 제정되었고 1978년 사단법인 한국용역경비협회가 설립되었다.
③ 현대적 의미의 한국 민간경비제도는 1960년대부터이다.
④ 1993년 대전 엑스포 박람회를 계기로 한국에 기계경비가 도입되었다.

48 미국 민간경비의 발전에 관한 설명으로 옳은 것을 모두 고른 것은?

□□□

> ㄱ. 건국 초기부터 영국식의 강력한 중앙집권적 경찰조직이 발전하였다.
> ㄴ. 서부개척시대 철도운송의 발달과 함께 민간경비가 획기적으로 발전하였다.
> ㄷ. 핑커톤(A. Pinkerton)은 경찰당국의 자료요청에 응하여 경찰과 민간 경비업체의 바람직한 관계를 정립하는 데 공헌하였다.
> ㄹ. 2001년 9·11 테러와 같은 국가적 위기상황은 민간경비가 발전하는 중요한 계기가 되었다.
> ㅁ. 현재 산업보안자격증인 CPP(Certified Protection Professional) 제도를 연방정부 차원에서 시행하고 있다.

① ㄱ, ㄴ, ㄷ
② ㄱ, ㄹ, ㅁ
③ ㄴ, ㄷ, ㄹ
④ ㄷ, ㄹ, ㅁ

49 일본 민간경비에 관한 설명으로 옳지 않은 것은?

□□□

① 제2차 세계대전 이전에는 야경, 순시, 보안원 등의 이름으로 계약경비를 실시하여 왔다.
② 제2차 세계대전 이후 전문적인 민간경비업체가 출현하였다.
③ 1964년 도쿄올림픽을 계기로 민간경비가 발전되었다.
④ 일본 민간경비는 1980년대에 한국과 중국에 진출하였다.

50 각국의 민간경비 발전과정에 관한 설명으로 옳지 않은 것은?

□□□

① 미국은 범죄에 대응하는 방식에 있어서 강력한 경찰조직보다는 자치경비조직의 형태를 추구하였다.
② 일본은 도쿠가와 시대에 장병위라는 이름으로 경비업을 전문으로 하는 직업경비업자가 생겨났다.
③ 우리나라는 청원경찰법이 먼저 제정되고 그 다음 사단법인 한국경비협회가 설립되었으며 그 이후에 용역경비업법이 제정되었다.
④ 레지스 헨리시법은 민간경비차원에서 실시되던 경비활동을 국가적 치안개념으로 발전시킨 것이다.

51 한국 민간경비원의 법적 지위에 대한 설명으로 옳지 않은 것은?

□□□

① 민간경비원의 법적 지위는 일반시민과 동일하다.
② 민간경비원은 현행범을 체포할 수 있다.
③ 시설주의 관리권 행사 범위 안에서 경비업무를 수행한다.
④ 국가중요시설에 근무하는 특수경비원은 수사권이 인정된다.

52 최근 범죄의 변화 양상에 관한 설명으로 옳지 않은 것은?

□□□

① 청소년범죄가 흉포화되고 있다.
② 노령인구가 증가하면서 노인범죄가 사회문제로 대두되고 있다.
③ 청소년범죄와 마약범죄는 경찰의 단속으로 감소
④ 화이트칼라범죄의 증가

53 경찰 방범활동의 한계요인이 아닌 것은?

□□□

① 경찰관 1인이 담당해야 할 인구가 증가함에 따라 경찰인력 부족현상이 더욱 심화되고 있다.
② 너무 잦은 비상근무와 출퇴근 개념의 실종으로 대부분의 경찰들의 근무의욕이 떨어지고 있다.
③ 개인장비가 표준화되어 있지 않고 기관 단위별로 지급되어 있어 관리상 많은 문제점이 있다.
④ 경찰과 민간경비의 과도한 치안공조로 업무의 효율이 떨어진다.

54 인력경비의 장단점으로 옳지 않은 것은?

□□□

① 인건비의 부담으로 경비에 많은 비용이 드는 편이다.
② 고용창출 효과와 고객 접점 서비스 효과가 있다.
③ 상황 발생 시 현장에서 신속하게 대응할 수 있다.
④ 넓은 장소를 효과적으로 감시할 수 있다.

55 혼잡경비에 관한 설명으로 옳지 않은 것은?

□□□

① 혼잡경비란 기념행사, 경기대회, 제례행사, 기타 요인으로 모인 군중에 의하여 발생되는 자연적・인위적 혼잡상태를 사전에 예방하거나 경계하고, 위험한 사태가 발생할 경우에는 신속히 진압하여 확대되는 것을 방지하는 예비활동을 말한다.
② 과거에는 혼잡경비를 경찰력에 주로 의존하여 행하여졌으나 이제는 수익자부담의 원칙에 따라 행사를 주관하는 사람 또는 단체가 경비를 책임지는 방향으로 바뀌어 가고 있다.
③ 일본의 경우 혼잡경비를 경비업법에서 규정하고 있으며, 교통유도업무가 대부분을 차지하고 있다.
④ 우리나라도 일본과 마찬가지로 경비업법에서 혼잡경비를 경비업무의 한 유형으로 규정하고 있다.

56 다음 중 기계경비의 단점으로 보기 어려운 것은?

□□□

① 최초의 기초 설치비용이 많이 든다.
② 경비활동의 효율성이 야간에는 감소된다.
③ 허위경보 및 오경보 등의 발생률이 비교적 높다.
④ 기계성능의 교신은 범죄자들의 활동을 더욱 크게 할 수 있을 가능성이 있다.

57 일반경비원에 대한 신임교육 시 신임교육이수증 교부권자는 누구인가?

□□□

① 신임교육실시의 기관 또는 단체의 장
② 시·도 경찰청장
③ 경찰청장
④ 경찰서장

58 경비부서 조직화에 관한 설명으로 옳지 않은 것은?

□□□

① 권한의 위임은 인원이 소수인 조직보다는 다수인 조직 구조에서 필요하게 된다.
② 통솔의 범위는 한 사람의 관리자가 효과적으로 운용할 수 있고 직접적으로 감독할 수 있는 최대한의 인원수를 말한다.
③ 구성원의 능력이 탁월할수록 통솔범위는 좁다.
④ 일반적으로 경비인력의 수요는 해당 경비시설물의 규모에 비례한다.

59 요인경호에 있어서 사전안전대책작용과 거리가 먼 것은?

□□□

① 안전점검
② 안전대책
③ 안전대피
④ 안전검사

60 경비원의 경비순찰활동 중 건물의 출입구나 로비 등 특히 위험하다고 판단되는 곳에서 경비업무를 실시하는 경비형태는?

□□□

① 고정근무
② 순찰근무
③ 예비근무
④ 상근근무

61 경비위해분석에 관한 설명으로 옳지 않은 것은?

□□□

① 경비활동의 대상이 되는 위험요소들을 파악하는 경비진단 활동이다.
② 비용효과분석은 투입비용 대비 산출효과를 비교하여 적정한 경비수준을 결정하는 과정이다.
③ 많은 손실이 예상되는 경비대상에는 종합경비시스템이 설치되도록 해야 한다.
④ 경비위해요소의 분석 시 모든 시설물에 있어서 표준화된 시스템을 적용한다.

62 경비계획의 수립과정에 맞게 ( ) 안의 ㄱ~ㄹ에 들어갈 내용을 순서대로 옳게 나열한 것은?

□□□

(ㄱ) → (ㄴ) → 자료 및 정보의 분석 → (ㄷ) → (ㄹ) → 최선안 선택 → 실시 → 평가

① ㄱ : 목표의 설정, ㄴ : 문제의 인지, ㄷ : 전체계획 검토, ㄹ : 비교검토
② ㄱ : 문제의 인지, ㄴ : 전체계획 검토, ㄷ : 비교검토, ㄹ : 목표의 설정
③ ㄱ : 문제의 인지, ㄴ : 목표의 설정, ㄷ : 전체계획 검토, ㄹ : 비교검토
④ ㄱ : 비교검토, ㄴ : 문제의 인지, ㄷ : 목표의 설정, ㄹ : 전체계획 검토

63 다음 중 순찰방법에 대한 내용으로 옳지 않은 것은?

□□□

① 대부분 직원의 퇴근 후에 경비원들의 순찰 및 조사가 이루어져야 한다.
② 외부침입자들이 숨어 있을 만한 장소에 대해서는 집중적으로 조사를 실시해야 한다.
③ 순찰과정에서 문이나 자물쇠 등에 인식이나 표식을 하는 것은 다음 순찰을 편하게 하기 위한 것이다.
④ 경비원 상호 간에 순찰활동 결과에 대한 정보교환도 필요하다.

64 외곽경비에 관한 설명으로 옳지 않은 것은?

□□□

① 자연적 장벽은 침입에 대한 적극적인 예방대책이 아니므로 추가적인 경비장치가 필요하며, 다른 구조물에 의해 보강된다.

② 외곽경비의 목적은 자연적 장애물과 인공적인 구조물 등을 이용하여 범죄자의 침입을 어렵게 하고, 침입시간을 지연시킴으로써 시설을 보호하는 데 있다.

③ 시설물 경비에서 경보장치는 1차적 방어수단에 해당한다.

④ 외곽경비는 장벽, 출입구, 건물 자체 순으로 수행된다.

65 조명등에 관한 설명으로 옳지 않은 것은?

□□□

① 투광조명등은 상당히 밝은 빛을 만들어 주기 때문에 특정지역에 빛을 집중시키거나 직접적으로 비추는데 사용된다.

② 수은등은 연한 노란색의 빛을 내며 안개지역에 사용된다.

③ 석영등은 매우 밝은 하얀 빛을 내며 경계구역과 사고발생 다발지역에 사용된다.

④ 백열등은 가정집에서 주로 사용되며, 가장 보편적으로 사용되나 수명이 짧다.

66 금융시설경비에 대한 설명으로 옳지 않은 것은?

□□□

① 경비책임자는 경찰과의 연락 및 방범정보의 교환과 같은 사항이 지속적으로 이루어지도록 점검하여야 한다.

② 금융시설의 특성상 개·폐점 직후나 점심시간 등이 취약시간대로 분석되고 있다.

③ 금융시설경비는 금융시설 내에 한정해야 하므로 외부경계 및 차량감시는 하지 않아도 된다.

④ 자체 현금수송 시에는 가스총 등을 휴대한 청원경찰을 포함한 3명 이상을 확보해야 한다.

67 경보 센서에 대한 설명으로 옳지 않은 것은?

□□□

① 진동탐지기는 고미술품이나 전시 중인 물건 보호에 사용한다.
② 창문을 통한 침입을 감지하기 위해 전자기계식 센서가 설치되며 비용면에서도 저렴하다.
③ 열 감지기는 침입자에게서 나오는 열에 의해 전파의 이동이 방해 받으면 그 즉시 경보를 울리는 방식이다.
④ 자석 감지기는 감지장치로서 동작전원이 필요 없고 구조가 간단하여 쉽게 설치할 수 있다.

68 교육시설경비에 관한 설명으로 옳지 않은 것은?

□□□

① 교육시설의 위험요소 조사 시 지역사회와의 상호관계는 고려대상에서 제외된다.
② 교육시설의 범죄예방활동은 계획 → 준비 → 실행 → 평가 및 측정의 순서로 이루어진다.
③ 교육시설 보호 및 이용자 안전 확보를 목적으로 한다.
④ 교육시설의 특별범죄예방의 대상에는 컴퓨터와 관련된 정보절도, 사무실 침입절도 등이 포함된다.

69 폭발물이 설치되어 있는 경우에 대응조치로서 옳지 않은 것은?

□□□

① 예상되는 지역봉쇄
② 폭탄의 유무 탐색
③ 폭발물 발견 시 용의자 수사
④ 가능한 한 많은 인력이 탐색활동에 참가

70 군중이 운집한 상황에서 돌발사태 발생 시 기본원칙에 대한 설명으로 옳지 않은 것은?

□□□

① 밀도의 희박화
② 이동의 다양화
③ 경쟁적 상황의 해소
④ 지시의 철저

71 다음은 무엇에 대한 설명인가?

□□□

> 경쟁회사에 관한 최신 산업정보를 입수하거나 교란시키는 공작 등을 전문으로 하는 사람을 말하며, 이 세계는 수단방법을 가리지 않는 약육강식의 법칙에 의해 지배된다. 이들의 활동은 상대회사가 기밀이 누설된 사실을 눈치채지 못하게 하는 데 가장 역점을 두는데 협박보다는 매수를, 절취보다는 복사를 앞세워 더욱 음성화한다.

① 정보 테러리즘
② 산업스파이
③ 크래커
④ 블랙마켓

72 소화기 중 화재 시 유독성 가스가 발생하는 D형의 화재에 주로 사용되는 소화기는 무엇인가?

□□□

① 포말소화기
② 건식 분말소화기
③ 할론소화기
④ 이산화탄소식 소화기

73 다음 ( ) 안의 ㄱ, ㄴ에 들어갈 내용으로 옳은 것은?

□□□

> • (ㄱ) : 전압기나 변압기, 기타의 전기설비에 의해 발생한 화재로 일반적인 소화방식으로 화재를 진압하지만 물을 사용할 때는 절연성의 방전복을 입는 것이 중요하다.
> • (ㄴ) : 취급자의 부주의와 시설 불량으로 촉발되어 순식간에 대형화재로 발전한다.

	ㄱ	ㄴ
①	A형 화재	B형 화재
②	B형 화재	E형 화재
③	C형 화재	A형 화재
④	C형 화재	E형 화재

74 □□□

다음 중 옳지 않은 것은?

① 효과적인 경비를 위해서는 안전경비조명이 설치되어야 하고 물건을 선적하거나 수령하는 지역은 통합되어야 한다.
② 경계구역과 건물 출입구 수는 안전규칙의 범위 내에서 최소한으로 유지되어야 한다.
③ 진동탐지기는 일반적으로 고미술품이나 전시 중인 물건 보호에 사용한다.
④ 경비원의 대기실은 시설물의 출입구와 비상구에서 인접한 곳에 위치해야 한다.

75 □□□

포트(Port)에 대한 설명으로 옳지 않은 것은?

① 네트워킹 용어로서 논리적인 접점, 즉 컴퓨터 통신 이용자들을 대형컴퓨터에 연결해 주는 일종의 접속구이자 정보의 출입구 역할을 하는 곳을 말한다.
② 포트번호들은 서버 보안상 서버관리자가 임의적으로 변경할 수 없다.
③ 컴퓨터를 이용한 정보통신은 포트를 통해 이루어진다.
④ 포트에는 직렬포트와 병렬포트가 있으며 포트로 연결되는 장비에는 모뎀과 마우스, 프린트 등이 있다.

76 □□□

컴퓨터 안전대책에 있어 외부 침입에 대한 안전조치로 옳지 않은 것은?

① 외부 침입자가 은폐물로 이용할 수 있는 장식적인 식수나 조경은 삼가야 한다.
② 환기용 창문, 공기 조절용 배관이나 배수구 등을 통한 침입을 차단할 수 있어야 한다.
③ 각 출입구마다 안전검사 절차를 거치고, 법에서 정해진 규격에 맞춘 방화문이 설치되어야 한다.
④ 시설물이 안전하다 판단되면 외부에는 컴퓨터센터를 보호하는 담이나 장벽을 설치하지 않아도 된다.

77 정보보호의 목표가 아닌 것은?

□□□

① 무결성(Integrity)
② 비밀성(Confidentiality)
③ 가용성(Availability)
④ 적법성(Legality)

78 다음에서 설명하는 해킹방법은 무엇인가?

□□□

> 인터넷 프로토콜인 TCP/IP의 구조적 결함을 이용한 방법으로서 인증 기능을 가지고 있는 시스템에 침입하기 위해 침입자가 사용하는 시스템을 원래의 호스트로 위장하는 방법이다.

① 데이터 디들링(Data Diddling)
② IP 스푸핑(IP Spoofing)
③ 트랩도어(Trap Door)
④ 패킷 스니퍼링(Packet Sniffering)

79 홈 시큐리티(Home Security)의 기능에 대한 설명으로 옳지 않은 것은?

□□□

① 홈 시큐리티의 발전은 풍부한 부가가치를 창출할 수 있다.
② 앞으로의 고령화 시대에 있어서 좋은 대안이 되고 있다.
③ 홈 시큐리티는 주로 기계경비시스템을 중심으로 서비스가 실시되고 있다.
④ 비상경보가 전화회선을 통하여 정보가 전달되기 때문에 정보량에 한계가 없다.

80 우수한 경비인력 확보의 방안으로 옳지 않은 것은?

□□□

① 경비원 임용 전 철저한 신원조회
② 적정 보수규정의 체계화
③ 경비업자들 간의 신원정보교환
④ 여자경비원의 고용 제한

제9회 법학개론

경비지도사 제1차 시험

중요문제 / 틀린 문제 CHECK

01	02	03	04	05	06	07	08	09	10	11	12	13	14	15	16	17	18	19	20
21	22	23	24	25	26	27	28	29	30	31	32	33	34	35	36	37	38	39	40

각 문항별로 회독수를 체크해 보세요. ☑☐☐

Time 분 | 해설편 332p

01 다음 기사의 밑줄 친 부분과 관련된 법언(法諺)으로 가장 적절한 것은?

☐☐☐

> 정부가 다음 달부터 신규 분양 아파트의 취득·등록세율을 거래가의 4%에서 2%로 내리기로 하자, 이미 아파트에 입주하고 세금을 낸 납세자들의 불만이 커지고 있다. 관련 부처의 홈페이지에는 세율 인하 조치를 소급 적용하여 과다 납부한 세금을 돌려 달라는 민원이 줄을 잇고 있다. 이에 대해 정부는 세제(稅制)를 소급 적용하는 것은 법 원칙에도 맞지 않으며, 세금을 돌려준다면 과세 체계가 크게 흔들리므로 받아들일 수 없다는 입장이다.
>
> – ○○일보

① 국민이 원하는 것이 법이다.

② 사회가 있는 곳에 법이 있다.

③ 세상이 망하더라도 정의는 세우라.

④ 정의롭지 못한 법도 무질서보다는 낫다.

02 아리스토텔레스의 정의론에서 말하는 평균적 정의에 대한 설명으로 적절한 것은?

☐☐☐

> ㄱ. 형식적·절대적 평등
> ㄴ. 산술적·교환적 정의
> ㄷ. 실질적·상대적 평등
> ㄹ. 상대적·비례적 정의

① ㄱ, ㄴ　　② ㄱ, ㄷ

③ ㄴ, ㄷ　　④ ㄴ, ㄹ

03 **법원(法源)에 관한 설명으로 옳지 않은 것은?**

□□□

① 법원은 크게 성문법원과 불문법원으로 나누어진다.
② 성문법은 문서화된 법으로, 법률·명령·조약·규칙 등이 있다.
③ 불문법은 관습법·판례법·조례가 있다.
④ 우리나라는 성문법주의를 원칙으로 하고 불문법은 성문법의 결함을 보충한다.

04 **관습법에 관한 설명으로 옳지 않은 것은?**

□□□

① 죄형법정주의에 따라 관습형법은 인정되지 않는다.
② 민법은 관습법의 보충적 효력을 인정하고 있다.
③ 관습법은 당사자의 주장·입증이 있어야만 법원이 이를 판단할 수 있다.
④ 헌법재판소 다수의견에 의하면 관습헌법도 성문헌법과 동등한 효력이 있다.

05 **다음의 개념들이 나타내는 것은 무엇인가?**

□□□

• 경험법칙	• 사회통념	• 공서양속

① 관 행　　② 성문법
③ 조 리　　④ 풍 속

06 **법의 분류에 관한 설명으로 옳지 않은 것은?**

① 공법과 사법의 구별은 대륙법계의 특징이다.
② 사회법은 법의 사회화·사법의 공법화 경향을 말한다.
③ 일반법과 특별법은 적용되는 법의 효력범위에 따른 구분이다.
④ 자연법론은 형식적 법치주의를 지향한다.

07 일본인이 독일 내 공원에서 대한민국국민을 살해한 경우, 대한민국 형법을 적용할 수 있는 근거는?

□□□

① 속인주의
② 속지주의
③ 보호주의
④ 기국주의

08 법규범을 구체적 사안에 적용할 수 있도록 그 의미·내용을 명확히 하는 과정은 무엇인가?

□□□

① 사실의 확정
② 법의 해석
③ 법의 적용
④ 입 증

09 권리 등과 관련된 설명으로 옳지 않은 것은?

□□□

① 사권은 권리의 이전성에 따라 절대권과 상대권으로 구분된다.
② 공권은 사권에 대립되는 말로서 국가적 공권과 개인적 공권으로 나눌 수 있다.
③ 국가적 공권은 권리의 목적을 기준으로 군정권·재정권·외교권 등으로 분류할 수 있다.
④ 권능은 권리의 내용을 이루는 개개의 법률상의 힘을 말한다.

10 헌법전문의 법적 효력에 관한 설명 중 옳지 않은 것은?

□□□

① 헌법전문은 헌법 본문과 기타 법령의 해석기준이 된다.
② 헌법전문으로부터 곧바로 국민의 개별적 기본권을 도출해 낼 수 있다.
③ 헌법재판소는 헌법전문의 재판규범성을 인정하고 있다.
④ 헌법전문의 자구수정은 가능하나 핵심적인 내용은 헌법개정의 한계이다.

11 다음 ( ) 안의 ㄱ~ㄹ에 들어갈 내용이 알맞게 연결된 것은?

□□□

> • (ㄱ)선거제는 (ㄴ)선거제에 반대되는 것으로 사회적 신분 · 재산 · 납세 · 교육 · 신앙 · 인종 · 성별 등에 차별을 두지 않고 원칙적으로 모든 성년자에게 선거권을 부여하는 제도이다.
> • (ㄷ)선거제는 (ㄹ)선거제에 반대되는 것으로 선거인의 투표가치가 동등하게 취급되는 제도이다.

① ㄱ : 평등, ㄴ : 차등, ㄷ : 보통, ㄹ : 제한
② ㄱ : 보통, ㄴ : 차등, ㄷ : 평등, ㄹ : 제한
③ ㄱ : 보통, ㄴ : 제한, ㄷ : 평등, ㄹ : 차등
④ ㄱ : 평등, ㄴ : 제한, ㄷ : 보통, ㄹ : 차등

12 밑줄 친 '이 기본권'을 보장하기 위한 제도에 대한 설명으로 옳은 것을 〈보기〉에서 모두 고르면?

□□□

> 이 기본권은 정신적 자유와 더불어 헌법의 이념인 인간의 존엄과 가치를 구현하기 위한 가장 기본적인 자유로서 모든 기본권 보장의 전제가 된다. 이 기본권이 보장되지 아니하면 그 밖의 자유나 권리는 물론이고, 인간의 존엄성 유지와 민주주의 그 자체의 존립마저 불가능한 것이 되고 만다. 그리하여 현행 헌법 제12조 및 제13조는 이를 보장하기 위한 상세한 규정을 두고 있다.

> ㄱ. 체포 · 구속을 당한 국민은 변호인의 조력을 받을 수 있다.
> ㄴ. 모든 국민은 동일한 범죄에 대하여 거듭 처벌되지 아니한다.
> ㄷ. 공무원의 직무상 불법행위로 손해를 받은 국민은 국가에 배상을 청구할 수 있다.
> ㄹ. 피고인의 자백이 그에게 불리한 유일한 증거인 경우에는 유죄의 증거로 삼을 수 없다.

① ㄱ, ㄴ
② ㄱ, ㄷ
③ ㄷ, ㄹ
④ ㄱ, ㄴ, ㄹ

13 양원제의 장점에 해당하지 않는 것은?

□□□

① 신중한 국정 심의
② 다수당의 횡포 방지
③ 직능대표제의 도입이 용이
④ 국회의 책임소재가 명확

14 위헌법률심판에 대한 설명으로 옳지 않은 것은?

□□□

① 법률이 헌법에 위반되는지 여부가 재판의 전제가 된 경우, 법원이 당사자의 신청 또는 직권으로 헌법재판소에 제청한다.
② 위헌법률심판은 해당 법률 등이 당해 소송사건에 적용되어, 그 위헌 여부에 따라 재판의 주문 등이 달라질 수 있는 경우일 것을 요한다.
③ 헌법재판소는 해당 심판의 결정으로 각하, 합헌, 위헌, 헌법불합치 결정을 한다.
④ 위헌으로 결정된 법률 또는 법률의 조항은 그 결정이 있는 다음 날로부터 효력을 상실한다.

15 대리에 관한 설명으로 옳지 않은 것은?

□□□

① 대리는 사적자치의 확장·보충기능을 한다.
② 제한능력자는 대리인이 될 수 없다.
③ 상대방이 대리인으로서 한 것임을 알았거나 알 수 있었을 때, 그 의사표시는 대리행위로서의 효력이 발생한다.
④ 임의대리인은 본인의 승낙이 있거나 부득이한 사유가 있는 경우에만 예외적으로 복대리인 선임권이 있다.

16 민법상 취소에 대한 설명으로 옳은 것을 고르면?

□□□

① 취소의 의사를 표시하면 장래를 향하여 법률효과가 소멸되는 효력이 발생한다.
② 제한능력자와 하자 있는 의사표시를 한 자와 그 대리인 또는 승계인만이 취소권자가 될 수 있다.
③ 취소를 할 수 있는 기간에는 제한이 없다.
④ 취소할 수 있는 법률행위는 유효한 것으로 만들 수 없다.

17 타인의 토지를 자기 토지의 편익에 이용할 수 있는 물권은?

□□□

① 지역권
② 지상권
③ 유치권
④ 질 권

18 유치권에 대한 설명으로 옳지 않은 것은?

□□□

① 유치권자는 채권 전부의 변제를 받을 때까지 유치물 전부에 대하여 그 권리를 행사할 수 있다.
② 유치권자는 유치물의 과실을 수취하여 다른 채권보다 먼저 그 채권의 변제에 충당할 수 있다.
③ 과실이 금전이 아닌 때에는 경매하여야 한다.
④ 과실은 먼저 원본에 충당하고 그 잉여가 있으면 채권의 이자에 충당한다.

19 채권자와 보증인 사이의 보증계약에 의하여 성립하는 채무로서 주 채무자가 그 채무를 이행하지 않을 때 보증인이 보충적으로 이행해야 하는 채무는?

□□□

① 연대채무
② 분할채권
③ 양도담보
④ 보증채무

20 과실상계에 대한 다음 설명 중 옳은 것은?

□□□

① 과실상계는 불법행위에만 적용되며 채무불이행에는 적용되지 않는다.
② 과실상계에 있어서 과실이란 사회통념상, 신의성실의 원칙상, 공동생활상 요구되는 약한 부주의까지 모두 포함하는 개념이다.
③ 피해자와 신분상 또는 사회생활상 일체를 이루는 자의 과실은 피해자의 과실로 참작될 수 없다.
④ 손익상계를 먼저 적용한 다음 과실상계를 한다.

21 다음에서 설명하는 계약은?

☐☐☐

> 당사자 일방이 금전 기타 대체물의 소유권을 상대방에게 이전할 것을 약정하고, 상대방은 그와 동종・동질・동량의 물건을 반환할 것을 약정하는 계약

① 교 환
② 매 매
③ 소비대차
④ 사용대차

22 다음 중 죄형법정주의의 파생원칙으로 옳지 않은 것은?

☐☐☐

① 관습형법금지의 원칙
② 유추해석금지의 원칙
③ 형벌법규불소급의 원칙
④ 상대적 부정기형 금지의 원칙

23 요구되는 주의에 대하여 행위자의 주의가 현저하게 결여되어 있는 경우의 과실을 무엇이라고 하는가?

☐☐☐

① 업무상과실
② 인식있는 과실
③ 인식없는 과실
④ 중과실

24 이미 주된 범죄에 의해 완전히 평가된 범위 내에서는 사후 행위가 구성요건에 해당하더라도 별도의 범죄가 되지 않는 경우는?

☐☐☐

① 포괄일죄
② 반의사불벌죄
③ 불가벌적 사후행위
④ 상상적 경합

25 자기 또는 타인의 법익에 대한 현재의 위난을 피하기 위한 행위가 상당한 이유가 있는 경우 벌하지 않는 것은?

☐☐☐

① 정당행위
② 정당방위
③ 긴급피난
④ 자구행위

26 □□□ **A 소유의 오토바이를 타고 심부름을 다녀오라고 해서 B가 그 오토바이를 타고 가다가 마음이 변하여 이를 반환하지 아니한 채 그대로 타고 가버린 경우 B의 죄책은?**

① 절도죄
② 배임죄
③ 횡령죄
④ 절도죄와 횡령죄

27 □□□ **다음 중 임의수사에 해당하지 않은 것은?**

① 출석요구
② 참고인 진술 청취
③ 피의자 신문
④ 증거보전

28 □□□ **우리나라 형사소송법에 관한 설명으로 옳지 않은 것은?**

① 형사소송법은 형법을 구체적인 사건에 적용하여 실현하기 위한 형사절차를 규정하는 법률을 의미한다.
② 형사소송법도 형법과 마찬가지로 형사사법의 정의(正義)를 지향하는 것이다.
③ 형사소송법은 국가형벌권의 발생조건과 그 내용 및 법적효과에 관한 법률이다.
④ 민사분쟁의 해결은 반드시 민사소송법이 정한 절차에 따를 것을 요하지 않는 데 반하여 형법은 형사절차에 의하지 않고는 실현될 수 없다.

29 □□□ **상법의 법원 적용순서를 바르게 나열한 것은?**

① 상사특별법 → 상사자치법 → 상법 → 상관습법 → 민법 → 조리
② 상사자치법 → 상사특별법 → 민법 → 상관습법 → 상법 → 조리
③ 상사자치법 → 상사특별법 → 상법 → 상관습법 → 민법 → 조리
④ 상사특별법 → 상사자치법 → 상관습법 → 상법 → 민법 → 조리

30 회사에 관한 다음의 설명 중 옳지 않은 것은?

□□□

① 상법상 회사에는 합명회사, 합자회사, 주식회사, 유한회사의 4종이 있다.
② 합명회사는 2인 이상의 무한책임사원으로 조직된 회사이다.
③ 합자회사는 무한책임사원과 유한책임사원으로 조직된 이원적 회사이다.
④ 유한회사를 설립함에는 사원이 정관을 작성하여야 한다.

31 주식회사에 관한 설명으로 옳지 않은 것은?

□□□

① 주식회사는 무액면주식을 발행할 수 있다.
② 발행주식의 총수는 주식회사 설립등기의 기재사항이다.
③ 회사는 다른 회사의 무한책임사원이 될 수 있다.
④ 주주의 책임은 그가 가진 주식의 인수가액을 한도로 한다.

32 보험계약에 관한 설명으로 옳지 않은 것은?

□□□

① 유상(有償)·쌍무(雙務)계약(契約)이다.
② 사행계약(射倖契約)이 아니다.
③ 불요식(不要式)의 낙성계약(諾成契約)이다.
④ 부합계약(附合契約)이다.

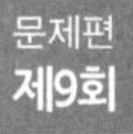

33 노동조합 및 노동관계조정법상 용어의 정의에 관한 설명으로 옳지 않은 것은?

□□□

① 근로자는 직업의 종류를 불문하고 임금·급료, 기타 이에 준하는 수입에 의하여 생활하는 자를 말한다.
② 사용자는 사업주, 사업의 경영담당자 또는 그 사업의 근로자에 관한 사항에 대하여 사업주를 위하여 행동하는 자를 말한다.
③ 노동조합이 단체교섭·쟁의행위, 기타의 행위로서 노동조합의 목적을 달성하기 위하여 한 행위는 정당한 행위에 해당하며 이 과정에서 예외적으로 폭력이나 파괴행위가 수반되더라도 정당한 행위로 해석된다.
④ 노동쟁의는 노동조합과 사용자 또는 사용자단체 간에 임금·근로시간·복지·해고, 기타 대우 등 근로조건의 결정에 관한 주장의 불일치로 인하여 발생한 분쟁상태를 말한다.

34 □□□ **사용자가 근로자를 해고시키기 위해서는 '정당한 사유'가 있어야 하는 바, 다음 중 정리해고의 정당성을 위한 요건이 아닌 것은?**

① 해고를 하지 않으면 기업경영이 위태로울 정도의 급박한 경영상의 필요성이 존재할 것(급박한 경영상의 필요성)
② 경영방침이나 작업상식의 합리화, 신규채용의 금지, 일시휴직 및 희망퇴직의 활용 등 해고회피를 위한 노력을 다하였어야 할 것(해고회피의 노력)
③ 합리적이고 공정한 기준을 설정하여 이에 따라 해고대상자를 선별할 것(해고대상자 선별의 합리성·공정성)
④ 해고대상자의 신속한 재취업 및 조속한 사회복귀와 정서적 불안감의 해소를 고려하여 해고사유 지득 당일 해고를 통보할 것(신속한 해고절차 유지)

35 □□□ **다음은 무엇에 대한 설명인가?**

고용조건에서는 조합원 자격을 문제삼지 않지만 사용자에 의하여 고용된 근로자는 일정기간 내에 노동조합에 가입해야 할 것을 정한 단체협약의 조항

① 유니언 숍
② 클로즈드 숍
③ 오픈 숍
④ 프리퍼렌셜 숍

36 □□□ **생활이 어려운 사람에게 필요한 급여를 실시하여 이들의 최저생활을 보장하고 자활을 돕는 것을 목적으로 하는 법률은?**

① 국민연금법
② 최저임금법
③ 국민기초생활보장법
④ 산업재해보상보험법

37 공법상 계약으로서의 성질을 가지는 것은?

□□□

① 재개발조합의 설립
② 공사의 도급계약
③ 지방자치단체 간의 협의로 지방자치단체조합을 설립하는 행위
④ 지방자치단체 간에 행해지는 도로·하천의 경비부담에 관한 협의

38 행정주체가 국민에 대하여 명령·강제하고, 권리나 이익(利益)을 부여하는 등 법을 집행하는 행위를 무엇이라고 하는가?

□□□

① 행정조직
② 행정처분
③ 행정구제
④ 행정강제

39 행정상 강제집행 중 대집행의 순서로 옳은 것은?

□□□

① 계고 → 통지 → 실행 → 비용징수
② 계고 → 실행 → 통지 → 비용징수
③ 통지 → 계고 → 실행 → 비용징수
④ 통지 → 실행 → 계고 → 비용징수

40 다음 설명에 해당하는 행정소송은 무엇인가?

□□□

국가 또는 공공단체의 기관이 법률에 위반되는 행위를 한 때에 직접 자기의 법률상 이익과 관계없이 그 시정을 구하기 위하여 제기하는 소송

① 항고소송
② 당사자소송
③ 민중소송
④ 기관소송

제9회 민간경비론

경비지도사 제1차 시험

중요문제 / 틀린 문제 CHECK

41	42	43	44	45	46	47	48	49	50	51	52	53	54	55	56	57	58	59	60
61	62	63	64	65	66	67	68	69	70	71	72	73	74	75	76	77	78	79	80

각 문항별로 회독수를 체크해 보세요. ☑☐☐

Time 분 | 해설편 351p

41 민간경비의 개념에 관한 설명으로 옳지 않은 것은?

☐☐☐

① 광의적 개념은 방범, 방재, 방화 등을 포함한다.
② 협의적 개념은 고객의 생명과 신체 그리고 재산보호, 질서유지 및 범죄예방활동을 의미한다.
③ 실질적 개념은 공공의 안녕과 질서유지 등의 경찰활동과 본질적으로 차이가 있다.
④ 형식적 개념은 경비업법에서 규정하는 업무를 수행하는 활동을 의미한다.

42 고대의 민간경비에 대한 다음 설명 중 옳지 않은 것은?

☐☐☐

① 고대 바빌론 왕 함무라비에 의해 법 집행 개념이 최초로 명문화되었다.
② 고대 그리스 도시국가에서는 자경단원이라고 불리는 수천 명의 비무장군대를 각 관할 구역의 질서유지를 위해서 임명하였다.
③ 스파르타에서는 일찍부터 법을 집행하기 위한 치안책임자를 임명하는 제도가 발달하였으며, 이는 최초의 국가경찰의 발달을 의미한다.
④ 개인차원의 민간경비의 개념과 국가차원의 공경비의 개념이 분리되기 시작한 것은 함무라비왕 시대이다.

43 치안서비스 공동생산이론에 관한 내용으로 옳지 않은 것은?

☐☐☐

① 주민신고체제의 확립
② 민간경비는 공경비의 보조적 차원의 역할 수행
③ 민간경비의 적극적 참여 유도
④ 목격한 범죄행위 신고, 증언행위의 중요성 강조

44 민간경비의 성장이론과 그 내용의 연결이 옳지 않은 것은?

□□□

[성장이론]
㉠ 수익자부담이론　　㉡ 공동화이론
㉢ 비용공동부담이론　　㉣ 이익집단이론

[내 용]
ⓐ 경기 침체로 인해 실업자가 증가하면 범죄율이 증가하고 민간경비의 발전으로 이어진다는 이론
ⓑ 경찰의 공권력 작용은 질서유지나 체제수호 등과 같은 거시적 역할에 한정하고 개인이나 집단의 안전과 보호는 해당 개인이나 집단이 담당하여야 한다는 이론
ⓒ 경찰이 수행하고 있는 본연의 기능이나 역할을 민간경비가 보완하거나 대체하면서 성장했다는 이론
ⓓ '그냥 내버려두면 보호받지 못한 채로 방치될 재산을 민간경비가 보호한다.'는 시각에서 출발한 이론

① ㉠ – ⓑ　　② ㉡ – ⓒ
③ ㉢ – ⓐ　　④ ㉣ – ⓓ

45 최초의 중앙감시방식의 경보서비스 사업을 시작한 곳은?

□□□

① 홈즈방호회사　　② 핑커톤 경비조직
③ 미국경비협회　　④ 트럭수송회사

46 다음 중 일본 사회에서 민간경비가 성장하게 된 계기를 모두 고른 것은?

ㄱ. 제1차 세계대전
ㄴ. 1964년 동경올림픽
ㄷ. 1970년 오사카 만국 박람회
ㄹ. 1986년 아시안게임

① ㄱ, ㄴ　　② ㄴ, ㄷ
③ ㄷ, ㄹ　　④ ㄴ, ㄹ

47 □□□ **청원경찰법상의 내용에 대한 설명으로 옳지 않은 것은?**

① 청원경찰은 청원주가 임용하되, 임용을 할 때에는 미리 시·도 경찰청장의 승인을 받아야 한다.
② 국가공무원법 제33조 각호의 결격사유에 해당하는 사람은 청원경찰로 임용될 수 없다.
③ 청원경찰의 임용자격·임용방법·교육 및 보수에 관하여는 행정안전부령으로 정한다.
④ 청원경찰은 경찰관직무집행법에 따른 직무 외의 수사활동 등 사법경찰관리의 직무를 수행해서는 아니 된다.

48 □□□ **미국의 민간경비 발전과정에 관한 설명으로 옳지 않은 것은?**

① 제1차 세계대전 시 민간경비업은 군수물자를 생산하는 기업체들을 파업이나 적군의 탐정으로부터 보호해야 하는 임무를 띠게 되었다.
② 핑커톤은 미국 경비협회의 책임자로서 경비원의 기능을 통제하고 역량을 향상시키기 위해 경비원자격증제도가 필요하다고 주장하였다.
③ 제2차 세계대전 이후에는 군사, 산업시설의 안전보호와 군수물자 및 장비 또는 기밀 등의 보호를 위한 경비 수요의 증가가 민간경비 발전의 토대가 되었다.
④ 2001년 9·11테러 이후 국토안보부를 설립하였으며 이는 공항경비 등 민간경비산업이 발전하는 중요한 계기가 되었다.

49 □□□ **미국 민간경비원의 법적 지위에 관한 설명으로 옳지 않은 것은?**

① 빌렉(A. J. Bilek)은 민간경비원의 유형을 '경찰관 신분을 가진 민간경비원', '특별한 권한이 있는 민간경비원', '일반시민과 같은 민간경비원'으로 구분한다.
② 민간경비원의 심문 또는 질문에 일반시민이 응답해야 할 의무는 없다.
③ 불법행위법은 민간경비원에게 특별한 권한을 부여하고 있지 않으며, 민간경비원의 행위에 대하여 어느 정도 제한을 규정하고 있다.
④ 국가권력에 의한 사생활 침해에 대한 규제뿐만 아니라 사인 간의 법률관계에 대한 규제도 잘 발달되어 있다.

50 민간경비의 법적 근거 및 규제에 관한 설명으로 옳지 않은 것은?

□□□

① 개인은 자신의 신체와 재산을 보호하기 위하여 타인의 권리를 침해하지 않는 범위 내에서 민간경비원을 고용할 수 있다.
② 민간경비의 규제와 관련하여 일본에서는 신고제를 취하고 있지만, 우리나라에서는 허가제를 취하고 있어 이에 대한 규제가 보다 엄격하다.
③ 모든 민간경비원을 전형적인 공무수탁사인(公務受託私人)으로 보기는 어렵지만, 경비업법상의 특수경비원의 직무는 공무수탁사인의 한 형태로 볼 수 있다.
④ 민간경비의 활동영역은 경비업법 외에도 청원경찰법, 재난 및 안전관리 기본법 등과도 관련된다.

51 경찰법상 경찰의 사무에 관한 설명으로 옳지 않은 것은?

□□□

① 국가경찰사무는 경찰법 제3조에서 정한 경찰의 임무를 수행하기 위한 사무를 말한다.
② 자치경찰사무는 경찰법 제3조에서 정한 경찰의 임무 범위에서 관할 지역의 생활안전・교통・경비・수사 등에 관한 일정한 사무를 말한다.
③ 국가경찰사무는 자치경찰사무를 포함한다.
④ 지역 내 주민의 생활안전활동, 교통활동, 대중 운집 행사 관련 혼잡 교통 및 안전관리 등은 자치경찰사무에 해당한다.

52 우리나라의 경찰 방범능력의 장애요인이 아닌 것은?

□□□

① 주민자치에 의한 방범활동
② 경찰인력의 부족
③ 타 부처의 업무협조 기피
④ 방범장비의 부족 및 노후화

53 경찰청 위기관리센터장의 주요 업무에 해당하지 않는 것은?

□□□

① 예비군 무기·탄약관리의 지도
② 치안상황실 운영에 관한 사항
③ 청원경찰의 운영지도
④ 중요시설의 방호 및 지도

54 계약경비와 비교하여 자체경비의 장점이 아닌 것은?

□□□

① 결원의 보충 및 추가 인력의 배치가 용이하다.
② 고용주에 대한 충성심이 상대적으로 높다.
③ 회사의 운영·매출·인사 등에 관한 지식이 높다.
④ 자체경비원은 고용주에 의해 조직의 구성원으로 채용됨으로써 안정적이기 때문에 고용주로부터 업무 수행 능력을 인정받기를 원하며, 자기발전과 자기계발을 위한 노력을 아끼지 않는다.

55 기계경비에 대한 설명으로 옳은 것은?

□□□

① 단기적으로 설치비용이 적게 든다는 장점이 있다.
② 잠재적인 범죄자 등에 대해 경고 효과가 크지 않다.
③ 정확성을 기할 수 있으나, 넓은 장소를 효과적으로 감시할 수 없다.
④ 유지보수에 적지 않은 비용과 전문인력이 요구된다.

56 다음에 해당하는 호송경비의 방식은?

□□□

호송대상 물건은 운송업자의 차량으로 운송하고, 경비업자는 경비차량과 경비원을 투입하여 물건을 호송하는 방식이다.

① 통합호송방식 ② 분리호송방식
③ 휴대호송방식 ④ 동승호송방식

57 기업에서 자체경비조직의 유지 및 기능 확장의 필요성을 평가할 때 고려사항이 아닌 것은?

□□□

① 경비안전의 긴급성
② 예상되는 경비활동
③ 회사성장의 잠재성
④ 경비회사와의 협력체제

58 다음 중 관리자가 직접 감독할 수 있는 통솔의 범위에 해당되는 최대의 인원수로서 알맞은 것은?

□□□

① 10~12명
② 30명 이내
③ 20명 이내
④ 4~5명 이내

59 다음에 해당하는 민간경비의 조직운영원리는?

□□□

> 상관은 부하에게 권한의 일부를 위임하고 그 부하는 자기의 권한보다 작은 권한을 바로 밑의 부하에게 위임하는 등급화 과정을 거치게 되며, 이를 통해 명령·복종관계를 명확히 하고 명령이 조직의 정점에서부터 최하위에까지 도달하도록 한다.

① 전문화의 원리
② 계층제의 원리
③ 명령통일의 원리
④ 통솔범위의 원리

60 경비실시방식에 따른 분류 중 특정한 손실이 발생할 때마다 그 사건에만 대응하는 경비형태는?

□□□

① 1차원적 경비
② 단편적 경비
③ 반응적 경비
④ 종합적 경비

61 경비업법상 특수경비원이 될 수 없는 경우에 대한 설명으로 옳지 않은 것은?

□□□

① 18세 미만 또는 60세 이상인 사람, 피성년후견인, 피한정후견인
② 행정안전부령이 정하는 신체조건에 미달되는 자
③ 금고 이상의 형의 선고유예를 받고 그 유예기간 중에 있는 자
④ 파산선고를 받고 복권되지 아니한 자

62 경비계획에 관한 내용으로 옳지 않은 것은?

□□□

① 경비계획이란 경비업무의 전반적인 방향과 성패를 좌우하는 가장 기초적인 활동으로 경비위해요소 분석과 조사활동을 통해 수집된 자료와 경영상 환경을 종합적으로 고려하여 경비실시의 과정을 구체적으로 결정하는 계획을 말한다.
② 현장청취는 관련 정보를 확인하고 실제 조사를 통해 잠재된 위험을 찾아내는 업무이다.
③ 경비계획은 경비부서의 조직관리・실행 과정과 평가 과정의 관계 속에서 역동적으로 작용하고 있다.
④ 경비계획서는 사전조사를 통한 경비진단에서 파악된 내용을 기초로 작성하는데, 사전조사는 현장청취와 현장조사로 이루어진다.

63 환경설계를 통한 범죄예방(CPTED)에 관한 설명으로 옳지 않은 것은?

□□□

① 기본 전략은 자연적인 접근통제, 자연적인 감시, 영역성의 강화라는 세 가지 차원에서 출발한다.
② 환경의 효율적 이용을 통한 범죄예방을 위하여 자연적 전략에서 기계적 전략으로 그 중심을 바꾸는데 기여하였다.
③ 동심원 영역론(concentric zone theory)도 CPTED의 접근방법의 하나라고 볼 수 있다.
④ 범죄 원인을 개인적 요인보다는 환경적 요인에서 찾고 있다.

64 다음 중 방호유리의 궁극적인 목적은?

□□□

① 경비원이나 경찰출동의 시간적 여유 제공
② 경비원의 순찰활동 강화
③ 완전한 외부침입의 차단효과
④ 비용절감 및 화재예방효과

65 다음 중 경비원의 직업윤리에 관한 내용으로 옳지 않은 것은 모두 몇 개인가?

□□□

ㄱ. 성희롱 유발요인을 철저히 분석하고, 사전예방보다는 사후처벌을 강화해야 한다.
ㄴ. 총기안전관리 및 정신교육을 강화해야 한다.
ㄷ. 사전예방 경비활동을 위해 경비위해요소에 대한 인지능력을 배양하여야 한다.
ㄹ. 경비임무수행과 위기관리 대응력을 구비하여야 한다.
ㅁ. 자원봉사활동은 경비원 채용 시 활성화시킬 필요가 없다.

① 없음
② 1개
③ 2개
④ 3개

66 시설경비에 관한 설명으로 옳은 것은?

□□□

① 현금수송은 원칙적으로 금융기관 자체에서 실시하되 특별한 경우에는 현금수송 전문경비회사에 의뢰할 수 있다.
② 숙박시설은 내부 자체적인 경비보다는 외부 및 주변에서 발생할 수 있는 문제점을 중시한다.
③ 주거시설경비는 점차 인력경비에서 기계경비로 변화하고 있다.
④ 금융시설경비는 시설 내 경비에 한정하고 외부 경계 및 차량 감시는 경비활동의 대상에 포함되지 않는다.

67 시설물의 외곽경비에 대한 설명 중 옳지 않은 것은?

□□□

① 콘서티나 철사는 가시철선을 6각형 모양으로 만든 철사로 강철철사의 코일형이며, 이는 빠른 설치의 필요성 때문에 군부대에서 많이 사용하고 있다.

② 안전유리의 설치 목적은 침입자의 침입시도를 완벽하게 저지하는 것보다는 침입 시간을 지연시키는 데 있다.

③ 철책, 도로상의 방책, 차폐물은 인위적 방벽에 해당된다.

④ 비상시에만 사용하는 문은 평상시에는 잠겨있어야 한다.

68 다음 지문이 설명하고 있는 것은?

□□□

> 외부의 불법침입에 대비하여 가시적인 범위 내에서의 감시가 가능하도록 양쪽 벽면을 유지시키고, 경계구역 내에서 가시지대를 가능한 한 넓히기 위하여 모든 장애물을 양쪽 벽으로부터 제거하는 것이다.

① Security Zone

② Danger Zone

③ Clear Zone

④ Pedestrian Zone

69 다음 중 카드작동식 자물쇠에 대한 설명으로 적당하지 않은 것은?

□□□

① 전자기 방식을 사용하고 있다.

② 종업원들의 출입이 잦은 곳에 설치한다.

③ 강한 외부압력에도 견딜 수 있다.

④ 카드열쇠는 신분증의 기능도 겸한다.

70 안전검측의 방법으로 옳지 않은 것은?

□□□

① 지역을 분할해서 실시한다.
② 하부에서 상부로 실시한다.
③ 내부에서 외부로 실시한다.
④ 높이를 분할해서 실시한다.

71 확인된 위험의 대응방법과 그에 대한 설명이 올바르게 연결되지 않은 것은?

□□□

[대응방법]
㉠ 위험의 제거
㉡ 위험의 회피
㉢ 위험의 감소
㉣ 위험의 대체

[내 용]
ⓐ 위험관리에서 최선의 방법은 확인된 모든 위험요소를 제거하는 것이다.
ⓑ 범죄 및 손실이 발생할 기회를 아예 제공하지 않는 것이다.
ⓒ 위험성이 높은 보호대상을 한 곳에 집중시키지 않고 여러 곳에 분산시키는 것이다.
ⓓ 직접적으로 위험을 제거하거나 감소 및 최소화시키기보다는 보험과 같은 수단을 통해서 손실을 전보하는 방법이다.

① ㉠ - ⓐ
② ㉡ - ⓑ
③ ㉢ - ⓒ
④ ㉣ - ⓓ

72 브란팅햄(P. J. Brantingham)과 파우스트(F. L. Faust)가 주장한 범죄예방 구조모델론 중 다음에 해당하는 것은?

□□□

실제 범죄자(전과자)를 대상으로 더 이상 범죄가 발생하지 않도록 하는 예방활동

① 상황적 범죄예방
② 1차적 범죄예방
③ 2차적 범죄예방
④ 3차적 범죄예방

73 다음 중 파동의 변화됨을 감지하는 경보 센서로 센서가 매우 민감하여 오경보 가능성이 높은 것은?

□□□

① 초음파 탐지장치
② 자력선식 센서
③ 전자기계식 센서
④ 적외선 감지기

74 화재의 단계와 감지기의 연결로 옳지 않은 것은?

□□□

① 초기 단계 - 이온 감지기
② 그을린 단계 - 광전자 감지기
③ 불꽃 단계 - 연기 감지기
④ 열 단계 - 열 감지기

75 스프링클러의 장·단점을 옳지 않게 설명한 것은?

□□□

① 장점 : 초기 진화에 절대적인 효과가 있다.
단점 : 초기 시설비는 저렴하지만 유지비가 많이 든다.
② 장점 : 소화제가 물이라서 비용이 저렴하고 소화 후 복구가 용이하다.
단점 : 시공이 타 시설보다 복잡하다.
③ 장점 : 감지부의 구조가 기계적이므로 오동작이나 오보가 없다.
단점 : 물로 인한 피해가 심하다.
④ 장점 : 조작이 간편하며 안전하다.
단점 : 누전이나 합선으로 인해 컴퓨터의 전자적 기능이 손상될 수도 있다.

76 ☐☐☐ 다음 중 경비조명등과 그에 대한 특징의 연결이 옳지 않은 것은?

> [경비조명등의 형태]
> ㉠ 가로등 ㉡ 투광조명등
> ㉢ 프레이넬등 ㉣ 탐조등
>
> [특 징]
> ⓐ 특정지역에 빛을 집중시키거나 직접적으로 비추는 광선의 형태로 상당히 많은 빛을 만들 수 있다.
> ⓑ 잠재적으로 사고가 발생할 만한 지역을 정확하게 관찰하기 위해 사용되며, 외딴 산간지역이나 작은 배로 쉽게 시설물에 접근할 수 있는 위치에 설치한다.
> ⓒ 넓은 폭의 빛을 내는 조명으로 경계구역에의 접근을 방지하기 위해 길고 수평하게 빛을 확장하는데 유용하게 사용된다.
> ⓓ 비교적 어두운 시설물의 침입을 감시하는 경우 유용하게 사용된다.

① ㉠ - ⓓ
② ㉡ - ⓐ
③ ㉢ - ⓒ
④ ㉣ - ⓑ

문제편 제9회

77 사이버공격의 유형에서 멀웨어(malware) 공격이 아닌 것을 모두 고른 것은?

> ㄱ. 바이러스 ㄴ. 마이둠
> ㄷ. 버퍼 오버플로 ㄹ. 트로이 목마
> ㅁ. 슬래머

① ㄱ, ㄴ, ㄷ
② ㄱ, ㄴ, ㄹ
③ ㄴ, ㅁ
④ ㄴ, ㄷ, ㄹ, ㅁ

78 컴퓨터범죄의 수법에 관한 설명으로 옳지 않은 것은?

□□□

① 함정문(Trap Door) – 컴퓨터 시험가동을 이용한 정상작업을 가장하면서 실제로는 컴퓨터를 범행도구로 이용하는 수법이다.

② 트로이 목마(Trojan Horse) – 프로그램 속에 범죄자만 아는 명령문을 삽입하여 이용하는 수법이다.

③ 데이터 디들링(Data Diddling) – '자료의 부정변개'라고도 하며 데이터를 입력하는 동안이나 변환하는 시점에서 최종적인 입력 순간에 자료를 절취 또는 변경, 추가, 삭제하는 모든 행동을 말한다.

④ 슈퍼 재핑(Super Zapping) – 컴퓨터의 고장을 수리하는 것처럼 하면서 그 안에 수록되어 있는 자료를 부정조작하거나 입수하는 컴퓨터범죄의 수법이다.

79 컴퓨터범죄 예방대책에 관한 설명으로 옳지 않은 것은?

□□□

① 거래기록 파일 등 데이터 파일에 대한 백업을 할 때는 내부와 외부에 이중으로 파일을 보관해서는 안 된다.

② 극비의 경영자료 등이 수록된 파일이나 중요한 상품의 프로그램이 수록되어 있는 테이프나 디스크 파일에는 별도의 명칭을 부여한다.

③ 컴퓨터 사용에 대한 회계감사나 사후평가를 면밀히 해야 한다.

④ 프로그래머는 기기조작을 하지 않고 오퍼레이터는 프로그래밍을 하지 않는다는 원칙을 철저히 준수한다.

80 우리나라 민간경비산업의 일반적 문제점으로 옳지 않은 것은?

□□□

① 경비업체들이 활동할 수 있는 경비업종이 다른 국가에 비해 다양하게 되어 있다.

② 경비 입찰단가가 비현실적이다.

③ 청원경찰법과 경비업법과의 단일화가 아직 안 되어 있다.

④ 경비업체는 정규직원보다 임시계약직이나 시간제 근로자로 채용하고, 경비원들은 조금 더 조건이 좋은 경비업체로 쉽게 이직을 하고 있다.

제10회 법학개론

경비지도사 제1차 시험

중요문제 / 틀린 문제 CHECK

01	02	03	04	05	06	07	08	09	10	11	12	13	14	15	16	17	18	19	20
21	22	23	24	25	26	27	28	29	30	31	32	33	34	35	36	37	38	39	40

각 문항별로 회독수를 체크해 보세요. ☑☐☐

Time 분 | 해설편 371p

01 법과 도덕의 차이점에 관한 설명으로 옳지 않은 것은?

□□□

① 자율성의 측면에서 법은 타율적이나 도덕은 자율적이다.
② 위반시 제재의 측면에서 법은 강제적이나 도덕은 비강제적이다.
③ 권리 및 의무의 측면에서 법은 일면적이나 도덕은 양면적이다.
④ 규율대상의 측면에서 법은 외면적이나 도덕은 내면적이다.

02 다음 글에 나타난 법사상에 대한 설명으로 옳은 것을 〈보기〉에서 모두 고른 것은?

> 이 사상은 규범 이외의 역사적 · 사회적 · 정치적 · 철학적 요소를 고려하지 않고 법 자체만을 형식 논리적으로 파악하며 법을 만능의 수단으로 이해한 결과, 정의의 관념이나 정당성 대신에 합법성만을 강조하는 결과를 초래하기도 한다.

> ㄱ. 천부인권을 신성불가침의 권리로 인정한다.
> ㄴ. 악법도 법으로 인정될 수 있는 근거가 된다.
> ㄷ. 법과 도덕을 엄격히 구별하여 법의 우위를 강조하고 있다.
> ㄹ. 시 · 공간을 초월하여 존재하는 보편타당한 질서를 추구한다.

① ㄱ, ㄴ
② ㄱ, ㄹ
③ ㄴ, ㄷ
④ ㄴ, ㄹ

03 법의 효력에 관한 설명으로 옳지 않은 것은?

□□□

① 원칙적으로 법률불소급의 원칙이 인정된다.
② 한 나라의 법은 내·외국인을 구별하지 아니하고 그 영역 내의 모든 사람에게 적용됨을 원칙으로 한다.
③ 소급법률에 의한 참정권 제한 금지는 헌법에 규정되어 있다.
④ 성문법은 공포일로부터 폐지할 때까지 효력을 가진다.

04 다음의 내용이 설명하는 법원(法源)은 무엇인가?

□□□

지방자치단체의 장이 법령이나 조례가 위임한 범위에서 그 권한에 속하는 사무에 관하여 제정할 수 있다.

① 조 례　　② 규 칙
③ 명 령　　④ 법 률

05 사회법에 관한 설명으로 옳지 않은 것은?

□□□

① 공법영역에 사법적 요소를 가미하는 제3의 법영역이다.
② 노동법, 경제법, 사회보장법은 사회법에 속한다.
③ 사회적·경제적 약자의 이익 보호를 목적으로 한다.
④ 사법에 있어서의 평균적 정의의 원리에 배분적 정의를 폭넓게 가미하였다.

06 법의 분류에 관한 설명으로 옳지 않은 것은?

□□□

① 당사자가 법의 규정과 다른 의사표시를 한 경우 그 법의 규정을 배제할 수 있는 법은 임의법이다.
② 당사자의 의사와 관계없이 강제적으로 적용되는 법은 강행법이다.
③ 국가의 조직과 기능 및 공익작용을 규율하는 행정법은 공법이다.
④ 대한민국 국민에게 적용되는 헌법은 특별법이다.

07 대한민국영역 외에서 외국인이 범하여도 우리 형법이 적용되는 범죄가 아닌 것은?

□□□

① 외환죄
② 국기에 관한 죄
③ 유가증권, 우표와 인지에 관한 죄
④ 사문서에 관한 죄

08 사실 여하에 상관없이 법에 의하여 일정한 사실관계를 확정하여 법률효과를 발생시키는 것은?

□□□

① 입 증
② 입증책임
③ 사실의 추정
④ 간 주

09 (가), (나)에 해당하는 해석방법으로 알맞은 것은?

□□□

(가) 민법 제4조에 의하면 19세로 성년이 되므로 19세 미만인 자는 미성년자로 해석한다.
(나) 실내에 개를 데리고 들어갈 수 없다는 규정은 개뿐만 아니라 고양이, 돼지 등의 다른 동물도 들어갈 수 없다고 해석한다.

	(가)	(나)
①	문리해석	축소해석
②	확장해석	문리해석
③	축소해석	확장해석
④	반대해석	물론해석

10 헌법의 개정에 대한 설명 중 옳지 않은 것은?

□□□

① 헌법개정은 헌법에 규정된 개정절차에 따라 헌법의 동일성을 유지하면서 의식적으로 헌법전의 내용을 수정・삭제・추가하는 것이다.

② 헌법개정의 형식은 개정 조항만을 추가해 나가는 경우와 이미 있는 조항을 수정 또는 삭제하거나 새로운 조항을 설정하는 형식을 취하는 경우가 있다.

③ 대통령이나 국회 재적의원 과반수의 발의로써 제안된 헌법개정안은 대통령이 30일 이상의 기간 동안 공고하여야 한다.

④ 대통령의 헌법개정안 공고일로부터 60일 이내에 국회 재적의원 2/3 이상의 찬성으로 의결하여야 한다.

11 기본권에 대한 설명으로 옳지 않은 것은?

□□□

① 자유권적 기본권은 자신의 자유영역에 관하여 국가로부터 침해를 받지 않을 권리이다.

② 평등권은 국가에 대하여 평등한 취급을 받을 권리, 즉 법 앞의 평등으로 법의 정립, 집행 및 적용에 있어서의 평등을 뜻하며 입법・사법・행정기관까지도 구속하는 기본권이다.

③ 사생활의 자유권에 따라 국내 거주・이전의 자유, 국외 거주・이전의 자유, 해외여행, 국적이탈의 자유와 무국적의 자유가 인정된다.

④ 양심의 자유 중 양심형성의 자유는 내용을 제한할 수 없는 절대적 기본권이다.

12 현행 헌법상 근로의 권리에 관한 설명 중 옳지 않은 것은?

□□□

① 모든 국민은 근로의 의무를 진다.

② 근로조건의 기준은 인간의 존엄성을 보장하도록 법률로 정한다.

③ 여자의 근로 및 장애인의 근로는 특별한 보호를 받으며, 고용・임금 및 근로조건에 있어서 부당한 차별을 받지 아니한다.

④ 국가유공자・상이군경 및 전몰군경의 유가족은 법률이 정하는 바에 의하여 우선적으로 근로의 기회를 부여받는다.

13 □□□ **다음 (　) 안의 ㄱ, ㄴ에 들어갈 내용으로 알맞은 것은?**

> (ㄱ)이 정하는 주요방위산업체에 종사하는 근로자의 (ㄴ)은 법률이 정하는 바에 의하여 이를 제한하거나 인정하지 아니할 수 있다.

	ㄱ	ㄴ
①	헌 법	단체교섭권
②	헌 법	단체행동권
③	법 률	단체교섭권
④	법 률	단체행동권

14 **다음 (　) 안의 ㄱ, ㄴ에 들어갈 내용으로 알맞은 것은?**

> 비상계엄이 선포된 때에는 법률이 정하는 바에 의하여 영장제도, 언론・출판・집회・결사의 자유, (ㄱ)나 (ㄴ)의 권한에 관하여 특별한 조치를 할 수 있다.

	ㄱ	ㄴ
①	정 부	국 회
②	국 회	헌법재판소
③	국 회	법 원
④	정 부	법 원

15 □□□ **민법상 어떤 사유로 이사가 전혀 없게 되거나 정관에서 정한 이사의 수에 결원이 생겨 손해가 생길 염려가 있는 때에는 이해관계인이나 검사의 청구에 의하여 법원이 선임하여야 할 기관은?**

① 감 사
② 임시이사
③ 청산인
④ 특별대리인

16 다음 ( ) 안의 ㄱ, ㄴ, ㄷ에 들어갈 내용이 알맞게 연결된 것은?

□□□

- 목적을 확정할 수 없는 법률행위는 (ㄱ)이다.
- 법률행위의 목적이 개개의 강행법규에 위반하지는 않더라도 '선량한 풍속 기타 사회질서'에 위반하는 경우에는 그 법률행위는 (ㄴ)가 된다.
- 사회질서에 반하는 법률행위는 (ㄷ)로서 이행을 하기 전이면 이행할 필요가 없고, 이미 이행하였으면 반환을 청구하지 못한다.

① ㄱ : 취소, ㄴ : 취소, ㄷ : 취소
② ㄱ : 무효, ㄴ : 무효, ㄷ : 취소
③ ㄱ : 무효, ㄴ : 무효, ㄷ : 무효
④ ㄱ : 취소, ㄴ : 무효, ㄷ : 취소

17 민법상 선의취득에 관한 설명으로 옳은 것을 모두 고르면?

□□□

ㄱ. 선의취득할 수 있는 물권은 소유권과 질권이다.
ㄴ. 선의취득을 위해서는 평온·공연·선의·무과실로 점유를 시작해야 한다.
ㄷ. 선의취득에 의한 권리취득은 승계취득으로 본다.
ㄹ. 동산이라면 등기·등록에 의해서 공시되는 것이라도 선의취득의 대상이 될 수 있다.

① ㄱ, ㄴ
② ㄴ, ㄷ
③ ㄱ, ㄷ
④ ㄴ, ㄹ

18 민법의 규정상 동산을 객체로 할 수 있는 권리로 옳은 것은?

□□□

① 지상권
② 지역권
③ 유치권
④ 저당권

19 전세권에 관한 설명 중 옳지 않은 것은?

□□□

① 전세권자는 경매청구권을 갖는다.
② 전세권을 양도하려면 설정자의 동의를 얻어야 한다.
③ 전세권은 등기하여야 취득된다.
④ 건물에 대한 전세권의 존속기간을 6월로 정할 수는 없다.

20 다음 중 임대차의 목적에 관한 내용으로 맞는 것은?

□□□

① 임대차의 목적물은 부동산에 한한다.
② 권리도 이를 수익하여 대가를 지급하는 계약을 할 수 있으므로 임대차의 목적이 될 수 있다.
③ 전기, 기타 관리할 수 있는 자연력도 민법상 물건이므로 임대차의 목적이 된다.
④ 임대차는 목적물의 소유권의 귀속과는 관계없고, 따라서 타인의 물건을 임대할 수도 있다.

21 민사소송의 심리에 관한 원칙에 해당하지 않은 것은?

□□□

① 변론주의
② 쌍방심리주의
③ 구술심리주의
④ 수시제출주의

22 행위자가 결과의 가능성을 예견하고 그의 행위로 인하여 구성요건이 실현되는 것을 묵인한 경우의 고의를 무엇이라고 하는가?

□□□

① 택일적 고의
② 미필적 고의
③ 개괄적 고의
④ 확정적 고의

23 □□□ **다음 보기의 사례에 해당하는 위법성조각사유는?**

채권자가 빌린 돈을 갚지 않고 외국으로 도망치려는 때에 채무자가 공항에서 이를 발견하고 비행기를 타지 못하게 여권을 빼앗는 경우

① 자구행위
② 피해자의 승낙
③ 정당행위
④ 정당방위

24 □□□ **다음 중 부진정결과적 가중범이 아닌 것은 모두 몇 개인가?**

ㄱ. 현주건조물방화치상죄 ㄴ. 교통방해치상죄 ㄷ. 상해치사죄 ㄹ. 중상해죄

① 1개
② 2개
③ 3개
④ 4개

25 □□□ **범죄의 실행에 착수한 자가 그 범죄가 완성되기 전에 자의로 실행에 착수한 행위를 중지하거나 그 행위로 인한 결과의 발생을 방지하는 것은?**

① 중지미수
② 불능범
③ 장애미수
④ 불능미수

26 □□□ 이혼소송 중인 남편이 찾아와 가위로 폭행을 하고 변태적 성행위를 강요하는 데 격분하여 처가 칼로 남편의 복부를 찔러 사망에 이르게 한 경우에 대한 설명으로 옳은 것은?(판례에 의함)

① 정당방위에 해당한다.
② 과잉방위에 해당한다.
③ 정당방위나 과잉방위에 해당하지 않는다.
④ 사회상규에 위배되지 않는 행위로 정당행위에 해당한다.

27 □□□ 검사의 공소제기가 없는 사건에 대하여 법원이 독자적으로 심판할 수 없고, 청구한 사실에 대해서만 심리 및 판결을 할 수 있다는 원칙은 무엇인가?

① 불고불리의 원칙
② 일사부재리의 원칙
③ 일사부재의의 원칙
④ 불이익변경금지의 원칙

28 □□□ 상법상 주식회사의 최고의사결정기관은?

① 이 사
② 감 사
③ 주주총회
④ 대표이사

29 □□□ 형사소송법상 긴급체포의 요건이 아닌 것은?

① 피의자가 일정한 주거가 없는 때
② 피의자가 증거를 인멸할 염려가 있는 때
③ 피의자가 도망한 때
④ 피의자가 도망할 우려가 있는 때

30 상법상 상인에 관한 설명으로 옳지 않은 것은?

□□□

① 점포 기타 유사한 설비에 의하여 상인적 방법으로 영업을 하는 자는 상행위를 하지 아니하더라도 상인으로 본다.
② 소상인은 소규모 상인으로서 자본금이 1,000만원 미만으로 회사가 아닌 자를 말한다.
③ 당연상인은 자기명의로 상행위를 하는 자이다.
④ 회사는 상행위를 하지 않으면 상인으로 보지 않는다.

31 다음 중 상호에 관한 설명으로 옳지 않은 것은?

□□□

① 지점의 상호에는 본점과의 종속관계를 표시할 필요는 없다.
② 상호는 재산적 가치가 인정되어 상속도 가능하다.
③ 상호는 영업을 폐지하거나 영업과 함께 하는 경우에 한하여 이를 양도할 수 있다.
④ 상호를 등기한 자가 정당한 사유 없이 2년간 상호를 사용하지 아니하는 때에는 이를 폐지한 것으로 본다.

32 다음 중 상법이 규정하는 손해보험의 종류에 해당하는 것을 모두 고른 것은?

□□□

ㄱ. 화재보험	ㄴ. 해상보험
ㄷ. 책임보험	ㄹ. 재보험
ㅁ. 보증보험	ㅂ. 상해보험
ㅅ. 질병보험	ㅇ. 자동차보험

① ㄱ, ㄴ, ㄷ, ㄹ, ㅁ, ㅇ
② ㄱ, ㄴ, ㄷ, ㅁ, ㅇ
③ ㄱ, ㄴ, ㄷ, ㄹ, ㅁ, ㅂ, ㅇ
④ ㄱ, ㄴ, ㄷ, ㄹ, ㅁ, ㅂ, ㅅ, ㅇ

33 해고의 예고에 대한 설명으로 옳지 않은 것은?

□□□

① 사용자는 근로자를 해고하고자 할 때에는 적어도 30일 전에 그 예고를 하여야 하며, 30일 전에 예고를 하지 아니한 때에는 30일분 이상의 통상 임금을 지급하여야 한다.

② 근로자가 계속 근로한 기간이 6개월 미만인 경우에는 해고 예고제가 적용되지 않는다.

③ 근로자가 고의로 사업에 막대한 지장을 초래하거나 재산상 손해를 끼친 경우로서 고용노동부령으로 정하는 사유에 해당하는 경우에는 해고 예고제가 적용되지 않는다.

④ 천재・사변, 그 밖의 부득이한 사유로 사업을 계속하는 것이 불가능한 경우에도 해고 예고제가 적용되지 않는다.

34 다음 중 옳은 것은?

□□□

① 노동조합의 파업에 대한 사용자의 직장폐쇄도 쟁의행위에 해당된다.

② 사용자는 중대한 사고발생을 방지하거나 국가안전보장을 위해 긴급한 필요가 있는 경우에 근로자를 폭행할 수 있다.

③ 임금은 매월 1회 이상 지급하면 되고 원칙적으로 일정한 기일을 지정하여 지급하지 않아도 무방하다.

④ 사용자는 근로자가 근무시간 중에 선거권행사를 위해 필요한 시간을 청구하면 이를 거부하거나 변경하지 못한다.

35 노동법에 관한 다음 설명 중 옳지 않은 것은?

□□□

① 노동법이란 자본주의 사회에서 근로자가 인간다운 생활을 할 수 있도록 노동관계를 규율하는 법규범의 총체를 말한다.

② 집단적 노사관계법에는 노동조합 및 노동관계조정법, 직업안정법, 산업재해보상보험법 등이 있다.

③ 단결권은 근로자가 사용자와 대등한 교섭력을 갖기 위하여 단결해서 집단을 형성할 수 있는 권리이다.

④ 근로자가 할 수 있는 쟁의행위에 직장폐쇄는 포함되지 않는다.

36 산업재해보상보험법에 관한 설명으로 옳지 않은 것은?

□□□

① 「산업재해보상보험법」은 가구 내 고용활동에는 적용되지 않는다.

② 근로자의 업무와 상당인과관계가 없는 재해는 업무상 재해로 인정되지 않는다.

③ 「산업재해보상보험법」에 따른 산업재해보상보험 사업은 보건복지부장관이 관장한다.

④ 사망한 자의 사실혼 관계에 있는 배우자는 유족급여 대상이다.

37 행정입법에 대한 다음 설명 중 옳지 않은 것은?

□□□

① 행정입법이란 국가 또는 자치단체와 같은 행정주체가 일반적·추상적인 규범을 정립하는 작용을 말한다.

② 행정규칙이란 행정권이 정립하는 명령으로서 법규의 성질을 가지는 것이다.

③ 자치입법은 제정주체에 따라 조례, 규칙, 교육규칙 등으로 나뉜다.

④ 행정규칙에는 조직규칙, 근무규칙, 영조물규칙 등이 있다.

38 국가배상에 관한 다음 설명 중 옳은 것은?

□□□

① 도로건설을 위해 자신의 토지를 수용당한 개인은 국가배상청구권을 가진다.

② 공무원이 직무수행 중에 적법하게 타인에게 손해를 입힌 경우 국가가 배상책임을 진다.

③ 도로·하천 등의 설치 또는 관리에 하자가 있어 손해를 받은 개인은 국가가 배상책임을 진다.

④ 공무원은 어떤 경우에도 국가배상청구권을 행사할 수 없다.

39 사정판결에 대한 설명으로 올바른 것은?

□□□

① 사정판결은 사정재결을 받은 사건에 대해서만 인정되는 판결유형이다.
② 판례는 법원이 직권으로 사정판결여부를 결정할 수 있다고 하고 있다.
③ 인용판결의 일종이라 할 수 있다.
④ 사정판결을 받은 사건에 대해서는 대상 처분의 위법성이 부정된다.

40 행정벌에 관한 설명 중 옳지 않은 것은?

□□□

① 죄형법정주의 원칙상 법률의 근거를 요하며 소급입법은 허용되지 않는다.
② 행정질서벌은 형법총칙이 적용된다.
③ 행정형벌은 형법에 규정되어 있는 벌이 가해지는 행정벌을 의미한다.
④ 행정질서벌은 일반사회의 법익에 직접 영향을 미치지는 않으나 행정상의 질서에 장해를 야기할 우려가 있는 의무위반에 대해 과태료가 가해지는 제재를 말한다.

제10회 민간경비론

경비지도사 제1차 시험

중요문제 / 틀린 문제 CHECK

41	42	43	44	45	46	47	48	49	50	51	52	53	54	55	56	57	58	59	60
61	62	63	64	65	66	67	68	69	70	71	72	73	74	75	76	77	78	79	80

각 문항별로 회독수를 체크해 보세요. ☑☐☐

Time 분 | 해설편 388p

41 민간경비에 관한 설명으로 옳지 않은 것은?

① 국가기관(경찰)에 의한 공경비에 대응되는 개념이다.
② 민간경비의 개념은 각 나라마다 차이가 있다.
③ 정보보호, 사이버보안은 실질적 의미의 민간경비 분야에서 제외된다.
④ 민간경비의 중요한 역할은 범죄예방 및 손실예방이다.

42 민간경비의 특성으로 옳지 않은 것은?

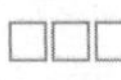

① 범죄예방적 기능을 주요 임무로 한다.
② 일반시민을 수혜대상으로 한다.
③ 공경비에 비하여 한정된 권한과 각종 제약을 받는다.
④ 영리성을 그 특징으로 하지만 공공성도 요구된다.

43 민간경비와 공경비에 관한 설명으로 옳지 않은 것은?

① 민간경비는 각종 제약을 받지만 현행범은 영장 없이 체포할 수 있다.
② 공경비는 주로 법 집행을 통하여 공공의 이익을 추구하나 민간경비는 특정한 의뢰자를 대상으로 한다.
③ 민간경비의 주된 임무는 범죄예방과 범인구인이다.
④ 민간경비와 공경비는 공통적으로 범죄예방, 질서유지, 위험방지의 역할을 한다.

44 다음에서 설명하는 민간경비 성장의 이론은 무엇인가?

> 경찰의 범죄예방 능력이 국민의 욕구를 충족시키지 못할 때의 공동상태를 민간경비가 보충함으로써 민간경비가 성장한다는 이론이다.

① 공동화이론 ② 경제환원론
③ 이익집단이론 ④ 수익자부담이론

45 대규모 상업 · 주거시설의 민간경비에 관한 설명으로 옳지 않은 것은?

① 대규모 주거시설에서의 범죄예방활동과 위험관리는 공동체 구성원의 참여가 중요하다.
② 대규모 상업시설에서의 민간경비는 공중의 접근이 허용되는 사적인 시설물들의 비율이 증가할수록 확대된다.
③ 대규모 상업시설의 소유자들은 시설의 접근성 및 편리성을 극대화 시킴과 동시에 이에 대한 보안과 안전에 대한 책임 역시 비례적으로 증가한다.
④ 고급 주거시설의 경우에는 주변과의 관계성을 구축하는 데에 초점을 둔다.

46 다음 중 과거 우리나라의 공경비에 속하지 않는 것은?

① 2군 6위 ② 도 방
③ 포도청 ④ 금 군

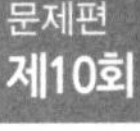

47 경비업법령상 특수경비원의 교육에 관한 설명으로 옳지 않은 것은?

① 특수경비업자는 특수경비원 신임교육을 받지 아니한 자를 특수경비업무에 종사하게 해서는 안 된다.
② 특수경비원으로 채용되기 전 3년 이내에 특수경비업무에 종사했던 경력이 있는 사람은 신임교육 대상에서 제외될 수 있다.
③ 특수경비업자는 소속 특수경비원에 대하여 매월 6시간 이상의 직무교육을 실시해야 한다.
④ 특수경비원의 교육시 특수경비업자의 요청이 있을 경우 관할경찰서 소속 경찰공무원이 교육기관에 입회하여 지도 · 감독할 수 있다.

48 경비업법령상 경비지도사의 직무에 관한 내용으로 옳지 않은 것은?

□□□

① 기계경비지도사는 월 1회 이상 기계경비업무를 위한 기계장치를 운용·감독한다.
② 기계경비지도사는 월 1회 이상 오경보방지 등을 위하여 기기관리의 감독을 한다.
③ 경비지도사는 경비현장에 배치된 경비원에 대한 순회점검 및 감독을 월 1회 이상 수행하여야 한다.
④ 경비지도사는 경비원 직무교육 실시대장에 그 내용을 기록하여 1년간 보존하여야 한다.

49 다음 중 경찰관직무집행법상의 불심검문에 관한 내용으로 옳지 않은 것은?

□□□

① 불심검문 중인 자를 동행하려 할 때에는 동행장소를 밝혀야 한다.
② 질문을 받거나 동행을 요구받은 사람은 형사소송에 관한 법률에 따르지 아니하고는 신체를 구속당하지 아니하며, 그 의사에 반하여 답변을 강요당하지 아니한다.
③ 경찰관은 동행한 사람을 12시간을 초과하여 경찰관서에 머물게 할 수 없다.
④ 경찰관은 사람을 정지시킨 장소에서 질문을 하는 것이 그 사람에게 불리하거나 교통에 방해가 된다고 인정될 때에는 질문을 하기 위하여 가까운 경찰서·지구대·파출소 또는 출장소로 동행할 것을 요구할 수 있다. 이 경우 동행을 요구받은 사람은 그 요구를 거절할 수 있다.

50 민간경비의 유형에 관한 설명으로 옳은 것은 모두 몇 개인가?

□□□

ㄱ. 자체경비는 개인 및 기관, 기업 등이 중요하다고 판단되는 자신들의 보호 대상을 보호하기 위하여 자체적으로 관련 업무를 수행할 수 있는 경비부서를 조직화하는 것이다.
ㄴ. 계약경비는 개인 및 기관, 기업 등이 중요하다고 판단되는 자신들의 보호 대상을 보호하기 위하여 외부와의 계약을 통해서 경비인력 또는 경비 시스템을 도입·운영하는 것이다.
ㄷ. 청원경찰은 계약경비의 일종이다.
ㄹ. 현행 경비업법은 자체경비를 전제로 한 것이다.

① 1개　② 2개
③ 3개　④ 4개

51 기계경비와 인력경비에 관한 설명으로 옳지 않은 것은?

□□□

① 기계경비는 순수무인기계경비와 혼합기계경비 두 종류로 나눌 수 있다.
② CCTV를 통한 불법침입자 감지는 기계경비의 대표적인 사례라고 할 수 있다.
③ 기계경비는 경비업무 이외에 안내, 질서유지, 보호 · 보관 업무 등을 하나로 통합한 통합서비스가 가능하다.
④ 인력경비는 경비업무를 전문화할 수 있고, 고용창출 효과와 고객 접점 서비스 효과가 있다.

52 현행 법령상 국가경찰의 임무에 해당하는 것을 모두 고른 것은?

□□□

ㄱ. 국민의 생명 · 신체 및 재산의 보호
ㄴ. 범죄의 예방 · 진압 및 수사
ㄷ. 범죄피해자 보호
ㄹ. 경비, 주요 인사(人士) 경호 및 대간첩 · 대테러 작전 수행
ㅁ. 공공안녕에 대한 위험의 예방과 대응을 위한 정보의 수집 · 작성 및 배포
ㅂ. 교통 단속과 교통 위해(危害)의 방지
ㅅ. 외국 정부기관 및 국제기구와의 국제협력

① ㄱ, ㄹ, ㅅ
② ㄴ, ㄷ, ㄹ, ㅂ
③ ㄱ, ㄴ, ㄷ, ㄹ, ㅁ
④ ㄱ, ㄴ, ㄷ, ㄹ, ㅁ, ㅂ, ㅅ

53 경찰방범활동의 장애요인으로 옳지 않은 것은?

□□□

① 경찰인력의 부족
② 민간경비업체의 증가
③ 타 부처의 업무협조 증가
④ 경찰관의 민생안전부서 근무 기피

54 다음 중 인력경비의 종류에 해당하지 않는 것은?

□□□

① 상주경비 ② 순찰경비
③ 요인경호 ④ 혼합경비

55 계약경비에 대한 설명으로 옳지 않은 것은?

□□□

① 계약경비는 고용, 훈련, 보험 등의 비용을 절감할 수 있어 비용 면에서 저렴하다.
② 자체경비에 비해 인사관리 차원에서 결원의 보충 및 추가인력의 배치가 용이하다.
③ 비교적 높은 급료를 받을 뿐만 아니라, 경비원에 대한 위상이 높기 때문에 자질이 우수한 사람들이 지원한다.
④ 경비업무의 수행에 있어서 고용주를 의식하지 않고 소신껏 경비업무에 임할 수 있다.

56 다음 중 경비업무 형태가 경비업법상의 분류에 해당하지 않는 것은?

□□□

① 혼잡경비 ② 호송경비
③ 기계경비 ④ 특수경비

57 경비원의 교육훈련에 관한 사항으로 옳지 않은 것은?

□□□

① 경비업자는 경비업무를 적정하게 실시하기 위하여 경비원으로 하여금 행정안전부령이 정하는 바에 따라 경비원 신임교육 및 직무교육을 받게 하여야 한다.
② 경비업자는 경비원에 대한 직무교육을 매월 행정안전부령이 정하는 시간 이상 실시하여야 한다.
③ 채용 전 일반경비원 신임교육은 경비원이 될 사람이 본인부담으로 교육을 받을 수 있다
④ 경비지도사는 경비원 직무교육 실시대장에 그 내용을 기록하여 2년간 보존하여야 한다.

58 국가중요시설경비에 관한 설명으로 옳지 않은 것은?

□□□

① 국가중요시설의 통합방위사태는 갑종사태, 을종사태, 병종사태로 구분된다.
② 적의 침투 · 도발 위협이 예상되거나 소규모의 적이 침투하였을 때에 시 · 도 경찰청장, 지역군사령관 또는 함대사령관의 지휘 · 통제하에 통합방위작전을 수행하여 단기간 내에 치안이 회복될 수 있는 사태는 병종사태이다.
③ 3지대 방호개념에서 제1지대는 핵심방어지대, 제2지대는 주방어지대, 제3지대는 경계지대이다.
④ 국가중요시설은 공공기관 등이 적에 의하여 점령 또는 파괴되거나 기능이 마비될 경우 국가안보와 국민생활에 심각한 영향을 주는 시설을 의미한다.

59 경비부서의 조직화에서 통솔범위의 결정요인에 대한 설명으로 옳지 않은 것은?

□□□

① 업무가 비전문적이고 단순할수록 상관의 통솔범위가 넓다.
② 부하의 자질이 높을수록 상관의 통솔범위가 좁다.
③ 계층의 수가 적을수록 상관의 통솔범위가 넓다.
④ 작업장소의 지역적 분산 정도가 작을수록 상관의 통솔범위가 넓다.

60 다음 설명 중 타당하지 않은 것은?

□□□

① 1차원적 경비란 경비원에 의한 경비 등과 같이 단일예방체제에 의존하는 경비를 말한다.
② 단편적 경비란 포괄적이고 전체적인 계획하에 필요할 때마다 손실예방 등의 역할을 수행하는 경비이다.
③ 반응적 경비란 단지 특정한 손실이 발생하는 사건에만 대응하는 경비이다.
④ 총체적 경비란 특정의 위해요소와 관계없이 언제 발생할지도 모르는 사항에 대비하여 인적경비와 기계경비를 종합한 표준화된 경비행태이다.

61 경비계획수립의 기본원칙에 대한 설명 중 옳지 않은 것은?

□□□

① 외딴 곳이나 비상구의 출입구는 경보장치를 설치하여 둔다.

② 항구・부두 지역은 차량 운전자가 바로 물건을 창고 지역으로 움직이지 못하도록 하고, 경비원에게 물건의 선적이나 하차를 보고할 수 있도록 설계되어야 한다.

③ 유리창이 지면으로부터 약 4m 이내 높이에 설치되어 있는 경우에는 강화유리 등 안전장치를 설치할 필요가 없다.

④ 비상시에만 사용하는 외부 출입구에는 경보장치를 설치하여야 하고, 외부 출입구의 통행은 통제가 가능하여야 한다.

62 시설물의 물리적 통제시스템 구축과 관련하여 보호가치가 높은 자산일수록 보다 많은 방어공간을 형성해야 한다는 이론을 제시한 사람은 누구인가?

□□□

① J. Dingle

② Jonathan Wild

③ V.L. Folley

④ Henry Fielding

63 금융시설경비에 대한 설명으로 옳지 않은 것은?

□□□

① 경비원은 경계를 가능한 2인 이상이 하는 것으로 하여야 하며 점포 내 순찰, 출입자 감시 등 구체적인 근무요령에 의해 실시한다.

② ATM의 증가는 범죄자들의 범행욕구를 충분히 유발시킬 수 있으므로 지속적인 경비순찰을 실시하고 경비조명뿐 아니라 CCTV를 설치하는 등 안전대책이 수립되어야 한다.

③ 경비책임자는 경찰과의 연락 및 방범정보의 교환과 같은 사항이 지속적으로 이루어지도록 점검하여야 한다.

④ 현금수송은 원칙적으로 금융기관 자체에서 실시하되 특별한 경우에는 현금수송 전문경비회사에 의뢰할 수 있다.

64 다음은 무엇을 방지하기 위한 조치인가?

□□□

> • 직원들의 건물 내 출입구와 주차장을 멀리 설치한다.
> • 건물 내의 모든 직원은 허가된 문만 사용하도록 한다.

① 사내 절도
② 화 재
③ 컴퓨터 보안
④ 테 러

65 다음 중 구매자에게 다소 모욕적일 수 있지만 범죄유발 동기를 낮출 수 있는 들치기의 방어수단은?

□□□

① 감 시
② 경고표시
③ 상품전시
④ 거 울

66 다음 ( ) 안의 ㄱ과 ㄴ에 들어갈 내용을 알맞게 고른 것은?

□□□

> (ㄱ) : 건물의 낙서를 비롯하여 무차별적으로 문화재 및 타인의 물건이나 건물, 시설물 등을 파괴하는 반사회적인 행동이다. 어떠한 사전경고도 없으며, 목적 없이 무차별적으로 발생하므로 주의를 기울이는 것만이 최선의 예방책이다.
> (ㄴ) : 고의적인 사유재산 파괴나 태업(怠業) 등을 통한 노동자의 쟁의행위로, 중세 유럽 농민들이 영주의 부당한 처사에 항의하여 수확물을 사보(Sabot : 나막신)로 짓밟은 데서 유래하였다.

	ㄱ	ㄴ
①	사보타주	반달리즘
②	사보타주	훌리거니즘
③	반달리즘	훌리거니즘
④	반달리즘	사보타주

67 시설물의 물리적 통제시스템에 대한 설명으로 옳지 않은 것은?

□□□

① 기본적으로 경계지역, 건물 외부지역, 건물 내부지역이라는 3가지 방어선으로 구분된다.
② 외부 침입 시 경비시스템 중 1차 보호시스템은 외부 출입통제시스템이고, 2차 보호시스템은 내부 출입통제시스템이다.
③ 시설물 내에 존재하는 내부자산들은 그 가치가 다르기 때문에 상이한 경비보호계획을 수립하여 대응해야 한다.
④ 안전유리는 콘크리트나 석재 담장과 유사한 보호기능을 하면서도 저렴하다는 장점이 있다.

68 브란팅햄(P. J. Brantingham)과 파우스트(F. L. Faust)가 주장한 범죄예방 구조모델론 중 다음에 해당하는 것은?

□□□

잠재적 범죄자를 초기에 발견하고 이들의 범죄행위를 저지하기 위한 예방활동

① 상황적 범죄예방
② 1차적 범죄예방
③ 2차적 범죄예방
④ 3차적 범죄예방

69 다음 중 CCTV의 장점으로 옳은 것을 모두 고른 것은?

□□□

ㄱ. 원거리에서는 관찰이 불가능하며, 근거리에서만 관찰이 가능하다.
ㄴ. 비공개된 장소에서 비밀관찰이 가능하다.
ㄷ. 사람의 접근이 불가능한 지역은 관찰이 불가능하다.
ㄹ. 다수인에 의해 동시관찰이 가능하다.
ㅁ. 경비원이 일일이 가보지 않아도 된다.

① ㄱ, ㄴ, ㄷ
② ㄱ, ㄷ, ㄹ
③ ㄴ, ㄷ, ㅁ
④ ㄴ, ㄹ, ㅁ

70 다음에서 설명하는 화재의 유형은 무엇인가?

> 마그네슘, 나트륨, 수소화물, 탄화알루미늄, 황린 · 금속분류와 알칼리금속의 과산화물 등이 포함된 물질에 화재가 발생한 경우로 건성분말의 화학식 화재진압이 효과적이다.

① A형 화재
② B형 화재
③ C형 화재
④ D형 화재

71 다음 중 경비원의 바람직한 근무자세에 대한 내용 중 옳은 것을 모두 고른 것은?

> ㄱ. 사명감을 가진 근무자세
> ㄴ. 책임감과 소명의식을 구비한 근무자세
> ㄷ. 청렴하고 도덕성을 지닌 근무자세
> ㄹ. 자신의 안전을 고려하지 않고, 고객의 안전을 중시하는 근무자세
> ㅁ. 서비스정신에 입각한 근무자세
> ㅂ. 상급자의 지시명령에 절대복종하는 근무자세

① ㄱ, ㄴ, ㄷ
② ㄱ, ㄴ, ㄷ, ㅁ
③ ㄱ, ㄴ, ㄷ, ㄹ, ㅁ
④ ㄱ, ㄴ, ㄷ, ㅁ, ㅂ

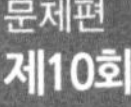

72 다음 중 열 센서가 아닌 것은?

① 이온화식 스포트형
② 차동식 스포트형
③ 보상식 스포트형
④ 정온식 스포트형

73 다음 중 경보센서(감지기)와 그에 대한 특징의 연결이 옳지 않은 것은?

□□□

[경보센서]

㉠ 광전자식 센서 ㉡ 자력선식 센서
㉢ 전자기계식 센서 ㉣ 압력반응식 센서

[특 징]

ⓐ 반도체와 두 단자 간의 전류를 활용하여 자장의 변화와 이동원리를 이용하는 장치로 주로 교도소나 대규모 은행 등의 지붕, 천장, 담벼락 등에 설치한다.
ⓑ 비교적 넓은 범위에서 침입자를 탐지하는 장치로 레이저광선을 외부 침입자가 건드리면 경보되는 감지기이다.
ⓒ 금고와 금고문, 각종 철제로 제작된 문, 담 등 모든 종류의 금속장치를 보호하기 위해 개발된 장치이다.
ⓓ 접촉의 유무를 감지하는 가장 단순한 경비센서로 문틀과 문 사이에 접지극을 설치해 두고서 이것이 붙어 있을 경우에는 정상적으로 작동하게 되고 문이 열리게 되면 회로가 차단되어 센서가 작동하게 된다.
ⓔ 센서에 직·간접적인 압력이 가해지면 작동하는 센서로 주로 자동문이나 카펫 밑에 지뢰 매설식으로 설치한다.

① ㉠ - ⓑ ② ㉡ - ⓐ
③ ㉢ - ⓓ ④ ㉣ - ⓒ

74 경보시스템에 관한 설명으로 옳지 않은 것은?

① 상주경보시스템은 주요 지점마다 경비원을 배치하여 경비하는 방식으로 즉각적인 대응이 가능한 시스템이다.
② 중앙관제시스템은 전용전화회선을 통해 비상감지 시 직접 외부의 각 관계기관에 자동으로 연락이 취해지는 방식이다.
③ 제한적 경보시스템은 사이렌이나 종, 비상등과 같은 제한된 경보장치를 설치하여 화재예방시설에 주로 사용되며 사람이 없으면 대응할 수 없는 단점이 있다.
④ 다이얼 경보시스템은 비상사태가 발생하였을 경우 사전에 입력된 전화번호로 긴급연락을 하는 것으로 설치가 간단하고 유지비가 저렴하다.

75 다음 중 강력한 고온의 열이 감지되며 계속적으로 불이 외부로 확장되며 공기는 가열되어 위험할 정도로 팽창되는 상태는 화재의 4단계 중 어느 단계에 속하는가?

□□□

① 초기 단계　　② 그을린 단계
③ 불꽃발화 단계　　④ 열 단계

76 다음 중 노사분규에 대응하는 방법으로 옳지 않은 것은?

□□□

① 경비원들에 대한 사전교육을 실시하고 규율을 확인・점검한다.
② 파업이 일어나면 주변 시설물 내의 가연성 물질을 제거한다.
③ 시위 근로자들과의 연락망을 완전히 차단한다.
④ 평화적인 시위에 대해서는 보호하고자 노력한다.

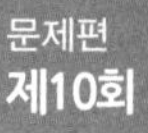

77 입법적 대책과 관련하여 형법에 규정된 컴퓨터범죄에 관한 설명으로 옳지 않은 것은?

□□□

① 재물손괴죄 : 컴퓨터 등 정보처리장치를 손괴하여 정보처리에 장애를 발생하게 하여 타인의 업무를 방해한 행위
② 컴퓨터 등 사용사기죄 : 컴퓨터 등 정보처리장치에 허위의 정보를 입력하여 정보처리를 하게 함으로써 제3자로 하여금 재산상의 이득을 취득하게 하는 행위
③ 비밀침해죄 : 봉함 기타 비밀장치한 전자기록 등을 기술적 수단을 이용하여 그 내용을 알아낸 행위
④ 사전자기록의 위작・변작죄 : 사무처리를 그르치게 할 목적으로 타인의 권리・의무 또는 사실증명에 관한 전자기록을 위작 또는 변작한 행위

78 컴퓨터의 각종 사이버테러에 관한 설명으로 옳지 않은 것은?

□□□

① 허프건(Huffgun) : 컴퓨터에 고출력 전자기장을 발생시켜 컴퓨터의 하드디스크 자기기록 정보를 파괴시키는 행위

② 스팸(Spam) : 악의적인 내용을 담은 전자우편을 인터넷 상의 불특정 다수에게 무차별로 살포하여 컴퓨터 시스템을 마비시키거나 온라인 공해를 일으키는 행위

③ 플레임(Flame) : 네티즌들이 공통의 관심사를 논의하기 위해 개설한 토론방에 고의로 가입하여 개인 등에 대한 악성루머를 유포하는 행위

④ 스푸핑(Spoofing) : 인터넷상에 떠도는 IP(Internet Protocol) 정보를 몰래 가로채는 행위

79 컴퓨터 부정조작의 종류에 대한 설명 중 옳지 않은 것은?

□□□

① 불법적인 목적을 달성하기 위해 입력될 자료를 조작하여 컴퓨터로 하여금 거짓 처리결과를 만들어내게 하는 행위를 입력 조작이라 한다.

② 컴퓨터의 시동·정지, 운전상태 감시, 정보처리 내용과 방법의 변경·수정의 경우에 사용되는 콘솔을 거짓으로 조작하여 컴퓨터의 자료처리 과정에서 프로그램의 지시나 처리될 기억정보를 변경시키는 행위를 프로그램 조작이라고 한다.

③ 입력 조작은 천공카드, 천공테이프, 마그네틱테이프, 디스크 등의 입력매체를 이용한 입력장치나 입력타자기에 의하여 행하여진다.

④ 출력 조작은 특별한 컴퓨터 지식 없이도 할 수 있는 방법이다.

80 우리나라의 민간경비와 경찰의 관계 개선방안으로 옳지 않은 것은?

□□□

① 범죄에 대한 예방활동을 위해 서로 경쟁의식을 보유

② 경비자문서비스센터를 공동으로 운영

③ 상호 비상연락망 구축

④ 전임책임자제도와 합동순찰제도 실시

시대고시 경비지도사 독자지원 네이버카페(https://cafe.naver.com/sdsi)

Naver Cafe

경비지도사 독자지원카페

https://cafe.naver.com/sdsi  

01 혜택

EBS가 선택한 정상급 교수진의 명품강의!
시대에듀가 독자님의 학습을 지원해드립니다.

- 시험/자격정보
- 출제경향 및 합격전략
- 무료 기출문제 해설 특강(회원가입 필요)

02 혜택

시대고시 경비지도사 편집팀이
독자님과 함께 소통하며 궁금증을
해결해드리겠습니다.

- 과목별 독자문의 Q&A
- 핵심요약/정리자료
- 과년도 기출문제
- 최신 법령정보
- 도서 정오표/추록
- DAILY TEST

시대에듀
경비지도사!

No.1

명불허전 경비지도사 끝판왕!

2021 합격의 공식 시대에듀

100만 수험생과 함께한

바이블

23년 ANNIVERSARY

BIBLE

EBS 교육방송

EBS 특강

경비지도사 1차

일반·기계경비

최종모의고사

정답 및 해설편

편저 | EBS 경비지도사 교수진

(주)시대고시기획

P/A/R/T/2

정답 및 해설편

최종모의고사 10회분

제1회 최종점검 FINAL 모의고사
제2회 최종점검 FINAL 모의고사
제3회 최종점검 FINAL 모의고사
제4회 최종점검 FINAL 모의고사
제5회 최종점검 FINAL 모의고사
제6회 최종점검 FINAL 모의고사
제7회 최종점검 FINAL 모의고사
제8회 최종점검 FINAL 모의고사
제9회 최종점검 FINAL 모의고사
제10회 최종점검 FINAL 모의고사

제1회 법학개론

정답 및 해설

정답 CHECK

01	02	03	04	05	06	07	08	09	10	11	12	13	14	15	16	17	18	19	20
③	②	③	①	③	②	②	④	①	③	④	①	④	③	③	②	④	①	④	③
21	**22**	**23**	**24**	**25**	**26**	**27**	**28**	**29**	**30**	**31**	**32**	**33**	**34**	**35**	**36**	**37**	**38**	**39**	**40**
①	①	②	④	②	④	③	④	③	②	④	③	①	②	④	②	③	④	④	③

각 문항별로 이해도를 체크해 보세요.

문제편 004p

01 다음 (　　) 안에 들어갈 법의 목적(이념)으로 올바르게 연결된 것은?

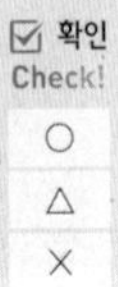

> ㄱ. (　　)을 강조하면 "민중의 행복이 최고의 법률이다"라고 하고, "국민이 원하는 것이 법이다"라고 주장하게 된다.
> ㄴ. (　　)을 강조하면 "악법도 법이다"라고 하고, "정의(법)의 극치는 부정의(불법)의 극치"라고 한다.

	ㄱ	ㄴ
①	정 의	합목적성
②	정 의	법적 안정성
③	합목적성	법적 안정성
④	법적 안정성	합목적성

ㄱ에는 합목적성이, ㄴ에는 법적 안정성이 들어간다.

정답 ❸

ㄱ. 합목적성을 강조하면 "민중의 행복이 최고의 법률이다"라고 하고, "국민이 원하는 것이 법이다"라고 주장하게 된다.
ㄴ. 법적 안정성을 강조하면 "악법도 법이다"라고 하고, "정의(법)의 극치는 부정의(불법)의 극치"라고 한다.

02 법과 도덕에 관한 설명으로 옳지 않은 것은?

확인 Check! ○ △ ×

① 법은 행위의 외면성을, 도덕은 행위의 내면성을 다룬다.
② 법과 도덕 모두 규율 주체는 국가이다.
③ 법은 타율성을, 도덕은 자율성을 갖는다.
④ 권리 및 의무의 측면에서 법은 양면적이나, 도덕은 일면적이다.

법은 국가가 규율하나 도덕은 자기 자신이 규율 주체이다.

법과 도덕의 비교(차이점)★

구 성	법(法)	도덕(道德)
목 적	정의(Justice)의 실현	선(Good)의 실현
규율 대상	평균인의 현실적 행위 · 결과	평균인의 내면적 의사 · 동기 · 양심
규율 주체	국 가	자기 자신
준수 근거	타율성	자율성
표현양식	법률 · 명령형식의 문자로 표시	표현양식이 다양함
특 징	외면성 : 인간의 외부적 행위 · 결과 중시	내면성 : 인간의 내면적 양심과 동기를 중시
	강제성 : 위반 시 국가권력에 의해 처벌 받음	비강제성 : 규범의 유지 · 제재에 강제가 없음
	양면성 : 권리에 대응하는 의무가 존재	일면성(편면성) : 의무에 대응하는 권리가 부존재

03 관습법에 관한 설명으로 옳지 않은 것은?

① 민법 제1조에서는 관습법의 보충적 효력을 인정하고 있다.
② 헌법재판소 다수의견에 의하면 관습헌법도 성문헌법과 동등한 효력이 있다.
③ 유수사용권과 온천권은 우리나라에서 인정되고 있는 관습법이다.
④ 죄형법정주의에 따라 관습형법은 인정되지 않는다.

온천권은 관습법상 인정되지 않는 물권이나, 유수사용권은 민법 제221조 · 제227조 및 하천법 등에서 법규화되었다.

04 법의 효력에 관한 설명으로 옳지 않은 것은?

① 법은 공포일부터 폐지일까지 그 효력을 갖는다.
② 대통령령, 총리령 및 부령은 특별한 규정이 없으면 공포한 날로부터 20일이 경과함으로써 효력을 발생한다.
③ 동일 사항에 관하여 서로 모순·저촉되는 신법의 제정으로 구법이 당연히 폐지되는 것을 묵시적 폐지라 한다.
④ 대통령은 내란 또는 외환의 죄를 범한 경우를 제외하고는 재직 중 형사상의 소추를 받지 아니한다.

법은 시행일부터 폐지일까지 그 효력을 갖는다. 이를 법의 유효기간이라 한다.

정답 ❶

② 법령 등 공포에 관한 법률 제13조
③ 동일 사항에 관하여 서로 모순·저촉되는 신법의 제정으로 구법이 당연히 폐지되는 것을 묵시적 폐지라 한다. 반면, 법 시행기간이 종료되었거나, 특정 사항을 목적으로 제정된 때 그 목적사항의 소멸 또는 신법에서 명시규정으로 구법의 일부 또는 전부를 폐지한다고 한때 그 구법의 일부 또는 전부가 폐지되는 것을 명시적 폐지라 한다.
④ 헌법 제84조

05 법의 분류에 관한 설명으로 옳지 않은 것은?

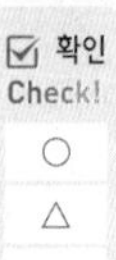

① 공법과 사법의 구별은 대륙법계의 특징이다.
② 공법은 헌법, 행정법, 형법, 형사소송법, 민사소송법, 행정소송법, 국제법 등이 이에 해당된다.
③ 사법은 민법, 상법, 회사법, 어음법, 수표법, 사회법 등이 있다.
④ 실체법이 목적인 데 대하여 절차법은 수단이라 할 수 있다.

사회법은 자본주의의 문제와 모순을 합리적으로 해결하여 경제적·사회적 약자를 보호할 목적으로, 비교적 근래에 등장한 법으로, 사법과 공법의 성격을 모두 가진 제3의 법 영역이다. 노동법(노동조합 및 노동관계조정법, 근로기준법 등), 경제법, 사회보장법 등이 있다.

정답 ❸

핵심만 콕

사회법의 분류

사회법	노동법		예 근로기준법, 노동조합 및 노동관계조정법 등
	경제법		예 독점규제 및 공정거래에 관한 법률, 소비자기본법 등
	사회보장법	사회보험	예 국민연금법, 국민건강보험법, 산업재해보상보험법, 고용보험법 등
		공공부조	예 국민기초생활보장법, 의료급여법 등
		사회서비스	예 장애인복지법, 노인복지법, 아동복지법, 한부모가족지원법, 영유아보육법 등

06 다음 중 법의 적용 및 해석에 관한 설명으로 옳은 것은?

① 문리해석은 유권해석의 한 유형이다.

② 법률용어로 사용되는 선의・악의는 일정한 사항에 대해 아는 것과 모르는 것을 의미한다.

③ 유사한 두 가지 사항 중 하나에 대해 규정이 있으면 명문규정이 없는 다른 쪽에 대해서도 같은 취지의 규정이 있는 것으로 해석하는 것을 준용이라 한다.

④ 간주란 법이 사실의 존재・부존재를 법정책적으로 확정하되, 반대사실의 입증이 있으면 번복되는 것이다.

선의・악의는 자신의 행위가 법률관계의 발생, 소멸 및 그 효력에 영향을 미친다는 사실을 아는 것과 모르는 것을 의미한다.

정답 ❷

① 문리해석은 학리해석의 범주에 속한다.
③ 유추해석에 관한 사항이다.
④ 간주(看做)와 추정(推定) : 추정은 불명확한 사실을 일단 인정하는 것으로 정하여 법률효과를 발생시키되 나중에 반증이 있을 경우 그 효과를 발생시키지 않는 것을 말한다. 반면, 간주는 법에서 '간주한다 = 본다 = 의제한다'로 쓰이며, 추정과는 달리 나중에 반증이 나타나도 이미 발생된 효과를 뒤집을 수 없다.

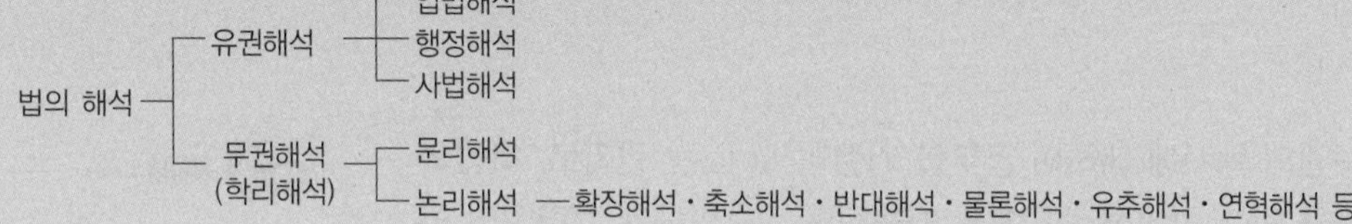

07 권리와 관련된 설명으로 옳은 것은?

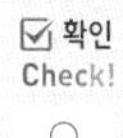

① 사권(私權)은 권리의 내용에 의해 지배권, 청구권, 형성권, 항변권으로 구분된다.

② 사원권은 단체의 구성원이 그 구성원의 지위에서 단체에 대하여 갖는 권리로 이에는 의결권, 업무집행감독권, 이익배당청구권 등이 있다.

③ 사권(私權)은 권리의 작용에 의해 인격권, 가족권(신분권), 재산권, 사원권으로 구분된다.

④ 사권은 권리의 이전성에 따라 절대권과 상대권으로 구분된다.

② 사원권에 대한 설명으로 옳다.
①은 권리의 작용(효력), ③은 권리의 내용, ④는 권리의 효력 범위에 따른 분류에 해당한다.

 ❷

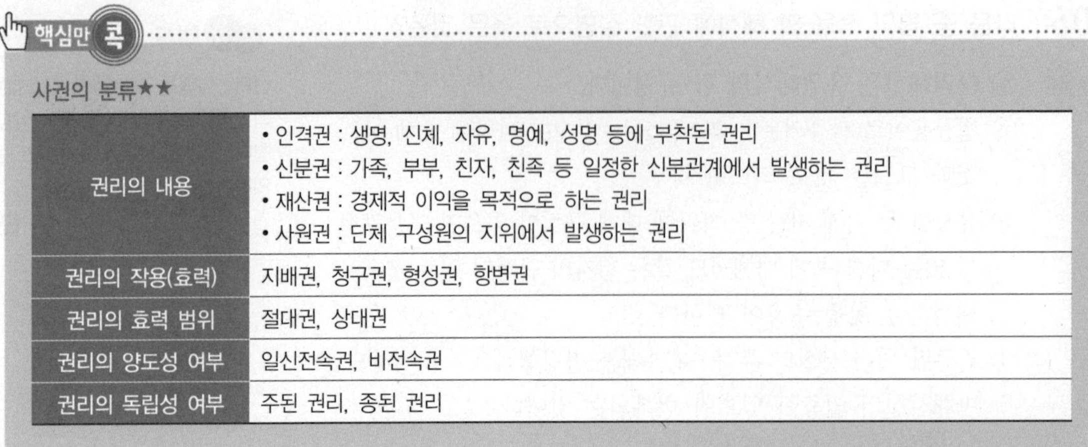

핵심만 콕

사권의 분류★★

권리의 내용	• 인격권 : 생명, 신체, 자유, 명예, 성명 등에 부착된 권리 • 신분권 : 가족, 부부, 친자, 친족 등 일정한 신분관계에서 발생하는 권리 • 재산권 : 경제적 이익을 목적으로 하는 권리 • 사원권 : 단체 구성원의 지위에서 발생하는 권리
권리의 작용(효력)	지배권, 청구권, 형성권, 항변권
권리의 효력 범위	절대권, 상대권
권리의 양도성 여부	일신전속권, 비전속권
권리의 독립성 여부	주된 권리, 종된 권리

08 **청구권의 행사에 대하여 급부를 거절할 수 있는 권리로, 타인의 공격을 막는 방어적 수단으로 사용되며 상대방에게 청구권이 있음을 부인하는 것이 아니라 그것을 전제하고, 다만 그 행사를 배척하는 권리를 무엇이라고 하는가?**

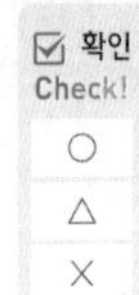

① 지배권 ② 청구권

③ 형성권 ④ 항변권

설문은 권리의 작용(효력)에 따른 분류 중 항변권에 대한 내용에 해당한다.

정답 ❹

권리의 작용(효력)에 따른 분류 (두 : 작 · 지 · 청 · 형 · 항)

지배권(支配權)	권리의 객체를 직접 · 배타적으로 지배할 수 있는 권리를 말한다(예 물권, 무체재산권, 친권 등).
청구권(請求權)	타인에 대하여 일정한 급부 또는 행위(작위 · 부작위)를 적극적으로 요구하는 권리이다(예 채권, 부양청구권 등).
형성권(形成權)	권리자의 일방적인 의사표시에 의하여 일정한 법률관계를 발생 · 변경 · 소멸시키는 권리이다(예 취소권, 해제권, 추인권, 해지권 등).
항변권(抗辯權)	청구권의 행사에 대하여 급부를 거절할 수 있는 권리로, 타인의 공격을 막는 방어적 수단으로 사용되며 상대방에게 청구권이 있음을 부인하는 것이 아니라 그것을 전제하고, 다만 그 행사를 배척하는 권리를 말한다(예 보증인의 최고 및 검색의 항변권, 동시이행의 항변권 등).

09 권리의 충돌과 순위와 관련한 설명으로 옳은 것은?

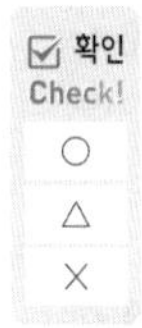

① 제한물권은 소유권에 우선한다.
② 대항요건을 갖춘 부동산 임차권이라도 나중에 성립한 전세권이 우선한다.
③ 채권이 충돌하는 경우, 먼저 성립한 채권이 나중에 성립한 채권에 우선한다.
④ 하나의 물건에 대하여 물권과 채권이 병존하는 경우 그 성립시기를 불문하고 물권이 언제나 우선한다.

소유권과 제한물권 간 순위는 제한물권이 언제나 소유권에 우선한다.

정답 ❶

②·④ 하나의 물건에 대하여 물권과 채권이 병존하는 경우에는 그 성립시기를 불문하고 원칙적으로 물권이 우선하나 예외적으로 대항요건을 갖춘 부동산의 임차권(채권)의 경우에는 나중에 성립한 전세권(물권)보다 우선하게 된다.
③ 채권자 평등의 원칙에 따라, 동일 채무자에 대한 여러 개의 채권은 그의 발생 원인·발생 시기의 선후·채권액의 다소를 묻지 않고서 평등하게 다루어진다. 즉, 채권은 성립의 선후에 따른 우선순위의 차이가 없고 모든 채권자는 같은 순위로 변제를 받는 것이 원칙이다.

10 헌법개정절차의 내용으로 옳지 않은 것은?

① 헌법개정은 국회재적의원 과반수 또는 대통령의 발의로 제안된다.
② 제안된 헌법개정안은 20일 이상 공고하여야 한다.
③ 국회는 헌법개정안의 공고가 종료된 날로부터 60일 이내에 의결해야 한다.
④ 국회 의결 시 수정의결은 불가능하다.

국회는 헌법개정안이 공고된 날로부터 60일 이내에 의결하여야 한다(헌법 제130조 제1항).

정답 ❸

① 헌법 제128조 제1항
② 헌법 제129조
④ 국회 의결 시 수정의결은 불가능하다. 이는 제안 후 공고가 이루어지면 공고로 알려진 내용에 대해서 국회의 의결과 국민의 투표가 이루어지게 되기 때문이다.

11 헌법전문에 대한 설명으로 옳지 않은 것은?

① 헌법전문은 현행헌법이 제9차 개정 헌법임을 간접적으로 표현하고 있다.
② 헌법재판소는 헌법전문의 재판규범성을 인정하고 있다.
③ 헌법전문의 자구수정은 가능하나 핵심적인 내용은 헌법개정의 한계이다.
④ 헌법전문은 최고규범성을 가지므로 헌법전문으로부터 곧바로 국민의 개별적인 기본권을 도출할 수가 있다.

헌법전문은 최고규범성을 가지나 헌법전문으로부터 곧바로 국민의 개별적인 기본권을 도출할 수는 없다(헌재 2001.3.21. 99헌마139 참고)

 ❹

12 현행 헌법상의 신체의 자유에 관한 설명 중 옳은 것은?

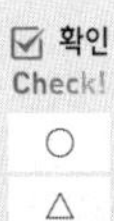

① 법률과 적법한 절차에 의하지 아니하고는 강제노역을 당하지 아니한다.
② 누구든지 법률에 의하지 아니하고는 체포·구속·압수·수색 또는 신문을 받지 아니한다.
③ 체포, 구속, 수색, 압수, 심문에는 검사의 신청에 의하여 법관이 발부한 영장이 제시되어야 한다.
④ 누구든지 체포 또는 구속을 당한 때에는 즉시 변호인의 조력을 받을 권리를 가진다. 다만, 형사피의자 또는 형사피고인이 스스로 변호인을 구할 수 없을 때에는 법률이 정하는 바에 의하여 국가가 변호인을 붙인다.

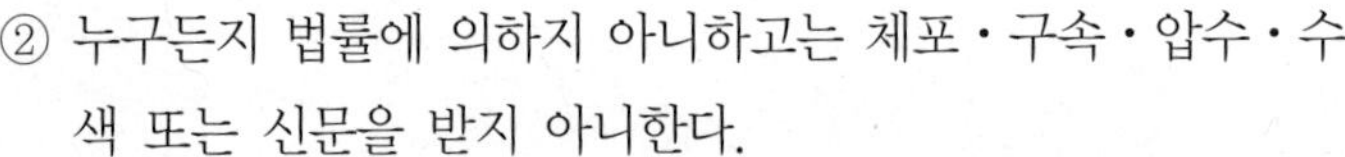

① 헌법 제12조 제1항 후문
② 누구든지 법률에 의하지 아니하고는 체포·구속·압수·수색 또는 심문을 받지 아니한다(헌법 제12조 제1항 후문).
③ 심문은 영장주의 적용 대상이 아니다(헌법 제12조 제3항 본문).
④ 헌법상 국선변호인은 형사피고인을 대상으로 한다(헌법 제12조 제4항 단서).

 ❶

심문(審問)과 신문(訊問)의 비교

구분	내용
심문(審問)	법원이 피고인, 당사자나 그 밖의 이해관계가 있는 사람에게 서면이나 구두로 개별적으로 진술할 기회를 주는 것
신문(訊問)	법원이나 기타 국가 기관이 어떤 사건에 관하여 증인, 당사자, 피고인 등에게 말로 물어 조사하는 것

13 현행 헌법은 대통령제를 취하고 있지만, 엄밀히 말하면 의원내각제적 요소도 포함하고 있다. 다음 중 의원내각제적 요소로 볼 수 없는 것은?

① 정부의 법률안 제출권
② 국무총리 및 관계 국무위원의 부서제도
③ 국무회의제
④ 국정조사 및 국정감사 제도

쏙쏙 해설

국정조사 및 국정감사 제도는 대통령제적 요소이다.

정답 ❹

핵심만 콕

우리나라의 정부형태

대통령제적 요소	의원내각제적 요소
• 대통령이 국가원수 겸 행정부 수반이 됨(집행부가 일원화) • 대통령이 국민에 의해 직접 선출됨 • 행정부 구성원의 탄핵소추 • 법률안 거부권 • 국회가 대통령을 불신임하거나, 대통령이 국회를 해산하지 못함 • 국정조사 및 국정감사 제도	• 정부의 법률안 제출권 • 국무총리와 국무위원에 대한 해임건의권 • 국무총리 및 관계 국무위원의 부서제도 • 국무총리제 • 국회의원과 국무위원의 겸직 허용 • 국무총리 및 국무위원 등의 국회 및 위원회 출석·발언권 및 출석·발언 요구권 • 국무회의제

해설편 제1회

14 다음 중 생존권적(사회권적) 기본권에 속하지 않는 권리는 무엇인가?

확인 Check! ○ △ ×

① 교육을 받을 권리
② 근로의 권리
③ 생명권
④ 혼인의 자유와 모성의 보호를 받을 권리

생명권은 자유권적 기본권 중 인신의 자유권에 속한다.

 ❸

핵심만 콕

기본권의 분류★★

구분		내용
포괄적 기본권	인간의 존엄과 가치·행복추구권(자기결정권, 일반적 행동자유권, 인격권), 평등권	
자유권적 기본권	인신의 자유권	생명권, 신체를 훼손당하지 않을 권리, 신체의 자유
	사생활의 자유권	사생활의 비밀과 자유, 주거의 자유, 거주·이전의 자유, 통신의 자유
	정신적 자유권	양심의 자유, 종교의 자유, 언론·출판의 자유, 집회·결사의 자유, 학문과 예술의 자유
	제생활영역의 자유	재산권, 직업의 자유, 소비자의 권리
정치적 기본권	정치적 자유권, 참정권	
청구권적 기본권	청원권, 재판청구권, 국가배상청구권, 형사보상청구권, 범죄피해자구조청구권	
사회권적 기본권	인간다운 생활을 할 권리, 교육을 받을 권리, 근로의 권리, 근로3권, 환경권, 혼인과 가족생활의 보장, 모성의 보호와 보건권	

*제생활영역의 자유를 독자적으로 경제적 기본권으로 분류하는 견해도 있다.

〈참고〉 김유향, 「기본강의 헌법」, WILLBES, 2020

15 대리에 관한 설명 중 옳은 것은?

확인 Check! ○ △ ×

① 공동대리의 경우 대리인이 각각 본인을 대리한다.

② 대리인은 행위능력자임을 요한다.

③ 복대리인의 선임 후에도 대리인은 여전히 대리권을 가진다.

④ 무권대리는 절대적으로 무효이다.

대리인이 복대리인을 선임하더라도 대리인의 대리권은 소멸하는 것이 아니라 존속한다.

 ❸

① 공동대리의 경우에는 대리인이 공동으로만 법률행위를 할 수 있다(민법 제119조 단서 참고).
② 대리인은 행위능력자임을 요하지 아니한다(민법 제117조).
④ 무권대리는 원칙적으로 무효이나 우리 민법은 무권대리를 무조건 무효로 하지 아니하고 대리제도, 본인, 상대방을 조화롭게 보호할 수 있는 방법을 추구하고 있다.

16 주물과 종물에 관한 설명으로 옳지 않은 것은?

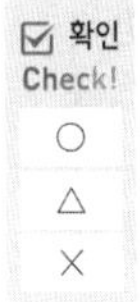

① 주물과 종물은 원칙적으로 소유자가 같은 사람이어야 하고, 장소적으로도 밀접한 관계에 있어야 한다.
② 주물 위에 저당권이 설정된 경우에 그 저당권의 효력은 저당권설정 당시의 종물에는 미치나 설정 후의 종물에는 미치지 않는다.
③ 주물·종물은 동산이든 부동산이든 상관없다.
④ 종물은 주물의 처분에 따른다는 규정은 강행규정이 아니고 당사자의 의사에 따라 달리 정할 수 있는 임의규정이다.

주물 위에 저당권이 설정된 경우에 그 저당권의 효력은 저당권설정 당시의 종물은 물론 설정 후의 종물에도 미친다(민법 제358조).

정답 ❷

17 甲이 乙에 대한 채권을 丙으로 하여금 추심하도록 하기 위하여 그 채권을 丙에게 양도하는 것은?

① 은닉행위 ② 통정허위표시
③ 탈법행위 ④ 신탁행위

신탁에는 신탁법상의 신탁과 민법해석상의 양도담보·추심을 위한 채권의 신탁적 양도 등의 경우가 있는데, 설문은 추심을 위한 채권의 신탁적 양도(신탁행위)에 해당한다.

정답 ❹

18 법률행위의 조건에 관한 설명이다. 옳지 않은 것은?

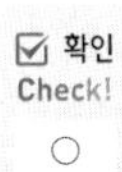

① 불능조건이 해제조건이면 무효이고, 정지조건이면 조건 없는 법률행위가 된다
② 조건이 사회질서에 반하는 것인 때에는 그 법률행위는 무효로 한다.
③ 법률행위의 효과의 발생 또는 소멸을 장래의 도래가 불확실한 사실의 성부에 의존시키는 법률행위의 부관이다.
④ 조건의 성취가 미정한 권리의무는 일반규정에 의하여 처분, 상속, 보존 또는 담보로 할 수 있다.

쏙쏙 해설

① 불능조건이 해제조건이면 조건 없는 법률행위에 해당하고, 정지조건이면 무효가 된다(민법 제151조 제3항).
② 민법 제151조 제1항
③ 조건은 법률행위의 효과의 발생 또는 소멸을 장래의 도래가 불확실한 사실의 성부에 의존시키는 법률행위의 부관이다.
④ 민법 제149조

정답 ❶

19 다음 중 무효로서 다루어지는 것은?

불능한 법률행위는 무효인 법률행위이나, ①~③은 취소할 수 있는 법률행위에 해당한다.

정답 ❹

☑ 확인 Check! ○ △ ×

① 제한능력자의 행위
② 착오에 의한 의사표시
③ 사기・강박에 의한 의사표시
④ 불능한 법률행위

무효인 행위와 취소할 수 있는 행위★★

무효인 법률행위	취소할 수 있는 법률행위
• 의사무능력자의 법률행위 • 불능한 법률행위 • 강행규정에 위반하는 법률행위 • 반사회질서의 법률행위 • 불공정한 법률행위 • 비진의 표시(표의자의 진의를 상대방이 알았거나 알 수 있었을 때) • 허위표시 • 불법조건이 붙은 경우	• 무능력자의 행위(의사무능력자였다면 무효・취소 경합) • 착오에 의한 의사표시 • 사기・강박에 의한 의사표시

20 보증채무와 연대채무에 관한 설명으로 옳지 않은 것은?

③ 보증인이 변제나 그 밖의 출재로 주채무를 소멸하게 한 때에는 주채무자 또는 다른 연대채무자에 대하여 구상권을 행사할 수 있다(민법 제441조, 제442조, 제444조, 제447조).
① 보증채무의 부종성
② 민법 제415조
④ 연대채무자는 최고・검색의 항변권이 없다.

정답 ❸

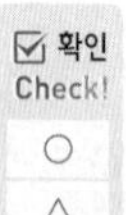

① 주채무가 소멸하면 보증채무도 소멸한다.
② 어느 연대채무자에 대한 법률행위의 무효나 취소의 원인은 다른 연대채무자의 채무에 영향을 미치지 아니한다.
③ 채무를 변제한 보증인은 선의의 주채무자에 대해서는 구상권을 행사하지 못한다.
④ 연대채무자는 최고・검색의 항변권이 없다.

21 다음 사례에서 지현이 태욱에게 청구할 수 있는 채권의 소멸시효 기간은?

> 서울에서 땅끝 마을로 자전거 여행을 떠난 대학생 태욱은 전주의 한 비빔밥 집에서 점심 식사를 하였으나 계산할 때 돈이 없음을 알게 되었다. 다행히 인심 좋은 사장 지현의 배려로 외상으로 해결하여 무전취식의 굴욕을 면할 수 있었다.

① 1년 ② 3년
③ 5년 ④ 7년

음식료 채권의 소멸시효기간은 1년이다.

정답 ❶

3년의 단기소멸시효(민법 제163조) (두 : 이 · 의 · 도 · 변 · 변 · 생 · 수)

다음 각호의 채권은 3년간 행사하지 아니하면 소멸시효가 완성한다.

1. 이자, 부양료, 급료, 사용료 기타 1년 이내의 기간으로 정한 금전 또는 물건의 지급을 목적으로 한 채권
2. 의사, 조산사, 간호사 및 약사의 치료, 근로 및 조제에 관한 채권
3. 도급받은 자, 기사 기타 공사의 설계 또는 감독에 종사하는 자의 공사에 관한 채권
4. 변호사, 변리사, 공증인, 공인회계사 및 법무사에 대한 직무상 보관한 서류의 반환을 청구하는 채권
5. 변호사, 변리사, 공증인, 공인회계사 및 법무사의 직무에 관한 채권
6. 생산자 및 상인이 판매한 생산물 및 상품의 대가
7. 수공업자 및 제조자의 업무에 관한 채권

1년의 단기소멸시효(민법 제164조) (두 : 여 · 의 · 노 · 학)

다음 각호의 채권은 1년간 행사하지 아니하면 소멸시효가 완성한다.

1. 여관, 음식점, 대석, 오락장의 숙박료, 음식료, 대석료, 입장료, 소비물의 대가 및 체당금의 채권
2. 의복, 침구, 장구 기타 동산의 사용료의 채권
3. 노역인, 연예인의 임금 및 그에 공급한 물건의 대금채권
4. 학생 및 수업자의 교육, 의식 및 유숙에 관한 교주, 숙주, 교사의 채권

해설편 제1회

안심Touch

22 민법상 경비계약 및 업무에 관한 내용 중 옳은 것은?

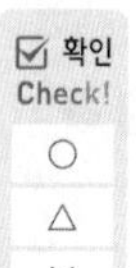

① 고객은 경비계약상의 채무가 이행되지 않는 경우 강제이행을 청구할 수 있다.
② 경비계약은 고용형식의 유상계약이다.
③ 경비원이 경비업무 중 고의로 제3자에게 입힌 손해를 경비업자가 배상한 경우, 경비업자는 경비원에게 구상권을 행사할 수 없다.
④ 경비원이 경비 중 고객의 금고에서 현금을 절취한 경우에는 적극적 채권침해에 해당한다.

고객(채권자)은(는) 경비계약상의 채무가 이행되지 않는 경우 채무자(경비업자)에게 강제이행을 청구할 수 있다(민법 제389조 제1항 본문).

 ❶

핵심만 콕

② 경비계약은 도급형식의 유상계약이다.
③ 사용자책임에서 사용자가 배상한 경우처럼 피용자에 해당하는 경비원에게 구상할 수 있다.
④ 적극적 채권침해는 채무의 불완전이행의 경우에 발생하는 것이며, 경비원이 고객의 금고에서 현금을 절취하는 것은 채무의 이행과 관련 없는 불법행위에 해당한다.

23 다음 ( ) 안의 ㄱ, ㄴ, ㄷ에 들어갈 내용이 알맞게 연결된 것은?

- 범죄 후 법률의 변경에 의하여 그 행위가 범죄를 구성하지 아니하거나 형이 (ㄱ)보다 경한 때에는 (ㄴ)에 의한다.
- 재판확정 후 법률의 변경에 의하여 그 행위가 범죄를 구성하지 아니하는 때에는 형의 집행을 (ㄷ)한다.

① ㄱ : 구법, ㄴ : 신법, ㄷ : 취소
② ㄱ : 구법, ㄴ : 신법, ㄷ : 면제
③ ㄱ : 신법, ㄴ : 구법, ㄷ : 취소
④ ㄱ : 신법, ㄴ : 구법, ㄷ : 면제

( ) 안의 ㄱ, ㄴ, ㄷ에 들어갈 내용은 순서대로 ㄱ : 구법, ㄴ : 신법, ㄷ : 면제이다.

 ❷

법령

범죄의 성립과 처벌(형법 제1조)
① 범죄의 성립과 처벌은 행위 시의 법률에 의한다.
② 범죄 후 법률의 변경에 의하여 그 행위가 범죄를 구성하지 아니하거나 형이 구법보다 경한 때에는 신법에 의한다.
③ 재판확정 후 법률의 변경에 의하여 그 행위가 범죄를 구성하지 아니하는 때에는 형의 집행을 면제한다.

24 다음 중 계속범을 모두 고르면?

ㄱ. 살인죄　　ㄴ. 상해죄
ㄷ. 체포감금죄　　ㄹ. 주거침입죄

① ㄱ, ㄴ　　② ㄱ, ㄷ
③ ㄴ, ㄷ　　④ ㄷ ,ㄹ

쏙쏙 해설

계속범이란 범죄의 완성 후에도 위법상태가 계속되는 범죄를 말하며 체포감금죄와 주거침입죄 등이 있다. 살인죄와 상해죄는 즉시범에 해당한다.

정답 ❹

25 처분할 수 있는 자의 승낙에 의하여 그 법익을 훼손한 행위는 법률에 특별한 규정이 없는 한 벌하지 아니하는 경우를 무엇이라고 하는가?

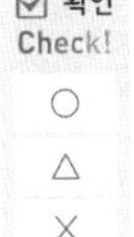

① 정당방위　　② 피해자의 승낙
③ 의무의 충돌　　④ 정당행위

쏙쏙 해설

설문의 내용은 위법성조각사유 중 피해자의 승낙에 해당한다.

핵심만 콕

① 정당방위 : 자기 또는 타인의 법익에 대한 현재의 부당한 침해를 방위하기 위한 행위는 상당한 이유가 있는 때에는 벌하지 아니한다(형법 제21조 제1항).
③ 의무의 충돌 : 두 개 이상의 작위의무 중 하나만 이행함으로써 다른 의무를 이행하지 못한 상황을 의미한다.
④ 정당행위 : 법령에 의한 행위 또는 업무로 인한 행위 기타 사회상규에 위배되지 아니하는 행위는 벌하지 아니한다(형법 제20조).

26 형법상 형벌의 종류가 아닌 것은?

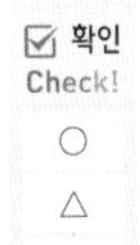

① 생명형　　② 재산형
③ 명예형　　④ 과태료

쏙쏙 해설

과태료는 행정법상 의무위반에 대한 제재로서 부과・징수되는 금전을 말하는 것으로 형벌과는 별개의 개념이다.

핵심만 콕

형법상 형벌의 종류(형법 제41조 참고)
- 생명형 : 사형
- 재산형 : 벌금, 과료, 몰수
- 자유형 : 징역, 금고, 구류
- 명예형 : 자격정지, 자격상실

27 다음 중 형법상 재산에 대한 죄를 모두 고른 것은?

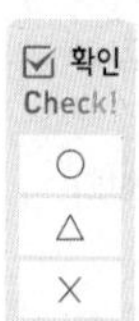

ㄱ. 업무방해죄　　ㄴ. 배임죄
ㄷ. 손괴죄　　ㄹ. 통화에 관한 죄
ㅁ. 장물죄

① ㄱ, ㄴ, ㄷ　　② ㄱ, ㄷ, ㄹ
③ ㄴ, ㄷ, ㅁ　　④ ㄴ, ㄹ, ㅁ

제시된 내용 중 형법상 재산에 대한 죄에 해당하는 것은 ㄴ, ㄷ, ㅁ이다.

ㄱ (×) 업무방해죄는 개인적 법익에 관한 죄 중 명예와 신용에 대한 죄에 해당한다.

ㄹ (×) 통화에 관한 죄는 사회적 법익에 관한 죄 중 공공의 신용에 대한 죄에 해당한다.

정답 ❸

법익에 따른 범죄의 분류★★

개인적 법익에 관한 죄	생명과 신체에 대한 죄	살인죄, 상해와 폭행의 죄, 과실치사상의 죄, 낙태의 죄, 유기·학대의 죄
	자유에 대한 죄	협박의 죄, 강요의 죄, 체포와 감금의 죄, 약취·유인 및 인신매매죄, 강간과 추행의 죄
	명예와 신용에 대한 죄	명예에 관한 죄, 신용·업무와 경매에 관한 죄
	사생활의 평온에 대한 죄	비밀침해의 죄, 주거침입의 죄
	재산에 대한 죄	절도의 죄, 강도의 죄, 사기의 죄, 공갈의 죄, 횡령의 죄, 배임의 죄, 장물의 죄, 손괴의 죄, 권리행사를 방해하는 죄
사회적 법익에 관한 죄	공공의 안전과 평온에 대한 죄	공안을 해하는 죄, 폭발물에 관한 죄, 방화와 실화의 죄, 일수와 수리에 관한 죄, 교통방해의 죄
	공공의 신용에 대한 죄	통화에 관한 죄, 유가증권·인지와 우표에 관한 죄, 문서에 관한 죄, 인장에 관한 죄
	공중의 건강에 대한 죄	음용수에 대한 죄, 아편에 대한 죄
	사회의 도덕에 대한 죄	성풍속에 관한 죄, 도박과 복표에 관한 죄, 신앙에 관한 죄
국가적 법익에 관한 죄	국가의 존립과 권위에 대한 죄	내란의 죄, 외환의 죄, 국기에 관한 죄, 국교(國交)에 관한 죄
	국가의 기능에 대한 죄	공무원의 직무에 관한 죄, 뇌물관련범죄, 공무방해에 관한 죄, 도주와 범인은닉의 죄, 위증과 증거인멸의 죄, 무고의 죄

28 친고죄에 관한 설명으로 옳지 않은 것은?

확인 Check! ○ △ ×

① 피해자 또는 법정대리인의 고소가 있어야 한다.
② 고소는 서면 또는 구술로써 할 수 있다.
③ 고소를 취소한 자는 다시 고소할 수 없다.
④ 친고죄의 공범 중 그 1인 또는 수인에 대한 고소 또는 그 취소는 다른 공범자에게 효력이 없다.

쏙쏙 해설

친고죄의 공범 중 그 1인 또는 수인에 대한 고소 또는 그 취소는 다른 공범자에 대하여도 효력이 있다(형사소송법 제233조).

정답 ❹

핵심만 콕

① 친고죄는 공소제기를 위하여 피해자 기타 고소권자의 고소가 있을 것을 요하는 범죄이다.
② 형사소송법 제237조 제1항
③ 형사소송법 제232조 제2항

해설편 제1회

29 수사에 관한 설명 중 옳지 않은 것은?

확인 Check! ○ △ ×

① 임의수사가 원칙이고, 강제수사는 법의 규정이 있을 때 예외적으로 가능하다.
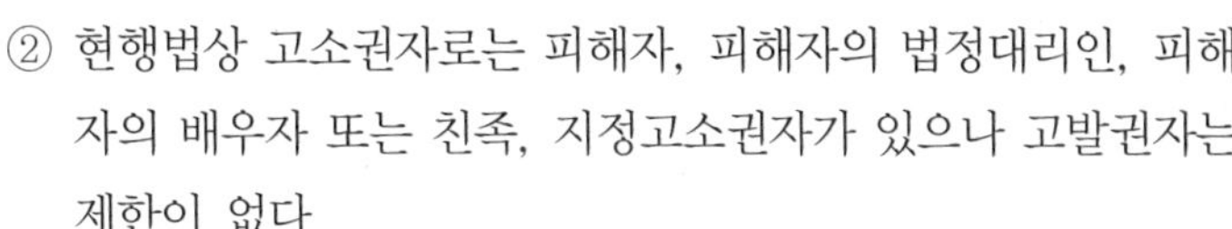
② 현행법상 고소권자로는 피해자, 피해자의 법정대리인, 피해자의 배우자 또는 친족, 지정고소권자가 있으나 고발권자는 제한이 없다.
③ 객관적 혐의가 없는 경우 수사를 개시할 수 없다.
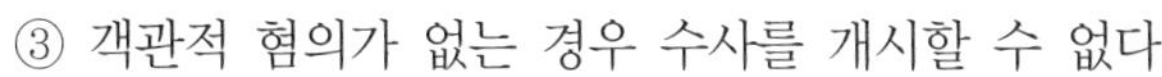
④ 형사소송법은 국가소추주의, 기소독점주의를 채택하고 있다.

쏙쏙 해설

수사는 수사기관이 주관적으로 범죄의 혐의가 있다고 판단하는 때에는 객관적 혐의가 없을 경우에도 수사를 개시할 수 있다(형사소송법 제197조 제1항).

정답 ❸

핵심만 콕

① 임의수사가 원칙이고, 강세수사는 법의 규정이 있을 때 예외적으로 가능하다.
② 현행법상 고소권자는 형사소송법 제224조, 제225조, 제228조 등에서 규정하고 있으나 고발권자는 누구든지 범죄가 있다고 사료하는 때에는 고발할 수 있다고 규정하여 원칙적으로 그 주체의 제한이 없다(형사소송법 제234조 제1항).
④ 형사소송법은 제246조에서 국가소추주의·기소독점주의를 채택하고 있다.

안심Touch

30 **범죄 혐의가 충분하고 소추조건을 갖추었다고 하더라도 검사에게 기소 또는 불기소처분의 재량을 인정하는 제도는 무엇인가?**

확인 Check! ○ △ ×

① 기소법정주의 ② 기소편의주의
③ 기소유예제도 ④ 기소변경주의

설문은 기소편의주의에 대한 내용이다.

정답 ❷

핵심만 콕

① 기소법정주의는 범죄 혐의가 충분하고 소추조건을 갖추었다면, 반드시 기소를 하여야 하는 주의이다.
③ 기소유예제도는 기소편의주의에 따라 검사가 공사를 제기하지 않는 처분을 말한다.
④ 기소변경주의는 일단 제기한 공소의 취소를 인정하는 주의를 말한다. 즉, 검사가 제1심 판결의 선고 전까지 공소를 취소할 수 있다는 원칙이다(형사소송법 제255조 제1항).

31 **상법상 회사의 종류에 관한 설명으로 옳지 않은 것은?**

확인 Check! ○ △ ×

① 상법상 회사에는 합명회사, 합자회사, 유한책임회사, 주식회사, 유한회사의 5종이 있다.
② 합명회사는 회사채권자에 대하여 직접·연대하여 무한책임을 지는 무한책임사원만으로 구성되는 회사이다.
③ 합자회사의 무한책임사원은 출자를 함과 아울러 업무집행권과 대표권을 가지나, 유한책임사원은 업무집행이나 대표행위를 하지 못하며, 감사권을 가지는 데 그친다.
④ 유한회사는 회사에 대하여 일정한 출자의무만을 지는 유한책임사원으로 구성되는 회사이므로 사원 지분의 양도는 제한할 수 없다.

④ 유한회사의 사원은 그 지분의 전부 또는 일부를 양도하거나 상속할 수 있다. 다만, 정관으로 지분의 양도를 제한할 수 있다(상법 제556조).
① 상법 제170조
② 상법 제178조, 제212조 제1항 참고
③ 상법 제273조, 제277조, 제278조 참조

정답 ❹

32 **인보험계약을 체결한 후 피보험자의 보험사고 시 보험금을 지급받게 되는 사람은?**

확인 Check! ○ △ ×

① 보험자 ② 피보험자
③ 보험수익자 ④ 보험계약자

설문은 보험계약의 관계자 중 보험수익자에 대한 내용에 해당한다.

정답 ❸

보험계약의 관계자

보험자	보험료를 받는 대신에 보험사고가 발생하는 경우에 보험금 지급의무를 지는 보험회사를 말한다.
보험계약자	자신의 이름으로 보험자와 보험계약을 체결하여 보험료를 지불할 의무를 진 사람이다.
피보험자	• 손해보험에서는 피보험이익의 주체로서 보험사고가 발생함으로써 손해를 입는 자, 즉 손해배상의 보험금을 받을 입장에 있는 자를 말한다. • 인보험에서는 사람의 생명 또는 신체에 관하여 보험이 붙여진 자를 말한다.
보험수익자	인보험계약을 체결한 후 피보험자의 보험사고 시 보험금을 지급받게 되는 사람이다. 인보험에서만 존재한다.

33 상법상 손해보험증권의 필요적 기재사항이 아닌 것은?

확인 Check! ○ △ ×

③ 보험료와 그 지급방법

④ 무효와 실권의 사유

보험계약의 종류는 손해보험증권의 필요적 기재사항에 포함되지 않는다.

정답 ❶

손해보험증권(상법 제666조)

손해보험증권에는 다음의 사항을 기재하고 보험자가 기명날인 또는 서명하여야 한다.

1. 보험의 목적
2. 보험사고의 성질
3. 보험금액
4. 보험료와 그 지급방법
5. 보험기간을 정한 때에는 그 시기와 종기
6. 무효와 실권의 사유
7. 보험계약자의 주소와 성명 또는 상호

7의2. 피보험자의 주소, 성명 또는 상호

8. 보험계약의 연월일
9. 보험증권의 작성지와 그 작성년월일

34 근로기준법상 용어의 정의로 옳은 것은?

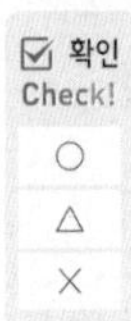

① "근로자"란 직업의 종류를 불문하고 임금·급료, 기타 이에 준하는 수입에 의하여 생활하는 자를 말한다.

② "근로"란 정신노동과 육체노동을 말한다.

③ "단시간근로자"란 1주 동안의 소정근로시간이 다른 사업장에서 같은 종류의 업무에 종사하는 통상 근로자의 1주 동안의 소정근로시간에 비하여 짧은 근로자를 말한다.

④ "임금"이란 사용자가 근로의 대가로 근로자에게 임금, 봉급의 명칭으로 지급하는 금전만을 말한다.

근로란 정신노동과 육체노동을 말한다(근로기준법 제2조 제1항 제3호).

① 근로자란 직업의 종류와 관계없이 임금을 목적으로 사업이나 사업장에 근로를 제공하는 사람을 말한다(근로기준법 제2조 제1항 제1호). 지문의 내용은 노조법상 근로자의 정의이다(노동조합법 제2조 제1호).

③ 단시간근로자란 1주 동안의 소정근로시간이 그 사업장에서 같은 종류의 업무에 종사하는 통상 근로자의 1주 동안의 소정근로시간에 비하여 짧은 근로자를 말한다(근로기준법 제2조 제1항 제9호).

④ 임금이란 사용자가 근로의 대가로 근로자에게 임금, 봉급, 그 밖에 어떠한 명칭으로든지 지급하는 일체의 금품을 말한다(근로기준법 제2조 제1항 제5호).

35 사회보험 분야에 해당하는 법률이 아닌 것은?

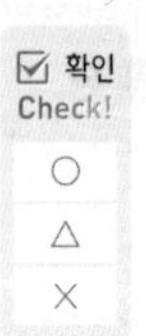

① 고용보험법　② 국민연금법

③ 국민건강보험법　④ 국민기초생활보장법

사회보험은 국가가 사회정책을 수행하기 위해서 보험의 원리와 방식을 도입하여 만든 사회경제제도로서 산업재해보상보험, 건강보험 또는 질병보험, 연금보험, 고용보험제도 등이 있다. 국민기초생활보장법은 공공부조와 관련된 법이다.

정답 ❹

핵심만 콕

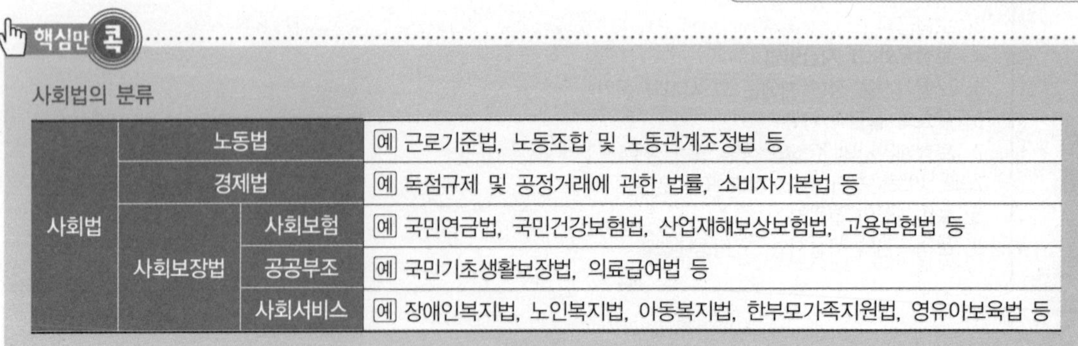

사회법의 분류

사회법	노동법		예 근로기준법, 노동조합 및 노동관계조정법 등
	경제법		예 독점규제 및 공정거래에 관한 법률, 소비자기본법 등
	사회보장법	사회보험	예 국민연금법, 국민건강보험법, 산업재해보상보험법, 고용보험법 등
		공공부조	예 국민기초생활보장법, 의료급여법 등
		사회서비스	예 장애인복지법, 노인복지법, 아동복지법, 한부모가족지원법, 영유아보육법 등

36 산업재해보상보험법상 내용에 관한 설명으로 옳지 않은 것은?

① 업무상 재해는 업무상의 사유에 따른 근로자의 부상·질병·장해 또는 사망을 말한다.

② 장해는 업무상의 부상 또는 질병에 따른 정신적 또는 육체적 훼손으로 노동능력이 상실되거나 감소된 상태에서 그 부상 또는 질병이 치유되지 아니한 상태를 말한다.

③ 진폐란 분진을 흡입하여 폐에 생기는 섬유증식성 변화를 주된 증상으로 하는 질병을 말한다.

④ 휴게시간 중 사업주의 지배관리하에 있다고 볼 수 있는 행위로 발생한 사고는 업무상 사고이다.

지문은 중증요양상태에 대한 내용이다(산업재해보상보험법 제5조 제6호). 장해는 부상 또는 질병이 치유되었으나 정신적 또는 육체적 훼손으로 인하여 노동능력이 상실되거나 감소된 상태를 말한다(산업재해보상보험법 제5조 제5호).

정답 ❷

① 산업재해보상보험법 제5조 제1호
③ 산업재해보상보험법 제5조 제7호
④ 산업재해보상보험법 제37조 제1항 제1호 마목

37 다음이 설명하는 행정행위의 특성은 무엇인가?

> 행정행위의 성립에 하자가 있는 경우에도 그것이 중대·명백하여 무효로 인정되는 경우를 제외하고는, 권한 있는 기관에 의하여 취소되기까지 유효한 것으로 통용되는 힘을 말한다.

① 불가쟁력 ② 불가변력
③ 공정력 ④ 강제력

제시문이 설명하는 행정행위의 특성은 공정력이다.

정답 ❸

① 불가쟁력 : 쟁송제기기간이 경과하거나 법적 구제수단을 포기 또는 쟁송수단을 다 거친 후에는 행정행위의 상대방 기타 이해관계인이 더 이상 그 효력을 다툴 수 없게 되는 힘을 의미한다.
② 불가변력 : 행정청은 행정행위가 위법하거나 공익에 적합하지 않을 때에는 직권에 의하여 이를 취소하거나 철회할 수 있는 것이 원칙이나 일정한 경우 행정청 자신도 직권으로 자유로이 이를 취소·변경·철회할 수 없는데, 이를 불가변력 또는 실질적 존속력이라고 한다.
④ 강제력 : 행정청이 법원의 힘을 빌리지 않고 자신의 목적 실현을 위해 자력으로 강제력을 행사할 수 있는 자력집행권을 의미한다.

38 행정행위의 주된 내용에 부가하여 그 상대방에게 작위·부작위·급부·수인의무를 부과하는 부관은?

확인 Check! ○ △ ×

① 조 건 ② 철회권의 유보
③ 기 한 ④ 부 담

설문은 부관 중 부담에 대한 내용에 해당한다. 다른 부관과 달리 그 자체가 행정행위이며, 독립하여 항고소송의 대상이 될 수 있다.

정답 ❹

핵심만 콕

부관의 종류

조 건	행정행위의 효력의 발생 또는 소멸을 발생이 불확실한 장래의 사실에 의존하게 하는 부관으로서, 조건성취에 의하여 당연히 효력을 발생하게 하는 정지조건과 당연히 그 효력을 상실하게 하는 해제조건이 있다.
기 한	행정행위의 효력의 발생 또는 소멸을 장래의 발생이 확실한 사실에 의존시키는 부관으로서, 기한의 도래로 행정행위가 당연히 효력을 발생하는 시기와 당연히 효력을 상실하는 종기가 있다.
부 담	행정행위의 주된 내용에 부가하여 그 상대방에게 작위·부작위·급부·수인의무를 부과하는 부관으로서, 부담은 다른 부관과 달리 그 자체가 행정행위이며, 독립하여 항고소송의 대상이 될 수 있다.
철회권의 유보	행정행위를 행함에 있어 일정한 경우에는 행정행위를 철회(변경)할 수 있음을 정한 부관이다(숙박업 허가를 하면서 성매매행위를 하면 허가를 취소한다는 경우).

39 행정법상 행정주체에 해당하지 않는 것은?

① 영조물법인 ② 공무수탁사인
③ 공공조합 ④ 지방자치단체장

지방자치단체장은 행정주체가 아닌 행정청(행정기관)에 해당한다.

정답 ❹

행정주체의 의의

행정법관계에서 행정권을 행사하고 그 법적 효과가 궁극적으로 귀속되는 당사자를 말한다.

행정주체의 종류

국 가		고유의 행정주체
공공단체	지방자치단체	일정한 구역을 기초로 그 구역 내의 모든 주민에 대해 지배권을 행사하는 공공단체로, 보통지방자치단체(특별시, 광역시, 특별자치시, 도 및 특별자치도와 기초자치단체인 시·군·자치구)와 특별지방자치단체(지방자치단체조합)가 있다.
	공공조합 (공사단)	특정한 국가목적을 위하여 설립된 인적결합체에 법인격이 부여된 것으로, 농업협동조합, 산림조합, 상공회의소, 변호사회 등이 있다.

공공단체	공재단	국가나 지방자치단체가 공공 목적을 위하여 출연한 재산을 관리하기 위하여 설립된 공법상의 재단법인으로, 한국학중앙연구원 등이 있다.
	영조물법인	행정주체에 의하여 특정한 국가목적에 계속적으로 봉사하도록 정하여진 인적·물적결합체로, 각종의 공사, 국책은행, 서울대학교병원, 적십자병원, 한국과학기술원 등이 있다.
공무수탁사인		국가나 지방자치단체로부터 공권(공행정사무)을 위탁받아 자신의 이름으로 공권력을 행사하는 사인이나 사법인으로, 사인인 사업시행자, 학위를 수여하는 사립대학 총장, 선박항해 중인 선장, 별정우체국장 등이 있다.

구별개념

- 행정기관 : 행정주체의 사무를 처리하는 지위에 있는 담당자를 의미함(예 의결기관으로서 지방의회, 집행기관으로서 지방자치단체장 등)
- 행정청 : 행정에 관한 의사를 결정하고 이를 외부에 표시할 수 있는 권한을 가진 행정기관 등을 의미함(예 장관, 처장, 청장, 지방자치단체장 등)

해설편 제1회

40 다음 중 행정상 강제집행의 수단을 모두 고르면?

확인 Check! ○ △ ×

ㄱ. 직접강제　　ㄴ. 집행벌(이행강제금)
ㄷ. 과태료　　ㄹ. 대집행
ㅁ. 강제징수　　ㅂ. 즉시강제
ㅅ. 행정조사

① ㄱ, ㄴ, ㅁ　　② ㄱ, ㄹ, ㅂ
③ ㄱ, ㄴ, ㄹ, ㅁ　　④ ㄱ, ㄴ, ㄹ, ㅁ, ㅂ

쏙쏙 해설

제시된 내용 중 행정상 강제집행의 수단에 해당하는 것은 ㄱ, ㄴ, ㄹ, ㅁ이다.

정답 ❸

핵심만 콕

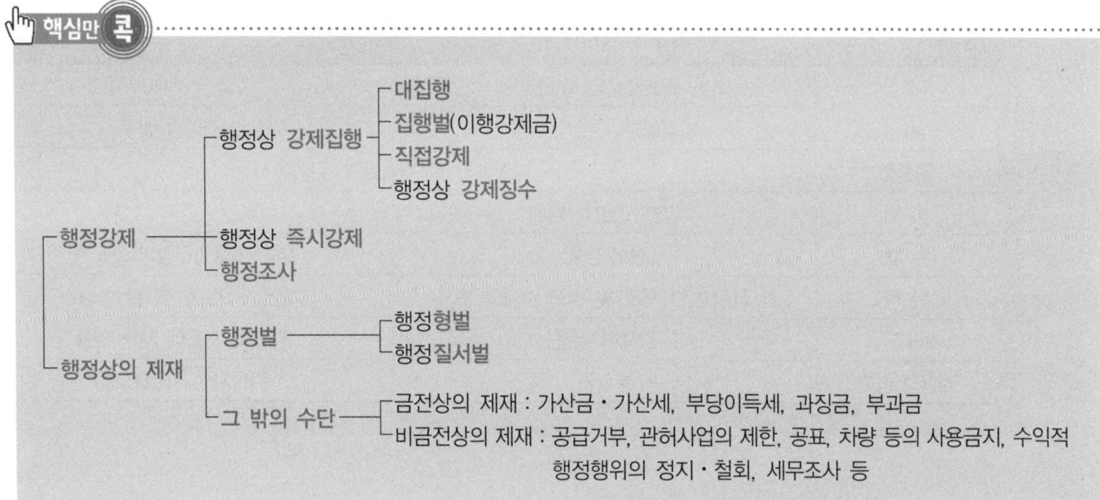

제1회 민간경비론

정답 및 해설

정답 CHECK

41	42	43	44	45	46	47	48	49	50	51	52	53	54	55	56	57	58	59	60
①	②	③	①	③	②	③	①	②	①	③	③	③	③	①	②	②	①	②	④
61	62	63	64	65	66	67	68	69	70	71	72	73	74	75	76	77	78	79	80
②	③	③	①	③	③	③	③	④	④	④	③	①	②	③	③	②	③	④	③

각 문항별로 이해도를 체크해 보세요.

문제편 015p

41 다음은 공경비와 민간경비를 비교한 것이다. 옳지 않은 것은?

확인 Check! ○ △ ×

① 공경비와 민간경비 모두 법 집행(범인 체포 및 범죄 수사 등)에 목적을 둔다.

② 공경비는 각종 강제권을 포함한 권한이 주어져 있으나, 민간경비는 이러한 권한이 극히 한정되어 있다.

③ 공경비와 민간경비 모두 국민 또는 고객의 생명과 재산을 보호하고 사회공공의 안녕과 질서를 유지한다는 데 궁극적인 목표가 있다.

④ 공경비의 역할은 범죄예방 및 범죄 대응에 있으나, 민간경비의 역할은 범죄예방에 있다.

쏙쏙 해설

공경비의 목적은 주로 법 집행(범인 체포 및 범죄 수사 등)에 있으나, 민간경비는 손실 감소 및 재산보호에 있다.

정답 ❶

핵심만 콕

공경비와 민간경비의 비교

구 분	공경비(경찰)	민간경비(개인 또는 경비업체)
대 상	일반 국민(시민)	계약 당사자(고객)
임 무	범죄예방과 범죄 대응	범죄예방 임무
공통점	범죄예방 및 위험방지, 질서유지	
범 위	일반(포괄)적 범위	특정(한정)적 범위
주 체	정부(경찰)	영리기업(민간경비회사 등)
목 적	법 집행(범인 체포 및 범죄 수사와 조사)	개인 재산보호 및 손실 감소
제약조건	강제력 있음	강제력 사용에 제약 있음
권한의 근거	통치권	위탁자의 사권(私權)

42 민간경비의 특성으로 옳지 않은 것은?

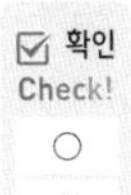

① 영리성
② 범죄의 사후적 관리기능
③ 계약자 등 특정인이 수혜대상
④ 공경비에 비해 한정된 권한과 각종 제약

민간경비는 범죄의 사전예방적 기능을 주요 임무로 한다.

정답 ❷

43 민간경비의 개념에 관한 설명으로 옳지 않은 것은?

① 공공기관에 의한 공경비 활동을 제외한 모든 경비활동은 광의의 개념이다.
② 형식적 의미에서의 민간경비 개념은 공경비와 명확히 구별된다.
③ 실정법에서 규정하고 있는 민간경비는 개념적으로 실질적인 의미의 민간경비에 해당된다.
④ 고객의 생명, 재산, 신체보호, 질서유지를 위한 범죄예방활동은 (최)협의의 개념이다.

실정법에서 규정하고 있는 민간경비는 개념적으로 형식적인 의미의 민간경비에 해당된다. 반면 실질적 의미의 민간경비는 고객(국민)의 생명과 신체 그리고 재산보호, 사회적 손실 감소와 질서유지를 위한 일체의 활동을 말한다.
〈출처〉 서진석, 민간경비론, 백산출판사, 2008

정답 

핵심만 콕

민간경비의 개념

협의의 민간경비	• 고객의 생명, 재산, 신체보호, 질서유지를 위한 범죄예방활동(방범과 관련된 경비활동)을 의미한다. • 민간이 주체가 되는 모든 경비활동은 협의의 개념이다. • 고객의 생명과 신체 및 재산을 보호하는 활동은 최협의의 개념이다.
광의의 민간경비	• 공경비를 제외한 방범, 방재, 방화 등을 포괄한 포괄적 경비활동을 의미한다.
형식적 의미의 민간경비	• 경비업법에 의해 허가받은 법인이 경비업법상의 업무를 수행하는 활동을 의미한다. • 형식적 의미에서의 민간경비 개념은 공경비와 명확히 구별된다.
실질적 의미의 민간경비	• 고객(국민)의 생명・신체・재산보호 및 사회적 손실 감소와 질서유지를 위한 일체의 활동을 뜻함(정보보호, 사이버보안도 포함됨) • 실질적 의미의 민간경비 개념은 공경비와 유사하다.

44 공동화이론에 대한 설명으로 옳은 것은?

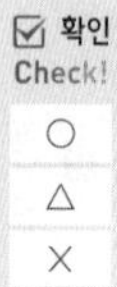

① 경찰이 수행하고 있는 경찰 본연의 기능이나 역할을 민간경비가 보완하거나 대체한다는 이론이다.
② 특정한 사회 현상을 설명함에 있어 그 현상이 직접적으로는 경제와 무관한 것임에도 불구하고, 그 발생 원인을 경제문제에서 찾으려고 한다.
③ 민간경비도 자신의 집단적 이익을 극대화 하기 위해 규모를 팽창시키는 등의 노력을 한다는 이론이다.
④ 개인의 안전과 보호는 해당 개인이 책임져야 한다는 자본주의 체제하에서 주장되는 이론이다.

공동화이론은 경찰이 수행하고 있는 경찰 본연의 기능이나 역할을 민간경비가 보완하거나 대체한다는 이론이다.
②는 경제환원론적이론, ③은 이익집단이론, ④는 수익자부담이론에 대한 설명이다.

정답 ❶

45 헨리 필딩(Henry Fielding)의 활동에 대한 설명으로 옳지 않은 것은?

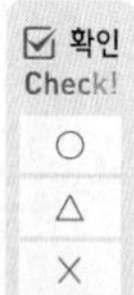

① 헨리 필딩(Henry Fielding)이 시민들 중 지원자로 구성한 소규모 단위의 범죄예방조직을 만들어 보수를 지급하고, 1785년경 인류 역사상 최초의 형사기동대에 해당하는 조직을 만들었다.
② 범죄예방을 위해서는 시민 스스로가 단결해야 한다는 개념을 확립하고, 영구적이며 직업적으로 충분한 급료를 받는 민간경비를 제안했다.
③ Peeler 또는 Bobbies라는 애칭으로 불리우는 수도경찰을 재조직하였다.
④ 도보경찰, 기마경찰, 보우가의 주자 등을 만드는데 공헌하였다.

"Bobbies" 또는 "Peeler"라고 불리우는 수도경찰을 재조직하고, 영국의 형법 개혁안을 처음으로 만든 사람은 로버트 필이다.

 ❸

46 치안서비스 공동생산이론에 관한 설명으로 옳지 않은 것은?

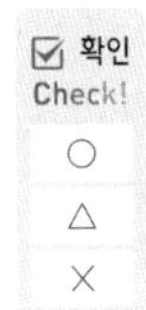

① 민간경비를 공경비의 보조적 차원이 아닌 주체적 차원으로 인식한다.
② 그냥 내버려두면 보호받지 못한 채로 방치될 재산을 민간경비가 보호한다는 이론이다.
③ 치안서비스 제공은 경찰의 역할수행과 민간경비의 공동 참여로 이루어진다.
④ 공동생산이론은 경찰이 안고 있는 한계를 일부 극복하고 시민의 안전욕구를 증대시키기 위하여 민간부문의 능동적 참여를 다각적으로 유도하는 이론이다.

이익집단이론에 대한 설명이다.

정답 ❷

47 민선행정관인 보안관(Sheriff)의 무능함을 견제하기 위해 영국의 국왕이 치안판사직을 신설했던 시대는?

① 보우가의 주자　　② 크롬웰 집권기
③ 주야 감시원 시대　　④ King's Peace시대

주야 감시원 시대에 국왕은 법 집행이 점차 정부책임으로 되어감에 따라 지역경찰에 대해 철저한 통제를 하는 과정에서 주의 보안관(Sheriff)의 무능함을 견제하기 위해 치안판사직을 신설하게 되었다.

정답 ❸

48 우리나라 민간경비산업의 발전과정이 순서대로 나열된 것은?

ㄱ. 주한 미8군부대의 용역경비 실시
ㄴ. 용역경비업법 제정
ㄷ. 경비지도사의 직무로 집단민원현장에 배치된 경비원에 대한 지도・감독 추가
ㄹ. 특수경비원 제도 도입
ㅁ. 사단법인 한국경비협회 설립

① ㄱ - ㄴ - ㅁ - ㄹ - ㄷ
② ㄱ - ㄴ - ㄹ - ㅁ - ㄷ
③ ㄱ - ㅁ - ㄴ - ㄹ - ㄷ
④ ㄱ - ㅁ - ㄹ - ㄴ - ㄷ

ㄱ. 주한 미8군부대의 용역경비 실시(1962년) → ㄴ. 용역경비업법 제정(1976년) → ㅁ.사단법인 한국경비협회 설립(1978년) → ㄹ. 특수경비원 제도 도입(2001년) → ㄷ. 경비지도사의 직무로 집단민원현장에 배치된 경비원에 대한 지도・감독 추가(2013년)

정답 ❶

49 영국의 민간경비 발전과정에 대한 설명으로 옳지 않은 것은?

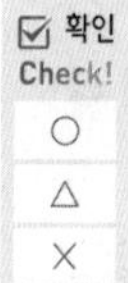

① 영국에서는 사설 경찰활동이 공적인 경찰활동보다 먼저 존재하였으며, 공경찰의 도입 필요성을 제기하는 계기가 되었다.
② 범죄예방을 위해서는 시민 스스로가 단결해야 한다는 개념을 확립하고, 영구적이며 직업적으로 충분한 급료를 받는 민간경비를 제안한 사람은 올리버 크롬웰이다.
③ 레지스 헨리시법은 민간경비 차원에서 실시되던 경비활동을 국가적 치안 개념으로 발전시킨 것으로 줄여서 헨리시법이라고도 한다.
④ 민선행정관인 보안관(Sheriff)의 무능함을 견제하기 위해 영국의 국왕이 치안판사직을 신설했던 시대는 주야 감시원 시대이다.

범죄예방을 위해서는 시민 스스로가 단결해야 한다는 개념을 확립하고, 영구적이며 직업적으로 충분한 급료를 받는 민간경비를 제안한 사람은 헨리 필딩이다. 또한 헨리 필딩은 도보경찰, 기마경찰, 보우가의 주자 등을 만드는데 공헌하였다. 올리버 크롬웰은 강력한 중앙정부가 지방정부를 통제해야 한다고 하여 영국의 경찰 모델 형성에 영향을 미쳤다.

정답 ❷

50 미국의 민간경비 발전과정에 관한 설명으로 옳은 것을 모두 고른 것은?

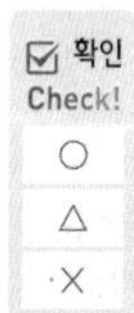

ㄱ. 18세기 무렵 신개척지에 거주하고 있던 주민들을 보호하기 위해 밤에만 활동하는 야간경비원이 생겨났다.
ㄴ. 범죄에 대응하는 방식에 있어서 자치경찰조직의 형태를 추구하는 것보다 강력한 경찰조직의 형태를 추구하였다.
ㄷ. 1858년 에드윈 홈즈가 홈즈 방호회사를 설립하여 최초의 중앙감시방식의 경보서비스 사업을 시작하였다.
ㄹ. 1883년 워싱턴 페리 브링스가 트럭수송회사를 설립, 방탄장갑차를 이용한 현금수송을 개시하였다.

① ㄱ, ㄷ
② ㄱ, ㄹ
③ ㄴ, ㄷ
④ ㄴ, ㄹ

ㄱ, ㄷ의 내용이 옳다.
ㄴ (×) 범죄에 대응하는 방식에 있어서 강력한 경찰조직보다는 자치경비조직의 형태를 추구하였다.
ㄹ (×) 워싱턴 페리 브링스가 트럭수송회사를 설립, 방탄장갑차를 이용한 현금수송을 개시한 연도는 1859년이다.

정답 ❶

51 일본 민간경비원의 법적 지위에 관한 설명으로 옳지 않은 것은?

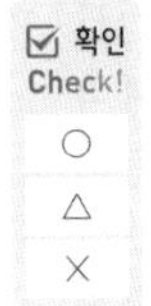

① 경비원에게는 특별한 권한이 주어져 있지 않아 경찰사법권을 행사할 수 없다.
② 경비원에게는 호신 용구의 소지에 관한 금지・제한 사항이 있다.
③ 경비원은 일정한 사적 영역뿐만 아니라 공공 영역도 활동 영역으로 한다.
④ 경비원은 정당방위, 긴급피난, 자구행위, 현행범 체포 등을 할 수 있다.

쏙쏙 해설

공공 영역은 민간경비가 아닌 경찰의 활동 영역에 해당한다.

정답 ❸

52 한국 민간경비원의 법적 지위에 관한 설명으로 옳지 않은 것은?

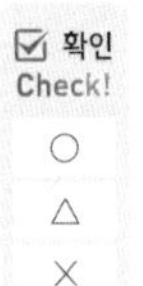

① 민간경비원은 현행범을 체포할 수 있다.
② 국가중요시설에 근무하는 특수경비원은 필요한 경우 무기 휴대가 가능하지만 수사권이 인정되지는 않는다.
③ 특수경비원은 인질・간첩 또는 테러 사건에 있어서 은밀히 작전을 수행하는 부득이한 경우에도 경고 후 소총을 발사할 수 있다.
④ 민간경비원의 법적 지위는 일반시민과 동일하다.

쏙쏙 해설

특수경비원은 인질・간첩 또는 테러 사건에 있어서 은밀히 작전을 수행하는 부득이한 경우에는 경고 없이 소총을 발사할 수 있다(경비업법 제15조 제4항 제1호 단서 나목).

정답 ❸

53 민간경비의 국내・외 치안환경 변화에 관한 설명으로 옳지 않은 것은?

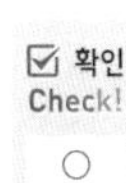

① 집단이기주의로 인한 불법적 집단행동은 증가될 것이다.
② 범죄 연령이 연소화되는 추세이다.
③ 범죄행위 및 방법이 지역화, 기동화, 조직화, 집단화되고 있다.
④ 고령화로 인해 소외된 노인들의 범죄는 계속 증가하여 심각한 사회문제로 대두되고 있다.

쏙쏙 해설

교통, 통신시설 등의 급격한 발달로 범죄가 광역화・기동화・조직화・대형화되고 있다.

정답 ❸

54 경찰방문에 대한 설명으로 옳지 않은 것은?

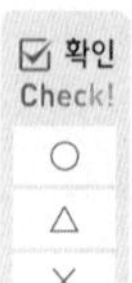

① 비권력적 사실행위로서의 행정지도이다.
② 방문시간은 일출 후부터 일몰 시간 전에 함이 원칙이다.
③ 별도의 법적 근거에 의해서만 경찰방문이 가능하다.
④ 매 분기 1회 이상의 방문은 상대방의 동의를 얻어 수시로 실시한다.

경찰방문은 경찰방문 및 방범진단 규칙, 지역경찰조직 및 운영에 관한 규칙에 근거하는 행정지도이며, 별도의 법적 근거가 없어도 경찰방문은 가능하다.

 ❸

55 치안서비스 공동생산의 유형 중 제Ⅳ유형(집단적 · 적극적 자율방범활동)에 대한 설명을 모두 고른 것은?

ㄱ. 시민자율순찰대 활동
ㄴ. 주민공동 경비원의 고용
ㄷ. 목격한 범죄행위 신고 · 증인 행위
ㄹ. 이웃안전감시단 활동

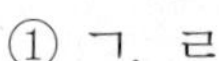

① ㄱ, ㄹ　② ㄱ, ㄷ
③ ㄴ, ㄹ　④ ㄴ, ㄷ

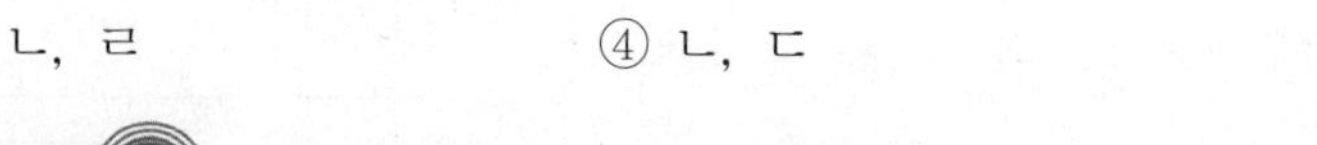

ㄴ은 제Ⅲ유형, ㄷ은 제Ⅱ유형에 해당한다.

 ❶

핵심만 콕

치안서비스 공동생산의 유형

구 분		시민들 간의 협동수준: 개인적 활동	시민들 간의 협동수준: 집단적 활동
경찰과의 협조 수준	소극적	제Ⅰ유형(개인적 · 소극적 자율방범활동) • 자신과 가족을 범죄로부터 보호하는 활동 : 비상벨 설치, 추가 자물쇠 설치, 집 바깥에 야간등 설치 활동 • 자신의 몸을 보호하는 활동 : 호신술 훈련, 호루라기 휴대, 위험한 곳 피해다니기 등의 활동	제Ⅲ유형(집단적 · 소극적 자율방범활동) • 범죄예방을 위한 이웃간의 협의 • 지역주민이 독립적, 자율적으로 주민단체를 결성(강도, 주택침입, 성범죄 등 범죄대처) : 지역주민의 범죄예방을 위한 정보 제공, 특정범죄에 대한 주민의 경계심 제고, 자체적인 지역순찰, 야간등 보수 및 증설, 경찰서비스의 대응성 향상을 위한 활동 • 주민공동 경비원의 고용
	적극적	제Ⅱ유형(개인적 · 적극적 자율방범활동) • 경찰 신고 행위(절도, 강도 등) • 목격한 범죄행위 신고 · 증인 행위	제Ⅳ유형(집단적 · 적극적 자율방범활동) • 이웃안전감시단 활동(자율순찰) • 시민자율순찰대 활동

56 자체경비와 계약경비에 관한 설명으로 옳지 않은 것은?

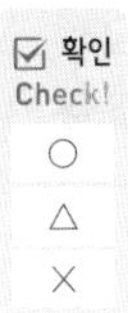

① 경비업법은 도급계약 형태이므로 계약경비를 전제로 한다.
② 오늘날은 자체경비서비스가 계약경비서비스보다 더 빠르게 증가하고 점차 확대되고 있다.
③ 자체경비는 계약경비에 비해 임금이 높고 안정적이므로 이직률이 낮은 편이다.
④ 자체경비원은 계약경비원보다 고용주에 대한 충성심이 더 높다.

오늘날은 계약경비서비스가 자체경비서비스보다 더 빠르게 증가하고 점차 확대되고 있다.

정답 ❷

핵심만 콕

계약경비와 자체경비의 장단점

구 분	계약경비	자체경비
장 점	• 전문성을 갖춘 인력을 쉽게 제공한다. • 인사관리에서의 비용이 절감된다. • 결원 보충, 추가 인력 배치가 용이하다. • 경비 수요 변화에 따른 대처가 용이하다. • 구성원 중에 질병이나 해임 등으로 인해 업무 수행상의 문제가 발생했을 때 인사이동과 대처(대책)가(이) 용이하다.	• 계약경비에 비해 이직률이 낮은 편이다. • 경비원에 대한 통제를 강화할 수 있다. • 자질이 우수한 사람들이 지원한다. • 고용주에 대한 충성심이 높다. • 고용주의 요구를 신속히 반영한다. • 자기계발을 위한 노력을 다한다.
단 점	• 조직(시설주)에 대한 충성심이 낮다. • 급료가 낮고 이직률이 높은 편이다. • 외부에 정보유출 가능성이 높다.	• 인사관리가 힘들고 비용이 많이 든다. • 계약경비에 비하여 해임이나 감원, 충원 등이 필요한 경우에 탄력성이 떨어진다.

57 다음 중 경비지도사의 결격사유로 옳지 않은 것은?

① 18세 미만인 사람
② 60세 이상인 사람
③ 금고 이상의 형의 집행유예 선고를 받고 그 유예기간 중에 있는 자
④ 파산선고를 받고 복권되지 아니한 자

경비지도사의 상한 연령은 없으며, 18세 이상이며 다른 결격사유에 해당하지 않는 사람은 경비지도사가 될 수 있다.

정답 ❷

① 경비업법 제10조 제1항 제1호 결격사유에 해당
③ 경비업법 제10조 제1항 제4호 결격사유에 해당
④ 경비업법 제10조 제1항 제2호 결격사유에 해당

해설편 제1회

58 **청원경찰의 교육에 대한 설명으로 옳은 것은?**

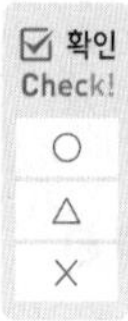

① 경찰교육기관의 교육계획상 부득이하다고 인정할 때에는 우선 배치하고 임용 후 1년 이내에 교육을 받게 할 수 있다.
② 경찰공무원 또는 청원경찰에서 퇴직한 사람이 퇴직한 날부터 5년 이내에 청원경찰로 임용되었을 때에는 교육을 면제할 수 있다.
③ 청원주는 청원경찰에 대하여 행정안전부령이 정하는 시간(6시간) 이상의 직무교육을 실시하여야 한다.
④ 경찰청장은 필요하다고 인정하는 경우에는 청원경찰이 배치된 사업자에 소속공무원을 파견하여 직무집행에 필요한 교육을 실시할 수 있다.

청원경찰법 시행령 제5조 제1항 단서

 ❶

② 퇴직한 날부터 3년 이내에 임용되었을 경우 직무 수행에 필요한 교육의 면제가 가능하다(청원경찰법 시행령 제5조 제2항).
③ 청원주는 소속 청원경찰에 대하여 그 직무집행에 관하여 필요한 교육을 매월 4시간 이상 실시하여야 한다(청원경찰법 시행규칙 제13조 제1항).
④ 경찰청장이 아닌 관할 경찰서장이 필요하다고 인정하는 경우이다(청원경찰법 시행규칙 제13조 제2항).

59 **경비원이 경비순찰활동 중 도보나 차량을 이용하여 정해진 순찰노선을 따라 경비구역 및 시설물의 상태를 점검하는 경비형태는?**

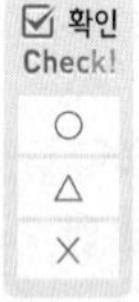

① 고정근무 ② 순찰근무
③ 상근근무 ④ 예비근무

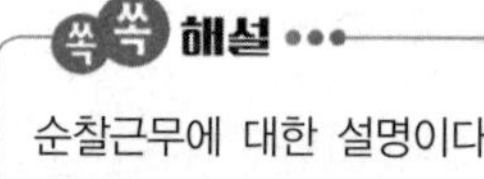

순찰근무에 대한 설명이다.

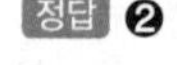 ❷

경비원의 경비순찰활동 형태

- 고정근무 : 시설물 내외의 인적·물적 가치 보호, 일반시설·고층빌딩·금융시설 등의 건물의 출입구나 로비 등 특히 위험하다고 판단되는 지역의 경비업무형태
- 순찰근무 : 도보나 순찰 차량으로 1인 또는 팀으로 근무지역 내에서 정해진 코스를 순찰하는 형태
- 예비근무 : 고정근무 요원이나 순찰근무 요원에게 경비상 필요한 지원업무를 담당하는 형태

60 다음 중 경비관리 책임자의 역할이 바르게 연결된 것은?

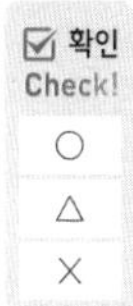

① 관리상 역할 – 경비의 명확성, 회사 규칙의 위반과 모든 손실에 관한 관리 · 감시 · 회계, 경찰과 소방서와의 유대관계, 관련 문서의 분류 등이 해당된다.
② 예방상 역할 – 예산과 재정상의 감독, 사무행정, 경비문제를 관할하는 정책의 설정, 조직체계와 절차의 개발 등이 해당된다.
③ 조사상의 역할 – 경비원에 관한 감독 · 순찰, 화재와 경비원의 안전, 출입금지구역에 관한 감시 등을 일컫는 활동이다.
④ 경영상의 역할 – 기획, 조직화, 채용, 지도, 감독, 혁신 등이 있다.

경비관리 책임자의 역할이 바르게 연결된 것은 ④이다.
①은 조사상의 역할(조사활동), ②는 관리상의 역할, ③은 예방상의 역할에 대한 내용이다.

정답 ❹

핵심만 콕

경비관리 책임자(=경비부서 관리자)의 역할

예방상의 역할	경비원에 대한 감독, 화재와 경비원의 안전, 경비활동에 대한 규칙적인 감사, 출입금지구역에 대한 감시, 교통통제, 경보시스템, 조명, 울타리, 통신장비 등과 같은 모든 경비장비들의 상태 점검 등
관리상의 역할	예산과 재정상의 감독, 경비문제를 관할하는 정책의 설정, 사무행정, 조직체계와 절차의 개발, 경비부서 직원에 대한 교육 · 훈련 과정의 개발, 모든 고용인들에 대한 경비교육 등
경영상의 역할	기획, 조직화(기획의 조직화), 채용, 지도, 감독, 혁신 등
조사상의 역할(조사활동)	경비의 명확성, 감시, 회계, 회사 규칙의 위반과 이에 따르는 모든 손실에 대한 조사 · 관리 · 감시 · 회계, 일반 경찰과 소방서와의 유대관계, 관련 문서의 분류(확인) 등

61 다음에서 설명하는 민간경비조직의 운영원리는 무엇인가?

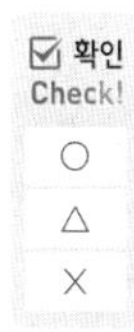

• 경비원은 직속상관에게 직접 명령을 받고 보고해야 한다.
• 지휘계통의 일원화로 책임소재를 명확히 해야 한다.

① 계층제의 원리
② 명령통일의 원리
③ 전문화의 원리
④ 조정 · 통합의 원리

제시문이 설명하는 민간경비조직의 운영원리는 명령통일의 원리이다.

정답 ❷

① 계층제의 원리 : 구성원 간 상하의 등급, 즉 계층을 설정하여 각 계층 간에 권한과 책임을 배분하고 명령계통과 지휘・감독체계를 확립하는 것을 말한다.
③ 전문화의 원리 : 조직의 전체기능을 기능별・특성별로 나누어 임무를 분담시키며, 각 개인별 능력을 충분히 고려하여 적재적소에 배치하는 것을 말한다.
④ 조정・통합의 원리 : 조직전체의 목표, 즉 공동목표를 달성하기 위해 하위조직 사이에 수행하고 있는 업무가 통일성 내지 조화를 이루도록 하는 것이다. 조직구조가 분업화, 전문화되어 있을수록 조정・통합의 필요성이 크다.

62 다음 제시문은 경비실시방식에 따른 경비의 분류에 대한 내용이다. ( ) 안의 ㉠, ㉡에 들어갈 알맞은 말을 바르게 묶은 것은?

확인 Check! ○ △ ×

> 단지 특정한 손실이 발생할 때마다 그 사건에만 대응하는 경비형태는 (㉠)이고, 포괄적・전체적 계획 없이 필요할 때마다 손실예방 등의 역할을 수행하기 위해 추가되는 경비형태는 (㉡)이라고 한다.

	㉠	㉡
①	1차원적 경비	단편적 경비
②	단편적 경비	1차원적 경비
③	반응적 경비	단편적 경비
④	단편적 경비	반응적 경비

( ) 안에 들어갈 내용은 ㉠ : 반응적 경비, ㉡ : 단편적 경비이다.

정답 ❸

경비실시방식에 따른 분류
- 1차원적 경비 : 경비원에 의한 경비 등과 같이 단일 예방체제에 의존하는 경비형태를 말한다.
- 단편적 경비 : 포괄적・전체적 계획 없이 필요할 때마다 단편적으로 손실 예방 등의 역할을 수행하기 위해 추가되는 경비형태를 말한다.
- 반응적 경비 : 단지 특정한 손실이 발생할 때마다 그 사건에만 대응하는 경비형태를 말한다.
- 총체적 경비(종합적 경비) : 모든 상황에 대비하기 위하여 인력경비와 기계경비를 종합한 경비형태를 말한다. 특정의 위해요소와 관계없이 언제 발생할지도 모르는 상황에 대비하여 인력경비와 기계경비를 종합한 표준화된 경비형태를 말한다.

63 경비위해요소에 대한 설명으로 옳지 않은 것은?

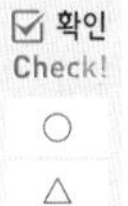

① 경비위해요소는 일반적으로 자연적 위해와 인위적 위해, 특정한 위해 등으로 구분할 수 있다.
② 경비위해요소의 분석에 있어서 첫 번째 단계는 위해요소를 인지하는 것이다.
③ 경비위해요소의 평가 및 분석에 있어서 경비활동의 비용효과분석을 실시할 필요가 없다.
④ 경비위해요소는 경비대상의 안전성에 위험을 끼치는 제반요소를 의미한다.

쏙쏙 해설

경비위해요소의 평가 및 분석에 있어서 경비활동의 비용효과분석을 실시하여야 한다.

정답 ❸

핵심만 콕

① 경비위해요소의 형태에는 ㉠ 화재, 폭풍 등의 자연적 위해, ㉡ 신체를 위협하는 범죄, 절도, 좀도둑, 사기 및 특정상황하에서 공공연하게 발생하는 폭력 등의 인위적 위해, ㉢ 화학공장에서의 화재, 강·절도 등에 의해 잠재적 손실이 매우 큰 소매점처럼 위해에 노출되는 정도가 시설물의 처한 상황에 따라 다양하게 나타나는 특정한 위해로 3가지가 있다.
② 경비위해요소의 분석은 경비위해요소의 인지 → 경비위해요소의 손실발생 가능성 예측 → 예상된 손실에 대한 평가 → 경비활동의 비용효과분석 순으로 이루어진다.
④ 경비위해요소란 경비대상의 안전성에 위험을 끼치는 모든 제반요소를 의미하며, 각종 사고로부터 손실을 예방하고 최적의 안전확보를 위해서는 경비위해요소에 대한 인지와 평가가 선행되어야 한다.

64 환경설계를 위한 범죄예방(CPTED)에 관한 설명으로 옳지 않은 것은?

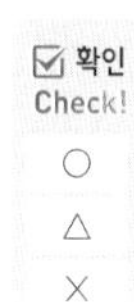

① CPTED는 기계적 통제와 감시는 고려하지 않고, 자연적 접근방법을 통해 범죄예방효과를 극대화시키는 전략이다.
② 전통적 CPTED는 단순히 외부 공격으로부터 보호 대상을 강화하는 THA(Target Hardening Approach)방법을 사용하였다.
③ 뉴만(Newman)이 방어공간(Defensible space) 개념을 확립한 것에서 제퍼리(Jeffery)가 처음으로 CPTED의 개념을 제시하였다.
④ CPTED의 활용 예로는 쿨드삭(또는 쿨데삭, Culdesac), 앨리게이터(Alleygater) 등을 들 수 있다.

쏙쏙 해설

CPTED의 1차적 기본 전략은 자연적 접근통제, 자연적 감시, 영역성의 강화 등 3가지이다. 접근통제는 범행기회를 줄일 목적으로 행해지는 설계개념인데, 2차적 기본 전략으로 조직적 통제(경비원), 기계적 통제(자물쇠), 자연적 통제(공간구획)가 있다. 따라서 기계적 통제와 감시는 고려하지 않는다는 표현은 옳지 않은 내용이다.

정답 ❶

해설편 제1회

65 **보호대상의 물건에 직접적으로 센서를 부착하여 그 물건이 움직이게 되면 경보를 발하며 미술품이나 전시 중인 물건을 보호하기 위하여 주로 사용하는 방범기기는?**

① 전자파 울타리
② 무선 주파수장치
③ 진동탐지기
④ 압력반응식 센서

설문은 진동탐지기에 대한 내용이다. 즉, 진동탐지기는 물건에 직접 부착해 물체의 움직임을 감지하기 때문에 오차율과 정확성에서 품질이 매우 우수해야 한다.

 ❸

① 전자파 울타리 : 광전자식 센서를 보다 복잡하게 개발한 장치로서 레이저 광선을 3가닥 내지는 9가닥 정도까지 쏘아서 하나의 전자벽(電子壁)을 만드는 것으로 오보율이 높다.
② 무선 주파수장치 : 레이저 광선이 아닌 무선주파수를 사용하는 장치로, 침입자에게서 나오는 열에 의해 전파의 이동에 방해 받으면 그 즉시 경보를 울리는 방식이다.
④ 압력반응식 센서
  ㉠ 센서에 직간접적인 압력이 가해지면 작동하는 센서로 침입자가 이 센서를 건드리거나 밟게 되면 그 즉시 센서가 작동하여 신호를 보내게 된다.
  ㉡ 주로 자동문이나 카펫 밑에 지뢰 매설식으로 설치한다.

66 **국가중요시설 분류 중 "다"급에 해당하지 않는 것은?**

① 한국은행 각 지역본부
② 중앙행정기관의 청사
③ 대검찰청
④ 국가정보원 지부

대검찰청은 나급에 속하는 국가중요시설이다.

정답 ❸

국가중요시설의 분류★

가 급	나 급	다 급
• 청와대, 국회의사당, 대법원, 정부중앙청사 • 국방부・국가정보원 청사 • 한국은행 본점	• 중앙행정기관 각 부(部)・처(處) 및 이에 준하는 기관 • 대검찰청・경찰청・기상청 청사 • 한국산업은행・한국수출입은행 본점	• 중앙행정기관의 청사 • 국가정보원 지부 • 한국은행 각 지역본부 • 다수의 정부기관이 입주한 남북출입관리시설 • 기타 중요 국・공립기관

67 경비계획수립의 순서대로 나열된 것은?

확인 Check! ○ △ ×

ㄱ. 문제의 인지
ㄴ. 자료 및 정보의 수집분석
ㄷ. 경비의 실시 및 평가
ㄹ. 최종안 선택
ㅁ. 목표의 설정
ㅂ. 피드백

① ㄱ − ㅁ − ㄹ − ㄴ − ㄷ − ㅂ
② ㄱ − ㄹ − ㅁ − ㄴ − ㄷ − ㅂ
③ ㄱ − ㅁ − ㄴ − ㄹ − ㄷ − ㅂ
④ ㄱ − ㄹ − ㄴ − ㅁ − ㄷ − ㅂ

쏙쏙 해설 •••

일반적으로 경비계획수립은 문제의 인지 → 목표의 설정 → 자료 및 정보의 수집분석 → 계획전체의 검토 → 대안의 작성 및 비교·검토 → 최종안 선택 → 경비의 실시 및 평가 → 피드백(feedback)의 순서로 진행된다.

정답 ❸

68 시설물의 물리적 통제시스템에 관한 설명으로 옳은 것은?

① 출입문의 경첩(hinge)은 출입문 바깥쪽에 설치하여 보안성을 강화해야 한다.
② 외부 침입 시 경비시스템 중 1차 보호시스템은 내부 출입통제시스템이고, 2차 보호시스템은 외부 출입통제시스템이다.
③ 체인링크(chain link)는 콘크리트나 석재 담장과 유사한 보호기능을 하면서도 저렴하다는 장점이 있다.
④ 안전유리(security glass)는 동일한 두께의 콘크리트 벽에 비해 충격에는 약하나 외관상 미적 효과가 있다.

③은 체인링크에 대한 설명으로 옳다.
① 경첩은 외부로 노출되면 파손가능성이 있으므로 되도록 내부에 설치해야 하며, 연결핀은 유동적이어야 한다.
② 외부 출입통제가 1차 보호시스템이고, 내부통제가 2차 보호시스템이다.
④ 안전유리는 동일한 두께의 콘크리트 벽에 비해 충격에 강하고 외관상 미적 효과가 있다.

정답 ❸

69 경비수준에 관한 설명으로 옳지 않은 것은?

① 최저수준경비(Level Ⅰ)는 보통 출입문과 자물쇠를 갖춘 창문과 같은 단순한 물리적 장벽으로 구성되는 일반 가정에 대한 경비를 말한다.

② 하위수준경비(Level Ⅱ)는 작은 소매상점, 저장창고 등에 대한 경비를 말한다.

③ 중간수준경비(Level Ⅲ)는 보다 발전된 원거리 경보시스템, 경계지역의 보다 높은 물리적 수준의 장벽 등이 조직되어 진다.

④ 상위수준경비(Level Ⅳ)는 최첨단의 경보시스템과 현장에서 즉시 대응할 수 있는 24시간 무장체계가 갖춰진 경비체계를 말한다.

④는 최고수준경비(Level Ⅴ)의 내용에 해당한다. 상위수준경비는 CCTV, 경계경보시스템, 고도로 훈련받은 무장경비원, 고도의 조명시스템, 경비원과 경찰의 협력시스템 등으로 이루어진다.

정답 ❹

경비의 중요도에 따른 분류(경비계획의 수준)★

최저수준경비, 하위수준경비, 중간수준경비, 상위수준경비, 최고수준경비의 5단계로 구분할 수 있다.

구분	내용
최저수준경비 (Level Ⅰ)	일정한 패턴이 없는 불법적인 외부침입을 방해할 수 있도록 계획된 경비시스템으로, 보통 출입문과 자물쇠를 갖춘 창문과 같은 단순한 물리적 장벽으로 구성된다(예 일반가정 등).
하위수준경비 (Level Ⅱ)	일정한 패턴이 없는 불법적인 외부침입을 방해하고 탐지할 수 있도록 계획된 경비시스템으로, 일단 단순한 물리적 장벽과 자물쇠가 설치되고 거기에 보강된 출입문, 창문의 창살, 보다 복잡한 수준의 자물쇠, 조명시스템, 기본적 경보시스템, 기본적인 안전장치가 설치된다(예 작은 소매상점, 저장창고 등).
중간수준경비 (Level Ⅲ)	대부분의 패턴이 없는 불법적인 외부침입과 일정한 패턴이 없는 일부 내부침입을 방해, 탐지, 사정할 수 있도록 계획된 경비시스템으로, 보다 발전된 원거리 경보시스템, 경계지역의 보다 높은 수준의 물리적 장벽, 기본적 의사소통 장비를 갖춘 경비원 등이 조직되는 수준이다(예 큰 물품창고, 제조공장, 대형 소매점 등).
상위수준경비 (Level Ⅳ)	대부분의 패턴이 없는 외부 및 내부의 침입을 발견·저지·방어·예방하도록 계획되어진 경비시스템으로 CCTV, 경계경보시스템, 고도로 훈련받은 무장경비원, 고도의 조명시스템, 경비원과 경찰의 협력시스템 등으로 이루어진다(예 교도소, 제약회사, 전자회사 등).
최고수준경비 (Level Ⅴ)	일정한 패턴이 전혀 없는 외부 및 내부의 침입을 발견, 억제, 사정, 무력화할 수 있도록 계획된 경비시스템으로, 최첨단의 경보시스템과 현장에서 즉시 대응할 수 있는 24시간 무장체계가 갖추어진다(예 핵시설물, 중요교도소, 중요군사시설, 정부의 특별연구기관, 일부 외국대사관 등).

70 조명등의 종류와 그 특징에 관한 설명으로 옳지 않은 것은?

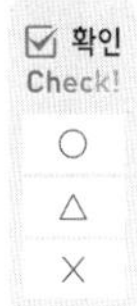

① 백열등 : 가정집에서 보편적으로 사용되지만 수명이 짧다.
② 수은등 : 푸른빛을 띠고 매우 강한 빛을 방출하며, 백열등보다 수명이 길어 효과적이다.
③ 나트륨등 : 연한 노란색을 발하며, 안개가 자주 끼는 지역에 효과적이다.
④ 석영등 : 수은등처럼 매우 밝은 푸른빛을 빠르게 발산하므로 경계구역과 사고발생 다발지역에 유용하나 가격이 비싸다는 단점이 있다.

석영등은 백열등처럼 매우 밝은 하얀 빛을 발하며, 빨리 빛을 발산하므로 매우 밝은 조명을 요하는 곳, 경계구역과 사고발생 다발지역에 사용하기에 매우 유용하지만 가격이 비싸다는 단점이 있다.

정답 ❹

71 다음의 경보체계 종류는?

> 일반적으로 활용하고 있는 경보체계로서 경계가 필요한 곳에 CCTV를 설치하여 활용하므로 사태파악이나 조치가 빠르고 오경보나 오작동에 대한 염려가 없는 경보체계

① 상주경보시스템 ② 제한적 경보시스템
③ 외래경보시스템 ④ 중앙통제관리시스템

제시문은 중앙통제관리시스템에 대한 내용이다.

정답 ❹

경보체계(시스템)의 종류

구분	내용
중앙관제시스템 (중앙통제관리시스템)	• 일반적으로 활용하고 있는 경보체계로서 경계가 필요한 곳에 CCTV를 설치하여 활용 • 사태파악이나 조치가 빠르고 오경보나 오작동에 대한 염려가 거의 없음
다이얼 경보시스템	• 비상사태가 발생하였을 경우 사전에 입력된 전화번호(강도 등의 침입이 감지되는 경우는 112, 화재 발생 시는 119)로 긴급연락을 하는 시스템 • 설치가 간단하고 유지비가 저렴한 반면에, 전화선이 끊기거나 통화 중인 경우에는 전혀 연락이 되지 않는 단점이 있음
상주경보시스템	• 조직이 자체적으로 경비부서를 조직하고 경비활동을 실시하는 가장 고전적인 방법으로 각 주요 지점마다 경비원을 배치하여 비상시에 대응하는 방식 • 즉각적인 대응이 가능하고 가장 신속한 대응방법이지만 많은 인력이 필요함
제한적 경보시스템	• 사이렌이나 종, 비상등과 같은 제한된 경보장치를 설치한 시스템으로, 일반적으로 화재예방시설이 이 시스템의 전형 • 사람이 없으면 대응할 수 없다는 단점이 있음

국부적 경보시스템	• 가장 원시적인 경보체계 • 일정 지역에 국한해 한 두 개의 경보장치를 설치하여 단순히 사이렌이나 경보음이 울리게 하거나 비상 경고등이 켜지게 하는 방식
로컬경비시스템	경비원들이 시설물의 감시센터에 근무를 하면서 이상이 발견되거나 감지될 때 사고 발생 현장으로 출동하여 사고에 대처하는 방식
외래경보시스템 (외래지원경보시스템)	전용 전화회선을 통하여 비상 감지 시에 직접 외부의 각 관계기관에 자동으로 연락이 취해지는 방식

72 폭발물에 의한 테러 위협 시 대응에 관한 설명으로 옳은 것은?

쏙쏙 해설

폭발물에 의한 테러 위협 시 대응으로 옳은 내용은 ③번 지문이다.

정답 ❸

확인 Check! ○ △ ×

① 폭발물의 폭발력 약화를 위해서 모든 창과 문은 닫아 두어야 한다.

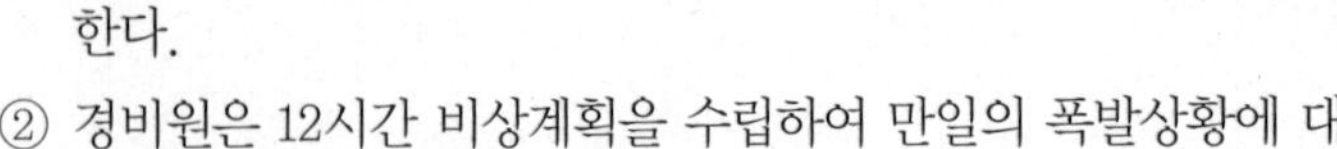

② 경비원은 12시간 비상계획을 수립하여 만일의 폭발상황에 대비해야 한다.

③ 폭발물이 발견되면 그 지역을 출입하는 사람이나 출입이 제한된 사람들의 명단을 신속히 파악한다.

④ 사고가 발생하면 수습대책을 사후에 마련해야 한다.

핵심만 콕

① 폭발물의 폭발력 약화를 위해서 모든 창과 문은 열어두어야 한다.
② 경비원은 24시간 비상계획을 수립하여 만일의 폭발상황에 대비해야 한다.
④ 사고 발생 후 수습대책을 사전에 마련해야 한다.

73 컴퓨터 안전대책에 대한 설명 중 옳은 것은?

쏙쏙 해설

컴퓨터 시스템의 물리적 안전대책으로 컴퓨터실은 벽면이나 바닥을 강화 콘크리트 등으로 보호하고 화재에 대비하여 불연재를 사용하여야 한다.

정답 ❶

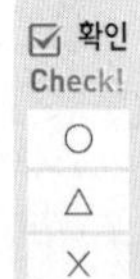

확인 Check! ○ △ ×

① 컴퓨터실은 벽면이나 바닥을 강화콘크리트 등으로 보호하고 화재에 대비하여 불연재를 사용하여야 한다.

② 컴퓨터 시스템의 보안성 유지를 위하여 프로그램 개발자와 컴퓨터운영자 상호 간의 접촉을 되도록 많이 한다.

③ 컴퓨터설비가 24시간 이상 가동되는 경우에도 중앙경보시스템이 반드시 설치되어야 한다.

④ 화재발생 감지기는 컴퓨터 시스템 센터시설이 완공된 이후에 설치해야 한다.

② 컴퓨터 시스템의 보안성 유지를 위하여 프로그램 개발자와 컴퓨터운영자 상호 간의 접촉을 가능한 한 줄이거나 없애야 한다.
③ 컴퓨터설비가 24시간 가동되는 경우를 제외하고는 중앙경보시스템이 반드시 설치되어야 한다.
④ 화재발생 감지기는 컴퓨터 시스템 센터시설의 완공에 관계없이 반드시 설치되어야 한다.

74 다음 중 컴퓨터 시스템에 대한 기술적 안전대책의 내용으로 옳지 않은 것은?

확인 Check! ○ △ ×

① 개별 데이터의 암호화
② 프로그램 개발・통제
③ 침입탐지시스템 구축
④ 방화벽(Firewall) 구축

프로그램 개발・통제는 기술적 안전대책이 아닌 관리적 안전대책이다.

정답 ❷

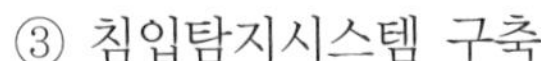

컴퓨터범죄의 예방대책★★

컴퓨터 시스템 안전대책	물리적 대책	건물에 대한 안전조치, 물리적 재해에 대한 보호조치(백업시스템), 출입통제
	관리적(인적) 대책	직무권한의 명확화와 상호 분리 원칙, 프로그램 개발 통제, 도큐멘테이션 철저, 스케줄러의 점검, 액세스 제한 제도의 도입, 패스워드의 철저한 관리, 레이블링(Labeling)에 의한 관리, 감사증거기록 삭제 방지, 근무자들에 대한 정기적 배경조사, 회사 내부의 컴퓨터 기술자・사용자・프로그래머의 기능을 각각 분리, 안전관리 기타 고객과의 협력을 통한 감시체제, 현금카드 운영의 철저한 관리, 컴퓨터 시스템의 감사 등이 있다.
	기술적 대책	암호화, 방화벽(침입차단시스템), 침입탐지시스템(IDS : Intrusion Detection System)
입법적 대책		현행 형법상 규정 : 컴퓨터 업무방해죄(형법 제314조 제2항), 컴퓨터등 사기죄(형법 제347조의2), 전자기록 손괴죄(형법 제366조), 사전자기록의 위작・변작(형법 제232조의2), 비밀침해죄(형법 제316조 제2항)
		기타 규제법률 : 컴퓨터 통신망 보호(정보통신망 이용촉진 및 정보보호 등에 관한 법률), 통신침해(전기통신기본법, 전기통신사업법, 전파법), 개인정보 침해(개인정보보호법, 신용정보의 이용 및 보호에 관한 법률), 소프트웨어 보호(소프트웨어산업진흥법, 저작권법, 특허법), 도청행위(통신비밀보호법), 전자문서(정보통신망 이용촉진 및 정보보호 등에 관한 법률, 물류정책기본법)
형사정책적 대책		수사관의 수사능력 배양, 검사 또는 법관의 컴퓨터 지식 함양 문제는 오늘날 범죄의 극복을 위한 중요한 과제이다. 수사력의 강화, 수사장비의 현대화, 컴퓨터 요원의 윤리 교육, 컴퓨터 안전기구의 신설, 컴퓨터범죄 연구기관의 설치가 요구되고 있다.

75 다음 중 컴퓨터범죄의 특징에 대한 설명으로 옳지 않은 것은?

① 컴퓨터 시스템이나 회사 경영조직에 전문적인 지식을 갖춘 자들이 범죄를 저지른다.
② 범행이 연속적·광역적·자동적으로 이루어질 수 있다.
③ 대부분이 외부인의 소행이며, 완전범죄의 가능성은 낮다.
④ 컴퓨터 지식을 갖춘 비교적 젊은 층의 컴퓨터 범죄자들이 많다.

컴퓨터범죄의 경우 대부분 내부인의 소행이며, 단독범행이 쉽고 완전범죄의 가능성이 높다.

정답 ❸

76 다음 설명에 해당하는 컴퓨터범죄의 유형은?

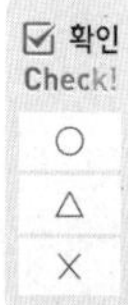

> 컴퓨터 작업 수행 후 주변에서 정보를 획득하는 방법으로, 쓰레기통이나 주위에 버려진 명세서 또는 복사물을 찾아 습득하거나 컴퓨터 기억장치에 남아 있는 것을 찾아내서 획득하는 방법이다.

① 트랩 도어(Trap Door)
② 스캐빈징(Scavenging)
③ 살라미 기법(Salami Techniques)
④ 슈퍼 재핑(Super Zapping)

제시문은 스캐빈징(쓰레기 주워 모으기)에 대한 설명에 해당한다.

정답 ❸

핵심만 콕

컴퓨터범죄의 유형

- 트랩 도어(Trap Door) : OS나 대형 응용프로그램을 개발하면서 전체 시험실행을 할 때 발견되는 오류를 쉽게 하거나 처음부터 중간에 내용을 볼 수 있는 부정루틴을 삽입해 컴퓨터의 정비나 유지보수를 핑계 삼아 컴퓨터 내부의 자료를 뽑아가는 행위로, 프로그래머가 프로그램 내부에 일종의 비밀통로를 만들어 두는 것이다.
- 살라미 기법(Salami Techniques) : 금융기관의 컴퓨터 시스템이나 이자 계산 시, 혹은 배당금 분배 시 단수(端數) 이하로 떨어지는 적은 수를 주워 모아 어느 특정계좌에 모이게 하는 수법이다.
- 슈퍼 재핑(Super Zapping) : 컴퓨터가 고장으로 가동이 불가능할 때 비상용으로 쓰이는 프로그램이 슈퍼 잽이며 슈퍼 잽 수행 시에 호텔의 만능키처럼 패스워드나 각종 보안장치 기능을 상실시켜 컴퓨터의 기억장치에 수록된 모든 파일에 접근하여 자료를 복사해 가는 것이다.

77 다음 사례에 해당하는 신종 금융범죄는?

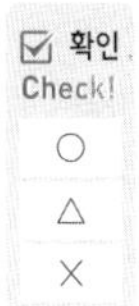

> A씨는 택배주소가 정확하지 않아 변경을 요망한다는 내용과 함께 URL주소가 포함된 문자를 받아, URL 주소를 클릭하여 사이트에 들어가 휴대폰 번호와 주소를 입력하였다. 다음날 A씨는 자신도 모르는 사이 휴대폰에 악성코드가 설치되어 이미 소액결제가 이루어졌다는 사실을 알았다.

① 피싱(Phishing)
② 스미싱(Smishing)
③ 파밍(Pharming)
④ 메모리 해킹(Memory Hacking)

제시문은 신종 금융범죄 중 스미싱에 관한 내용이다. 스미싱(Smishing)은 문자메시지(SMS)와 피싱(Phishing)의 합성어로 스마트폰 문자메시지를 통해 소액결제를 유도하는 사기수법을 말한다.

 ❷

핵심만 콕

신종 금융범죄

신종 금융범죄란 기망행위로서 타인의 재산을 편취하는 사기범죄의 하나로, 전기통신수단을 이용한 비대면거래를 통하여 금융분야에서 발생하는 일종의 특수사기범죄를 말한다. 그 수법으로는 메모리해킹, 피싱, 파밍, 스미싱 등이 있다.

구분	내용
메모리 해킹(Memory Hacking)	피해자 PC 메모리에 상주한 악성코드로 인하여 정상 은행사이트에서 보안카드번호 앞·뒤 2자리만 입력해도 부당인출하는 수법을 말한다.
피싱(Phishing)	가짜사이트를 만들어 금융기관 등으로부터 은행 계좌정보나 개인 신상정보를 불법적으로 알아내 이를 이용하는 인터넷 사기수법을 말한다.
파밍(Pharming)	악성코드에 감염된 사용자 PC를 조작하여 금융정보를 빼내는 수법을 말하며, 사용자 PC가 악성코드에 감염되어 정상 홈페이지에 접속하여도 가짜 사이트로 유도하고 금융정보를 탈취당하여 범행계좌로 이체되는 수법을 말한다.
스미싱(Smishing)	문자메시지(SMS)와 피싱(Phishing)의 합성어로 '무료쿠폰 제공, 돌잔치 초대장, 모바일 청첩장' 등을 내용으로 하는 문자메시지 내의 인터넷 주소를 클릭하면 악성코드가 스마트폰에 설치되어 피해자가 모르는 사이에 소액결제 피해가 발생하거나 개인 금융정보를 탈취당하는 신종 금융범죄 수법이다.

78 청원경찰법과 경비업법을 이원적으로 운용함으로써 발생되는 현상이 아닌 것은?

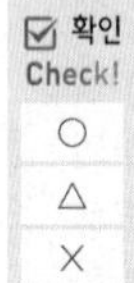

① 청원경찰이 의무적으로 배치되어야 할 중요시설물에 기술상의 문제로 기계경비를 운용하게 되어 시설주인 청원주에게 이중의 부담이 된다.
② 청원경찰과 민간경비의 보수면에서 상당한 차이가 발생해 청원주가 청원경찰의 배치를 기피한다.
③ 청원경찰의 근무배치 및 감독, 임용 및 해임 등의 권한이 모두 민간경비업자에게 위임되고 있다.
④ 민간경비원들의 사기가 저하되고 이직률이 높다.

청원경찰의 근무배치 및 감독은 청원주가 동일 경비지역 내에서는 민간경비업자에게 위임하고 있지만(청원경찰법 시행령 제19조 제1항), 임용 및 해임 등의 집행권한은 위임하고 있지 않다. 그러므로 실제적으로 일관된 지휘를 통한 신속한 대응이 미흡하여 경비업무의 비능률성을 초래한다.

정답 ❸

79 민간경비산업의 전망과 관련된 설명으로 옳지 않은 것은?

① 앞으로 민간경비업은 더욱 발전할 것이다.
② 물리보안과 사이버보안을 하나로 묶는 토탈 시큐리티 산업으로 나아갈 것이다.
③ 사이버범죄에 대응한 예방사업이 발전할 것이다.
④ 인력경비산업의 성장속도가 기계경비업의 성장속도를 능가할 것이다.

21세기에는 인력경비보다 기계경비업의 성장속도가 훨씬 빠를 것이다.

정답 ❹

80 융합보안의 개념에 관한 설명으로 옳은 것은?

① 권한 없는 접근의 제지 및 억제, 지연 그리고 범죄 등에 의한 위험 및 위험의 감지 등의 활동을 말한다.
② 차량통제와 물품 반출입통제를 동시에 제한하는 활동이다.
③ 출입통제, 접근 감시, 잠금장치 등과 불법 침입자 정보인식시스템 등을 상호 연계하여 보안의 효과성을 높이는 활동이다.
④ 컴퓨터 시스템과 네트워크 상에서 저장 및 전달되고 있는 정보를 안전하게 관리・보호하는 활동이다.

융합보안(Convergence Security)이란 물리적 보안과 정보 보안을 융합한 보안 개념으로, 보안산업의 새로운 트렌드로 자리 잡은 광역화, 통합화, 융합화의 사회적 요구를 수용하기 위해 각종 내・외부적 정보 침해에 따른 대응으로 침입탐지, 재난・재해방지, 접근통제, 관제・감시 등을 포함한다.

정답 ❸

제2회 법학개론

정답 및 해설

정답 CHECK

01	02	03	04	05	06	07	08	09	10	11	12	13	14	15	16	17	18	19	20
②	③	④	①	③	②	③	④	③	③	①	③	③	④	④	①	①	③	③	④
21	**22**	**23**	**24**	**25**	**26**	**27**	**28**	**29**	**30**	**31**	**32**	**33**	**34**	**35**	**36**	**37**	**38**	**39**	**40**
④	④	④	①	③	④	④	②	③	①	③	③	③	①	③	④	②	①	③	①

각 문항별로 이해도를 체크해 보세요.

문제편 028p

01 법원에 대한 다음 설명 중 옳은 것은?

확인 Check! ○ △ ×

① 판례법은 법적 안정성 및 예측 가능성 확보에 유리하다.

② 우리 민법 제1조는 조리의 법원성을 인정하고 있다.

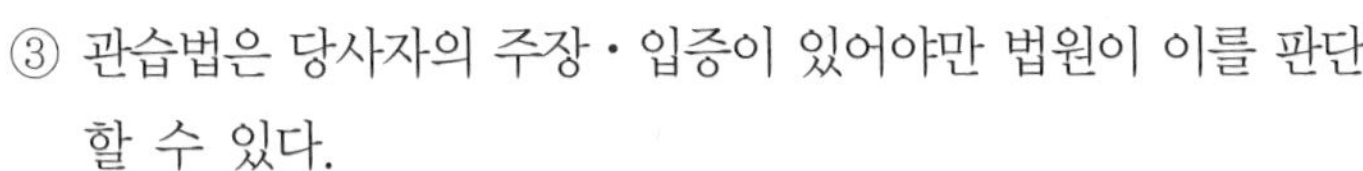

③ 관습법은 당사자의 주장・입증이 있어야만 법원이 이를 판단할 수 있다.

④ 헌법재판소는 관습헌법을 인정하지 않는다.

민사에 관하여 법률에 규정이 없으면 관습법에 의하고 관습법이 없으면 조리에 의한다(민법 제1조).

정답 ❷

① 판례법은 법적 안정성 및 예측 가능성의 확보에 불리하다.
③ 사실인 관습은 그 존재를 당사자가 주장・입증하여야 하나, 관습법은 당사자의 주장・입증을 기다림이 없이 법원이 직권으로 이를 판단할 수 있다(대판 1983. 6. 14. 80다3231).
④ 헌법재판소는 2004년 신행정수도건설특별조치법이 위헌이라는 근거로 관습헌법의 위배를 들었으며, 관습헌법을 변경 또는 폐기하기 위해서는 헌법개정절차가 필요하다고 하였다.★

02 다음의 내용이 설명하는 아리스토텔레스의 정의는 무엇인가?

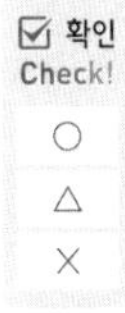

확인 Check! ○ △ ×

> 개인은 동일한 가치를 가지고 평등하게 다루어져야 한다는 형식적・절대적 평등을 주장하는 산술적・교환적 정의

① 일반적 정의　　② 특수적 정의
③ 평균적 정의　　④ 배분적 정의

제시문은 아리스토텔레스의 정의론 중 평균적 정의에 대한 내용이다.

정답 ❸

아리스토텔레스의 정의론★

정의를 일반적 정의(광의)와 특수적 정의(협의)로 구분하였고, 특수적 정의는 다시 아래와 같이 분류하였다.

1. 평균적 정의 : 개인은 동일한 가치를 가지고 평등하게 다루어져야 한다는 형식적 · 절대적 평등을 주장하는 산술적 · 교환적 정의
2. 배분적 정의 : 개인 각자의 능력과 가치에 따라 적합하게 분배되어야 한다는 실질적 · 상대적 평등을 주장하는 상대적 · 비례적 정의

*일반적 정의는 법을 지키는 등의 일반적인 옳고 그름을 지키는 것을 의미

03 법의 체계에 관한 설명으로 옳지 않은 것은?

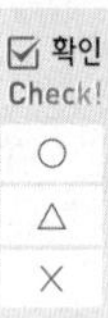

① 일반법과 특별법은 적용되는 법의 효력 범위에 따른 구분이다.
② 실체법과 절차법은 법이 규율하는 내용(권리 · 의무의 실체)의 유무에 따른 구분이다.
③ 성문법과 불문법은 법의 존재형식에 따른 구분이다.
④ 공법과 사법으로 분류하는 것은 영미법계의 특징이다.

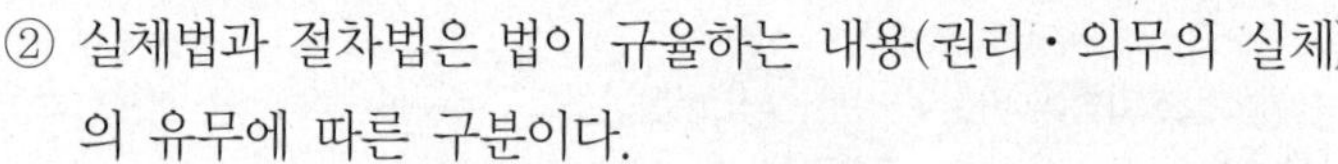

공법과 사법의 구별은 대륙법계의 특징이다.

 ❹

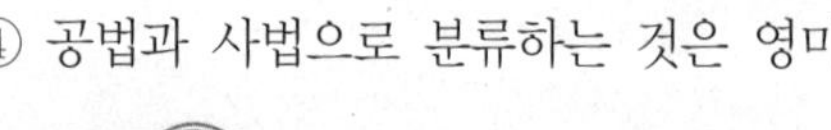

법의 분류기준

- 성문법과 불문법 : 법의 존재형식, 법원(法源)
- 국내법과 국제법 : 법의 제정주체와 법의 효력이 미치는 장소적 범위
- 공법과 사법, 사회법 : 법이 규율하는 생활관계, 공법과 사법의 구별은 대륙법계의 특징
- 일반법과 특별법 : 적용되는 법의 효력 범위
- 실체법과 절차법 : 법이 규율하는 내용(권리 · 의무의 실체) 유무
- 강행법과 임의법 : 강행성 유무, 당사자의 의사로 법의 적용을 배제할 수 있는지 여부
- 고유법과 계수법 : 법의 연혁, 법 제정의 자생성 유무
- 자연법과 실정법 : 실정성 여부, 보편타당성 여부, 시간과 장소의 초월 여부

04 법의 분류 등에 관한 설명으로 옳지 않은 것은?

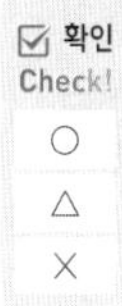

① 국제사법은 섭외적 법률관계를 규율하는 것으로 국제법에 속한다.
② 일반법과 특별법이 충돌하는 경우에는 특별법이 우선한다.
③ 절차법은 권리나 의무의 실질적 내용을 실현하는 절차, 즉 권리나 의무의 행사·보전·이행·강제 등을 규율하는 법으로 민사소송법, 민사집행법, 형사소송법, 부동산등기법, 채무자 회생 및 파산에 관한 법률 등이 있다.
④ 강행법은 당사자의 의사와는 관계없이 절대적·일반적으로 적용되는 법으로 헌법·형법 등 공법의 대부분이 이에 해당한다.

쏙쏙 해설

국제사법은 섭외적 법률관계를 규율하는 것이지만, 명칭대로 사법(私法)에 속하는 국내법이다.

정답 ❶

국제법

- 국가 상호 간의 관계 또는 국제 조직 등에 대하여 규율하는 국제사회의 법
- 국제사법(섭외사법)과 구별하기 위하여 국제공법이라고도 하며 국제사법은 국내법에 속한다.

법의 체계와 분류★★

<table>
<tr><th colspan="11">국내법</th><th colspan="2">국제법</th></tr>
<tr><td colspan="5">공 법</td><td colspan="3">사 법</td><td colspan="3">사회법</td><td rowspan="3">조 약</td><td rowspan="3">국제 관습법</td></tr>
<tr><td colspan="3">실체법</td><td colspan="2">절차법</td><td rowspan="2">민 법</td><td rowspan="2">상 법</td><td rowspan="2">국제 사법</td><td rowspan="2">노동법</td><td rowspan="2">경제법</td><td rowspan="2">사회 보장법</td></tr>
<tr><td>헌 법</td><td>형 법</td><td>행정법</td><td>민사 소송법</td><td>형사 소송법</td></tr>
</table>

05 다음 (가), (나)의 법적 개념에 대한 설명으로 옳지 않은 것은?

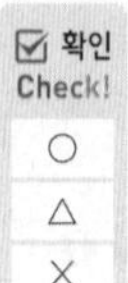

> (가) 확실하지 않은 사실을 그 반대 증거가 제시될 때까지 진실한 것으로 인정하여 법적 효과를 부여한다.
> (나) 본질이 다른 일정한 것을 법률적 취급에서는 동일한 것으로 보고 동일한 효과를 부여한다.

① (가)는 반증만으로 효력이 번복된다.
② (나)는 법조문에서 '~으로 본다.'로 표현된다.
③ 혼인한 미성년자의 성년의제는 (가)의 예이다.
④ 주소를 알 수 없으면 거소를 주소로 보는 것은 (나)의 예이다.

쏙쏙 해설

(가)는 추정, (나)는 간주에 대한 설명이다. 추정과 간주는 입증과 함께 사실을 확정하는 방법으로 이용된다. ③에서 혼인한 미성년자의 성년의제는 간주의 예이다.

정답 ❸

06 법의 해석에 관한 설명으로 옳지 않은 것은?

① 법해석의 목표는 법적 안정성을 저해하지 않는 범위 내에서 구체적 타당성을 찾는데 두어야 한다.
② 민법, 형법, 행정법에서는 유추해석이 원칙적으로 허용된다.
③ 법해석 방법 중 가장 우선적이고 기본적인 해석은 문리해석이다.
④ 법해석의 방법은 해석의 구속력 여부에 따라 유권해석과 학리해석으로 나눌 수 있다.

해설

형법에서는 불이익한 유추해석이나 확대해석을 금지하여(죄형법정주의의 원칙), 피고인에게 유리한 유추해석만 가능하다고 본다.

정답 ❷

07 권리의 종류에 관한 설명으로 틀린 것은?

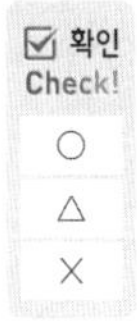

① 인격권, 가족권(신분권), 재산권, 사원권은 권리의 내용에 따른 분류이다.
② 지배권, 청구권, 형성권, 항변권은 권리의 작용(효력)에 따른 분류이다.
③ 일신전속권, 비전속권은 권리의 대외적 효력범위에 따른 분류이다.
④ 종된 권리, 주된 권리는 권리의 독립성 여부에 따른 분류이다.

일신전속권, 비전속권은 권리의 양도성 유무에 따른 분류에 속한다.

정답 ❸

핵심만 콕

사권의 분류★★

권리의 내용	• 인격권 : 생명, 신체, 자유, 명예, 성명 등에 부착된 권리 • 신분권 : 가족, 부부, 친자, 친족 등 일정한 신분관계에서 발생하는 권리 • 재산권 : 경제적 이익을 목적으로 하는 권리 • 사원권 : 단체구성원의 지위에서 발생하는 권리
권리의 작용(효력)	지배권, 청구권, 형성권, 항변권
권리의 효력 범위	절대권, 상대권
권리의 양도성 여부	일신전속권, 비전속권
권리의 독립성 여부	주된 권리, 종된 권리

08 권리(權利)와 구별되는 개념에 대한 설명으로 옳지 않은 것은?

① 권한(權限)은 본인 또는 권리자를 위하여 법률행위를 할 수 있는 법률상의 자격이다.
② 권능(權能)은 권리에서 파생되는 개개의 법률상의 작용을 말하는데, 의사무능력자도 권능의 주체가 될 수 있다.
③ 권원(權原)은 어떤 법률적 또는 사실적 행위를 하는 것을 정당화시키는 법률상의 원인을 말한다.
④ 반사적 이익(反射的 利益)이란 법이 일정한 사실을 금지하거나 명하고 있는 결과, 어떤 사람이 저절로 받게 되는 이익으로서 그 이익을 누리는 사람에게 법적인 힘이 부여된 결과 타인이 그 이익의 향유를 방해하면 그것의 보호를 청구할 수 있다.

반사적 이익이란 법이 일정한 사실을 금지하거나 명하고 있는 결과 어떤 사람이 저절로 받게 되는 이익으로서 그 이익을 누리는 사람에게 법적인 힘이 부여된 것은 아니기 때문에 타인이 그 이익의 향유를 방해하더라도 그것의 보호를 청구하지 못한다.

정답 ❹

09 권리와 의무에 관한 설명으로 옳지 않은 것은?

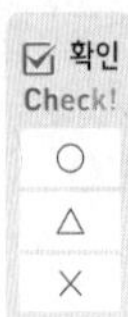

① 공권(公權)은 공법관계에서 인정되는 권리이다.
② 헌법상 납세의 의무는 의무만 있고 권리를 수반하지 않는 경우에 해당한다.
③ 형성권은 청구권자의 이행청구에 대하여 이를 거절하는 형식으로 행사된다.
④ 자연인과 법인은 권리와 의무의 주체가 된다.

형성권은 권리자의 일방적 의사표시에 의해 법률관계를 변동시킬 수 있는 권리이고, 청구권자의 이행청구에 대하여 거절하는 형식으로 행사되는 권리는 항변권이다.

정답 ❸

핵심만 콕

① 공권은 공법관계에서 인정되는 권리이다. 이에는 국가, 공공단체 또는 국가로부터 수권된 자가 지배권자로서 국민에 대하여 가지는 권리(국가적 공권)와 국민이 지배권자에 대하여 갖는 권리(개인적 공권)가 있다.
② 헌법 제38조
④ 자연인과 법인은 권리와 의무의 주체이다.

10 다음 중 헌법개정절차에 관한 설명으로 옳은 것은?

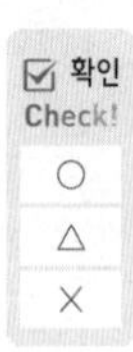

① 헌법개정은 국회재적의원 과반수 또는 대통령의 발의로 제안되며, 제안된 개정안은 대통령이 15일 이상의 기간 이를 공고하여야 한다.
② 헌법개정안은 발의된 날부터 60일 이내 국회 출석의원 3분의 2 이상이 찬성해야 의결된다.
③ 헌법개정안은 국회가 의결한 후 30일 이내 국민투표에 부쳐야 하며, 국회의원 선거권자 과반수의 투표와 투표자 과반수의 찬성으로 확정된다.
④ 헌법개정이 확정되면 대통령은 15일 이내 국회의 동의를 얻어 공포하여야 한다.

헌법 제130조 제2항

정답 ❸

① 헌법개정은 국회재적의원 과반수 또는 대통령의 발의로 제안되며(헌법 제128조 제1항), 제안된 개정안은 대통령이 20일 이상의 기간 이를 공고하여야 한다(헌법 제129조).
② 국회는 헌법개정안이 공고된 날로부터 60일 이내 의결하여야 하며, 국회 의결은 재적의원 3분의 2이상의 찬성을 얻어야 한다(헌법 제130조 제1항).
④ 헌법개정이 확정되면 대통령은 즉시 이를 공포하여야 한다(헌법 제130조 제3항).

11 제한선거제에 반대되는 제도로서 사회적 신분 · 재산 · 납세 · 교육 · 신앙 · 인종 · 성별 등에 차별을 두지 않고 원칙적으로 모든 성년자에게 선거권을 부여하는 선거제도는?

확인 Check! ○ △ ×

① 보통선거제 ② 평등선거제
③ 비밀선거제 ④ 자유선거제

설문은 보통선거제에 대한 내용이다.

정답 ❶

핵심만 콕

선거제도의 기본원칙

보통선거의 원칙	보통선거는 제한선거에 대응된 개념으로 사회적 신분 · 재산 · 납세 · 교육 · 신앙 · 인종 · 성별 등에 차별을 두지 않고 원칙적으로 모든 성년자에게 선거권을 부여하는 원칙이다. 즉, 평등원리의 선거법상의 실현이다.
평등선거의 원칙	평등선거는 차등선거에 대응된 개념으로 선거인의 투표가치가 평등하게 취급되는 원칙이다. 즉, 보통선거의 원칙이 선거권의 유무에 관하여 차별을 금지하는 것이라면, 평등선거의 원칙은 선거권의 내용에 관하여 차별을 금하는 것이다.
직접선거의 원칙	직접선거는 간접선거에 대응된 개념으로 일반 선거인이 직접 대표자를 선출하는 원칙이다.
비밀선거의 원칙	비밀선거는 공개선거(공개투표)에 대응된 개념으로 선거인의 의사결정이 타인에게 알려지지 않도록 하는 원칙이다.
자유선거의 원칙	자유선거는 강제선거에 대응된 개념으로 선거인이 외부의 어떠한 강제나 간섭 없이 자유롭게 선거권을 행사할 수 있어야 한다는 원칙이다. 헌법상 자유선거에 대한 명문규정은 없다.

12 헌법상 신체의 자유에 관한 설명으로 옳지 않은 것은?

① 신체의 자유는 법률에 따르지 않고서는 신체적 구속을 받지 아니할 자유를 말하는 것으로, 신체의 자유는 인간의 모든 자유 중에서 가장 원시적인 자유이다.
② 누구든지 법률에 의하지 아니하고는 체포 · 구속 · 압수 · 수색 또는 심문을 받지 아니하며, 법률과 적법한 절차에 의하지 아니하고는 처벌 · 보안처분 · 강제노역을 받지 아니한다.
③ 체포 · 구속 · 압수 또는 수색 또는 심문을 할 때에는 적법한 절차에 따라 검사의 신청에 의하여 법관이 발부한 영장을 제시하여야 한다.
④ 누구든지 체포 또는 구속을 당한 때에는 적부의 심사를 법원에 청구할 권리를 가진다.

체포 · 구속 · 압수 또는 수색을 할 때에는 적법한 절차에 따라 검사의 신청에 의하여 법관이 발부한 영장을 제시하여야 한다(헌법 제12조 제3항 본문).

정답 ❸

해설편 제2회

① 신체의 자유는 법률에 따르지 않고서는 신체적 구속을 받지 아니할 자유를 말하는 것으로, 신체의 자유는 인간의 모든 자유 중에서 가장 원시적인 자유이다.
② 헌법 제12조 제1항 후문
④ 헌법 제12조 제6항

13 국회에 대한 다음 설명 중 옳지 않은 것은?

① 대법원장은 국회의 동의를 얻어 대통령이 임명한다.
② 국회의원과 정부는 법률안을 제출할 수 있다.
③ 국회의원은 표결에 있어 투표함이 폐쇄되기 전까지는 표시한 의사를 변경할 수 있다.
④ 국회에서 의결된 법률안은 정부에 이송되어 15일 이내에 대통령이 공포한다.

③ 국회의원은 표결에 대하여 표시한 의사를 변경할 수 없다(국회법 제111조 제2항).
① 헌법 제104조 제1항
② 헌법 제52조
④ 헌법 제53조 제1항

정답 ❸

14 우리 헌법재판소의 관장사항이 아닌 것은?

① 법원의 제청에 의한 법률의 위헌여부 심판
② 법률이 정하는 헌법소원에 관한 심판
③ 정당의 해산 심판
④ 국회의원에 대한 탄핵심판

헌법은 대통령 · 국무총리 · 국무위원 · 행정각부의 장 · 헌법재판소 재판관 · 법관 · 중앙선거관리위원회 위원 · 감사원장 · 감사위원 기타 법률이 정한 공무원이 그 직무집행에 있어서 헌법이나 법률을 위배한 때에는 국회는 탄핵의 소추를 의결할 수 있다(헌법 제65조 제1항)고 규정하고 있으므로 국회의원은 탄핵심판의 대상이 아니다.

 ❹

법령

헌법 제111조
① 헌법재판소는 다음 사항을 관장한다.
1. 법원의 제청에 의한 법률의 위헌여부 심판
2. 탄핵의 심판
3. 정당의 해산 심판
4. 국가기관 상호간, 국가기관과 지방자치단체간 및 지방자치단체 상호간의 권한쟁의에 관한 심판
5. 법률이 정하는 헌법소원에 관한 심판
② 헌법재판소는 법관의 자격을 가진 9인의 재판관으로 구성하며, 재판관은 대통령이 임명한다.
③ 제2항의 재판관 중 3인은 국회에서 선출하는 자를, 3인은 대법원장이 지명하는 자를 임명한다.
④ 헌법재판소의 장은 국회의 동의를 얻어 재판관중에서 대통령이 임명한다.

15 다음 중 미성년자가 법정대리인의 동의 없이 할 수 있는 행위가 아닌 것은?

확인 Check! ○ △ ×

① 부담 없는 증여계약의 수락
② 처분을 허락한 재산의 처분행위
③ 대리행위
④ 하나의 영업 중 일부분만을 허락

법정대리인은 영업의 종류를 특정하여 허락하여야 하기 때문에 모든 영업을 허락하거나 하나의 영업 중 일부분만을 허락하는 것은 허용되지 않는다. 그러나 수종의 영업을 한정적으로 특정하여 허락하는 것은 허용된다(민법 제8조).

정답 ❹

예외적으로 법정대리인의 동의 없이 할 수 있는 행위

- 권리만을 얻거나 의무만을 면하는 행위 : 부담 없는 증여를 받는 행위, 채무의 면제, 부양료의 청구(단, 부담부 증여나 유리한 매매계약의 체결, 상속을 승인하는 행위 등은 의무도 함께 부담하는 행위이므로 단독으로 할 수 없다).
- 범위를 정하여 처분을 허락한 재산의 처분행위
- 허락을 얻은 특정한 영업에 관한 행위
- 대리행위 : 대리인은 행위능력자임을 요하지 않는다.
- 근로임금의 청구행위
- 유언행위 : 의사능력이 있는 만 17세에 달한 사람은 유언을 할 수 있다(민법 제1061조).

16 표현대리에 대한 설명 중 옳지 않은 것은?

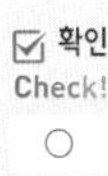

확인 Check! ○ △ ×

① 표현대리가 성립되면 무권대리의 성질이 유권대리로 전환된다.
② 강행법규에 위반되는 행위에 대하여 표현대리의 법리가 적용될 여지가 없다.
③ 대리권수여 표시에 의한 표현대리의 경우 임의대리에만 적용된다는 것이 통설이다.
④ 대리권 소멸 후의 표현대리에서 제3자는 거래행위의 상대방만을 지칭한다.

표현대리가 성립된다고 하여 무권대리의 성질이 유권대리로 전환되는 것은 아니다.

정답 ❶

해설편 제2회

17 다음 중 법정추인 사유가 아닌 것은?

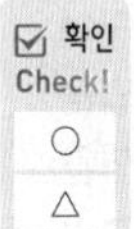

① 이의를 보류한 채무의 전부 이행
② 이행청구
③ 담보의 제공
④ 경 개

이의를 보류한 채무의 전부 이행은 법정추인 사유에 해당하지 않는다.

정답 ❶

법정추인(민법 제145조)★

취소할 수 있는 법률행위에 관하여 전조의 규정에 의하여 추인할 수 있는 후에 다음 각호의 사유가 있으면 추인한 것으로 본다. 그러나 이의를 보류한 때에는 그러하지 아니하다. (두 : 전 · 이 · 경/담 · 양 · 강)

1. 전부나 일부의 이행
2. 이행의 청구
3. 경 개
4. 담보의 제공
5. 취소할 수 있는 행위로 취득한 권리의 전부나 일부의 양도
6. 강제집행

18 무효와 취소에 관한 설명 중 옳지 않은 것은?

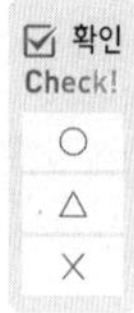

① 무효는 기간의 제한이 없으나, 취소는 제척기간의 제한이 있다.
② 당사자가 무효임을 알고 추인한 때에는 새로운 법률행위로 본다.
③ 취소를 하면 법률행위는 취소한 때로부터 효력을 상실한다.
④ 취소할 수 있는 법률행위를 추인하면 그 법률행위는 확정적으로 유효가 된다.

취소된 법률행위는 처음부터 무효인 것으로 보는 것이 원칙이다[취소의 소급효(민법 제141조)].

정답 ❸

19 채권자대위권에 대한 설명 중 옳지 않은 것은?

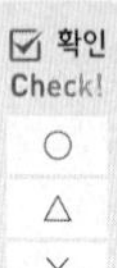

① 기한이 도래하기 전에는 법원의 허가 없이는 채권자대위권을 행사할 수 없다. 단, 보전행위는 가능하다.
② 채권자대위권 행사의 상대방은 제3채무자이다.
③ 채권자대위권의 행사는 반드시 재판상으로 행사하여야 한다.
④ 대위소송의 기판력은 소송사실을 인지한 채무자에게 미친다.

채권자대위권은 채권자취소권과는 달리 재판상 및 재판 외 행사가 가능하다.

정답 ❸

채권자대위권과 채권자취소권★★

구 분	채권자대위권	채권자취소권
정 의	채권자가 자기의 채권을 보전하기 위하여 채무자의 권리(일신에 전속한 권리는 제외)를 행사할 수 있는 권리	채권자를 해함을 알면서 채무자가 행한 법률행위를 취소하고 채무자의 재산을 원상회복할 수 있는 권리
행사 방법	• 재판상 및 재판 외 행사가능 • 기한이 도래하기 전에는 법원의 허가 없이 행사 불가(단, 보전행위는 가능)	반드시 재판상 행사
행사의 상대방	제3채무자	수익자 또는 전득자(단, 행위 또는 전득 당시에 채권자를 해함을 알지 못한 경우에는 행사 불가)
행사의 효력	• 대위권 행사의 효과는 당연히 채무자에게 귀속하여 채무자의 일반재산에 편입됨 • 대위소송의 기판력은 소송사실을 인지한 채무자에게 미침	• 취소권 행사의 효력은 소송상 피고에 한정됨 • 소송당사자가 아닌 채무자, 채무자와 수익자, 수익자와 전득자 사이의 법률관계는 영향이 없음

20 다음 중 집행유예의 요건으로 옳지 않은 것은?

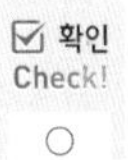

① 형을 병과할 경우에는 그 형의 일부에 대하여 집행을 유예할 수 있다.

② 금고 이상의 형을 선고한 판결이 확정된 때부터 그 집행을 종료하거나 면제된 후 3년이 지난 범죄에 대하여 형을 선고하는 경우에 적용된다.

③ 집행유예기간은 1년 이상 5년 이하이다.

④ 3년 이하의 징역이나 금고, 자격정지 또는 500만원 이하의 벌금의 형의 대상자에 한한다.

선고유예와는 달리 집행유예는 자격정지를 대상으로 하지 않는다.

정답 ❹

집행유예의 요건(형법 제62조)

① 3년 이하의 징역이나 금고 또는 500만원 이하의 벌금의 형을 선고할 경우에 제51조의 사항을 참작하여 그 정상에 참작할 만한 사유가 있는 때에는 1년 이상 5년 이하의 기간 형의 집행을 유예할 수 있다. 다만, 금고 이상의 형을 선고한 판결이 확정된 때부터 그 집행을 종료하거나 면제된 후 3년까지의 기간에 범한 죄에 대하여 형을 선고하는 경우에는 그러하지 아니하다.
② 형을 병과할 경우에는 그 형의 일부에 대하여 집행을 유예할 수 있다.

21 **다음 중 민법상 경비계약의 위반에 관한 설명으로 옳지 않은 것은?**

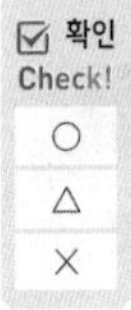

① 경비원 모집이 예정대로 이루어지지 않아 약속된 경비개시 시간에 개시를 하지 못한 경우는 이행지체에 해당한다.
② 경비계약 체결 후 경비개시 전에 경비업체가 도산한 경우는 이행불능에 해당한다.
③ 경비계약에서 정한 인원수보다 적은 수의 경비원을 파견하여 경비한 경우에는 불완전이행에 해당한다.
④ 경비원이 경비업무 수행 중 고객이 세워둔 차량 안에서 현금을 절취한 경우에는 적극적 채권침해에 해당한다.

적극적 채권침해는 채무의 불완전이행의 경우에 발생하는 것이며, 경비원이 고객이 세워둔 차량 안에서 현금을 절취하는 것은 채무의 이행과는 관련이 없는 불법행위에 해당하는 것이다.

22 **보증채무에 관한 설명으로 옳지 않은 것은?**

① 주된 채무가 소멸하면 보증채무도 소멸한다.
② 주된 채무가 이행되지 않을 때 비로소 이행할 의무가 있다.
③ 보증인은 채권자가 주채무자에게 먼저 청구할 것을 요구할 수 있다.
④ 채권자는 채무자와 보증인 중 임의로 선택하여 채무의 전부 이행을 청구할 수 있다.

쏙쏙 해설

보증채무는 보증 채권자와 보증인 사이에 체결된 보증계약에 의하여 성립하는 채무로서 주채무자가 그 채무를 이행하지 않는 경우에 보증인이 이를 보충적으로 이행해야 하는 채무를 말한다.

23 **다음 중 상상적 경합범의 성립요건에 해당하지 않는 것을 모두 고르면?**

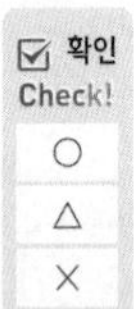

ㄱ. 1개의 행위가 수개의 죄에 해당해야 한다.
ㄴ. 수개의 죄는 수개의 구성요건에 해당함을 의미한다.
ㄷ. 수개의 죄는 동종의 죄이어야 한다.
ㄹ. 수개의 죄는 모두 고의범이어야 한다.

① ㄱ, ㄴ
② ㄴ, ㄷ
③ ㄴ, ㄹ
④ ㄷ, ㄹ

쏙쏙 해설

상상적 경합범의 성립요건으로 옳은 것은 ㄱ과 ㄴ이다.
ㄷ (×) 동종의 죄이건 이종의 죄이건 불문한다.
ㄹ (×) 고의범이건 과실범이건 불문한다.

24 형법상 형벌의 내용으로 옳지 않은 것은?

☑ 확인 Check! ○ △ ×

① 형벌의 종류로 형법은 과태료를 규정하고 있다.
② 벌금은 5만원 이상으로 한다.
③ 과료는 2천원 이상 5만원 미만으로 한다.
④ 구류는 1일 이상 30일 미만으로 한다.

쏙쏙 해설

① 과태료는 행정법상 의무위반에 대한 제재로써 부과·징수되는 금전으로 형벌과는 별개의 개념이다.
② 형법 제45조 본문
③ 형법 제47조
④ 형법 제46조

정답 ❶

법령

형의 종류(형법 제41조)

형의 종류는 다음과 같다.

1. 사 형	2. 징 역	3. 금 고	4. 자격상실	5. 자격정지
6. 벌 금	7. 구 류	8. 과 료	9. 몰 수	

해설편 제2회

25 다음 중 사회적 법익에 관한 죄를 모두 고른 것은?

☑ 확인 Check! ○ △ ×

ㄱ. 내란죄	ㄴ. 배임죄
ㄷ. 손괴죄	ㄹ. 비밀침해의 죄
ㅁ. 장물죄	ㅂ. 음용수에 관한 죄
ㅅ. 통화에 관한 죄	ㅇ. 아편에 관한 죄

① ㄱ, ㅂ, ㅇ
② ㅁ, ㅂ, ㅅ, ㅇ
③ ㅂ, ㅅ, ㅇ
④ ㄴ, ㄷ, ㄹ, ㅁ

쏙쏙 해설

- 국가적 법익 : ㄱ
- 사회적 법익 : ㅂ, ㅅ, ㅇ
- 개인적 법익 : ㄴ, ㄷ, ㄹ, ㅁ

정답 ❸

핵심만 콕

법익에 따른 범죄의 분류★★

개인적 법익에 관한 죄	생명과 신체에 대한 죄	살인죄, 상해와 폭행의 죄, 과실치사상의 죄, 낙태의 죄, 유기·학대의 죄
	자유에 대한 죄	협박의 죄, 강요의 죄, 체포와 감금의 죄, 약취·유인 및 인신매매죄, 강간과 추행의 죄
	명예와 신용에 대한 죄	명예에 관한 죄, 신용·업무와 경매에 관한 죄
	사생활의 평온에 대한 죄	비밀침해의 죄, 주거침입의 죄
	재산에 대한 죄	절도의 죄, 강도의 죄, 사기의 죄, 공갈의 죄, 횡령의 죄, 배임의 죄, 장물의 죄, 손괴의 죄, 권리행사를 방해하는 죄

사회적 법익에 관한 죄	공공의 안전과 평온에 대한 죄	공안을 해하는 죄, 폭발물에 관한 죄, 방화와 실화의 죄, 일수와 수리에 관한 죄, 교통방해의 죄
	공공의 신용에 대한 죄	통화에 관한 죄, 유가증권·인지와 우표에 관한 죄, 문서에 관한 죄, 인장에 관한 죄
	공중의 건강에 대한 죄	음용수에 대한 죄, 아편에 대한 죄
	사회의 도덕에 대한 죄	성풍속에 관한 죄, 도박과 복표에 관한 죄, 신앙에 관한 죄
국가적 법익에 관한 죄	국가의 존립과 권위에 대한 죄	내란의 죄, 외환의 죄, 국기에 관한 죄, 국교(國交)에 관한 죄
	국가의 기능에 대한 죄	공무원의 직무에 관한 죄, 뇌물관련범죄, 공무방해에 관한 죄, 도주와 범인은닉의 죄, 위증과 증거인멸의 죄, 무고의 죄

26 **친고죄와 반의사불벌죄에 관한 설명으로 옳지 않은 것은?**

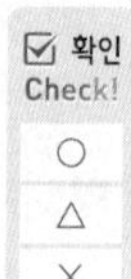

① 사자명예훼손죄는 친고죄에 해당한다.

② 폭행죄, 협박죄, 명예훼손죄는 반의사불벌죄에 해당한다.

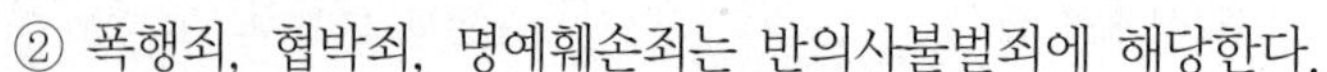

③ 형법이 규정하는 소추조건에는 친고죄와 반의사불벌죄가 있다.

④ 고소권자는 대법원 판결선고 전까지 고소를 취소할 수 있다.

쏙쏙 해설

고소는 제1심 판결선고 전까지 취소할 수 있다(형사소송법 제232조 제1항).

정답 ❹

핵심만 콕

친고죄와 반의사불벌죄★

구 분	친고죄	반의사불벌죄
의 의	공소제기를 위하여 피해자 기타 고소권자의 고소가 있을 것을 요하는 범죄	피해자의 의사에 관계없이 공소를 제기할 수 있으나, 피해자의 명시한 의사에 반하여 처벌할 수 없는 범죄
종 류	• 절대적 친고죄 – 모욕죄(제311조) – 비밀침해죄(제316조) – 업무상비밀누설죄(제317조) – 사자명예훼손죄(제308조) • 상대적 친고죄(친족상도례규정) : 절도, 사기, 공갈, 횡령, 배임, 장물, 권리행사방해죄의 일부(제328조)	• 외국원수 및 외국사절에 대한 폭행, 협박, 모욕죄(제107조 및 제108조) • 외국국기, 국장모독죄(제109조) • 폭행, 존속폭행죄(제260조) • 협박, 존속협박죄(제283조) • 명예훼손죄(제307조) • 출판물 등에 의한 명예훼손죄(제309조) • 과실치상죄(제266조)

27 법원이 직권으로 변호인을 선임하는 경우가 아닌 것은?

① 피고인이 구속된 때
② 피고인이 미성년자인 때
③ 피고인이 70세 이상인 때
④ 피고인이 사형, 무기 또는 장기 3년 이상의 징역이나 금고에 해당하는 사건으로 기소된 때

쏙쏙 해설

피고인이 사형, 무기 또는 단기 3년 이상의 징역이나 금고에 해당하는 사건으로 기소된 때 변호인이 없는 경우에는 법원은 직권으로 변호인을 선정하여야 한다(형사소송법 제33조 제1항 제6호).

정답 ❹

법령

국선변호인(형사소송법 제33조)★★

① 다음 각호의 어느 하나에 해당하는 경우에 변호인이 없는 때에는 법원은 직권으로 변호인을 선정하여야 한다.
1. 피고인이 구속된 때
2. 피고인이 미성년자인 때
3. 피고인이 70세 이상인 때
4. 피고인이 농아자인 때
5. 피고인이 심신장애의 의심이 있는 때
6. 피고인이 사형, 무기 또는 단기 3년 이상의 징역이나 금고에 해당하는 사건으로 기소된 때

28 다음 중 임의수사의 방법을 모두 고른 것은?

ㄱ. 출석요구	ㄴ. 참고인 진술 청취
ㄷ. 피의자 신문	ㄹ. 공무소에의 조회
ㅁ. 증거보전	ㅂ. 현행범 체포

① ㄴ ② ㄱ, ㄴ, ㄷ
③ ㄱ, ㄴ, ㅁ ④ ㄴ, ㄷ, ㄹ

쏙쏙 해설

제시된 내용 중 임의수사 방법에 해당하는 것은 ㄱ, ㄴ, ㄷ이다. ㄹ, ㅁ, ㅂ은 강제수사 방법에 해당한다.

정답 ❷

핵심만 콕

수사의 방법
① 임의수사(원칙)
㉠ 의의 : 강제력을 행사하지 않고 당사자의 승낙을 얻어서 행하는 수사
㉡ 방법 : 출석요구, 참고인 진술 청취, 통역・번역・감정의 위촉, 피의자 신문, 사실조회 등
② 강제수사(예외)
㉠ 영장 없는 수사 : 현행범인의 체포(형사소송법 제212조), 특수한 경우의 압수・수색・검증(형사소송법 제216조 제1항 제2호) 및 공무소에의 조회(형사소송법 제199조 제2항) 등
㉡ 영장에 의한 수사 : 구속(형사소송법 제201조), 압수・수색・검증(형사소송법 제215조) 등
㉢ 수사기관의 청구에 의해서 법관이 하는 것 : 증거보전(형사소송법 제184조) 등

29 피고인이 공판정에서 자백한 사건에 대하여 증거능력의 제한을 완화하는 등의 방법으로 심리를 신속하게 진행하기 위하여 인정되는 절차는?

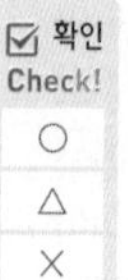

① 모두절차
② 공판준비절차
③ 간이공판절차
④ 증거개시절차

설문은 간이공판절차에 대한 내용에 해당한다.

정답 ❸

① 모두절차 : 공판기일에 최초로 행하는 절차로써 재판장의 피고인에 대한 진술거부권(형사소송법 제283조의2)의 고지로써 그 절차가 시작되며, 재판장의 피고인에 대한 인정신문(형사소송법 제284조), 검사의 모두진술(형사소송법 제285조), 피고인의 모두진술(형사소송법 제286조), 재판장의 쟁점정리 및 검사 · 변호인의 증거관계 등에 대한 진술(형사소송법 제287조) 순서로 진행
② 공판준비절차 : 공판기일에서의 효율적이고 집중적인 심리를 위하여 수소법원이 공판기일 이전에 사건의 쟁점과 증거를 정리하는 절차
④ 증거개시절차 : 증거개시(Discovery)란 검사 또는 피고인, 변호인이 자신이 가지고 있는 증거를 상대방에게 공개하여 열람 · 등사할 수 있도록 하는 제도를 말한다. 형사소송법은 검사와 피고인 사이에 무기평등의 원칙을 실현하고 피고인의 방어권을 충실히 보장하는 동시에 신속한 재판을 가능하게 하기 위하여 피고인 또는 변호인이 검사에게 공소제기된 사건에 관한 서류 또는 물건에 대하여 열람 · 등사 또는 서면의 교부를 신청할 수 있도록 하고(형사소송법 제266조의3), 검사도 피고인 또는 변호인에게 일정한 경우에 서류 또는 물건에 대하여 열람 · 등사 또는 서면의 교부를 신청할 수 있도록 하고 있다(형사소송법 제266조의11).

30 상업사용인에 대한 설명으로 옳지 않은 것은?

확인 Check! ○ △ ×

① 상인은 지배인의 선임과 그 대리권의 소멸에 관하여 본점에서만 등기하여야 한다.
② 지배인은 영업주에 갈음하여 그 영업에 관한 재판상 또는 재판 외의 모든 행위를 할 수 있다.
③ 상인은 수인의 지배인에게 공동으로 대리권을 행사하게 할 수 있다.
④ 지배인의 대리권에 대한 제한은 선의의 제3자에게 대항할 수 없다.

① 상인은 지배인의 선임과 그 대리권의 소멸에 관하여 그 지배인을 둔 본점 또는 지점소재지에서 등기하여야 한다(상법 제13조 전문).
② 상법 제11조 제1항
③ 상법 제12조 제1항
④ 상법 제11조 제3항

정답 ❶

31 상법상 주주총회의 특별결의사항에 해당하지 않는 것은?

① 영업 전부의 경영위임
② 영업의 중요한 일부 양도
③ 타인과 영업의 손익 일부를 같이 하는 계약
④ 회사의 영업에 중대한 영향을 미치는 다른 회사의 영업 일부의 양수

쏙쏙 해설

타인과 영업의 손익 전부를 같이 하는 계약이 상법상 주주총회의 특별결의사항에 해당한다.

정답 ❸

법령

영업양도, 양수, 임대 등(상법 제374조)

① 회사가 다음 각호의 어느 하나에 해당하는 행위를 할 때에는 제434조에 따른 결의가 있어야 한다.

> **정관변경의 특별결의(상법 제434조)**
> 제433조 제1항의 결의는 출석한 주주의 의결권의 3분의 2 이상의 수와 발행주식총수의 3분의 1 이상의 수로써 하여야 한다.

1. 영업의 전부 또는 중요한 일부의 양도
2. 영업 전부의 임대 또는 경영위임, 타인과 영업의 손익 전부를 같이 하는 계약, 그 밖에 이에 준하는 계약의 체결・변경 또는 해약
3. 회사의 영업에 중대한 영향을 미치는 다른 회사의 영업 전부 또는 일부의 양수

32 작업장에서 의도적으로 작업을 태만히 하거나, 불완전한 제품을 만듦으로써 사용자에게 대항하는 행위는 무엇인가?

① 피케팅(Picketing)
② 보이콧(Boycott)
③ 태 업
④ 동맹파업

쏙쏙 해설

설문의 쟁의행위는 태업에 대한 내용이다.

정답 ❸

핵심만 콕

쟁의행위의 종류

구분	내용
동맹파업	조합원이 단결하여 노동을 거부하는 행위
보이콧(Boycott)	노동자가 동맹하여 그 공장의 제품을 사지 않고 더 나아가 대중에게까지 호소・협력하여 사용자에게 압력을 가하는 행위
피켓팅(Picketing)	쟁의행위 참가자들이 당해 쟁의행위로 인하여 중단된 업무를 수행하려고 하는 자들에게 업무 수행을 하지 말 것을 평화적으로 설득하거나 권고하는 것으로, 근로자들이 공장 근처나 사업장의 입구에서 파업의 방해자나 배신자를 감시하는 행위
태 업	작업장에서 의도적으로 작업을 태만히 하거나, 불완전한 제품을 만듦으로써 사용자에게 대항하는 행위

33 다음 ( ) 안의 ㄱ, ㄴ, ㄷ에 들어갈 숫자의 합은?

☑ 확인 Check! ○ △ ×

보험금청구권은 (ㄱ)년간, 보험료 또는 적립금의 반환청구권은 (ㄴ)년간, 보험료청구권은 (ㄷ)년간 행사하지 아니하면 시효의 완성으로 소멸한다.

① 6　　② 7
③ 8　　④ 9

쏙쏙 해설

보험금청구권은 3년간, 보험료 또는 적립금의 반환청구권은 3년간, 보험료청구권은 2년간 행사하지 아니하면 시효의 완성으로 소멸하므로(상법 제662조), 숫자의 합은 8이다.

정답 ❸

34 현행법상 노동조합에 관한 설명으로 옳지 않은 것은?

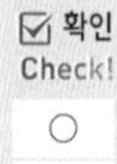

① 현재 실업 중인 자는 노동조합에 가입할 수 없다.
② 공무원의 노동조합설립은 인정된다.
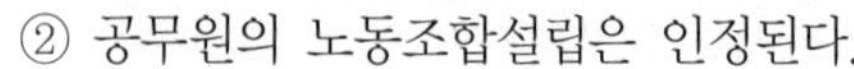
③ 노동조합의 파업에 대한 사용자의 직장폐쇄도 쟁의행위에 해당된다.
④ 노조전임자는 전임기간 동안 사용자로부터 어떠한 급여도 받을 수 없다.

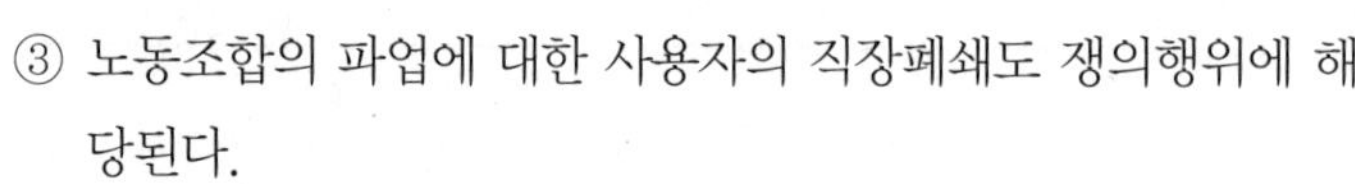

쏙쏙 해설

현재 실업 중인 자도 노동조합에 가입할 수 있는 경우가 있다. 즉, 노동조합법상 '근로자'에는 특정한 사용자에게 고용되어 현실적으로 취업하고 있는 자뿐만 아니라, 일시적으로 실업상태에 있는 자나 구직 중인 자도 노동3권을 보장할 필요성이 있는 한 그 범위에 포함된다(대판 2004. 2. 27. 2001두8568).

정답 ❶

35 다음 중 국민연금법상 급여의 종류가 아닌 것은?

① 노령연금
② 장애연금
③ 고용촉진지원금
④ 유족연금

쏙쏙 해설

국민연금법상 급여에는 노령연금, 장애연금, 유족연금, 반환일시금이 있다(국민연금법 제49조).

정답 ❸

36 다음은 무엇에 대한 설명인가?

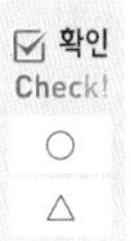

> 사회보장기본법상 국가와 지방자치단체의 책임 하에 생활유지능력이 없거나 또는 생활이 어려운 국민의 최저생활을 보장하고 자립을 지원하는 제도

① 장애인복지법
② 사회보험제도
③ 국민연금법
④ 공공부조제도

제시문은 공공부조제도에 대한 설명에 해당한다(사회보장기본법 제3조 제3호).

사회보장기본법상 용어의 정의(사회보장기본법 제3조)

용어	정의
사회보장	출산, 양육, 실업, 노령, 장애, 질병, 빈곤 및 사망 등의 사회적 위험으로부터 모든 국민을 보호하고 국민 삶의 질을 향상시키는 데 필요한 소득・서비스를 보장하는 사회보험, 공공부조, 사회서비스를 말한다(제1호).
사회보험	국민에게 발생하는 사회적 위험을 보험의 방식으로 대처함으로써 국민의 건강과 소득을 보장하는 제도를 말한다(제2호).
공공부조(公共扶助)	국가와 지방자치단체의 책임 하에 생활유지능력이 없거나 생활이 어려운 국민의 최저생활을 보장하고 자립을 지원하는 제도를 말한다(제3호).
사회서비스	국가・지방자치단체 및 민간부문의 도움이 필요한 모든 국민에게 복지, 보건의료, 교육, 고용, 주거, 문화, 환경 등의 분야에서 인간다운 생활을 보장하고 상담, 재활, 돌봄, 정보의 제공, 관련 시설의 이용, 역량 개발, 사회참여 지원 등을 통하여 국민의 삶의 질이 향상되도록 지원하는 제도를 말한다(제4호).
평생사회 안전망	생애주기에 걸쳐 보편적으로 충족되어야 하는 기본욕구와 특정한 사회위험에 의하여 발생하는 특수욕구를 동시에 고려하여 소득・서비스를 보장하는 맞춤형 사회보장제도를 말한다(제5호).

37 **행정청이 특정한 사실 또는 법률관계의 존부에 관하여 의문이 있거나 다툼이 있는 경우에 이를 공적으로 판단하는 행정행위는?**

확인 Check! ○ △ ×

① 인 가 ② 확 인
③ 특 허 ④ 허 가

설문은 준법률행위적 행정행위로서 확인에 대한 내용에 해당한다.

정답 ❷

핵심만 콕

① 인가는 타인의 법률적 행위를 보충하여 그 법률적 효력을 완성시켜주는 행정행위이다.
③ 특허는 특정인에 대하여 일정한 법률적 권리나 능력, 포괄적 법령관계를 설정하는 설권적 · 형성적 행정행위이다.
④ 허가는 법령에 의하여 일반적 · 상대적으로 금지되어 있는 행위를 일정한 요건을 갖춘 경우에 해제하여 적법하게 할 수 있게 하는 행정행위이다.

38 **행정기관에 관한 설명으로 옳지 않은 것은?**

확인 Check! ○ △ ×

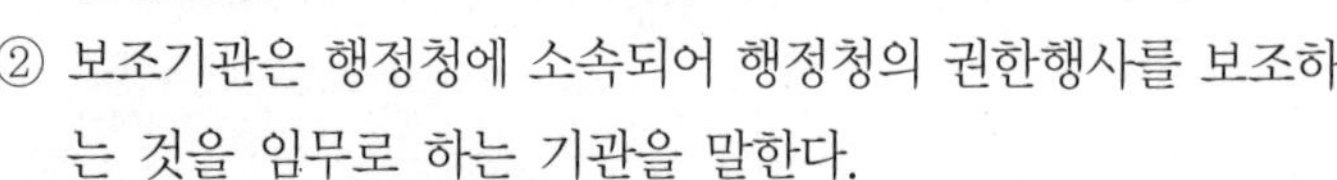

① 행정청의 자문기관은 합의제이며, 그 구성원은 공무원으로 한정된다.
② 보조기관은 행정청에 소속되어 행정청의 권한행사를 보조하는 것을 임무로 하는 기관을 말한다.
③ 보좌기관은 행정청 또는 그 보조기관을 보좌하는 기관으로, 대통령실, 국무총리실, 행정 각부의 차관보, 담당관 등이 이에 해당한다.
④ 행정청은 행정주체의 의사를 결정하여 외부에 표시하는 권한을 가진 기관이다.

행정청의 자문기관은 합의제가 많으나 그 구성원이 공무원으로 한정되지는 않는다.

정답 ❶

39 다음 중 형성적 행정행위에 해당하는 것을 모두 고른 것은?

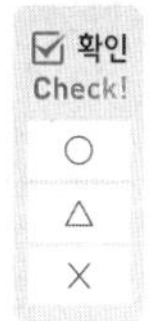

ㄱ. 하 명	ㄴ. 허 가
ㄷ. 인 가	ㄹ. 특 허
ㅁ. 확 인	ㅂ. 공 증
ㅅ. 통 지	ㅇ. 수 리

① ㄱ, ㄴ　② ㄱ, ㄴ, ㄹ
③ ㄷ, ㄹ　④ ㅁ, ㅂ, ㅅ, ㅇ

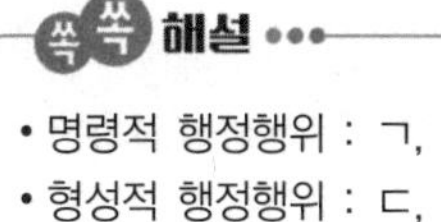

- 명령적 행정행위 : ㄱ, ㄴ
- 형성적 행정행위 : ㄷ, ㄹ
- 준법률행위적 행정행위 : ㅁ, ㅂ, ㅅ, ㅇ

정답 ❸

핵심만 콕

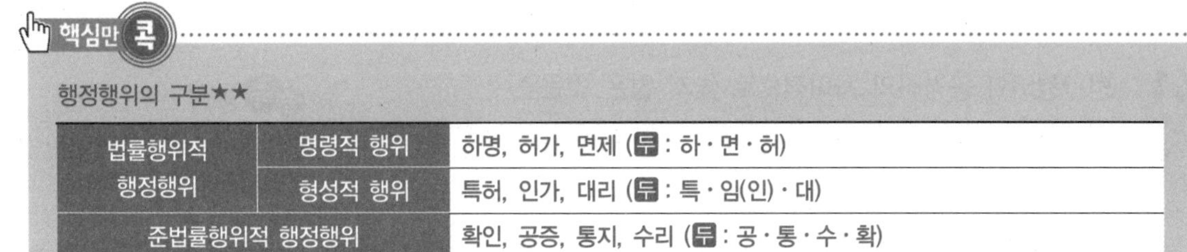

행정행위의 구분★★

법률행위적 행정행위	명령적 행위	하명, 허가, 면제 (두 : 하 · 면 · 허)
	형성적 행위	특허, 인가, 대리 (두 : 특 · 임(인) · 대)
준법률행위적 행정행위		확인, 공증, 통지, 수리 (두 : 공 · 통 · 수 · 확)

40 사인이 국가 또는 지방자치단체에 대해 부담하고 있는 공법상 금전급부의무를 불이행한 경우에 행정청이 강제적으로 그 의무가 이행된 것과 같은 상태를 실현하는 작용을 무엇이라 하는가?

확인 Check! ○ △ ×

① 강제징수　② 강제금
③ 직접강제　④ 행정대집행

설문의 내용은 강제징수에 대한 설명에 해당한다.

정답 ❶

② 강제금은 비대체적 작위의무 · 부작위의무 · 수인의무의 불이행 시에 일정 금액의 금전이 부과될 것임을 의무자에게 미리 계고함으로써 의무이행의 확보를 도모하는 강제수단이다.
③ 직접강제는 의무자가 의무를 이행하지 아니하는 경우에 직접적으로 의무자의 신체 또는 재산에 실력을 가함으로써 행정상 필요한 상태를 실현하는 작용이다.
④ 행정대집행은 의무자가 의무를 불이행한 데 대한 제1차적 수단으로 당해 행정청이 의무자가 행할 작위를 스스로 행하거나 또는 제3자로 하여금 이를 행하게 하고 그 비용을 의무자로부터 징수하는 것을 의미한다.

해설편 제2회

안심Touch

제2회 민간경비론

정답 및 해설

정답 CHECK

41	42	43	44	45	46	47	48	49	50	51	52	53	54	55	56	57	58	59	60
②	③	②	③	③	②	④	②	④	③	②	②	③	③	①	③	④	①	④	②
61	62	63	64	65	66	67	68	69	70	71	72	73	74	75	76	77	78	79	80
④	④	③	②	③	③	②	④	④	④	④	③	②	④	③	③	③	④	③	④

각 문항별로 이해도를 체크해 보세요.

문제편 039p

41 민간경비와 공경비의 차이점으로 옳지 않은 것은?

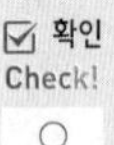

① 민간경비는 계약자 등 특정인이 수혜 대상자이다.

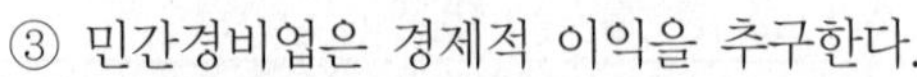

② 민간경비의 목적은 주로 범인 체포 및 범죄 수사 등에 있다.

③ 민간경비업은 경제적 이익을 추구한다.

④ 민간경비는 공경비에 비해 강제력 사용에 제약을 받는다.

쏙쏙 해설

공경비의 목적은 주로 법 집행(범인 체포 및 범죄 수사와 조사)에 있으나, 민간경비는 손실 감소 및 재산보호에 있다.

정답 ❷

핵심만 콕

공경비와 민간경비의 비교★

구 분	공경비(경찰)	민간경비(개인 또는 경비업체)
대 상	일반 국민(시민)	계약 당사자(고객)
임 무	범죄예방과 범죄 대응	범죄예방 임무
공통점	범죄예방 및 위험방지, 질서유지	
범 위	일반(포괄)적 범위	특정(한정)적 범위
주 체	정부(경찰)	영리기업(민간경비회사 등)
목 적	법 집행(범인 체포 및 범죄 수사와 조사)	개인 재산보호 및 손실 감소
제약조건	강제력 있음	강제력 사용에 제약 있음
권한의 근거	통치권	위탁자의 사권(私權)

42 민간경비 성장의 이론적 배경인 수익자부담이론에 대한 설명으로 옳은 것은?

☑ 확인 Check! ○ △ ×

① 수익성 행사의 경우 민간경비는 우발사태 대비 개념으로 운용되어야 한다.
② 철저한 수익자부담원칙의 적용에는 현실적인 어려움이 있으므로 단기적으로 대응하여야 한다.
③ 국민의 세금으로 운용되는 경찰의 역할은 국민의 생명과 재산을 보호하는 것이라는 일정한 제한이 있으므로 개인적 편익을 위한 비용부담은 수익자 자신이 부담하여야 한다는 것이다.
④ 국가적 행사의 경우 수익자부담의 원칙을 엄격히 적용할 수 있다.

쏙쏙 해설

수익자부담이론은 경찰의 공권력 작용은 질서유지, 체제수호와 같은 거시적 측면에서 이루어지고, 개인의 안전과 보호는 해당 개인이 책임져야 한다는 자본주의 체제하에서 주장되는 이론이다.

정답 ❸

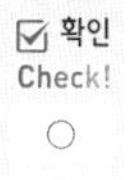

핵심만 콕

① 수익성 행사의 경우 공경비는 우발사태 대비 개념으로 운용되어야 한다.
② 철저한 수익자부담원칙의 적용에는 현실적인 어려움이 있으므로 장기적으로 대응하여야 한다.
④ 올림픽, 월드컵 같은 국가적 행사의 경우 수익자부담의 원칙을 엄격히 적용하기 곤란하다.

43 다음 글에 해당하는 민간경비의 성장배경이론은?

☑ 확인 Check! ○ △ ×

- 경찰이 수행하고 있는 경찰 본연의 기능이나 역할을 민간경비가 보완하거나 대체한다는 이론이다.
- 사회의 다원화와 분화에서 초래되는 사회적 긴장과 갈등, 대립 등에 의한 무질서나 범죄의 증가에 대응하기 위해서는 경찰력이 증가하여야 하나 현실적으로 어려운 상태이므로 그 결과 생겨나는 공백을 메우기 위해서는 민간경비가 발전한다는 이론이다.

① 경제환원론적이론　② 공동화이론
③ 이익집단이론　④ 수익자부담이론

쏙쏙 해설

제시문은 공동화이론에 관한 설명이다. 공동화이론은 경찰의 범죄예방능력이 국민의 욕구를 충족시키지 못할 때의 공동상태를 민간경비가 보충함으로써 민간경비가 성장한다는 이론이다.

정답 ❷

44 공동생산이론에 관한 설명으로 옳은 것을 모두 고른 것은?

ㄱ. 민간경비를 공경비의 보조적 차원이 아닌 주체적 차원으로 인식한다.
ㄴ. 경찰이 안고 있는 한계를 일부 극복하고 시민의 안전욕구를 증대시키기 위하여 민간부문의 능동적 참여를 다각적으로 유도한다.
ㄷ. 치안서비스 제공은 경찰의 역할수행과 민간경비의 공동참여로 이루어진다.
ㄹ. 민간경비는 집단적 이익의 실현을 위해 규모를 팽창시킨다.

① ㄱ　② ㄱ, ㄴ
③ ㄱ, ㄴ, ㄷ　④ ㄱ, ㄴ, ㄷ, ㄹ

해설

공동생산이론에 관한 설명으로 옳은 것은 ㄱ, ㄴ, ㄷ이다.
ㄹ (×) 민간경비는 집단적 이익의 실현을 위해 규모를 팽창시킨다는 이론은 이익집단이론에 대한 내용이다.

정답 ❸

45 민간경비에 관한 설명으로 옳지 않은 것은?

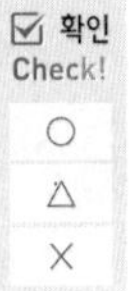

① 서구에서는 민간경비를 논의할 때 영리를 목적으로 하는 계약경비뿐만 아니라 자체경비도 포함시키는 경향이 있다.
② 민간경비는 각 나라마다 차이가 있으며, 형식적인 민간경비와 실질적인 민간경비는 차이가 있다.
③ 실정법에서 규정하고 있는 민간경비는 개념적으로 실질적인 의미의 민간경비에 해당된다.
④ 우리나라에서는 경찰관이 부업으로 민간경비원의 업무를 수행할 수 없다.

해설

실정법에서 규정하고 있는 민간경비는 개념적으로 형식적인 의미의 민간경비에 해당된다. 이와 반대로 실질적 의미의 민간경비는 국민의 생명과 신체 그리고 재산보호, 사회적 손실 감소와 질서유지를 위한 일체의 활동을 말한다.

〈출처〉 서진석, 「민간경비론」, 백산출판사, 2008

정답 ❸

형식적 의미의 민간경비와 실질적 의미의 민간경비 개념

형식적 의미의 민간경비	실질적 의미의 민간경비
• 경비업법에 의해 허가받은 법인이 경비업법상의 업무를 수행하는 경비활동 • 형식적 의미에서의 민간경비 개념은 공경비와 명확히 구별	• 고객(국민)의 생명·신체·재산보호 및 사회적 손실 감소와 질서유지를 위한 일체의 활동을 뜻함(정보보호, 사이버 보안도 포함됨) • 실질적 의미의 민간경비 개념은 공경비와 유사

46 다음 중 영국 헨리왕의 King's Peace 시대에 관한 올바른 내용으로 볼 수 없는 것은?

확인 Check! ○ △ ×

① 레지스 헨리시법을 공포한 시기이다.
② 공법에서 사법으로 법개념의 변천이 이루어졌다.
③ 경찰의 공복으로서의 역할이 보다 강조된 시기이다.
④ 그 당시 범죄는 개인에 대한 위법이 아닌 국왕의 평화에 대한 도전으로 간주했다.

쏙쏙 해설

시민의 재산과 권위 보호는 국왕의 평화에 대한 도전으로 사법에서 공법으로 법개념의 변천이 이루어졌다.

정답 ❷

핵심만 콕

헨리 국왕의 법령

- 헨리 국왕은 원칙적으로 모든 범죄는 개인에 대한 위법이 아니라 국왕의 평화에 대한 도전이라고 명시하였으며, 중죄와 경범죄에 대한 구분을 지었다는 의의가 있다.
- 경찰은 공복으로서 사립경찰로서의 활동을 하지 않으며, 평화에 대한 국왕의 의지를 침해하는 것은 곧 범죄이므로 추방이나 징역 등의 처벌을 가할 수 있는 위법행위로 규정지었다.

해설편 제2회

47 일본의 민간경비산업에 관한 설명으로 옳지 않은 것은?

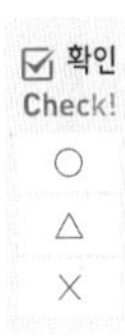

확인 Check! ○ △ ×

① 교통유도경비업무란 도로에 접속한 공사현장 및 사람과 차량을 통행에 위험이 있는 장소 또는 도로를 점유하는 행사장에서 부상 등 사고 발생을 방지하는 업무이다.
② 미국의 교통유도원(flagger) 제도는 각 주에서는 다양한 방법 및 기관을 통해 교육과정을 개설하고 있으며, 일부 주에서는 필기 및 실기시험을 통과한 후 인증서를 발급하여 유도원 채용 시 반드시 인증서를 제출하도록 하는 등 체계적으로 관리하고 있다.
③ 일본에서 민간경비원의 교통유도경비는 경찰관의 교통정리와 같은 법적 강제력이 없다.
④ 일본의 민간경비는 1980년대 이후부터 한국과 중국에 진출을 시도하면서 인력경비가 급속히 성장하고 있다.

쏙쏙 해설

일본의 민간경비는 기계경비를 중심으로 하여 새로운 시장을 개척하여, 1980년대 초에 한국에 진출하고, 1980년대 후반에는 중국에까지 진출하였다.

정답 ❹

48 다음 중 핑커톤 경비조직에 대한 설명으로 옳지 않은 것은?

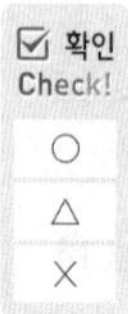

① 남북전쟁 당시에는 링컨 대통령의 경호업무를 담당하기도 하였다.
② 북군의 교란작전으로 대량 유포된 마약에 대한 적발임무를 수행하는 데 결정적 공헌을 하였다.
③ 경찰당국의 자료요청에 응하여 경찰과 민간경비업체의 바람직한 관계를 정립하였다.
④ 범죄자를 유형별로 정리하는 방식은 오늘날 프로파일링 수사기법에 영향을 주었다.

핑커톤은 남북전쟁 당시 '육군첩보부'를 설립하여 북군의 경제 교란작전으로 대량 발행된 위조화폐에 대한 적발임무를 수행하는 데 결정적 공헌을 하여 부보안관으로 임명되었다. 마약과는 관련이 없다.

 ❷

49 각국 민간경비의 발전과정에 관한 설명으로 옳은 것을 모두 고른 것은?

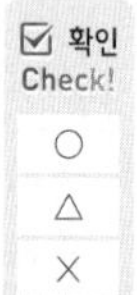

> ㄱ. 보우가의 주자 시대에 교구경찰이 탄생하였으며, 그들의 책임은 교회 구역 내로만 한정하였다.
> ㄴ. 제1차 세계대전 시 민간경비업은 군수물자를 생산하는 기업체들을 파업이나 적군의 탐정으로부터 보호해야 하는 임무를 띠게 되었다.
> ㄷ. 우리나라는 2001년 경비업법이 개정되어 경비업의 종류에 특수경비업무가 추가되었다.
> ㄹ. 일본의 민간경비는 중세기부터 지방 성주들에 의하여 사적으로 실시되었다.

① ㄱ　　② ㄱ, ㄴ
③ ㄱ, ㄴ, ㄷ　　④ ㄱ, ㄴ, ㄷ, ㄹ

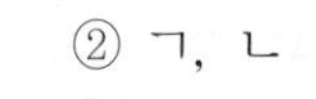

ㄱ. 보우가의 주자 시대에는 교구경찰이 탄생하였으며, 그들의 책임은 교회 구역 내로만 한정되었다.
ㄴ. 제1차 세계대전 시 방위산업의 발달에 따른 대규모 공장시설 건설로 인해 산업시설의 보호와 스파이 방지를 위하여 자본가들의 경비수요가 증가하였다.
ㄷ. 2001년 우리나라의 경비업법이 전면 개정되면서 경비업의 종류에 특수경비업무가 추가되었으며, 기계경비산업이 급속히 발전하여 기계경비업무를 신고제에서 허가제로 변경하였다.
ㄹ. 일본 민간경비의 연원은 중세기부터 지방 성주들에 의하여 사적으로 실시한 것에서 찾을 수 있다.

모두 옳은 내용이다.

50 한국의 민간경비산업의 현황으로 옳은 것을 모두 고른 것은?

> ㄱ. 일부 업체를 제외하고는 대체로 영세한 편이다.
> ㄴ. 경비분야의 연구 전문인력이 부족하다.
> ㄷ. 경찰 및 교정업무의 민영화 추세는 민간경비업 확장의 한 요인이 된다.
> ㄹ. 인력경비보다 기계경비에 치중되어 있는 실정이다.

① ㄱ ② ㄱ, ㄴ
③ ㄱ, ㄴ, ㄷ ④ ㄱ, ㄴ, ㄷ, ㄹ

쏙쏙 해설

아직까지는 기계경비보다 인력경비에 치중되어 있는 실정이다. 최근에는 인력경비를 줄이고 기계경비 중심으로 변화하는 추세이며 민간경비의 질적 향상이 도모되고 있다.

정답 ❸

해설편 제2회

51 다음에서 설명하는 것은 빌렉이 분류한 민간경비원의 법적 지위 유형 중 어느 유형인가?

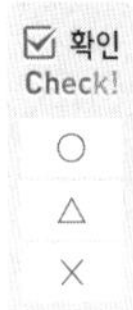

> 제한된 근무지역인 학교, 공원지역이나, 주지사, 보안관 시당국, 정부기관에 의해 특별한 경찰업무를 위임받은 민간경비원이며, 우리나라의 청원경찰과 같은 개념이다.

① 경찰관 신분을 가진 민간경비원
② 특별한 권한이 있는 민간경비원
③ 일반시민과 같은 민간경비원
④ 군인 신분을 가진 민간경비원

쏙쏙 해설

특별한 권한이 있는 민간경비원에 대한 설명이다.

정답 ❷

핵심만 콕

민간경비원의 법적 지위 유형(A. J. Bilek의 분류)

유형	내용
경찰관 신분을 가진 민간경비원	• 경찰관 신분으로서 민간경비 분야에서 부업을 하고 있는 자 • 1980년대 중반부터 미국사회에서 문세시됨
특별한 권한이 있는 민간경비원	• 제한된 근무지역인 학교, 공원지역이나, 주지사, 보안관 시당국, 정부기관에 의해 특별한 경찰 업무를 위임받은 민간경비원 • 우리나라의 청원경찰과 같은 개념
일반시민과 같은 민간경비원	• 공공기관으로부터 임명이나 위임, 자격을 받지 못한 상태에서 경비업무를 수행하는 경비원 • 우리나라 대부분의 민간기업체의 경비원이 이에 해당

52 우리나라와 일본의 민간조사제도에 관한 설명으로 옳지 않은 것은?

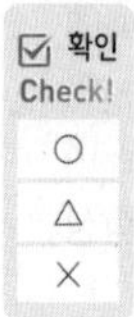

① 일본은 2006년 민간조사업과 관련된 법령이 제정되었으며, 2007년부터 시행되었다.
② 한국에서 공인탐정제도와 관련된 법안은 발의된 적이 없다.
③ 일본의 민간조사업은 신고제 형식을 취하고 있다.
④ 한국에서 경비업법상 민간조사업무는 경비업무의 한 영역이라고 보기 어렵다.

한국에서 공인탐정제도와 관련된 법안은 지난 17대 국회 때부터 현재까지 10회 발의된 일은 있으나 법안이 통과되지는 못했다.

정답 ❷

일본의 민간조사제도 합법화

일본의 경우에도 2006년 6월 이전까지는 우리나라와 마찬가지로 단순한 행정법상의 규제 대상에 불과하였다. 민간조사원제도는 일반 서비스업종의 하나로 취급되었으며, 따라서 민간조사 관련 업체와 민간조사 관련 학원이 난립하였다. 생활 속의 다양한 의뢰에 의해 수요가 증가하였고, 장기간의 경기 침체로 인해 부업으로 민간조사업을 하는 사람들도 적지 않았다. 특히, 일본사회에서는 1960년대까지 미개발 빈민지역이라 할 수 있는 특정지역인 동화지구(同化地區)의 부락민 출신에 대한 사회적 차별문제가 매우 심각하였다. 이에 따라 결혼상대자나 기업 등의 취업대상자가 해당지역의 부락민 출신인지의 여부를 알아보기 위해 흥신소 등의 민간조사업체에 의뢰하는 등 인권침해 사례가 사회적으로 큰 파장을 일으켰다. 이처럼 일본에서는 민간조사업과 관련된 문제들이 증가함에 따라 오랫동안 이의 입법화를 추진해 왔고, 2006년 6월에 이르러 '탐정업무의 적정화에 관한 법률(이하, 탐정업법)'을 공포하였으며, 2007년 6월에 시행되었다.

〈출처〉 최선우, 「민간경비론」, 2015, P. 103 ~ 105

53 현행 법령상 국가경찰의 임무에 해당하는 것을 모두 고른 것은?

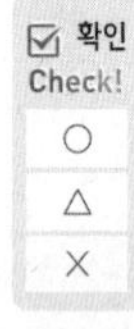

ㄱ. 고객의 생명·신체 및 재산의 보호
ㄴ. 범죄의 예방·진압 및 수사
ㄷ. 경비·주요 인사(人士) 경호 및 대간첩·대테러 작전 수행
ㄹ. 치안정보의 수집 및 서비스 제공
ㅁ. 교통의 단속과 교통 위해(危害)의 방지
ㅂ. 외국 정부기관 및 국제기구와의 국제협력

① ㄱ, ㄴ, ㄷ, ㅁ
② ㄴ, ㄷ, ㄹ, ㅁ
③ ㄴ, ㄷ, ㅁ, ㅂ
④ ㄱ, ㄴ, ㄷ, ㄹ, ㅁ, ㅂ

제시된 내용 중 ㄱ과 ㄹ은 경찰관직무집행법 제2조의 국가경찰의 임무에 해당하지 않는다.

정답 ❸

법령 **경찰의 직무범위(경찰관직무집행법 제2조)**

경찰관은 다음 각호의 직무를 수행한다.
1. 국민의 생명·신체 및 재산의 보호
2. 범죄의 예방·진압 및 수사

2의2. 범죄피해자 보호

3. 경비, 주요 인사(人士) 경호 및 대간첩·대테러 작전 수행
4. 공공안녕에 대한 위험의 예방과 대응을 위한 정보의 수집·작성 및 배포
5. 교통 단속과 교통 위해(危害)의 방지
6. 외국 정부기관 및 국제기구와의 국제협력
7. 그 밖에 공공의 안녕과 질서 유지

54 **경찰 방범활동의 한계요인에 대한 설명으로 옳지 않은 것은?**

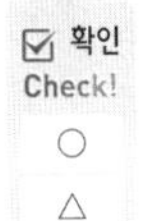

① 특수한 상황에서 경찰 인력이 시국치안에 동원되는 경우 실질적으로 민생치안에 근무하게 되는 경찰 인력은 더욱 감소하게 된다.

② 열악한 근무조건 외에 개인 방범장비의 부족과 노후화는 효율적인 방범활동을 수행하는 데 있어서 장애가 되고 있다.

③ 다른 부서의 협조업무가 높은 비율로 이루어져 민생치안 고유 업무 수행을 더 원활하게 할 수 있다.

④ 경찰에 대한 부정적인 이미지나 불신 등의 이유로 주민과 경찰과의 관계 개선이나 범죄 발생 시 신고 등의 협조가 미비하다.

쏙쏙 해설

경찰의 고유 업무가 아닌 다른 부서의 협조 업무가 전체 임무 중 높은 비율을 차지함으로써 경찰의 민생치안 고유 업무 수행에 막대한 지장을 초래하고 있다.

정답 ❸

55 개인적 차원에서 자신과 가족의 안전에 대한 예방활동을 하는 것을 말하며, 방범장비의 휴대, 각종 첨단경보장치의 설치, 귀가 중인 자녀의 안전을 위한 마중 등과 같이 개인적으로 이루어지는 자율방범활동은 치안서비스 공동생산의 유형 중 어느 유형에 속하는가?

① 개별적 · 소극적 공동생산(제Ⅰ유형)
② 개별적 · 적극적 공동생산(제Ⅱ유형)
③ 집단적 · 소극적 공동생산(제Ⅲ유형)
④ 집단적 · 적극적 공동생산(제Ⅳ유형)

설문의 내용은 개별적 · 소극적 공동생산에 속하는 자율방범활동에 대한 것이다.

정답 ❶

핵심만 콕

치안서비스 공동생산

1. 의 의
치안서비스 공동생산이란 '치안서비스의 전달과정에서 주민들이 서비스 생산활동에 참여하는 것'을 의미한다. 공동생산은 정부의 서비스 전달 담당자와의 상호작용을 하면서 주민들의 생산활동에의 참여를 의미한다.

2. 특 징
① 경찰 자원의 한계, 공공 및 개인의 안전에 대한 관심의 증가로 인하여 경찰과 주민의 협력에 의한 치안서비스 공동생산이 범죄예방을 위한 주요한 과제로 떠오르게 되었다.
② 최근에는 민간경비 분야도 공동생산의 한 주체로 파악하는 경향이 있다. 특히 자치경찰제를 도입할 때 유용한 개념으로 적용될 것이다.

3. 치안서비스 공동생산의 유형

구 분		시민들 간의 협동수준	
		개인적 활동	집단적 활동
경찰과의 협조 수준	소극적	제Ⅰ유형(개인적 · 소극적 자율방범활동) • 집을 범죄로부터 보호하는 활동 : 비상벨 설치, 추가 자물쇠 설치, 집 바깥에 야간등 설치 활동 • 자신의 몸을 보호하는 활동 : 호신술 훈련, 호루라기 휴대, 위험한 곳 피해 다니기 등의 활동	제Ⅲ유형(집단적 · 소극적 자율방범활동) • 지역주민이 독립적, 자율적으로 주민단체를 결성(강도, 주택침입, 성범죄 등 범죄대처) : 지역주민의 범죄예방을 위한 정보 제공, 특정범죄에 대한 주민의 경계심 제고, 자체적인 지역순찰, 야간등 보수 및 증설, 경찰서비스의 대응성 향상을 위한 활동 • 주민공동 경비원의 고용
	적극적	제Ⅱ유형(개인적 · 적극적 자율방범활동) • 경찰 신고 행위(절도, 강도 등) • 목격한 범죄행위 신고 · 증인 행위	제Ⅳ유형(집단적 · 적극적 자율방범활동) • 이웃안전감시단 활동(자율순찰) • 시민자율순찰대 활동

56 계약경비에 대한 설명으로 옳은 것은?

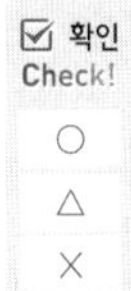

① 오늘날은 자체경비서비스가 계약경비서비스보다 더 빠르게 증가하고 점차 확대되고 있다.
② 비용면에서 계약경비가 자체경비보다 더 많은 비용이 든다.
③ 경비업법은 도급계약 형태이므로 계약경비를 전제로 한다.
④ 유지보수에 적지 않은 비용과 전문인력이 요구된다.

해설

계약경비에 대한 설명으로 옳은 것은 ③이다.
① 오늘날은 계약경비서비스가 자체경비서비스보다 더 빠르게 증가하고 점차 확대되고 있다.
② 비용면에서 자체경비가 계약경비보다 더 많은 비용이 든다.
④ 유지보수에 적지 않은 비용과 전문인력이 요구되는 것은 기계경비의 단점에 해당한다.

정답 ❸

57 기계경비와 인력경비에 관한 설명으로 옳지 않은 것은?

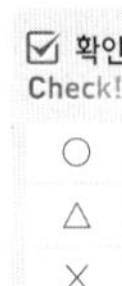

① 인력경비란 화재, 절도, 분실, 파괴, 기타 범죄 내지 피해로부터 개인이나 기업의 인적·물적 안전을 확보하기 위해서 경비원 등의 인력으로 경비하는 것을 말한다.
② 인력경비의 장점은 경비업무를 전문화할 수 있고, 고용창출 효과와 고객 접점 서비스 효과가 있다는 점이다.
③ 인력경비의 단점은 야간에는 경비활동의 제약을 받아 효율성이 감소된다는 점이다.
④ 순수 무인기계경비는 불법침입을 감지한 센서가 컴퓨터에 음성이나 문자 등으로 표시하여 이를 본 사람이 조치를 취하도록 하는 경비형태이다.

해설

④는 혼합 기계경비에 대한 내용이다. 순수 무인기계경비는 각종 감지기 또는 CCTV 등 감시 기계를 설치하여 불법침입이 있으면 경보음을 울리게 하거나 미리 기억된 자동전화번호를 통해 경찰서 등에 설치된 수신기에 경보음을 울리게 하는 경비형태이다.

정답 ❹

58 다음에서 설명하는 민간경비의 유형은?

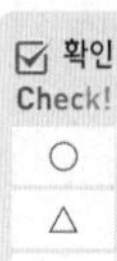

- 혼잡한 상황에서 발생할 가능성이 있는 여러 가지 안전사고를 경계하고 예방하는 제반활동이다.
- 지방자치단체가 주관하는 축제・행사에서 안전사고에 대비하는 질서유지활동이다.
- 일본의 경우 이것을 경비업법에서 규정하고 있으며, 교통유도업무가 대부분을 차지하고 있다.

① 혼잡경비 ② 호송경비
③ 특수경비 ④ 경호경비

제시문이 설명하는 민간경비는 혼잡경비이다.

② 호송경비란 운반 중에 있는 현금・유가증권 등에 대한 불의의 사고 발생을 예방하고 방지하는 업무를 말한다.
③ 특수경비란 항공기를 포함한 공항 등 대통령령이 정하는 국가중요시설의 경비 및 도난・화재 그 밖의 위험발생을 방지하는 업무를 말한다.
④ 경호경비(신변보호경비)란 사람의 생명이나 신체에 대한 위해의 발생을 방지하고 그 신변을 보호하는 업무를 말한다.

정답 ❶

59 기계경비시스템의 3대 기본구성요소에 포함되지 않는 것은?

① 불법침입에 대한 감지
② 침입정보의 전달
③ 침입행위의 대응
④ 광범위한 감시효과

광범위한 감시효과는 기계경비의 장점에 해당된다.

정답 ❹

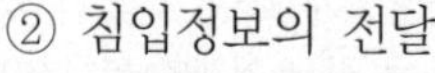

기계경비

기계경비시스템을 통하여 각종 위해(범죄・화재・재난)로부터 인적・물적 가치를 보호하는 경비로 3대 구성요소에는 불법침입에 대한 감지, 침입정보의 전달, 침입행위의 대응이 있다.

60 경비업법령상 특수경비원의 교육에 관한 설명으로 옳지 않은 것은?

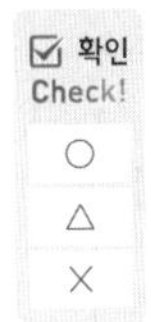

① 특수경비업자는 특수경비원 신임교육을 받지 아니한 자를 특수경비업무에 종사하게 해서는 아니 된다.

② 특수경비업자는 소속 특수경비원에 대하여 매월 4시간 이상의 직무교육을 실시해야 한다.

③ 특수경비원의 교육시 관할경찰서 소속 경찰공무원이 교육기관에 입회하여 대통령령이 정하는 바에 따라 지도·감독하여야 한다.

④ 특수경비업자는 채용 전 3년 이내에 특수경비업무에 종사하였던 경력이 있는 사람을 특수경비원으로 채용한 경우에는 해당 특수경비원을 특수경비원 신임교육 대상에서 제외할 수 있다.

② 특수경비업자는 소속 특수경비원에 대하여 매월 6시간 이상의 직무교육을 받도록 하여야 한다(경비업법 시행령 제19조 제3항, 동법 시행규칙 제16조 제1항).

① 경비업법 제13조 제3항

③ 경비업법 제13조 제4항

④ 경비업법 시행령 제19조 제2항

 ❷

61 공동목표의 달성을 위해 하부조직 사이에서 수행하고 있는 업무가 통일성 내지 조화를 이루도록 하는 민간경비조직의 운영원리는?

① 계층제의 원리　② 명령통일의 원리

③ 전문화의 원리　④ 조정·통합의 원리

설문은 조정·통합의 원리에 대한 내용이다.

정답 ❹

핵심만 콕

민간경비조직의 운영원리★

계층제의 원리	• 권한과 책임에 따라 직무를 등급화함 • 상하 계층 간에 직무상의 지휘·감독관계
명령통일의 원리	• 경비원은 직속상관에게 직접 명령을 받고 보고해야 함 • 지휘계통의 일원화로 책임소재를 명확히 함
전문화의 원리	• 조직의 전체기능을 기능별·특성별로 나누어 임무를 분담 • 각 개인별 능력을 충분히 고려하여 적재적소에 배치
조정·통합의 원리	• 조직전체의 목표, 즉 공동목표를 달성하기 위해 하위조직 사이에 수행하고 있는 업무가 통일성 내지 조화를 이루도록 하는 것 • 조직구조가 분업화, 전문화되어 있을수록 조정·통합의 필요성이 크다.

해설편 제2회

안심Touch

62 경비관리 책임자의 조사상 역할로 옳은 것은?

①은 경영상의 역할, ②·③은 관리상의 역할이다.

정답 ❹

☑ 확인 Check! ○ △ ×

① 기획의 조직화
② 예산과 재정상의 감독
③ 사무행정
④ 감시, 회계, 회사 규칙의 위반 확인

핵심만 콕

경비관리 책임자(=경비부서 관리자)의 역할

구분	내용
예방상의 역할	경비원에 대한 감독, 화재와 경비원의 안전, 경비활동에 대한 규칙적인 감사, 출입금지구역에 대한 감시, 교통통제, 경보시스템, 조명, 울타리, 통신장비 등과 같은 모든 경비장비들의 상태 점검 등
관리상의 역할	예산과 재정상의 감독, 경비문제를 관할하는 정책의 설정, 사무행정, 조직체계와 절차의 개발, 경비부서 직원에 대한 교육·훈련 과정의 개발, 모든 고용인들에 대한 경비교육 등
경영상의 역할	기획, 조직화(기획의 조직화), 채용, 지도, 감독, 혁신 등
조사상의 역할(조사활동)	경비의 명확성, 감시, 회계, 회사 규칙의 위반과 이에 따르는 모든 손실에 대한 조사·관리·감시·회계, 일반 경찰과 소방서와의 유대관계, 관련 문서의 분류(확인) 등

63 확인된 위험의 대응방법에 대한 설명으로 옳지 않은 것은?

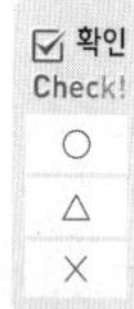

위험성이 높은 보호대상을 한 곳에 집중시키지 않고 여러 곳에 분산시키는 것은 위험의 분산이고, 위험의 감소는 완벽한 위험의 제거 내지 위험의 회피가 불가능하다면 가장 현실적인 최선의 대응방법은 물리적·절차적 관점에서 위험요소를 감소시키거나 최소화시키는 방법을 강구하는 것이다.

 ❸

① 위험의 제거 : 위험관리에서 최선의 방법은 확인된 모든 위험요소를 제거하는 것이다.
② 위험의 회피 : 범죄 및 손실이 발생할 기회를 아예 제공하지 않는 것이다.
③ 위험의 감소 : 위험성이 높은 보호대상을 한 곳에 집중시키지 않고 여러 곳에 분산시키는 것이다.
④ 위험의 대체 : 직접적으로 위험을 제거하거나 감소 및 최소화시키기보다는 보험과 같은 대체수단을 통해서 손실을 전보하는 방법이다.

64 다음 국가중요시설의 분류기준에 대한 설명으로 옳은 것은?

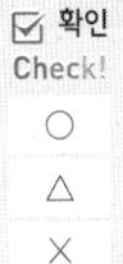

① 가급 – 중앙부처의 장 또는 시·도지사가 필요하다고 지정한 행정 및 산업시설

② 나급 – 국가안보상 국가경제·사회생활에 중대한 영향을 끼치는 행정 및 산업시설

③ 다급 – 국방·국가기간산업 등 국가의 안전보장에 고도의 영향을 미치는 행정 및 산업시설

④ 기타급 – 국가안보상 국가경제·사회생활에 중요하다고 인정되는 행정 및 산업시설

국가보안상 국가 경제·사회생활에 중대한 영향을 끼치는 행정 및 산업시설은 나급 중요시설에 해당한다.

정답 ❷

[국가중요시설의 분류]★

구 분	국가중요시설의 분류기준 (중앙경찰학교 2009, 경비)	국가중요시설의 분류기준 (국가중요시설 지정 및 방호 훈령)	
가급 중요시설	• 국방·국가기간산업 등 국가 안전 보장에 고도의 영향을 미치는 행정 및 산업시설	• 적에 의하여 점령 또는 파괴되거나, 기능 마비 시 광범위한 지역의 통합방위작전수행이 요구되고, 국민생활에 결정적인 영향을 미칠 수 있는 시설	• 청와대, 국회의사당, 대법원, 정부중앙청사, 국방부, 국가정보원 청사, 한국은행 본점
나급 중요시설	• 국가보안상 국가 경제·사회생활에 중대한 영향을 끼치는 행정 및 산업시설	• 적에 의하여 점령 또는 파괴되거나, 기능 마비 시 일부 지역의 통합방위작전수행이 요구되고, 국민생활에 중대한 영향을 미칠 수 있는 시설	• 중앙행정기관 각 부(部)·처(處) 및 이에 준하는 기관, 대검찰청, 경찰청, 기상청 청사, 한국산업은행, 한국수출입은행 본점
다급 중요시설	• 국가보안상 국가 경제·사회생활에 중요하다고 인정되는 행정 및 산업시설	• 적에 의하여 점령 또는 파괴되거나, 기능 마비 시 제한된 지역에서 단기간 통합방위작전수행이 요구되고, 국민생활에 상당한 영향을 미칠 수 있는 시설	• 중앙행정기관의 청사, 국가정보원 지부, 한국은행 각 지역본부, 다수의 정부기관이 입주한 남북출입관리 시설, 기타 중요 국·공립기관
기타급 중요시설	• 중앙부처의 장 또는 시·도지사가 필요하다고 지정한 행정 및 산업시설	–	–

65 대부분의 패턴이 없는 외부 및 내부의 침입을 발견 · 저지 · 방어 · 예방하도록 계획되어진 경비시스템을 갖춘 경비수준은?

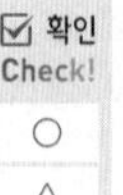

① 하위수준경비(Level Ⅱ)
② 중간수준경비(Level Ⅲ)
③ 상위수준경비(Level Ⅳ)
④ 최고수준경비(Level Ⅴ)

설문은 상위수준경비에 대한 내용에 해당한다.

정답 ❸

경비의 중요도에 따른 분류(경비계획의 수준)★

최저수준경비, 하위수준경비, 중간수준경비, 상위수준경비, 최고수준경비의 5단계로 구분할 수 있다.

구분	내용
최저수준경비 (Level Ⅰ)	일정한 패턴이 없는 불법적인 외부침입을 방해할 수 있도록 계획된 경비시스템으로, 보통 출입문과 자물쇠를 갖춘 창문과 같은 단순한 물리적 장벽으로 구성된다(예 일반가정 등).
하위수준경비 (Level Ⅱ)	일정한 패턴이 없는 불법적인 외부침입을 방해하고 탐지할 수 있도록 계획된 경비시스템으로, 일단 단순한 물리적 장벽과 자물쇠가 설치되고 거기에 보강된 출입문, 창문의 창살, 보다 복잡한 수준의 자물쇠, 조명시스템, 기본적 경보시스템, 기본적인 안전장치가 설치된다(예 작은 소매상점, 저장창고 등).
중간수준경비 (Level Ⅲ)	대부분의 패턴이 없는 불법적인 외부침입과 일정한 패턴이 없는 일부 내부침입을 방해, 탐지, 사정할 수 있도록 계획된 경비시스템으로, 보다 발전된 원거리 경보시스템, 경계지역의 보다 높은 수준의 물리적 장벽, 기본적 의사소통 장비를 갖춘 경비원 등이 조직되는 수준이다(예 큰 물품창고, 제조공장, 대형 소매점 등).
상위수준경비 (Level Ⅳ)	대부분의 패턴이 없는 외부 및 내부의 침입을 발견 · 저지 · 방어 · 예방하도록 계획되어진 경비시스템으로 CCTV, 경계경보시스템, 고도로 훈련받은 무장경비원, 고도의 조명시스템, 경비원과 경찰의 협력시스템 등으로 이루어진다(예 교도소, 제약회사, 전자회사 등).
최고수준경비 (Level Ⅴ)	일정한 패턴이 전혀 없는 외부 및 내부의 침입을 발견, 억제, 사정, 무력화할 수 있도록 계획된 경비시스템으로, 최첨단의 경보시스템과 현장에서 즉시 대응할 수 있는 24시간 무장체계가 갖추어진다(예 핵시설물, 중요교도소, 중요군사시설, 정부의 특별연구기관, 일부 외국대사관 등).

66 자력에 의해 문을 잠그는 잠금장치로 1,000파운드(약 453.6kg)의 압력에도 견디어 내는 고강도문에 많이 사용되며 종업원들의 출입이 잦지 않은 제한구역에 주로 사용되는 자물쇠는?

☑ 확인 Check!
○
△
×

① 판날름쇠 자물쇠(Disc Tumbler Locks)
② 숫자맞춤식 자물쇠(Combination Locks)
③ 전자식 자물쇠(Electromagnetic Locks)
④ 암호사용 자물쇠(Code Operated Locks)

설문은 전자식 자물쇠(Electromagnetic Locks)에 대한 내용이다.

정답 ❸

주요 자물쇠의 종류

- 돌기 자물쇠(Warded Locks) : 열쇠의 구조가 간단하고 단순 철판에 홈이 없는 것이 대부분이며, 안전도는 거의 없다.
- 판날름쇠 자물쇠(Disc Tumbler Locks) : 일반적으로 가장 많이 사용되는 자물쇠로, 열쇠의 홈이 한쪽 면에만 있지만 열쇠 구조가 복잡하여 맞는 열쇠를 꽂지 않으면 열리지 않는다. 책상, 서류함, 패드록 등 경비산업에서 보편적으로 사용
- 핀날름쇠 자물쇠(Pin Tumbler Locks) : 양쪽 모두에 홈이 불규칙적으로 파여 있는 형태로, 판날름쇠 자물쇠보다 복잡하며 안정성을 제공할 수 있기 때문에 일반 산업분야, 일반 주택에서도 널리 사용되고 있다.
- 전자식 자물쇠(Electromagnetic Locks) : 자력에 의해 문을 잠그는 잠금장치로 1,000파운드(약 453.6kg)의 압력에도 견디어 내는 고강도문에 많이 사용되며 종업원들의 출입이 잦지 않은 제한구역에 주로 사용된다.
- 숫자맞춤식 자물쇠(Combination Locks) : 자물쇠에 달린 숫자 조합을 맞춤으로써 열리는 자물쇠이다. 외부 침입이나 절도 위협으로부터 효과적이다.
- 암호사용 자물쇠(Code Operated Locks) : 패널의 암호를 누름으로써 문이 열리는 전자제어 방식으로서 암호를 잘못 누르거나 모르는 경우에는 비상 경고등이 켜지게 되는데, 일반적으로 전문적이고 특수한 경비 필요시에 사용한다.
- 카드작동 자물쇠(Card Operated Locks) : 전기나 전자기 방식을 활용한 것으로 카드 열쇠는 신분증의 기능을 대신하며, 종원원들의 출입이 잦지 않은 제한구역에서 주로 활용된다.
- 지문인식 자물쇠 : 열쇠, 카드식, 비밀번호의 분실 및 도용문제를 극복하고 본인 확인을 통해 자유롭게 입・출입할 수 있다.

67 다음에서 설명하는 잠금장치는 무엇인가?

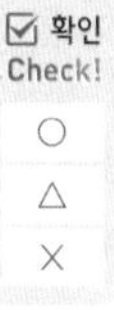

> 원거리에서 문을 열고 닫도록 제어하는 장점이 있으며, 특히 마당이 있는 가정집 내부에서 스위치를 누름으로써 외부의 문이 열리도록 작동하는 보안 잠금장치이다.

① 일체식 잠금장치
② 전기식 잠금장치
③ 기억식 잠금장치
④ 카드식 잠금장치

제시문은 전기식 잠금장치에 대한 설명이다.

❷

핵심만 콕

① 일체식 잠금장치 : 하나의 문이 잠길 경우에 전체의 문이 동시에 잠기는 방식으로 교도소 등 동시다발적 사고 발생의 우려가 높은 장소에서 사용
③ 기억식 잠금장치 : 문에 전자장치가 설치되어 있어서 일정 시간에만 문이 열리는 방식으로 은행금고나 박물관 등에서 주로 사용
④ 카드식 잠금장치 : 전기나 전자기 방식으로 암호가 입력된 카드를 인식시킴으로써 출입문이 열리도록 한 장치

68 다음 지문이 설명하는 경비조명은 무엇인가?

제시문은 탐조등에 대한 설명이다.

정답 ❹

휴대가 가능하며 잠재적으로 사고가 일어날 만한 지역의 원거리 표적을 정확하게 관찰하기 위해 사용되며, 외딴 산간지역이나 작은 배로 쉽게 시설물에 접근할 수 있는 위치에 설치한다.

① 가로등 ② 투광조명등
③ 프레이넬등 ④ 탐조등

핵심만 콕

경비조명등의 종류와 조명장비의 형태★★

경비조명등		조명장비	
백열등	• 가정집에서 주로 사용되는 조명으로 점등과 동시에 빛을 방출 • 경비조명으로 광범위하게 이용	가로등	• 설치 장소와 방법에 따라 대칭적인 방법과 비대칭적인 방법으로 설치 • 대칭적인 가로등은 빛을 골고루 발산하며, 특별히 높은 지점의 조명을 필요로 하지 않는 넓은 지역에서 사용되며, 설치 위치도 보통 빛이 비춰지는 지역의 중앙에 위치한다. • 비대칭적인 가로등은 조명이 필요한 지역에서 다소 떨어진 장소에 사용된다.
가스방전등	수은등 : 푸른색의 강한 빛, 긴 수명	투광조명등	• 300W~1,000W까지 사용 • 특정지역에 빛을 집중시키거나 직접적으로 비추는 광선의 형태로 상당히 밝은 빛을 만들 수 있다.
	나트륨등 : 연한 노란색의 빛을 내며 안개지역에 사용	프레이넬등	• 300W~500W까지 사용 • 넓은 폭의 빛을 내는 조명으로 경계구역에의 접근방지를 위해 길고 수평하게 빛을 확장하는데 유용하게 사용 • 수평으로 약 180°, 수직으로 15~30° 정도의 폭이 좁고 긴 빛을 투사 • 비교적 어두운 시설물에서 침입을 감시하는 경우 유용하게 사용
석영수은등	• 매우 밝은 하얀 빛 • 경계구역과 사고발생 다발지역에 사용 • 가격이 비쌈	탐조등	• 250W~3,000W까지 다양하게 사용 • 사고우려지역을 정확하게 관찰하기 위해 사용하는데 백열등이 자주 이용된다. • 휴대가 가능 • 외딴 산간지역이나 작은 배로 쉽게 시설물에 접근할 수 있는 위치에 설치

69 경보체계에 대한 설명으로 옳지 않은 것은?

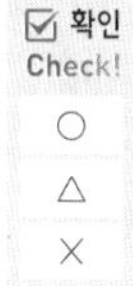

① 중앙관제시스템(중앙통제관리시스템)은 일반적으로 활용하고 있는 경보체계로서 경계가 필요한 곳에 CCTV를 설치하여 활용하므로 사태파악이나 조치가 빠르고 오경보나 오작동에 대한 염려도 거의 없다.

② 상주경보시스템은 조직이 자체적으로 경비부서를 조직하고 경비활동을 실시하는 가장 고전적인 방법으로 각 주요 지점마다 경비원을 배치하여 비상시에 대응하는 방식이다.

③ 제한적 경보시스템은 사이렌이나 종, 비상등과 같은 제한된 경보장치를 설치한 시스템으로, 사람이 없으면 대응할 수 없다는 단점이 있다.

④ 다이얼 경보시스템은 전용 전화회선을 통하여 비상 감지 시에 직접 외부의 각 관계기관에 자동으로 연락이 취해지는 방식이다.

④의 내용은 외래경보시스템(외래지원경보시스템)에 대한 설명이다. 다이얼 경보시스템은 비상사태가 발생하였을 경우 사전에 입력된 전화번호(강도 등의 침입이 감지되는 경우는 112, 화재발생시는 119 등)로 긴급연락을 하는 시스템이다.

정답 ❹

핵심만 콕

경보체계(시스템)의 종류

구분	내용
중앙관제시스템 (중앙통제관리시스템)	• 일반적으로 활용하고 있는 경보체계로서 경계가 필요한 곳에 CCTV를 설치하여 활용 • 사태파악이나 조치가 빠르고 오경보나 오작동에 대한 염려가 거의 없음
다이얼 경보시스템	• 비상사태가 발생하였을 경우 사전에 입력된 전화번호(강도 등의 침입이 감지되는 경우는 112, 화재 발생 시는 119)로 긴급연락을 하는 시스템 • 설치가 간단하고 유지비가 저렴한 반면에, 전화선이 끊기거나 통화 중인 경우에는 전혀 연락이 되지 않는 단점이 있음
상주경보시스템	• 조직이 자체적으로 경비부서를 조직하고 경비활동을 실시하는 가장 고전적인 방법으로 각 주요 지점마다 경비원을 배치하여 비상시에 대응하는 방식 • 즉각적인 대응이 가능하고 가장 신속한 대응방법이지만 많은 인력이 필요함
제한적 경보시스템	• 사이렌이나 종, 비상등과 같은 제한된 경보장치를 설치한 시스템으로, 일반적으로 화재예방시설이 이 시스템의 전형 • 사람이 없으면 대응할 수 없다는 단점이 있음
국부적 경보시스템	• 가장 원시적인 경보체계 • 일정 지역에 국한해 한 두 개의 경보장치를 설치하여 단순히 사이렌이나 경보음이 울리게 하거나 비상 경고등이 켜지게 하는 방식
로컬경비시스템	경비원들이 시설물의 감시센터에 근무를 하면서 이상이 발견되거나 감지될 때 사고 발생 현장으로 출동하여 사고에 대처하는 방식
외래경보시스템 (외래지원경보시스템)	전용 전화회선을 통하여 비상 감지 시에 직접 외부의 각 관계기관에 자동으로 연락이 취해지는 방식

해설편 제2회

70 폭발물 탐지활동 시 유의사항으로 옳지 않은 것은?

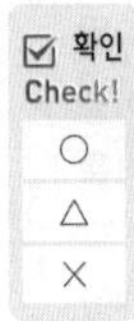

① 천천히 움직이면서 되도록 발자국 소리를 내지 않는다.
② 귀는 시계소리나 태엽소리에 집중하고, 평소 익숙한 주위 배경소리와 다른 소리가 나면 주의를 기울인다.
③ 방이나 밀폐된 공간의 경우에는 허리에서 눈, 눈에서 천장으로 공간을 이등분하여 조사한다.
④ 의심나는 물체가 발견되면 즉시 보고하고, 급박한 상황이므로 폭탄전문가가 도착하기전이라도 이를 처리해야 한다.

의심나는 물체가 발견되면 즉시 보고하고, 폭발물은 오로지 폭탄전문가만이 처리해야 한다.

 정답 ④

71 보안업무와 관련하여 비인가자가 비밀, 주요시설 및 Ⅲ급 비밀 소통용 암호자재에 접근하는 것을 방지하기 위하여 안내를 받아 출입하여야 하는 구역은?

① 제한지역
② 통제구역
③ 금지구역
④ 제한구역

설문의 내용은 제한구역에 대한 것이다(보안업무규정 시행규칙 제54조 제1항 제2호).

 정답 ④

보호지역의 구분(보안업무규정 시행규칙 제54조)

① 영 제34조 제2항에 따른 제한지역, 제한구역 및 통제구역이란 각각 다음 각호의 지역 또는 구역을 말한다. 〈개정 2020. 3. 17.〉
1. 제한지역 : 비밀 또는 국·공유재산의 보호를 위하여 울타리 또는 방호·경비인력에 의하여 영 제34조 제3항에 따른 승인을 받지 않은 사람의 접근이나 출입에 대한 감시가 필요한 지역
2. 제한구역 : 비인가자가 비밀, 주요시설 및 Ⅲ급 비밀 소통용 암호자재에 접근하는 것을 방지하기 위하여 안내를 받아 출입하여야 하는 구역
3. 통제구역 : 보안상 매우 중요한 구역으로서 비인가자의 출입이 금지되는 구역

72 **화재유형별 진압 방법으로 옳지 않은 것은?**

① 일반화재의 경우 물을 사용하여 진압하는 것이 가장 효과적이다.
② 유류화재의 경우 산소공급을 중단시키거나 이산화탄소의 살포 등이 가장 효과적이다.
③ 전기화재의 경우 물을 사용한 진압은 금지된다.
④ 금속화재의 경우 건성분말의 화학식 화재진압이 효과적이다.

쏙쏙 해설

전압기나 변압기, 기타의 전기설비에 의해 발생한 화재로 일반적인 소화방식으로 화재를 진압하지만 물을 사용한 진압 시에는 절연성의 방전복을 입는다.

정답 ❸

73 **컴퓨터 암호화 시스템에 관한 설명으로 옳지 않은 것은?**

① 컴퓨터 암호는 특정시스템에 대한 접근권을 가진 이용자의 식별장치라 할 수 있다.
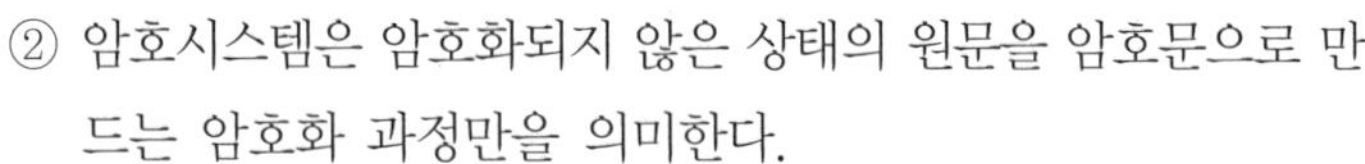
② 암호시스템은 암호화되지 않은 상태의 원문을 암호문으로 만드는 암호화 과정만을 의미한다.
③ 암호설정은 단순 숫자 조합보다는 특수문자 등을 사용하여 조합하는 것이 바람직하다.
④ 보안을 위해서는 가능한 한 암호수명(Password age)을 짧게 하고, 자주 변경하는 것이 좋다.

쏙쏙 해설

암호시스템은 암호화되지 않은 상태의 원문을 암호문으로 만드는 암호화 과정과 암호문을 원문으로 변화시키는 복호화 과정, 그리고 이 과정 속에 사용되는 암호화 키와 그 관리 등을 일컫는 일련의 프로세스들을 말한다.

정답 ❷

74 **다음 중 컴퓨터범죄의 특징으로 옳지 않은 것은?**

① 범행의 증거가 남지 않고 증거인멸이 용이하다.
② 범행이 연속적이며 지속적으로 이루어질 수 있다.
③ 컴퓨터 시스템이나 회사 경영조직에 전문적인 지식을 갖춘 자들이 범죄를 저지른다.
④ 대부분 외부인의 소행이며, 범죄행위자들은 초범자인 경우가 드물다.

쏙쏙 해설

대부분 내부인의 소행이며, 단독 범행이 쉽고 완전 범죄의 가능성이 높으며, 컴퓨터범죄 행위는 대부분 초범자들이 많다.

정답 ❹

75 다음에서 설명하는 컴퓨터의 부정조작의 종류는 무엇인가?

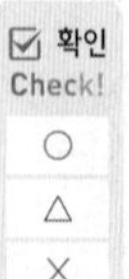

> 컴퓨터의 시동 · 정지, 운전상태의 감시, 정보처리 내용과 방법의 변경 · 수정의 경우 사용되는 콘솔을 거짓으로 조작하여 컴퓨터의 자료처리 과정에서 프로그램의 지시나 처리될 기억정보를 변경시키는 것을 말한다.

① 입력 조작　② 프로그램 조작
③ 콘솔 조작　④ 출력 조작

제시된 지문의 내용은 콘솔 조작에 대한 설명이다.

정답 ❸

컴퓨터의 부정조작 종류★

입력 조작	불법적인 목적을 달성하기 위해 입력될 자료를 조작하여 컴퓨터로 하여금 거짓 처리결과를 만들어내게 하는 행위로 천공카드, 천공테이프, 마그네틱테이프, 디스크 등의 입력매체를 이용한 입력장치나 입력타자기에 의하여 행하여진다.
프로그램 조작	프로그램을 구성하는 개개의 명령을 변경 혹은 삭제하거나 새로운 명령을 삽입하여 기존의 프로그램을 변경하는 것이다.
콘솔 조작	컴퓨터의 시동 · 정지, 운전상태 감시, 정보처리 내용과 방법의 변경 · 수정의 경우 사용되는 콘솔을 거짓으로 조작하여 컴퓨터의 자료처리 과정에서 프로그램의 지시나 처리될 기억정보를 변경시키는 것을 말한다.
출력 조작	특별한 컴퓨터지식 없이도 할 수 있는 방법으로 올바르게 출력된 출력인쇄를 사후에 변조하는 것이다.

76 네티즌들이 공통의 관심사를 논의하기 위해 개설한 토론방에 고의로 가입하여 개인 등에 대한 악성루머를 유포하여 개인이나 기업을 곤경에 빠뜨리는 수법은 무엇인가?

① 스토킹　② 전자폭탄
③ 플레임　④ 허프건

설문은 플레임에 대한 내용이다.

정답 ❸

① 스토킹은 인터넷을 이용하여 타인의 신상정보를 공개하거나 거짓 메시지를 남겨 괴롭히는 행위를 말한다.
② 전자폭탄은 고출력 에너지로 순간적인 마이크로웨이브파를 발생시켜 컴퓨터 내의 전자 및 전기회로를 파괴한다.
④ 허프건은 고출력 전자기장을 발생시켜 컴퓨터의 자기기록정보를 파괴한다.

77 컴퓨터범죄의 예방대책 중 관리적 대책에 해당되지 않는 것은?

확인 Check! ○ △ ×

① 직무권한의 명확화와 상호 분리 원칙
② 프로그램 개발・통제
③ 데이터 자체의 암호화
④ 액세스 제한 제도(Graduated Access)의 도입

쏙쏙 해설

데이터 자체의 암호화는 관리적 대책이 아닌 기술적 대책에 해당한다.

정답 ❸

핵심만 콕

컴퓨터범죄의 예방대책★★

구분		내용
컴퓨터 시스템 안전대책	물리적 대책	건물에 대한 안전조치, 물리적 재해에 대한 보호조치(백업시스템), 출입통제
	관리적(인적) 대책	직무권한의 명확화와 상호 분리 원칙, 프로그램 개발 통제, 도큐멘테이션 철저, 스케줄러의 점검, 액세스 제한 제도의 도입, 패스워드의 철저한 관리, 레이블링(Labeling)에 의한 관리, 감사증거기록 삭제 방지, 근무자들에 대한 정기적 배경조사, 회사 내부의 컴퓨터 기술자・사용자・프로그래머의 기능을 각각 분리, 안전관리 기타 고객과의 협력을 통한 감시체제, 현금카드 운영의 철저한 관리, 컴퓨터 시스템의 감사 등이 있다.
	기술적 대책	암호화, 방화벽(침입차단시스템), 침입탐지시스템(IDS : Intrusion Detection System)
입법적 대책		현행 형법상 규정 : 컴퓨터 업무방해죄(형법 제314조 제2항), 컴퓨터등 사기죄(형법 제347조의2), 전자기록 손괴죄(형법 제366조), 사전자기록의 위작・변작(형법 제232조의2), 비밀침해죄(형법 제316조 제2항)
		기타 규제법률 : 컴퓨터 통신망 보호(정보통신망 이용촉진 및 정보보호 등에 관한 법률), 통신침해(전기통신기본법, 전기통신사업법, 전파법), 개인정보 침해(개인정보보호법, 신용정보의 이용 및 보호에 관한 법률), 소프트웨어 보호(소프트웨어산업진흥법, 저작권법, 특허법), 도청행위(통신비밀보호법), 전자문서(정보통신망 이용촉진 및 정보보호 등에 관한 법률, 물류정책기본법)
형사정책적 대책		수사관의 수사능력 배양, 검사 또는 법관의 컴퓨터 지식 함양 문제는 오늘날 범죄의 극복을 위한 중요한 과제이다. 수사력의 강화, 수사장비의 현대화, 컴퓨터 요원의 윤리 교육, 컴퓨터 안전기구의 신설, 컴퓨터범죄 연구기관의 설치가 요구되고 있다.

78 국내 민간경비산업의 문제점으로 옳지 않은 것은?

확인 Check! ○ △ ×

① 경비업법과 청원경찰법이 이원화되어 경비의 효율성이 떨어진다.
② 경비분야의 전문 연구인력이 부족하다.
③ 경비입찰단가가 비현실적이다.
④ 기계경비에 치중되어 있다.

쏙쏙 해설

아직까지 기계경비보다 인력경비에 대한 의존도가 높다.

정답 ❹

79 외부의 침입이나 화재 및 가스 누출과 같은 비상경보가 CCTV 회선을 통해 경비회사에 전송되어 경비회사는 그 이상 여부를 확인하여 경찰서 및 소방서에 통보하는 시스템은?

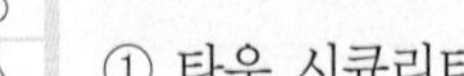

확인 Check! ○ △ ×

① 타운 시큐리티
② 고층빌딩 경비
③ 홈 시큐리티
④ 공동주택 경비

쏙쏙 해설

설문은 홈 시큐리티에 대한 내용이다. 홈 시큐리티는 주로 기계경비를 중심으로 한 서비스이다.

정답 ❸

80 민간경비산업의 발전방안으로 옳지 않은 것은?

확인 Check! ○ △ ×

① 민간경비와 청원경찰제도를 단일화한다.
② 경비인력을 전문화한다.
③ 방범장비에 대한 오경보로 인한 인력의 소모와 방범상의 허점을 개선하여야 한다.
④ 일반경비원에게도 청원경찰과 마찬가지로 총기를 적극적으로 사용할 수 있도록 하여야 한다.

쏙쏙 해설

- 청원경찰은 현행 법령상 총기 휴대를 허용하고 있으나, 총기 취급에 따른 전반적인 교육훈련 부족으로 총기 사용을 극히 제한하고 있는 실정이기에 청원경찰의 총기 휴대 및 사용에 대한 교육이 필요하다.
- 일반경비원은 현행 법령상 총기를 사용할 수 없기에 ④는 현행 법령상 민간경비산업의 발전방안으로는 옳지 않다.
- 특수경비원에 대한 신임교육과 직무교육을 더욱 강화하여 총기 사고의 발생과 오남용을 사전에 차단할 수 있도록 하여야 한다.

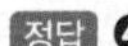
정답 ❹

제3회 법학개론

정답 및 해설

정답 CHECK

01	02	03	04	05	06	07	08	09	10	11	12	13	14	15	16	17	18	19	20
④	③	②	②	②	③	①	②	④	④	③	③	①	②	①	③	①	②	①	③
21	22	23	24	25	26	27	28	29	30	31	32	33	34	35	36	37	38	39	40
②	④	③	④	④	③	④	①	④	①	②	④	③	③	④	①	③	③	①	③

각 문항별로 이해도를 체크해 보세요.

문제편 052p

01 다음은 헌법재판소 결정문의 일부이다. 밑줄 친 부분에서 중시하는 법이념을 나타내는 법언(法諺)은?

확인 Check! ○ △ ×

> 호주제를 규정한 민법 조항은 성역할에 관한 고정관념에 기초한 차별의 성격이 강하므로 위헌의 소지가 있다. 하지만 단순위헌 결정을 하게 될 경우 해당 민법 조항과 이를 기준으로 제정된 호적법의 효력이 즉각 상실되어 호적 관련 사무에 심각한 혼란이 발생할 것이 우려된다. 따라서 <u>호주제를 전제로 하지 않는 새로운 호적 체계로 호적법이 개정될 때까지 해당 민법 조항들의 효력을 그대로 유지하는 것이 적절하다고 판단하여 헌법불합치 결정을 선고한다.</u>

① 법에도 눈물이 있다.
② 정의만이 통치의 기초이다.
③ 국민이 원하는 것이 법이다.
④ 정의의 극치는 부정의의 극치이다.

쏙쏙 해설

사회적 혼란을 방지하기 위해 해당 민법 조항들의 효력을 호적법이 개정될 때까지 인정하는 것은 법적 안정성을 강조하는 것으로 ④와 연결된다.

정답 ❹

핵심만 콕

① 법 적용의 융통성을 강조한 법언이다.
② 정의를 중시하는 법언이다.
③ 합목적성을 중시하는 법언이다.

02 '법은 도덕의 최대한이다'라는 법의 개념에 대한 견해를 가진 학자는?

☑ 확인 Check! ○ △ ×

① 라드브루흐
② 옐리네크
③ 슈몰러
④ 칸 트

슈몰러(Schmoller) : '법은 최대한의 도덕이다'라고 하였으며, 당위와 존재에 관한 방법론상의 혼란을 초래하여 방법 논쟁, 가치판단 논쟁을 야기시켰다.

 ❸

① 라드브루흐(Radbruch) : '법은 법이념에 봉사한다는 의미를 지니는 현실이다'라고 하였으며 법은 행위를 규율하는 것이며 도덕은 내심의 규범이라고 보았다.
② 옐리네크(Jelinek) : '법은 도덕의 최소한이다'라고 보고, 도덕규범 중 꼭 지켜져야 할 적은 부분이 법으로서 강제성을 띠게 된다고 보았다.
④ 칸트(Kant) : 합법성과 도덕성을 구별하여 법은 동기의 여하와는 관계없이 합법성에 만족하고, 도덕은 의무감이 행위의 동기가 될 것과 도덕성까지 요구한다고 하였다.

03 법의 효력에 관한 설명으로 옳지 않은 것은?

① 한시법에 있어서 시행기간이 경과하여 적용되지 않게 된 경우, 이는 명시적 폐지에 해당한다.
② 민법은 특별한 규정이 있는 경우 외에는 법률불소급의 원칙이 적용된다.
③ 소급입법에 의한 참정권 제한 금지는 헌법에 규정되어 있다.
④ 법은 속지주의를 원칙으로 하고, 보충적으로 속인주의를 적용한다.

② 통설은 민법이나 상법 등 사법(私法)은 특별한 규정이 있는 경우 외에는 법률불소급의 원칙이 적용되지 않아 소급 적용된다는 입장이다.
① 법 시행기간이 종료된 경우는 명시적 폐지에 해당한다.
③ 헌법 제13조 제2항
④ 우리나라는 법의 효력과 관련하여 속지주의를 원칙으로 하고, 속인주의를 보충적으로 적용한다.

 ❷

04 다음 중 옳지 않은 것은?

확인 Check! ○ △ ×

① 사실인 관습은 사회의 법적 확신의 뒷받침이 없는 단순한 사실로서의 관습을 말한다.
② 관습법으로 인정되는 제도로 온천권, 분묘기지권 등이 있다.
③ 관습법은 성문법을 보충하는 효력이 있다.
④ 조리는 법의 흠결 시 법원이 될 뿐만 아니라, 법률행위의 해석의 기준이 되기도 한다.

관습법상 인정되는 제도로는 동산의 양도담보, 관습법상 법정지상권, 명인방법, 분묘기지권, 사실혼 제도 등이 있고, 온천권은 인정되지 않는다.

정답 ❷

05 성문법에 관한 설명 중 옳지 않은 것은?

확인 Check! ○ △ ×

① 대법원규칙은 명령으로서의 성격을 갖는다.
② 성문법이라 함은 그 제정의 주체가 반드시 의회인 경우에 국한된다.
③ 법의 고착화는 성문법주의의 단점이다.
④ 헌법 제6조 제1항은 "헌법에 의하여 체결·공포된 조약과 일반적으로 승인된 국제법규는 국내법과 같은 효력을 가진다."라고 규정하고 있다.

쏙쏙 해설

성문법의 종류로는 헌법(국민), 법률(국회), 명령(행정부), 조례(지방의회), 규칙(지방자치단체의 장), 조약(다수의 국가) 등이 있다. 따라서 성문법은 그 제정 주체가 의회에 국한되지 않는다.

정답 ❷

해설편 제3회

06 법의 적용에 관한 설명으로 옳지 않은 것은?

확인 Check! ○ △ ×

① 법을 적용하기 위한 사실의 확정은 증거에 의한다.
② 사실의 인정을 위하여 증거를 내세우는 것을 입증이라고 한다.
③ 확정의 대상인 사실이란 자연적으로 인식한 현상 자체를 말한다.
④ 사실의 추정은 확정되지 못한 사실을 그대로 가정하여 법률효과를 발생시키는 것이다.

확정의 대상인 사실은 법적으로 가치 있는 구체적 사실이어야 한다.

정답 ❸

07 법의 분류에 관한 설명으로 옳지 않은 것은?

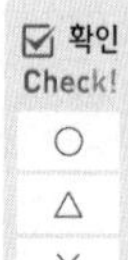

① 사회법은 공법 영역에 사법적 요소를 가미하는 제3의 법 영역이다.

② 노동법, 경제법, 사회보장법은 사회법에 속한다.

③ 민사소송법, 민사집행법, 형사소송법, 행정소송법, 채무자회생 및 파산에 관한 법률, 부동산등기법은 절차법에 해당한다.

④ 일반법과 특별법은 적용되는 법의 효력 범위가 일반적인가 또는 특수적인가에 의한 분류로서, 대체로 일반법은 그 효력 범위가 넓고 특별법은 비교적 좁은 효력 범위를 갖는다.

사회법은 사법의 공법화 경향을 말하므로, 사법 영역에 공법적 요소를 가미하는 제3의 법 영역에 해당한다.

정답 ❶

핵심만 콕

법의 체계와 분류★

국내법										국제법	
공 법					사법(실체법)		사회법(실체법)				
실체법			절차법								
헌 법	형 법	행정법	민사소송법	형사소송법	민 법	상 법	노동법	경제법	사회보장법	조 약	국제관습법

08 다음 각 용어에 관한 설명으로 옳지 않은 것은?

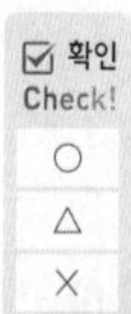

① 권원이란 일정한 법률행위나 사실행위를 할 수 있게 하는 근거를 말한다.

② 반사적 이익이란 특정인이 법률규정에 따라 일정한 행위를 하였을 때 그 법률상 이익을 직접 누릴 수 있는 권리를 말한다.

③ 권능이란 권리의 내용을 이루는 각개의 법률상의 작용을 말한다.

④ 법인의 대표이사가 정관 규정에 의하여 일정한 행위를 할 수 있는 힘을 권한이라 한다.

반사적 이익이란 법규의 직접 상대방으로 누리는 이익이 아니라 간접적으로 누리는 이익을 말한다.

정답 ❷

09 다음은 헌법재판소 판례이다. ( ) 안에 들어갈 말로 적절한 것을 고르면?

확인 Check! ○ △ ×

> 국민보건 또는 기타 공익을 위한 법령상의 규제 때문에 종전에 사실상 독점하고 있던 영업행위를 관계법의 개정에 따라 다른 사람들도 할 수 있게 됨으로써 종전에 누리고 있던 독점적 영업이익이 상실된다고 하여도 그 사실만으로 기본권의 침해가 있는 것은 아니다. 같은 이치로, 설령 한약학과 졸업예정자인 청구인들이 한약사 면허취득에 관한 관계 법령에 터잡아 이익독점을 기대하고 있었는데 한약학과 외의 학과 출신자에 대한 한약사시험 응시자격의 부여로 인해 한약사 면허취득자가 증가함으로써 그 기대가 실현되지 않게 된다고 하더라도 이는 사실상 기대되던 ( )이 실현되지 않게 된 것에 불과한 것이지 어떠한 헌법상 기본권의 제한 또는 침해의 문제가 생기는 것은 아니다.

① 권 한 ② 권 능
③ 권 원 ④ 반사적 이익

( ) 안에 들어갈 말로 적절한 것은 반사적 이익이다.

정답 ❹

반사적 이익이란 법이 일정한 사실을 금지하거나 명하고 있는 결과로 인해 저절로 받게 되는 이익으로서 법적으로 보장되는 법률적 권리와 구별되는 개념이다. 도로·공원 등의 설치로 인한 이용자의 이익이나 특정 영업행위의 제한으로 인하여 이미 허가를 받은 업자의 사실상의 이익 등이 그에 해당한다(헌재 2000. 1. 27. 99헌마660).

10 다음 중 평상적 헌법보호수단이 아닌 것은?

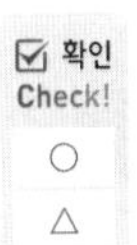

① 방어적 민주주의의 채택
② 국정감사 및 조사제도
③ 위헌법률심판제도
④ 대통령의 계엄선포권

대통령의 계엄선포권은 국가긴급권으로서 비상적 헌법보호수단에 해당한다.

❹

해설편 제3회

안심Touch

핵심만 콕

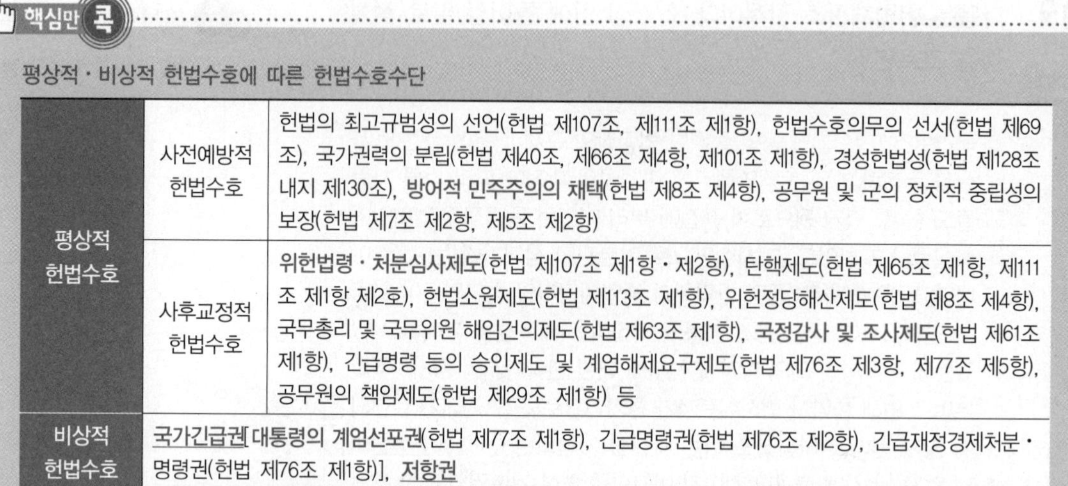

평상적 · 비상적 헌법수호에 따른 헌법수호수단

평상적 헌법수호	사전예방적 헌법수호	헌법의 최고규범성의 선언(헌법 제107조, 제111조 제1항), 헌법수호의무의 선서(헌법 제69조), 국가권력의 분립(헌법 제40조, 제66조 제4항, 제101조 제1항), 경성헌법성(헌법 제128조 내지 제130조), 방어적 민주주의의 채택(헌법 제8조 제4항), 공무원 및 군의 정치적 중립성의 보장(헌법 제7조 제2항, 제5조 제2항)
	사후교정적 헌법수호	위헌법령 · 처분심사제도(헌법 제107조 제1항 · 제2항), 탄핵제도(헌법 제65조 제1항, 제111조 제1항 제2호), 헌법소원제도(헌법 제113조 제1항), 위헌정당해산제도(헌법 제8조 제4항), 국무총리 및 국무위원 해임건의제도(헌법 제63조 제1항), 국정감사 및 조사제도(헌법 제61조 제1항), 긴급명령 등의 승인제도 및 계엄해제요구제도(헌법 제76조 제3항, 제77조 제5항), 공무원의 책임제도(헌법 제29조 제1항) 등
비상적 헌법수호		국가긴급권[대통령의 계엄선포권(헌법 제77조 제1항), 긴급명령권(헌법 제76조 제2항), 긴급재정경제처분 · 명령권(헌법 제76조 제1항)], 저항권

11 다음 중 현대 복지국가 헌법의 특징으로만 묶인 것을 고르면?

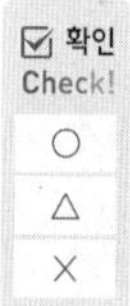

ㄱ. 실질적 법치주의
ㄴ. 국제평화주의
ㄷ. 형식적 법치주의
ㄹ. 자유권 중심의 기본권 보장
ㅁ. 사회적 기본권 보장의 실질화

① ㄱ, ㄴ, ㄷ ② ㄴ, ㄹ, ㅁ
③ ㄱ, ㄴ, ㅁ ④ ㄴ, ㄷ, ㅁ

쏙쏙 해설

형식적 법치주의와 자유권의 보장은 근대 입헌주의 헌법의 특징이다.

정답 ❸

핵심만 콕

[근대 입헌주의 헌법 vs 현대 복지국가 헌법]

근대 입헌주의 헌법	현대 복지국가 헌법
• 기본권의 보장(형식적 평등) • 권력분립 • 의회주의 • 형식적 법치주의 • 성문헌법 · 경성헌법 • 시민적 법치국가 • 국민주권주의	• 생존권의 보장(실질적 평등) • 행정국가화 경향, 권력분립의 완화 • 사회적 시장경제질서, 사회복지국가 • 실질적 법치주의 • 헌법재판제도의 강화 • 국제평화주의, 복지국가적 경향 • 국민주권주의의 실질화(국민투표제도)

12 다음 중 헌법전문에서 규정하고 있지 않은 내용은?

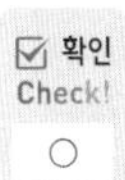

① 대한민국임시정부의 법통과 4·19이념의 계승
② 각인의 기회 균등
③ 자유민주적 기본질서에 입각한 평화적 통일정책
④ 국민생활의 균등한 향상

자유민주적 기본질서에 입각한 평화적 통일정책은 헌법 제4조에서 규정하고 있으며, 자유민주적 기본질서의 확립이 헌법전문에서 규정하고 있는 내용에 해당한다.

정답 ❸

헌법전문의 주요 내용

현행 헌법전문에 명문으로 규정되어 있는 것	• 국민주권주의 • 대한민국의 건국이념(3·1운동, 대한민국임시정부의 법통과 4·19이념의 계승) • 조국의 민주개혁과 평화적 통일의 사명 • 정의·인도와 동포애로써 민족의 단결을 공고히 함 • 모든 사회적 폐습과 불의를 다파 • 자유민주적 기본질서의 확립 • 모든 영역에서 각인의 기회 균등 • 국민생활의 균등한 향상 • 국제평화주의
현행 헌법전문에 명문으로 규정되어 있지 않은 것	• 권력분립 • 민주공화국, 국가형태(제1조) • 5·16군사정변(제4공화국 헌법) • 침략전쟁의 부인(제5조 제1항) • 자유민주적 기본질서에 입각한 평화적 통일정책(제4조) • 국가의 전통문화계승발전과 민족문화창달의무(제9조) • 대한민국 영토(제3조) • 개인과 기업의 경제상의 자유와 창의(제119조 제1항) • 인간의 존엄과 가치, 행복추구권(제10조)

13 기본권의 주체에 관한 설명으로 옳지 않은 것을 모두 고른 것은?

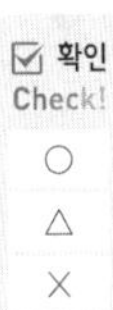

ㄱ. 외국인은 대한민국에 입국할 자유를 보장받는다.
ㄴ. 태아는 제한적으로 기본권의 주체가 될 수 있다.
ㄷ. 사법인(私法人)은 언론·출판의 자유, 재산권의 주체가 된다.

① ㄱ
② ㄴ
③ ㄱ, ㄴ
④ ㄱ, ㄴ, ㄷ

제시된 내용 중 옳지 않은 것은 ㄱ이다.

ㄱ (×) 외국인이 입국할 때에는 유효한 여권과 법무부장관이 발급한 사증(査證)을 가지고 있어야 한다(출입국관리법 제7조 제1항).

정답 ❶

핵심만 콕

ㄴ (○) 태아는 원칙적으로 기본권의 주체가 될 수 없으나, 태아의 생명과 건강에 대한 보호의 필요성이 대두되면서 예외적으로 생명권을 비롯한 일정한 기본권의 주체가 될 수는 있다.
ㄷ (○) 성질상 법인에 인정될 수 없는 기본권을 제외한 기본권 중 법인의 기능, 목적, 활동의 유형에 비추어 개별적·구체적으로 판단할 때 사법인에게는 언론·출판의 자유가 인정되며, 재산권의 주체가 될 수 있다.

14 다음 중 국회의 권한이 아닌 것은 모두 몇 개인가?

확인 Check! ○ △ ×

ㄱ. 국무총리 해임권
ㄴ. 국군 외국파견 동의권
ㄷ. 국회의원 제명권
ㄹ. 예비비 지출에 대한 동의권
ㅁ. 헌법개정안의 확정동의권
ㅂ. 선전포고에 대한 동의권

① 2개 ② 3개
③ 4개 ④ 5개

제시된 내용 중 국회의 권한이 아닌 것은 ㄱ, ㄹ, ㅁ이다.
ㄱ (×) 국무총리 해임건의권(헌법 제63조 제1항)
ㄹ (×) 예비비 설치에 대한 동의권 및 지출에 대한 승인권(헌법 제55조 제2항)
ㅁ (×) 헌법개정안은 국민투표에 의하여 확정된다(헌법 제130조 제3항).

정답 ❷

15 감사원에 관한 설명으로 옳지 않은 것은?

확인 Check! ○ △ ×

① 대통령의 직속기관으로 직무상 대통령의 지휘·감독을 받는다.
② 원장이 궐위(闕位)되거나 사고(事故)로 인하여 직무를 수행할 수 없을 때에는 감사위원으로 최장기간 재직한 감사위원이 그 권한을 대행한다.
③ 감사원장과 감사위원의 임기는 4년으로 하며, 1차에 한하여 중임할 수 있다.
④ 감사원은 원장을 포함한 5인 이상 11인 이하의 감사위원으로 구성한다.

① 감사원은 대통령의 직속기관이나 직무상으로는 독립되어 있다(헌법 제97조 참고).
② 감사원법 제4조 제3항 본문
③ 헌법 제98조 제2항·제3항
④ 헌법 제98조 제1항

정답 ❶

16 민법상 능력에 관한 설명으로 옳지 않은 것은?

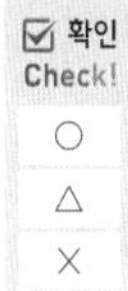

① 국제사법은 "사람의 권리능력은 그의 본국법에 의한다."라고 규정하고 있다.
② 출생 전의 태아에게는 원칙적으로 권리능력이 인정되지 않으나 불법행위로 인한 손해배상청구, 재산상속, 대습상속, 유증, 인지 등의 경우에는 권리능력이 예외적으로 인정된다.
③ 제한능력자가 법정대리인의 동의 없이 한 법률행위는 무효이다.
④ 권리능력에 대한 규정은 강행규정으로서 권리능력의 시기나 종기는 당사자의 합의로 달리 정할 수 없다.

제한능력자가 법정대리인의 동의 없이 한 법률행위는 무효가 아니라 취소할 수 있는 행위에 해당한다(민법 제5조 제2항 · 제10조 제1항 · 제13조 제4항).

정답 ❸

17 민법상 물건에 관한 설명으로 옳지 않은 것은?

① 주물 · 종물은 동산에 한한다.
② 종물은 주물의 처분에 따른다는 규정은 강행규정이 아니고 당사자의 의사에 따라 달리 정할 수 있는 임의규정이다.
③ 건물은 토지로부터 독립한 부동산으로 다루어질 수 있다.
④ 토지 및 그 정착물은 부동산이다.

① 주물 · 종물은 동산이든 부동산이든 상관없다.
② 종물은 주물의 처분에 수반된다는 민법 제100조 제2항은 임의규정이므로, 당사자는 주물을 처분할 때에 특약으로 종물을 제외할 수 있고 종물만을 별도로 처분할 수도 있다(대판 2012.1.26. 2009다76546).
③ · ④ 토지 및 그 정착물은 부동산이므로 건물은 토지로부터 독립한 부동산으로 다루어질 수 있다(민법 제99조 제1항).

정답 ❶

18 민법상 조건과 기한에 관한 설명으로 옳지 않은 것은?

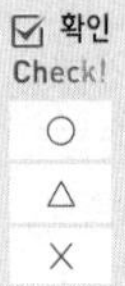

① 조건이 되는 사실이나 기한이 되는 사실이나 모두 장래의 사실이다.
② 조건의 성취가 미정한 권리의무는 일반규정에 의하여 처분, 상속, 보존 또는 담보로 할 수 없다.
③ 조건이 사회질서에 반하는 것인 때에는 그 법률행위는 무효로 한다.
④ 기한의 이익은 포기할 수 있으나 상대방의 이익을 해하지 못한다.

조건의 성취가 미정한 권리의무는 일반규정에 의하여 처분, 상속, 보존 또는 담보로 할 수 있다(민법 제149조).

정답 ❷

19 민법상 소멸시효기간이 1년인 것은?

① 의복의 사용료 채권
② 도급받은 자의 공사에 관한 채권
③ 의사의 치료에 관한 채권
④ 1년 이내의 기간으로 정한 금전의 지급을 목적으로 한 채권

민법상 1년의 단기소멸시효가 적용되는 것은 ①이며, 나머지는 모두 3년의 단기소멸시효가 적용된다(민법 제163조 내지 제164조 참조).

정답 ❶

3년의 단기소멸시효(민법 제163조) (두 : 이 · 의 · 도 · 변 · 변 · 생 · 수)

다음 각호의 채권은 3년간 행사하지 아니하면 소멸시효가 완성한다.
1. 이자, 부양료, 급료, 사용료 기타 1년 이내의 기간으로 정한 금전 또는 물건의 지급을 목적으로 한 채권
2. 의사, 조산사, 간호사 및 약사의 치료, 근로 및 조제에 관한 채권
3. 도급받은 자, 기사 기타 공사의 설계 또는 감독에 종사하는 자의 공사에 관한 채권
4. 변호사, 변리사, 공증인, 공인회계사 및 법무사에 대한 직무상 보관한 서류의 반환을 청구하는 채권
5. 변호사, 변리사, 공증인, 공인회계사 및 법무사의 직무에 관한 채권
6. 생산자 및 상인이 판매한 생산물 및 상품의 대가
7. 수공업자 및 제조자의 업무에 관한 채권

1년의 단기소멸시효(민법 제164조) (두 : 여 · 의 · 노 · 학)

다음 각호의 채권은 1년간 행사하지 아니하면 소멸시효가 완성한다.
1. 여관, 음식점, 대석, 오락장의 숙박료, 음식료, 대석료, 입장료, 소비물의 대가 및 체당금의 채권
2. 의복, 침구, 장구 기타 동산의 사용료의 채권
3. 노역인, 연예인의 임금 및 그에 공급한 물건의 대금채권
4. 학생 및 수업자의 교육, 의식 및 유숙에 관한 교주, 숙주, 교사의 채권

20 유치권에 관한 설명으로 옳지 않은 것은?

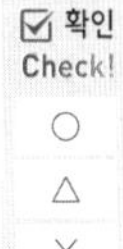

① 유치권의 행사는 채권의 소멸시효의 진행에 영향을 미치지 않는다.
② 유치권자는 채권의 변제를 받기 위하여 유치물을 경매할 수 있다.
③ 점유의 상실로 유치권이 소멸하는 것은 아니다.
④ 유치권자는 채권 전부의 변제를 받을 때까지 유치물 전부에 대하여 그 권리를 행사할 수 있다.

③ 유치권은 점유의 상실로 인하여 소멸한다(민법 제328조).
① 민법 제326조
② 민법 제322조 제1항
④ 민법 제321조(유치권의 불가분성)

정답 ❸

21 보증채무에 관한 설명으로 옳지 않은 것은?

① 주채무가 소멸하면 보증채무도 소멸한다.
② 채무를 변제한 보증인은 선의의 주채무자에 대해서는 구상권을 행사하지 못한다.
③ 보증채무는 주채무가 이행되지 않을 때 비로소 이행하게 된다.
④ 보증채무는 주채무와는 독립한 별개의 채무이다.

쏙쏙 해설

② 보증인이 변제나 그 밖의 출재로 주채무를 소멸하게 한 때에는 주채무자 또는 다른 연대채무자에 대하여 구상권을 행사할 수 있다(민법 제441조·제442조·제444조·제447조).
① 보증채무의 부종성
③ 보증채무의 보충성
④ 보증채무는 채권자와 보증인 사이에 보증계약에 의하여 성립하는 주채무와는 독립한 별개의 채무이다(보증채무의 독립성).

정답 ❷

22 민법상 경비계약에 관한 설명으로 옳지 않은 것은?

① 경비계약은 도급계약의 일종이다.
② 경비업자는 계약상 채무를 선량한 관리자의 주의로 이행하여야 한다.
③ 보수는 시기의 약정이 없으면 관습에 의하고, 관습이 없으면 경비업무를 종료한 후 지체 없이 지급하여야 한다.
④ 고객은 경비계약상의 채무가 이행되지 않는 경우 강제이행을 청구할 수 없다.

쏙쏙 해설

고객은 경비계약상의 채무가 이행되지 않는 경우 강제이행을 청구할 수 있다(민법 제389조 제1항 본문 참고).

정답 ❹

해설편 제3회

23 다음 중 당사자 일방의 의사표시로 성립하는 법률행위인 '단독행위' 중 그 성질이 다른 것은?

① 재단법인의 설립행위　② 소유권의 포기
③ 계약의 해제 또는 해지　④ 유 언

재단법인 설립행위, 소유권의 포기, 유언은 상대방 없는 단독행위이나, 계약의 해제 또는 해지는 상대방 있는 단독행위에 해당한다.

정답 ❸

단독행위의 종류

상대방이 있는 단독행위	상대방이 없는 단독행위
취소, 추인, 채무면제, 계약의 해제 또는 해지, 상계, 법정대리인의 동의 등	재단법인의 설립행위, 유언, 소유권의 포기, 상속의 포기, 공탁소에 대한 채권자의 공탁 승인 등

24 다음에서 설명하는 형법상 기본원칙과 관련이 가장 적은 것은?

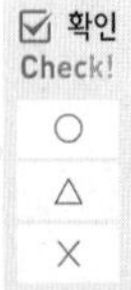

> 이 원칙은 일정한 행위를 범죄로 하고 형벌을 과하기 위해서는 반드시 성문의 법규를 필요로 한다는 것으로 근대 형법의 가장 중요한 기본원리이다. "법률이 없으면 범죄도, 형벌도 없다"로 표현된다.

① 소급효금지의 원칙
② 관습형법금지의 원칙
③ 유추해석금지의 원칙
④ 상대적 부정기형 금지의 원칙

제시문은 죄형법정주의를 설명하고 있는데, 죄형법정주의란 범죄와 형벌을 미리 법률로써 규정하여야 한다는 것으로서 이에서 파생되는 5가지 원칙에는 관습형법 배제원칙, 소급효금지의 원칙, 유추해석금지의 원칙, 명확성의 원칙(=절대적 부정기형 금지의 원칙), 적정성의 원칙이 있다.

정답 ❹

죄형법정주의의 파생원칙★★

- 관습형법배제원칙 : 관습법은 형법의 법원이 될 수 없다는 원칙을 말한다. 그러나 법률 해석상 관습법을 통하여 형벌을 완화하거나 제거하는 것은 인정될 수 있다.
- 소급효금지의 원칙 : 형법은 그 실시 이후의 행위만 규율할 뿐 그 이전의 행위까지에는 효력이 미치지 않는다는 원칙이다. 그러나 인권침해의 염려가 없을 때 등에는 예외적으로 소급효가 인정된다.
- 유추해석금지의 원칙 : 형법은 문서에 좇아 엄격히 해석되어야 하며(문리해석), 법문의 의미를 넘는 유추해석은 허용되지 않아야 한다는 원칙이다. 다만, 피고인에게 유리한 유추해석은 예외적으로 허용된다.
- 명확성의 원칙 : 범죄의 구성요건과 형사제재에 관한 규정을 구체적으로 명확하게 규정하여야 한다는 원칙을 말한다. 여기에는 절대적 부정기형 금지의 원칙이 포함된다.
- 적정성의 원칙 : 형벌을 규정하는 법률 자체가 불리하거나 부정한 것을 배제하여 적정해야 하고, 범죄와 형벌 간에 적정한 균형이 이루어져야 한다는 원칙을 말한다.

25 아파트 경비원 A씨는 평소처럼 취약지를 순찰하던 중 자전거 보관대 주변에 서성거리는 남성들을 발견하고 순찰을 강화하다, 이내 자전거를 절취하여 달아나는 B군 등 2명을 추격해 검거하였고, 즉시 경찰에 인도하였다. 이 경우 아파트 경비원 A씨의 행위로 알맞은 것은?

확인 Check! ○ △ ×

① 긴급피난 ② 정당방위
③ 자구행위 ④ 법률상 정당행위

쏙쏙 해설

아파트 경비원 A씨의 행위는 사인이 행한 현행범 체포로서 형법상 법률에 의한 정당행위에 해당한다.

정답 ❹

핵심만 콕

정당행위의 구분★★

- 법령에 의한 행위 : 공무원의 직무집행행위, 징계행위, 사인의 현행범 체포행위, 노동쟁의행위 등
- 업무로 인한 행위 : 의사의 치료행위, 안락사, 변호사 · 성직자의 직무수행행위 등
- 사회상규에 위배되지 아니하는 행위 : 소극적 저항행위, 징계권 없는 자의 징계행위, 권리실행행위 등

해설편 제3회

26 범죄의 실행에 착수한 자가 범죄 완성 전에 자기 의사로 행위를 중지한 경우를 무엇이라 하는가?

확인 Check! ○ △ ×

① 착수미수 ② 실행미수
③ 착수중지 ④ 실행중지

쏙쏙 해설

설문은 미수범의 유형 중 중지미수 그 중 착수중지의 내용에 해당한다.

정답 ❸

핵심만 콕

미수범(장애미수범)

① 의의 : 범죄의 실행에 착수하여 행위를 종료하지 못하였거나 결과가 발생하지 아니한 때 성립한다(형법 제25조 제1항).

② 미수범의 유형

㉠ 장애미수 : 행위자의 의사에 반하여 범죄를 완성하지 못하는 미수로 착수미수와 실행미수로 구분된다.

착수미수	범죄의 실행에 착수는 했으나 범죄의 실행이 미종료한 경우(예 절도를 하기 위해 차량운전석 손잡이를 잡고 당기다 경찰에 붙잡힌 경우)
실행미수	범죄의 실행은 종료했으나 결과가 미발생한 경우(예 총알을 발사했으나 빗나간 경우)

㉡ 중지미수 : 실행은 했으나 자의로 중지 또는 결과의 발생을 방지한 경우로 착수중지와 실행중지로 구분된다.

착수중지	범죄의 실행에 착수한 자가 범죄 완성 전에 자기 의사로 행위를 중지한 경우(예 절도를 위해 재물을 물색하다가 아내의 생일이라 중지한 경우)
실행중지	범죄의 실행은 종료했으나 자의로 결과의 발생을 방지한 경우(예 살해하려고 독극물을 먹인 후 바로 후회하여 해독제를 먹여 살린 경우)

③ 처벌 : 형법 각 조에 규정이 있을 때에만 처벌되며, 그 형도 기수범에 비해 가볍게 처벌할 수 있다(임의적 감경, 형법 제25조 제2항).

27 선고유예에 관한 설명으로 옳지 않은 것은?

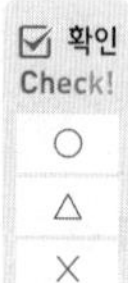

① 개전의 정상이 현저하여야 한다.
② 자격정지 이상의 형을 받은 전과가 없어야 한다.
③ 재범방지를 위하여 1년의 기간 동안 보호관찰을 받을 것을 명할 수 있다.
④ 선고유예를 받은 날로부터 2년을 경과한 때에는 형 선고의 효력이 상실된다.

④ 형의 선고유예를 받은 날로부터 2년을 경과한 때에는 면소된 것으로 간주한다(형법 제60조).
①·② 형법 제59조 제1항
③ 형법 제59조의2

정답 ❹

28 다음 중 사회적 법익에 관한 죄는?

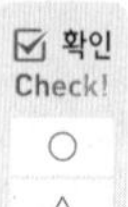

① 소요죄　② 무고죄
③ 내란죄　④ 간첩죄

소요죄만 사회적 법익에 관한 죄에 해당하고, 나머지는 모두 국가적 법익에 관한 죄에 해당한다.

정답 ❶

법익에 따른 범죄의 분류★★

개인적 법익에 관한 죄	생명과 신체에 대한 죄	살인죄, 상해와 폭행의 죄, 과실치사상의 죄, 낙태의 죄, 유기·학대의 죄
	자유에 대한 죄	협박의 죄, 강요의 죄, 체포와 감금의 죄, 약취·유인 및 인신매매죄, 강간과 추행의 죄
	명예와 신용에 대한 죄	명예에 관한 죄, 신용·업무와 경매에 관한 죄
	사생활의 평온에 대한 죄	비밀침해의 죄, 주거침입의 죄
	재산에 대한 죄	절도의 죄, 강도의 죄, 사기의 죄, 공갈의 죄, 횡령의 죄, 배임의 죄, 장물의 죄, 손괴의 죄, 권리행사를 방해하는 죄
사회적 법익에 관한 죄	공공의 안전과 평온에 대한 죄	공안을 해하는 죄, 폭발물에 관한 죄, 방화와 실화의 죄, 일수와 수리에 관한 죄, 교통방해의 죄
	공공의 신용에 대한 죄	통화에 관한 죄, 유가증권·인지와 우표에 관한 죄, 문서에 관한 죄, 인장에 관한 죄
	공중의 건강에 대한 죄	음용수에 대한 죄, 아편에 대한 죄
	사회의 도덕에 대한 죄	성풍속에 관한 죄, 도박과 복표에 관한 죄, 신앙에 관한 죄
국가적 법익에 관한 죄	국가의 존립과 권위에 대한 죄	내란의 죄, 외환의 죄, 국기에 관한 죄, 국교(國交)에 관한 죄
	국가의 기능에 대한 죄	공무원의 직무에 관한 죄, 뇌물관련범죄, 공무방해에 관한 죄, 도주와 범인은닉의 죄, 위증과 증거인멸의 죄, 무고의 죄

29 형사소송법에 관한 설명으로 옳지 않은 것은?

① 우리나라 형사소송법은 탄핵주의가 기본 소송구조이다.
② 국가소추주의를 규정하고 있다.
③ 공판절차뿐만 아니라 수사절차도 규정하고 있다.
④ 형식적 진실주의, 적법절차의 원칙, 신속한 재판의 원칙을 지도이념으로 한다.

쏙쏙 해설

실체적 진실주의가 형사소송법의 지도이념에 해당한다.

정답 ❹

핵심만 콕

우리나라 형사소송법의 기본구조

구분	내용
불고불리의 원칙	검사가 공소를 제기하지 않으면 법원은 심판을 개시할 수 없으며, 검사가 공소장에 적시한 피고인과 범죄사실에 한해서만 심판할 수 있는 원칙이다(국가소추주의, 기소독점주의, 탄핵주의).
당사자주의와 직권주의 절충	형사소송법은 제정 당시에는 직권주의가 기본이었으나, 헌법재판소는 형사소송(刑事訴訟)의 구조(構造)를 당사자주의(當事者主義)와 직권주의(職權主義) 중 어느 것으로 할 것인가의 문제는 입법정책(立法政策)의 문제로서 우리나라 형사소송법(刑事訴訟法)은 그 해석상 소송절차(訴訟節次)의 전반에 걸쳐 기본적으로 당사자주의(當事者主義) 소송구조(訴訟構造)를 취하고 있는 것으로 이해하는바(헌재 1995.11.30. 92헌마44 전원재판부) 우리 형사소송법은 직권주의와 당사자주의를 혼합·절충한 구조를 취하고 있다고 표현할 수 있겠다. ★ 18회 기출 지문에서는 "당사자주의를 기본으로 하고 직권주의를 보충적으로 가미하고 있다."라는 내용이 틀린 지문으로 출제된 바 있어 주의가 필요하다.
증거재판주의	공소범죄사실의 인정은 적법한 증거에 의하고, 증거에 대한 가치판단은 법관의 자유 재량에 맡기는 자유심증주의를 채택하고 있다(증거법정주의의 예외 인정).
공개중심주의	공판주의, 구두변론주의, 직접심리주의, 계속심리주의 등으로 실현되고 있다.
실질적 진실주의	법원이 객관적 진실을 발견하여 사안의 진상을 규명하자는 주의이다.

해설편 제3회

안심Touch

30 고소와 고발에 관한 설명으로 옳지 않은 것은?

① 피해자가 아니면 고발할 수 없다.
② 고소를 취소한 자는 다시 고소하지 못한다.
③ 고소의 취소는 대리인으로 하여금 하게 할 수 있다.
④ 고소와 고발은 서면 또는 구술로써 검사 또는 사법경찰관에게 해야 한다.

① 누구든지 범죄가 있다고 사료하는 때에는 고발할 수 있다(형사소송법 제234조 제1항)
② 형사소송법 제232조 제2항
③ 형사소송법 제236조
④ 형사소송법 제237조 제1항

정답 ❶

고소의 취소(형사소송법 제232조)

① 고소는 제1심 판결선고 전까지 취소할 수 있다.
② 고소를 취소한 자는 다시 고소하지 못한다.
③ 피해자의 명시한 의사에 반하여 죄를 논할 수 없는 사건에 있어서 처벌을 희망하는 의사표시의 철회에 관하여도 전 2항의 규정을 준용한다.

31 주식회사에 관한 설명으로 옳지 않은 것은?

① 무액면주식의 발행도 허용되며, 액면주식이 발행되는 경우 1주의 금액은 100원 이상 균일하여야 한다.
② 회사가 가진 자기주식에도 의결권이 있다.
③ 창립총회에서 이사와 감사를 선임하여야 한다.
④ 회사는 정관으로 정하는 바에 따라 발행된 액면주식을 무액면주식으로 전환하거나 무액면주식을 액면주식으로 전환할 수 있다.

② 회사가 가진 자기주식은 의결권이 없다(상법 제369조 제2항).
① 상법 제329조 제1항 내지 제3항
③ 상법 제312조
④ 상법 제329조 제4항

32 인보험에서 사람의 생명 또는 신체에 관하여 보험이 붙여진 자를 의미하는 용어는?

확인 Check! ○ △ ×

① 보험자 ② 보험수익자
③ 보험계약자 ④ 피보험자

설문은 피보험자에 대한 내용에 해당한다.

정답 ❹

핵심만 콕

보험계약의 관계자

보험자	보험료를 받는 대신에 보험사고가 발생하는 경우에 보험금 지급의무를 지는 보험회사를 말한다.★
보험계약자	자신의 이름으로 보험자와 보험계약을 체결하여 보험료를 지불하는 의무를 진 사람이다.
피보험자	• 손해보험에서는 피보험이익의 주체로서 보험사고가 발생함으로써 손해를 입는 자, 즉 손해배상의 보험금을 받을 입장에 있는 자를 말한다.★ • 인보험에서는 사람의 생명 또는 신체에 관하여 보험이 붙여진 자를 말한다.★
보험수익자	인보험계약을 체결한 후 피보험자의 보험사고 시 보험금을 지급받게 되는 사람이다. 인보험에서만 존재한다.★

해설편 제3회

33 상법상 피보험자가 보험기간 중에 사고로 인하여 제3자에게 배상할 책임을 지는 경우에 이를 보상하는 보험은?

확인 Check! ○ △ ×

① 보증보험 ② 생명보험
③ 책임보험 ④ 상해보험

책임보험은 피보험자가 보험기간 중에 발생한 사고로 인하여 제3자에게 손해배상책임을 지는 경우에 보험자가 손해를 보상해 주는 보험이다(상법 제719조 내지 제725조의2).

정답 ❸

핵심만 콕

① 보증보험 : 보증보험계약의 보험자가 보험계약자의 피보험자에 대한 계약상의 채무불이행 또는 법령상의 의무불이행으로 인한 손해를 보상해 주는 보험이다(상법 제726조의5).
② 생명보험 : 당사자의 일방이 상대방 또는 제3자의 생사에 관하여 일정한 금액을 지급할 것을 약정하고 상대방이 이에 대하여 보수(보험료)를 지급하는 보험으로, 정액보험이다(상법 제730조 내지 제736조).
④ 상해보험 : 보험자가 피보험자의 신체의 상해를 보험사고로 하여 보험금액, 기타의 급여를 지급할 것을 약정하고 보험계약자가 보험료를 지급하는 보험이다. 상해보험에는 상해의 종류에 따른 정액보험과 상해로 인한 치료의 실비를 부담하는 부정액보험이 있다(상법 제737조 내지 제739조).

34 근로기준법상 미성년자의 근로에 관한 설명으로 옳지 않은 것을 모두 고른 것은?

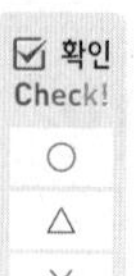

ㄱ. 미성년자는 독자적으로 임금을 청구할 수 있다.
ㄴ. 친권자는 미성년자의 근로계약을 대리할 수 있다.
ㄷ. 고용노동부장관은 근로계약이 미성년자에게 불리하다고 인정하는 경우에도 독자적으로 이를 해지할 수 없다.

① ㄱ, ㄴ ② ㄱ, ㄷ
③ ㄴ, ㄷ ④ ㄱ, ㄴ, ㄷ

제시된 내용 중 옳지 않은 것은 ㄴ과 ㄷ이다.

정답 ❸

ㄱ (○) 미성년자는 독자적으로 임금을 청구할 수 있다(근로기준법 제68조).
ㄴ (×) 친권자나 후견인은 미성년자의 근로계약을 대리할 수 없다(근로기준법 제67조 제1항).
ㄷ (×) 친권자, 후견인 또는 고용노동부장관은 근로계약이 미성년자에게 불리하다고 인정하는 경우에는 이를 해지할 수 있다(근로기준법 제67조 제2항).

35 다음 ( ) 안의 ㄱ과 ㄴ에 각각 들어갈 내용을 순서대로 나열한 것은?

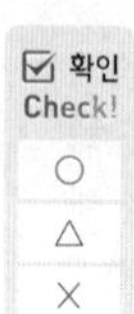

- 사용자는 해고를 피하기 위한 방법과 해고의 기준 등에 관하여 그 사업 또는 사업장에 근로자의 과반수로 조직된 노동조합이 있는 경우에는 그 노동조합(근로자의 과반수로 조직된 노동조합이 없는 경우에는 근로자의 과반수를 대표하는 자를 말한다.)에 해고를 하려는 날의 (ㄱ) 전까지 통보하고 성실하게 협의하여야 한다.
- 사용자는 대통령령으로 정하는 일정한 규모 이상의 인원을 해고하려면 대통령령으로 정하는 바에 따라 (ㄴ)에게 신고하여야 한다.

① ㄱ : 30일, ㄴ : 보건복지부장관
② ㄱ : 30일, ㄴ : 고용노동부장관
③ ㄱ : 50일, ㄴ : 보건복지부장관
④ ㄱ : 50일, ㄴ : 고용노동부장관

( ) 안에 들어갈 내용을 순서대로 나열하면 ㄱ : 50일, ㄴ : 고용노동부장관이다(근로기준법 제24조 제3항 · 제4항).

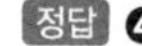

법령 **경영상 이유에 의한 해고의 제한(근로기준법 제24조)**

① 사용자가 경영상 이유에 의하여 근로자를 해고하려면 긴박한 경영상의 필요가 있어야 한다. 이 경우 경영 악화를 방지하기 위한 사업의 양도·인수·합병은 긴박한 경영상의 필요가 있는 것으로 본다.
② 제1항의 경우에 사용자는 해고를 피하기 위한 노력을 다하여야 하며, 합리적이고 공정한 해고의 기준을 정하고 이에 따라 그 대상자를 선정하여야 한다. 이 경우 남녀의 성을 이유로 차별하여서는 아니 된다.
③ 사용자는 제2항에 따른 해고를 피하기 위한 방법과 해고의 기준 등에 관하여 그 사업 또는 사업장에 근로자의 과반수로 조직된 노동조합이 있는 경우에는 그 노동조합(근로자의 과반수로 조직된 노동조합이 없는 경우에는 근로자의 과반수를 대표하는 자를 말한다. 이하 "근로자대표"라 한다)에 해고를 하려는 날의 50일 전까지 통보하고 성실하게 협의하여야 한다.
④ 사용자는 제1항에 따라 대통령령으로 정하는 일정한 규모 이상의 인원을 해고하려면 대통령령으로 정하는 바에 따라 고용노동부장관에게 신고하여야 한다.
⑤ 사용자가 제1항부터 제3항까지의 규정에 따른 요건을 갖추어 근로자를 해고한 경우에는 제23조 제1항에 따른 정당한 이유가 있는 해고를 한 것으로 본다.

해설편 제3회

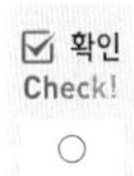

36 산업재해보상보험법상 진폐에 따른 보험급여의 종류에 해당하지 않는 것을 모두 고른 것은?

ㄱ. 요양급여	ㄴ. 휴업급여
ㄷ. 간병급여	ㄹ. 장례비
ㅁ. 상병보상연금	ㅂ. 진폐유족연금

① ㄴ, ㅁ　　② ㄴ, ㄷ, ㄹ
③ ㄴ, ㄷ, ㅁ　　④ ㄱ, ㄷ, ㄹ, ㅂ

제시된 내용 중 진폐보험급여에 해당하지 않는 것은 ㄴ과 ㅁ이다.

 ❶

산업재해보상보험법상 보험급여의 종류(산업재해보상보험법 제36조 제1항)

1. 보험급여 : 요양급여, 휴업급여, 장해급여, 간병급여, 유족급여, 상병보상연금, 장례비, 직업재활급여
2. 진폐보험급여 : 요양급여, 간병급여, 장례비, 직업재활급여, 진폐보상연금, 진폐유족연금

37 행정법관계에 대한 설명 중 옳지 않은 것은?

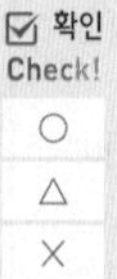

① 행정법관계란 행정상의 법률관계 가운데 특히 행정법이 규율하는 법률관계를 말한다.
② 국가·지방단체와 같은 행정주체가 당사자로 되어 있는 모든 법률관계를 말한다.
③ 행정조직법적 관계와 행정작용법적 관계에서의 행정법관계는 포함되지만 국고관계는 제외한다.
④ 행정법관계도 본질적으로는 사법관계에서와 같은 권리·의무의 관계에 불과하나, 다만 행정법이 가지는 사법에 대한 특수성에 따라 사법관계에서와는 다른 법원리가 지배한다.

행정법관계란 행정조직법적 관계와 행정작용법적 관계에서의 행정법관계만이 아니라 국고관계(행정주체가 사경제활동의 주체로서 행하는 작용을 의미)도 모두 포함된다.

정답 ❸

38 일정한 경우 행정행위를 발한 행정청 자신도 행정행위의 하자 등을 이유로 직권으로 취소·변경·철회할 수 없는 제한을 받게 되는 효력을 무엇이라고 하는가?

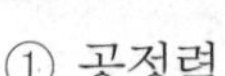

① 공정력 ② 불가쟁력
③ 불가변력 ④ 구성요건적 효력

설문은 존속력(확정력) 중 불가변력(실질적 확정력)에 대한 내용이다.

정답 ❸

① 공정력 : 비록 행정행위에 하자가 있는 경우에도 그 하자가 중대하고 명백하여 당연무효인 경우를 제외하고는, 권한 있는 기관에 의해 취소될 때까지는 일응 적법 또는 유효한 것으로 보아 누구든지(상대방은 물론 제3의 국가기관도) 그 효력을 부인하지 못하는 힘을 말한다.
② 불가쟁력(형식적 확정력) : 행정행위에 대한 쟁송 제기기간이 경과하거나 쟁송수단을 다 거친 경우에는 상대방 또는 이해관계인은 더 이상 그 행정행위의 효력을 다툴 수 없게 되는 효력을 말한다.
④ 구성요건적 효력 : 유효한 행정행위가 존재하는 이상 모든 국가기관은 그 존재를 존중하고 스스로의 판단에 대한 기초로 삼아야 한다는 효력을 말한다.

39 다음 중 명령적 행정행위에 해당하는 것을 모두 고른 것은?

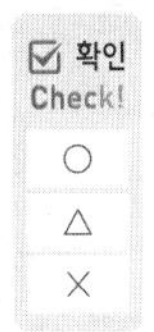

ㄱ. 하 명	ㄴ. 허 가
ㄷ. 인 가	ㄹ. 특 허
ㅁ. 확 인	ㅂ. 공 증
ㅅ. 통 지	ㅇ. 수 리

① ㄱ, ㄴ　　② ㄱ, ㄴ, ㄹ

③ ㄷ, ㄹ　　④ ㅁ, ㅂ, ㅅ, ㅇ

쏙쏙 해설

명령적 행정행위는 국민에게 특정한 의무를 명하여 자연적 자유를 제한하거나, 부과된 의무를 해제하여 자연적 자유를 회복시키는 행위를 말한다. 이에는 하명, 허가, 면제가 있다.

정답 ❶

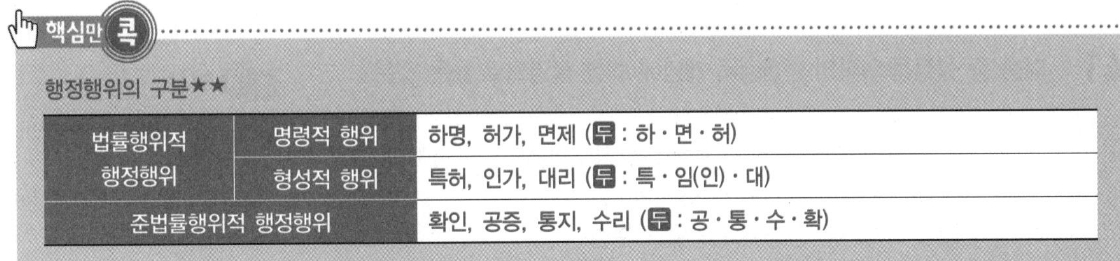

핵심만 콕

행정행위의 구분★★

법률행위적 행정행위	명령적 행위	하명, 허가, 면제 (두 : 하·면·허)
	형성적 행위	특허, 인가, 대리 (두 : 특·임(인)·대)
준법률행위적 행정행위		확인, 공증, 통지, 수리 (두 : 공·통·수·확)

40 행정소송법상 항고소송의 종류에 해당하지 않는 것은?

① 취소소송

② 무효 등 확인소송

③ 당사자소송

④ 부작위위법확인소송

행정소송법상 항고소송의 종류에 당사자소송은 규정되어 있지 않다.

정답 ❸

항고소송(행정소송법 제4조)

항고소송은 다음과 같이 구분한다.

1. 취소소송 : 행정청의 위법한 처분 등을 취소 또는 변경하는 소송
2. 무효 등 확인소송 : 행정청의 처분 등의 효력 유무 또는 존재여부를 확인하는 소송
3. 부작위위법확인소송 : 행정청의 부작위가 위법하다는 것을 확인하는 소송

제3회 민간경비론

정답 및 해설

정답 CHECK

41	42	43	44	45	46	47	48	49	50	51	52	53	54	55	56	57	58	59	60
②	②	②	④	④	④	①	①	③	②	②	①	③	②	④	①	②	③	①	①
61	62	63	64	65	66	67	68	69	70	71	72	73	74	75	76	77	78	79	80
④	④	③	④	④	④	④	①	②	①	④	③	②	①	③	①	④	④	②	③

각 문항별로 이해도를 체크해 보세요.

문제편 064p

41 다음 중 실질적 의미의 민간경비 개념에 대한 설명으로 옳은 것은?

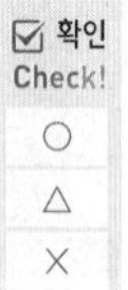

ㄱ. 고객(국민)의 생명・신체・재산보호 및 사회적 손실 감소와 질서유지를 위한 일체의 활동을 의미함
ㄴ. 민간경비 개념을 공경비와 명확히 구별
ㄷ. 민간경비 개념을 공경비와 유사하게 봄
ㄹ. 경비업법에 의해 허가받은 법인이 경비업법상 수행하는 경비활동

① ㄱ, ㄴ　　② ㄱ, ㄷ
③ ㄴ, ㄷ　　④ ㄷ, ㄹ

ㄱ, ㄷ : 실질적 의미의 민간경비의 개념에 해당
ㄴ, ㄹ : 형식적 의미의 민간경비의 개념에 해당

 ❷

형식적 의미의 민간경비	실질적 의미의 민간경비
• 경비업법에 의해 허가받은 법인이 경비업법상의 업무를 수행하는 경비활동 • 형식적 의미에서의 민간경비 개념은 공경비와 명확히 구별	• 고객(국민)의 생명・신체・재산보호 및 사회적 손실 감소와 질서유지를 위한 일체의 활동을 뜻함(정보보호, 사이버보안도 포함됨) • 실질적 의미의 민간경비 개념은 공경비와 유사

42 민영화이론에 대한 설명으로 옳지 않은 것은?

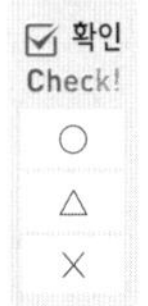

① 정부의 역할을 줄이는 대신 민간의 역할을 증대시키는 것을 민영화로 정의하고 있다.
② 캐머맨과 칸의 정의에 의하면 광의의 민영화란 재화나 서비스의 생산이 공공부분에서 민간분야로 이전되는 것이다.
③ 2010년 최초로 설립된 민영교도소는 민영화의 사례로 볼 수 있다.
④ 1980년대 이후 복지국가의 이념에 대한 반성으로 국가 독점에 의한 비효율성을 극복하고자 시장경쟁논리를 도입한 이론이다.

쏙쏙 해설 •••

광의의 민영화란 정부의 규제를 축소하고, 정부지출을 감소시키는 것을 말하며, 협의의 민영화란 재화나 서비스의 생산이 공공부문에서 민간분야로 이전되는 것을 말한다.

정답 ❷

43 민간경비와 공경비의 차이점에 대한 설명으로 옳지 않은 것은?

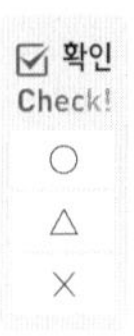

① 공경비의 주체는 정부이나 민간경비는 영리기업이다.
② 민간경비의 목적은 사익보호이고, 공경비의 목적은 공익보호에만 한정되어 있다.
③ 공경비는 주로 공공의 이익을 위해 행하나 민간경비는 특정한 의뢰자를 위해 행한다.
④ 공경비의 역할은 범죄예방 및 범죄 대응에 있으나 민간경비는 범죄예방에 있다.

쏙쏙 해설 •••

민간경비의 목적은 사익보호이며, 공경비의 목적은 공익 및 사익보호이다. 공경비의 목적은 주로 법 집행에 있고, 민간경비의 주된 목적은 손실 감소 및 재산보호에 있기 때문에 전자와 같은 표현으로 나타낼 수 있다.

정답 ❷

44 경제환원론적이론에 대한 설명으로 옳지 않은 것은?

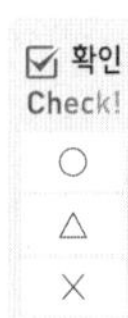

① 특정한 사회현상의 발생의 원인을 경제문제에서 찾으려는 입장이다.
② 거시적인 차원에서 범죄의 증가 원인을 실업의 증가에서 찾으려 한다.
③ 경제환원론적 이론은 내재적으로 포함하고 있는 단순논리적 한계가 있다.
④ 경제침체와 민간경비 부문의 수요증가와의 관계는 원인과 결과를 규정지을 수 있는 인과관계적 성격이 있다.

쏙쏙 해설 •••

경제환원론의 한계로 경제침체와 민간경비 부문의 수요증가와의 관계를 인과관계적 성격이 아니라 단순논리적이고 단기적인 경험적 관찰에 두고 있다는 점이 지적되고 있다.

정답 ❹

45 다음 내용이 설명하는 것은?

☑ 확인 Check!
○
△
×

> 모든 사람은 자신의 행동뿐만 아니라 이웃의 행동에 대해서도 책임이 있음을 명시하고, 범죄가 발생하면 고함소리를 지르고 사람을 모아 그 지역에 침범한 범죄자를 추적하는 것이 시민 각자의 임무라고 하였으며, 만일 범죄자를 체포하지 못하면 모든 사람은 국왕으로부터 벌금이 부과되었다. 건장한 모든 사람들은 범법자 체포에 참여하여야 하는데, 이것은 현대 사회에 있어 '시민체포'의 발상이라고 할 수 있다.

① 레지스 헨리시법(The Legis Henrici Law)
② 상호보증제도(Frank Pledge System)
③ 윈체스터법(The Statute of Winchester)
④ 규환제도(Hue and Cry)

제시문은 규환제도에 관한 설명이다. 영국의 규환제도(Hue and Cry)는 개인차원의 경비개념이 보다 확대된 것으로 볼 수 있으며, 치안에 대한 개인과 집단의 공동책임을 강조하였다. 이 제도는 현대 사회의 '시민체포'의 발상이 되었다.

정답 ④

46 핑커톤 경비조직에 대한 설명으로 옳지 않은 것은?

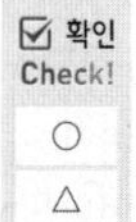

① 핑커톤은 위폐사범일당을 검거하는 데 결정적 공헌을 하여 부보안관으로 임명되었다.
② 1883년에는 보석상 연합회의 위탁을 받아 도난보석이나 보석절도에 관한 정보를 집중관리하는 조사기관이 되었다.
③ 경찰 당국의 자료요청에 응하여 경찰과 민간경비업체의 바람직한 관계를 정립하였다.
④ 1850년대에 야간경비회사로서 방호회사를 설립하여 최초의 중앙감시방식의 경보서비스 사업을 시작하였다.

1850년대에 에드윈 홈즈가 야간경비회사로서 홈즈방호회사를 설립하여 최초의 중앙감시방식의 경보서비스 사업을 시작하였다.

정답 ④

47 치안서비스의 순수공공재 이론 중 다음 내용에 해당되는 특성은?

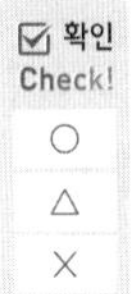

> 치안서비스의 이용에 있어서 '추가 이용자의 추가 비용이 발생하지 않는다.'

① 비경합성　　② 비배제성
③ 비거부성　　④ 비한정성

쏙쏙 해설 ...

제시문은 비경합성에 대한 내용이다. 비경합성이란 추가적으로 공공재를 소비한다고 해서 혼잡의 문제가 발생하지 않으며 따라서 치안서비스의 이용에 있어서 추가 이용자의 추가 비용이 발생하지 않는다는 특성을 가지고 있다.

정답 ❶

48 미국 민간경비산업 현황에 대한 설명으로 옳지 않은 것은?

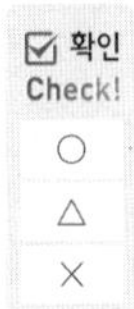

① 자체경비업체가 계약경비업체보다 비약적으로 발전하고 있다.
② 미국에서 항공 교통량의 급증에 따른 항공기 납치는 민간경비산업의 성장에 영향을 끼쳤다.
③ 홀크레스트 보고서에 의하면 민간탐정업은 미국 민간경비의 중요 업무에 해당한다.
④ 현재 미국에서 경찰과 민간경비회사는 범죄예방활동을 위해 긴밀한 상호협조체계를 유지하고 있다.

쏙쏙 해설 ...

경비업체는 크게 계약경비업체와 자체경비업체로 나눌 수 있는데 계약경비업체가 자체경비업체보다 비약적으로 발전하고 있다.

정답 ❶

49 우리나라 민간경비의 역사적 배경에 관한 설명으로 옳지 않은 것은?

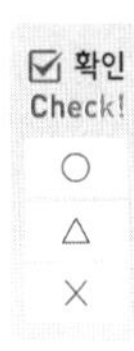

① 고대는 부족이나 촌락 단위의 공동체 성격을 가진 자체경비조직을 활용하였다.
② 삼국시대는 지방의 실력자들이 해상을 중심으로 사적 경비조직을 활용하였다.
③ 고려시대의 공경비로는 2군 6위, 5부, 순마소, 내군부, 성중애마를 들 수 있다.
④ 조선시대는 공경비 조직은 다양하게 존재하였으나 민간경비조직은 상대적으로 미약했다.

쏙쏙 해설 ...

5부는 고려시대의 공경비가 아니라 삼국시대 백제의 공경비에 해당한다.

정답 ❸

해설편 제3회

안심Touch

50 우리나라 민간경비의 발전과정에 관한 설명으로 옳지 않은 것은?

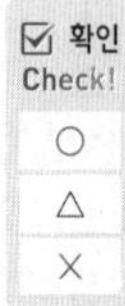

① 1962년 청원경찰법 제정, 1973년 청원경찰법 전면 개정, 1976년 용역경비업법이 제정되었고 1978년에는 사단법인 한국경비협회가 설립되었다.

② 2001년 「용역경비업법」의 법명을 「경비업법」으로 개정하였다.

③ 한국의 민간경비는 1986년 아시안게임, 1988년 서울올림픽, 1993년 대전 EXPO 행사를 통하여 안전 및 경호경비 문제를 무사히 치르고 난 이후부터 매년 성장을 거듭하여 왔다.

④ 2001년 「경비업법」이 전면 개정되면서 경비업의 종류에 특수경비업무가 추가되었고 기계경비산업이 급속히 발전하여 기계경비업무를 신고제에서 허가제로 변경하였으며 특수경비원제도가 도입되었다.

「용역경비업법」의 법명을 「경비업법」으로 개정한 연도는 1999년이다.

 ❷

51 일본의 민간경비산업 현황에 대한 설명으로 틀린 것은?

① 1972년도에 경비업법이 제정된 이래 일본 민간경비원의 수는 약 10배 증가하여 1998년도에 이미 40만명을 넘어섰다.

② 경비업법 제정 당시부터 허가제로 운영되고 있다.

③ 1999년 일본 민간경비업체의 총매출은 동년도 일본경찰 총예산의 65%에 달한다.

④ 일본 민간경비는 1980년대 초에 한국에 진출하고, 1980년대 후반에는 중국에까지 진출하는 등 성장을 계속하고 있다.

경비업법 제정 당시에는 신고제로 운영되었다가 1982년 허가제로 바뀌었다.

 ❷

52 경비업법과 청원경찰법의 손해배상에 대한 설명으로 옳지 않은 것은?

☑ 확인 Check!
○
△
×

① 국가기관에 근무하는 청원경찰의 직무상 불법행위에 대한 배상책임에 관하여서는 민법의 규정을 따른다.
② 청원경찰은 손해배상에 있어서는 민간인 신분, 형사책임에 있어서는 공무원의 신분을 적용받으므로 업무 수행에 있어서 갈등을 겪고 있다.
③ 경비업자는 경비원이 업무 수행 중 고의 또는 과실로 제3자에게 손해를 입힌 경우에는 이를 배상하여야 한다.
④ 청원주가 손해배상책임의 당사자인 동시에 피해자가 될 수 있다.

쏙쏙 해설

국가기관에 근무하는 청원경찰의 직무상 불법행위에 대한 배상책임에 관하여는 국가배상법에 의한다(청원경찰법 제10조의2 반대해석, 국가배상법 제2조 해석 및 대판 92다47564 참고).

정답 ❶

핵심만 콕

② 청원경찰법 제10조 제2항 참고
③ 경비업법 제26조
④ 청원경찰이 불법행위로 타인에게 손해를 가한 경우 시설주인 청원주는(청원경찰법은 사경비를 전제로 함) 민법의 적용을 받아 사용자책임(민법 제756조) 또는 도급인의 책임(민법 제757조)을 부담하여 타인에게 손해배상책임을 부담하지만, 청원경찰과의 관계에서는 불법행위로 인한 피해자로 볼 수 있다.

53 다음 중 현대사회 범죄현상의 특징에 해당하는 것으로만 묶인 것은?

☑ 확인 Check!
○
△
×

ㄱ. 범죄의 국지화	ㄴ. 범죄의 조직화
ㄷ. 범죄의 소형화	ㄹ. 범죄의 기동화
ㅁ. 범죄의 국제화	

① ㄱ, ㄴ, ㄷ　　② ㄱ, ㄷ, ㅁ
③ ㄴ, ㄹ, ㅁ　　④ ㄷ, ㄹ, ㅁ

쏙쏙 해설

현대사회 범죄현상의 특징으로는 조직화 · 국제화 · 사회화 · 기동화 · 흉포화 · 대형화 등이 있다.

정답 ❸

해설편 제3회

54 경찰의 범죄예방활동에 대한 설명 중 옳지 않은 것은?

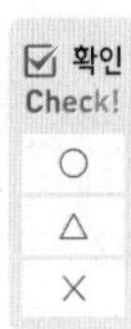

① 경찰방문은 비권력적 사실행위로서 행정지도의 성격을 가진다.
② 경찰관은 임의동행한 사람을 8시간을 초과하여 경찰관서에 머물게 할 수 없다.
③ 순찰이라 함은 지역경찰관이 개괄적인 임무수행과 관내정황을 파악하기 위하여 일정한 지역을 순회시찰하는 근무이다.
④ 경찰관은 불심검문자에게 질문을 할 때에 그 사람이 흉기를 가지고 있는지를 조사할 수 있다.

② 경찰관은 임의동행한 사람을 6시간을 초과하여 경찰관서에 머물게 할 수 없다(경찰관직무집행법 제3조 제6항).
④ 경찰관직무집행법 제3조 제3항

정답 ❷

55 다음 내용이 설명하고 있는 경비는?

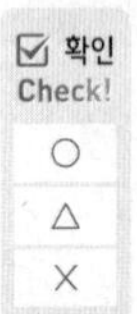

- 유지보수에 적지 않은 비용과 전문인력이 요구된다.
- 단기적으로 설치비용이 많이 드나, 장기적으로 소요비용이 절감된다.
- 외부환경에 영향을 받지 않고 감시가 가능하다.

① 자체경비 ② 계약경비
③ 인력경비 ④ 기계경비

제시문이 설명하고 있는 경비는 주체(형태)에 따른 경비의 분류 중 기계경비의 내용에 해당한다.

정답 ❹

56 계약경비와 자체경비에 관한 설명으로 옳은 것은?

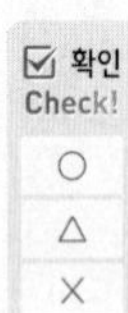

① 비용면에서 자체경비가 계약경비보다 더 많은 비용이 든다.
② 계약경비원은 자체경비원보다 회사나 고용주에게 높은 충성심을 갖는다.
③ 계약경비원은 고용주에 의해 조직의 구성원으로 채용됨으로써 안정적이다.
④ 계약경비원은 경비부서에 오래 근무함으로써 회사의 운영・매출・인사 등에 관한 지식이 높다.

자체경비는 계약경비에 비해 신규모집계획, 선발인원의 신원확인 및 훈련 프로그램에 대한 개발과 관리를 자체적으로 실시함으로써 인사관리 및 행정관리가 힘들고 비용이 많이 소요된다.

정답 ❶

계약경비와 자체경비의 비교

구 분	계약경비	자체경비
장 점	• 전문성을 갖춘 인력을 쉽게 제공한다. • 인사관리에서의 비용이 절감된다. • 결원 보충, 추가 인력 배치가 용이하다. • 경비 수요 변화에 따른 대처가 용이하다. • 구성원 중에 질병이나 해임 등으로 인해 업무 수행상의 문제가 발생했을 때 인사이동과 대처(대책)가(이) 용이하다.	• 계약경비에 비해 이직률이 낮은 편이다. • 경비원에 대한 통제를 강화할 수 있다. • 자질이 우수한 사람들이 지원한다. • 고용주에 대한 충성심이 높다. • 고용주의 요구를 신속히 반영한다. • 자기계발을 위한 노력을 다한다.
단 점	• 조직(시설주)에 대한 충성심이 낮다. • 급료가 낮고 이직률이 높은 편이다. • 외부에 정보유출 가능성이 높다.	• 인사관리가 힘들고 비용이 많이 든다. • 계약경비에 비하여 해임이나 감원, 충원 등이 필요한 경우에 탄력성이 떨어진다.

57 호송경비업무의 방식 중 다음 제시문이 설명하는 방식은?

경비업자가 무장 호송차량 또는 일반 차량을 이용하여 운송과 경비업무를 겸하는 호송경비방식이다.

① 동승호송방식
② 통합호송방식
③ 휴대호송방식
④ 편성호송방식

제시문이 설명하는 호송경비업무의 방식은 통합호송방식이다.

 ❷

핵심만 콕

호송경비업무의 방식

1. 단독호송방식
   ① 통합호송방식 : 경비업자가 무장 호송차량 또는 일반 차량을 이용하여 운송과 경비업무를 겸하는 방식이다.
   ② 분리호송방식 : 호송대상 물건은 운송업자의 차량으로 운송하고, 경비업자는 경비차량과 경비원을 투입하여 물건을 호송하는 방식이다.
   ③ 동승호송방식 : 물건을 운송하는 차량에 호송경비원이 동승하여 호송업무를 수행하는 방식이다.
   ④ 휴대호송방식 : 호송경비원이 직접 호송대상 물건을 휴대하여 운반하는 방식이다.
2. 편성호송방식 : 호송방식과 방향 등을 고려하여 지역별로 또는 구간별로 조를 편성하여 행하는 방식이다.

58 청원경찰의 직무교육과 관련된 설명으로 옳지 않은 것은?

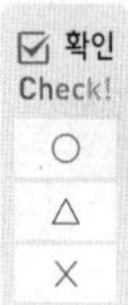

① 신임교육기간은 2주로 한다.
② 교육시간은 총 76시간으로 한다.
③ 시・도 경찰청장은 청원경찰에 대하여 그 직무집행에 관하여 필요한 교육을 매월 4시간 이상 하여야 한다.
④ 관할 경찰서장은 필요하다고 인정하는 경우에는 그 사업장에 소속 공무원을 파견하여 청원경찰의 직무집행에 필요한 교육을 할 수 있다.

청원주는 소속 청원경찰에게 그 직무집행에 필요한 교육을 매월 4시간 이상 하여야 한다(청원경찰법 시행규칙 제13조 제1항).

정답 ❸

① 청원경찰법 시행규칙 제6조
② 청원경찰법 시행규칙 [별표 1]
④ 청원경찰법 시행규칙 제13조 제2항

59 통솔범위에 대한 설명 중 옳은 것은?

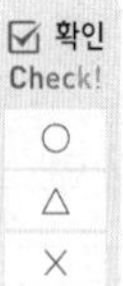

① 통솔범위란 1인의 상관이 직접 통솔할 수 있는 부하의 수를 말한다.
② 계층수가 많아지면 통솔범위가 넓어진다.
③ 리더의 능력이 탁월할수록 통솔범위가 좁아진다.
④ 참모기관과 정보관리체계가 발달할수록 통솔범위가 좁아진다.

통솔범위란 1인의 상관이 직접 통솔할 수 있는 부하의 수를 말한다(10~12명 정도).

정답 ❶

핵심만 콕

통솔범위 결정요인

구 분	내 용	통솔범위
시간적 요인	신설조직보다 구조직일수록	넓다
장소적 요인	지역적 분산이 적을수록	
직무의 성질	직무의 성질이 단순할수록	
리더의 능력	리더의 능력이 탁월할수록	
구성원의 능력	구성원의 능력이 탁월할수록	
참모기관과 정보관리체계	발달할수록	
교통・통신의 발달	교통 및 통신기술이 발달할수록	
계층제의 수	계층제의 수가 적을수록	

60 경비관리 책임자의 관리상의 역할로 옳은 것은?

확인 Check! ○ △ ×

① 예산과 재정상의 감독
② 기획의 조직화, 채용
③ 경비활동에 대한 규칙적인 감사
④ 감시, 회계, 회사 규칙의 위반 확인, 관련 문서의 확인

쏙쏙 해설

예산과 재정상의 감독이 경비관리 책임자의 관리상의 역할에 해당한다. ②는 경영상의 역할이고, ③은 예방상의 역할이며, ④는 조사상의 역할에 해당한다.

정답 ❶

핵심만 콕

경비관리 책임자(=경비부서 관리자)의 역할

구분	내용
예방상의 역할	경비원에 대한 감독, 화재와 경비원의 안전, 경비활동에 대한 규칙적인 감사, 출입금지구역에 대한 감시, 교통통제, 경보시스템, 조명, 울타리, 통신장비 등과 같은 모든 경비장비들의 상태 점검 등
관리상의 역할	예산과 재정상의 감독, 경비문제를 관할하는 정책의 설정, 사무행정, 조직체계와 절차의 개발, 경비부서 직원에 대한 교육·훈련 과정의 개발, 모든 고용인들에 대한 경비교육 등
경영상의 역할	기획, 조직화(기획의 조직화), 채용, 지도, 감독, 혁신 등
조사상의 역할(조사활동)	경비의 명확성, 감시, 회계, 회사 규칙의 위반과 이에 따르는 모든 손실에 대한 조사·관리·감시·회계, 일반 경찰과 소방서와의 유대관계, 관련 문서의 분류(확인) 등

61 다음에서 설명하는 경비위해요소 분석단계는 무엇인가?

확인 Check! ○ △ ×

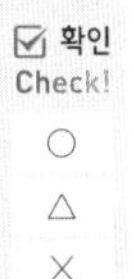

> 범죄피해로 인한 인적·물적 피해의 정도, 고객의 정신적 안정성, 개인 및 기업체의 비용부담정도 등을 고려하는 단계이다.

① 경비위험요소 인지단계
② 손실발생 가능성 예측단계
③ 경비위험도 평가단계
④ 경비비용효과 분석단계

쏙쏙 해설

제시된 〈보기〉의 내용은 경비위해요소 분석단계 중 경비비용효과 분석단계에 대한 설명이다.

정답 ❹

핵심만 콕

경비위해요소의 분석단계

- 경비위험요소 인지단계 : 개인 및 기업의 보호영역에서 손실을 일으키기 쉬운 취약부분을 확인하는 단계
- 손실발생 가능성 예측단계 : 경비보호대상의 보호가치에 따른 손실발생 가능성을 예측하는 단계
- 경비위험도 평가단계 : 특정한 손실이 발생하였다면 얼마나 심각한 영향을 미쳤는가를 고려하는 단계
- 경비비용효과 분석단계 : 범죄피해로 인한 인적·물적 피해의 정도, 고객의 정신적 안정성, 개인 및 기업체의 비용부담정도 등을 고려하는 단계

62 다음 중 인위적으로 발생하는 위해가 아닌 것은?

확인 Check! ○ △ ×

① 절도, 좀도둑, 사기
② 방화, 시민폭동
③ 산업스파이, 태업, 교통사고
④ 수재, 산사태, 해일, 지진

수재, 산사태, 해일, 지진은 자연적인 위해에 해당한다.

정답 ❹

경비위해요소의 형태

㉠ 자연적 위해 : 화재, 폭풍, 지진, 홍수 기타 건물붕괴, 안전사고 등 자연적 현상에 의해 일어나는 위해를 말한다. 여기서 화재나 안전사고는 많은 부분에서 인위적일 수 있다.
㉡ 인위적 위해 : 신체를 위협하는 범죄, 절도, 좀도둑, 사기, 횡령, 폭행, 태업, 시민폭동, 폭탄위협, 화재, 안전사고, 기타 특정상황에서 공공연하게 발생하는 위해를 말한다.
㉢ 특정한 위해 : 위해에 노출되는 정도가 시설물 또는 특정 상황에 따라 다양하게 나타나는 위해를 말한다. 예컨대, 화재나 폭발의 위험은 화학공장에서 더 크게 나타나고, 강도나 절도는 소매점이나 백화점에서 더 크게 나타난다.

63 다음 중 경비계획수립의 순서가 옳은 것은?

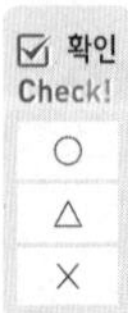

① 경비목표 설정 → 경비문제의 발생 및 인지 → 경비요소 및 위해분석 → 경비의 실시 및 평가 → 경비대안의 비교검토 및 최종안 선택
② 경비요소 및 위해분석 → 경비문제의 발생 및 인지 → 경비목표 설정 → 경비의 실시 및 평가 → 경비대안의 비교검토 및 최종안 선택
③ 경비문제의 발생 및 인지 → 경비목표 설정 → 경비요소 및 위해분석 → 경비대안의 비교검토 및 최종안 선택 → 경비의 실시 및 평가
④ 경비문제의 발생 및 인지 → 경비요소 및 위해분석 → 경비목표 설정 → 경비대안의 비교검토 및 최종안 선택 → 경비의 실시 및 평가

경비계획수립의 순서
경비문제의 발생 및 인지 → 경비목표 설정 → 경비요소 및 위해분석 → 경비대안의 비교검토 및 최종안 선택 → 경비의 실시 및 평가

 ❸

64 경비조명 설치 시 유의사항으로 옳지 않은 것은?

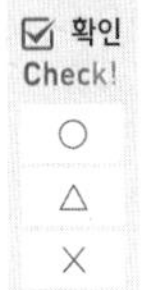

① 보호조명은 경계구역 내의 지역과 건물에 적합하도록 설계되어야 한다.
② 경비조명은 침입자의 탐지 외에 경비원의 시야를 확보하는 기능이 있으므로 경비원의 감시활동, 확인점검활동을 방해하는 강한 조명이나 각도, 색깔 등을 고려해야 한다.
③ 인근 지역을 너무 밝게 하거나 영향을 미침으로써 타인의 사생활을 침해하지 않도록 해야 한다.
④ 도로, 고속도로, 항해수로 등에 인접한 시설물의 조명장치는 통행에 영향을 미치더라도 모든 부분을 구석구석 비출 수 있도록 설치되어야 한다.

쏙쏙 해설

조명은 직접적으로 사고발생 지역에 비춰져야 하며, 보호하고자 하는 지역에서 떨어져 있어야 한다. 조명시설의 위치는 경비원의 눈을 부시게 하는 것을 피하며, 그림자가 생기지 않도록 해야 한다.

정답 ❹

65 외곽경비에 관한 설명으로 옳지 않은 것은?

① 모든 출입구의 수를 파악하고 하수구, 배수로 등도 출입구와 같은 차원에서 경비계획에 포함시켜야 한다.
② 외곽경비의 기본 목적은 불법침입을 지연시키는 것이다.
③ 콘서티나 철사는 빠른 설치의 필요성 때문에 주로 군부대에서 많이 사용하고 있다.
④ 외곽경비는 장벽, 건물 자체, 출입구 순으로 수행된다.

쏙쏙 해설

외곽경비의 수행 순서는 장벽, 출입구, 건물 자체 순으로 수행된다.

정답 ❹

66 다음 중 적절한 경비수준으로 짝지어진 것은?

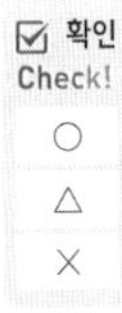

ㄱ. 작은 소매상점, 저장창고 – 중간수준경비
ㄴ. 교도소, 제약회사, 전자회사 – 최고수준경비
ㄷ. 일반가정 – 최저수준경비
ㄹ. 큰 물품창고, 제조공장, 대형 소매점 – 중간수준경비

① ㄱ, ㄴ　　② ㄱ, ㄷ
③ ㄴ, ㄷ　　④ ㄷ, ㄹ

쏙쏙 해설

옳게 연결된 것은 ㄷ, ㄹ이다.
ㄱ (×) 작은 소매상점, 저장창고 – 하위수준경비
ㄴ (×) 교도소, 제약회사, 전자회사 – 상위수준경비

정답 ❹

경비의 중요도에 따른 분류(경비계획의 수준)★

최저수준경비, 하위수준경비, 중간수준경비, 상위수준경비, 최고수준경비의 5단계로 구분할 수 있다.

최저수준경비 (Level Ⅰ)	일정한 패턴이 없는 불법적인 외부침입을 방해할 수 있도록 계획된 경비시스템으로, 보통 출입문과 자물쇠를 갖춘 창문과 같은 단순한 물리적 장벽으로 구성된다(예 일반가정 등).
하위수준경비 (Level Ⅱ)	일정한 패턴이 없는 불법적인 외부침입을 방해하고 탐지할 수 있도록 계획된 경비시스템으로, 일단 단순한 물리적 장벽과 자물쇠가 설치되고 거기에 보강된 출입문, 창문의 창살, 보다 복잡한 수준의 자물쇠, 조명시스템, 기본적 경보시스템, 기본적인 안전장치가 설치된다(예 작은 소매상점, 저장창고 등).
중간수준경비 (Level Ⅲ)	대부분의 패턴이 없는 불법적인 외부침입과 일정한 패턴이 없는 일부 내부침입을 방해, 탐지, 사정할 수 있도록 계획된 경비시스템으로, 보다 발전된 원거리 경보시스템, 경계지역의 보다 높은 수준의 물리적 장벽, 기본적 의사소통 장비를 갖춘 경비원 등이 조직되는 수준이다(예 큰 물품창고, 제조공장, 대형 소매점 등).
상위수준경비 (Level Ⅳ)	대부분의 패턴이 없는 외부 및 내부의 침입을 발견·저지·방어·예방하도록 계획되어진 경비시스템으로 CCTV, 경계경보시스템, 고도로 훈련받은 무장경비원, 고도의 조명시스템, 경비원과 경찰의 협력시스템 등으로 이루어진다(예 교도소, 제약회사, 전자회사 등).
최고수준경비 (Level Ⅴ)	일정한 패턴이 전혀 없는 외부 및 내부의 침입을 발견, 억제, 사정, 무력화할 수 있도록 계획된 경비시스템으로, 최첨단의 경보시스템과 현장에서 즉시 대응할 수 있는 24시간 무장체계가 갖추어진다(예 핵시설물, 중요교도소, 중요군사시설, 정부의 특별연구기관, 일부 외국대사관 등).

67 경비와 시설보호의 기본원칙에 관한 설명으로 옳지 않은 것은?

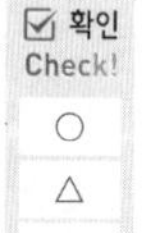

① 경계구역과 건축물 입구 수는 안전규칙의 범위 내에서 최소한으로 유지되어야 한다.

② 장금장치는 정교하고 파손이 어렵게 만들어져야 하고, 열쇠를 분실할 경우에 대비하여 적절한 조치를 취할 수 있어야 한다.

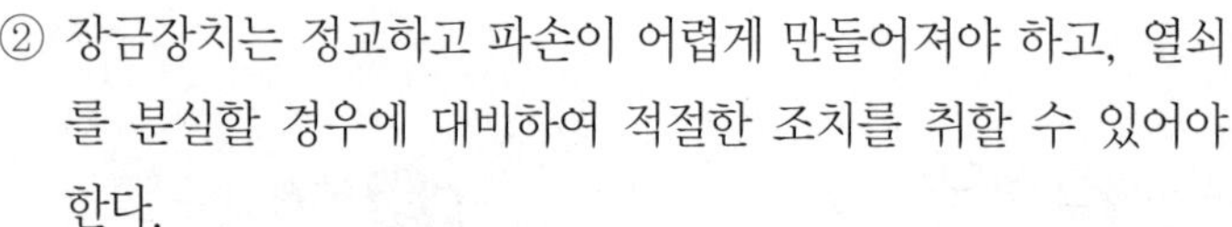

③ 효과적인 경비를 위해서는 안전경비조명이 설치되어야 하고, 물건을 선적하거나 수령하는 지역은 분리되어야 한다.

④ 경비관리실은 가능한 한 건물에서 통행이 많은 곳에 설치하고 직원의 출입구는 주차장으로부터 가까운 곳에 위치해야 한다.

경비관리실은 가능한 한 건물에서 통행이 많은 곳에 설치하고 직원의 출입구는 주차장으로부터 가급적 멀리 떨어진 곳에 위치해야 한다.

정답 ❹

경비계획의 기본원칙(경비와 시설보호의 기본원칙)★★

- 직원의 출입구는 주차장으로부터 가급적 멀리 떨어진 곳에 위치해야 한다.
- 경비원의 대기실은 시설물의 출입구와 비상구에서 인접한 곳에 위치해야 한다.
- 경비관리실은 출입자 등의 통행이 많은 곳에 설치하여야 한다.
- 경계구역과 건축물 출입구 수는 안전규칙의 범위 내에서 최소한으로 유지되어야 한다.
- 경비원 1인이 경계해야 할 구역의 범위는 안전규칙상 적당해야 한다.
- 건물 외부의 틈으로 접근 및 탈출 가능한 지점 및 경계 구역(천장, 공기환풍기, 하수도관, 맨홀 등)은 보호되어야 한다.
- 잠금장치는 정교하고 파손이 어렵게 만들어져야 하고 열쇠를 분실할 경우에 대비하여 적절한 조치를 취해야 한다.
- 비상시에만 사용하는 외부출입구에는 경보장치를 설치하여야 하고, 외부출입구의 통행은 통제가 가능하여야 한다.
- 항구·부두지역은 차량운전자가 바로 물건을 창고지역으로 움직이지 못하도록 하고, 경비원에게 물건의 선적이나 하차를 보고할 수 있도록 설계되어야 한다.
- 효과적인 경비를 위해서는 안전경비조명이 설치되어야 하고 물건을 선적하거나 수령하는 지역은 분리되어야 한다.

해설편 제3회

68 국가 중요시설에 대한 보호지역의 분류 중 비밀 또는 국·공유재산의 보호를 위하여 울타리 또는 방호·경비인력에 의하여 승인을 받지 않은 사람의 접근이나 출입에 대한 감시가 필요한 지역은?

① 제한지역　　② 통제지역
③ 배제지역　　④ 보호구역

설문은 제한지역에 대한 내용에 해당한다(보안업무규정 시행규칙 제54조 제1항 제1호).

 ❶

보호지역의 구분(보안업무규정 시행규칙 제54조 제1항)

구분	내용
제한지역	비밀 또는 국·공유재산의 보호를 위하여 울타리 또는 방호·경비인력에 의하여 영 제34조 제3항에 따른 승인을 받지 않은 사람의 접근이나 출입에 대한 감시가 필요한 지역(제1호)
제한구역	비인가자가 비밀, 주요시설 및 Ⅲ급 비밀 소통용 암호자재에 접근하는 것을 방지하기 위하여 안내를 받아 출입하여야 하는 구역(제2호)
통제구역	보안상 매우 중요한 구역으로서 비인가자의 출입이 금지되는 구역(제3호)

69 **일반시설물 경비계획 중 출입구 경비요령에 대한 설명으로 옳지 않은 것은?**

확인 Check! ○ △ ×

① 출입문은 일정 수로 통제하고, 출입용도에 따라 달리 사용하도록 한다.
② 폐쇄된 출입구를 제외한 모든 출입문은 정기적인 확인이 필요하다.
③ 출입문은 출입자의 편리성과 안전성이 함께 고려되어야 한다.
④ 상품판매시설의 경우 직원용 출입문과 고객용 출입문을 구분하는 것이 좋다.

폐쇄된 출입구를 포함한 모든 출입문은 정기적인 확인이 필요하다.

정답 ❷

70 **패드록에 대한 설명 중 옳지 않은 것은?**

확인 Check! ○ △ ×

① 패드록 장치는 강한 외부충격에 약한 단점이 있다.
② 패드록은 자물쇠와 유사한 기능을 가진다.
③ 패드록은 문의 몸체 중간에 설치되어 키를 삽입하게 되면 문이 열리는 장치다.
④ 자물쇠의 단점을 보완하고 경비안전성을 강화하기 위해 고안되었다.

패드록 장치는 강한 외부충격에도 견딜 수 있다.

정답 ❶

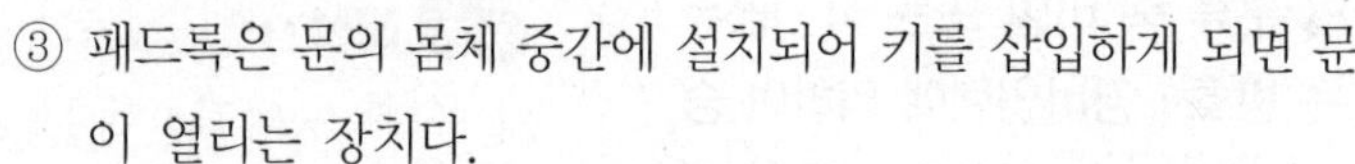

패드록
- 시설물과 탈부착이 가능한 형태로 작동하고, 강한 외부충격에도 견딜 수 있다.
- 자물쇠의 단점을 보완하고 경비의 안전성을 강화하기 위해 고안되었다.
- 자물쇠와 유사한 기능을 가지지만 문의 몸체 중간에 설치되어 키를 삽입하게 되면 문이 열리는 장치로, 현재 모든 아파트나 가정집의 문에 설치되어 있다.

71 다음은 화재의 유형과 소화기 표시색과 관련된 표이다. (　　) 안에 들어갈 내용으로 올바르게 연결된 것은?

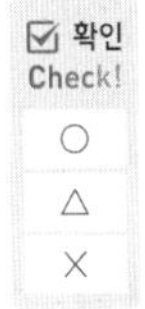

구 분	화재의 유형	표시색
A	일반화재	백 색
B	(　　)화재	황 색
C	전기화재	(　　)
D	(　　)화재	무 색
E	(　　)화재	황 색

① B – 금속
② C – 백색
③ D – 유류
④ E – 가스

도표의 (　　) 안에는 순서대로 B : 유류화재, C : 청색, D : 금속화재, E : 가스화재와 연결된다.

정답 ❹

72 비상사태 발생 시 민간경비원의 역할로 옳은 것을 모두 고른 것은?

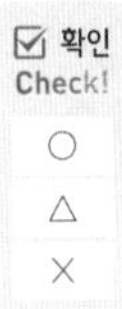

ㄱ. 비상사태에 대한 초동조치
ㄴ. 장애인 등 특별한 대상의 보호 및 응급조치 실시
ㄷ. 경제적으로 보호해야할 자산의 보호
ㄹ. 시설 내의 이동통제 업무
ㅁ. 비상사태 발생의 책임소재 파악

① ㄱ, ㄴ
② ㄱ, ㄴ, ㄷ
③ ㄱ, ㄴ, ㄷ, ㄹ
④ ㄱ, ㄴ, ㄷ, ㄹ, ㅁ

제시된 내용 중 옳은 것은 ㄱ, ㄴ, ㄷ, ㄹ이다.

ㅁ (×) 비상사태 발생의 책임소재 파악은 비상사태 발생 시 민간경비원의 역할로 옳지 않다.

정답 ❸

비상사태 발생 시 민간경비원의 역할

- 비상사태에 대한 신속한 초동조치
- 외부지원기관(경찰서, 소방서, 병원 등)과의 통신업무
- 특별한 대상자(장애인, 노약자 등)의 보호 및 응급조치
- 경제적으로 보호해야 할 자산의 보호
- 비상인력과 시설 내의 이동통제 업무
- 출입구와 비상구 및 위험지역의 출입통제

73 컴퓨터 안전대책 중 외부 침입에 대한 안전조치에 관한 설명으로 옳지 않은 것은?

☑ 확인 Check! ○ △ ×

① 외부 침입자가 은폐물로 이용할 수 있는 장식적인 식수나 조경은 삼가야 한다.
② 다른 건물과 충분한 거리를 두고 있는 경우에는 화재로 불이 옮겨 붙는 위험을 막기 위하여 건물 내 각종 방화설비를 설치해야 할 필요가 없다.
③ 정사각형 모양의 환기용 창문, 쓰레기 낙하구멍, 공기 조절용 배관이나 배수구 등을 통한 침입을 차단할 수 있어야 한다.
④ 각 출입구마다 화재 관련 법규와 안전검사 절차를 거친 방화문이 설치되어야 한다.

화재로 불이 옮겨 붙는 위험을 막기 위하여 다른 건물과 충분히 거리를 두고 있어도 건물 내에는 각종 방화설비를 설치하는 것이 좋다.

정답 ❷

74 컴퓨터범죄의 특징으로 옳지 않은 것은?

☑ 확인 Check! ○ △ ×

① 행위자의 대부분은 재범자인 경우가 많다.
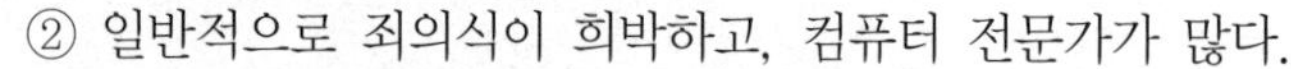
② 일반적으로 죄의식이 희박하고, 컴퓨터 전문가가 많다.
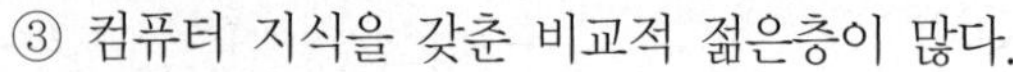
③ 컴퓨터 지식을 갖춘 비교적 젊은층이 많다.
④ 대부분 내부인의 소행이며, 완전범죄의 가능성이 높다.

컴퓨터범죄 행위자의 대부분은 연령이 낮으며, 초범자인 경우가 많다.

정답 ❶

컴퓨터범죄의 특징★

구분	내용
범죄동기 측면	• 단순한 유희나 향락 추구 • 지적 탐험심의 충족욕 • 정치적 목적이나 산업경쟁에서 이기기 위해 • 회사에 대한 사적 보복 목적
범죄행위자 측면	• 컴퓨터 전문가 : 컴퓨터 시스템이나 회사 경영조직에 전문적인 지식을 갖춘 자들이 범죄를 저지른다. • 범죄의식 희박 • 연소화 경향 • 초범성 : 컴퓨터 범죄행위는 대부분 초범자들이 많다. • 완전범죄 : 대부분 내부인의 소행이며, 단독범행이 쉽고 완전범죄의 가능성이 높으며, 범행 후 도주할 수 있는 시간적 여유가 충분하다.

범죄행위 측면	• 범행의 연속성 : 컴퓨터 부정조작의 경우 행위자가 조작방법을 터득하면 범행이 연속적이며 지속적으로 이루어질 수 있다. • 범행의 광역성과 자동성 – 광역성(광범위성) : 컴퓨터 조작자는 원격지에서 단말기를 통하여 단시간 내에 대량의 데이터를 처리하므로 광범위하게 영향을 미친다. – 자동성 : 불법한 프로그램을 삽입한 경우나 변경된 고정자료를 사용할 때마다 자동적으로 범죄를 유발하게 된다. • 발각과 증명의 곤란 : 데이터가 그 대상이 되므로 자료의 폐쇄성, 불가시성, 은닉성 때문에 범죄 사건의 발각과 증명이 어렵다. • 고의의 입증 곤란 : 단순한 데이터의 변경, 소멸 등의 형태에 불과할 경우 범죄의 고의성을 입증하기 어렵다.

75 아래의 내용이 설명하고 있는 것은?

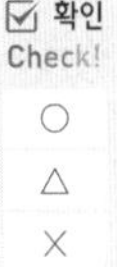

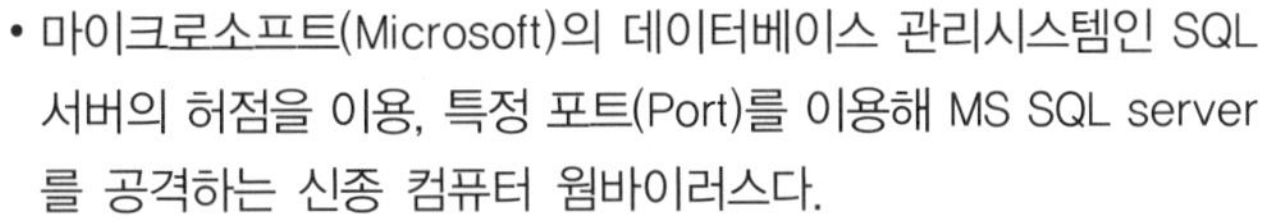

• 마이크로소프트(Microsoft)의 데이터베이스 관리시스템인 SQL 서버의 허점을 이용, 특정 포트(Port)를 이용해 MS SQL server를 공격하는 신종 컴퓨터 웜바이러스다.

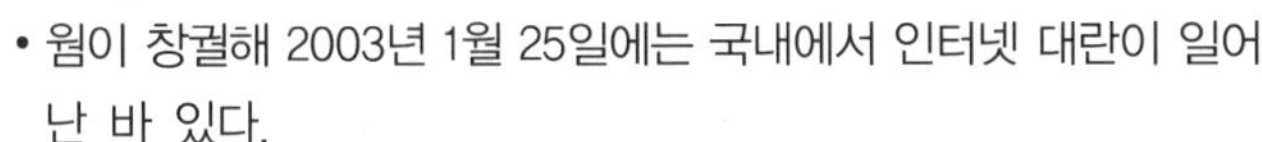

• 웜이 창궐해 2003년 1월 25일에는 국내에서 인터넷 대란이 일어

난 바 있다.

① 브레인　　② 미켈란젤로

③ 슬래머　　④ 예루살렘

제시문의 내용은 슬래머에 대한 설명에 해당한다.

① 브레인 : 최초의 바이러스로서 주로 소용량의 디스켓만 감염시키는 바이러스였다. 도스용으로서 디스켓의 부트영역을 감염시켜 부팅을 방해하는 바이러스다.

② 마켈란젤로 : 이탈리아의 화가이면서 조각가인 미켈란젤로의 생일인 3월 6일에 컴퓨터의 정상적인 기능을 마비시키는 악성 프로그램이다.

④ 예루살렘 : 감염 후 컴퓨터에 잠복하다가 13일의 금요일에 집중적으로 나타나 컴퓨터 실행파일을 공격하는 것이 특징이다.

76 다음에서 설명하고 있는 사이버테러는 무엇인가?

제시된 지문의 내용은 논리폭탄에 대한 설명이다.

정답 ❶

확인 Check! ○ △ ×

> 13일의 금요일 등 컴퓨터의 일정한 사항이 작동 시마다 부정행위가 일어날 수 있도록 프로그램을 조작하는 수법으로, 일정한 조건이 충족되면 자동으로 컴퓨터 파괴활동을 시작한다.

① 논리폭탄(Logic Bomb)
② 전자폭탄(Electronic bomb)
③ 플레임(Flame)
④ 스팸(Spam)

② 전자폭탄(Electronic bomb)
약 1백억 와트의 고출력 에너지로 순간적으로 마이크로웨이브파를 발생시켜 컴퓨터 내의 전자 및 전기회로를 파괴한다.
③ 플레임(Flame)
네티즌들이 공통의 관심사를 논의하기 위해 개설한 토론방에 고의로 가입하여 개인 등에 대한 악성 루머를 유포하여 개인이나 기업을 곤경에 빠뜨리는 수법이다.
③ 스팸(Spam)
악의적인 내용을 담은 전자우편을 인터넷상의 불특정 다수에게 무차별로 살포하여 컴퓨터 시스템을 마비시키거나 온라인 공해를 일으키는 행위이다.

77 컴퓨터 안전대책에서 컴퓨터 시스템의 물리적 안전대책에 관한 설명으로 옳지 않은 것은?

컴퓨터실 및 파일 보관장소는 허가된 사람에 의해서만 출입이 가능하도록 하고, 접근 권한의 갱신은 정기적으로 검토될 필요가 있다.

정답 ❹

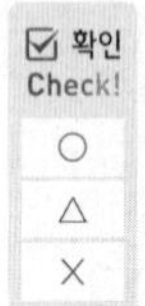

① 컴퓨터실은 벽면이나 바닥을 강화콘크리트 등으로 보호하고, 화재에 대비하여 불연재를 사용하여야 한다.
② 컴퓨터실은 출입자기록제도를 시행하고, 지정된 비밀번호는 주기적으로 변경해 주는 것이 좋다.
③ 컴퓨터실의 내부에는 화재방지장치를 설치해야 하며 갑작스러운 정전에 대비하여 무정전장치를 설치해야 한다.
④ 컴퓨터실 및 파일 보관장소는 접근 권한의 정기적인 갱신이 검토될 필요는 없다.

78 정보보호에 관한 기본원칙에 대한 설명으로 옳지 않은 것은?

① 정보보호를 통해 달성하고자 하는 목표는 비밀성, 무결성, 가용성이다.
② 정보시스템의 보안은 타인의 권리와 합법적 이익이 존중·보호되도록 운영되어야 한다.
③ 정보시스템의 보안은 합법적 사용과 전달이 상호 조화가 이루어지도록 해야 한다.
④ 정보시스템의 보안은 시간이 경과하더라도 주기적인 재평가가 요구되지 않는다.

정보보호는 시간이 지남에 따라 정보보호의 요구사항이 변하므로 시간이 흐름에 따라 변화하는 것처럼 주기적으로 재평가되어야 한다.

 ❹

정보보호에 관한 기본원칙

① 정보보호를 통해 달성하고자 하는 목표는 비밀성, 무결성, 가용성이다.
② 정보시스템 소유자, 공급자, 사용자 및 기타 관련자 간의 책임을 명확하게 해야 한다.
③ 정보보호는 시간이 지남에 따라 정보보호의 요구사항이 변하므로 시간이 흐름에 따라 변하는 것처럼 주기적으로 재평가되어야 한다.
④ 정보시스템의 보안은 정보의 합법적 사용과 전달이 상호조화가 이루어지도록 해야 한다.
⑤ 정보시스템의 보안은 타인의 권리와 합법적 이익이 존중·보호되도록 운영되어야 한다.
⑥ 정보와 정보시스템의 사용을 허가받은 사람이 언제든지 사용할 수 있도록 보장해야 한다.

79 다음 중 한국 경찰의 범죄예방활동 수행에 있어 한계요인으로 옳지 않은 것은?

① 경찰 방범 장비의 부족 및 노후화
② 타 부처와의 업무협조 원활
③ 경찰 활동에 대한 국민들의 이해 부족
④ 치안수요 증가로 인한 경찰 인력의 부족

타 부처와의 업무협조가 원활하지 못한 점이 한계요인에 해당한다.

 ❷

80 **다음 중 우리나라 민간경비산업의 전망에 관한 설명 중 옳지 않은 것은?**

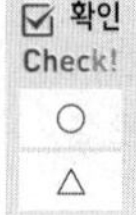

① 지역 특성과 경비 수요에 맞는 민간경비 상품의 개발이 요구될 것이다.
② 경찰 인력의 부족, 경찰장비의 부족, 경찰 업무의 과다로 인해 민간경비업은 급속히 발전할 것이다.
③ 민간경비업의 홍보활동이 소극적으로 전개될 것이다.
④ 21세기에는 인력경비보다 기계경비업의 성장속도가 훨씬 빠를 것이다.

민간경비업의 홍보활동이 적극적으로 전개될 것이다.

제4회 법학개론

정답 및 해설

정답 CHECK

01	02	03	04	05	06	07	08	09	10	11	12	13	14	15	16	17	18	19	20
①	④	③	②	①	④	④	①	④	①	③	①	①	③	①	②	③	③	①	④
21	22	23	24	25	26	27	28	29	30	31	32	33	34	35	36	37	38	39	40
③	②	④	①	③	①	①	①	②	②	④	④	①	①	①	②	①	④	④	④

각 문항별로 이해도를 체크해 보세요.

문제편 077p

01 다음에 제시된 법에 대한 옳은 설명을 〈보기〉에서 모두 고른 것은?

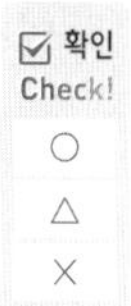

제1조 이 법은 일본 제국주의의 식민통치에 협력하고 우리 민족을 탄압한 반민족행위자가 그 당시 친일반민족행위로 축재한 재산을 국가에 귀속시키고 … 정의를 구현하고 민족의 정기를 바로 세우며 일본제국주의에 저항한 3·1 운동의 헌법이념을 구현함을 목적으로 한다.

제3조 ① 친일재산은 그 취득·증여 등 원인 행위시에 이를 국가의 소유로 한다.

ㄱ. 기본권 제한의 근거가 된다.
ㄴ. 법률의 소급효를 인정하고 있다.
ㄷ. 일본과의 관계에서 국제법적 성격을 지닌다.
ㄹ. 합목적성을 희생시키고 법적 안정성을 중시한다.

① ㄱ, ㄴ　　② ㄱ, ㄹ
③ ㄴ, ㄷ　　④ ㄴ, ㄹ

개인 재산을 국가가 환수하는 것이므로 재산권 행사의 자유를 제한한다. '원인 행위시'는 일제 강점기를 말하므로 법률의 소급효를 인정하는 셈이다. 친일재산환수 특별법은 국내법이고 법적 안정성보다는 정의를 중시함을 추론할 수 있다.

  정답 ①

02 법원(法源)에 관한 설명으로 옳지 않은 것은?

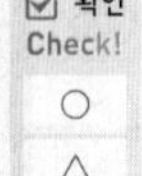

① 법원이란 법의 연원으로 법에 대한 인식수단 내지는 존재형식을 말한다.
② 불문법이란 성문법 이외의 법으로 관습법, 판례법, 조리가 있다.
③ 성문법은 입법자의 횡포가 가능하다는 단점이 있다.
④ 불문법은 법의 적용에 융통성이 있어서 법적 안정성을 기할 수 있다.

불문법의 장점은 법의 적용에 융통성이 있다는 것이나, 법의 내용을 객관화하기 곤란하며, 법적 변동의 예측이 불가능하여 법적 안정성을 기하기 어렵다는 단점이 있다.

정답 ❹

핵심만 콕

성문법과 불문법의 장·단점

구 분	성문법	불문법
장 점	• 법의 존재와 의미를 명확히 할 수 있다. • 법적 안정성을 기할 수 있다. • 법의 내용을 객관적으로 알려 국민이 법적 문제에 예측 가능성을 갖는다. • 입법기간이 짧다. • 발전적으로 사회제도를 개혁할 수 있다. • 외국법의 계수와 법체계의 통일이 쉽다.	• 사회의 구체적 현실에 잘 대처할 수 있다. • 법의 적용에 융통성이 있다. • 입법자의 횡포가 불가능하다. • 법현실이 유동적이다.
단 점	• 입법자의 횡포가 가능하다. • 문장의 불완전성으로 법해석의 문제가 발생한다. • 개정 절차가 필요하므로 사회변동에 능동적으로 대처하지 못하여 법현실이 비유동적이다. • 법이 고정화되기 쉽다.	• 법의 존재와 의미가 불명확하다. • 법의 내용을 객관화하기 곤란하며 법적 변동의 예측이 불가능하다. • 법적 안정성을 기하기 어렵다. • 법적 기능을 갖는데 기간이 오래 걸린다. • 외국법의 계수와 법체계의 통일이 어렵다.

03 법의 체계에 대한 내용 중 옳지 않은 것은?

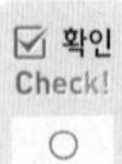

① 국내법체계는 공법, 사법, 사회법의 3법체계로 나누어진다.
② 켈젠(Kelsen)은 법단계설을 주장하였다.
③ 한국인 A와 미국인 B가 캘리포니아 주에 소재한 C건물을 매매한 경우 미국법에 따라 소유권이전이 이루어진다고 규정한 국내법은 국제법이다.
④ 국제법은 주로 국가 간의 관계를 규율하는 법이나 국내법체계와 같이 통일성이 명확하지 못하다.

지문은 국제사법 또는 섭외사법에 해당되며, 이는 국내법의 일부이다.

정답 ❸

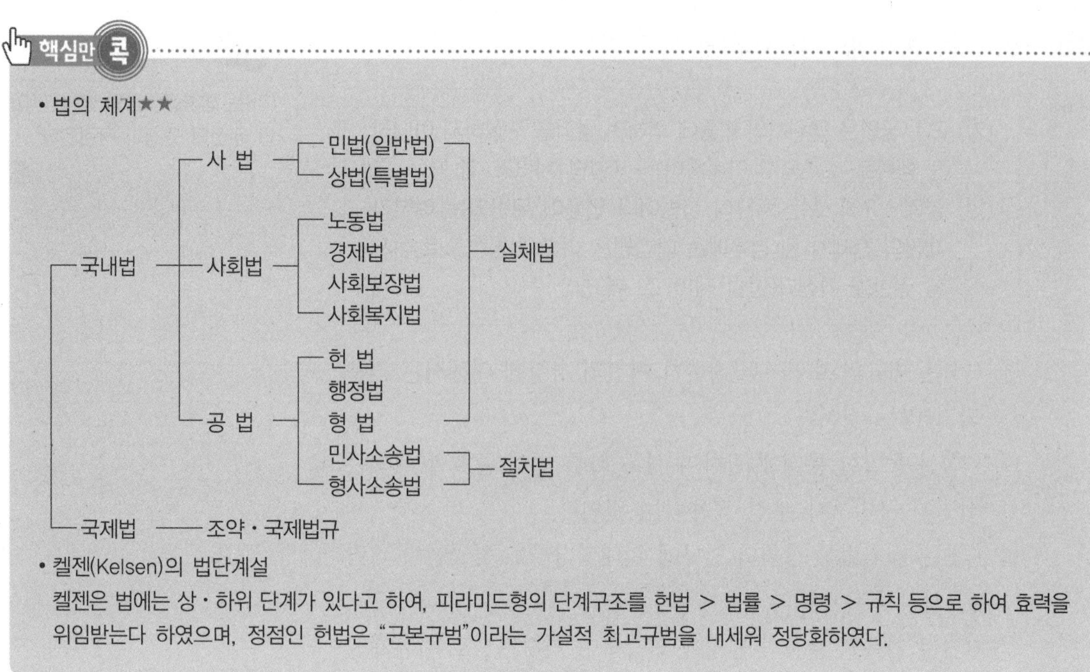

• 켈젠(Kelsen)의 법단계설
켈젠은 법에는 상 · 하위 단계가 있다고 하여, 피라미드형의 단계구조를 헌법 > 법률 > 명령 > 규칙 등으로 하여 효력을 위임받는다 하였으며, 정점인 헌법은 "근본규범"이라는 가설적 최고규범을 내세워 정당화하였다.

04 다음 중 공법인 것은 모두 몇 개인가?

확인 Check! ○ △ ×

ㄱ. 근로기준법	ㄴ. 형사소송법
ㄷ. 어음법	ㄹ. 국제법
ㅁ. 행정법	ㅂ. 회사법

① 2개 ② 3개
③ 4개 ④ 5개

쏙쏙 해설

• 공법 : ㄴ, ㄹ, ㅁ
• 사법 : ㄷ, ㅂ
• 사회법 : ㄱ

정답 ❷

법의 체계와 분류★

<table>
<tr><th colspan="10">국내법</th><th colspan="2">국제법</th></tr>
<tr><td colspan="5">공 법</td><td colspan="2">사법(실체법)</td><td colspan="3">사회법(실체법)</td><td rowspan="3">조 약</td><td rowspan="3">국제
관습법</td></tr>
<tr><td colspan="3">실체법</td><td colspan="2">절차법</td><td rowspan="2">민 법</td><td rowspan="2">상 법</td><td rowspan="2">노동법</td><td rowspan="2">경제법</td><td rowspan="2">사회
보장법</td></tr>
<tr><td>헌 법</td><td>형 법</td><td>행정법</td><td>민사
소송법</td><td>형사
소송법</td></tr>
</table>

05 법 적용 원칙 중 (가), (나)에 대한 설명으로 옳은 것은?

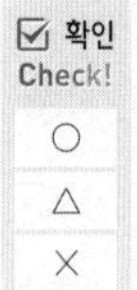

> (가) 모든 국민은 행위시의 법률에 의하여 범죄를 구성하지 아니하는 행위로 소추되지 아니하며……(헌법 제13조 제1항).
> (나) 명령·규칙 또는 처분이 헌법이나 법률에 위반되는 여부가 재판의 전제가 된 경우에는 대법원은 이를 최종적으로 심사할 권한을 가진다(헌법 제107조 제2항).

① (가)는 법률의 효력이 발생하기 이전의 사항에 대해서는 적용되지 않는 것이다.
② (가)는 동일한 문제에 관하여 서로 다른 법이 존재할 때에는 신법이 구법보다 우선 적용되는 것이다.
③ (나)는 실정법상 상위의 법규에 위배되더라도 하위법의 효력은 인정되는 것이다.
④ (나)는 기득권 존중의 원칙에 입각하여 역사적으로 사유재산의 확립에 기여한 이론이다.

해설

(가)는 법률불소급의 원칙, (나)는 상위법 우선의 원칙과 관련된다.

정답 ❶

핵심만 콕

① 법률불소급의 원칙에 관한 내용으로 (가)와 연결된다
② 신법우선의 원칙에 관한 내용으로 (가)·(나)와 연결되지 않는다.
③ 상위법우선의 원칙에 반하는 내용이다.
④ 소유권절대의 원칙(사유재산재 존중의 원칙)에 관한 내용으로 (가)·(나)와 연결되지 않는다.

06 법의 해석에 관한 설명으로 옳지 않은 것은?

① 법을 구체적 사실에 적용하기 위하여 법의 의미·내용을 명확히 하는 것을 법의 해석이라고 한다.
② 행정법은 기술성·구체성을 가지므로 헌법의 가치를 실현할 수 있도록 해석해야 하고, 실질적 법치주의의 실현과 구체적 타당성의 확보를 위하여 목적론적 해석이 이루어져야 한다.
③ 법해석 방법 중 가장 우선적이고 기본적인 해석은 문리해석이다.
④ 헌법은 국가의 기본법이며 정치적 성격이 강하고 공익 우선적 법이므로 국가에게 유리하도록 해석하여야 한다.

해설

법해석의 목표는 법적 안정성을 저해하지 않는 범위 내에서 구체적 타당성을 찾는데 두어야 한다. 헌법은 국가의 기본법이며 기본권 보장 규범이므로 헌법을 해석하는 경우 개인에게 유리하도록 해석해야 한다.

정답 ❹

07 권리와 구별되는 개념에 관한 설명으로 옳은 것은?

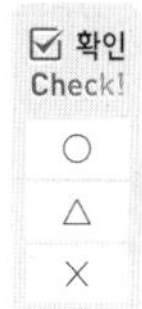

① 의사무능력자는 권능의 주체가 될 수 없다.
② 권원은 그 작용에 따라 지배권, 청구권, 형성권, 항변권으로 분류된다.
③ 법인의 대표이사가 정관 규정에 의하여 일정한 행위를 할 수 있는 힘을 권리라 한다.
④ 권리는 반사적 이익과 구별되는 개념으로 법익을 누리기 위하여 법이 허용하는 힘이다.

④ 권리에 대한 설명으로 옳다.
① 의사무능력자의 법률행위는 무효이나, 의사무능력자도 권리나 권능을 갖는 주체가 될 수는 있다.
② 권리는 그 작용에 따라 지배권, 청구권, 형성권, 항변권으로 분류된다.
③ 법인의 대표이사가 정관 규정에 의하여 일정한 행위를 할 수 있는 힘을 권한이라 한다.

정답 ❹

해설편 제4회

08 다음 중 지배권에 해당하는 것은?

① 친 권
② 부양청구권
③ 추인권
④ 보증인의 최고 및 검색의 항변권

지배권은 권리의 객체를 직접·배타적으로 지배할 수 있는 권리로 물권, 무체재산권, 친권 등이 대표적이다.

정답 ❶

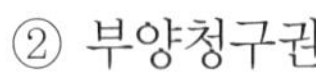

핵심만 콕

권리의 작용(효력)에 따른 분류 (두 : 작·지·청·형·항)

구분	내용
지배권(支配權)	권리의 객체를 직접·배타적으로 지배할 수 있는 권리를 말한다(예 물권, 무체재산권, 친권 등).
청구권(請求權)	타인에 대하여 일정한 급부 또는 행위(작위·부작위)를 적극적으로 요구하는 권리이다(예 채권, 부양청구권 등).
형성권(形成權)	권리자의 일방적인 의사표시에 의하여 일정한 법률관계를 발생·변경·소멸시키는 권리이다(예 취소권, 해제권, 추인권, 해지권 등).
항변권(抗辯權)	청구권의 행사에 대하여 급부를 거절할 수 있는 권리로, 타인의 공격을 막는 방어적 수단으로 사용되며 상대방에게 청구권이 있음을 부인하는 것이 아니라 그것을 전제하고, 다만 그 행사를 배척하는 권리를 말한다(예 보증인의 최고 및 검색의 항변권, 동시이행의 항변권 등).

안심Touch

09 권리의 충돌과 순위와 관련한 설명으로 옳지 않은 것은?

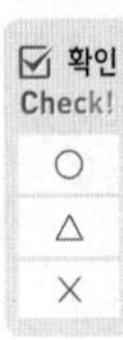

① 제한물권은 소유권에 우선한다.
② 종류를 달리하는 제한물권 상호 간에는 일정한 원칙은 없고, 법률의 규정에 의하여 순위가 정하여진다.
③ 하나의 물권에 대하여 물권과 채권이 병존하는 경우에는 그 성립시기를 불문하고 원칙적으로 물권이 우선한다.
④ 대항요건을 갖춘 부동산 임차권이라도 나중에 성립한 전세권이 우선한다.

대항요건을 갖춘 부동산 임차권은 나중에 성립한 전세권에 우선한다.

 ❹

10 헌법개정절차에 관한 설명으로 옳지 않은 것은?

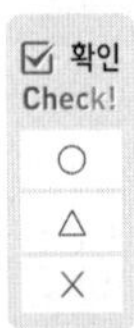

① 헌법개정은 국회 재적의원 과반수 발의로만 제안된다.
② 헌법개정안은 공고일로부터 60일 이내에 국회 재적의원의 3분의 2 이상이 찬성해야 의결된다.
③ 대통령의 임기연장을 위한 헌법개정은 그 제안 당시의 대통령에 대하여는 효력이 없다.
④ 헌법개정안은 국회가 의결한 후 30일 이내에 국민투표에 붙여 국회의원 선거권자 과반수의 투표와 투표자 과반수의 찬성으로 확정된다.

헌법개정은 국회 재적의원 과반수 또는 대통령의 발의로 제안된다(헌법 제128조 제1항).

 ❶

헌법 제128조
① 헌법개정은 국회 재적의원 과반수 또는 대통령의 발의로 제안된다.
② 대통령의 임기연장 또는 중임변경을 위한 헌법개정은 그 헌법개정 제안 당시의 대통령에 대하여는 효력이 없다.

헌법 제129조
제안된 헌법개정안은 대통령이 20일 이상의 기간 이를 공고하여야 한다.

헌법 제130조
① 국회는 헌법개정안이 공고된 날로부터 60일 이내에 의결하여야 하며, 국회의 의결은 재적의원 3분의 2 이상의 찬성을 얻어야 한다.
② 헌법개정안은 국회가 의결한 후 30일 이내에 국민투표에 붙여 국회의원 선거권자 과반수의 투표와 투표자 과반수의 찬성을 얻어야 한다.
③ 헌법개정안이 제2항의 찬성을 얻은 때에는 헌법개정은 확정되며, 대통령은 즉시 이를 공포하여야 한다.

11 다음 중 우리 헌법의 기본원리로만 묶인 것을 고르면?

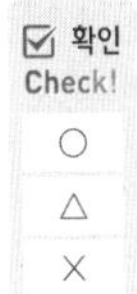

확인 Check!
○
△
×

ㄱ. 문화국가의 원리
ㄴ. 권력집중주의
ㄷ. 사유재산절대의 원칙
ㄹ. 국민주권주의
ㅁ. 법치주의의 원리

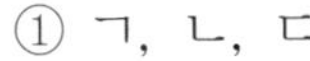

① ㄱ, ㄴ, ㄷ ② ㄴ, ㄷ, ㄹ
③ ㄱ, ㄹ, ㅁ ④ ㄷ, ㄹ, ㅁ

쏙쏙 해설

우리 헌법의 기본원리에는 국민주권주의, 기본권존중주의, 권력분립주의, 평화통일주의, 세계평화주의, 문화국가주의, 복지국가주의, 사회적 시장경제주의 등이 있다.

정답 ❸

12 다음 내용에 해당하는 청구권은 무엇인가?

확인 Check!
○
△
×

형사피의자 또는 형사피고인으로서 구금되었던 자가 법률이 정하는 불기소처분을 받거나 무죄판결을 받은 때에는 법률이 정하는 바에 의하여 국가에 정당한 보상을 청구할 수 있다.

① 형사보상청구권
② 국가배상청구권
③ 재심청구권
④ 범죄피해자구조청구권

쏙쏙 해설

제시문은 형사보상청구권에 대한 설명이다(헌법 제28조).

정답 ❶

핵심만 콕

② 공무원의 직무상 불법행위로 손해를 받은 국민은 법률이 정하는 바에 의하여 국가 또는 공공단체에 정당한 배상을 청구할 수 있다(헌법 제29조 제1항).
③ 재심청구권은 형사소송법 제420조 이하에서 규정하고 있다.
④ 타인의 범죄행위로 인하여 생명·신체에 대한 피해를 받은 국민은 법률이 정하는 바에 의하여 국가로부터 구조를 받을 수 있다(헌법 제30조).

13 헌법상 국회의원의 권리와 의무에 관한 설명으로 옳지 않은 것은?

확인 Check! ○ △ ×

① 법률이 정하는 직을 겸할 수 있다.
② 국가이익을 우선하여 양심에 따라 직무를 행한다.
③ 현행범인인 경우를 제외하고는 회기 중 국회의 동의 없이 체포 또는 구금되지 아니한다.
④ 국회에서 직무상 행한 발언과 표결에 관하여 국회 외에서 책임을 지지 아니한다.

쏙쏙 해설

① 법률이 정하는 직을 겸할 수 없다(헌법 제43조).
② 헌법 제46조 제2항
③ 헌법 제44조 제1항
④ 헌법 제45조

정답 ❶

14 다음 중 포괄적 기본권은 모두 몇 개인가?

확인 Check! ○ △ ×

ㄱ. 인간의 존엄과 가치	ㄴ. 근로 3권
ㄷ. 평등권	ㄹ. 환경권
ㅁ. 청원권	ㅂ. 행복추구권

① 1개 ② 2개
③ 3개 ④ 4개

쏙쏙 해설

포괄적 기본권에 해당하는 권리는 인간의 존엄과 가치(ㄱ), 행복추구권(ㅂ), 평등권(ㄷ)이다.

정답 ❸

핵심만 콕

기본권의 분류★★

포괄적 기본권	인간의 존엄과 가치・행복추구권(자기결정권, 일반적 행동자유권, 인격권), 평등권	
자유권적 기본권	인신의 자유권	생명권, 신체를 훼손당하지 않을 권리, 신체의 자유
	사생활의 자유권	사생활의 비밀과 자유, 주거의 자유, 거주・이전의 자유, 통신의 자유
	정신적 자유권	양심의 자유, 종교의 자유, 언론・출판의 자유, 집회・결사의 자유, 학문과 예술의 자유
	제생활영역의 자유	재산권, 직업의 자유, 소비자의 권리
정치적 기본권	정치적 자유권, 참정권	
청구권적 기본권	청원권, 재판청구권, 국가배상청구권, 형사보상청구권, 범죄피해자구조청구권	
사회권적 기본권	인간다운 생활을 할 권리, 교육을 받을 권리, 근로의 권리, 근로3권, 환경권, 혼인과 가족생활의 보장, 모성의 보호와 보건권	

*제생활영역의 자유를 독자적으로 경제적 기본권으로 분류하는 견해도 있다.

〈참고〉 김유항, 「기본강의 헌법」, WILLBES, 2020

15 민법상 능력에 관한 설명으로 옳지 않은 것은?

① 권리능력은 권리를 갖고 의무를 부담할 수 있는 자격으로, 법인은 그 주체가 될 수 없다.
② 의사능력은 행위의 의미・결과를 변별 및 판단할 수 있는 능력으로, 의사무능력자의 행위는 무효이다.
③ 행위능력은 단독으로 완전하고 유효한 법률행위를 할 수 있는 지위 또는 자격으로, 행위무능력자의 법률행위는 취소할 수 있다.
④ 책임능력은 불법행위책임을 변식할 수 있는 판단능력으로, 의사능력을 기초로 한다.

권리능력의 주체는 자연인과 법인이다.

 ❶

권리능력의 존속기간(민법 제3조)
사람은 생존한 동안 권리와 의무의 주체가 된다.

법인의 권리능력(민법 제34조)
법인은 법률의 규정에 좇아 정관으로 정한 목적의 범위 내에서 권리와 의무의 주체가 된다.

16 소급효가 있는 것은?

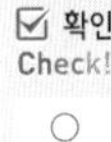

① 피한정후견선고의 취소
② 착오에 의한 의사표시의 취소
③ 해 지
④ 무효행위의 추인

착오에 의한 의사표시의 취소는 소급효가 있다(민법 제141조 참고).

정답 ❷

소급효 있는 행위★★	• 실종선고의 취소 • 착오에 의한 의사표시의 취소 • 무권대리행위의 추인 • 선택채권에 있어서의 선택 • 계약의 해제 • 인 지	• 제한능력자의 법률행위의 취소 • 사기・강박에 의한 의사표시의 취소 • 소멸시효의 완성 • 상 계 • 이혼의 취소 • 상속재산의 분할
소급효 없는 행위	• 미성년자의 영업허락의 취소 • 피성년후견선고의 취소 • 법인설립허가의 취소 • 기한부 법률행위의 효력 • 부부간의 계약의 취소 • 입양의 취소	• 피한정후견선고의 취소 • 부재자 재산관리명령의 취소 • 무효행위의 추인(예외가 가능) • 혼인의 취소 • 인지의 취소 • 조건의 성취(예외가 가능)

안심Touch

17 A라는 법률행위로는 무효인데 그것이 B라는 법률행위로는 유효 요건을 갖추고 있는 경우에 A를 B로 인정하는 제도는?

① 일부무효
② 무효행위의 추인
③ 무효행위의 전환
④ 법정추인

무효행위의 전환은 무효인 법률행위가 다른 법률행위의 요건을 구비하고 당사자가 그 무효를 알았더라면 다른 법률행위를 하는 것을 의욕하였으리라고 인정될 때 다른 법률행위로서 효력을 인정하는 제도이다(민법 제138조).

정답 ❸

핵심만 콕

① 일부무효 : 법률행위의 일부분이 무효인 때에는 그 전부를 무효로 한다. 그러나 그 무효부분이 없더라도 법률행위를 하였을 것이라고 인정될 때에는 나머지 부분은 무효가 되지 않는다(민법 제137조).
② 무효행위의 추인 : 무효인 법률행위를 유효로 인정하는 당사자의 의사표시를 말한다. 민법은 당사자가 그 행위가 무효임을 알고서 이를 추인한 때에는 '새로운 법률행위'를 한 것으로 간주한다(민법 제139조 단서). 따라서 무효였던 법률행위는 새로운 별개의 법률행위로서 장래를 향하여 유효로 되고 소급적으로 처음부터 유효로 되지는 않는다.
④ 법정추인 : 추인권자의 명시적 의사표시가 없더라도 추인으로 인정될만한 일정한 사항이 있을 때에는 추인한 것으로 법률이 인정하는 것을 말한다. 법정추인이 인정되면 추인한 것으로 보아, 취소권을 다시는 행사할 수 없는 효과가 생긴다.

18 다음 중 3년의 단기소멸시효에 해당하지 않는 것은?

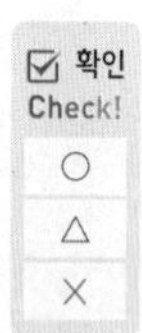

① 변호사 및 변리사의 직무에 관한 채권
② 도급받은 자, 기사 기타 공사의 설계 또는 감독에 종사하는 자의 공사에 관한 채권
③ 여관, 음식점, 대석, 오락장의 숙박료, 음식료, 대석료, 입장료, 소비물의 대가 및 체당금의 채권
④ 의사, 조산사, 간호사 및 약사의 치료, 근로 및 조제에 관한 채권

여관, 음식점, 대석, 오락장의 숙박료, 음식료, 대석료, 입장료, 소비물의 대가 및 체당금의 지원은 1년의 단기소멸시효가 적용된다(민법 제164조).

정답 ❸

법령

3년의 단기소멸시효(민법 제163조) (두 : 이 · 의 · 도 · 변 · 변 · 생 · 수)

다음 각호의 채권은 3년간 행사하지 아니하면 소멸시효가 완성한다.

1. 이자, 부양료, 급료, 사용료 기타 1년 이내의 기간으로 정한 금전 또는 물건의 지급을 목적으로 한 채권
2. 의사, 조산사, 간호사 및 약사의 치료, 근로 및 조제에 관한 채권
3. 도급받은 자, 기사 기타 공사의 설계 또는 감독에 종사하는 자의 공사에 관한 채권
4. 변호사, 변리사, 공증인, 공인회계사 및 법무사에 대한 직무상 보관한 서류의 반환을 청구하는 채권
5. 변호사, 변리사, 공증인, 공인회계사 및 법무사의 직무에 관한 채권
6. 생산자 및 상인이 판매한 생산물 및 상품의 대가
7. 수공업자 및 제조자의 업무에 관한 채권

1년의 단기소멸시효(민법 제164조) (두 : 여 · 의 · 노 · 학)

다음 각호의 채권은 1년간 행사하지 아니하면 소멸시효가 완성한다.

1. 여관, 음식점, 대석, 오락장의 숙박료, 음식료, 대석료, 입장료, 소비물의 대가 및 체당금의 채권
2. 의복, 침구, 장구 기타 동산의 사용료의 채권
3. 노역인, 연예인의 임금 및 그에 공급한 물건의 대금채권
4. 학생 및 수업자의 교육, 의식 및 유숙에 관한 교주, 숙주, 교사의 채권

19 취득시효에 의한 소유권의 취득과 관련하여 (   ) 안의 ㄱ, ㄴ, ㄷ에 들어갈 알맞은 것은?

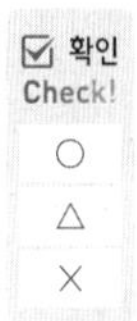

확인 Check!
○
△
×

> (ㄱ)년간 소유의 의사로 평온 · 공연하게 부동산을 점유하거나, 부동산의 소유자로 등기한 자가 (ㄴ)년간 소유의 의사로 평온 · 공연하게 (ㄷ)로 그 부동산을 점유한 경우에는 그 소유권을 취득한다.

	ㄱ	ㄴ	ㄷ
①	20	10	선의 · 무과실
②	20	10	선의
③	10	5	선의 · 무과실
④	10	5	선의

쏙쏙 해설

취득시효에 의한 소유권의 취득과 관련하여 ㄱ : 20, ㄴ : 10, ㄷ : 선의 · 무과실이 각각 들어가야 한다(민법 제245조 제1항 및 제2항).

정답 ❶

법령

점유로 인한 부동산소유권의 취득기간(민법 제245조)

① 20년간 소유의 의사로 평온, 공연하게 부동산을 점유하는 자는 등기함으로써 그 소유권을 취득한다.

② 부동산의 소유자로 등기한 자가 10년간 소유의 의사로 평온, 공연하게 선의이며 과실 없이 그 부동산을 점유한 때에는 소유권을 취득한다.

20 채권자가 채무자 또는 제3자(물상보증인)로부터 점유를 옮기지 않고 그 채권의 담보로 제공된 목적물(부동산)에 대하여 우선변제를 받을 수 있는 담보물권은?

확인 Check! ○ △ ×

① 질 권　　② 지역권
③ 유치권　　④ 저당권

설문은 저당권에 대한 내용에 해당한다.

정답 ❹

① 질권 : 채권자가 그의 채권을 담보하기 위하여 채무의 변제기까지 채무자로부터 인도받은 동산을 점유・유치하기로 채무자와 약정하고, 채무의 변제가 없는 경우에는 그 동산의 매각대금으로부터 우선변제를 받을 수 있는 담보물권(동산질권)
② 지역권 : 타인의 토지를 자기 토지의 편익을 위하여 이용하는 물권
③ 유치권 : 타인의 물건(민법상 동산 및 부동산)이나 유가증권을 점유한 자가 그 물건이나 유가증권에 관하여 생긴 채권이 있는 경우에 변제받을 때까지 그 물건이나 유가증권을 유치할 수 있는 담보물권

21 경비원이 업무수행 중 고의 또는 과실로 행인을 다치게 한 경우, 경비업자가 행인에 대하여 지는 책임은?

확인 Check! ○ △ ×

① 도급인 책임
② 채무불이행 책임
③ 사용자 책임
④ 불법행위 책임

타인을 사용하여 어느 사무에 종사하게 한 자는 피용자가 그 사무집행에 관하여 제3자에게 가한 손해를 배상할 책임이 있다(민법 제756조). 여기서 경비업자는 사용자, 경비원은 피용자에 해당한다.

정답 ❸

22 죄형법정주의의 파생원칙에 대한 설명으로 옳지 않은 것은?

확인 Check! ○ △ ×

① 유추해석금지의 원칙에 따라 불리한 유추해석은 금지되며, 유리한 유추해석은 허용된다.
② 명확성의 원칙에 따라 형의 장기 또는 장・단기가 정해진 상대적 부정기형은 허용되지 않는다.
③ 관습형법금지의 원칙에 따라 성문의 법률로 규정되지 않은 관습법에 의한 가벌성의 인정은 금지된다.
④ 형벌불소급의 원칙에 따라 형벌법규의 시행 이후의 행위에 대하여만 적용하여야 하며, 시행 이전의 행위에 대하여는 적용할 수 없다.

명확성의 원칙은 범죄의 구성요건과 그에 따른 처벌을 명확히 규정해야 한다는 원칙으로, 형의 장・단기가 구체적으로 정해지지 않은 절대적 부정기형이 금지되고, 소년법 제60조와 같은 상대적 부정기형은 허용된다.

정답 ❷

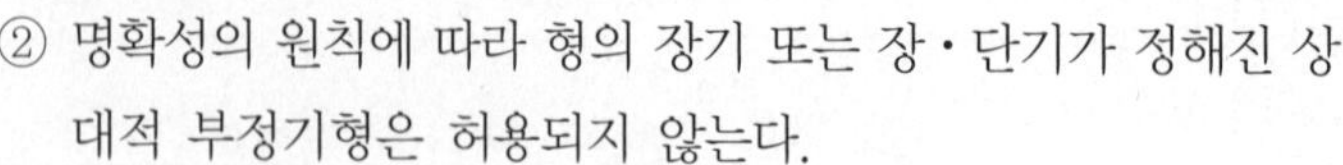

23 다음 (　) 안의 ㄱ, ㄴ, ㄷ, ㄹ에 들어갈 범죄의 유형에 관한 내용으로 옳지 않은 것은?

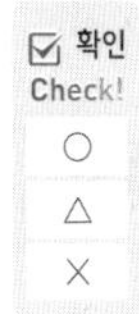

- (ㄱ) : 결과의 발생을 구성요건의 내용으로 하는 범죄
- (ㄴ) : 결과의 발생과 동시에 범죄도 완성되는 범죄
- (ㄷ) : 범죄의 완성 후에도 위법상태가 계속되는 범죄
- (ㄹ) : 행위자 자신이 직접 실행해야 범할 수 있는 범죄

① ㄱ : 실질범　② ㄴ : 즉시범
③ ㄷ : 계속범　④ ㄹ : 목적범

자수범은 행위자 자신이 직접 실행해야 범할 수 있는 범죄로 위증죄, 업무상비밀누설죄 등이 있다. 목적범은 구성요건의 객관적 요소의 범위를 초과하는 일정한 주관적 목적이 구성요건상 전제로 되어 있는 범죄를 말한다.

정답 ❹

해설편 제4회

24 다음 중 임의적 감경사유는?

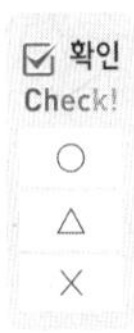

ㄱ. 장애미수	ㄴ. 농아자
ㄷ. 중지미수	ㄹ. 자수, 자복

① ㄱ　② ㄴ
③ ㄷ　④ ㄹ

ㄱ. 장애미수(형법 제25조 제2항) : 임의적 감경
ㄴ. 농아자(형법 제11조) : 필요적 감경
ㄷ. 중지미수(형법 제26조) : 필요적 감면
ㄹ. 자수, 자복(형법 제52조) : 임의적 감면

정답 ❶

형의 감경사유★★

㉠ 법률상 감경
- 필요적 감경 : 농아자(형법 제11조), 종범(형법 제32조 제1항), 외국에서 받은 형의 집행으로 인한 감경(형법 제7조)
- 임의적 감경 : 심신미약(형법 제10조 제2항), 장애미수(형법 제25조 제2항)
- 필요적 감경 또는 면제 : 중지범(형법 제26조)
- 임의적 감경 또는 면제 : 불능미수(형법 제27조), 과잉방위(형법 제21조 제2항), 과잉피난(형법 제22조 제3항), 과잉자구행위(형법 제23조 제2항), 자수 또는 자복(형법 제52조)

㉡ 재판상 감경 : 법원의 정상참작에 의한 감경(작량감경)

25 **우리나라의 형사소송법에 관한 설명으로 옳지 않은 것은?**

① 형법의 적용 및 실현을 목적으로 하는 절차법이다.
② 공판절차뿐만 아니라 수사절차도 규정하고 있다.
③ 규문주의 소송구조를 채택하고 있다.
④ 실체적 진실발견, 적정절차의 원칙, 신속한 재판의 원칙을 지도이념으로 한다.

우리나라 형사소송법은 탄핵주의 소송구조를 기본구조로 하고 있다.

정답 ❸

우리나라 형사소송법의 기본구조

불고불리의 원칙	검사가 공소를 제기하지 않으면 법원은 심판을 개시할 수 없으며, 검사가 공소장에 적시한 피고인과 범죄사실에 한해서만 심판할 수 있는 원칙이다(국가소추주의, 기소독점주의, 탄핵주의).
당사자주의와 직권주의 절충	형사소송법은 제정 당시에는 직권주의가 기본이었으나, 헌법재판소는 형사소송(刑事訴訟)의 구조(構造)를 당사자주의(當事者主義)와 직권주의(職權主義) 중 어느 것으로 할 것인가의 문제는 입법정책(立法政策)의 문제로서 우리나라 형사소송법(刑事訴訟法)은 그 해석상 소송절차(訴訟節次)의 전반에 걸쳐 기본적으로 당사자주의(當事者主義) 소송구조(訴訟構造)를 취하고 있는 것으로 이해하는바(헌재 1995.11.30. 92헌마44 전원재판부) 우리 형사소송법은 직권주의와 당사자주의를 혼합·절충한 구조를 취하고 있다고 표현할 수 있겠다. ★ 18회 기출 지문에서는 "당사자주의를 기본으로 하고 직권주의를 보충적으로 가미하고 있다."라는 내용이 틀린 지문으로 출제된 바 있어 주의가 필요하다.
증거재판주의	공소범죄사실의 인정은 적법한 증거에 의하고, 증거에 대한 가치판단은 법관의 자유 재량에 맡기는 자유심증주의를 채택하고 있다(증거법정주의의 예외 인정).
공개중심주의	공판주의, 구두변론주의, 직접심리주의, 계속심리주의 등으로 실현되고 있다.
실질적 진실주의	법원이 객관적 진실을 발견하여 사안의 진상을 규명하자는 주의이다.

26 형법상 형의 집행에 관한 설명으로 옳지 않은 것은?

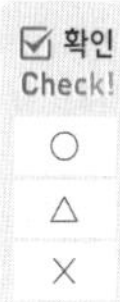

① 벌금은 판결확정일로부터 60일 내에 납입해야 한다.
② 과료를 납입하지 아니한 자는 1일 이상 30일 미만의 기간 노역장에 유치하여 작업에 복무하게 한다.
③ 징역은 형무소 내에 구치하여 정역에 복무하게 한다.
④ 벌금 또는 과료를 선고할 때에는 납입하지 아니하는 경우의 유치기간을 정하여 동시에 선고하여야 한다.

① 벌금과 과료는 판결확정일로부터 30일 내에 납입하여야 한다(형법 제69조 제1항 본문).
② 형법 제69조 제2항 후단
③ 형법 제67조
④ 형법 제70조 제1항

정답 ❶

27 수사의 방법에 대한 설명으로 옳지 않은 것은?

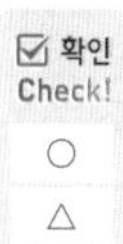

① 임의수사의 방법으로는 피의자 신문, 검증, 공무소에의 조회, 등을 들 수 있다.
② 임의수가가 원칙이고, 강제수사는 예외적으로 법의 규정이 있을 때 가능하다.
③ 증거보전은 수사기관의 청구에 의해서 법관이 하는 강제수사 방법이다.
④ 강제수사의 방법으로는 압수, 수색, 구속 등이 있다.

임의수사는 강제력을 행사하지 않고, 당사자의 승낙을 얻어서 행하는 수사로, 출석요구, 참고인 진술 청취, 통역·번역·감정의 위촉, 피의자 신문, 사실조회 등이 이에 해당한다.

정답 ❶

수사의 방법

① 임의수사(원칙)
  ㉠ 의의 : 강제력을 행사하지 않고 당사자의 승낙을 얻어서 행하는 수사
  ㉡ 방법 : 출석요구, 참고인 진술 청취, 통역·번역·감정의 위촉, 피의자 신문, 사실조회 등
② 강제수사(예외)
  ㉠ 영장 없는 수사 : 현행범인의 체포(형사소송법 제212조), 특수한 경우의 압수·수색·검증(형사소송법 제216조 제1항 제2호) 및 공무소에의 조회(형사소송법 제199조 제2항) 등
  ㉡ 영장에 의한 수사 : 구속(형사소송법 제201조), 압수·수색·검증(형사소송법 제215조) 등
  ㉢ 수사기관의 청구에 의해서 법관이 하는 것 : 증거보전(형사소송법 제184조) 등

해설편 제4회

28 공소제기 후 피고인이 사망하였을 때, 법원이 행하는 재판의 종류는?

① 공소기각의 결정
② 공소기각의 판결
③ 면소의 판결
④ 무죄의 판결

해설

공소제기 후 피고인이 사망하였을 때, 법원이 행하는 재판의 종류는 공소기각의 결정이다.

정답 ❶

종국재판의 종류 및 구체적 사유

구분	사유
유죄판결	• 사건의 실체에 관하여 피고인 범죄 사실의 증명이 있는 때
무죄판결 (형사소송법 제325조)	• 피고사건이 범죄로 되지 아니하는 때(구성요건해당성이 없거나 또는 위법성조각사유나 책임조각사유가 존재한다는 것이 밝혀진 경우를 말함) • 범죄사실의 증명이 없는 때
관할위반의 판결 (형사소송법 제319조)	• 피고사건이 법원의 관할에 속하지 아니하는 때
공소기각의 결정 (형사소송법 제328조 제1항)	(두 : 공 · 취 · 사 · 소/수 · 법 · 계 · 관 · 경/범 · 사 · 포 · 아) • 공소가 취소되었을 때(제1호) • 피고인이 사망 또는 법인이 소멸한 때(제2호) • 동일사건이 사물관할을 달리하는 수개의 법원에 계속되거나 관할이 경합하는 경우(제12조 또는 제13조)의 규정과 관련하여 재판할 수 없는 때(제3호) • 공소장에 범죄가 될만한 사실이 포함되지 아니할 때(제4호)
공소기각의 판결 (형사소송법 제327조)	(두 : 재 · 절 · 무/위반 공소/친 · 반) • 피고인에 대하여 재판권이 없는 경우(제1호) • 공소제기 절차가 법률의 규정에 위반하여 무효인 때(제2호) • 공소가 제기된 사건에 대하여 다시 공소가 제기된 경우(제3호) • 공소취소와 재기소(제329조)의 규정에 위반하여 공소가 제기되었을 때(제4호) • 친고죄에서 고소의 취소가 있는 때(제5호) • 반의사불벌죄에서 처벌을 희망하지 않는 의사표시가 있는 경우이거나 처벌을 희망하는 의사표시가 철회되었을 때(제6호)
면소판결 (형사소송법 제326조)	(두 : 확 · 사 · 시 · 폐) • 확정판결이 있은 때(제1호) • 사면이 있는 경우(제2호) • 공소시효가 완성된 경우(제3호) • 범죄 후 법령개폐로 형이 폐지된 경우(제4호)

29 상법상 주식회사의 설립에 관한 설명으로 옳은 것은?

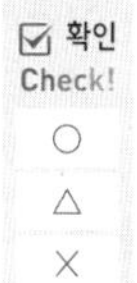

① 설립 시에는 발기인에 한해서 현물출자를 할 수 있다.
② 주식회사는 설립등기가 종료한 때에 법인격을 취득한다.
③ 발기인이 받은 특별이익은 양도에 관하여 주식과 분리하여 양도할 수 없다.
④ 모집 설립 시에 발기인은 법원의 허가를 얻지 아니하고 납입 은행을 변경할 수 있다.

쏙쏙 해설

② 회사는 본점소재지에서 설립등기를 함으로써 성립한다(상법 제172조).
① 설립 시에 현물출자는 발기인에 한정되지 않고 제3자도 가능하다.
③ 주식과 분리하여 양도할 수 있다.
④ 법원의 허가를 얻어야 납입 은행을 변경할 수 있다.

정답 ❷

30 주식회사 정관의 절대적 기재사항이 아닌 것은?

① 회사가 발행할 주식의 총수
② 현물출자를 하는 자의 성명
③ 회사가 공고를 하는 방법
④ 발기인의 성명 · 주민등록번호 및 주소

①·③·④는 주식회사 정관의 절대적 기재사항(상법 제289조 제1항)에 해당하나, ②는 상대적 기재사항(상법 제290조)에 해당한다.

정답 ❷

주식회사의 정관

정관의 절대적 기재사항(상법 제289조 제1항)	정관의 상대적 기재사항(=변태설립사항, 상법 제290조)
• 목 적 • 상 호 • 회사가 발행할 주식의 총수 • 액면주식을 발행하는 경우 1주의 금액 • 회사의 설립 시에 발행하는 주식의 수 • 본점의 소재지 • 회사가 공고를 하는 방법 • 발기인의 성명 · 주민등록번호 및 주소	다음의 사항은 정관에 기재함으로써 그 효력이 있다. • 발기인이 받을 특별이익과 이를 받을 자의 성명 • 현물출자를 하는 자의 성명과 그 목적인 재산의 종류, 수량, 가격과 이에 대하여 부여할 주식의 종류와 수 • 회사 성립 후에 양수할 것을 약정한 재산의 종류, 수량, 가격과 그 양도인의 성명 • 회사가 부담할 설립비용과 발기인이 받을 보수액

31 **보험계약에 관한 설명으로 옳지 않은 것은?**

☑ 확인 Check! ○ △ ×

① 부합계약이다.
② 유상(有償) · 쌍무(雙務)계약이다.
③ 낙성(諾成) · 불요식(不要式)계약이다.
④ 사행계약(射倖契約)이 아니다.

보험계약은 우연한 사고의 발생으로 인하여 보험금액의 액수가 정해지므로 이른바 사행계약에 해당한다.

정답 ❹

32 **상법상 손해보험에 해당하는 것을 모두 고른 것은?**

☑ 확인 Check! ○ △ ×

㉠ 책임보험	㉡ 화재보험
㉢ 운송보험	㉣ 생명보험
㉤ 상해보험	㉥ 재보험

① ㄱ, ㄴ　　② ㄴ, ㄷ, ㄹ
③ ㄹ, ㅁ　　④ ㄱ, ㄴ, ㄷ, ㅂ

쏙쏙 해설

제시된 내용 중 상법상 손해보험에 해당하는 것은 ㄱ, ㄴ, ㄷ, ㅂ이다.
ㄹ, ㅁ은 인보험에 해당한다.

정답 ❹

33 **부당노동행위의 구제절차에 관한 설명으로 옳지 않은 것은?**

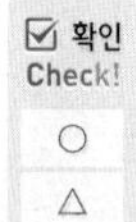

① 노동위원회에 대한 구제의 신청은 부당노동행위를 안 날로부터 6월 이내에 하여야 한다.
② 부당노동행위로 인하여 그 권리를 침해당한 근로자 또는 노동조합은 노동위원회에 그 구제를 신청할 수 있다.
③ 노동위원회는 부당노동행위가 성립한다고 판정한 때에는 사용자에게 구제명령을 발하여야 한다.
④ 노동위원회의 구제명령은 행정소송의 제기에 의하여 그 효력이 정지되지 아니한다.

① 노동위원회에 대한 구제의 신청은 부당노동행위가 있은 날(계속하는 행위는 그 종료일)부터 3월 이내에 이를 행하여야 한다(노조법 제82조 제2항).
② 노조법 제82조 제1항
③ 노조법 제84조 제1항 전단
④ 노조법 제86조

34 다음 쟁의행위 중 설명이 잘못된 것은?

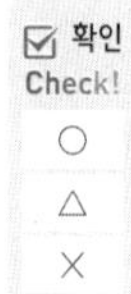

① 직장폐쇄 : 조합원이 단결하여 노동을 거부하는 것
② 피케팅 : 근로자들이 공장이나 사업장의 출입구에서 파업의 방해자나 배신자를 감시하는 행위
③ 보이콧 : 노동자가 동맹하여 그 공장의 제품을 사지 않고, 대중들에게까지 불매를 호소·협력하는 것
④ 태업 : 작업장에서 의도적으로 작업을 태만히 하거나 불완전한 제품을 만드는 행위

조합원이 단결하여 노동을 거부하는 것은 동맹파업이다. 직장폐쇄는 사용자 측의 쟁의행위 수단에 해당한다(노조법 제2조 제6호 참조).

정답 ❶

핵심만 콕

쟁의행위의 종류

동맹파업	조합원이 단결하여 노동을 거부하는 행위
보이콧(Boycott)	노동자가 동맹하여 그 공장의 제품을 사지 않고 더 나아가 대중에게까지 호소·협력하여 사용자에게 압력을 가하는 행위
피켓팅(Picketing)	쟁의행위 참가자들이 당해 쟁의행위로 인하여 중단된 업무를 수행하려고 하는 자들에게 업무 수행을 하지 말 것을 평화적으로 설득하거나 권고하는 것으로, 근로자들이 공장 근처나 사업장의 입구에서 파업의 방해자나 배신자를 감시하는 행위
태 업	작업장에서 의도적으로 작업을 태만히 하거나, 불완전한 제품을 만듦으로써 사용자에게 대항하는 행위

35 다음은 사회보장기본법상 어떤 제도에 관한 설명인가?

> 이것은 생애주기에 걸쳐 보편적으로 충족되어야 하는 기본욕구와 특정한 사회위험에 의하여 발생하는 특수욕구를 동시에 고려하여 소득·서비스를 보장하는 맞춤형 사회보장제도를 말한다.

① 평생사회안전망 ② 사회보험제도
③ 공공부조제도 ④ 사회서비스

제시된 내용은 평생사회안전망에 대한 설명에 해당한다(사회보장기본법 제3조 제5호).

정답 ❶

사회보장기본법상의 용어의 정리(사회보장기본법 제3조)

용어	정의
사회보장	출산, 양육, 실업, 노령, 장애, 질병, 빈곤 및 사망 등의 사회적 위험으로부터 모든 국민을 보호하고 국민 삶의 질을 향상시키는 데 필요한 소득·서비스를 보장하는 사회보험, 공공부조, 사회서비스를 말한다(제1호).
사회보험	국민에게 발생하는 사회적 위험을 보험의 방식으로 대처함으로써 국민의 건강과 소득을 보장하는 제도를 말한다(제2호).
공공부조(公共扶助)	국가와 지방자치단체의 책임 하에 생활유지능력이 없거나 생활이 어려운 국민의 최저생활을 보장하고 자립을 지원하는 제도를 말한다(제3호).
사회서비스	국가·지방자치단체 및 민간부문의 도움이 필요한 모든 국민에게 복지, 보건의료, 교육, 고용, 주거, 문화, 환경 등의 분야에서 인간다운 생활을 보장하고 상담, 재활, 돌봄, 정보의 제공, 관련 시설의 이용, 역량 개발, 사회참여 지원 등을 통하여 국민의 삶의 질이 향상되도록 지원하는 제도를 말한다(제4호).
평생사회안전망	생애주기에 걸쳐 보편적으로 충족되어야 하는 기본욕구와 특정한 사회위험에 의하여 발생하는 특수욕구를 동시에 고려하여 소득·서비스를 보장하는 맞춤형 사회보장제도를 말한다(제5호).

36 국민연금법에 관한 설명으로 옳지 않은 것은?

☑ 확인 Check!

① 국민연금 수급권은 양도할 수 없다.

② 국민연금공단 이사장은 보건복지부장관이 임면한다.

③ 「국민연금법」에 따른 급여는 노령연금, 장애연금, 유족연금, 반환일시금이 있다.

④ 국민연금 가입자는 사업장가입자, 지역가입자, 임의가입자 및 임의계속가입자로 구분한다.

이사장은 보건복지부장관의 제청으로 대통령이 임면(任免)하고, 상임이사·이사(당연직 이사는 제외한다) 및 감사는 이사장의 제청으로 보건복지부장관이 임면한다(국민연금법 제30조 제2항).

① 수급권은 양도·압류하거나 담보로 제공할 수 없다(국민연금법 제58조 제1항).

③ 국민연금법에 따른 급여의 종류에는 노령연금, 장애연금, 유족연금, 반환일시금이 있다(국민연금법 제49조).

④ 국민연금 가입자는 사업장가입자, 지역가입자, 임의가입자 및 임의계속가입자로 구분한다(국민연금법 제7조).

37 국가뿐만 아니라 지방자치단체의 의사를 결정하여 자신의 이름으로 외부에 표시할 수 있는 권한을 가진 행정기관은?

확인 Check! ○ △ ×

① 행정청 ② 의결기관
③ 집행기관 ④ 자문기관

해설

설문은 행정청에 대한 내용에 해당한다.

정답 ❶

핵심만 콕

② 의결기관은 행정주체의 의사를 결정하는 권한만을 가지고 이를 외부에 표시할 권한은 가지지 못하는 기관을 말한다. 이점에서 외부에 표시할 권한을 가지는 행정청과 다르다.
③ 집행기관은 실력을 행사하여 행정청의 의사를 집행하는 기관을 말한다. 대표적인 예로 경찰공무원, 소방공무원, 세무공무원 등이 이에 해당한다.
④ 자문기관은 행정청의 자문에 응하여 행정청에 전문적인 의견(자문)을 제시하는 것을 임무로 하는 기관을 말한다. 자문기관은 합의제인 것이 보통이나 독임제인 것도 있다. 행정청은 자문기관의 의견에 구속되지 않는다.

38 특정인에게 일정한 권리 · 권력 또는 포괄적 법률관계를 설정 · 변경 · 소멸시키는 행정행위의 강학상의 용어는 무엇인가?

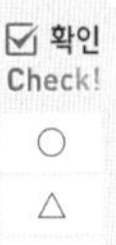
확인 Check! ○ △ ×

① 인 가 ② 면 제
③ 허 가 ④ 특 허

해설

설문의 내용은 형성적 행정행위 중 특허에 대한 설명이다.

정답 ❹

핵심만 콕

① 인가 : 제3자의 법률행위를 보충하여 그 법률상 효력을 완성시켜 주는 행정행위이다.
② 면제 : 법령에 의하여 부여된 작위의무, 수인의무, 급부의무를 특정한 경우에 해제하여 주는 행정행위이다.
③ 허가 : 법령에 의하여 일반적으로 금지되어 있는 행위를 특정의 경우에 특정인에 대하여 해제하는 행정행위이다.

행정행위의 구분

법률행위적 행정행위	명령적 행위	하명, 허가, 면제 (두 : 하 · 면 · 허)
	형성적 행위	특허, 인가, 대리 (두 : 특 · 임(인) · 대)
준법률행위적 행정행위		확인, 공증, 통지, 수리 (두 : 공 · 통 · 수 · 확)

39 행정지도에 관한 설명으로 옳지 않은 것은?

① 행정지도는 반드시 법적 근거를 필요로 하지는 않는다.
② 행정지도에 대해서는 원칙적으로 취소소송을 제기할 수 없다.
③ 현행 행정절차법은 행정지도에 관한 규정을 두고 있다.
④ 행정지도는 조언·권고 등의 비권력적 수단을 통해 일정한 법적 효과를 발생시키는 비권력적 법률행위이다.

행정지도는 비권력적 법률행위가 아니라 비권력적 사실행위에 해당한다. 따라서 원칙적으로 법적 근거를 요하지 않으며, 상대방의 지위에 직접적인 변동을 가져오는 것이 아니므로 원칙적으로 항고소송 또한 제기할 수 없다. 아울러 현행 행정절차법 제48조 내지 제51조에서는 행정지도에 대하여 규정하고 있다.

정답 ❹

40 행정청의 처분 등을 원인으로 하는 법률관계에 관한 소송 그 밖에 공법상의 법률관계에 관한 소송으로서 그 법률관계의 한쪽 당사자를 피고로 하는 소송은?

① 항고소송 ② 기관소송
③ 민중소송 ④ 당사자소송

설문은 당사자소송에 대한 내용에 해당한다.

정답 ❹

① 항고소송은 행정청의 처분 등이나 부작위에 대하여 제기하는 소송이다(행정소송법 제3조 제1호).
② 기관소송은 국가 또는 공공단체의 기관 상호간에 있어서의 권한의 존부 또는 그 행사에 관한 다툼이 있을 때에 이에 대하여 제기하는 소송이다. 다만, 헌법재판소법 제2조의 규정에 의하여 헌법재판소의 관장사항으로 되는 소송은 제외한다(행정소송법 제3조 제4호).
③ 민중소송은 국가 또는 공공단체의 기관이 법률에 위반되는 행위를 한 때에 직접 자기의 법률상 이익과 관계없이 그 시정을 구하기 위하여 제기하는 소송이다(행정소송법 제3조 제3호).
④ 당사자소송은 행정청의 처분 등을 원인으로 하는 법률관계에 관한 소송 그 밖에 공법상의 법률관계에 관한 소송으로서 그 법률관계의 한쪽 당사자를 피고로 하는 소송이다(행정소송법 제3조 제2호).

제4회 민간경비론

정답 및 해설

정답 CHECK

41	42	43	44	45	46	47	48	49	50	51	52	53	54	55	56	57	58	59	60
①	④	②	②	①	①	④	②	①	③	④	②	④	②	②	③	②	③	①	②
61	62	63	64	65	66	67	68	69	70	71	72	73	74	75	76	77	78	79	80
④	③	③	②	③	②	①	④	①	②	④	③	①	③	②	①	④	①	③	①

각 문항별로 이해도를 체크해 보세요.

문제편 089p

41 민간경비와 공경비에 관한 설명으로 옳지 않은 것은?

확인 Check! ○ △ ×

① 민간경비는 범죄예방과 범죄 대응의 임무를 가진다.
② 공경비 권한의 근거는 통치권이다.
③ 공경비는 범인 체포 및 범죄수사와 조사를 목적으로 한다.
④ 민간경비는 강제력 사용에 제한이 있다.

범죄예방과 범죄 대응의 임무를 갖는 것은 민간경비가 아니라 공경비이다.

정답 ❶

핵심만 콕

공경비와 민간경비의 비교

구 분	공경비(경찰)	민간경비(개인 또는 경비업체)
대 상	일반 국민(시민)	계약 당사자(고객)
임 무	범죄예방과 범죄 대응	범죄예방 임무
공통점	범죄예방 및 위험방지, 질서유지	
범 위	일반(포괄)적 범위	특정(한정)적 범위
주 체	정부(경찰)	영리기업(민간경비회사 등)
목 적	법 집행(범인 체포 및 범죄 수사와 조사)	개인 재산보호 및 손실 감소
제약조건	강제력 있음	강제력 사용에 제약 있음
권한의 근거	통치권	위탁자의 사권(私權)

42 다음 중 민간경비산업 성장의 이론적 배경에 대한 설명으로 옳은 것은?

☑ 확인 Check! ○ △ ×

① 공동화이론 – 그냥 내버려두면 보호받지 못한 채로 방치될 재산을 민간경비가 보호한다.
② 민영화이론 – 범죄로 인한 신체적 피해의 보호는 개인적 비용 부담에 의해 민간경비가 담당한다.
③ 이익집단이론 – 공경비가 대응하기 어려운 범죄의 사각지대를 민간경비가 보완해준다.
④ 경제환원이론 – 경기침체에 따른 실업자의 증가로 범죄가 증가함으로써 민간경비 시장이 성장·발전한다.

경제환원이론은 경기침체에 따른 실업자의 증가로 범죄가 증가함으로써 민간경비 시장이 성장·발전한다는 이론이다.

정답 ❹

① 공동화이론은 공경비의 기능이나 역할을 민간경비가 보완·대체한다는 이론이다.
② 민영화이론은 복지국가 확장의 부작용에 따른 경제위기를 극복하기 위해 국가의 역할 범위를 축소하고 이를 재정립한다는 이론이다.
③ 이익집단이론은 그냥 내버려두면 보호받지 못한 채로 방치될 재산을 민간경비가 보호한다는 이론이다.

43 경비업법에 규정된 업무유형인 것은?

① 민간조사업무
② 신변보호업무
③ 정보보호업무
④ 인력경비업무

신변보호업무는 경비업법 제2조 제1호 다목에 규정되어 있다. 경비업법에 규정된 경비업무는 시설경비업무, 호송경비업무, 신변보호업무, 기계경비업무, 특수경비업무가 있다.

정답 ❷

44 치안서비스 공동생산에 대한 설명으로 옳지 않은 것은?

① 경찰의 역할 증대와 더불어 민간의 참여를 활성화시키려는 움직임의 일환
② 경찰이 치안서비스의 공급자이고 시민이 수혜자라는 접근에서 시작
③ 민간경비 분야를 치안서비스 공동생산의 주체로 인식
④ 주민신고체제의 확립, 금융기관 방범시설의 확충 등이 존재

쏙쏙 해설

치안서비스의 공동생산이론은 경찰이 치안서비스의 공급자이고 시민은 수혜자라는 접근에서 탈피하여 치안서비스의 생산에 시민들을 적극적으로 참여시켜야 한다는 접근법을 취하고 있다.

정답 ❷

45 민간경비에 대한 설명으로 옳지 않은 것은?

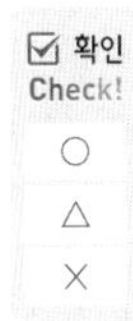

① 국민의 생명과 재산을 보호하고 사회공공의 안녕과 질서를 유지하는 임무는 국가가 수행하는 것이 원칙이므로 민간경비의 영역이 좁아지고 있다.
② 특정 의뢰자로부터 보수를 받고 경비 및 안전에 필요한 서비스를 제공하는 개인, 단체, 영리기업을 말한다.
③ 국가기관에 의한 공경비에 대응하는 개념이다.
④ 활동영역에 자체경비를 포함시키는 것이 일반적이다.

쏙쏙 해설

국민의 생명과 재산을 보호하고 사회공공의 안녕과 질서를 유지하는 임무는 국가가 수행하는 것이 원칙이나, 경찰공무원이 국가의 모든 경비임무를 수행한다는 것은 불가능하고 또한 개인이 자기 시설이나 시설 내의 재산·인원을 보호하는 것이 오히려 능률적이기 때문에 경비임무의 일부를 민간경비로 전환해가고 있는 추세이다.

정답 ❶

46 미국 민간경비의 역사적 배경과 관련하여 옳지 않은 것은?

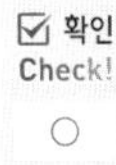

① 미국 초기 국민들은 강력한 연방 중심의 중앙집권적 통치방식을 선호하였다.
② 18세기 무렵 신개척지에 거주하고 있던 주민들을 보호하기 위해 밤에만 활동하는 야간경비원이 생겨났다.
③ 1845년 미국 최초의 현대적 경찰인 뉴욕시 주야간 경찰조직이 생겨났다.
④ 서부의 개척지에서는 상설경찰이라 해도 시가지화한 읍이나 촌의 경찰에 불과했고 그 이외의 지역에서도 실효력 있는 경찰은 아직 존재하지 않았다.

쏙쏙 해설

미국 초기 국민들은 영국에서 이주하였기 때문에 영국 왕실의 권위주의적인 통치방식을 싫어하고 자치적인 지방분권주의적 통치방식을 선호하였다.

정답 ❶

47 다음에서 설명하고 있는 것은?

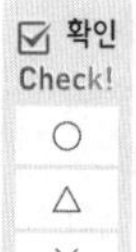

- 어떠한 범죄도 개인에 대한 위법이 아니라 국왕의 평화에 대한 도전이라고 명시하고 있다.
- 중죄와 경범죄에 대한 법률적인 구분을 내렸다.

① 윈체스터법
② 함무라비 법전
③ 규환제도
④ 헨리 국왕의 법령

헨리 국왕의 법령은 원칙적으로 어떠한 범죄도 더 이상 개인에 대한 위법이 아니라 국왕의 평화에 대한 도전이라고 명시하였으며, 중죄와 경범죄에 대한 법률적인 구분을 내렸다는 점에서 큰 의의를 가지고 있다.

정답 ❹

48 영미법계와 대륙법계의 경비개념에 대한 설명 중 옳지 않은 것은?

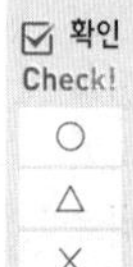

① 영미법계 국가의 경찰조직은 지방분권적인 자치제 경찰제도이다.
② 대륙법계 국가의 민간경비원은 영미법계 국가의 민간경비원보다 폭넓은 권한을 행사하고 있다.
③ 대륙법계 국가에서의 경비활동은 국가경찰의 고유한 임무 중 하나이다.
④ 현실적인 필요에 따라 양제도의 장점을 혼합하여 병행하는 국가가 늘어나는 추세이다.

쏙쏙 해설

영미법계 국가의 민간경비원은 대륙법계 국가의 민간경비원보다 폭넓은 권한을 행사하고 있다. 이는 대륙법계 국가에서의 경비활동은 국가경찰의 고유한 임무의 하나가 되고 있는 반면, 영미법계 국가에서는 공적인 경찰뿐만 아니라, 민간경비업체까지도 동등한 경비 임무를 담당하게 하고 있기 때문이다.

정답 ❷

49 한국 민간경비산업의 특징으로 옳지 않은 것은?

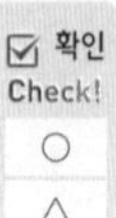

① 한국의 청원경찰제도는 미국으로부터 도입한 제도이다.
② 비용절감 등의 효과로 인하여 자체경비보다 계약경비가 발전하고 있다.
③ 현재까지는 기계경비보다 인력경비에 대한 의존도가 높다.
④ 향후 인건비 절감을 위해 인력경비보다 기계경비의 성장이 가속화될 것으로 전망된다.

쏙쏙 해설

한국의 청원경찰제도는 경찰과 민간경비제도를 혼용한 것으로 외국에서는 볼 수 없는 특별한 제도이다.

정답 ❶

50 우리나라 민간경비 발전과정에 관한 설명으로 옳지 않은 것은?

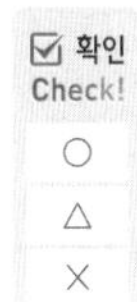

① 1976년에는 용역경비업법이 제정되었다.
② 초기 용역경비는 미군의 군납형태로 제한적으로 실시되었다.
③ 1980년부터 특수경비원 제도가 실시되었다.
④ 2001년부터 기계경비업이 경비업의 한 형태로 법제화되었다.

특수경비원 제도는 2001년 전면 개정된 경비업법에서 신설·제도화되었다.

정답 ③

한국 민간경비의 발전과정★★

- 1960년대 초 화영기업, 경원기업 2개 회사가 미군의 군납형태로 미8군부대의 용역경비를 담당한 것이 현대적 의미의 민간경비의 효시라 할 수 있다.
- 1964년에는 봉신기업과 경화기업, 1965년에는 신원기경, 1966년에는 화영기업의 후신인 용진실업 그리고 1968년 초해산업 등이 설립되었다.
- 1962년 청원경찰법 제정, 1973년 청원경찰법 전면 개정, 1976년 용역경비업법이 제정되었고 1978년에는 사단법인 한국경비협회가 설립되었다.
- 1977년 11월에 설립된 한국경비보장주식회사는 행자부장관 경비업허가 제1호를 취득하였고, 1990년대에 이르러 국내 최초로 은행자동화코너 무인경비(無人警備)를 개시하였다.
- 1996년 3월 SECOM은 에스원(S1)으로 상호를 변경하여 한국제일의 민간경비회사로 자리를 지키고 있다.
- 한국의 민간경비는 1986년 아시안게임, 1988년 서울올림픽, 1993년 대전 EXPO 행사를 통하여 안전 및 경호경비 문제를 무사히 치르고 난 이후부터 매년 성장을 거듭하여 왔다.
- 1999년 「용역경비업법」의 법명을 「경비업법」으로 개정하였다.
- 2001년 「경비업법」이 전면 개정되면서 경비업의 종류에 특수경비업무가 추가되었고 기계경비산업이 급속히 발전하여 기계경비업무를 신고제에서 허가제로 변경하였으며 특수경비원제도가 도입되었다.
  [참고] 1989년 용역경비업법은 용역경비업자가 대통령령으로 정하는 기계경비시설을 설치·폐지·변경한 경우 허가관청에 신고하여야 한다고 규정하였다.
- 우리나라는 2013년 경비업법상 경비지도사의 직무로 집단민원현장에 배치된 경비원에 대한 지도·감독이 추가되었다.

51 일본의 민간경비산업에 대한 설명으로 틀린 것은?

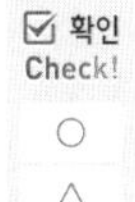

① 경비업법 제정 당시에는 신고제로 운영되었다가 1982년 허가제로 바뀌었다.
② 현재 일본의 민간경비원은 매년 증가세를 보이며 1972년과 비교할 때 10배 이상 증가하였다.
③ 경비택시제도가 있는데, 이는 긴급사태가 발생하였을 때 택시가 출동하여 관계기관에 연락하거나 가까운 의료기관에 통보하는 제도이다.
④ 법적 강제력이 있는 교통유도경비에 관한 검정제도가 있다.

교통유도경비는 경찰관이나 교통순경이 실시하는 교통정리와 달리 법적 강제력은 없다.

정답 ④

해설편 제4회

52 일본 민간경비의 발달에 관한 설명으로 옳지 않은 것은?

일본에서 야경, 수위, 순시, 보안원 등의 이름으로 자체경비를 실시하였었던 시기는 제2차 세계대전 이전이다.

정답 ❷

확인 Check! ○ △ ×

① 현대 이전의 민간경비는 헤이안 시대에 출현한 무사계급에서 그 뿌리를 찾을 수 있다.

② 제2차 세계대전 이후에는 대부분의 일본 산업계에서 야경, 수위, 순시 또는 보안원 등의 이름으로 각기 자체경비를 실시하여 왔다.

③ 도쿠가와 시대에는 장병위라는 이름으로 경비업을 전문으로 하는 직업 경비업자가 생겨나 노동자 공급이나 경비업무를 실시하였다.

④ 일본에서 전업(專業) 경비업자가 출현한 것은 제2차 세계대전 이후 1962년 7월에 일본경비보장주식회사(SECOM의 전신으로 스웨덴의 경비회사와 제휴)가 설립된 것에서 비롯되었다.

53 다음은 국제정세에 따라 최근의 한반도 치안상태의 변화를 설명한 것이다. 적절하지 못한 것은?

현재의 국제화 시대에는 내국인의 해외범죄, 외국인의 국내범죄 등의 국제범죄가 급증되고 있다.

정답 ❹

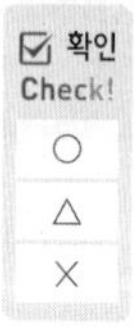

① 4.27 판문점 선언을 통해 남과 북은 한반도 비핵화를 실현한다는 공동의 목표를 확인하였다.

② 국제사회에서의 위상과 정세에 따라 한국 경찰의 역할은 점점 증가할 것이다.

③ 국제적인 테러나 범죄에 대응하기 위해서는 공조수사체제가 크게 요구되고 있다.

④ 외국인에 대한 범죄가 점차 감소하고 있다.

54 방범리콜제도에 대한 설명으로 옳은 것은?

> ㄱ. 방범리콜제도는 치안행정상 주민참여와는 관련이 없다.
> ㄴ. 일선기관의 권한과 재량의 폭이 넓어져야만 효과적으로 활용할 수 있다.
> ㄷ. 고객이 만족하는 행정서비스의 제공이 최종목표이다.
> ㄹ. 잘못된 행정서비스에 대한 불만제기권을 행정기관에게 부여하고 있다.

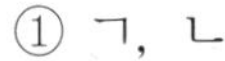
① ㄱ, ㄴ
② ㄴ, ㄷ
③ ㄷ, ㄹ
④ ㄱ, ㄷ

방범리콜제도는 민경협력체제의 강화방안 중 하나이다. 잘못된 행정서비스에 대한 불만제기권을 시민에게 부여하고 이를 시정하는 장치이기 때문에 치안행정상 주민참여와 관련이 있다.

정답 ❷

해설편 제4회

55 자체경비와 비교하여 계약경비의 장점으로 옳은 것은?

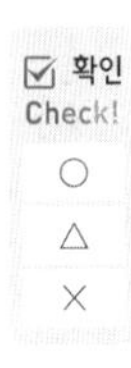

① 자체경비에 비해 조직에 대한 충성심이 높다.
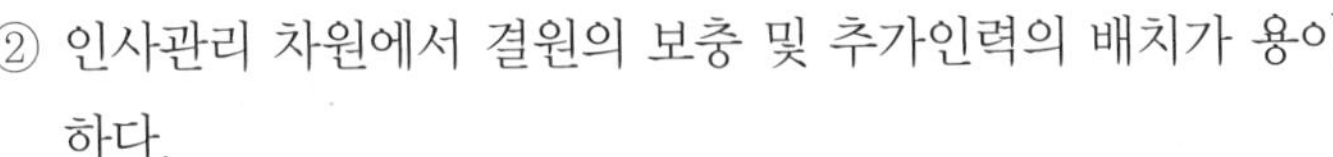
② 인사관리 차원에서 결원의 보충 및 추가인력의 배치가 용이하다.

③ 자체경비에 비해 이직률이 낮은 편이다.
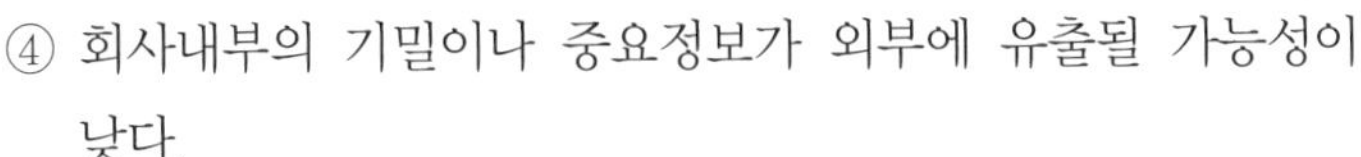
④ 회사내부의 기밀이나 중요정보가 외부에 유출될 가능성이 낮다.

계약경비의 장점으로 옳은 내용은 ②이다.

정답 ❷

① 자체경비에 비해 조직에 대한 충성심이 낮은 것이 일반적이다.
③ 자체경비에 비해 급료가 낮고 직업적 안정감이 떨어지기 때문에 이직률이 높은 편이다.
④ 회사내부의 기밀이나 중요정보가 외부에 유출될 가능성이 더 높은 편이다.

56 인력경비에 대한 설명 중 옳지 않은 것은?

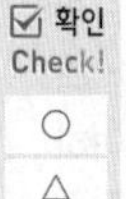

① 경비원이 저학력, 고령일 경우 경비의 질 저하가 우려된다.
② 야간에는 경비활동의 제약을 받아 효율성이 감소된다.
③ 사건 발생 시 기계경비보다 현장에서의 신속한 대처가 어렵다.
④ 고용창출 효과와 고객 접점 서비스 효과가 있다.

인력경비는 인력이 상주함으로써 현장에서 상황이 발생했을 때 신속한 조치가 가능하다.

핵심만 콕

인력경비와 기계경비

구 분	인력경비	기계경비
장 점	• 경비업무 이외에 안내, 질서유지, 보호·보관 업무 등을 하나로 통합한 통합서비스가 가능 • 인력이 상주함으로써 현장에서 상황이 발생했을 때 신속한 조치가 가능 • 인적 요소이기에 경비업무를 전문화할 수 있고, 고용창출 효과와 고객 접점 서비스 효과가 있음	• 24시간 경비가 가능 • 장기적으로 소요비용이 절감되는 효과 있음 • 감시 지역이 광범위하고 정확성을 기할 수 있음 • 시간적 취약대인 야간에도 효율성이 높아 시간적 제약을 적게 받음 • 화재예방시스템 등과 동시에 통합운용이 가능 • 강력범죄와 화재, 가스 등에 대한 인명 사상을 예방하거나 최소화할 수 있음 • 기록장치에 의한 사고발생 상황이 저장되어 증거보전의 효과와 책임한계를 명확히 할 수 있음 • 오작동(오경보)률이 낮을 경우 범죄자에겐 경고의 효과가 있고, 사용자로부터 신뢰를 얻을 수 있음
단 점	• 인건비의 부담으로 경비에 많은 비용이 드는 편 • 사건이 발생하였을 때 인명피해의 가능성이 있음 • 상황 연락이 신속하게 이루어지지 않아 사건의 전파에 장애가 발생 • 야간에는 경비활동의 제약을 받아 효율성이 감소 • 경비원이 낮은 보수, 저학력, 고령일 경우 경비의 질 저하가 우려	• 현장에서의 신속한 대처가 어려우며, 현장에 출동하는 시간이 필요 • 최초의 기초 설치비용이 많이 듦 • 허위경보 및 오경보 등의 발생률이 비교적 높음 • 전문 인력이 필요하며 유지보수에 비용이 많이 듦 • 고장 시 신속한 대처가 어려움 • 방범 관련 업무에만 가능하며, 경비시스템을 잘 알고 있는 범죄자들에게 역이용당할 우려가 있음

57 다음 보기의 (　　) 안의 ㉠, ㉡에 들어갈 알맞은 말을 바르게 묶은 것은?

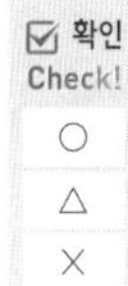

- 경비업무 형태를 (　㉠　)에 따라 분류하면 1차원적 경비, 단편적 경비, 반응적 경비, 총체적 경비로 나눌 수 있다.
- (　㉡　)는 특정의 위해요소와 관계없이 언제 발생할지도 모르는 상황에 대비하여 인력경비와 기계경비를 종합한 표준화된 경비 행태를 말한다.

	㉠	㉡
①	경비실시방식	반응적 경비
②	경비실시방식	총체적 경비
③	경비투입요소	반응적 경비
④	경비투입요소	총체적 경비

(　) 안에 들어갈 내용은 ㉠ : 경비실시방식, ㉡ : 총체적 경비이다.

정답 ❷

경비실시방식에 따른 분류
- 1차원적 경비 : 경비원에 의한 경비 등과 같이 단일 예방체제에 의존하는 경비형태를 말한다.
- 단편적 경비 : 포괄적·전체적 계획 없이 필요할 때마다 단편적으로 손실 예방 등의 역할을 수행하기 위해 추가되는 경비형태를 말한다.
- 반응적 경비 : 단지 특정한 손실이 발생할 때마다 그 사건에만 대응하는 경비형태를 말한다.
- 총체적 경비(종합적 경비) : 모든 상황에 대비하기 위하여 인력경비와 기계경비를 종합한 경비형태를 말한다. 특정의 위해요소와 관계없이 언제 발생할지도 모르는 상황에 대비하여 인력경비와 기계경비를 종합한 표준화된 경비형태를 말한다.

58 다음 중 일반경비원의 신임교육 시 이론교육 과목에 해당하는 것은?

① 헌 법　　② 형사법
③ 경비업법　　④ 경찰관직무집행법

일반경비원의 신임교육 이론과목은 '경비업법'과 '범죄예방론'이다(경비업법 시행규칙 [별표 2] 참고).

정답 ❸

일반경비원과 특수경비원의 신임교육 이론 과목
- 일반경비원 이론교육 : 경비업법, 범죄예방론(신고 및 순찰요령을 포함한다)
- 특수경비원 이론교육 : 경비업법, 경찰관직무집행법 및 청원경찰법, 범죄예방론(신고요령을 포함한다), 헌법 및 형사법

59 청원경찰의 교육에 관한 설명 중 옳지 않은 것은?

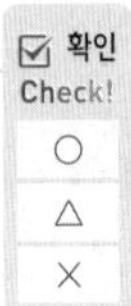

① 청원주는 소속 청원경찰에게 그 직무집행에 필요한 교육을 매월 6시간 이상 실시하여야 한다.
② 청원경찰의 신임교육의 기간은 2주로 한다.
③ 교육과목으로 정신교육, 형사법, 체포술 및 호신술 등이 있다.
④ 관할 경찰서장은 필요한 경우 청원경찰이 배치된 사업장에 소속공무원을 파견하여 직무집행에 필요한 교육을 할 수 있다.

청원주는 소속 청원경찰에게 그 직무집행에 필요한 교육을 매월 4시간 이상하여야 한다(청원경찰법 시행규칙 제13조 제1항).

정답 ❶

② 청원경찰법 시행규칙 제6조
③ 청원경찰법 시행규칙 [별표 1]
④ 청원경찰법 시행규칙 제13조 제2항

60 다음 중 경비업법령상 특수경비원의 결격사유로 옳은 것은 모두 몇 개인가?

ㄱ. 19세 미만이거나 60세 이상인 사람
ㄴ. 금고 이상의 형의 선고유예를 받고 그 유예기간 중에 있는 자
ㄷ. 팔과 다리가 완전하고 두 눈의 맨눈시력 0.3 이상 또는 교정시력 각각 0.6 이상인 자
ㄹ. 파산선고를 받고 복권되지 아니한 자

① 1개　　② 2개
③ 3개　　④ 4개

옳은 것은 ㄴ, ㄹ이다.
ㄱ (×) 18세 미만이거나 60세 이상인 사람 또는 피성년후견인(경비업법 제10조 제2항 제2호)
ㄷ (×) 팔과 다리가 완전하고 두 눈의 맨눈시력 각각 0.2 이상 또는 교정시력 각각 0.8 이상인 자(경비업법 제10조 제2항 제5호, 동법 시행규칙 제7조)

정답 ❷

61 다음에 해당하는 민간경비의 조직운영원리는?

- 조직의 전체기능을 기능별·특성별로 나누어 임무를 분담시킨다.
- 각 개인별 능력을 충분히 고려하여 적재적소에 배치한다.

① 계층제의 원리
② 명령통일의 원리
③ 조정·통합의 원리
④ 전문화의 원리

쏙쏙 해설

제시문은 민간경비의 조직운영원리 중 전문화의 원리에 대한 내용이다.

① 계층제의 원리는 권한과 책임에 따라 직무를 등급화한다.
② 명령통일의 원리는 지휘계통의 일원화로 책임소재를 명확히 한다.
③ 조정·통합의 원리는 공동목표를 달성하기 위해 하위조직 사이에 수행하고 있는 업무가 통일성 내지 조화를 이루도록 하는 것이다.

정답 ❹

해설편 제4회

62 경비위해요소 분석에 관한 설명으로 옳은 것은?

① 경비위해분석을 통해 손실의 취약성, 손실가능성을 주관적으로 파악하며 분석 결과에 따라 장비 및 인원 등의 투입이 결정된다.
② 인지단계에서는 경비보호대상의 보호가치에 따른 손실발생 가능성을 예측하는 단계이다.
③ 경비위해요소의 분석단계는 '경비위험요소의 인지 → 손실발생 가능성 예측 → 경비위험도 평가 → 경비비용효과 분석' 순이다.
④ 각종 사고 및 손실 예방과 안전 확보를 위해서는 경비위해요소에 대한 인지와 평가가 후행되어야 한다.

쏙쏙 해설

③번 지문이 경비위해요소 분석에 관한 설명으로 옳은 내용이다.

정답 ❸

핵심만 콕

① 경비위해분석을 통해 손실의 취약성, 손실가능성을 객관적으로 파악하며 분석 결과에 따라 장비 및 인원 등의 투입이 결정된다.
② 인지단계에서는 개인 및 기업의 보호영역에서 손실을 일으키기 쉬운 취약부분을 확인하는 단계이다.
④ 각종 사고 및 손실 예방과 안전 확보를 위해서는 경비위해요소에 대한 인지와 평가가 선행되어야 한다.

63 다음 중 경비계획수립의 순서가 올바르게 연결된 것은?

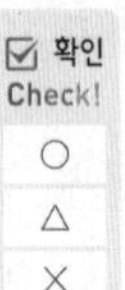

ㄱ. 문제의 인지
ㄴ. 목표의 설정
ㄷ. 경비계획안 비교·검토
ㄹ. 전체계획 검토
ㅁ. 경비위해요소 조사·분석
ㅂ. 최선안 선택

① ㄱ → ㄴ → ㄷ → ㄹ → ㅁ → ㅂ
② ㄱ → ㄴ → ㄹ → ㅁ → ㄷ → ㅂ
③ ㄱ → ㄴ → ㅁ → ㄹ → ㄷ → ㅂ
④ ㄱ → ㄷ → ㅁ → ㄹ → ㄴ → ㅂ

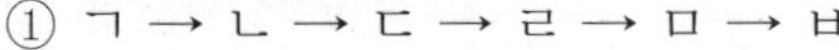

쏙쏙 해설

경비계획의 수립 시 문제의 인지 → 목표의 설정 → 경비위해요소 조사·분석 → 전체계획 검토 → 경비계획안의 작성 및 비교·검토 → 최선안 선택 → 경비의 실시 및 평가 → 피드백의 과정을 거친다.

정답 ❸

64 다음에서 설명하는 경비수준으로 옳은 것은?

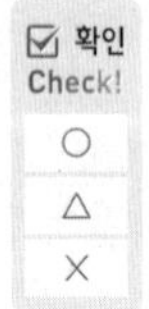

이 수준의 경비는 불법적인 일부 외부침입을 방해하고 탐지할 수 있도록 계획된 경비시스템을 말한다. 일단 단순한 물리적 장벽과 자물쇠가 설치되고 거기에 보강된 출입문, 창문의 창살, 보다 복잡한 수준의 자물쇠, 조명시스템, 기본적인 경비시스템, 기본적인 안전장치가 설치되며, 작은 소매상점, 저장창고 등이 대표적인 예이다.

① 최저수준경비(Level Ⅰ : Minimum Security)
② 하위수준경비(Level Ⅱ : Low-Level Security)
③ 중간수준경비(Level Ⅲ : Medium Security)
④ 상위수준경비(Level Ⅳ : High-Level Security)

쏙쏙 해설

제시문이 설명하는 경비수준은 하위수준경비(Level Ⅱ)이다.

정답 ❷

핵심만 콕

경비의 중요도에 따른 분류(경비계획의 수준)★

최저수준경비, 하위수준경비, 중간수준경비, 상위수준경비, 최고수준경비의 5단계로 구분할 수 있다.

구분	내용
최저수준경비 (Level Ⅰ)	일정한 패턴이 없는 불법적인 외부침입을 방해할 수 있도록 계획된 경비시스템으로, 보통 출입문과 자물쇠를 갖춘 창문과 같은 단순한 물리적 장벽으로 구성된다(예 일반가정 등).
하위수준경비 (Level Ⅱ)	일정한 패턴이 없는 불법적인 외부침입을 방해하고 탐지할 수 있도록 계획된 경비시스템으로, 일단 단순한 물리적 장벽과 자물쇠가 설치되고 거기에 보강된 출입문, 창문의 창살, 보다 복잡한 수준의 자물쇠, 조명시스템, 기본적 경보시스템, 기본적인 안전장치가 설치된다(예 작은 소매상점, 저장창고 등).
중간수준경비 (Level Ⅲ)	대부분의 패턴이 없는 불법적인 외부침입과 일정한 패턴이 없는 일부 내부침입을 방해, 탐지, 사정할 수 있도록 계획된 경비시스템으로, 보다 발전된 원거리 경보시스템, 경계지역의 보다 높은 수준의 물리적 장벽, 기본적 의사소통 장비를 갖춘 경비원 등이 조직되는 수준이다(예 큰 물품창고, 제조공장, 대형 소매점 등).
상위수준경비 (Level Ⅳ)	대부분의 패턴이 없는 외부 및 내부의 침입을 발견·저지·방어·예방하도록 계획되어진 경비시스템으로 CCTV, 경계경보시스템, 고도로 훈련받은 무장경비원, 고도의 조명시스템, 경비원과 경찰의 협력시스템 등으로 이루어진다(예 교도소, 제약회사, 전자회사 등).
최고수준경비 (Level Ⅴ)	일정한 패턴이 전혀 없는 외부 및 내부의 침입을 발견, 억제, 사정, 무력화할 수 있도록 계획된 경비시스템으로, 최첨단의 경보시스템과 현장에서 즉시 대응할 수 있는 24시간 무장체계가 갖추어진다(예 핵시설물, 중요교도소, 중요군사시설, 정부의 특별연구기관, 일부 외국대사관 등).

65 외곽경비에 관한 설명으로 옳은 것을 모두 몇 개인가?

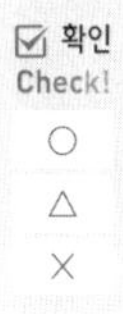

ㄱ. 외곽경비의 기본 목적은 불법침입을 지연시키는 것이다.
ㄴ. 차량출입구는 충분히 넓어야 하며 평상시에는 양방향을 유지한다.
ㄷ. 모든 출입구 수를 파악하고 공기흡입관, 배기관 등도 경비계획에 포함시켜야 한다.
ㄹ. 안전유리의 설치목적은 침입자의 침입시도를 완벽하게 저지하는 것이다.

① 없 음
② 1개
③ 3개
④ 4개

외곽경비에 관한 설명으로 옳은 것은 ㄱ, ㄴ, ㄷ 3개이다.

ㄹ (×) 안전유리의 설치목적은 침입자의 침입시도 시간을 최대한 지연시킴으로써 그 사이에 경비원이나 경찰이 출동할 수 있는 시간적 여유를 갖게 하여 외부침입을 막고자 하는 데 있다.

정답 ❸

66 경보체계에 관한 설명으로 옳지 않은 것은?

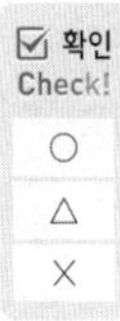

① 제한적 경보시스템은 사이렌이나 종, 비상등 등을 이용하는 경보체계이다.

② 중앙관제시스템은 일정지역에 국한해 한 두 개의 경보장치를 설치하는 경보체계이다.

③ 외래경보시스템은 전용 전화회선 등을 이용하여 직접 외부의 각 관계기관에 자동으로 연락하는 경보체계이다.

④ 상주경보시스템은 주요 지점에 경비원을 배치하여 비상시에 대응하는 경보체계이다.

중앙관제시스템은 경계가 필요한 곳에 CCTV 등을 설치하여 관리하는 시스템을 말한다. 일정지역에 국한해 경보장치를 설치하는 경보체계는 국부적 경보시스템이다.

정답 ❷

핵심만 콕

경보체계(시스템)의 종류

구분	내용
중앙관제시스템 (중앙통제관리시스템)	• 일반적으로 활용하고 있는 경보체계로서 경계가 필요한 곳에 CCTV를 설치하여 활용 • 사태파악이나 조치가 빠르고 오경보나 오작동에 대한 염려가 거의 없음
다이얼 경보시스템	• 비상사태가 발생하였을 경우 사전에 입력된 전화번호(강도 등의 침입이 감지되는 경우는 112, 화재 발생 시는 119)로 긴급연락을 하는 시스템 • 설치가 간단하고 유지비가 저렴한 반면에, 전화선이 끊기거나 통화 중인 경우에는 전혀 연락이 되지 않는 단점이 있음
상주경보시스템	• 조직이 자체적으로 경비부서를 조직하고 경비활동을 실시하는 가장 고전적인 방법으로 각 주요 지점마다 경비원을 배치하여 비상시에 대응하는 방식 • 즉각적인 대응이 가능하고 가장 신속한 대응방법이지만 많은 인력이 필요함
제한적 경보시스템	• 사이렌이나 종, 비상등과 같은 제한된 경보장치를 설치한 시스템으로, 일반적으로 화재예방시설이 이 시스템의 전형 • 사람이 없으면 대응할 수 없다는 단점이 있음
국부적 경보시스템	• 가장 원시적인 경보체계 • 일정 지역에 국한해 한 두 개의 경보장치를 설치하여 단순히 사이렌이나 경보음이 울리게 하거나 비상 경고등이 켜지게 하는 방식
로컬경비시스템	경비원들이 시설물의 감시센터에 근무를 하면서 이상이 발견되거나 감지될 때 사고 발생 현장으로 출동하여 사고에 대처하는 방식
외래경보시스템 (외래지원경보시스템)	전용 전화회선을 통하여 비상 감지 시에 직접 외부의 각 관계기관에 자동으로 연락이 취해지는 방식

67 경비조명의 형태에 대한 설명으로 옳은 것은?

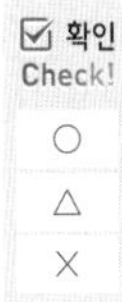

① 투광조명등은 특정지역에 빛을 집중시키거나 직접적으로 비추는 광선의 형태로 상당히 많은(밝은) 빛을 만들 수 있다.
② 프레이넬등은 사고발생 가능지역을 정확하게 관찰하기 위한 조명장비로서, 휴대가 가능하며 잠재적으로 사고가 일어날 만한 지역의 원거리 표적을 정확하게 관찰하기 위해 사용된다.
③ 탐조등은 넓은 폭의 빛을 내는 조명으로 경계구역에의 접근을 방지하기 위해 길고 수평하게 빛을 확장하는데 유용하게 사용된다.
④ 프레이넬등은 외딴 산간지역이나 작은 배로 쉽게 시설물에 접근할 수 있는 위치에 설치한다.

경비조명의 형태에 대한 설명으로 옳은 것은 ①이다. ②·④는 탐조등, ③은 프레이넬등에 대한 설명에 해당한다.

정답 ❶

핵심만 콕

경비조명등의 종류와 조명장비의 형태★★

경비조명등		조명장비	
백열등	• 가정집에서 주로 사용되는 조명으로 점등과 동시에 빛을 방출 • 경비조명으로 광범위하게 이용	가로등	• 설치 장소와 방법에 따라 대칭적인 방법과 비대칭적인 방법으로 설치 • 대칭적인 가로등은 빛을 골고루 발산하며, 특별히 높은 지점의 조명을 필요로 하지 않는 넓은 지역에서 사용되며, 설치 위치도 보통 빛이 비춰지는 지역의 중앙에 위치한다. • 비대칭적인 가로등은 조명이 필요한 지역에서 다소 떨어진 장소에 사용된다.
가스방전등	수은등 : 푸른색의 강한 빛, 긴 수명	투광조명등	• 300W~1,000W까지 사용 • 특정지역에 빛을 집중시키거나 직접적으로 비추는 광선의 형태로 상당히 밝은 빛을 만들 수 있다.
	나트륨등 : 연한 노란색의 빛을 내며 안개지역에 사용	프레이넬등	• 300W~500W까지 사용 • 넓은 폭의 빛을 내는 조명으로 경계구역에의 접근방지를 위해 길고 수평하게 빛을 확장하는데 유용하게 사용 • 수평으로 약 180°, 수직으로 15~30° 정도의 폭이 좁고 긴 빛을 투사 • 비교적 어두운 시설물에서 침입을 감시하는 경우 유용하게 사용
석영수은등	• 매우 밝은 하얀 빛 • 경계구역과 사고발생 다발지역에 사용 • 가격이 비쌈	탐조등	• 250W~3,000W까지 다양하게 사용 • 사고우려지역을 정확하게 관찰하기 위해 사용하는데 백열등이 자주 이용된다. • 휴대가 가능 • 외딴 산간지역이나 작은 배로 쉽게 시설물에 접근할 수 있는 위치에 설치

68 **다음 중 가정집 내부에서 스위치를 눌러서 출입문이 열리도록 할 수 있는 잠금장치의 올바른 명칭은 어느 것인가?**

☑ 확인 Check! ○ △ ×

① 기억식 잠금장치
② 일체식 잠금장치
③ 패드록
④ 전기식 잠금장치

설문은 전기식 잠금장치에 대한 설명으로, 전기식 잠금장치(Electric Locking Devices)란 문이 열리고 닫히는 것이 전기신호에 의해 이루어지는 장치를 말한다.

 ❹

핵심만 콕

잠금장치

기억식 잠금장치	문에 전자장치가 설치되어 있어서 일정 시간에만 문이 열리는 방식을 말한다. 은행금고나 박물관 등에서 주로 사용된다.
전기식 잠금장치	문이 열리고 닫히는 것이 전기신호에 의해 이루어지는 장치를 말한다. 원거리에서 문을 열고 닫도록 제어하는 장점이 있으며, 특히 마당이 있는 가정집 내부에서 스위치를 누름으로써 외부의 문이 열리도록 작동하는 보안잠금장치이다.
일체식 잠금장치	하나의 문이 잠길 경우에 전체의 문이 동시에 잠기는 방식을 말한다. 교도소 등 동시다발적 사고 발생의 우려가 높은 장소에서 사용된다.
카드식 잠금장치	전기나 전자기 방식으로 암호가 입력된 카드를 인식시킴으로써 출입문이 열리도록 한 장치이다.

69 **경비시설물의 물리적 통제시스템에 관한 설명으로 옳지 않은 것은?**

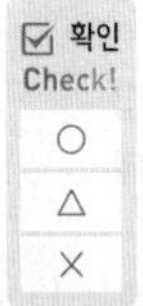

① 외부 침입 시 경비시스템 중 1차 보호시스템은 내부 출입통제시스템이고, 2차 보호시스템은 외부 출입통제시스템이다.
② 시설물 내에 존재하는 내부 자산들은 그 가치가 다르기 때문에 상이한 경비보호계획을 수립하여 대응해야 한다.
③ 체인링크(Chain link)는 콘크리트나 석재 담장과 유사한 보호기능을 하면서도 저렴하다는 장점이 있다
④ 안전유리(Security glass)는 동일한 두께의 콘크리트 벽에 비해 충격에 강하고 외관상 미적 효과가 있다.

외부 침입 시 경비시스템 중 1차 보호시스템은 외부 출입통제시스템이고, 2차 보호시스템은 내부 출입통제시스템이다.

 ❶

70 다음 중 옳지 않은 것은?

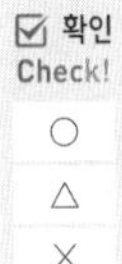

① 셉테드(CPTED)는 환경설계를 통한 범죄예방의 줄인 말로 물리적 환경을 개선함으로써 범죄를 억제한다는 제도이다.
② 환경의 효율적인 이용을 통해 범죄예방의 목적을 달성하기 위하여 자연적 전략에서 조직적·기계적 전략으로 그 중심을 바꾸는데 기여하였다.
③ 2007년 이후 혁신도시 건설사업 실시계획에 CPTED기법이 반영된 이후 2008년도에 CPTED의 기반규격 표준을 개발·공고하였다.
④ CPTED의 1차적 기본전략은 자연적인 접근통제, 자연적인 감시, 영역성의 강화라는 세 가지 차원에서 출발한다.

CPTED는 환경의 효과적인 이용을 통해 범죄예방을 극대화하기 위하여 본질적으로 조직적이고 기계적인 전략에서 자연적인 전략으로 중점을 바꾸는데 기여하고 있다.
〈출처〉 건양대학교 산학협력단, 「경기도 유해환경 정비를 통한 범죄예방(CPTED) 및 안전도시 구상」, 2016

정답 ❷

환경설계를 통한 범죄예방(Crime Prevention Through Environmental Design)
- 물리적 환경을 개선함으로써 범죄를 억제하고 주민의 불안감을 해소하는 제도
- 건물과 가로등, 감시장비 등을 범죄를 줄이는 방향으로 설계·건축하는 기법
- 1970년대 미국에서 유래하여 1980년대부터 캐나다·영국·호주·일본 등 선진국의 건축 관계 법령에 반영됨

71 폭발물에 의한 테러 위협 시 대피활동에 대한 설명으로 옳지 않은 것은?

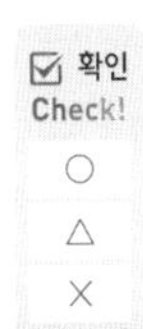

① 사람들이 대피하여야 하는 경우에는 보안을 유지하면서 침착하게 사람들을 대피시켜야 한다.
② 화재대피와 동일한 방법으로 대피해야 하며 엘리베이터의 사용은 금지한다.
③ 범인이 사람의 이동을 감지하여 그대로 폭파시킬 수 있으므로 대피는 매우 신중해야 한다.
④ 모든 창문과 문은 닫아 두어야 한다.

폭발물의 폭발력을 약화시키기 위해서 모든 창문과 문은 열어두어야 한다.

정답 ❹

72 화재발생의 불꽃발화 단계에서 적용되는 감지기는?

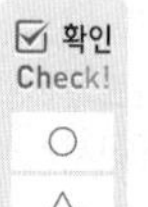

① 이온 감지기 ② 광전자 감지기
③ 적외선 감지기 ④ 열 감지기

불꽃발화 단계에서는 적외선 감지기가 사용된다.

정답 ❸

화재의 단계와 감지기★

구 분	내 용	감지원	적합한 감지기
초기 단계	연기와 불꽃, 빛 등은 보이지 않고 약간의 열기만 감지할 수 있는 단계로, 가연성 물질이 나온다.	가연성 물질	이온 감지기
그을린 단계	불꽃은 보이지 않고 약간의 연기만 감지되는 단계	연 기	연기 감지기, 광전자 감지기
불꽃발화 단계	실제 불은 눈에 보이지 않지만 불꽃과 연기는 보이는 단계	불 꽃	적외선 감지기
열 단계	불꽃과 연기, 그리고 강한 열이 감지되는 단계	열	열 감지기

73 백업시스템의 비상계획 수립 시 고려사항으로 옳지 않은 것은?

① 제3자에 의한 핫 사이트(Hot site)를 구비해서는 안 된다.
② 시스템 간의 지속적인 호환성 유무를 확인하기 위해 정기적으로 시험가동이 수행되어야 한다.
③ 다수의 기업체와 공백 셀[Empty Shell(cold)] 계약방식에 의한 계약체결을 고려한다.
④ 컴퓨터를 설치할 때는 분산 형태의 보완시스템이 갖춰진 컴퓨터를 구비한다.

백업시스템의 비상계획 수립 시 제3자에 의한 핫 사이트(Hot site) 구비를 고려해야 한다.

정답 ❶

핵심만 콕

핫 사이트(Hot Site)
- 실시간으로 데이터 및 시스템과 환경을 원격지에 복제하여 이중화하는 시스템 재해복구 방식이다.
- 재해 발생 시 최단 시간 내에 데이터를 유실 없이 복구할 수 있다.

공백 셀 계약방식

전원시설, 공조기, 통신선로 등을 갖추고, 재해 발생 시 하드웨어, 소프트웨어 설치가 가능하도록 공간을 확보하는 방식이다. 핫 사이트에 비해 비용은 적게 들지만 백업처리를 준비하는데 많은 시간이 소요된다.

분산 형태의 보완시스템

2대의 컴퓨터 가운데 1대는 예비용으로 사용되는 시스템이다.

74 다음 중 컴퓨터범죄의 특징에 대한 설명으로 옳지 않은 것은?

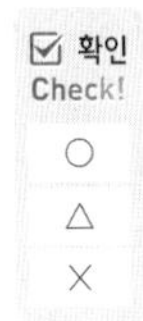

① 컴퓨터 전반에 걸쳐 정통한 전문가보다는 특수하고 선문화된 일정 기술에만 정통한 기술자들이 대다수이다.
② 장소, 국경 등에 관계없이 컴퓨터 침입이 가능하며 증거가 남지 않고 증거인멸이 용이하기 때문에 범죄의 발견이 어렵다.
③ 컴퓨터범죄 행위자는 대부분 상습범이거나 누범자이다.
④ 컴퓨터의 기술개발 측면에만 연구를 집중하고 컴퓨터 사고방지와 범죄방지 측면에는 소홀한 면이 있다.

젊은 연령층의 기술과 지성을 겸비한 컴퓨터 전문가가 죄의식이 빈약한 상태에서 저지르기 때문에 초범이 많다.

정답 ❸

75 다음에서 설명하는 컴퓨터범죄 유형은?

> • 컴퓨터 시스템의 자료를 권한 없이 획득하거나 불법이용 또는 누설하여 타인에게 경제적 손해를 야기하는 행위를 말한다.
> • 자료와 프로그램의 불법획득과 이용이라는 2개의 행위로 이루어진다.

① 컴퓨터 부정조작
② 컴퓨터 스파이
③ 컴퓨터 부정사용
④ 컴퓨터 파괴

제시문의 내용은 컴퓨터 스파이에 대한 설명이다.

정답 ❷

해설편 제4회

핵심만 콕

컴퓨터범죄의 유형★

유형	내용
컴퓨터 부정조작	• 컴퓨터 시스템 자료처리 영역 내에서 정상적인 운영을 방해하는 행위 등을 말한다. 부정조작의 유형으로는 입력 조작, 프로그램 조작, 콘솔 조작, 출력 조작이 있다.
컴퓨터 부정사용	• 컴퓨터에 관한 업무에 대해 전혀 권한이 없는 자가 컴퓨터가 있는 곳에 잠입하거나 원격단말장치를 사용하는 방법으로 그 기업체의 컴퓨터를 일정한 시간 동안 자신을 위하여 작동시키는 것을 말한다. 해킹도 이 범죄유형에 속한다.
컴퓨터 파괴	• 컴퓨터 자체, 프로그램, 컴퓨터 내·외부에 기억되어 있는 자료를 개체(객체)로 하는 파괴행위를 말한다.

76 다음의 제시문이 설명하는 컴퓨터의 부정조작은 무엇인가?

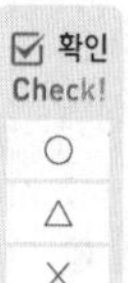

> 불법적인 목적을 달성하기 위해 입력될 자료를 조작하여 컴퓨터로 하여금 거짓 처리결과를 만들어내게 하는 행위로 천공카드, 천공테이프, 마그네틱테이프, 디스크 등의 입력매체를 이용한 입력장치나 입력타자기에 의하여 행하여진다.

① 입력 조작　② 콘솔 조작
③ 출력 조작　④ 프로그램 조작

제시문은 입력 조작에 대한 설명에 해당한다.

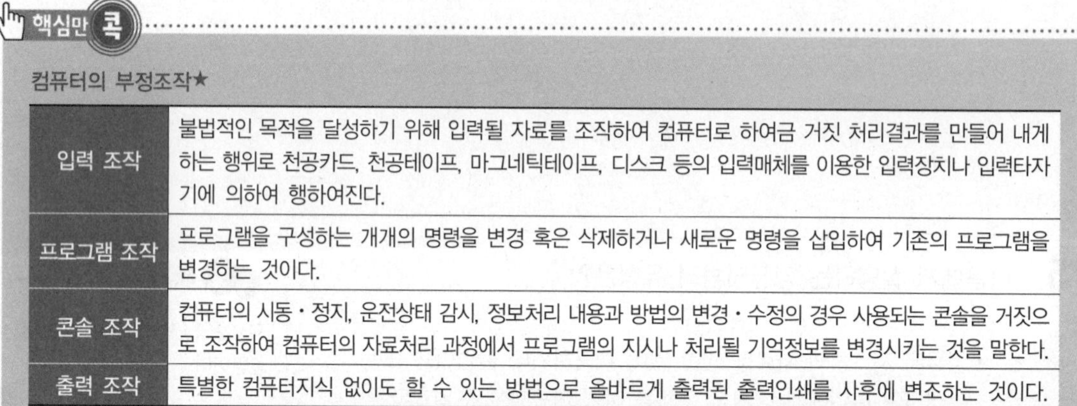
핵심만 콕

컴퓨터의 부정조작★

구분	내용
입력 조작	불법적인 목적을 달성하기 위해 입력될 자료를 조작하여 컴퓨터로 하여금 거짓 처리결과를 만들어 내게 하는 행위로 천공카드, 천공테이프, 마그네틱테이프, 디스크 등의 입력매체를 이용한 입력장치나 입력타자기에 의하여 행하여진다.
프로그램 조작	프로그램을 구성하는 개개의 명령을 변경 혹은 삭제하거나 새로운 명령을 삽입하여 기존의 프로그램을 변경하는 것이다.
콘솔 조작	컴퓨터의 시동・정지, 운전상태 감시, 정보처리 내용과 방법의 변경・수정의 경우 사용되는 콘솔을 거짓으로 조작하여 컴퓨터의 자료처리 과정에서 프로그램의 지시나 처리될 기억정보를 변경시키는 것을 말한다.
출력 조작	특별한 컴퓨터지식 없이도 할 수 있는 방법으로 올바르게 출력된 출력인쇄를 사후에 변조하는 것이다.

77 컴퓨터 시스템 안전대책 중 관리적 대책의 내용으로 옳지 않은 것은?

① 패스워드의 철저한 관리
② 직무권한의 명확화와 분리
③ 프로그램 개발・통제
④ 데이터의 암호화

데이터 암호화는 관리적 안전대책이 아닌 기술적 대책이다.

핵심만 콕

컴퓨터범죄의 예방대책★★

컴퓨터 시스템 안전대책	물리적 대책	건물에 대한 안전조치, 물리적 재해에 대한 보호조치(백업시스템), 출입통제
	관리적(인적) 대책	직무권한의 명확화와 상호 분리 원칙, 프로그램 개발 통제, 도큐멘테이션 철저, 스케줄러의 점검, 액세스 제한 제도의 도입, 패스워드의 철저한 관리, 레이블링(Labeling)에 의한 관리, 감사증거기록 삭제 방지, 근무자들에 대한 정기적 배경조사, 회사 내부의 컴퓨터 기술자・사용자・프로그래머의 기능을 각각 분리, 안전관리 기타 고객과의 협력을 통한 감시체제, 현금카드 운영의 철저한 관리, 컴퓨터 시스템의 감사 등이 있다.
	기술적 대책	암호화, 방화벽(침입차단시스템), 침입탐지시스템(IDS : Intrusion Detection System)
입법적 대책		현행 형법상 규정 : 컴퓨터 업무방해죄(형법 제314조 제2항), 컴퓨터등 사기죄(형법 제347조의2), 전자기록 손괴죄(형법 제366조), 사전자기록의 위작・변작(형법 제232조의2), 비밀침해죄(형법 제316조 제2항)
		기타 규제법률 : 컴퓨터 통신망 보호(정보통신망 이용촉진 및 정보보호 등에 관한 법률), 통신침해(전기통신기본법, 전기통신사업법, 전파법), 개인정보 침해(개인정보보호법, 신용정보의 이용 및 보호에 관한 법률), 소프트웨어 보호(소프트웨어산업진흥법, 저작권법, 특허법), 도청행위(통신비밀보호법), 전자문서(정보통신망 이용촉진 및 정보보호 등에 관한 법률, 물류정책기본법)
형사정책적 대책		수사관의 수사능력 배양, 검사 또는 법관의 컴퓨터 지식 함양 문제는 오늘날 범죄의 극복을 위한 중요한 과제이다. 수사력의 강화, 수사장비의 현대화, 컴퓨터 요원의 윤리 교육, 컴퓨터 안전기구의 신설, 컴퓨터범죄 연구기관의 설치가 요구되고 있다.

78 청원경찰법과 경비업법의 이원적 운용체제에 따른 문제점이 아닌 것은?

☑ 확인 Check! ○ △ ×

① 청원경찰과 일반경비원 모두 총기 사용에 따른 훈련부족으로 사고가 빈번하다.

② 청원경찰은 경찰공무원도 경비원도 아닌 이중적인 법적 지위 때문에 업무 수행에 있어서 혼란 등을 겪을 수 있다.

③ 민간경비원은 청원경찰보다 직업안정성이 낮고 이직률이 높은 편이다.

④ 청원경찰과 민간경비의 보수 면에서 상당한 차이가 발생해 청원주가 청원경찰의 배치를 기피한다.

해설

일반경비원은 청원경찰과 달리 총기를 사용할 수 없으며, 따라서 일반경비원에 있어서 총기 사용에 의한 사고가 빈번하다는 것은 옳지 않은 지문이다.

정답 ❶

79 경비업법령상 경비업의 허가를 받은 법인이 신고하여야 할 사항을 모두 고른 것은?

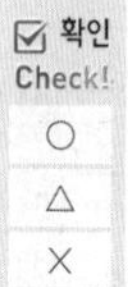

> ㄱ. 영업을 폐업하거나 휴업한 때
> ㄴ. 법인의 명칭이나 대표자·임원을 변경한 때
> ㄷ. 법인의 주사무소나 출장소를 신설·이전 또는 폐지한 때
> ㄹ. 기계경비업무를 개시하거나 종료한 때

① ㄱ
② ㄱ, ㄴ
③ ㄱ, ㄴ, ㄷ
④ ㄱ, ㄴ, ㄷ, ㄹ

신고사항으로 옳은 것은 ㄱ, ㄴ, ㄷ이다.
ㄹ (×) 기계경비업무가 아닌 특수경비업무를 개시하거나 종료한 때가 신고사항에 해당한다.

정답 ❸

경비업의 허가(경비업법 제4조)

③ 제1항의 규정에 의하여 경비업의 허가를 받은 법인은 다음 각호의 1에 해당하는 때에는 시·도 경찰청장에게 신고하여야 한다.
1. 영업을 폐업하거나 휴업한 때
2. 법인의 명칭이나 대표자·임원을 변경한 때
3. 법인의 주사무소나 출장소를 신설·이전 또는 폐지한 때
4. 기계경비업무의 수행을 위한 관제시설을 신설·이전 또는 폐지한 때
5. 특수경비업무를 개시하거나 종료한 때
6. 그 밖에 대통령령이 정하는 중요사항을 변경한 때

80 민간경비산업의 전망에 관한 설명으로 옳지 않은 것은?

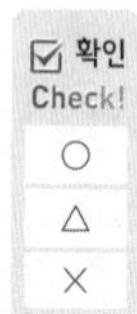

① 향후 기계경비업보다 인력경비업의 성장속도가 빠를 것이다.
② 지역 특성과 경비수요에 맞는 민간경비 상품의 개발이 요구될 것이다.
③ 경찰인력의 부족, 장비의 부족, 업무의 과다로 인해 민간경비업은 급속히 발전할 것이다.
④ 민간경비업의 홍보활동이 적극적으로 전개될 것이다.

향후 인력경비업보다 기계경비업의 성장속도가 훨씬 빠를 것이다.

정답 ❶

제5회 법학개론 정답 및 해설

정답 CHECK

01	02	03	04	05	06	07	08	09	10	11	12	13	14	15	16	17	18	19	20
②	③	①	②	④	②	②	④	③	②	②	②	②	③	④	①	④	①	③	①
21	**22**	**23**	**24**	**25**	**26**	**27**	**28**	**29**	**30**	**31**	**32**	**33**	**34**	**35**	**36**	**37**	**38**	**39**	**40**
③	③	④	①	②	②	②	①	②	④	②	①	①	④	②	④	②	②	①	④

각 문항별로 이해도를 체크해 보세요.

문제편 102p

01 아리스토텔레스의 정의론에 관한 설명으로 옳지 않은 것은?

확인 Check!
○
△
×

① 정의는 일반적 정의와 특수적 정의로 나뉜다.
② 일반적 정의는 평균적 정의와 배분적 정의로 나뉜다.
③ 배분적 정의는 실질적 · 상대적 평등을 의미한다.
④ 평균적 정의는 형식적 · 절대적 평등을 의미한다.

해설

아리스토텔레스의 정의론에 따르면 정의는 일반적(광의) 정의와 특수적(협의) 정의로 나뉘며, 특수적 정의는 다시 평균적(절대적 · 형식적 평등) 정의와 배분적(상대적 · 실질적 평등) 정의로 구분된다.

정답 ❷

02 법의 효력에 관한 설명으로 옳지 않은 것은?

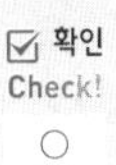
확인 Check!
○
△
×

① 한시법에 있어서 시행기간이 경과하여 적용되지 않게 된 경우, 이는 명시적 폐지에 해당한다.
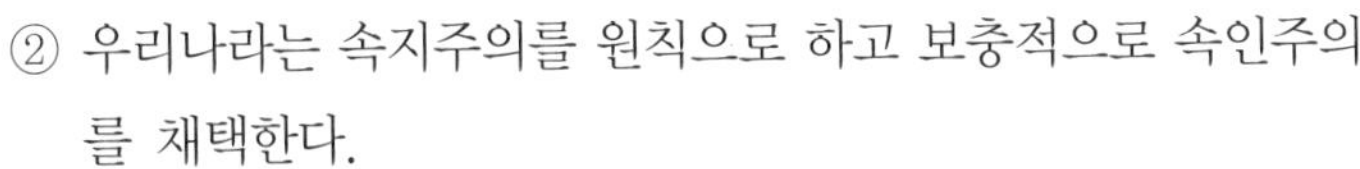
② 우리나라는 속지주의를 원칙으로 하고 보충적으로 속인주의를 채택한다.
③ 법률불소급의 원칙은 절대적인 것이어서 입법으로도 제한할 수 없다.
④ 동일 사항에 관하여 서로 모순 · 저촉되는 신법의 제정으로 구법이 당연히 폐지되는 것을 묵시적 폐지라 한다.

해설

법률불소급의 원칙에도 불구하고 소급효의 인정이 정의 · 형평의 관념에 부합할 때에는 예외적으로 소급효가 인정된다.

정답 ❸

안심Touch

03 다음 ( ) 안의 ㄱ, ㄴ, ㄷ에 들어갈 법원(法源)이 바르게 연결된 것은?

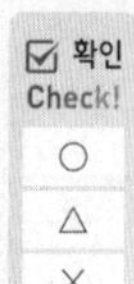

• (ㄱ) – 국회의 의결을 거치지 않고 행정기관에 의해 제정되는 성문법규
• (ㄴ) – 지방자치단체가 법령의 범위 안에서 그 사무에 관하여 제정한 법규
• (ㄷ) – 지방자치단체의 장이 법령이나 (ㄴ)이/가 위임한 범위에서 그 권한에 속하는 사무에 관하여 제정한 법규

① ㄱ : 명령, ㄴ : 조례, ㄷ : 규칙
② ㄱ : 명령, ㄴ : 규칙, ㄷ : 조례
③ ㄱ : 조례, ㄴ : 명령, ㄷ : 규칙
④ ㄱ : 조례, ㄴ : 규칙, ㄷ : 명령

쏙쏙 해설

( ) 안에 들어갈 법원은 순서대로 ㄱ : 명령, ㄴ : 조례, ㄷ : 규칙이다.

정답 ❶

04 다음 법조문의 논리해석과 관련한 설명으로 가장 적절한 것은?

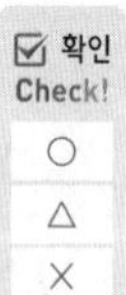

• 형법 제250조(살인, 존속살해) ① '사람'을 살해한 자는 사형, 무기 또는 5년 이상의 징역에 처한다.
• 형법 제250조에서 말하는 사람에는 법인과 자기 자신은 포함하지 않게 해석한다.

① 법규의 자구의 의미를 그 입법취지에 비추어 보통의 일반적인 의미보다 넓게 해석한다.
② 법률의 문언을 문리보다 좁게, 엄격하게 해석한다.
③ 법문이 규정하는 요건과 반대의 요건이 존재하는 경우에 그 반대의 요건에 대하여 법문과 반대의 법적 판단을 하는 해석이다.
④ 법문에 규정된 사항 이외의 사항도 물론 포함되는 것으로 해석한다.

제시문은 축소해석에 관한 설명으로 ②가 이에 해당한다.
① 확장해석에 대한 설명이다.
③ 반대해석에 대한 설명이다.
④ 물론해석에 대한 설명이다.

05 다음 중 절차법에 해당하는 것들을 모두 고르면?

ㄱ. 헌 법
ㄴ. 민 법
ㄷ. 형 법
ㄹ. 부동산등기법
ㅁ. 채무자회생 및 파산에 관한 법률

① ㄱ, ㄴ ② ㄱ, ㄹ
③ ㄴ, ㅁ ④ ㄹ, ㅁ

쏙쏙 해설

권리·의무의 실체를 다루는 실체법과는 달리 권리·의무를 실현하는 절차와 관련된 절차법에는 민사소송법, 민사집행법, 형사소송법, 행정소송법, 채무자회생 및 파산에 관한 법률, 부동산등기법 등이 있다.

정답 ❹

법의 체계와 분류★

국내법											국제법	
공 법					사법(실체법)		사회법(실체법)				조 약	국제관습법
실체법			절차법									
헌 법	형 법	행정법	민사소송법	형사소송법	민 법	상 법	노동법	경제법	사회보장법			

06 법의 적용과 관련된 다음 기술 중 타당하지 않은 것은?

① 재판의 과정을 살펴보면, 먼저 적용될 추상적 법규를 대전제로 하고, 구체적 사건을 소전제로 하며 여기에 재판이라는 결론을 도출하는 3단 논법의 형식이 적용된다.
② 민법 제28조에서 "실종선고를 받은 자는 실종기간이 만료한 때 사망한 것으로 본다."고 규정한 것은 '사실의 추정'의 예라 할 수 있다.
③ 사실의 존부는 증거에 의해 확정되며 이를 증거재판주의라고 부른다.
④ 확정되지 못한 사실을 잠정적으로 확정된 것처럼 법률효과를 발생시키는 것을 '사실의 추정'이라 한다.

쏙쏙 해설

사실의 추정이 아닌 사실의 의제(간주)에 관한 설명이다.

정답 ❷

- 사실의 추정 : 편의상 사실을 가정하는 것으로, '~한 것으로 추정한다.'라고 하며, 반증을 들어서 부정할 수 있다. 예를 들면 "처가 혼인 중에 포태한 자는 부의 자로 추정한다."라고 규정하고 있어 친생자관계를 인정하고 있으나, 부는 그 자가 친생자임을 부인하는 소를 제기할 수 있다고 하여 법률상의 사실은 반증을 들어 이를 부정할 수 있다.
- 사실의 의제(간주) : 일정한 사실을 확정하는 것으로 '~한 것으로 간주한다, ~한 것으로 본다.'라고 하며, 반증을 들어서 이를 부정할 수 없다. 예를 들어 "대리인이 본인을 위한 것임을 표시하지 아니한 때에는 그 의사표시는 자기를 위한 것으로 본다." 또는 "실종선고를 받은 자는 실종기간이 만료한 때 사망한 것으로 본다."고 규정한 것은 '사실의 의제'의 예라 할 수 있다.

07 권리자의 일방적인 의사표시에 의하여 일정한 법률관계를 발생·변경·소멸시키는 권리에 해당하지 않는 것은?

확인 Check! ○ △ ×

① 취소권
② 영구적 항변권
③ 추인권
④ 해지권

권리는 작용(효력)에 따라 지배권(물권·무체재산권 등), 청구권(채권·부양청구권 등), 형성권(취소권·해제권·추인권·해지권 등), 항변권(연기적/영구적 항변권 등)으로 분류되며, 설문은 형성권에 대한 내용이다.

정답 ❷

08 권리와 의무에 관한 설명으로 옳지 않은 것은?

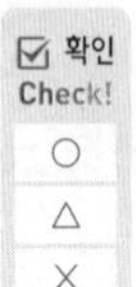

① 계약해제권은 형성권으로서 그에 대응하는 의무가 없다.
② 사권(私權)은 작용에 따라 지배권, 청구권, 형성권, 항변권으로 분류할 수 있다.
③ 납세의무, 교육의무는 공법상 의무이다.
④ 권리·의무의 주체는 자연인뿐이다.

자연인뿐만 아니라 법인도 관청의 허가를 얻고 등기를 하면 권리·의무의 주체가 될 수 있다.

정답 ❹

09 권리의 충돌과 순위와 관련한 설명으로 옳지 않은 것은?

확인 Check! ○ △ ×

① 제한물권은 소유권에 우선한다.
② 종류를 달리하는 제한물권 상호 간에는 일정한 원칙은 없고, 법률의 규정에 의하여 순위가 정하여진다.
③ 하나의 물권에 대하여 물권과 채권이 병존하는 경우에는 그 성립시기를 불문하고 언제나 물권이 우선한다.
④ 채권은 성립의 선후에 따른 우선순위의 차이가 없고 모든 채권자는 같은 순위로 변제를 받는 것이 원칙이다.

하나의 물건에 대하여 물권과 채권이 병존하는 경우에는 그 성립시기를 불문하고 원칙적으로 물권이 우선하나 예외적으로 대항요건을 갖춘 부동산의 임차권(채권)은 나중에 성립한 전세권(물권)에 우선한다.

정답 ❸

10 헌법개정절차에 관한 설명으로 옳지 않은 것은?

확인 Check! ○ △ ×

① 헌법개정은 국회 재적의원 과반수 또는 대통령의 발의로 제안된다.
② 국회는 헌법개정안이 공고된 날로부터 30일 이내에 의결하여야 하며, 국회의 의결은 재적의원 3분의 2 이상의 찬성을 얻어야 한다.
③ 대통령의 임기연장 또는 중임변경을 위한 헌법개정은 그 헌법개정 제안 당시의 대통령에 대하여는 효력이 없다.
④ 헌법개정안은 국회가 의결한 후 30일 이내에 국민투표에 붙여 국회의원 선거권자 과반수의 투표와 투표자 과반수의 찬성을 얻으면 헌법개정은 확정된다.

② 국회는 헌법개정안이 공고된 날로부터 60일 이내에 의결하여야 하며, 국회의 의결은 재적의원 3분의 2 이상의 찬성을 얻어야 한다(헌법 제130조 제1항).
① 헌법 제128조 제1항
③ 헌법 제128조 제2항
④ 헌법 제130조 제2항 · 제3항

정답 ❷

해설편 제5회

11 헌법의 조문은 그대로 있으면서 그 의미나 내용이 실질적으로 변화하는 것을 무엇이라 하는가?

확인 Check! ○ △ ×

① 헌법의 파괴
② 헌법의 변천
③ 헌법의 정지
④ 헌법의 폐지

헌법의 변천은 헌법해석에 의한 변천, 헌법관행에 의한 변천, 헌법의 흠결을 보완하기 위한 변동이며, 미 연방대법원의 위헌법률심사권이나 간접선거임에도 직접선거처럼 운용하는 미국대통령선거가 그 예이다.

정답 ❷

핵심만 콕

헌법의 파괴 (수직적 교체)	혁명 등에 의해 헌법제정권력이 경질되는 경우(프랑스 대혁명에 의한 군주제 헌법 파괴, 러시아 프롤레타리아혁명에 의한 제정헌법의 파괴)
헌법의 폐지 (수평적 교체 · 헌법전의 교체)	쿠데타, 즉 기존헌법을 배제하기는 하지만 헌법제정권력의 주체는 변경이 없는 경우(나폴레옹의 쿠데타, 나폴레옹 3세의 쿠데타, 드골헌법)
헌법의 정지	헌법의 특정조항에 대해 효력을 일시적으로 중단시키는 경우 합헌적 헌법정지(유신헌법상의 긴급조치권 발동), 초헌법적인 헌법정지(5 · 16 군사정변 이후의 국가비상조치에 의한 헌법정지)
헌법의 침해	위헌임을 알면서도 헌법에 위반되는 명령이나 조치를 취하는 경우(비상계엄이 선포된 경우 헌법의 특정조항이 침해될 가능성이 있음)
헌법의 변천	• 헌법의 조문은 그대로 있으면서 그 의미나 내용이 실질적으로 변화하는 경우(헌법해석에 의한 변천, 헌법관행에 의한 변천, 헌법의 흠결을 보완하기 위한 변천) • 미연방대법원의 위헌법률심사권, 미국대통령선거(간접선거임에도 직접선거처럼 운용), 영국국왕의 권한 상실과 수상의 내각지배 등

12 **우리나라의 헌법전문에서 규정하고 있는 내용으로 옳지 않은 것은?**

① 국제평화주의
② 대한민국 영토
③ 국민주권주의
④ 모든 사회적 폐습과 불의를 타파

대한민국 영토는 헌법의 전문에서 규정하고 있지 않으며, 헌법 제3조에서 대한민국의 영토는 한반도와 그 부속도서로 한다고 규정되어 있다.

헌법전문

현행 헌법전문에 명문으로 규정되어 있는 것	현행 헌법전문에 명문으로 규정되어 있지 않은 것
• 국민주권주의 • 대한민국의 건국이념(3 · 1운동, 대한민국임시정부의 법통과 4 · 19이념의 계승) • 조국의 민주개혁과 평화적 통일의 사명 • 정의 · 인도와 동포애로써 민족의 단결을 공고히 함 • 모든 사회적 폐습과 불의를 다파 • 자유민주적 기본질서의 확립 • 모든 영역에서 각인의 기회균등 • 국민생활의 균등한 향상 • 국제평화주의 • 제정일자 및 개정 횟수	• 권력분립 • 민주공화국, 국가형태(제1조) • 5 · 16군사정변(제4공화국 헌법) • 침략전쟁의 부인(제5조 제1항) • 자유민주적 기본질서에 입각한 평화적 통일정책(제4조) • 국가의 전통문화계승발전과 민족문화창달의무(제9조) • 대한민국 영토(제3조) • 개인과 기업의 경제상의 자유와 창의(제119조 제1항) • 인간의 존엄과 가치, 행복추구권(제10조)

13 지방자치법상 주민의 권리가 아닌 것은?

① 균등한 행정혜택을 받을 권리
② 공공시설의 설치를 반대하는 사항에 대한 조례제정청구권
③ 공공시설이용권
④ 지방의회에 대한 청원권

해설

②는 지방자치법 제15조 제2항 제3호의 조례의 제정과 개폐 청구 제외사유에 해당한다.

정답 ❷

법령

조례의 제정과 개폐 청구(지방자치법 제15조)

② 다음 각호의 사항은 제1항에 따른 청구대상에서 제외한다.
1. 법령을 위반하는 사항
2. 지방세·사용료·수수료·부담금의 부과·징수 또는 감면에 관한 사항
3. 행정기구를 설치하거나 변경하는 것에 관한 사항이나 공공시설의 설치를 반대하는 사항

14 법원(法院)에 대한 설명으로 옳지 않은 것은?

① 대법원장은 국회의 동의를 얻어 대통령이 임명한다.
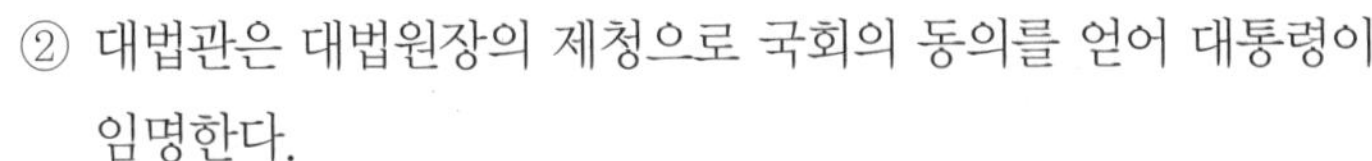
② 대법관은 대법원장의 제청으로 국회의 동의를 얻어 대통령이 임명한다.
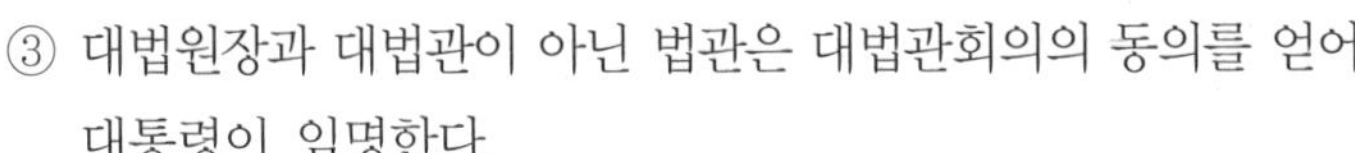
③ 대법원장과 대법관이 아닌 법관은 대법관회의의 동의를 얻어 대통령이 임명한다.
④ 법률이 헌법에 위반되는지 여부가 재판의 전제가 된 경우, 당해 사건을 담당하는 법원이 헌법재판소에 위헌법률심판을 제기한다.

해설

③ 대법원장과 대법관이 아닌 법관은 대법관회의의 동의를 얻어 대법원장이 임명한다(헌법 제104조 제3항).
① 헌법 제104조 제1항
② 헌법 제104조 제2항
④ 헌법 제107조 제1항 참고

정답 ❸

15 헌법재판소의 권한에 관한 설명으로 옳지 않은 것은?

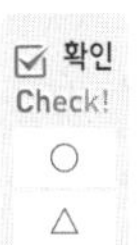

① 국회가 소추한 고위 공직자의 탄핵사건을 심판한다.
② 국가기관이나 지방자치단체 상호 간의 권한쟁의를 심판한다.
③ 법률이 헌법에 위배되는지의 여부를 법원의 제청에 의하여 심판한다.
④ 헌법재판소의 모든 심판은 재판관 6인 이상의 찬성으로 결정된다.

해설

국가기관이나 지방자치단체 상호 간의 권한쟁의 심판의 경우 헌법재판관 7인 이상이 출석하여 심리하고 참석 재판관 과반의 찬성으로 결정된다.

정답 ❹

해설편 제5회

16 **권리자가 장기간에 걸쳐 그 권리를 행사하지 아니함에 따라 그 의무자인 상대방이 더 이상 권리자가 그 권리를 행사하지 아니할 것으로 신뢰할만한 정당한 기대를 가지게 되는 경우에 새삼스럽게 권리자가 그 권리를 행사하는 것은 법질서 전체를 지배하는 신의성실의 원칙에 위반되어 허용되지 않는다는 것을 의미하는 원칙은?**

확인 Check! ○ △ ×

① 실효의 원칙
② 금반언의 원칙
③ 사정변경의 원칙
④ 권리남용금지의 원칙

설문은 신의칙의 파생원칙 중 실효의 원칙에 대한 내용이다.

정답 ❶

핵심만 콕

신의성실의 원칙의 파생원칙

사정변경의 원칙	계약체결 당시의 사회 사정이 계약체결 후 현저히 변경되면, 계약은 그 구속력을 잃는다는 원칙
실효의 원칙	권리자가 장기간에 걸쳐 그 권리를 행사하지 아니함에 따라 그 의무자인 상대방이 더 이상 권리자가 그 권리를 행사하지 아니할 것으로 신뢰할만한 정당한 기대를 가지게 되는 경우에 새삼스럽게 권리자가 그 권리를 행사하는 것은 법질서 전체를 지배하는 신의성실의 원칙에 위반되어 허용되지 않는다는 원칙
금반언의 원칙	행위자가 일단 특정한 표시를 한 이상 나중에 그 표시를 부정하는 주장을 하여서는 안 된다는 원칙(즉 자신의 선행행위와 모순되는 후행행위는 허용되지 않는다는 원칙임)

17 **다음 설명 중 옳지 않은 것은?**

확인 Check! ○ △ ×

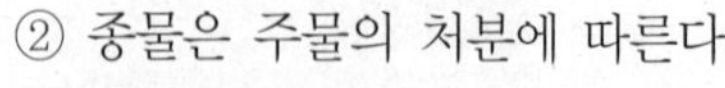

① 부동산이란 토지 및 그 정착물을 말한다.
② 종물은 주물의 처분에 따른다.
③ 민법에서 물건이란 유체물 및 전기 기타 관리할 수 있는 자연력을 말한다.
④ 천연과실은 원물을 타인에게 사용시킨 대가로써 얻은 과실이고 법정과실은 원물의 용법에 따라 그로부터 수취되는 산출물이다.

④ 천연과실은 원물의 용법에 따라 그로부터 수취되는 산출물이고, 법정과실은 원물을 타인에게 사용시킨 대가로써 얻은 과실이다(민법 제101조).
① 민법 제99조 1항
② 민법 제100조 제2항
③ 민법 제98조

정답 ❹

18 다음 중 (   ) 안의 ㄱ, ㄴ에 들어갈 내용으로 알맞은 것은?

- 어떤 사유로 이사가 전혀 없게 되거나 정관에서 정한 이사의 수에 결원이 생겨 손해가 생길 염려가 있는 때에는 법원은 이해관계인이나 검사의 청구에 의하여 (ㄱ)를 선임하여야 한다
- (ㄴ)은 법인과 이사 간에 이익이 상반하는 사항이 있는 경우 그 이사에 갈음하여 법인을 대표하는 기관으로 이해관계인・검사의 청구에 의하여 법원이 선임하는 임시기관이다.

	ㄱ	ㄴ
①	임시이사	특별대리인
②	특별대리인	임시이사
③	임시이사	감 사
④	감 사	특별대리인

쏙쏙 해설

(   ) 안의 ㄱ과 ㄴ에 들어갈 알맞은 내용은 순서대로 임시이사, 특별대리인이다(민법 제63조, 제64조 참조).

정답 ❶

19 소멸시효에 대한 설명으로 옳지 않은 것은?

① 소멸시효의 이익은 시효완성 후에 포기할 수 있다.
② 소유권은 소멸시효에 걸리지 아니한다.
③ 소멸시효의 중단사유로는 청구, 압류 또는 가압류・가처분, 승인, 취소 등이 있다
④ 소멸시효에는 소급효가 있다.

쏙쏙 해설

③ 소멸시효의 중단사유로는 청구, 압류 또는 가압류・가처분, 승인이 있다(민법 제168조). 취소는 중단사유에 해당하지 않는다.
① 민법 제184조 제1항의 반대해석
② 소유권의 절대성과 항구성에 의해 소유권은 소멸시효에 걸리지 아니한다.
④ 소멸시효는 그 기산일에 소급하여 효력이 생긴다(민법 제167조).

정답 ❸

해설편 제5회

20 물권에 관한 설명으로 옳지 않은 것은?

① 유치권의 행사는 채권의 소멸시효의 진행에 영향을 미친다.
② 지상권, 지역권, 전세권은 용익물권에 해당한다.
③ 유치권, 질권, 저당권은 담보물권에 해당한다.
④ 유치권은 점유의 상실로 인하여 소멸한다.

쏙쏙 해설

유치권의 행사는 채권의 소멸시효의 진행에 영향을 미치지 아니한다(민법 제326조).

정답 ❶

21 다음 중 무효인 법률행위로만 묶인 것은?

확인 Check! ○ △ ×

ㄱ. 의사능력 없는 자의 법률행위
ㄴ. 행위능력 없는 자의 법률행위
ㄷ. 강행규정에 반하는 법률행위
ㄹ. 착오에 의한 의사표시
ㅁ. 사기·강박에 의한 의사표시
ㅂ. 진의 아닌 의사표시임을 상대방이 알았던 경우
ㅅ. 불법조건이 붙은 법률행위

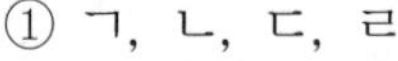

① ㄱ, ㄴ, ㄷ, ㄹ ② ㄱ, ㄴ, ㅁ, ㅂ
③ ㄱ, ㄷ, ㅂ, ㅅ ④ ㄴ, ㄷ, ㅂ, ㅅ

쏙쏙 해설

ㄴ, ㄹ, ㅁ은 취소할 수 있는 법률행위에 해당한다.

정답 ❸

핵심만 콕

법률행위의 무효와 취소★★

무효인 법률행위	취소할 수 있는 법률행위
• 의사무능력자의 법률행위 • 강행규정에 위반한 법률행위 • 사회질서에 반하는 법률행위 • 불공정한 법률행위 • 비진의표시(표의자의 진의를 상대방이 알았거나 알 수 있었을 때) • 허위표시 • 불법조건이 붙은 법률행위	• 행위능력 없는 자의 행위 • 착오에 의한 의사표시 • 사기·강박에 의한 의사표시

22 다음 중 부동산을 대상으로 할 수 없는 것은?

확인 Check! ○ △ ×

① 지상권 ② 지역권
③ 질 권 ④ 저당권

쏙쏙 해설

질권은 채권자가 채권의 담보로서 채무자 또는 제3자로부터 받은 담보물권으로, 질권을 설정할 수 있는 것은 동산 또는 양도할 수 있는 권리에 한한다(민법 제345조·제331조).

정답 ❸

법령

지상권의 내용(민법 제279조)
지상권자는 타인의 토지에 건물 기타 공작물이나 수목을 소유하기 위하여 그 토지를 사용하는 권리가 있다.

지역권의 내용(민법 제291조)
지역권자는 일정한 목적을 위하여 타인의 토지를 자기토지의 편익에 이용하는 권리가 있다.

저당권의 내용(민법 제356조)
저당권자는 채무자 또는 제3자가 점유를 이전하지 아니하고 채무의 담보로 제공한 부동산에 대하여 다른 채권자보다 자기채권의 우선변제를 받을 권리가 있다.

23 다음은 자구행위에 대한 규정이다. (　　) 안에 들어갈 말로 알맞은 것은?

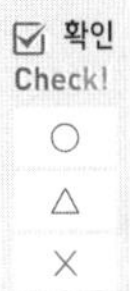

> 형법 제23조(자구행위)
> ① 법정절차에 의하여 청구권을 보전하기 불능한 경우에 그 청구권의 실행불능 또는 현저한 실행곤란을 피하기 위한 행위는 상당한 이유가 있는 때에는 벌하지 아니한다.
> ② 전항의 행위가 그 정도를 초과한 때에는 정황에 의하여 형을 (　　)할 수 있다.

① 가 중　　② 감 경
③ 면 제　　④ 감경 또는 면제

쏙쏙 해설

자구행위가 그 정도를 초과한 때에는 정황에 의하여 형을 감경 또는 면제할 수 있다(형법 제23조 제2항).

정답 ❹

24 다음의 밑줄 친 '이것'에 대한 설명으로 적절한 것을 고르면?

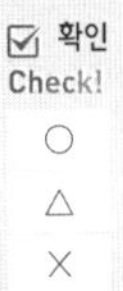

> 총을 들고 협박하는 은행 강도로부터 자신을 방어하기 위하여 그 강도를 넘어뜨려 상해를 입힌 행위는 위법성조각사유 중의 하나인 이것에 해당하여 범죄가 성립하지 아니한다.

① 자기 또는 타인의 법익에 대한 현재의 부당한 침해를 방위하기 위한 상황에서 인정된다.
② 공무원의 직무집행행위가 여기에 해당한다.
③ 두 개 이상의 작위의무 중 하나만 이행함으로써 다른 의무를 이행하지 못한 상황에서 인정된다.
④ 법정절차에 의하여 청구권을 보전하기 불가능한 상황에서 인정된다.

쏙쏙 해설

제시문의 '이것'은 정당방위(형법 제21조)이다. 따라서 ①과 연결된다.

정답 ❶

② 공무원의 집무집행행위는 위법성조각사유 중 정당행위에 해당한다(형법 제20조).
③ 의무의 충돌에 대한 설명이다.
④ 자구행위에 대한 설명이다. 자구행위는 법정절차에 의하여 청구권을 보전하기 불능한 경우에 그 청구권의 실행불능 또는 현저한 실행곤란을 피하기 위한 행위로서 상당한 이유가 있는 때에는 위법성이 조각된다(형법 제23조).

25 형의 감면에 대한 다음 설명 중 옳지 않은 것은?

확인 Check! ○ △ ×

① 종범의 형은 정범의 형보다 감경한다.
② 미수범의 형은 기수범보다 감경한다.
③ 불능미수범은 형을 감경 또는 면제할 수 있다.
④ 중지미수범은 형을 감경 또는 면제한다.

쏙쏙 해설

② 미수범의 형은 기수범보다 감경할 수 있다(형법 제25조 제2항).
① 형법 제32조 제2항
③ 형법 제27조 단서
④ 형법 제26조

정답 ❷

26 甲은 사제폭탄을 제조, 丁소유의 가옥에 투척하여 乙을 살해하고 丙에게 상해를 입혔다. 그리고 丁소유의 가옥은 파손되었다. 이러한 경우 살인죄, 상해죄, 손괴죄의 관계는?

확인 Check! ○ △ ×

① 포괄적 일죄
② 상상적 경합범
③ 실체적 경합범
④ 누 범

쏙쏙 해설

하나의 행위(폭탄투척)가 수개의 구성요건(살인죄, 상해죄, 재물손괴죄)에 해당되는 경우 상상적 경합범으로서 가장 중한 죄에 정한 형으로 처벌한다(형법 제40조 참고).

정답 ❷

27 다음 중 국가적 법익에 관한 죄를 모두 고른 것은?

확인 Check! ○ △ ×

ㄱ. 범죄단체조직죄	ㄴ. 내란죄
ㄷ. 소요죄	ㄹ. 외환유치죄

① ㄱ
② ㄴ, ㄹ
③ ㄱ, ㄴ
④ ㄴ, ㄷ, ㄹ

쏙쏙 해설

제시된 내용 중 국가적 법익에 관한 죄에 해당하는 것은 내란죄와 외환유치죄이다. 범죄단체조직죄와 소요죄는 사회적 법익에 관한 죄 중 공안을 해하는 죄에 해당한다.

정답 ❷

핵심만 콕

법익에 따른 범죄의 분류★★

개인적 법익에 관한 죄	생명과 신체에 대한 죄	살인죄, 상해와 폭행의 죄, 과실치사상의 죄, 낙태의 죄, 유기·학대의 죄
	자유에 대한 죄	협박의 죄, 강요의 죄, 체포와 감금의 죄, 약취·유인 및 인신매매죄, 강간과 추행의 죄
	명예와 신용에 대한 죄	명예에 관한 죄, 신용·업무와 경매에 관한 죄
	사생활의 평온에 대한 죄	비밀침해의 죄, 주거침입의 죄
	재산에 대한 죄	절도의 죄, 강도의 죄, 사기의 죄, 공갈의 죄, 횡령의 죄, 배임의 죄, 장물의 죄, 손괴의 죄, 권리행사를 방해하는 죄
사회적 법익에 관한 죄	공공의 안전과 평온에 대한 죄	공안을 해하는 죄, 폭발물에 관한 죄, 방화와 실화의 죄, 일수와 수리에 관한 죄, 교통방해의 죄
	공공의 신용에 대한 죄	통화에 관한 죄, 유가증권·인지와 우표에 관한 죄, 문서에 관한 죄, 인장에 관한 죄
	공중의 건강에 대한 죄	음용수에 대한 죄, 아편에 대한 죄
	사회의 도덕에 대한 죄	성풍속에 관한 죄, 도박과 복표에 관한 죄, 신앙에 관한 죄
국가적 법익에 관한 죄	국가의 존립과 권위에 대한 죄	내란의 죄, 외환의 죄, 국기에 관한 죄, 국교(國交)에 관한 죄
	국가의 기능에 대한 죄	공무원의 직무에 관한 죄, 뇌물관련범죄, 공무방해에 관한 죄, 도주와 범인은닉의 죄, 위증과 증거인멸의 죄, 무고의 죄

28 우리나라 형사소송법의 기본원리에 관한 설명으로 옳지 않은 것은?

확인 Check! ○ △ ×

① 규문주의를 취하고 있다.
② 기소독점주의를 취하고 있다.
③ 당사자주의와 직권주의의 절충적인 소송구조이다.
④ 국가소추주의를 취하고 있다.

쏙쏙 해설

규문주의는 법원이 스스로 절차를 개시하여 심리·재판하는 주의로, 소추기관의 소추에 의해 법원이 절차를 개시하는 탄핵주의에 반대되는 개념이다. 우리나라 형사소송법은 탄핵주의 소송구조를 취하고 있다.

정답 ❶

핵심만 콕

우리나라 형사소송법의 기본구조

불고불리의 원칙	검사가 공소를 제기하지 않으면 법원은 심판을 개시할 수 없으며, 검사가 공소장에 적시한 피고인과 범죄사실에 한해서만 심판할 수 있는 원칙이다(국가소추주의, 기소독점주의, 탄핵주의).
당사자주의와 직권주의 절충	형사소송법은 제정 당시에는 직권주의가 기본이었으나, 헌법재판소는 형사소송(刑事訴訟)의 구조(構造)를 당사자주의(當事者主義)와 직권주의(職權主義) 중 어느 것으로 할 것인가의 문제는 입법정책(立法政策)의 문제로서 우리나라 형사소송법(刑事訴訟法)은 그 해석상 소송절차(訴訟節次)의 전반에 걸쳐 기본적으로 당사자주의(當事者主義) 소송구조(訴訟構造)를 취하고 있는 것으로 이해하는바(헌재 1995.11.30. 92헌마44 전원재판부) 우리 형사소송법은 직권주의와 당사자주의를 혼합·절충한 구조를 취하고 있다고 표현할 수 있겠다.★ 18회 기출 지문에서는 "당사자주의를 기본으로 하고 직권주의를 보충적으로 가미하고 있다."라는 내용이 틀린 지문으로 출제된 바 있어 주의가 필요하다.

증거재판주의	공소범죄사실의 인정은 적법한 증거에 의하고, 증거에 대한 가치판단은 법관의 자유 재량에 맡기는 자유심증주의를 채택하고 있다(증거법정주의의 예외 인정).
공개중심주의	공판주의, 구두변론주의, 직접심리주의, 계속심리주의 등으로 실현되고 있다.
실질적 진실주의	법원이 객관적 진실을 발견하여 사안의 진상을 규명하자는 주의이다.

29 약식절차에 관한 설명 중 옳지 않은 것은?

쏙쏙 해설

약식명령은 검사가 지방법원에 청구할 수 있다(형사소송법 제448조 참고).

정답 ❷

확인 Check! ○ △ ×

① 피고인은 약식명령의 고지를 받은 날로부터 7일 이내에 정식재판의 청구를 할 수 있다.

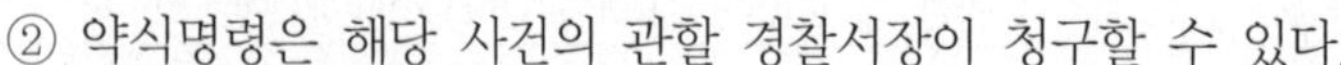

② 약식명령은 해당 사건의 관할 경찰서장이 청구할 수 있다.

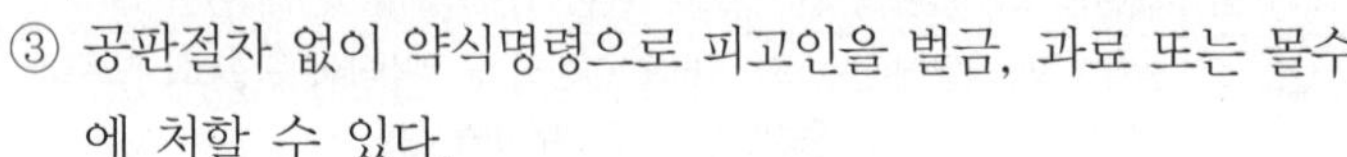

③ 공판절차 없이 약식명령으로 피고인을 벌금, 과료 또는 몰수에 처할 수 있다.

④ 정식재판의 청구기간이 경과하거나 그 청구의 취하 또는 청구기각의 결정이 확정된 때에는 확정판결과 동일한 효력이 발생한다.

핵심만 콕

① 형사소송법 제453조 제1항 본문
③ 형사소송법 제448조 제1항
④ 형사소송법 제457조

30 무죄의 판결을 해야 하는 경우로 옳은 것은?

쏙쏙 해설

피고사건이 범죄로 되지 아니하거나 범죄사실의 증명이 없는 때에는 판결로써 무죄를 선고하여야 한다(형사소송법 제325조).

정답 ❹

확인 Check! ○ △ ×

① 공소의 시효가 완성된 경우
② 친고죄에 있어서 고소가 취소된 경우
③ 반의사불벌죄에서 처벌불원의 의사표시가 있는 경우
④ 범죄사실의 증명이 없는 경우

핵심만 콕

종국재판의 종류 및 구체적 사유

구분	사유
유죄판결	• 사건의 실체에 관하여 피고인 범죄 사실의 증명이 있는 때
무죄판결 (형사소송법 제325조)	• 피고사건이 범죄로 되지 아니하는 때(구성요건해당성이 없거나 또는 위법성조각사유나 책임조각사유가 존재한다는 것이 밝혀진 경우를 말함) • 범죄사실의 증명이 없는 때
관할위반의 판결 (형사소송법 제319조)	• 피고사건이 법원의 관할에 속하지 아니하는 때
공소기각의 결정 (형사소송법 제328조 제1항)	(두 : 공 · 취 · 사 · 소/수 · 법 · 계 · 관 · 경/범 · 사 · 포 · 아) • 공소가 취소되었을 때(제1호) • 피고인이 사망 또는 법인이 소멸한 때(제2호) • 동일사건이 사물관할을 달리하는 수개의 법원에 계속되거나 관할이 경합하는 경우(제12조 또는 제13조)의 규정과 관련하여 재판할 수 없는 때(제3호) • 공소장에 범죄가 될만한 사실이 포함되지 아니할 때(제4호)
공소기각의 판결 (형사소송법 제327조)	(두 : 재 · 절 · 무/위반 공소/친 · 반) • 피고인에 대하여 재판권이 없는 경우(제1호) • 공소제기 절차가 법률의 규정에 위반하여 무효인 때(제2호) • 공소가 제기된 사건에 대하여 다시 공소가 제기된 경우(제3호) • 공소취소와 재기소(제329조)의 규정에 위반하여 공소가 제기되었을 때(제4호) • 친고죄에서 고소의 취소가 있는 때(제5호) • 반의사불벌죄에서 처벌을 희망하지 않는 의사표시가 있는 경우이거나 처벌을 희망하는 의사표시가 철회되었을 때(제6호)
면소판결 (형사소송법 제326조)	(두 : 확 · 사 · 시 · 폐) • 확정판결이 있은 때(제1호) • 사면이 있는 경우(제2호) • 공소시효가 완성된 경우(제3호) • 범죄 후 법령개폐로 형이 폐지된 경우(제4호)

해설편 제5회

31 상업장부 및 상업등기에 관한 다음 설명 중 옳지 않은 것은?

① 상인은 영업상의 재산 및 손익의 상황을 명백히 하기 위하여 회계장부 및 대차대조표를 작성하여야 한다.

② 상업등기 전에도 선의의 제3자에게 대항 가능하다.

③ 상인은 10년간 상업장부와 영업에 관한 중요서류를 보존하여야 한다.

④ 고의 또는 과실로 인하여 사실과 상위한 사항을 등기한 자는 그 상위를 선의의 제3자에게 대항하지 못한다.

② 등기할 사항은 이를 등기하지 아니하면 선의의 제3자에게 대항하지 못한다(상법 제37조 제1항).

① 상법 제29조 제1항

③ 상법 제33조 제1항 본문

④ 상법 제39조

정답 ❷

32 상법상 손해보험증권의 필요적 기재사항이 아닌 것은?

① 보험자의 주소, 성명 또는 상호
② 보험료와 그 지급방법
③ 보험계약의 연월일
④ 무효와 실권의 사유

보험자의 주소, 성명 또는 상호가 아닌 보험계약자 및 피보험자의 주소, 성명 또는 상호가 손해보험증권의 필요적 기재사항에 해당한다.

정답 ❶

법령

손해보험증권(상법 제666조)

손해보험증권에는 다음의 사항을 기재하고 보험자가 기명날인 또는 서명하여야 한다.
1. 보험의 목적
2. 보험사고의 성질
3. 보험금액
4. 보험료와 그 지급방법
5. 보험기간을 정한 때에는 그 시기와 종기
6. 무효와 실권의 사유
7. 보험계약자의 주소와 성명 또는 상호
7의2. 피보험자의 주소, 성명 또는 상호
8. 보험계약의 연월일
9. 보험증권의 작성지와 그 작성년월일

33 다음 중 인보험이 아닌 것은?

① 화재보험 ② 상해보험
③ 사망보험 ④ 혼합보험

화재보험은 손해보험에 속한다.

- 인보험 : 생명보험(사망보험, 생존보험, 혼합보험), 상해보험, 질병보험 등★★
- 손해보험 : 화재보험, 운송보험, 해상보험, 책임보험, 자동차보험, 보증보험 등★★

34 노동조합 및 노동관계조정법상 용어의 정의에 관한 설명으로 옳지 않은 것은?

확인 Check! ○ △ ×

① 근로자는 직업의 종류를 불문하고 임금·급료, 기타 이에 준하는 수입에 의하여 생활하는 자를 말한다.
② 사용자는 사업주, 사업의 경영담당자 또는 그 사업의 근로자에 관한 사항에 대하여 사업주를 위하여 행동하는 자를 말한다.
③ 사용자단체는 노동관계에 관하여 그 구성원인 사용자에 대하여 조정 또는 규제할 수 있는 권한을 가진 사용자의 단체를 말한다.
④ 쟁의행위는 노동조합과 사용자 또는 사용자단체 간에 임금·근로시간·복지·해고, 기타 대우 등 근로조건의 결정에 관한 주장의 불일치로 인하여 발생한 분쟁상태를 말한다.

노동조합과 사용자 또는 사용자단체, 즉 '노동관계 당사자' 간에 임금·근로시간·복지·해고, 기타 대우 등 근로조건의 결정에 관한 주장의 불일치로 인하여 발생한 분쟁상태는 '노동쟁의'를 말하며, '쟁의행위'는 파업·태업·직장폐쇄, 기타 노동관계 당사자가 그 주장을 관철할 목적으로 행하는 행위와 이에 대항하는 행위로서 업무의 정상적인 운영을 저해하는 행위를 말한다(노조법 제2조 제5호·제6호).

정답 ❹

35 산업재해보상보험법상 보험급여의 종류가 아닌 것은?

확인 Check! ○ △ ×

① 요양급여 ② 실업급여
③ 상병(傷病)보상연금 ④ 직업재활급여

실업급여는 고용보험법상 급여에 해당한다.

정답 ❷

해설편 제5회

산업재해보상보험법상 보험급여의 종류(법 제36조 제1항)★★

1. 보험급여 : 요양급여, 휴업급여, 장해급여, 간병급여, 유족급여, 상병(傷病)보상연금, 장례비, 직업재활급여
2. 진폐보험급여 : 요양급여, 간병급여, 장례비, 직업재활급여, 진폐보상연금, 진폐유족연금

36 근로자의 업무상의 재해를 신속하고 공정하게 보상하며, 재해근로자의 재활 및 사회 복귀를 촉진하기 위하여 이에 필요한 보험시설을 설치·운영하고, 재해 예방과 그 밖에 근로자의 복지 증진을 위한 사업을 시행하여 근로자 보호에 이바지하는 것을 목적으로 하는 법률은?

확인 Check! ○ △ ×

① 국민연금법 ② 최저임금법
③ 국민기초생활보장법 ④ 산업재해보상보험법

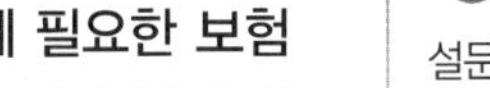

설문은 산업재해보상보험법에 대한 내용에 해당한다.

정답 ❹

① 국민연금법은 국민의 노령, 장애 또는 사망에 대하여 연금급여를 실시함으로써 국민의 생활 안정과 복지 증진에 이바지하는 것을 목적으로 한다(국민연금법 제1조).
② 최저임금법은 근로자에 대하여 임금의 최저수준을 보장하여 근로자의 생활안정과 노동력의 질적 향상을 꾀함으로써 국민경제의 건전한 발전에 이바지하는 것을 목적으로 한다(최저임금법 제1조).
③ 국민기초생활보장법은 생활이 어려운 사람에게 필요한 급여를 실시하여 이들의 최저생활을 보장하고 자활을 돕는 것을 목적으로 한다(국민기초생활보장법 제1조).

37 행정기관에 관한 설명으로 옳은 것은?

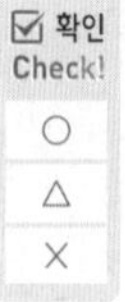

① 다수 구성원으로 이루어진 합의제 행정청이 대표적인 행정청의 형태이며 지방자치단체의 경우 지방의회가 행정청이다.
② 감사기관은 다른 행정기관의 사무나 회계처리를 검사하고 그 적부에 관해 감사하는 기관이다.
③ 자문기관은 행정청의 내부 실·국의 기관으로 행정청의 권한 행사를 보좌한다.
④ 의결기관은 행정청의 의사결정에 참여하는 권한을 가진 기관이지만 행정청의 의사를 법적으로 구속하지는 못한다.

감사기관은 행정기관의 회계처리 및 사무집행을 감시하고 검사하는 권한을 가진 기관을 말한다.

정답 ❷

① 행정청은 구성원이 1인인 독임제 행정청(장관, 처장, 청장 및 지방자치단체의 장, 권한을 위임받은 행정기관)과 다수인인 합의제 행정청(선거관리위원회, 토지수용위원회, 도시계획위원회 등 각종 위원회)으로 구분할 수 있다.
③ 자문기관은 행정청에 전문적인 의견(자문)을 제시하는 것을 임무로 하는 기관을 말한다.
④ 의결기관은 행정청을 구속한다는 점에서 단순한 자문적 의사의 제공에 그치는 자문기관과 다르다.

38 다음 중 준법률행위적 행정행위에 해당하지 않는 것은?

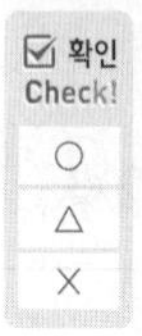

① 수 리 ② 면 제
③ 공 증 ④ 통 지

준법률행위적 행정행위에는 공증, 수리, 통지, 확인 등이 있고, 법률행위적 행정행위에는 명령적 행정행위(하명, 허가, 면제)와 형성적 행정행위(특허, 인가, 공법상 대리)가 있다.

정답 ❷

39 하자 없이 유효하게 성립된 행정행위에 대해 공익상 그 효력을 존속시킬 수 없는 새로운 사유가 발생했을 때, 장래를 향해 그 효력을 잃게 하는 것은?

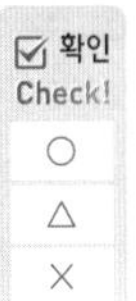

① 행정행위의 철회
② 하자의 승계
③ 행정행위의 직권취소
④ 하자 있는 행정행위의 전환

쏙쏙 해설

설문은 행정행위의 철회에 대한 내용에 해당한다.

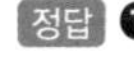

정답 ❶

핵심만 콕

② 2 이상의 행정행위가 연속적으로 행하여진 경우, 선행 행정행위에 하자가 있으면 후행 행정행위에 하자가 없더라도 선행 행정행위를 이유로 하여 이를 다툴 수 있는지의 문제이다.
③ 행정행위가 일응 유효하게 성립된 후, 행정청이 그 행정행위의 성립 당시에 하자가 있음을 이유로, 원칙적으로 원래의 행위시에 소급하여 효력을 소멸시키는 독립된 별개의 행정행위이다.
④ 하자 있는 행정행위가 다른 행정행위의 적법요건을 갖춘 경우, 다른 행정행위의 효력발생을 인정하는 것이다.

40 다음의 내용이 설명하는 판결은?

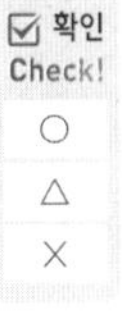

> 원고의 청구가 이유 있다(처분 등이 위법하다)고 인정하는 경우에도 처분 등을 취소하는 것이 현저히 공공복리에 적합하지 않다고 판단될 때 법원이 원고의 청구를 기각하는 판결이다.

① 인용판결 ② 각하판결
③ 기각판결 ④ 사정판결

쏙쏙 해설

제시문은 사정판결에 대한 설명에 해당한다.

정답 ❹

법령

행정소송법 제28조(사정판결)

① 원고의 청구가 이유 있다고 인정하는 경우에도 처분 등을 취소하는 것이 현저히 공공복리에 적합하지 아니하다고 인정하는 때에는 법원은 원고의 청구를 기각할 수 있다. 이 경우 법원은 그 판결의 주문에서 그 처분 등이 위법함을 명시하여야 한다.
② 법원이 제1항의 규정에 의한 판결을 함에 있어서는 미리 원고가 그로 인하여 입게 될 손해의 정도와 배상방법 그 밖의 사정을 조사하여야 한다.

제5회 민간경비론

정답 및 해설

정답 CHECK

41	42	43	44	45	46	47	48	49	50	51	52	53	54	55	56	57	58	59	60
③	④	④	①	③	④	②	③	①	③	④	①	②	①	①	④	①	②	②	①
61	62	63	64	65	66	67	68	69	70	71	72	73	74	75	76	77	78	79	80
②	④	④	②	①	②	④	②	④	③	②	④	②	④	②	①	①	①	④	③

각 문항별로 이해도를 체크해 보세요.

문제편 114p

41 **다음 중 공경비에 관한 설명으로 옳지 않은 것은?**

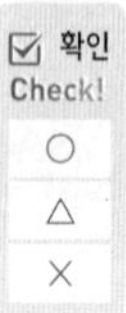

① 공경비는 일반적으로 경찰에 의하여 제공되는 치안서비스를 의미한다.
② 사전적 범죄예방 임무를 수행한다.
③ 공경비는 공공성, 공익성, 영리성을 그 특징으로 한다.
④ 공경비는 민간경비에 비해 강제력을 갖고 있다.

공경비는 공공성, 공익성, 비영리성을 그 특징으로 한다.

정답 ❸

핵심만 콕

공경비와 민간경비의 비교★

구 분	공경비(경찰)	민간경비(개인 또는 경비업체)
대 상	일반 국민(시민)	계약 당사자(고객)
임 무	범죄예방과 범죄 대응	범죄예방 임무
공통점	범죄예방 및 위험방지, 질서유지	
범 위	일반(포괄)적 범위	특정(한정)적 범위
주 체	정부(경찰)	영리기업(민간경비회사 등)
목 적	법 집행(범인 체포 및 범죄 수사와 조사)	개인 재산보호 및 손실 감소
제약조건	강제력 있음	강제력 사용에 제약 있음
권한의 근거	통치권	위탁자의 사권(私權)

42 공경비와 민간경비의 관계에 관한 설명으로 옳지 않은 것은?

① 우리나라의 치안 메커니즘은 크게 공경비와 민간경비 양축으로 구성된다.
② 공경비 분야에서 나타난 한계와 비생산성은 민간경비가 등장하는 계기가 되었다.
③ 공경비는 국민의 세금으로 운용되지만, 개인의 필요에 의한 민간경비는 소비자의 경제능력이 이용에 큰 영향을 미친다.
④ 민간경비와 공경비의 공통적 임무로는 범죄예방, 위험 방지, 질서유지, 범죄수사 등을 들 수 있다.

쏙쏙 해설

법 집행(범인 체포 및 범죄수사와 조사) 유무는 민간경비와 공경비의 가장 큰 차이점이다.

정답 ❹

43 은행이나 프로야구 경기장에서 자체경비원을 확보하는 것은 민간경비 성장의 이론적 배경 중 무엇과 관련된 것인가?

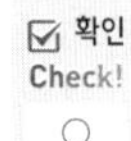

① 경제환원론적이론
② 공동화이론
③ 이익집단이론
④ 수익자부담이론

쏙쏙 해설

수익자부담이론은 국민의 세금으로 운영되는 공경비는 국민의 생명과 재산을 보호하는 데 있으므로 개인적 편익을 위한 비용부담은 수익자 자신이 부담하여야 한다는 것이다. 따라서 자신들의 개인적 필요와 편익을 위한 자체경비원 도입은 수익자부담이론과 밀접한 연관이 있다.

정답 ❹

해설편 제5회

44 민간경비 성장의 이론적 배경에 대한 설명으로 옳지 않은 것은?

① 경제환원론은 경제 침체와 민간경비 부문의 수요 증가의 관계를 인과적 성격으로 보고 있다.
② 공동화이론은 경찰이 수행하고 있는 경찰 본연의 기능이나 역할을 민간경비가 보완하거나 대체한다는 이론이다.
③ 이익집단이론은 경제환원론이나 공동화이론을 부정하는 입장으로, 그냥 내버려 두면 보호받지 못한 채로 방치될 재산을 민간경비가 보호해야 한다는 주장이다.
④ 민영화이론은 1980년대 이후 복지국가의 이념에 대한 반성으로서 국가 독점에 의한 비효율성을 극복하고자 시장경쟁 논리를 도입한 이론이다.

쏙쏙 해설

경제환원론은 경제 침체와 민간경비 부문의 수요 증가의 관계를 인과적 성격이 아니라 단순한 상관관계적 성격으로 보는 입장이다. 경제환원론은 특정한 현상이 경제와 직접적인 관련이 없음에도 그 발생 원인을 경제적인 측면에서 설명하려는 이론이다.

정답 ❶

민간경비의 이론적 배경★★

- 공동화이론 : 경찰이 수행하고 있는 경찰 본연의 기능이나 역할을 민간경비가 보완하거나 대체한다는 이론이다.
- 이익집단이론 : 경제환원론이나 공동화이론을 부정하는 입장에서 출발하며, 그냥 내버려 두면 보호받지 못하는 재산을 민간경비가 보호한다는 이론이다.
- 경제환원론 : 특정한 사회현상은 경제와 직접적인 관계는 없으나 그 원인을 경제적인 문제에서 찾으려는 입장으로서, 경기침체로 인해 실업자가 늘면 범죄 발생률이 증가하고 민간경비가 범죄에 직접 대응하므로 범죄 발생률 증가는 곧 민간경비 시장의 발전으로 이어진다고 보는 이론이다.
- 수익자부담이론 : 경찰의 공권력 작용은 거시적인 측면에서 질서유지나 체제수호 같은 역할 · 기능으로 한정되며, 민간경비는 사회구성원인 개인이나 여타 집단과 조직 등이 담당해야 한다고 보는 이론이다.
- 민영화이론 : 정부의 역할을 줄이는 대신 민간의 역할을 증대시키는 것으로 시장경쟁 논리를 도입한 이론이다.

45 치안서비스의 순수공공재 이론 중 다음 내용에 해당되는 특성은 무엇인가?

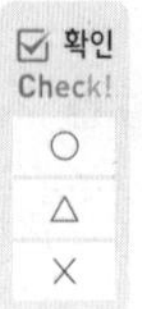

소비를 위하여 어떤 대가를 치르지 않은 사람을 소비에서 배제할 수는 없는 것으로, 무임승차자 문제가 발생한다.

① 비경합성 ② 비거부성
③ 비배제성 ④ 비한정성

제시문의 내용은 치안서비스의 순수공공재 이론 중 비배제성에 대한 설명이다.

 ❸

순수공공재 이론

1. 공공재 : 여러 사람이 동시에 소비할 수 있으며, 어떤 한 사람의 소비가 타인의 소비가치를 감소시키지 않고 똑같은 소비수준을 가지게 되며, 또한 잠재되어 있는 모든 소비자를 배제할 수 없는 재화와 용역을 말한다. 이러한 공공재에는 국방, 치안(경찰활동), 자연공원, 무료도로 등이 있다.
2. 특성
   ① 비배제성 : 소비를 위하여 어떤 대가를 치르지 않은 사람을 소비에서 배제할 수가 없는 것으로, 무임승차자 문제가 생긴다.
   ② 소비에 있어서 비경합성 : 어떤 사람이 공공재를 소비한다고 해서 다른 사람이 소비를 못하는 것이 아니다. 소비의 비경합성은 어떤 사람이 추가적으로 공공재의 소비에 참여해도 이로 인해 혼잡의 문제가 발생하지 않는다는 것을 뜻한다. 따라서 그 사람이 추가되는 것과 관련해 발생하는 한계비용은 0(제로)이라고 말할 수 있다.

46 다음 중 대륙법계 국가에서의 경비에 대한 설명으로 옳지 않은 것은?

확인 Check! ○ △ ×

① 개인의 생명, 신체 그리고 재산의 보호뿐만 아니라 국가의 정책을 유지하기 위해 필요한 행정까지도 경찰 개념 속에 포함시킨다.
② 중앙집권적인 경찰조직을 가지고 있다.
③ 경비활동을 국가경찰의 고유한 임무의 하나로 본다.
④ 민간경비와 공경비를 대등한 관계로 인정한다.

민간경비와 공경비를 대등한 관계로 인정하는 것은 영미법계 국가이다.

정답 ❹

핵심만 콕

영미법계 국가와 대륙법계 국가의 민간경비 차이점

1. 영미법계 국가(영국, 미국)
   영미법계 국가에서는 민간경비와 공경비를 대등한 관계로 인정하며 민간경비는 국민의 생명 · 신체 · 재산보호와 사회질서유지의 임무를 수행한다고 본다.
2. 대륙법계 국가(독일, 프랑스)
   대륙법계 국가에서는 공경비의 우월적 지위를 인정하는 전제에서 경찰의 지도하에 민간경비는 한정적이고 소극적인 역할만 담당하며 사전적 · 예방적 기능을 수행한다고 본다.

〈출처〉 서진석, 「민간경비론」

47 다음 중 각국의 민간경비에 대한 설명으로 옳은 것은?

확인 Check! ○ △ ×

① 한국의 청원경찰제도는 다른 나라에서도 활성화되어 있다.
② 미국은 제2차 세계대전을 계기로 민간경비가 비약적으로 발전하였다.
③ 일본의 민간경비는 제2차 세계대전 이후 지속적인 발전을 거듭하여 1970년대 초 한국에 진출하였다.
④ 영국의 레지스 헨리시법(The Legis Henrici Law)은 공경비 차원의 경비개념에서 민간 차원의 경비개념으로 바뀌게 한 결과를 가져왔다.

미국에서는 제2차 세계대전 시 국가 중요산업과 주요 군수장비를 생산하는 업체의 시설, 인원, 장비, 물자 등을 지키는 민간경비원들에게 예비헌병적인 지위에 상당하는 권한이 주어지기도 하였다.

정답 ❷

핵심만 콕

① 한국의 청원경찰제도는 우리나라 특유의 제도로써 다른 나라에서는 활성화되지 않았다.
③ 일본은 1980년대에 우리나라와 중국으로 진출하였다.
④ 민간경비의 역사는 영국을 중심으로 하여 유럽에서 시작되었으며, 영국에서는 사설 경찰활동이 공적인 경찰활동보다 먼저 존재하였으며, 공경찰의 도입 필요성을 제기하는 계기가 되었다.

48 일본의 민간경비산업에 대한 설명으로 옳지 않은 것은?

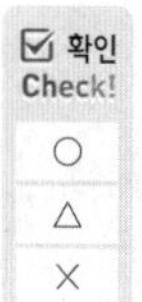

① 일본의 민간경비산업은 1964년 동경올림픽과 1970년 오사카 만국박람회를 계기로 급성장하였다.
② 긴급사태가 발생하였을 때 택시가 출동하여 관계기관에 연락하거나 가까운 의료기관에 통보하는 경비택시제도가 있다.
③ 민간경비업은 경비업법 제정 당시에는 허가제로 운영되었다가 1982년 신고제로 바뀌었다.
④ 일본 민간경비는 1980년대 초에 한국에 진출하고, 1980년대 후반에는 중국에까지 진출하였다.

경비업법 제정 당시에는 신고제로 운영되었다가 1982년 허가제로 바뀌었다.

정답 ❸

49 한국 민간경비의 발전과정을 올바르게 나열한 것을 고른 것은?

ㄱ. 청원경찰법 제정
ㄴ. 용역경비업법 제정
ㄷ. 한국경비협회 설립

① ㄱ → ㄴ → ㄷ
② ㄱ → ㄷ → ㄴ
③ ㄴ → ㄷ → ㄱ
④ ㄴ → ㄱ → ㄷ

청원경찰법 제정(1962. 4. 3.) → 용역경비업법 제정(1976. 12. 31.) → 한국경비협회 설립(1978. 9.)

정답 ❶

50 미국과 일본의 민간경비산업 현황에 관한 설명으로 옳은 것은?

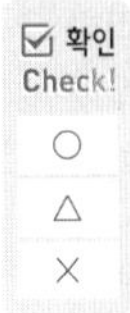

① 홀크레스트(Hallcrest) 보고서에 의하면 2000년대 이후 미국의 민간경비 인력은 경찰 인력의 절반 수준으로 성장하고 있다.

② 일본의 민간경비는 1990년대 이후부터 한국과 중국에 진출을 시도하면서 인력경비가 급속히 성장하고 있다.

③ 미국은 1972년에 민간경비가 사회안전 및 보호에 중요한 역할로 인식되게 되어 연방정부법집행원조국(LEAA ; Law Enforcement Assistance Administration)에 민간경비자문위원회(PSAC ; Private Security Advisory Council)를 설치하였다.

④ 일본에서는 1970년대에 이르러 민간경비업무를 전문적・직업적으로 수행하는 민간경비회사가 등장하였다.

③ 미국은 1972년에 연방정부법집행원조국에 민간경비자문위원회를 설치하였다.

① 2000년대 이후 미국의 민간경비 인력은 경찰 인력의 2배 이상에 달하고 있다.

② 일본 민간경비는 기계경비를 중심으로 하여 새로운 시장을 개척하여, 1980년대 초에 한국에 진출하고, 1980년대 후반에는 중국에까지 진출하였다.

④ 일본에서는 1962년 전문 경비회사가 등장하였다.

정답 ❸

51 우리나라의 민간경비 관련 제도에 관한 설명으로 옳지 않은 것은?

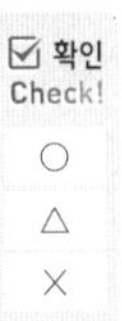

① 1962년 청원경찰법과 1976년 용역경비업법이 제정되면서 민간경비의 법적・제도적 기틀이 마련되었다.

② 우리나라의 청원경찰제도는 외국에서 흔히 볼 수 없는 제도이다.

③ 경비지도사의 직무는 경비업법에서 구체적으로 규정하고 있다.

④ 민간조사제도는 경비업법상 규정되어 있다.

경비업법상 민간조사업무는 경비업무의 한 영역이라고 보기 어렵고, 민간조사원이 별도로 규정되어 있지도 않다.

정답 ❹

① 청원경찰법과 용역경비업법이 제정되면서 제도적인 발전의 기틀이 마련되었다.

② 한국의 청원경찰제도는 경찰과 민간경비제도를 혼용한 것으로 외국에서는 볼 수 없는 특별한 제도이다.

③ 경비지도사의 직무는 경비업법 제12조 제2항에서 규정하고 있다.

52 **민간경비원의 직무 및 형사상 법적 문제에 관한 설명으로 옳은 것은?**

확인 Check! ○ △ ×

① 민간경비원의 지위는 일반시민과 동일하다.
② 민간경비원의 모든 업무행위는 위법성이 조각된다.
③ 근무구역 내에서 경찰관직무집행법에 따라 직무를 행한다.
④ 민간경비원도 공권력을 가지고 수사를 할 수 있다.

쏙쏙 해설

민간경비원은 사인(일반인)에 불과하다. 또한, 근무구역 내에서 경찰관직무집행법에 따라 경찰관의 직무를 수행하는 자는 청원경찰이다.

정답 ❶

핵심만 콕

민간경비원의 법적 지위

① 민간경비원의 법적 지위는 일반 사인과 같으므로 현행범에 대한 체포권한만 있으며, 법적 제재는 가할 수 없다.
② 민간경비원은 수사권이 없다.
③ 민간경비원의 모든 업무행위가 위법성이 결여되는 것이 아니라 정당방위, 자구행위, 정당행위 등에서 형법상 위법성이 결여된다.

53 **경찰방범활동의 한계요인에 대한 설명으로 옳지 않은 것은?**

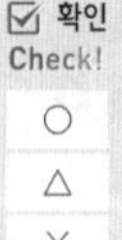

확인 Check! ○ △ ×

① 경찰관 1인이 담당해야 할 인구가 증가함에 따라 경찰인력 부족현상이 심화되고 있다.
② 경찰과의 관계가 개선되어 범죄발생 시 신고 등의 협조가 잘 이루어진다.
③ 개인 방범장비의 부족과 노후화는 효율적인 방범활동을 수행하는 데 있어서 장애가 되고 있다.
④ 민생치안부서의 업무량 과다 및 인사 복무상 불리한 근무여건 등으로 근무기피현상이 나타나고 있다.

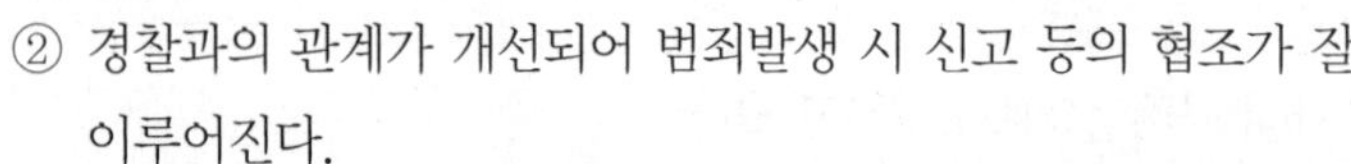

쏙쏙 해설

경찰에 대한 부정적 이미지나 불신 등의 이유로 주민과 경찰과의 관계 개선이나 범죄발생 시 신고 등의 협조가 미비하다. 경찰에 대한 주민들의 고정관념으로 인한 이해부족이 경찰방범활동의 한계요인 중 하나로 설명할 수 있다.

정답 ❷

54 **다음 중 경찰방문에 대한 설명으로 옳지 않은 것은?**

☑ 확인 Check! ○ △ ×

① 경찰방문은 비권력적 사실행위인 동시에 권력적 사실행위의 성격을 가진다.
② 경찰방문 시 방범진단카드를 휴대하여 필요한 내용을 기재하여야 한다.
③ 방범진단카드는 담당구역별로 방문순서대로 편철하여 3년간 보관한다.
④ 경찰방문은 방문요청이 있거나 경찰서장 또는 지구대장이 필요하다고 인정할 때 상대방의 동의를 얻어 실시한다.

해설

경찰방문은 상대방의 동의를 얻어 실시할 수 있는 것으로 주민으로부터 협조·조언을 받거나 지도·홍보하는 비권력적 사실행위인 행정지도의 성격을 갖기 때문에 이를 명령·강제할 수 있는 권력적 사실행위의 성격은 없다.

정답 ❶

해설편 제5회

55 **국가중요시설 경비에 관한 설명으로 옳지 않은 것은?**

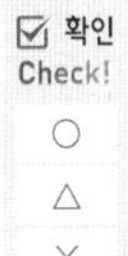

① 3지대 방호 개념은 제1지대는 핵심방어지대, 제2지대는 주방어지대, 제3지대는 경계지대이다.
② 국가중요시설의 통합방위사태는 갑종사태, 을종사태, 병종사태로 구분된다.
③ 평상시 주요 취약지점에 경비인력을 중점 배치하여 시설 내외의 위험요소를 제거한다.
④ 국가중요시설은 공공기관 등 적에 의하여 점령 또는 파괴되거나 기능이 마비될 경우 국가안보와 국민생활에 심각한 영향을 주는 시설을 의미한다.

해설

3지대 방호 개념은 제1지대는 경계지대, 제2지대는 주방어지대, 제3지대는 핵심방어지대로 구분할 수 있다.

정답 ❶

안심Touch

56 다음 중 우리나라의 민간경비업체 업무 중에서 민간경비원이 무기를 소지할 수 있는 경비업무의 종류는?

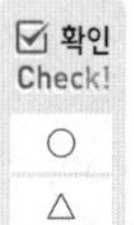

① 시설경비업무
② 호송경비업무
③ 신변경비업무
④ 특수경비업무

경비원 중 특수경비원은 특별한 경우 무기를 휴대할 수 있다(경비업법 제14조 제8항).

정답 ④

특수경비원의 무기사용(경비업법 제14조 제8항 · 제9항)

⑧ 특수경비원은 국가중요시설의 경비를 위하여 무기를 사용하지 아니하고는 다른 수단이 없다고 인정되는 때에는 필요한 한도안에서 무기를 사용할 수 있다. 다만, 다음 각호의 1에 해당하는 때를 제외하고는 사람에게 위해를 끼쳐서는 아니된다.

1. 무기 또는 폭발물을 소지하고 국가중요시설에 침입한 자가 특수경비원으로부터 3회 이상 투기(投棄) 또는 투항(投降)을 요구받고도 이에 불응하면서 계속 항거하는 경우 이를 억제하기 위하여 무기를 사용하지 아니하고는 다른 수단이 없다고 인정되는 때
2. 국가중요시설에 침입한 무장간첩이 특수경비원으로부터 투항(投降)을 요구받고도 이에 불응한 때

⑨ 특수경비원의 무기휴대, 무기종류, 그 사용기준 및 안전검사의 기준 등에 관하여 필요한 사항은 대통령령으로 정한다.

특수경비원 무기휴대의 절차 등(경비업법 시행령 제20조)

⑤ 법 제14조 제9항의 규정에 의하여 특수경비원이 휴대할 수 있는 무기종류는 권총 및 소총으로 한다.

57 경비위해요소의 분석단계로 옳은 것은?

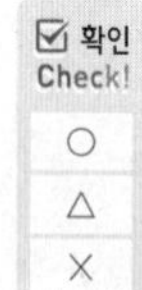

① 경비위해요소의 인지 → 위해요소 손실발생 가능성 예측 → 위해정도 평가 → 비용효과 분석
② 경비위해요소의 인지 → 위해요소 손실발생 가능성 예측 → 비용효과 분석 → 위해정도 평가
③ 위해요소 손실발생 가능성 예측 → 비용효과 분석 → 경비위해요소의 인지 → 위해정도 평가
④ 위해요소 손실발생 가능성 예측 → 경비위해요소의 인지 → 위해정도 평가 → 비용효과 분석

경비위해요소의 분석은 경비위해요소의 인지 → 위해요소 손실발생 가능성 예측 → 위해정도 평가 → 비용효과 분석으로 이루어진다.

정답 ①

58 민간경비의 조직형태에 관한 설명으로 옳지 않은 것은?

확인 Check! ○ △ ×

① 청원경찰은 자체경비의 일종이다.
② 자체경비는 결원의 보충 및 추가 인력의 배치가 용이하다.
③ 현행 경비업법은 계약경비를 전제로 한 것이다.
④ 자체경비는 계약경비에 비해 다른 부서의 직원들과 지나치게 친밀한 관계를 형성함으로써 효과적인 직무수행을 하지 못할 수 있다.

자체경비는 계약경비에 비하여 해임이나 감원, 충원 등이 필요한 경우에 탄력성이 떨어진다.

 ❷

핵심만 콕

계약경비와 자체경비의 장단점

구 분	계약경비	자체경비
장 점	• 전문성을 갖춘 인력을 쉽게 제공한다. • 인사관리에서의 비용이 절감된다. • 결원 보충, 추가 인력 배치가 용이하다. • 경비 수요 변화에 따른 대처가 용이하다. • 구성원 중에 질병이나 해임 등으로 인해 업무 수행상의 문제가 발생했을 때 인사이동과 대처(대책)가(이) 용이하다.	• 계약경비에 비해 이직률이 낮은 편이다. • 경비원에 대한 통제를 강화할 수 있다. • 자질이 우수한 사람들이 지원한다. • 고용주에 대한 충성심이 높다. • 고용주의 요구를 신속히 반영한다. • 자기계발을 위한 노력을 다한다.
단 점	• 조직(시설주)에 대한 충성심이 낮다. • 급료가 낮고 이직률이 높은 편이다. • 외부에 정보유출 가능성이 높다.	• 인사관리가 힘들고 비용이 많이 든다. • 계약경비에 비하여 해임이나 감원, 충원 등이 필요한 경우에 탄력성이 떨어진다.

59 다음 중 자체경비에서 경비책임자의 역할이 바르게 연결된 것은?

확인 Check! ○ △ ×

① 관리상 역할 – 기획, 조직화, 채용, 지도, 감독 등
② 예방적 역할 – 순찰, 경비원의 안전, 경비활동에 대한 규칙적인 감사 등
③ 조사활동 – 교통통제, 출입금지구역에 대한 감시 등
④ 경영상의 역할 – 예산과 재정상의 감독, 사무행정, 직원 교육훈련 등

① 경영상의 역할, ③ 예방적 역할, ④ 관리상의 역할에 해당한다.

 ❷

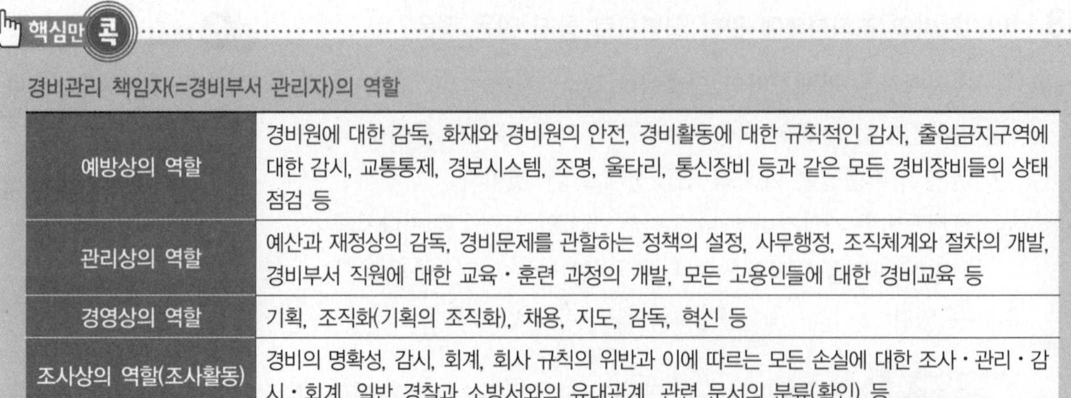

핵심만 콕

경비관리 책임자(=경비부서 관리자)의 역할

구분	내용
예방상의 역할	경비원에 대한 감독, 화재와 경비원의 안전, 경비활동에 대한 규칙적인 감사, 출입금지구역에 대한 감시, 교통통제, 경보시스템, 조명, 울타리, 통신장비 등과 같은 모든 경비장비들의 상태 점검 등
관리상의 역할	예산과 재정상의 감독, 경비문제를 관할하는 정책의 설정, 사무행정, 조직체계와 절차의 개발, 경비부서 직원에 대한 교육·훈련 과정의 개발, 모든 고용인들에 대한 경비교육 등
경영상의 역할	기획, 조직화(기획의 조직화), 채용, 지도, 감독, 혁신 등
조사상의 역할(조사활동)	경비의 명확성, 감시, 회계, 회사 규칙의 위반과 이에 따르는 모든 손실에 대한 조사·관리·감시·회계, 일반 경찰과 소방서와의 유대관계, 관련 문서의 분류(확인) 등

60 청원경찰에 대한 설명 중 옳지 않은 것은?

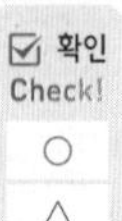

① 청원경찰의 교육비는 청원경찰 본인이 부담한다.

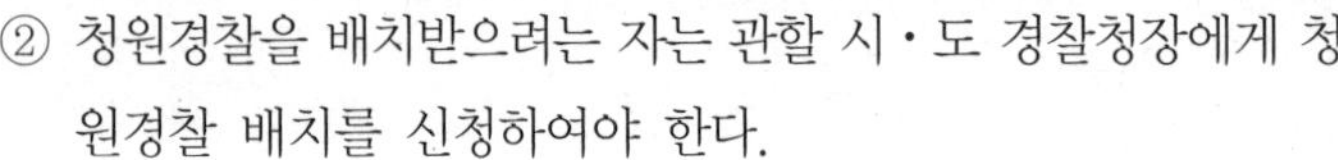

② 청원경찰을 배치받으려는 자는 관할 시·도 경찰청장에게 청원경찰 배치를 신청하여야 한다.

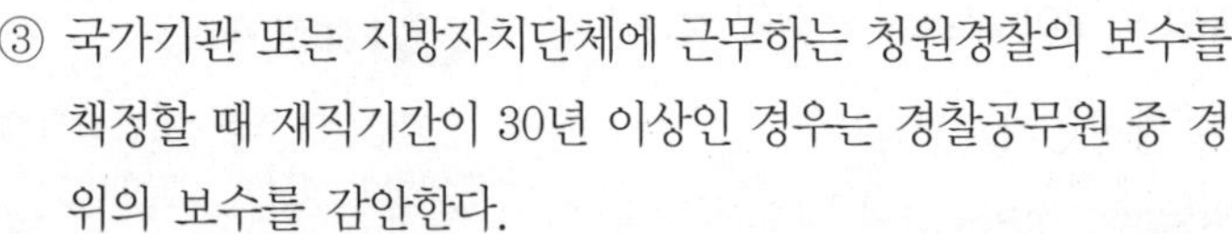

③ 국가기관 또는 지방자치단체에 근무하는 청원경찰의 보수를 책정할 때 재직기간이 30년 이상인 경우는 경찰공무원 중 경위의 보수를 감안한다.

④ 국가기관이나 지방자치단체에 근무하는 청원경찰의 직무상 불법행위에 대한 배상책임에 관하여는 국가배상법을 따른다.

청원경찰의 교육비는 청원주가 부담한다(청원경찰법 제6조 제1항 제3호).

정답 ❶

② 청원경찰법 제4조 제1항
③ 청원경찰법 제6조 제2항 제4호
④ 청원경찰법 제10조의2 반대해석, 국가배상법 제2조 해석 및 대판 92다47564 참고

61 인력경비의 장점으로 보기 어려운 것은?

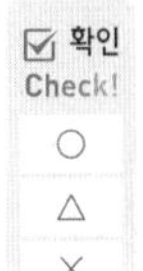

① 경비업무, 안내, 질서유지, 보호·보관의 업무를 하나로 통합가능
② 상황연락의 신속성
③ 고용창출효과
④ 경비업무의 전문화

인력이 상주함으로써 현장에서 상황이 발생했을 때 신속한 조치가 가능하다는 장점을 가지고 있지만 상황연락의 신속성이 이뤄지지 않아 사건의 전파에 장애가 발생할 수 있는 단점이 있다.

 ❷

인력경비의 장단점

장 점	단 점
• 통합서비스 가능(경비, 질서유지, 안내, 미화 등) • 현장에서의 신속한 조치 가능 • 경비업무 전문화 및 고객 접점 서비스 효과 있음	• 인건비의 부담 • 사건발생 시 인명피해 가능성 • 사건의 신속한 전파의 장애 • 야간경비 활동의 제약 • 경비원이 낮은 보수, 저학력, 고령일 경우 경비의 질 저하 우려

해설편 제5회

62 경비업무 형태를 1차원적 경비, 단편적 경비, 반응적 경비, 총체적 경비로 분류한 것은 어떤 유형으로 분류한 것인가?

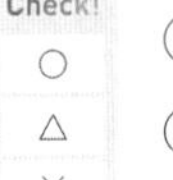

① 성격에 따른 분류
② 형태에 따른 분류
③ 목적에 따른 분류
④ 실시방식에 따른 분류

경비실시방식에 따른 분류이다. 경비업무의 유형을 정리하면 아래와 같다.

정답 ❹

경비업무의 유형 분류★

성격에 따른 분류	형태에 따른 분류	목적에 따른 분류	실시방식에 따른 분류	경비업법상의 분류
• 자체경비 • 계약경비	• 인력경비 • 기계경비	• 신변보호경비 • 호송경비 • 특수경비 • 시설경비 • 혼잡경비	• 1차원적 경비 • 단편적 경비 • 반응적 경비 • 총체적 경비	• 신변보호경비 • 호송경비 • 기계경비 • 특수경비 • 시설경비

안심Touch

63 경비계획수립의 기본원칙에 대한 설명으로 옳지 않은 것을 모두 고른 것은?

확인 Check! ○ △ ×

ㄱ. 경비원의 대기실은 시설물의 출입구와 비상구에서 인접한 곳에 위치해야 한다.
ㄴ. 경비관리실은 출입자 등의 통행이 많은 곳에 설치하여야 한다.
ㄷ. 직원의 출입구는 주차장으로부터 가급적 인접한 곳에 위치해야 한다.
ㄹ. 항구·부두지역은 차량운전자가 바로 물건을 창고지역으로 움직일 수 있도록 해야 한다.
ㅁ. 효과적인 경비를 위해서는 안전경비조명이 설치되어야 하고, 물건을 선적하거나 수령하는 지역은 분리되어서는 안 된다.

① ㄱ, ㄴ, ㄷ ② ㄱ, ㄹ, ㅁ
③ ㄴ, ㄷ, ㄹ ④ ㄷ, ㄹ, ㅁ

제시된 내용 중 옳지 않은 것은 ㄷ, ㄹ, ㅁ이다.

ㄷ (×) 직원의 출입구는 주차장으로부터 가급적 멀리 떨어진 곳에 위치해야 한다.
ㄹ (×) 항구·부두지역은 차량운전자가 바로 물건을 창고지역으로 움직이지 못하도록 하고, 경비원에게 물건의 선적이나 하차를 보고할 수 있도록 설계되어야 한다.
ㅁ (×) 효과적인 경비를 위해서는 안전경비조명이 설치되어야 하고, 물건을 선적하거나 수령하는 지역은 분리되어야 한다.

정답 ❹

경비계획수립의 기본원칙(경비와 시설보호의 기본원칙)★★

- 직원의 출입구는 주차장으로부터 가급적 멀리 떨어진 곳에 위치해야 한다.
- 경비원의 대기실은 시설물의 출입구와 비상구에서 인접한 곳에 위치해야 한다.
- 경비관리실은 출입자 등의 통행이 많은 곳에 설치하여야 한다.
- 경계구역과 건축물 출입구 수는 안전규칙의 범위 내에서 최소한으로 유지되어야 한다.
- 경비원 1인이 경계해야 할 구역의 범위는 안전규칙상 적당해야 한다.
- 건물 외부의 틈으로 접근 및 탈출 가능한 지점 및 경계 구역(천장, 공기환풍기, 하수도관, 맨홀 등)은 보호되어야 한다.
- 잠금장치는 정교하고 파손이 어렵게 만들어져야 하고 열쇠를 분실할 경우에 대비하여 적절한 조치를 취해야 한다.
- 비상시에만 사용하는 외부출입구에는 경보장치를 설치하여야 하고, 외부출입구의 통행은 통제가 가능하여야 한다.
- 항구·부두지역은 차량운전자가 바로 물건을 창고지역으로 움직이지 못하도록 하고, 경비원에게 물건의 선적이나 하차를 보고할 수 있도록 설계되어야 한다.
- 효과적인 경비를 위해서는 안전경비조명이 설치되어야 하고, 물건을 선적하거나 수령하는 지역은 분리되어야 한다.
- 외딴 곳이나 비상구의 출입구는 경보장치를 설치하여 둔다.
- 유리창이 지면으로부터 약 4m 이내 높이에 설치되어 있는 경우에는 센서, 강화유리 등 안전장치를 설치해야 한다.

64 국가중요시설에 관한 설명으로 옳지 않은 것은?

① "가"급 시설에는 청와대, 국회의사당, 대법원, 정부중앙청사, 국방부 등이 있다.
② "나"급 시설에는 대검찰청, 경찰청, 한국산업은행 · 한국은행 본점 등이 있다.
③ "다"급 시설에는 중앙행정기관의 청사, 국가정보원 지부, 한국은행 각 지역본부 등이 있다.
④ 기타급 시설에는 중앙부처의 장 또는 시 · 도지사가 필요하다고 지정한 행정 및 산업시설 등이 있다.

쏙쏙 해설

한국은행 본점은 "가"급 시설에 해당한다.

정답 ❷

핵심만 콕

[국가중요시설의 분류]★

구 분	국가중요시설의 분류기준 (중앙경찰학교 2009, 경비)	국가중요시설의 분류기준 (국가중요시설 지정 및 방호 훈령)	
가급 중요시설	국방 · 국가 기간사업 등 국가 안전보장에 고도의 영향을 미치는 행정 및 산업시설	적에 의하여 점령 또는 파괴되거나, 기능 마비 시 광범위한 지역의 통합방위작전 수행이 요구되고, 국민생활에 결정적인 영향을 미칠 수 있는 시설	청와대, 국회의사당, 대법원, 정부중앙청사, 국방부, 국가정보원 청사, 한국은행 본점
나급 중요시설	국가 보안상 국가 경제 · 사회생활에 중대한 영향을 끼치는 행정 및 산업시설	적에 의하여 점령 또는 파괴되거나, 기능 마비 시 일부 지역의 통합방위작전 수행이 요구되고, 국민생활에 중대한 영향을 미칠 수 있는 시설	중앙행정기관 각 부(部) · 처(處) 및 이에 준하는 기관, 대검찰청, 경찰청, 기상청 청사, 한국산업은행, 한국수출입은행 본점
다급 중요시설	국가 보안상 국가 경제 · 사회생활에 중요하다고 인정되는 행정 및 산업시설	적에 의하여 점령 또는 파괴되거나, 기능 마비 시 제한된 지역에서 단기간 통합방위작전 수행이 요구되고, 국민생활에 상당한 영향을 미칠 수 있는 시설	중앙행정기관의 청사, 국가정보원 지부, 한국은행 각 지역본부, 다수의 정부기관이 입주한 남북출입관리 시설, 기타 중요 국 · 공립기관
기타급 중요시설	중앙부처의 장 또는 시 · 도지사가 필요하다고 지정한 행정 및 산업시설	–	–

65 외곽경비에 관한 설명으로 옳지 않은 것은?

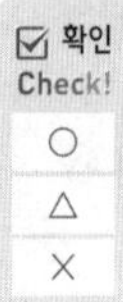

① 일정 기간이나 비상시에만 사용하는 문은 평상시에는 폐쇄하고 잠겨있어야 하며, 잠금장치는 특수하게 만들어져야 하고 외견상 즉시 확인할 수 없도록 하여야 한다.
② 담장 위에 철조망을 설치하면 방범 효율이 증대된다.
③ 지붕은 외곽시설물 경비에서 가장 취약한 부분이므로 경보시스템을 설치해야 한다.
④ 경계구역 내에서 가시지대를 가능한 한 넓히기 위하여 모든 장애물을 양쪽 벽으로부터 제거해야 한다.

일정 기간이나 비상시에만 사용하는 문은 평상시에는 폐쇄하고 잠겨있어야 하며, 잠금장치는 특수하게 만들어져야 하고 외견상 즉시 확인할 수 있어야 한다.

정답 ❶

66 내부절도의 경비에 관한 설명으로 옳지 않은 것은?

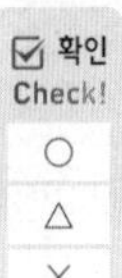

① 주기적 순찰과 감시 경비원 및 CCTV의 확충으로 경비인력의 혼합 운영이 필요하다.
② 직원의 채용 시 학력, 경력, 전과, 이념 등 신원조사를 실시한다.
③ 고객 특성 및 사업장 분위기에 맞는 업무 스타일을 구축해야 하며 강도나 긴급 대처에 대한 교육이 필요하다.
④ 경비 프로그램을 수시로 변화시킨다.

직원의 채용 단계에서부터 인사담당자와의 협조하에 신원조사를 실시한다. 신원조사 과정에서 검토해야 할 사항으로는 지원자의 가족 상황, 결혼 여부, 종교관, 동거인의 인적 사항, 주택 소유 여부, 지원자의 학력・경력・전과・채무관계 여부 등이다. 이념은 직원의 채용 시 실시하는 신원조사 사항에 해당하지 않는다.

정답 ❷

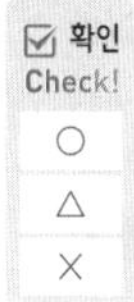

67 다음 중 경계구역으로 접근하는 것을 방지하기 위해 길고 수평하게 빛을 확장하는 데 중요하게 사용되는 조명장비의 형태는?

① 가로등
② 탐조등
③ 투광조명
④ 프레이넬등

쏙쏙 해설

프레이넬등은 외부인이 어두운 시설물에 침입하는 경우 접근방지를 위한 조명장비로 유용하게 사용되며 보통 300~500W 정도의 밝기이며, 넓은 폭의 빛을 내고 경계구역으로의 접근을 막기 위해 길고 수평으로 빛을 확장할 때 사용한다.

정답 ❹

핵심만 콕

경비조명등의 종류와 조명장비의 형태★★

경비조명등		조명장비	
백열등	• 가정집에서 주로 사용되는 조명으로 점등과 동시에 빛을 방출 • 경비조명으로 광범위하게 이용	가로등	• 설치 장소와 방법에 따라 대칭적인 방법과 비대칭적인 방법으로 설치 • 대칭적인 가로등은 빛을 골고루 발산하며, 특별히 높은 지점의 조명을 필요로 하지 않는 넓은 지역에서 사용되며, 설치 위치도 보통 빛이 비춰지는 지역의 중앙에 위치한다. • 비대칭적인 가로등은 조명이 필요한 지역에서 다소 떨어진 장소에 사용된다.
가스방전등	수은등 : 푸른색의 강한 빛, 긴 수명	투광조명등	• 300W~1,000W까지 사용 • 특정지역에 빛을 집중시키거나 직접적으로 비추는 광선의 형태로 상당히 밝은 빛을 만들 수 있다.
	나트륨등 : 연한 노란색의 빛을 내며 안개지역에 사용	프레이넬등	• 300W~500W까지 사용 • 넓은 폭의 빛을 내는 조명으로 경계구역에의 접근방지를 위해 길고 수평하게 빛을 확장하는데 유용하게 사용 • 수평으로 약 180°, 수직으로 15~30° 정도의 폭이 좁고 긴 빛을 투사 • 비교적 어두운 시설물에서 침입을 감시하는 경우 유용하게 사용
석영수은등	• 매우 밝은 하얀 빛 • 경계구역과 사고발생 다발지역에 사용 • 가격이 비쌈	탐조등	• 250W~3,000W까지 다양하게 사용 • 사고우려지역을 정확하게 관찰하기 위해 사용하는데 백열등이 자주 이용된다. • 휴대가 가능 • 외딴 산간지역이나 작은 배로 쉽게 시설물에 접근할 수 있는 위치에 설치

68 다음이 설명하는 자물쇠는 무엇인가?

확인 Check! ○ △ ×

- 일반적으로 가장 많이 사용되는 자물쇠이며, 이 자물쇠를 열기 위해서는 통상적으로 3분 정도가 소요된다.
- 열쇠의 홈이 한쪽 면에만 있으며 열쇠 구조가 복잡하여 맞는 열쇠를 꽂지 않으면 열리지 않는다.
- 책상, 서류함, 패드록 등 경비산업에서 보편적으로 사용되고 있다.

① 돌기 자물쇠(Warded Locks)
② 판날름쇠 자물쇠(Disc Tumbler Locks)
③ 핀날름쇠 자물쇠(Pin Tumbler Locks)
④ 숫자맞춤식 자물쇠(Combination Locks)

판날름쇠 자물쇠와 핀날름쇠 자물쇠를 구분하도록 해야 한다. 제시문의 내용은 판날름쇠 자물쇠에 대한 설명이다.

 ❷

핀날름쇠 자물쇠(Pin Tumbler Locks)
- 일반 산업분야, 일반 주택에서도 널리 사용되는 것으로 열쇠의 모양은 자물쇠에 비해 복잡하다.
- 핀날름쇠 자물쇠는 열쇠의 양쪽 모두에 홈이 불규칙적으로 파여져 있는 형태이고, 보다 복잡하며 안전성을 제공할 수 있기 때문에 널리 사용된다.
- 핀날름쇠 자물쇠를 푸는 데는 약 10분 정도가 소요된다.

69 화재의 분류와 소화기 표시색상의 연결이 옳지 않은 것은?

확인 Check! ○ △ ×

① 일반화재 – 백색
② 유류화재 – 황색
③ 금속화재 – 무색
④ 가스화재 – 청색

가스화재(화재의 분류)와 황색(소화기 표시색상)이 올바른 연결이다.

 ❹

화재의 유형과 소화기 표시색★★ (두 : 일백 · 유황 · 전청 · 금무 · 가황)

구 분	화재의 유형	표시색
A	일반화재	백 색
B	유류화재	황 색
C	전기화재	청 색
D	금속화재	무 색
E	가스화재	황 색

70 경비시설물 내에 노사분규가 발생하였을 때 경비원의 역할을 설명한 것으로 옳지 않은 것은?

① 파업이 발생하였을 때는 사고를 미연에 방지하기 위해서 주변의 가연성 있는 물질을 제거한다.
② 파업이 일어나면 모든 출입구를 봉쇄한다.
③ 파업에 참여하는 근로자로부터 모든 열쇠를 회수할 필요는 없다.
④ 평화적인 시위에 대해서는 이를 보호하려는 노력을 하여야 한다.

쏙쏙 해설

파업에 참여하는 근로자로부터 모든 열쇠를 회수하고, 새로운 자물쇠나 잠금장치로 교체한다.

정답 ③

핵심만 콕

노사분규에 대한 대응(노사분규 발생 시 경비요령)
- 경비원들에 대한 사전교육을 실시하고 규율을 확인·점검한다.
- 파업이 일어나면 모든 출입구를 봉쇄한다.
- 파업이 일어나면 주변 시설물 내의 가연성 물질을 제거한다.
- 시위과정에서 무기로 사용될 수 있는 물건을 치운다.
- 시위근로자들을 자극하거나 직접적인 충돌을 피해야 한다.
- 일상적인 순찰활동을 통한 정기적인 확인·점검이 필요하다.
- 파업에 참여하는 근로자로부터 모든 열쇠를 회수하고, 새로운 자물쇠나 잠금장치로 교체한다.
- 시설 내 소화전, 스프링클러와 같은 방화시설을 점검한다.
- 평화적인 시위에 대해서는 이를 보호하려는 노력을 하여야 한다.
- 시위근로자들과의 연락망을 지속적으로 유지한다.
- 시위가 과격해질 경우를 대비하여 경찰에 지원을 요청하는 방안도 고려해야 한다.

해설편 제5회

71 환경설계를 통한 범죄예방(CPTED)에 대한 설명으로 옳지 않은 것은?

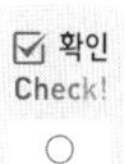

① 물리적 환경을 개선함으로써 범죄를 억제하고 주민의 불안감을 해소하는 제도이다.
② 개인의 본래 활동에 상관없이 범죄예방효과를 극소화시키는데 목표를 두고 있다.
③ 범죄원인을 개인적 요인보다는 환경적 요인에서 찾고 있다.
④ 현대적 CPTED는 시민들의 삶의 질 향상까지 고려하여 시행하고 있다.

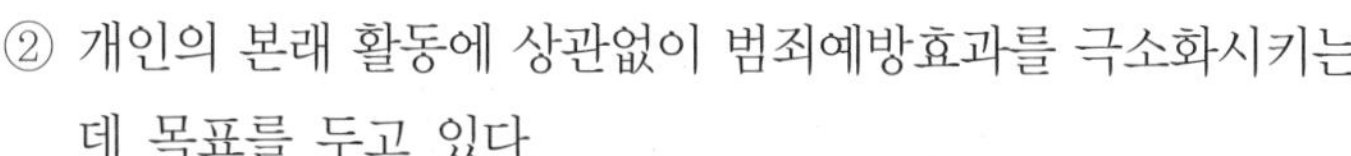

쏙쏙 해설

개인의 본래 활동을 방해하지 않으면서 범죄예방효과를 극대화하는데 목표를 두고 있다.

정답 ②

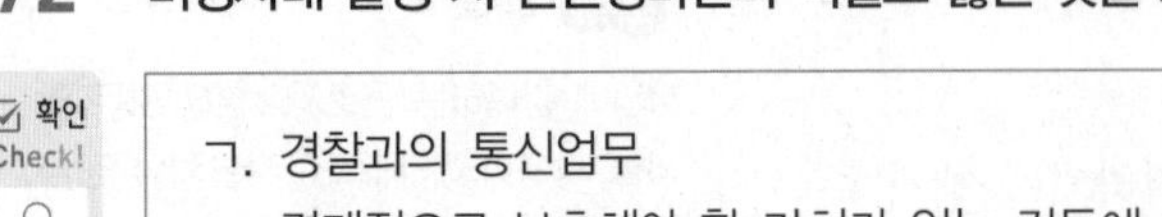

72 **비상사태 발생 시 민간경비원의 역할로 옳은 것을 모두 고른 것은?**

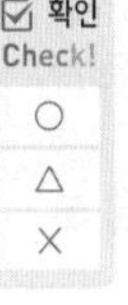

ㄱ. 경찰과의 통신업무
ㄴ. 경제적으로 보호해야 할 가치가 있는 것들에 대한 보호조치 실행
ㄷ. 비상인력과 시설 내의 이동통제
ㄹ. 출입구와 비상구 및 위험지역의 출입통제

① ㄱ
② ㄱ, ㄴ
③ ㄱ, ㄴ, ㄷ
④ ㄱ, ㄴ, ㄷ, ㄹ

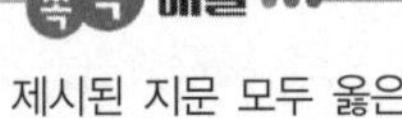

제시된 지문 모두 옳은 내용이다.

정답 ❹

민간경비원의 비상시 임무로는 비상사태에 대한 초동조치, 외부지원기관(경찰서, 소방서, 병원 등)과의 통신업무, 특별한 대상자(장애인, 노약자 등)의 보호 및 응급처치, 경제적으로 보호해야 할 가치가 있는 것들에 대한 보호조치 실행, 비상인력과 시설 내의 이동통제, 출입구와 비상구 및 위험지역의 출입통제 등이 있다.

73 **오퍼레이팅시스템과 업무처리프로그램의 경우에 반드시 복제프로그램을 준비해 두는 것은 백업(Back-up)의 종류 중 어느 것에 해당하는가?**

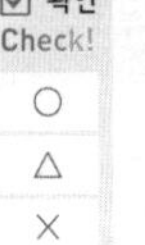

① 컴퓨터 기기에 대한 백업
② 프로그램에 대한 백업
③ 도큐멘테이션에 대한 백업
④ 데이터 파일에 대한 백업

설문의 내용은 프로그램 백업에 대한 것이다.

정답 ❷

백업(Back-up) 대책

- 컴퓨터 기기에 대한 백업 : 컴퓨터 시스템 사용이 불가능하게 될 경우를 대비하여 백업용 컴퓨터 기기를 준비해 두어야 한다.
- 프로그램에 대한 백업 : 오퍼레이팅시스템과 업무처리프로그램의 경우에는 반드시 복제프로그램을 준비해 두어야 한다.
- 도큐멘테이션(Documentation)에 대한 백업 : 오퍼레이팅시스템의 추가선택 기능에 대한 설명 및 오퍼레이팅시스템의 갱신 및 기록, 사용 중인 업무처리프로그램의 설명서, 주요 파일의 구성・내용 및 거래코드 설명서, 오퍼레이팅 매뉴얼, 사용자 매뉴얼 등이 포함되어야 한다.
- 데이터 파일에 대한 백업 : 데이터 파일, 변경 전의 마스터 파일, 거래기록 파일 등은 기본적으로 백업을 해두어야 한다.

74 컴퓨터범죄에 관한 설명으로 옳지 않은 것은?

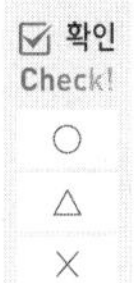

① 트로이 목마는 프로그램 속에 은밀히 범죄자만 아는 명령문을 삽입하여 이를 범죄자가 이용하는 수법을 말한다.
② 장소, 국경 등에 관계없이 컴퓨터 침입이 가능하며 증거가 남지 않고 증거인멸이 용이하기 때문에 범죄의 발견이 어렵다.
③ 범죄행위 측면에서 범행이 연속성과 광역성 및 자동성을 가지고 있고 고의를 입증하기 힘들다.
④ 컴퓨터 부정사용은 컴퓨터 시스템의 자료와 프로그램의 불법획득과 이용이라는 행위를 통해 타인에게 재산적 손해를 야기시키는 행위이다.

지문의 내용은 컴퓨터 스파이에 관한 설명에 해당한다.

정답 ❹

해설편 제5회

75 '자료의 부정변개'라고도 하며 데이터를 입력하는 동안이나 변환하는 시점에서 최종적인 입력 순간에 자료를 절취 또는 변경, 추가, 삭제하는 모든 행동을 일컫는 컴퓨터범죄 수법은?

확인 Check! ○ △ ×

① 살라미 기법(Salami Techniques)
② 데이터 디들링(Data Diddling)
③ 슈퍼 재핑(Super Zapping)
④ 트랩 도어(Trap Door)

설문의 컴퓨터범죄 수법은 데이터 디들링이다.

정답 ❷

① 살라미 기법(Salami Techniques) : 금융기관의 컴퓨터 시스템이나 이자 계산 시, 혹은 배당금 분배 시 단수(端數) 이하로 떨어지는 적은 수를 주워 모아 어느 특정 계좌에 모이게 하는 수법이다.
③ 슈퍼 재핑(Super Zapping) : 컴퓨터가 고장으로 가동이 불가능할 때 비상용으로 쓰이는 프로그램이 슈퍼 잽이며 슈퍼 잽 수행 시에 호텔의 만능키처럼 패스워드나 각종 보안장치 기능을 상실시켜 컴퓨터의 기억장치에 수록된 모든 파일에 접근하여 자료를 복사해 가는 것이다.
④ 트랩 도어(Trap Door) : OS나 대형 응용프로그램을 개발하면서 전체 시험 실행을 할 때 발견되는 오류를 쉽게 하거나 처음부터 중간에 내용을 볼 수 있는 부정루틴을 삽입해 컴퓨터의 정비나 유지보수를 핑계 삼아 컴퓨터 내부의 자료를 뽑아가는 행위로, 프로그래머가 프로그램 내부에 일종의 비밀통로를 만들어 두는 것이다.

76 컴퓨터범죄의 유형 중 컴퓨터 시스템의 자료를 권한 없이 획득하거나 이용 · 누설하여 타인에게 재산적 손해를 야기하며, 자료와 프로그램의 불법획득과 이용이라는 2개의 행위로 이루어지는 범죄유형은?

확인 Check! ○ △ ×

① 컴퓨터 스파이
② 컴퓨터 부정조작
③ 프로그램 조작
④ 컴퓨터 부정사용

설문의 컴퓨터범죄는 컴퓨터 스파이에 대한 내용에 해당한다.

정답 ❶

② 컴퓨터 부정조작 : 행위자가 컴퓨터의 처리결과나 출력인쇄를 변경시켜서 타인에게 손해를 끼쳐 자신이나 제3자의 재산적 이익을 얻도록 컴퓨터 시스템 자료처리 영역의 정상적인 운영을 방해하는 행위로 입력 조작, 프로그램 조작, 콘솔 조작, 출력 조작이 있다.
③ 프로그램 조작 : 프로그램을 구성하는 개개의 명령을 변경 혹은 삭제하거나 새로운 명령을 삽입하여 기존의 프로그램을 변경하는 것이다.
④ 컴퓨터 부정사용 : 컴퓨터에 관한 업무에 대해 전혀 권한이 없는 자가 컴퓨터가 있는 곳에 잠입하거나 원격단말장치를 사용하는 방법으로 그 기업체의 컴퓨터를 일정한 시간 동안 자신을 위하여 작동시키는 것이다.

77 컴퓨터범죄 예방대책에 관한 설명으로 옳지 않은 것은?

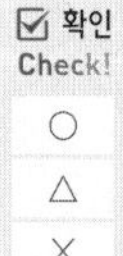

① 거래기록 파일 등 데이터 파일에 대한 백업을 할 때는 내부와 외부에 이중으로 파일을 보관해서는 안 된다.
② 극비의 경영자료 등이 수록된 파일이나 중요한 상품의 프로그램이 수록되어 있는 테이프나 디스크 파일에는 별도의 명칭을 부여한다.
③ 컴퓨터 사용에 대한 회계감사나 사후평가를 면밀히 해야 한다.
④ 프로그래머는 기기조작을 하지 않고 오퍼레이터는 프로그래밍을 하지 않는다는 원칙을 철저히 준수한다.

<u>외부장소에 보관한 백업용 기록문서화의 종류는 최소한으로 하는 것이 좋으나</u>, 컴퓨터 운용체제의 추가선택 기능에 대한 설명 및 운용 시스템의 갱신 · 기록, 사용 중인 업무처리 프로그램의 설명서, 주요 파일구성 내용 및 거래 코드 서명서, 운용매뉴얼, 사용자 매뉴얼, 자료파일, 변경전의 마스터 파일, <u>거래기록 파일은 재해발생시 컴퓨터 업무처리를 계속 유지하기 위한 기본적인 파일이므로 내부와 외부에 이중으로 파일을 보관하여야 한다</u>.

〈출처〉 김두현 · 박형규, 「신민간경비론」, 솔과학, 2018, P. 317

 ❶

78 4차 산업혁명의 주요 특징 중 다음 (　　) 안의 ㄱ~ㄷ에 들어갈 내용을 순서대로 바르게 연결한 것은?

- (ㄱ)화 – 전면적 디지털화에 기초한 전면적 온라인화에 따른 현실과 가상의 경계 소멸 및 데이터베이스화를 의미한다.
- (ㄴ)화 – 데이터 분석 및 기계학습을 통한 인공지능의 발전, 이를 통한 전면적 기계–자율의 확대가 핵심이다.
- (ㄷ)화 – (ㄱ)과 (ㄴ)의 확대는 결과적으로 기존에 분리되어 있던 다양한 영역들의 (ㄷ)으로 이어지게 된다.

① ㄱ : 초연결, ㄴ : 초지능, ㄷ : 융복합
② ㄱ : 초지능, ㄴ : 초연결, ㄷ : 융복합
③ ㄱ : 초가상, ㄴ : 초지능, ㄷ : 통합
④ ㄱ : 초연결, ㄴ : 초가상, ㄷ : 통합

(　) 안에 들어갈 내용은 순서대로 ㄱ : 초연결, ㄴ : 초지능, ㄷ : 융복합이다.

정답 ❶

해설편 제5회

79 융합보안에 관한 설명으로 옳지 않은 것은?

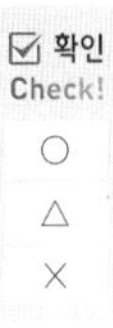

① 물리적・기술적・관리적 보안요소를 상호 연계하여 보안의 효과성을 높이는 것을 내용으로 한다.
② 가트너는 융합보안을 "물리적 보안과 정보보호가 IT 위험을 관리하기 위해 비슷해지거나, 연계되거나, 동일한 프로세스와 기능을 갖추는 것"이라고 정의하였다.
③ 우리나라는 일반적으로 물리보안과 정보보안의 융합이라는 통합보안 관점과 비 IT 산업에 보안을 적용하는 복합보안 관점 등을 통칭하여 융합보안이라고 한다.
④ 융합보안은 출입통제, 접근감시, 잠금장치 등을 통하여 보안의 효과성을 높이는 활동이다.

융합보안은 출입통제, 접근감시, 잠금장치 등의 물리적 보안요소와 불법 침입자 정보인식시스템 등 정보보안요소를 상호 연계하여 보안의 효과성을 높이는 활동이다.

정답 ❹

80 국내 민간경비산업의 발전방안으로 옳지 않은 것은?

① 민간경비업체들의 영세성을 탈피하기 위한 경비업체 업무의 다변화가 필요하다.
② 기계경비 중심의 민간경비산업 지향
③ 경찰과 민간경비원의 개별순찰제도 활성화
④ 경비관련 자격증제도의 전문화

 해설

경찰과 민간경비원의 합동순찰제도의 활성화(협조체제 구축)가 발전방안으로 논의된다.

 ❸

민간경비산업의 발전방안

국가정책적 육성방안	민간경비회사 자체의 육성방안
• 경비관련 자격증제도의 전문화 • 기계경비 중심의 민간경비산업 지향 • 민간경비 관련법규 정비 • 민간경비체제의 다양화 및 업무의 다양화 • 경찰체제의 개편 및 첨단경비의 개발 • 국가전담기구의 설치와 행정지도 • 세제상 및 금융지원을 통한 민간경비업체의 보호 육성	• 우수인력의 확보와 홍보활동의 강화 • 영세업체의 자생력 향상 • 경비협회활동의 활성화 • 경찰조직과의 협조체제 구축 • 손해배상체제의 보완 및 산업재해에 대한 예방

제6회 법학개론

정답 및 해설

정답 CHECK

01	02	03	04	05	06	07	08	09	10	11	12	13	14	15	16	17	18	19	20
④	①	②	④	③	④	②	②	①	④	③	②	②	②	①	③	②	④	④	②
21	22	23	24	25	26	27	28	29	30	31	32	33	34	35	36	37	38	39	40
④	④	①	③	③	③	①	④	④	④	④	①	④	③	②	②	②	①	④	④

각 문항별로 이해도를 체크해 보세요.

문제편 126p

01 법의 이념 중 법적 안정성을 강조하는 법언과 관련이 없는 것은?

확인 Check! ○ △ ×

① 정의의 극치는 부정의의 극치이다.
② 악법도 법이다.
③ 무질서한 것보다 오히려 불평등한 것이 낫다.
④ 국민이 원하는 것이 법이다.

해설

①~③은 법적 안정성을 강조하는 법언에 해당하나, ④는 합목적성을 강조하는 법언에 해당한다.

정답 ❹

핵심만 콕

법언(法諺)

1. 사회규범 : 사회가 있는 곳에 법이 있다.
2. 강제성 : 강제력이 없는 법은 타지 않는 불이요, 비치지 않는 등불이다.
3. 정의(正義) : 세상이 망하더라도 정의를 세우라.
4. 합목적성
   1) 민중의 행복이 최고의 법률이다.
   2) 국민이 원하는 것이 법이다.
5. 법적 안정성
   1) 정의의 극치는 부정의의 극치이다.
   2) 무질서한 것보다 오히려 불평등한 것이 낫다.
   3) 악법도 법이다.
6. 법과 도덕과의 관계 : 도덕은 법의 최대한이고, 법은 도덕의 최소한이다.
7. 법치주의 : 국왕도 법 아래에 있다.
8. 권리의 절대성 : 자기 권리를 행사하는 자는 어느 누구도 해하지 않는다.

02 다음 중 법의 효력에 관한 내용 중 옳지 않은 것은?

☑ 확인 Check! ○ △ ×

① 법률은 특별한 규정이 없는 한 공포한 날로부터 15일을 경과함으로써 효력을 발생한다.

② 법의 효력은 원칙적으로 시행 후에 발생한 사항에 관해서만 적용되고 시행 이전에 발생한 사항에 대하여는 소급적용이 불가하다.

③ 법은 속지주의를 원칙으로 하고, 보충적으로 속인주의를 적용한다.

④ 기국주의란 대한민국영역 외에 있는 대한민국의 선박 또는 항공기 내에서 죄를 범한 외국인에게 적용하는 것이다.

쏙쏙 해설

법률은 특별한 규정이 없는 한 공포한 날로부터 20일을 경과함으로써 효력을 발생한다(헌법 제53조 제7항).

정답 ❶

03 다음의 기술 중 가장 부적당한 것은?

☑ 확인 Check! ○ △ ×

① 법원은 법의 연원으로 법에 대한 인식수단 내지는 존재형식을 가리킨다.

② 성문법이라 함은 그 제정의 주체가 반드시 의회인 경우에 국한된다.

③ 명령은 국회의 의결을 거치지 않고 행정기관에 의하여 제정되는 성문법규이다.

④ 헌법에 의하여 체결・공포된 조약과 일반적으로 승인된 국제법규는 국내법과 같은 효력을 가진다.

쏙쏙 해설

성문법의 종류에는 헌법(국민), 법률(국회), 명령(행정부), 조례(지방의회), 규칙(지방자치단체의 장), 조약(다수의 국가) 등이 있다.

정답 ❷

04 다음 중 관습법의 성립요건이 아닌 것은?

☑ 확인 Check! ○ △ ×

① 관행이 존재할 것

② 그 관행이 선량한 풍속 기타 사회질서에 반하지 않을 것

③ 그 관행을 국민이 법규범으로 인식하고 지킬 것

④ 법원의 판결에 의해 관습법으로 인정될 것

관습법은 일정한 관행이 선량한 풍속, 기타 사회질서에 반하지 않고, 그 관행을 국민이 법규범으로 인식하고 지키면 성립된다. 즉, 법원의 판결에 의해 관습법으로 인정될 것까지는 요하지 않는다(통설).

정답 ❹

05 다음 설명 중 옳지 않은 것은?

① 법의 존재형식에 따라 성문법과 불문법으로 구분할 수 있다.
② 법이 규율하는 생활의 실체를 기준으로 공법·사법·사회법으로 구분할 수 있다.
③ 법이 규율하는 내용을 기준으로 일반법·특별법으로 구분할 수 있다.
④ 효력의 강제성 여부에 따라 강행법·임의법으로 구분할 수 있다.

일반법·특별법은 적용되는 법의 효력범위를 기준으로 한 분류이다.

정답 ❸

핵심만 콕

법의 분류기준★★
- 성문법과 불문법 : 법의 존재형식, 법원(法源)
- 국내법과 국제법 : 법의 제정주체와 법의 효력이 미치는 장소적 범위
- 공법과 사법, 사회법 : 법이 규율하는 생활관계, 공법과 사법의 구별은 대륙법계의 특징
- 일반법과 특별법 : 적용되는 법의 효력 범위
- 실체법과 절차법 : 법이 규율하는 내용(권리·의무의 실체) 유무
- 강행법과 임의법 : 강행성 유무, 당사자의 의사로 법의 적용을 배제할 수 있는지 여부
- 고유법과 계수법 : 법의 연혁, 법 제정의 자생성 유무
- 자연법과 실정법 : 실정성 여부, 보편타당성 여부, 시간과 장소의 초월 여부

해설편 제6회

06 법의 적용에 관한 설명으로 옳지 않은 것은?

① 어떠한 구체적 사건이 발생하였을 경우 실정법의 어느 규정이 그 사건에 적용될 것인지를 판단하는 과정을 법의 적용이라 한다.
② 사실의 확정은 법규를 적용하기 전에 법적으로 가치 있는 사실만을 확정하는 법적 인식작용으로, 객관적 증거에 의함을 원칙으로 한다.
③ 추정된 사실과 다른 주장을 하는 자는 반증을 들어 추정의 효과를 뒤집을 수 있다.
④ 간주는 입증부담을 완화하기 위하여 입증이 용이하지 않은 확정되지 않는 사실을 통상의 상태를 기준으로 하여 사실로 인정하고 이에 상당한 법률효과를 주는 것을 말한다.

입증부담을 완화하기 위하여 입증이 용이하지 않은 확정되지 않는 사실을 통상의 상태를 기준으로 하여 사실로 인정하고 이에 상당한 법률효과를 주는 것을 추정이라고 한다.

정답 ❹

07 형법 제250조는 "사람을 살해한 자는 사형, 무기 또는 5년 이상의 징역에 처한다."라고 규정하고 있는데, 분만 중 또는 분만 직후의 영아는 살인죄의 객체인 사람에 포함되지 않는다고 보는 해석방법은?

확인 Check! ○ △ ×

① 반대해석 ② 축소해석
③ 물론해석 ④ 유추해석

설문은 법규상 용어의 의미를 통상의 의미보다 축소하여 해석하는 축소해석 방법에 해당한다.

정답 ❷

핵심만 콕

법 해석의 종류★★

해석의 구속력에 따라	• 유권해석 : 입법해석, 사법해석, 행정해석 • 무권해석(학리해석) : 문리해석, 논리해석
해석의 방법에 따라	• 확장해석 : 법규상 용어의 의미를 통상의 의미 이상으로 확장하여 해석 • 축소(제한)해석 : 법규상 용어의 의미를 통상의 의미보다 축소하여 해석 • 반대해석 : 법문이 규정한 이외의 사항에 대하여는 그 규정의 효과와는 반대의 효과를 인정하는 취지로 추리하는 해석 • 물론해석 : 법문에 일정한 사항을 규정하고 있을 때 그 이외의 사항에 관해서도 사물의 성질상 당연히 그 규정에 포함되는 것으로 하는 해석 • 유추해석 : 두 개의 사실 중 법규에서 어느 하나의 사실에 관해서만 규정하고 있는 경우에 나머지 다른 사실에 대해서도 마찬가지의 효과를 인정하는 해석

08 권한에 관한 설명 중 옳은 것은?

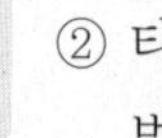

① 특정한 이익을 누리게 하기 위하여 특정인에게 주어진 법률상의 힘
② 타인에게 일정한 법률효과를 발생케 하는 행위를 할 수 있는 법률상의 자격
③ 권리에서 파생되는 개개의 법률상의 힘
④ 어떤 행위를 정당화시켜 주는 법률상의 원인

② 타인에게 일정한 법률효과를 발생하게 하는 행위를 할 수 있는 법률상의 자격을 권한이라 함.
① 권리에 대한 설명이다.
③ 권능에 대한 설명이다.
④ 권원에 대한 설명이다.

정답 ❷

09 다음 판결에서 중시한 법원칙으로 가장 적절한 것은?

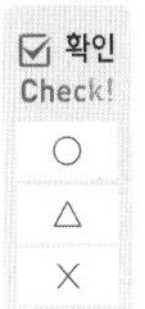

> 법원은 A변호사가 자신에게 소송을 위임했다가 상의 없이 상대방과 화해하고 소송을 취하한 B씨를 상대로 "계약대로 성공보수 전액을 지급하라"라며 낸 소송에서 원고 패소판결을 내렸다. 법원은 "변호사의 동의 없이 의뢰인이 소송을 취하하거나 화해 등을 할 경우 그 경위나 목적, 의뢰인이 얻는 경제적 이익 등에 관계없이 항상 전부 승소한 경우의 성공보수를 지급하게 하는 계약은 의뢰인에게 지나치게 부당한 부담을 주는 것으로서 효력이 없다"라고 판결했다.

① 계약공정의 원칙 ② 사적자치의 원칙
③ 자기책임의 원칙 ④ 무과실책임의 원칙

쏙쏙 해설

소송의 취하나 화해와 관계없이 의뢰인이 변호인에게 전부 승소한 경우의 보수를 지급하게 하는 계약은 의뢰인에게만 일방적으로 부담을 주는 것이므로 계약공정의 원칙에 위반된다.

정답 ❶

10 헌법의 개정절차와 관련하여 ( ) 안의 ㄱ, ㄴ에 알맞은 것은?

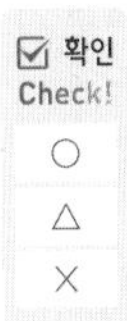

> 국회의결은 공고일로부터 (ㄱ)일 이내에 국회 재적의원 (ㄴ) 이상의 찬성으로 의결한다.

	ㄱ	ㄴ
①	20	과반수
②	20	3분의 2
③	60	과반수
④	60	3분의 2

쏙쏙 해설

국회는 헌법개정안이 공고된 날로부터 60일 이내에 의결하여야 하며, 국회의 의결은 재적의원 3분의 2 이상의 찬성을 얻어야 한다(헌법 제130조 제1항).

정답 ❹

11 정당에 관한 설명 중 옳지 않은 것은?

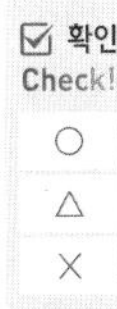

① 정당은 5개 이상의 시・도당을 가져야 하며, 시・도당은 1천인 이상의 당원을 가져야 한다.
② 헌법은 정당이 국민의 정치적 의사형성에 참여하는 데 필요한 조직을 가질 것을 명문으로 규정하고 있다.
③ Bias현상은 소수대표제의 단점으로 지적되는데, 이는 평등선거의 원칙에 비춰볼 때 문제점이 발생한다.
④ 외국인인 국립대학교 교수는 정당에 가입할 수 없다.

쏙쏙 해설

Bias현상이란 정당의 득표율과 의석수가 역전되는 현상, 즉 표에서 이기고 의석수에서 지는 현상으로 영국에서 유래하였다. Bias현상은 다수대표제의 단점으로 지적된다.

정답 ❸

① 정답법 제17조, 제18조 제1항
② 헌법 제8조 제2항
④ 대한민국 국민이 아닌 자는 정당의 당원이 될 수 없으므로(정당법 제22조 제2항) 외국인인 국립대학교 교수는 정당에 가입할 수 없다.

12 기본권의 분류 중 포괄적 기본권에 해당하는 것은?

확인 Check! ○ △ ×

① 인간다운 생활을 할 권리
② 평등권
③ 선거권
④ 청원권

포괄적 기본권에는 인간의 존엄과 가치, 행복추구권, 평등권이 있다. 인간다운 생활을 할 권리는 생존권적(사회권적) 기본권, 선거권(참정권)은 정치적 기본권, 청원권은 청구권적 기본권에 해당한다.

정답 

기본권의 분류★★

포괄적 기본권	인간의 존엄과 가치·행복추구권(자기결정권, 일반적 행동자유권, 인격권), 평등권	
자유권적 기본권	인신의 자유권	생명권, 신체를 훼손당하지 않을 권리, 신체의 자유
	사생활의 자유권	사생활의 비밀과 자유, 주거의 자유, 거주·이전의 자유, 통신의 자유
	정신적 자유권	양심의 자유, 종교의 자유, 언론·출판의 자유, 집회·결사의 자유, 학문과 예술의 자유
	제생활영역의 자유	재산권, 직업의 자유, 소비자의 권리
정치적 기본권	정치적 자유권, 참정권	
청구권적 기본권	청원권, 재판청구권, 국가배상청구권, 형사보상청구권, 범죄피해자구조청구권	
사회권적 기본권	인간다운 생활을 할 권리, 교육을 받을 권리, 근로의 권리, 근로3권, 환경권, 혼인과 가족생활의 보장, 모성의 보호와 보건권	

*제생활영역의 자유를 독자적으로 경제적 기본권으로 분류하는 견해도 있다.

〈참고〉 김유향, 「기본강의 헌법」, WILLBES, 2020

13 현행 헌법의 내용 중 의원내각제적 요소로 볼 수 있는 것은?

☑ 확인 Check! ○ △ ×

① 대통령은 국가원수이자 정부의 수반이다(헌법 제66조).
② 정부는 법률안을 제출할 수 있다(헌법 제52조).
③ 대통령은 법률안 거부권을 가진다(헌법 제53조).
④ 국정조사 및 국정감사 제도(헌법 제61조)

쏙쏙 해설

법률안을 제출하는 것은 의원내각제적 요소에 해당한다.

정답 ❷

핵심만 콕

우리나라의 정부형태★

구 분	대통령제적 요소	의원내각제적 요소
내 용	• 대통령이 국가원수 겸 행정부 수반이 됨(집행부가 일원화) • 대통령이 국민에 의해 직접 선출 • 행정부 구성원의 탄핵소추 • 법률안 거부권 • 국회가 대통령을 불신임하거나, 대통령이 국회를 해산하지 못함 • 국정조사 및 국정감사 제도	• 정부의 법률안 제출권 • 국무총리와 국무위원에 대한 해임건의권 • 국무총리 및 관계 국무위원의 부서제도 • 국무총리제 • 국회의원과 국무위원의 겸직 허용 • 국무총리 및 국무위원 등의 국회 및 위원회 출석·발언권 및 출석·발언요구권 • 국무회의제

해설편 제6회

14 헌법재판소에 대한 설명 중 옳은 것은?

☑ 확인 Check! ○ △ ×

① 헌법재판소 재판관의 임기는 6년이며, 연임이 불가하다.
② 헌법재판소 재판관은 탄핵 또는 금고 이상의 형의 선고에 의하지 않고서는 파면당하지 아니한다.
③ 대통령에 대한 탄핵소추는 국회재적의원 과반수의 발의와 국회재적의원 3분의 1 이상의 찬성이 있어야 한다.
④ 헌법재판소의 위헌정당해산 결정으로 정당은 해산되고 그 정당의 재산은 정당의 당헌에 의한다.

쏙쏙 해설

헌법 제112조 제3항

정답 ❷

핵심만 콕

① 헌법재판소 재판관의 임기는 6년이며, 연임이 가능하다(헌법 제112조 제1항).
③ 대통령에 대한 탄핵소추는 국회재적의원 과반수의 발의와 국회재적의원 3분의 2 이상의 찬성이 있어야 한다(헌법 제65조 제2항).
④ 헌법재판소의 위헌정당해산 결정으로 정당은 해산되고 그 정당의 재산은 국고에 귀속된다(정당법 제48조 제2항).

안심Touch

15 **제한능력자의 철회권과 거절권에 대한 내용으로 옳지 않은 것은?**

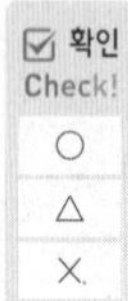

① 상대방이 계약 당시에 제한능력자임을 알았을 경우에도 철회할 수 있다.
② 제한능력자가 맺은 계약은 추인이 있을 때까지 상대방이 그 의사표시를 철회할 수 있다.
③ 거절의 의사표시는 제한능력자에게도 할 수 있다.
④ 제한능력자의 단독행위는 추인이 있을 때까지 상대방이 거절할 수 있다.

① 상대방이 계약 당시에 제한능력자임을 알았을 경우에는 철회할 수 없다(민법 제16조 제1항 단서).
② 민법 제16조 제1항 본문
③ 민법 제16조 제3항
④ 민법 제16조 제2항

정답 ❶

제한능력자의 상대방 보호

㉠ 확답을 촉구할 권리(최고권)
- 제한능력자의 상대방은 제한능력자가 능력자가 된 후에 1개월 이상의 기간을 정하여 취소할 수 있는 행위를 추인할 것인지의 여부의 확답을 촉구할 수 있다. 능력자로 된 사람이 그 기간 내에 확답을 발송하지 않으면 그 행위를 추인한 것으로 본다(민법 제15조 제1항).
- 제한능력자가 아직 능력자가 되지 못한 경우에는 그의 법정대리인에게 위의 촉구를 할 수 있고, 법정대리인이 그 정하여진 기간 내에 확답을 발송하지 않은 경우에는 그 행위를 추인한 것으로 본다(민법 제15조 제2항).
- 특별한 절차가 필요한 행위는 정하여진 기간 내에 그 절차를 밟은 확답을 발송하지 아니하면 취소한 것으로 본다(민법 제15조 제3항).

㉡ 상대방의 철회권 : 제한능력자가 맺은 계약은 추인이 있을 때까지 상대방이 그 의사표시를 철회할 수 있다. 단, 상대방이 계약 당시에 제한능력자임을 알았을 경우에는 철회할 수 없다(민법 제16조 제1항).

㉢ 상대방의 거절권 : 제한능력자의 단독행위는 추인이 있을 때까지 상대방이 거절할 수 있다(민법 제16조 제2항).

㉣ 취소권의 배제 : 제한능력자가 속임수로써 자신을 능력자로 믿게 하거나, 미성년자・피한정후견인이 속임수로써 법정대리인의 동의가 있는 것으로 믿게 한 경우에는 그 행위를 취소할 수 없다(민법 제17조).

16 **부재자의 생사불명 상태가 일정기간 계속된 경우에 가정법원의 선고에 의하여 사망으로 의제하고, 종래의 주소나 거소를 중심으로 한 법률관계를 확정하는 제도는?**

① 부재자 재산관리
② 인정사망
③ 실종선고
④ 동시사망

설문은 실종선고에 대한 내용에 해당한다(민법 제27조 내지 제29조 참고).

정답 ❸

① 부재자 재산관리 : 부재자의 잔류 재산의 관리 및 잔존배우자나 상속인 등의 이익을 보호하기 위하여 두고 있는 제도이다. 부재자가 재산관리인을 두지 않은 경우 가정법원은 이해관계인 또는 검사의 청구에 의하여 재산관리에 필요한 처분을 명해야 한다. 이해관계인에는 부재자의 배우자 · 채권자 · 상속인 등이 해당한다.
② 인정사망 : 사망의 확실한 증거는 없지만 수해 · 화재 · 전쟁 등으로 인하여 사망한 것이 확실하다고 생각되는 경우, 그 사실을 조사한 관공서의 사망보고에 의해 사망한 것으로 취급하는 제도이다.
④ 동시사망 : 사망의 선후를 증명하는 어려움을 구제하기 위한 제도이며, 다수의 사람이 동일한 위난으로 사망한 경우에는 그 사망시기가 불분명한 경우에 그들은 동시에 사망한 것으로 추정하여 사망한 사람들 사이에는 상속이나 대습상속 그리고 유증이 발생하지 않게 된다(민법 제1089조 참고).

17 허위표시에 관한 설명 중 옳지 않은 것은?

① 허위표시로 인한 무효는 선의의 제3자에 대항할 수 없다.
② 허위표시의 경우 제3자의 무과실을 대항요건으로 한다.
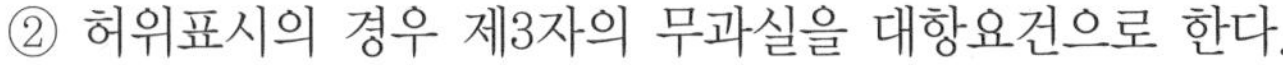
③ 허위표시의 규정인 민법 제108조는 합동행위에는 적용되지 않는다.
④ 신분상의 가장행위는 언제나 무효이다.

허위표시의 당사자가 고의로 제3자를 오신하게 할 수 있는 외관을 만들었으므로, 선의의 제3자에 대한 과실 유무를 묻지 않는 것이 통설의 입장이다.

정답 ❷

① 민법 제108조 제2항
③ 민법 제108조는 상대방을 전제로 한 의사표시이므로 합동행위에는 적용되지 않는다.
④ 신분상 행위는 진실한 의사를 추구하므로 가장행위는 언제나 무효이다.

18 기한에 관한 설명으로 옳지 않은 것은?

① 기한의 이익을 갖는 자는 그 이익을 포기할 수 있다.
② 기한은 채무자의 이익을 위한 것으로 추정된다.
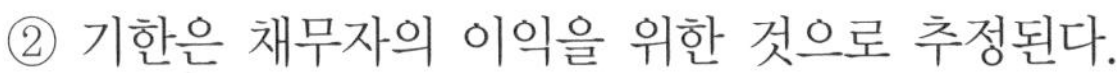
③ 종기있는 법률행위는 기한이 도래한 때로부터 그 효력을 잃는다.
④ 기한은 당사자의 특약이 있는 경우에도 소급효가 인정된다.

기한에 소급효를 인정하는 것은 기한을 붙이는 것과 모순되기 때문에 기한의 효력에는 소급효가 인정되지 않는다.

정답 ❹

① 민법 제153조 제2항 본문
② 민법 제153조 제1항
③ 민법 제152조 제2항

19 **다음 중 법정추인에 해당하지 않는 것은?**

☑ 확인 Check! ○ △ ×

① 취소권자가 채권자로서 경개를 한 때
② 취소권자가 채권자로서 담보의 제공을 받은 때
③ 취소권자가 채권자로서 상대방의 이행을 수령한 때
④ 취소권자가 이행의 청구를 받은 때

법정추인 사유로써 '이행의 청구'는 취소권자가 상대방에 대하여 채무의 이행을 청구하는 경우만을 말하고, 상대방으로부터 청구를 받는 경우는 포함하지 않는다. 참고로 이행청구와 권리의 양도는 취소권자 측에서 행사한 경우만 법정추인 사유에 해당한다.

정답 ❹

법령

법정추인(민법 제145조)★★

취소할 수 있는 법률행위에 관하여 전조의 규정에 의하여 추인할 수 있는 후에 다음 각호의 사유가 있으면 추인한 것으로 본다. 그러나 이의를 보류한 때에는 그러하지 아니하다. (두 : 전 · 이 · 경 · 담 · 양 · 강)

1. 전부나 일부의 이행
2. 이행의 청구
3. 경개
4. 담보의 제공
5. 취소할 수 있는 행위로 취득한 권리의 전부나 일부의 양도
6. 강제집행

20 **법률상 또는 계약상의 의무 없이 타인을 위하여 사무를 처리함으로써 법정채권관계가 성립하는 것을 무엇이라 하는가?**

☑ 확인 Check! ○ △ ×

① 계 약 ② 사무관리
③ 부당이득 ④ 불법행위

설문이 설명하는 채권의 성립원인은 사무관리이다.

정답 ❷

21 **민사소송법의 기본원리에 관한 설명으로 옳지 않은 것은?**

☑ 확인 Check! ○ △ ×

① 민사소송은 공개심리주의가 원칙이다.
② 소송진행 중이라도 청구의 포기나 인낙을 통해 소송을 종료할 수 있다.
③ 당사자가 신청한 범위 내에서만 판결하는 처분권주의가 원칙이다.
④ 민사소송을 지배하고 있는 원리는 실체적 진실주의이다.

민사소송을 지배하고 있는 원리는 형식적 진실주의이고, 실체적 진실주의는 형사소송을 지배하고 있는 원리이다.

정답 ❹

22 다음 중 친고죄에 해당하지 않는 것은?

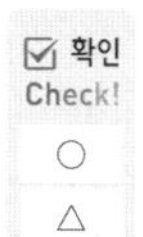

① 모욕죄
② 업무상 비밀누설죄
③ 사자명예훼손죄
④ 명예훼손죄

일반 명예훼손죄는 반의사불벌죄에 해당한다.

정답 ❹

- 친고죄 : 비밀침해죄, 업무상 비밀누설죄, 모욕죄, 사자명예훼손죄 등
- 반의사불벌죄 : 폭행죄, 존속폭행죄, 협박죄, 존속협박죄, 명예훼손죄, 과실치상죄 등

23 다음 글의 밑줄 친 '이것'에 해당하는 사례로 가장 적절한 것은?

> 교도관이 징역형이 확정된 자를 교도소에 수용하는 행위는 위법성 조각사유 중의 하나인 이것에 해당하여 범죄가 성립되지 아니한다.

① 가게에서 물건을 훔치고 있는 자를 가게 종업원이 붙잡은 경우
② 수일 전 자신의 지갑을 훔쳐간 소매치기를 잡아 지갑을 되찾은 경우
③ 치료 불가능한 암환자로부터 진지한 승낙을 받고 그 암환자를 살해한 경우
④ 총을 들고 협박하는 은행 강도로부터 자신을 방어하기 위하여 그 강도를 밀쳐 넘어뜨려 상해를 입힌 경우

제시된 사례는 법령에 의한 교도관의 정상적인 업무로 정당행위에 해당하며, 가게 종업원이 자신이 근무하는 가게에서 도둑질 하는 사람을 잡는 것은 현행범의 체포로 법령에 의한 정당행위에 해당하여 위법성조각사유에 속한다(형법 제20조).

정답 ❶

핵심만 콕

② 자구행위에 해당한다(형법 제23조).
③ 피해자의 승낙에 해당하지만 살인죄로 처벌을 받게 된다(형법 제252조 제1항).
④ 정당방위에 해당한다(형법 제21조).

24 형법상 위법성조각사유에 관한 설명으로 옳지 않은 것은?

확인 Check! ○ △ ×

① 자구행위는 사후적 긴급행위이다.
② 정당방위에 대해 정당방위를 할 수 없다.
③ 긴급피난에 대해 긴급피난을 할 수 없다.
④ 정당행위는 위법성이 조각된다.

긴급피난은 위법한 침해일 것을 요하지 않으므로 긴급피난에 대해서는 정당방위는 할 수 없으나, 긴급피난을 할 수는 있다.

정답 ❸

핵심만 콕

① 자구행위는 이미 침해된 청구권을 보전하기 위한 사후적 긴급행위이다.
② 정당방위는 위법한 침해에 대한 방어행위이므로 상대방은 이에 대해 정당방위를 할 수는 없으나 긴급피난은 가능하다.
④ 정당행위는 위법성이 조각된다(형법 제20조).

25 형의 선고유예에 관하여 옳지 않은 것은?

확인 Check! ○ △ ×

① 1년 이하의 징역, 금고, 자격정지 또는 벌금의 형을 대상으로 한다.
② 자격정지 이상의 형을 받은 전과가 없어야 한다.
③ 재범방지를 위하여 2년의 기간 동안 보호관찰을 받을 것을 명할 수 있다.
④ 형의 선고유예를 받은 날로부터 2년을 경과한 때에는 면소된 것으로 간주한다.

재범방지를 위하여 지도 및 원호가 필요한 때에는 보호관찰을 받을 것을 명할 수 있으며, 그 기간은 1년으로 한다(형법 제59조의2).

정답 ❸

법령

선고유예의 요건(형법 제59조)

① 1년 이하의 징역이나 금고, 자격정지 또는 벌금의 형을 선고할 경우에 제51조의 사항을 참작하여 개전의 정상이 현저한 때에는 그 선고를 유예할 수 있다. 단, 자격정지 이상의 형을 받은 전과가 있는 자에 대하여는 예외로 한다.
② 형을 병과할 경우에도 형의 전부 또는 일부에 대하여 그 선고를 유예할 수 있다.

보호관찰(형법 제59조의2)

① 형의 선고를 유예하는 경우에 재범방지를 위하여 지도 및 원호가 필요한 때에는 보호관찰을 받을 것을 명할 수 있다.
② 제1항의 규정에 의한 보호관찰의 기간은 1년으로 한다.

선고유예의 효과(형법 제60조)

형의 선고유예를 받은 날로부터 2년을 경과한 때에는 면소된 것으로 간주한다.

26 공범에 관한 설명으로 틀린 것은?

확인 Check! ○ △ ×

① 공동정범은 각자를 그 죄의 정범자로서 처벌한다.
② 교사범은 정범과 동일한 형으로 처벌한다.
③ 의사연락은 수인 간에 직접 공모함을 요하지 않으므로, 통설·판례는 상호의사 연락이 없는 편면적 공동정범을 인정한다.
④ 내란죄는 필요적 공범에 해당한다.

③ 공동가공의사는 행위자 상호 간에 있어야 하므로, 어느 일방만이 공동가공의사를 가진 편면적 공동정범은 인정되지 않는다(통설·판례).
① 형법 제30조
② 형법 제31조 제1항
④ 내란죄는 집합범으로서 필요적 공범에 해당한다.

정답 ❸

27 형사소송에서 제척사유가 있는 법관이 재판에 관여하거나, 기타 불공정한 재판을 할 우려가 있을 때 당사자의 신청에 의해 그 법관을 배제하는 제도는?

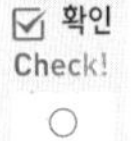

① 기 피　　② 회 피
③ 제 척　　④ 거 부

설문은 법관의 기피에 대한 내용에 해당한다.

정답 ❶

핵심만 콕

법관의 제척·기피·회피
㉠ 제척(除斥) : 법관이 불공정한 재판을 할 현저한 법정의 이유가 있을 때 그 법관을 배제하는 제도
㉡ 기피(忌避) : 제척사유가 있는 법관이 재판에 관여하거나, 기타 불공정한 재판을 할 우려가 있을 때 당사자의 신청에 의해 그 법관을 배제하는 제도
㉢ 회피(回避) : 법관이 기피의 사유가 있다고 생각하여 스스로 직무집행에서 탈퇴하는 제도

28 고소와 고발에 대한 설명으로 옳지 않은 것은?

확인 Check! ○ △ ×

① 고소는 고소권자가 해야 하지만, 고발은 제3자도 할 수 있다.
② 친고죄의 경우 고소는 범인을 안 날로부터 6月의 고소기간의 제한이 있으나, 고발은 제한이 없다.
③ 고소는 재고소가 허용되지 않지만, 고발은 동일한 내용으로 고발할 수 있다.
④ 고소는 대리가 허용되지 않지만, 고발은 대리가 허용된다.

고소는 대리가 허용되나(형사소송법 제236조), 고발은 대리가 허용되지 않는다.

정답 ❹

해설편 제6회

핵심만 콕

고 소	고 발
고소권자(범죄로 인한 피해자 및 피해자의 법정대리인 등)만 이 고소 가능(형사소송법 제223조 · 제225조)	범죄를 인지한 자는 누구든지 고발 가능(형사소송법 제234조 제1항)
고소를 취하한 자는 다시 고소할 수 없음. 1심 판결선고 전까지 고소를 취하할 수 있음(형사소송법 제232조 제1항 · 제2항)	고발을 취소한 경우에도 다시 고발 가능
친고죄의 경우 범인을 알게 된 날로부터 6개월 내에 고소하여야 함(형사소송법 제230조 제1항 본문)	기간 제한 없음
대리가 허용됨(형사소송법 제236조)	대리가 허용되지 않음

29 다음 ( ) 안의 ㄱ, ㄴ, ㄷ에 들어갈 공판절차의 순서로 옳은 것은?

확인 Check! ○ △ ×

> 피고인의 진술거부권 고지 → 인정신문 → (ㄱ)의 진술 → (ㄴ)의 진술 → 증거조사 → (ㄷ)신문 → 변론 → 판결의 선고

	ㄱ	ㄴ	ㄷ
①	피 고	검 사	피고인
②	검 사	피고인	검 사
③	피고인	검 사	검 사
④	검 사	피고인	피고인

ㄱ : 검사, ㄴ : 피고인 , ㄷ : 피고인 이 각각 들어가야 옳다.

정답 ❹

공판절차의 순서★★

피고인의 진술거부권 고지 → 인정신문 → 검사의 진술 → 피고인의 진술 → 증거조사 → 피고인 신문 → 변론 → 판결의 선고

30 상법상 주식회사의 자본에 관한 설명으로 옳지 않은 것은?

확인 Check! ○ △ ×

① 회사가 보유하여야 할 책임재산의 최저한도를 의미한다.
② 발행주식의 액면총액을 말한다.
③ 주주의 출자로서 구성된다.
④ 1천만원 이상이어야 한다.

쏙쏙 해설

2009년 5월 28일 상법 개정으로 '주식회사의 최저자본금은 5천만원 이상으로 한다'라는 최저자본금 규정이 삭제되었다(상법 제329조 제1항).

정답 ❹

31 회사별 지배인 선임방법에 대한 설명으로 옳지 않은 것은?

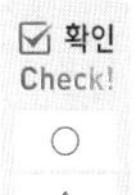

확인 Check! ○ △ ×

① 합명회사는 정관에 다른 정함이 없으면 업무집행사원이 있는 경우에도 총사원 과반수의 결의로 지배인을 선임해야 한다.
② 합자회사는 업무집행사원이 있는 경우에도 무한책임사원 과반수의 결의로 지배인을 선임해야 한다.
③ 주식회사는 이사회 결의로 지배인을 선임해야 한다.
④ 유한회사는 사원총회만이 지배인을 선임할 수 있다.

쏙쏙 해설

유한회사는 이사 과반수 결의 또는 사원총회의 보통결의로 지배인을 선임할 수 있다(상법 제564조 제1항・제2항).

정답 ❹

핵심만 콕

회사별 지배인 선임방법★★

합명회사	정관에 다른 정함이 없으면 총사원 과반수의 결의(업무집행사원이 있는 경우에도, 상법 제203조)
합자회사	무한책임사원 과반수의 결의(업무집행사원이 있는 경우에도, 상법 제274조)
주식회사	이사회 결의(상법 제393조 제1항)
유한회사	정관에 다른 정함이 없으면 이사 과반수 결의 또는 사원총회의 보통결의(상법 제564조 제1항・제2항)

32 다음 중 인보험에 해당하는 것은?

확인 Check! ○ △ ×

① 상해보험
② 자동차보험
③ 보증보험
④ 책임보험

쏙쏙 해설

상법이 규정하는 인보험의 종류에는 생명보험과 상해보험, 질병보험이 있고, 손해보험에는 화재보험, 운송보험, 해상보험, 책임보험, 자동차보험, 보증보험 등이 있다.

정답 ❶

33 **근로기준법의 내용에 대한 설명으로 옳지 않은 것은?**

확인 Check! ○ △ ×

① 근로조건은 최저기준이므로 근로관계 당사자는 이 기준을 이유로 근로조건을 낮출 수 없다.

② 누구든지 법률에 의하지 아니하고는 영리로 타인의 취업에 개입하거나 중간인으로서 이익을 취득하지 못한다.

③ 동거의 친족만을 사용하는 사업 또는 사업장과 가사사용인에 대해서는 근로기준법이 적용되지 않는다.

④ 근로계약은 계약의 형식이나 명칭을 불문하고 명시 및 묵시의 계약의 체결도 가능하지만 반드시 서면으로 작성하여야 효력이 발생한다.

해설

근로계약은 계약의 형식이나 명칭을 불문하고 명시 및 묵시의 계약의 체결도 가능하며, 반드시 서면으로 체결할 필요는 없다.

정답 ❹

① 근로기준법 제3조
② 근로기준법 제9조
③ 근로기준법 제11조 제1항 단서

34 **사회보장기본법에 관한 설명으로 옳지 않은 것은?**

확인 Check! ○ △ ×

① 국가와 지방자치단체는 사회보장에 관한 책임과 역할을 합리적으로 분담해야 한다.

② 사회보장에 관한 주요 시책을 심의·조정하기 위하여 국무총리 소속으로 사회보장위원회를 둔다.

③ 사회보장수급권은 포기할 수 있으나, 그 포기는 취소할 수 없다.

④ 사회보장수급권은 다른 사람에게 양도하거나 담보로 제공할 수 없으며, 이를 압류할 수 없다.

해설

③ 사회보장수급권은 정당한 권한이 있는 기관에 서면으로 통지하여 포기할 수 있고(사회보장기본법 제14조 제1항), 사회보장수급권의 포기는 취소할 수 있다(사회보장기본법 제14조 제2항).
① 사회보장기본법 제15조 제2항
② 사회보장기본법 제20조 제1항
④ 사회보장기본법 제12조

정답 ❸

35 근로기준법상 용어의 정의로 옳은 것은?

① "근로자"란 직업의 종류와 관계없이 임금·급료 기타 이에 준하는 수입에 의하여 생활하는 자를 말한다.
② "사용자"란 사업주 또는 사업 경영 담당자, 그 밖에 근로자에 관한 사항에 대하여 사업주를 위하여 행위하는 자를 말한다.
③ "평균임금"이란 이를 산정하여야 할 사유가 발생한 날 이전 3개월 동안에 그 근로자에게 지급된 임금의 총액을 그 기간의 총일수로 나눈 금액을 말한다. 근로자가 취업한 후 3개월 미만인 경우에는 적용하지 않는다.
④ "임금"이란 사용자가 근로의 대가로 근로자에게 임금, 봉급의 명칭으로 지급하는 금전만을 말한다.

근로기준법 제2조 제1항 제2호

① 근로자란 직업의 종류와 관계없이 임금을 목적으로 사업이나 사업장에 근로를 제공하는 자를 말한다(근로기준법 제2조 제1항 제1호). 지문의 내용은 노조법상 근로자의 개념이다(노동조합 및 노동관계조정법 제2조 제1호).
③ 근로자가 취업한 후 3개월 미만인 경우에도 평균임금이 적용된다(근로기준법 제2조 제1항 제6호 후문).
④ 임금이란 사용자가 근로의 대가로 근로자에게 임금, 봉급, 그 밖에 어떠한 명칭으로든지 지급하는 일체의 금품을 말한다(근로기준법 제2조 제1항 제5호).

해설편 제6회

36 국민연금법에 관한 설명으로 옳지 않은 것은?

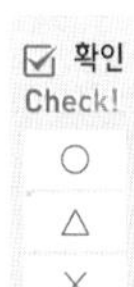

① 18세 이상 60세 미만의 국내 거주 국민은 국민연금 가입대상이 된다.
② 부담금이란 사업장가입자의 근로자가 부담하는 금액을 말한다.
③ 기여금이란 사업장가입자가 부담하는 금액을 말한다.
④ 이 법을 적용할 때 배우자, 남편 또는 아내에는 사실상의 혼인관계에 있는 자를 포함한다.

② "부담금"이란 사업장가입자의 사용자가 부담하는 금액을 말한다(국민연금법 제3조 제1항 제11호).
① 국민연금법 제6조 본문
③ 국민연금법 제3조 제1항 제12호
④ 국민연금법 제3조 제2항

37 일정한 행정작용을 하거나 하지 않을 것을 내용으로 하는 행정청의 구속력 있는 약속 또는 자기구속적 의사표시를 무엇이라 하는가?

확인 Check! ○ △ ×

① 행정계획 ② 행정상 확약
③ 행정지도 ④ 비공식 행정작용

설문은 행정상 확약에 대한 내용에 해당한다.

정답 ❷

핵심만 콕

① 행정계획 : 행정주체가 장래 일정기간 내에 도달하고자 하는 목표를 설정하고, 그 목표를 상호관련성 있는 행정수단의 조정과 종합화의 과정을 통하여 실현하기 위한 여러 행정시책의 계획 또는 그 설정행위이다(예 국토종합개발계획, 도시개발계획 등).
③ 행정지도 : 행정주체가 지도 · 조언 · 권고 등의 방법으로 국민이나 기타 관계자의 행동을 유도하여 그 의도하는 바를 실현하기 위하여 행하는 비권력적 사실행위이다(예 물가의 억제를 위한 지도, 장학지도, 중소기업의 기술지도 등).
④ 비공식 행정작용 : 실제로는 빈번히 이용됨에도 불구하고 법적 성격 · 요건 · 효과 · 절차 등이 일반적으로 법에 정해져 있지 않은 행정작용으로, 법적 구속력을 발생하지 않는 일체의 행정작용이다(예 경고와 권고, 협상, 조정, 화해, 설득, 정보제공 등).

38 행정행위 중 의사표시를 구성요소로 하고 그 의사의 내용에 따라 법률적 효과가 발생하는 행위를 무엇이라 하는가?

확인 Check! ○ △ ×

① 법률행위적 행정행위
② 침익적 행정행위
③ 복효적 행정행위
④ 기속행위

쏙쏙 해설

설문은 법률행위적 행정행위에 대한 내용에 해당한다.

① 법률행위적 행정행위 : 의사표시를 구성요소로 하고 그 의사의 내용에 따라 법률효과가 발생하는 행정행위이다(예 허가 · 하명 · 면제 · 특허 · 대리 등).
② 침익적 행정행위 : 상대방에게 의무를 부과하거나 권리 · 이익을 침해 · 제한하는 등의 불이익한 효과를 발생시키는 행정행위이다(예 명령, 금지, 수익적 행정행위의 취소나 철회 등).
③ 복효적 행정행위 : 상대방에 대해서는 수익적이나, 제3자에 대해서는 침익적으로 작용하거나 또는 그 역으로 작용하는 행정행위이다. 제3자효적 행정행위라고도 한다.
④ 기속행위 : 법규가 행정주체에 대하여 어떠한 재량의 여지를 주지 아니하고 오직 그 법규를 집행하도록 하는 경우이다(예 조세 부과행위 등).

39 행정기관의 종류 중 전문성을 바탕으로 내부적으로 의사결정만을 할 수 있는 기관은?

확인 Check! ○ △ ×

① 행정청　② 보조기관
③ 보좌기관　④ 의결기관

쏙쏙 해설

설문은 의결기관에 대한 내용이다.

정답 ❹

핵심만 콕

① 행정청은 국가뿐만 아니라 지방자치단체의 의사를 결정하여 자신의 이름으로 외부에 표시할 수 있는 권한을 가진 행정기관이다.
② 보조기관은 행정청에 소속되어 행정청의 권한 행사를 보조하는 행정기관이다.
③ 보좌기관은 행정청 또는 그 보조기관을 보좌하는 기관이다.

40 다음 중 행정상 강제집행의 수단이 아닌 것은?

확인 Check! ○ △ ×

① 대집행　② 집행벌
③ 직접강제　④ 과태료

해설

행정상 강제집행의 수단에는 대집행, 집행벌(이행강제금), 직접강제, 강제징수 등이 있다. 과태료는 행정벌 중 행정질서벌에 해당한다.

정답 ❹

핵심만 콕

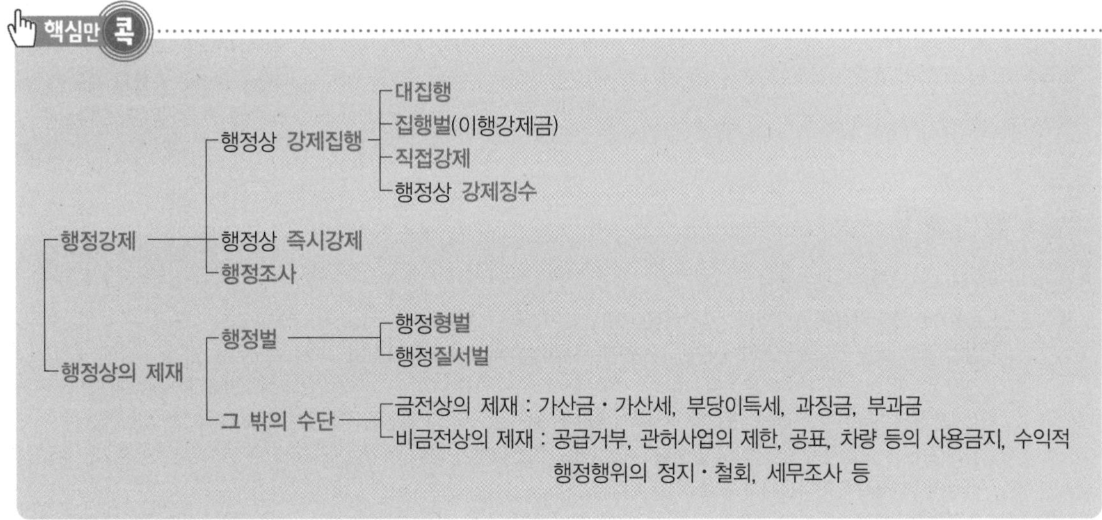

제6회 민간경비론 정답 및 해설

정답 CHECK

41	42	43	44	45	46	47	48	49	50	51	52	53	54	55	56	57	58	59	60
③	③	③	③	③	③	③	①	④	②	④	③	④	④	③	③	②	③	②	②
61	**62**	**63**	**64**	**65**	**66**	**67**	**68**	**69**	**70**	**71**	**72**	**73**	**74**	**75**	**76**	**77**	**78**	**79**	**80**
③	④	④	③	①	②	②	③	②	④	②	④	②	③	①	④	②	④	①	④

각 문항별로 이해도를 체크해 보세요.

문제편 137p

41 다음 중 민간경비의 주체에 관한 설명으로 옳지 않은 것은?

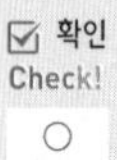

① 고객으로부터 보수를 받고 이에 따른 경비 서비스를 제공하는 개인, 단체, 영리기업이다.
② 경비업법상 민간경비업은 법인만 영위할 수 있다.
③ 민간경비원은 준공무원의 신분에 해당한다.
④ 민간경비에서 급료지불의 주체는 의뢰자이다.

민간경비원의 신분은 민간인(사인신분)과 같이 취급되므로 준공무원의 신분에 해당한다는 것은 옳지 않은 표현이다.

정답 ❸

42 민간경비 성장의 이론 중 그냥 내버려 두면 보호받지 못한 채로 방치될 재산을 민간경비가 보호한다는 이론은 무엇인가?

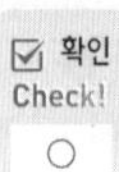

① 경제환원론적이론
② 공동화이론
③ 이익집단이론
④ 수익자부담이론

설문은 이익집단이론에 대한 내용이다. 경제환원론이나 공동화이론을 부정하는 입장에서 출발하며, 민간경비도 자신의 이익을 극대화하기 위해 규모의 팽창, 새로운 규율과 제도의 창출 등의 노력을 기울인다고 본다.

정답 ❸

민간경비의 이론적 배경★★

- 공동화이론 : 경찰이 수행하고 있는 경찰 본연의 기능이나 역할을 민간경비가 보완하거나 대체한다는 이론이다.
- 이익집단이론 : 경제환원론이나 공동화이론을 부정하는 입장에서 출발하며, 그냥 내버려 두면 보호받지 못하는 재산을 민간경비가 보호한다는 이론이다.
- 경제환원론 : 특정한 사회현상은 경제와 직접적인 관계는 없으나 그 원인을 경제적인 문제에서 찾으려는 입장으로서, 경기침체로 인해 실업자가 늘면 범죄 발생률이 증가하고 민간경비가 범죄에 직접 대응하므로 범죄 발생률 증가는 곧 민간경비시장의 발전으로 이어진다고 보는 이론이다.
- 수익자부담이론 : 경찰의 공권력 작용은 거시적인 측면에서 질서유지나 체제수호 같은 역할 · 기능으로 한정되며, 민간경비는 사회구성원인 개인이나 여타 집단과 조직 등이 담당해야 한다고 보는 이론이다.

43 공경비의 주요 임무로 보기 어려운 것은?

① 사전적 범죄예방 임무
② 범죄수사 및 범인의 체포 임무
③ 안전에 관련된 특정인에 대한 경비서비스 임무
④ 개인의 생명과 신체, 재산보호의 임무

특정한 계약당사자(고객)를 대상으로 특정한 범위 내에서 임무를 수행하는 것은 민간경비원(사경비)의 임무이다.

정답 ❸

44 공동화이론에 대한 설명으로 옳은 것은?

① 거시적 차원에서 범죄의 증가 원인을 실업의 증가에서 찾으려고 하는 것이 특징이다.
② 민간경비도 자신의 집단적 이익을 극대화하기 위하여 규모를 팽창시키고, 새로운 규율이나 제도를 창출시키는 등의 노력을 한다는 이론이다.
③ 경찰의 허술한 법적 대응력을 보충 내지 보조하여 공경비의 힘이 미치지 못하는 치안 환경의 사각지대를 메워주면서 성장한 것이 민간경비이다.
④ 경찰은 국가가 자본주의의 전반적 체제수호를 위한 정치적 역할, 즉 공적 임무를 수행하는 데 있어 일부분을 담당하는 공조직으로 파악되어야 한다는 이론이다.

공동화이론은 경찰이 수행하고 있는 경찰 본연의 기능이나 역할을 민간경비가 보완하거나 대체한다는 이론이다.

정답 ❸

해설편 제6회

핵심만 콕

① 경제환원론적이론에 대한 설명이다.
② 이익집단이론에 대한 설명이다.
④ 수익자부담이론에 대한 설명이다.

안심Touch

45 고대 민간경비의 특징으로 옳지 않은 것은?

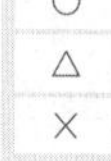

① 개인의 생명과 재산의 보호는 인류 역사상 가장 오래된 과제 중 하나이다.
② 문헌 등을 통해 고대에도 야간감시자나 신변보호요원을 이용했음을 알 수 있다.
③ 역사적으로 공경비가 민간경비보다 앞서 있다.
④ 민간경비 개념과 공경비 개념의 분리는 함무라비 왕 시대부터이다.

경비제도를 역사적으로 볼 때 민간경비가 공경비보다 앞서 있다.

 ❸

46 핑커톤(Allan Pinkerton)에 관한 설명으로 옳지 않은 것은?

① 범죄자를 유형별로 정리하여 프로파일링(profiling) 수사기법의 전형을 세웠다.
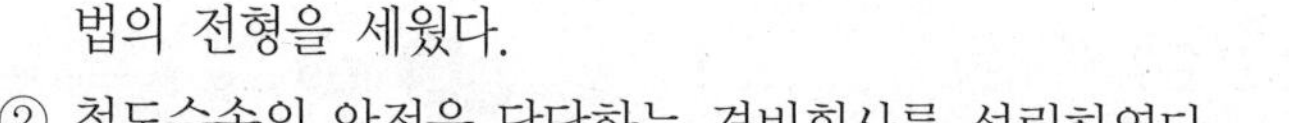
② 철도수송의 안전을 담당하는 경비회사를 설립하였다.
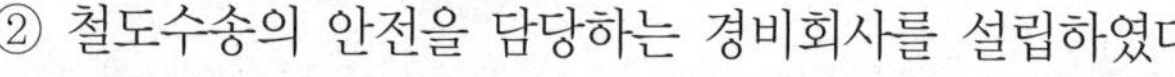
③ 뉴욕시 경찰국 최초의 탐정이었다.
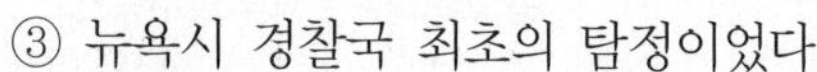
④ 위폐 사범 일당을 검거하는데 결정적 공헌을 하여 부보안관으로 임명되었다.

핑커톤은 시카고 경찰국의 최초 탐정이었다.

 ❸

핑커톤 경비조직

- 시카고 경찰국 최초의 탐정인 핑커톤은 새로 구성된 시카고 경찰에서 물러나 1850년 탐정사무소를 설립한 후 1857년에 핑커톤 국가탐정회사(Pinkerton National Detective Agency)로 회사명을 바꾸고 철도수송 안전 확보에 일익을 담당하였다.
- 남북전쟁 당시에는 링컨 대통령의 경호업무를 담당하기도 하였고 '육군첩보부'를 설립하여 북군의 경제 교란작전으로 대량 발행된 위조화폐에 대한 적발 임무를 수행하는 데 결정적 공헌을 하여 부보안관으로 임명되었다.
- 1883년 보석상 연합회의의 위탁을 받아 도난 보석이나 보석 절도에 관한 정보를 집중 관리하는 조사기관이 되었다.
- 경찰당국의 자료 요청에 응하여 경찰과 민간경비업체의 바람직한 관계를 정립하였다.
- 범죄자를 유형별로 정리하는 방식은 오늘날 프로파일링 수사기법에 영향을 주었다.
- 20세기에 들어와 FBI 등 연방 법집행기관이 범죄자(犯罪者) 정보를 수집·관리하게 되었기 때문에 핑커톤 회사의 정보 수집·관리 대상은 제한적이었다.

47 한국 민간경비산업 현황에 대한 설명으로 옳지 않은 것은?

☑ 확인 Check! ○ △ ×

① 현대적 의미의 최초 민간경비는 1962년에 주한 미8군부대의 용역경비를 실시하면서부터 시행되었다.

② 1960년대부터 1970년대에는 청원경찰에 의한 국가 주요 기간산업체의 경비가 주류를 이루었다.

③ 청원경찰법(1973년)과 용역경비업법(1976년)이 제정되어 제도적인 발전의 기틀을 마련하였다.

④ 2001년 경비업법 개정에서 기계경비업무를 더욱 강화하고, 국가중요시설의 효율성 제고 방안으로 특수경비원제도가 도입되어, 청원경찰의 입지가 축소되었다.

쏙쏙 **해설**

청원경찰법이 제정된 연도는 1962년이다. 1973년은 청원경찰법이 전면 개정된 연도이다.

정답 ❸

48 일본의 민간경비에 관한 설명으로 옳은 것은?

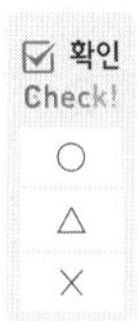

① 2차 세계대전 이전, 대부분의 일본 산업계에서는 야경, 수위, 순시 또는 보안원 등의 이름으로 각기 자체경비를 실시하여 왔다.

② 1970년 동경올림픽 선수촌 경비를 계기로 민간경비의 역할이 널리 인식되었다.

③ 1964년 오사카 만국박람회(EXPO) 개최 시 민간경비가 투입되었다.

④ 일본 민간경비는 1990년대에 한국과 중국에 진출하였다.

쏙쏙 **해설**

제2차 세계대전 이전 대부분의 일본 산업계에서는 야경, 수위, 순시 또는 보안원 등의 이름으로 각기 자체경비를 실시하여 왔다.

정답 ❶

② 1964년 동경올림픽 선수촌 경비를 계기로 민간경비의 역할이 널리 인식되었다.
③ 1970년 오사카 만국박람회(EXPO) 개최 시 민간경비가 투입되었다.
④ 일본 민간경비는 1980년대에 한국과 중국에 진출하였다.

49 **미국의 민간경비 발전과정에 대한 설명으로 옳지 않은 것은?**

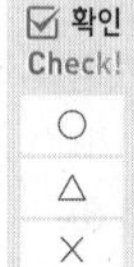

① 신개척지에 거주하던 주민들을 보호하기 위한 야간경비원으로부터 미국 민간경비는 시작된다.
② 1800년대 산업혁명과 19세기 중엽 서부개척 시대에 본격적으로 민간경비가 출현하였다.
③ 19세기 말 유럽사회의 사회주의, 무정부주의의 영향을 받은 노동자들에 대항해 자본가들의 민간경비 수요가 급증했다.
④ 미국은 9·11테러 이후 국토안보부를 설립하였으며 이는 민간경비가 쇠퇴하는 원인이 되었다.

미국은 9·11 테러 이후 국토안보부를 설립하였으며 이는 민간경비가 발전하는 중요한 계기가 되었다.

정답 ❹

50 **우리나라 민간경비의 발전과정에 관한 설명으로 옳지 않은 것은?**

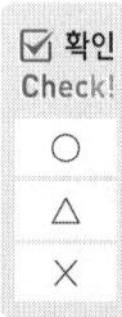

① 1976년 용역경비업법이 제정되었고, 1978년에는 사단법인 한국경비협회가 설립되었다.
② 청원경찰제도는 우리나라뿐만 아니라 유럽에도 있는 제도이다.
③ 2001년 경비업법이 전면 개정되면서 경비업의 종류에 특수경비업무가 추가되었고, 기계경비산업이 급속히 발전하여 기계경비업무를 신고제에서 허가제로 변경하였다.
④ 1962년대에 청원경찰법이 제정되었다.

청원경찰제도는 우리나라에만 있는 독특한 제도이다.

정답 ❷

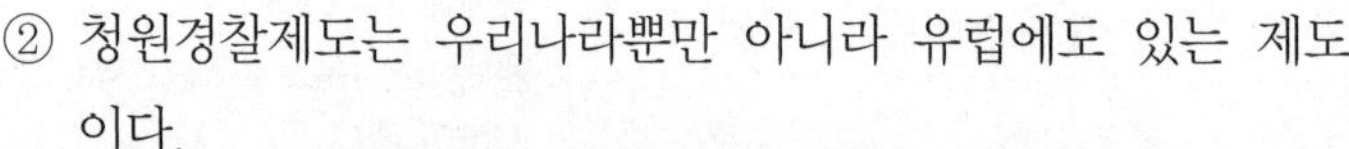

2001년 개정 경비업법 주요 내용★★

- 기계경비업무 신고제에서 허가제로 변경
- 국가중요시설의 경비를 담당하는 특수경비업무를 경비업의 종류로 신설
- 경비업 허가의 실효성을 확보하기 위하여 경비업 허가를 5년마다 갱신
- 국가중요시설을 경비하는 특수경비업자는 부득이한 사유로 경비업무를 계속할 수 없는 경우에 대비하여 경비대행업자를 지정하도록 함
- 기계경비업자는 경비대상시설에 대한 경보를 수신한 때에는 신속하게 대응조치를 취하도록 하고, 계약상대방에게 기기사용 요령 등을 설명하도록 함
- 무기관리상황을 지도·감독하고, 특수경비원의 복종의무 및 경비구역 이탈금지의무와 무기안전수칙을 구체적으로 명시
- 특수경비원의 쟁의행위 금지규정 신설

51 청원경찰이 직무를 수행할 때 직권을 남용하여 국민에게 해를 끼친 경우의 처벌은?

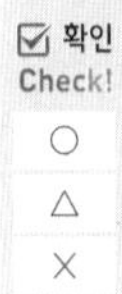

① 1년 이하의 징역 또는 200만원 이하의 벌금
② 3개월 이하의 징역이나 금고
③ 3개월 이하의 징역이나 금고 또는 500만원 이하의 벌금
④ 6개월 이하의 징역이나 금고

청원경찰이 직무를 수행할 때 직권을 남용하여 국민에게 해를 끼친 경우에는 6개월 이하의 징역이나 금고에 처한다(청원경찰법 제10조 제1항).

정답 ④

52 한반도의 경비환경에 대한 설명 중 옳지 않은 것은?

① 불법사금융의 증가는 서민들의 범죄를 증가시키는 요인이 되었다.
② 체류외국인의 증가로 외국인 범죄에 대한 대비책이 필요하다.
③ 청소년범죄는 그 연령이 점차 높아지고 있다.
④ 범죄의 국제화로 그 피해 규모나 파급효과가 급격하게 증가하고 있다.

청소년범죄는 해마다 그 연령이 낮아지고 있으며, 그 수법 역시 성인범죄와 마찬가지로 조직화·흉포화되고 있는 실정이다.

정답 ③

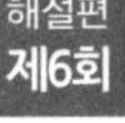

한반도의 정세변화

2000년대 이후 국제화·개방화에 따른 국내인의 해외범죄, 외국인의 국내범죄, 내외국인의 범죄자 도피, 국제적 밀수, 하이재킹, 국제적 테러행위 등과 같은 국제범죄가 동시에 급증 예상, 한국의 노동력 부족으로 유입되는 북방제국의 동포 및 개발도상국가 인력의 불법취업과 체류의 증가

53 방범활동계획의 순서가 올바르게 연결된 것은?

① 준비 → 계획 → 방범활동 → 평가 또는 측정
② 방범활동 → 평가 또는 측정 → 계획 → 준비
③ 평가 또는 측정 → 계획 → 준비 → 방범활동
④ 계획 → 준비 → 방범활동 → 평가 또는 측정

방범활동계획의 일반적인 과정은 계획 → 준비 → 방범활동 → 평가 또는 측정의 순서로 진행된다.

정답 ④

54 다음에서 설명하는 경비업무는?

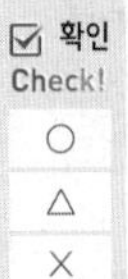

> 공항(항공기를 포함한다) 등 대통령령이 정하는 국가중요시설의 경비 및 도난·화재 그 밖의 위험발생을 방지하는 업무

① 신변보호업무
② 호송경비업무
③ 시설경비업무
④ 특수경비업무

제시문은 특수경비업무에 관한 설명에 해당한다.

정답 ❹

① 신변보호업무 : 사람의 생명이나 신체에 대한 위해의 발생을 방지하고 그 신변을 보호하는 업무
② 호송경비업무 : 운반 중에 있는 현금·유가증권·귀금속·상품 그 밖의 물건에 대하여 도난·화재 등 위험발생을 방지하는 업무
③ 시설경비업무 : 경비를 필요로 하는 시설 및 장소(이하 "경비대상시설"이라 한다)에서의 도난·화재 그 밖의 혼잡 등으로 인한 위험발생을 방지하는 업무

55 다음 중 계약경비의 장점으로 보기 어려운 것은?

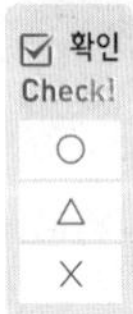

① 일반적으로 고용, 훈련, 보험 등의 비용을 절감할 수 있어 경제적이다.
② 경비수요의 변화에 따라 기존 경비인력을 감축하거나 추가적으로 고용을 확대할 수 있다.
③ 비교적 높은 급료를 받을 뿐만 아니라, 경비원에 대한 위상이 높기 때문에 자질이 우수한 사람들이 지원한다.
④ 구성원 중에 질병이나 해임 등으로 인해 업무 수행상의 문제가 발생했을 때 인사이동과 대체에 따른 행정상의 문제를 쉽게 해결할 수 있다.

③은 자체경비의 장점이다.

계약경비와 자체경비의 장단점

구 분	계약경비	자체경비
장 점	• 전문성을 갖춘 인력을 쉽게 제공한다. • 인사관리에서의 비용이 절감된다. • 결원 보충, 추가 인력 배치가 용이하다. • 경비 수요 변화에 따른 대처가 용이하다. • 구성원 중에 질병이나 해임 등으로 인해 업무 수행상의 문제가 발생했을 때 인사이동과 대처(대책)가(이) 용이하다.	• 계약경비에 비해 이직률이 낮은 편이다. • 경비원에 대한 통제를 강화할 수 있다. • 자질이 우수한 사람들이 지원한다. • 고용주에 대한 충성심이 높다. • 고용주의 요구를 신속히 반영한다. • 자기계발을 위한 노력을 다한다.
단 점	• 조직(시설주)에 대한 충성심이 낮다. • 급료가 낮고 이직률이 높은 편이다. • 외부에 정보유출 가능성이 높다.	• 인사관리가 힘들고 비용이 많이 든다. • 계약경비에 비하여 해임이나 감원, 충원 등이 필요한 경우에 탄력성이 떨어진다.

56 다음에서 설명하는 경비위해요소의 형태는 무엇인가?

> 위해에 노출되는 정도가 시설물 또는 특정 상황에 따라 다양하게 나타나는 위해를 말한다. 예컨대, 화재나 폭발의 위험은 화학공장에서 더 크게 나타나고, 강도나 절도는 소매점이나 백화점에서 더 크게 나타난다.

① 자연적 위해　② 인위적 위해
③ 특정한 위해　④ 일반적 위해

경비의 형태별 위해요소는 크게 자연적 위해, 인위적 위해, 특정한 위해로 구분할 수 있는데, 제시된 보기는 이 중 특정한 위해에 대한 내용이다.

정답 ❸

핵심만 콕

① 자연적 위해 : 화재, 폭풍, 지진, 홍수 기타 건물붕괴, 안전사고 등 자연적 현상에 의해 일어나는 위해를 말한다. 여기서 화재나 안전사고는 많은 부분에서 인위적일 수 있다.
② 인위적 위해 : 신체를 위협하는 범죄, 절도, 좀도둑, 사기, 횡령, 폭행, 태업, 시민폭동, 폭탄위협, 화재, 안전사고, 기타 특정상황에서 공공연하게 발생하는 위해를 말한다.

57 민간경비조직에서 통솔범위의 결정요인에 관한 설명으로 옳지 않은 것은?

☑ 확인 Check! ○ △ ×

① 신설조직이 구조직보다 통솔범위가 좁다.
② 직무의 성질이 단순할수록 통솔범위가 좁다.
③ 계층제의 수가 적을수록 통솔범위가 넓다.
④ 리더의 능력이 탁월할수록 통솔범위가 넓다.

직무의 성질이 단순할수록 통솔범위가 넓다.

정답 ❷

핵심만 콕

통솔범위 결정요인

구 분	내 용	통솔범위
시간적 요인	신설조직보다 구조직일수록	넓다
장소적 요인	지역적 분산이 적을수록	
직무의 성질	직무의 성질이 단순할수록	
리더의 능력	리더의 능력이 탁월할수록	
구성원의 능력	구성원의 능력이 탁월할수록	
참모기관과 정보관리체계	발달할수록	
교통・통신의 발달	교통 및 통신기술이 발달할수록	
계층제의 수	계층제의 수가 적을수록	

58 민간경비조직의 운영원리에 관한 설명으로 옳지 않은 것은?

☑ 확인 Check! ○ △ ×

① 명령통일의 원리 : 직속상관에게 지시를 받고 보고함으로써 책임소재를 명확히 해야 한다.
② 계층제의 원리 : 권한과 책임에 따라 직무를 등급화함으로써 상하 계층 간 지휘・감독 관계를 수립하여야 한다.
③ 조정・통합의 원리 : 조직의 목표 달성을 위해 업무의 조화를 추구한다는 원리로서 전문화・분업화된 조직일수록 그 필요성이 감소한다.
④ 전문화의 원리 : 조직의 전체기능을 기능별・특성별로 나누고, 각 개인별 능력을 고려하여 적재적소에 배치하여 임무를 분담시켜야 한다.

전문화・분업화된 조직일수록 조정・통합의 원리의 필요성이 증가한다.

정답 ❸

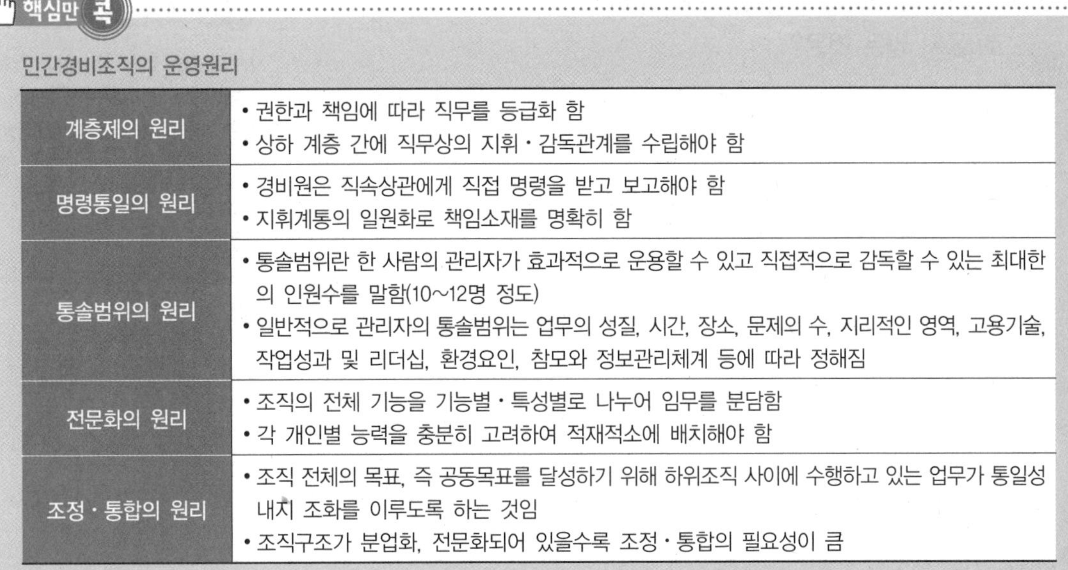

핵심만 콕

민간경비조직의 운영원리

계층제의 원리	• 권한과 책임에 따라 직무를 등급화 함 • 상하 계층 간에 직무상의 지휘 · 감독관계를 수립해야 함
명령통일의 원리	• 경비원은 직속상관에게 직접 명령을 받고 보고해야 함 • 지휘계통의 일원화로 책임소재를 명확히 함
통솔범위의 원리	• 통솔범위란 한 사람의 관리자가 효과적으로 운용할 수 있고 직접적으로 감독할 수 있는 최대한의 인원수를 말함(10~12명 정도) • 일반적으로 관리자의 통솔범위는 업무의 성질, 시간, 장소, 문제의 수, 지리적인 영역, 고용기술, 작업성과 및 리더십, 환경요인, 참모와 정보관리체계 등에 따라 정해짐
전문화의 원리	• 조직의 전체 기능을 기능별 · 특성별로 나누어 임무를 분담함 • 각 개인별 능력을 충분히 고려하여 적재적소에 배치해야 함
조정 · 통합의 원리	• 조직 전체의 목표, 즉 공동목표를 달성하기 위해 하위조직 사이에 수행하고 있는 업무가 통일성 내지 조화를 이루도록 하는 것임 • 조직구조가 분업화, 전문화되어 있을수록 조정 · 통합의 필요성이 큼

해설편 제6회

59 경비위해분석에 관한 설명으로 옳지 않은 것은?

확인 Check! ○ △ ×

① 경비활동의 대상이 되는 위험요소들을 파악하는 경비진단 활동이다.

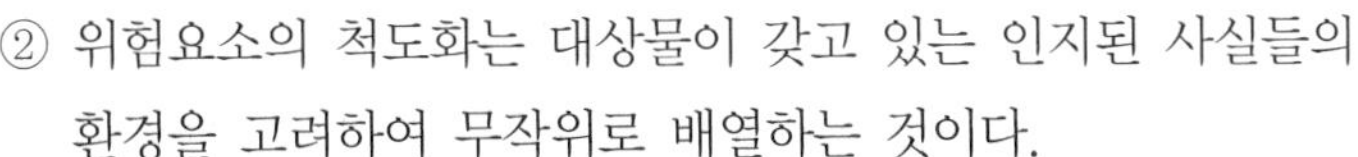

② 위험요소의 척도화는 대상물이 갖고 있는 인지된 사실들의 환경을 고려하여 무작위로 배열하는 것이다.

③ 비용효과분석은 투입비용 대비 산출효과를 비교하여 적정한 경비수준을 결정하는 과정이다.

④ 위험요소분석에 있어서 가장 선행되어야 하는 것은 위험요소를 인지하는 것이다.

쏙쏙 해설

위험요소의 척도화는 인지된 사실들을 경비대상물이 갖고 있는 환경을 고려하여 위험성이 큰 순서대로 서열화하는 것을 말한다.

정답 ❷

60 다음 중 우리나라의 인력경비와 기계경비의 실정에 대한 설명으로 옳지 않은 것은?

확인 Check! ○ △ ×

① 아직까지 많은 경비업체가 인력경비 위주의 영세성을 벗어나지 못하고 있는 부분도 있다.
② 인력경비 없이 기계경비시스템만으로도 경비활동의 목표달성이 가능한 수준에 이르고 있다.
③ 이들 양자 가운데 어디에 비중을 둘 것인가 하는 문제는 경비대상의 특성과 관련된다.
④ 최근 선진국과 기술제휴 등을 통한 첨단 기계경비시스템의 개발뿐만 아니라 국내 자체적으로도 새로운 기술이 개발되고 있다.

아직까지는 인력경비 없이 기계경비시스템만으로 경비활동의 목표달성이 가능한 수준에는 이르지 못하였다.

정답 ❷

61 경비업법령상 특수경비원 교육에 대한 설명으로 옳지 않은 것은?

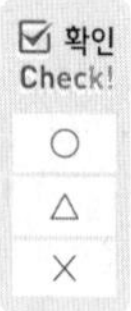

① 특수경비업자는 대통령령으로 정하는 바에 따라 특수경비원으로 하여금 특수경비원 신임교육과 정기적인 직무교육을 받게 하여야 한다.
② 특수경비원의 교육 시 관할경찰서 소속 경찰공무원이 교육기관에 입회하여 대통령령이 정하는 바에 따라 지도·감독하여야 한다.
③ 특수경비업자는 소속 특수경비원에게 선임한 경비지도사가 수립한 교육계획에 따라 매월 4시간 이상 직무교육을 받도록 하여야 한다.
④ 특수경비원 신임교육을 받지 아니한 자를 특수경비업무에 종사하게 하여서는 아니 된다.

쏙쏙 해설

특수경비업자는 소속 특수경비원에게 선임한 경비지도사가 수립한 교육계획에 따라 매월 6시간 이상 직무교육을 받도록 하여야 한다(경비업법 시행령 제19조 제3항, 동법 시행규칙 제16조 제1항).

정답 ❸

핵심만 콕

① 경비업법 제13조 제3항 전단
② 경비업법 제13조 제4항
④ 경비업법 제13조 제3항 후단

62 경비계획수립의 기본원칙에 대한 설명 중 옳지 않은 것은?

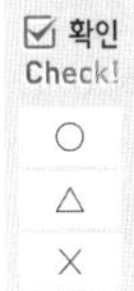

① 직원의 출입구는 주차장으로부터 가급적 멀리 떨어진 곳에 위치해야 한다.
② 효과적인 경비를 위해서는 안전경비조명이 설치되어야 하고 물건을 선적하거나 수령하는 지역은 분리되어야 한다.
③ 경비관리실은 출입자 등의 통행이 많은 곳에 설치하여야 한다.
④ 경비원 대기실은 시설물 출입구와 비상구에서 가급적이면 멀리 떨어져 있어야 한다.

쏙쏙 해설

경비원의 대기실은 시설물의 출입구와 비상구에서 인접한 곳에 위치해야 한다.

정답 ❹

63 내부절도의 경비요령에 관한 내용으로 옳지 않은 것은?

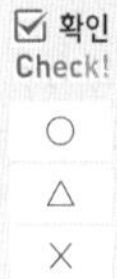

① 직원의 채용단계에서부터 인사담당자와의 협조하에 신원조사를 실시한다.
② 경비 프로그램을 수시로 변화시킨다.
③ 감사부서와의 협조하에 정기적으로 정밀한 회계감사를 실시하는 것도 한 방법이다.
④ 주기적인 순찰은 필요하나 감시경비원 및 CCTV의 확충, 경비인력의 다중화는 비용부담이 커서 바람직하지 않다.

쏙쏙 해설

내부절도의 방지대책으로 주기적 순찰은 물론 감시경비원 및 CCTV의 확충, 경비인력의 다중화(이중경비-사복·정복 혼합운영)가 필요하다.

정답 ❹

64 외곽경비에 대한 설명으로써 옳지 않은 것은?

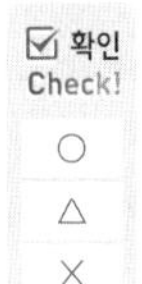

① 외곽경비의 목적은 침입시간을 지연시킴으로써 시설을 보호하는데 있다.
② 모든 출입구의 수를 파악하고 하수구, 배수로, 배기관 등도 출입구와 같은 차원에서 경비계획에 포함시켜야 한다.
③ 차량출입구는 충분히 넓혀야 하며 평상시에는 한쪽방향으로만 유지한다.
④ 외곽경비는 장벽, 출입구, 건물자체 순으로 수행된다.

쏙쏙 해설

차량출입구는 시설물의 차량 유형에 따라 충분히 넓어야 하며, 평상시에는 양방향을 유지하지만 차량 통제에 대한 필요성이 특별하게 생기면 출입구는 해당 시간에 맞추어 일방으로 통행을 제한할 수 있다.

정답 ❸

65 경비조명에 대한 설명으로 옳지 않은 것은?

확인 Check! ○ △ ×

① 경비조명은 경계구역을 자세히 볼 수 있도록 최대한 강한 밝기로 설치한다.
② 조명시설의 위치가 경비원의 시야를 방해해서는 안 된다.
③ 경비조명은 가능한 한 그림자가 생기지 않도록 설치한다.
④ 경비조명은 위험발생 가능성이 있는 지역에 직접적으로 비춰야 한다.

경비조명은 경계구역의 안과 밖을 비출 수 있도록 적당한 밝기와 높이로 설치한다.

정답 ❶

66 안전유리(UL-Listed 유리)에 대한 설명 중 옳지 않은 것은?

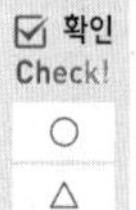

① 안전유리는 작고 동그란 모양의 파편으로 쪼개지기 때문에 사람들에게 손상을 주지 않는 장점이 있다.
② 안전유리는 설치하기 어렵고, 가격이 비싸다는 단점이 있다.
③ 불연성 물질이기 때문에 화재 시에도 타지 않는다.
④ 안전유리의 설치목적은 외부에서 불법침입을 시도하는 도둑이 창문을 깨는 시간을 최대한 지연시킴으로써 그 사이에 경비원이나 경찰이 출동할 수 있는 시간적 여유를 갖게 하여 외부침입을 막고자 하는 데 있다.

안전유리는 가볍기 때문에 설치하기 쉬우나, 가격이 비싸다는 단점이 있다.

정답 ❷

67 압력반응식 센서의 특징 중 옳지 않은 것은?

① 센서에 직간접적인 압력이 가해지면 작동된다.
② 지붕이나 천장 등에 주로 설치한다.
③ 지뢰 매설식으로 설치한다.
④ 자동문이나 카펫에 설치한다.

지붕이나 천장, 담벼락에 적합한 센서는 자력선식 센서이다.

68 다음 중 실제 불은 눈에 보이지 않지만 불꽃과 연기는 보이는 상태를 감지하기에 적합한 감지는?

확인 Check! ○ △ ×

① 이온 감지기 ② 광전자 감지기
③ 적외선 감지기 ④ 열 감지기

쏙쏙 해설

설문이 설명하는 감지기는 불꽃발화 단계를 감지할 수 있는 적외선 감지기이다.

정답 ❸

핵심만 콕

화재 발생의 단계 및 감지기

구 분	내 용	감지원	적합한 감지기
초기 단계	연기와 불꽃, 빛 등은 보이지 않고 약간의 열기만 감지할 수 있고 열과 빛이 나타나지 않은 발화상태로, 가연성 물질이 나온다.	가연성 물질	이온 감지기
그을린 단계	불꽃은 보이지 않고 약간의 연기만 감지된다.	연 기	연기 감지기, 광전자 감지기
불꽃발화 단계	실제 불은 눈에 보이지 않지만 불꽃과 연기는 보이는 상태이다.	불 꽃	적외선 감지기
열 단계	불꽃과 연기, 그리고 강한 열이 감지되면서 계속적으로 불이 외부로 확장되는 상태로, 공기는 가열되어 위험할 정도로 팽창되는 상태이다.	열	열 감지기

69 자력에 의해 문을 잠그는 잠금장치로 고강도문에 많이 사용되며 종업원들의 출입이 잦지 않은 제한구역에 주로 사용되는 자물쇠는?

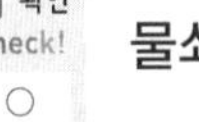
확인 Check! ○ △ ×

① 판날름쇠 자물쇠 ② 전자식 자물쇠
③ 카드작동 자물쇠 ④ 암호사용 자물쇠

쏙쏙 해설

설문은 전자식 자물쇠에 대한 내용이다.

정답 ❷

핵심만 콕

① 판날름쇠 자물쇠(Disc Tumbler Locks)
- 열쇠의 홈이 한쪽 면에만 있으며 열쇠구조가 복잡하여 맞는 열쇠를 꽂지 않으면 열리지 않는다.
- 일반적으로 가장 많이 사용되는 자물쇠이며, 이 자물쇠를 열기 위해서는 통상적으로 3분 정도가 소요된다.

③ 카드작동 자물쇠(Card Operated Locks)
- 전기나 전자기 방식을 활용한 것으로, 카드에 일정한 암호가 들어 있어서 카드를 꽂게 되면 곧바로 이 카드 내의 암호를 인식하여 자물쇠가 열린다.
- 중요한 물건이나 시설장비에 사용하고, 카드 열쇠는 신분증의 기능을 대신하며 종업원들의 출입이 잦지 않은 곳에 설치한다.

④ 암호사용 자물쇠(Code Operated Locks)
패널의 암호를 누름으로써 문이 열리는 전자제어방식으로서 암호를 잘못 누르거나 모르는 경우에는 비상 경고등이 켜지게 되는데, 일반적으로 전문적이고 특수한 경비 필요시에 사용한다.

70 환경설계를 통한 범죄예방(CPTED)에 대한 설명으로 옳지 않은 것은?

① 범죄원인을 개인적 요인보다는 환경적 요인에서 찾고 있다.
② 현대적 CPTED는 시민들의 삶의 질 향상까지 고려하여 시행하고 있다.
③ 동심원 영역론도 CPTED의 접근 방법의 하나라고 볼 수 있다.
④ 제퍼리(Jeffery)가 방어공간 개념을 확립한 것에서 뉴만(Newman)이 처음으로 CPTED의 개념을 제시하였다.

뉴만(Newman)이 방어공간 개념을 확립한 것에서 제퍼리(Jeffery)가 처음으로 CPTED의 개념을 제시하였다.

정답 ❹

71 다음 중 허가된 개인과 차량을 제외한 모든 출입과 행동의 제약을 받게 되는 지역으로 일반사무실, 화장실, 화물도착지, 개개인에 의해 사용될 수 있는 라커룸 등은 어떤 지역이라고 부르는가?

확인 Check! ○ △ ×

① 배제지역 ② 통제지역
③ 제한지역 ④ 금지지역

설문은 통제지역에 관한 설명이다.

정답 ❷

운송화물 경비 수립 시 지역별 통제 (두 : 통 > 제 > 배)

구분	내용
통제지역	• 허가된 개인과 차량을 제외한 모든 것의 출입과 행동이 제약을 받게 되는 지역이다. • 일반 사무실, 화장실, 화물도착지, 개개인에 의해 사용될 수 있는 라커룸 등 제한된 한 지역 내에 위치한 모든 시설들을 통제지역으로 지정할 수 있다.
제한지역	• 보다 세심한 정도의 안전이 요구되는 통제지역 내의 장소이다. • 파손된 물품, 저장탱크의 분류 및 처리, 그리고 컨테이너의 재수선 등이 이루어진다.
배제지역	• 높은 가치의 화물만을 취급하고 보관하기 위한 곳이다. • 일반적으로 제한지역 내의 조그마한 방, 금고실 등으로 구성되어 있다. • 이 지역은 출입을 허가받은 사람의 수가 지극히 제한되어 있고, 항상 감시하에 있어야 한다.

72 비상사태에 대한 대응으로써 비상계획의 수립에 관한 설명으로 옳지 않은 것은?

☑ 확인 Check! ○ △ ×

① 비상계획은 재난에서 생존할 수 있는 기회의 증가에 중점을 두어야 한다.
② 비상사태나 경비업무에 책임을 지고 있는 자에게 상응하는 책임관계를 명확하게 규정해 주어야 한다.
③ 비상사태 발생 시 초기에 사태대응을 보다 신속하게 할 수 있도록 가장 신속하게 명령을 내릴 수 있는 사람에게 명령권을 준다.
④ 경비감독관은 비상위원회에 반드시 포함되어야 하는 것은 아니다.

쏙쏙 해설

경비감독관은 비상위원회에 반드시 포함시켜야 한다.

정답 ❹

비상계획서에서 포함되어야 할 사항
- 비상업무를 수행할 기관명, 명령지휘부 지정
- 비상시 명령체계와 보고 업무체계의 수립(전화번호, 기관)
- 경비감독관은 비상위원회에 반드시 포함
- 신속한 이동을 위한 비상팀의 훈련과 조직
- 특별한 대상의 보호, 응급구조 조치
- 비상시 사용될 장비, 시설의 위치 지정(목록, 위치, 수량, 설계도면 등)
- 외부기관과의 통신수단 마련과 대중 및 언론에 대한 정보제공

73 피해자 컴퓨터에 상주한 악성코드로 인하여 메모리에 있는 수취인의 계좌번호, 송금액을 변조하거나, 보안카드 비밀번호를 절취한 후 돈을 빼돌리는 신종 금융범죄 수법은 무엇인가?

☑ 확인 Check! ○ △ ×

① 보이스 피싱(Voice Phishing)
② 메모리 해킹(Memory Hacking)
③ 스미싱(Smishing)
④ 파밍(Pharming)

쏙쏙 해설

설문은 메모리 해킹에 대한 내용이다.

정답 ❷

신종 금융범죄★★

신종 금융범죄란 기망행위로서 타인의 재산을 편취하는 사기범죄의 하나로, 전기통신 수단을 이용한 비대면거래를 통하여 금융 분야에서 발생하는 일종의 특수사기범죄를 말한다. 그 수법으로는 메모리 해킹, 피싱, 파밍, 스미싱 등이 있다.

메모리 해킹 (Memory Hacking)	피해자 PC 메모리에 상주한 악성코드로 인하여 정상 은행사이트에서 보안카드번호 앞·뒤 2자리만 입력해도 부당인출하는 수법을 말한다.
피싱(Phishing)	가짜사이트를 만들어 금융기관 등으로부터 은행 계좌정보나 개인 신상정보를 불법적으로 알아내 이를 이용하는 인터넷 사기수법을 말한다.
파밍(Pharming)	악성코드에 감염된 사용자 PC를 조작하여 금융정보를 빼내는 수법을 말하며, 사용자 PC가 악성코드에 감염되어 정상 홈페이지에 접속하여도 가짜 사이트로 유도하고 금융정보를 탈취당하여 범행계좌로 이체되는 수법을 말한다.
스미싱(Smishing)	문자메시지(SMS)와 피싱(Phishing)의 합성어로 '무료쿠폰 제공, 돌잔치 초대장, 모바일 청첩장' 등을 내용으로 하는 문자메시지 내의 인터넷 주소를 클릭하면 악성코드가 스마트폰에 설치되어 피해자가 모르는 사이에 소액결제 피해가 발생하거나 개인 금융정보를 탈취당하는 신종 금융범죄 수법이다.

74 컴퓨터 시스템의 안전대책에 관한 설명으로 옳지 않은 것은?

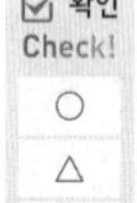

① 컴퓨터실은 벽면이나 바닥을 강화 콘크리트 등으로 보호하고 화재에 대비하여 불연재를 사용하여야 한다.
② 컴퓨터설비가 24시간 가동되는 경우를 제외하고는 중앙경보시스템이 반드시 설치되어야 한다.
③ 컴퓨터 시스템의 보안성 유지를 위하여 프로그램 개발자와 컴퓨터 운영자 상호 간의 접촉 횟수를 늘려야 한다.
④ 정보보호를 통해 달성하고자 하는 목표는 비밀성, 무결성, 가용성이다.

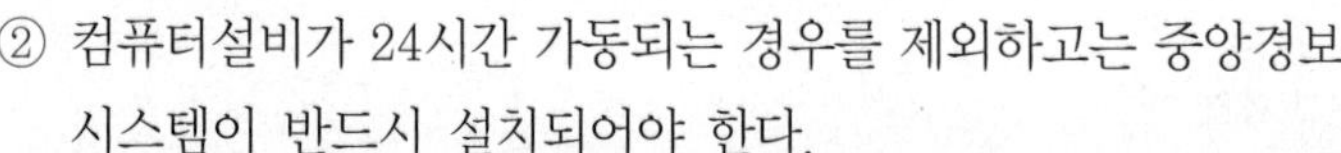

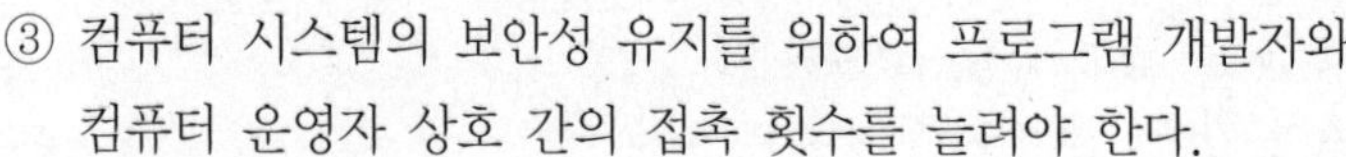

컴퓨터 시스템의 보안성 유지를 위하여 프로그램 개발자와 컴퓨터 운영자 상호 간의 접촉을 가능한 한 줄이거나 없애야 한다.

정답 ❸

75 다음이 설명하고 있는 컴퓨터 사이버테러는?

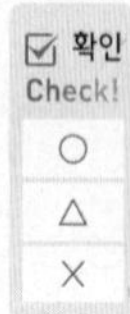

> 고출력 전자기장을 발생시켜 컴퓨터의 자기기록 정보를 파괴시키며 기업들의 핵심정보가 수록된 하드디스크가 주요 공격목표가 된다.

① 허프건(Huffgun) ② 플레임(Flame)
③ 스팸(Spam) ④ 논리폭탄(Logic Bomb)

제시문은 컴퓨터 사이버테러 중 허프건에 대한 설명이다.

정답 ❶

② 플레임은 악성루머 때문에 촉발·과격화된 온라인 토론을 말한다.
③ 스팸은 악의적으로 내용을 담은 전자우편을 인터넷상의 불특정 다수에게 무차별로 살포하여 온라인 공해를 일으키는 행위이다.
④ 논리폭탄은 컴퓨터의 일정한 사항이 작동 시마다 부정행위가 일어날 수 있도록 프로그램을 조작하는 수법이다.

76 컴퓨터범죄의 특징 중 범죄행위자의 측면에서 본 것으로 적당한 것은?

확인 Check! ○ △ ×

① 범행이 연속적이며 지속적이다.
② 광범위적이며 자동적이다.
③ 범행을 발각하거나 증명하기 곤란하다.
④ 죄의식이 희박한 편이다.

①·②·③은 컴퓨터범죄의 특징 중 행위적 측면에 속한다.

정답 ❹

컴퓨터범죄의 특징★

범죄동기 측면	• 단순한 유희나 향락 추구 • 지적 탐험심의 충족욕 • 정치적 목적이나 산업경쟁에서 이기기 위해 • 회사에 대한 사적 보복 목적
범죄행위자 측면	• 컴퓨터 전문가 : 컴퓨터 시스템이나 회사 경영조직에 전문적인 지식을 갖춘 자들이 범죄를 저지른다. • 범죄의식 희박 • 연소화 경향 • 초범성 : 컴퓨터 범죄행위는 대부분 초범자들이 많다. • 완전범죄 : 대부분 내부인의 소행이며, 단독범행이 쉽고 완전범죄의 가능성이 높으며, 범행 후 도주할 수 있는 시간적 여유가 충분하다.
범죄행위 측면	• 범행의 연속성 : 컴퓨터 부정조작의 경우 행위자가 조작방법을 터득하면 범행이 연속적이며 지속적으로 이루어질 수 있다. • 범행의 광역성과 자동성 – 광역성(광범위성) : 컴퓨터 조작자는 원격지에서 단말기를 통하여 단시간 내에 대량의 데이터를 처리하므로 광범위하게 영향을 미친다. – 자동성 : 불법한 프로그램을 삽입한 경우나 변경된 고정자료를 사용할 때마다 자동적으로 범죄를 유발하게 된다. • 발각과 증명의 곤란 : 데이터가 그 대상이 되므로 자료의 폐쇄성, 불가시성, 은닉성 때문에 범죄 사건의 발각과 증명이 어렵다. • 고의의 입증 곤란 : 단순한 데이터의 변경, 소멸 등의 형태에 불과할 경우 범죄의 고의성을 입증하기 어렵다.

77 컴퓨터범죄의 예방절차로 옳은 것을 모두 고른 것은?

확인 Check! ○ △ ×

ㄱ. 컴퓨터 사용에 대한 회계감사나 사후평가를 면밀히 해야 한다.
ㄴ. 프로그래머들은 작업실 내부에 머물게 해야 한다.
ㄷ. 프로그램 채택 후 정기적으로 점검해야 한다.
ㄹ. 프로그래머, 조작요원, 시험 및 회계요원, 유지보수 요원들 간의 접촉의 횟수를 늘려야 한다.

① ㄱ, ㄴ　② ㄱ, ㄷ
③ ㄴ, ㄷ　④ ㄴ, ㄹ

컴퓨터범죄의 예방절차로 옳은 것은 ㄱ과 ㄷ이다.
ㄴ (×) 프로그래머들은 작업실 외부에 머물게 해야 한다.
ㄹ (×) 프로그래머, 조작요원, 시험 및 회계요원, 유지보수 요원들 간의 접촉을 줄이거나 없애야 한다.

정답 ❷

컴퓨터범죄의 예방절차
① 프로그래머, 조작요원, 시험 및 회계요원, 유지보수 요원들 간의 접촉을 줄이거나 없애야 한다.
② 모든 프로그램을 개발할 때마다 문서화할 것을 주지시켜야 한다.
③ 프로그래머들은 작업실 외부에 머물게 해야 한다.
④ 컴퓨터 작동의 모든 면에 있어 업무일지를 작성해야 한다.
⑤ 컴퓨터 사용에 대한 회계감사나 사후평가를 면밀히 해야 한다.
⑥ 프로그램 채택 후 정기적으로 점검해야 한다.

78 민간경비업을 허가받은 법인의 신고사항이 아닌 것은?

확인 Check! ○ △ ×

① 법인의 임원을 변경한 때
② 출장소를 폐지한 때
③ 특수경비업무를 개시한 때
④ 도급받은 경비업무를 변경한 때

경비업을 영위하고자 하는 법인은 경비업무를 변경하는 경우에도 시·도 경찰청장의 허가를 받아야 한다(경비업법 제4조 제1항 후문).

정답 ❹

법령

경비업의 허가(경비업법 제4조)
① 경비업을 영위하고자 하는 법인은 도급받아 행하고자 하는 경비업무를 특정하여 그 법인의 주사무소의 소재지를 관할하는 시·도 경찰청장의 허가를 받아야 한다. 도급받아 행하고자 하는 경비업무를 변경하는 경우에도 또한 같다.
③ 제1항의 규정에 의하여 경비업의 허가를 받은 법인은 다음 각호의 1에 해당하는 때에는 시·도 경찰청장에게 신고하여야 한다.
1. 영업을 폐업하거나 휴업한 때
2. 법인의 명칭이나 대표자·임원을 변경한 때
3. 법인의 주사무소나 출장소를 신설·이전 또는 폐지한 때
4. 기계경비업무의 수행을 위한 관제시설을 신설·이전 또는 폐지한 때
5. 특수경비업무를 개시하거나 종료한 때
6. 그 밖에 대통령령이 정하는 중요사항을 변경한 때

79 경찰과 민간경비의 협력방범체제를 구축하기 위한 방안으로 옳지 않은 것은?

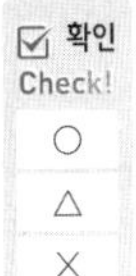

① 상호 역할과 책임에 대한 명확한 기준설정이 필요한 것은 아니다.
② 상호 간의 원활한 협조체제를 이룩하기 위해 조정기구와 같은 제도적 장치가 필요하다.
③ 치안서비스 공동생산의 동반자관계를 정립해 나가야 한다.
④ 정기적 모임, 학술 세미나 등을 통해 상호 간의 입장, 역할을 이해하기 위한 노력이 병행되어야 한다.

쏙쏙 해설

경찰과 민간경비업체 간의 마찰을 해소하고 업무 수행의 효율성을 높이기 위하여 상호 역할과 책임에 대한 명확한 기준의 설정과 실질적인 협력을 유도하기 위한 양자 간의 노력이 필요하다.

정답 ❶

핵심만 콕

경찰과 민간경비의 협력방범체계 구축을 위한 방안
- 책임자 간담회 정기적 개최
- 전임책임자제도와 합동순찰제도 운영
- 상호 업무기준의 설정
- 상호 비상연락망 구축
- 경비자문서비스센터의 운영

80 홈 시큐리티에 대한 설명으로 옳지 않은 것은?

쏙쏙 해설

타운 시큐리티에 관한 설명이다.

정답 ❹

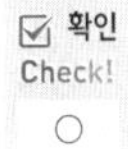

① 주로 기계경비시스템을 중심으로 서비스를 제공한다.
② 고령화시대에 맞춰 노인들의 위급상황에 대비할 수 있다.
③ 광케이블을 사용하는 CCTV를 통해 쌍방향 정보를 주고받을 수 있다.

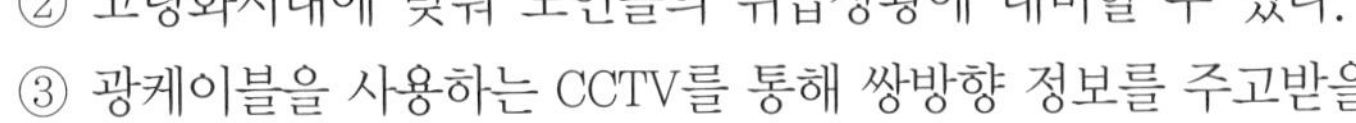

④ 지역단위의 방범활동이며, 선진국에서는 일반화되고 있는 추세이다.

핵심만 콕

홈 시큐리티와 타운 시큐리티
- 홈 시큐리티 : 외부의 침입이나 화재 및 가스누출과 같은 비상경보기가 탐지한 정보를 경비회사에 전송하면 경비회사는 이상유무를 확인하여 경찰서, 소방서, 가스회사에 통보하고 출동하는 시스템이다.
- 타운 시큐리티 : 개별 빌딩이나 단독주택 단위가 아닌 지역단위의 방범활동이라는 점에서 가장 큰 특징이 있으며 선진국에서는 일반화되고 있는 추세이다. 아파트나 연립공동주택의 방범에 대단히 유용한 시스템으로 인식되고 있다.

안심Touch

제7회 법학개론

정답 및 해설

정답 CHECK

01	02	03	04	05	06	07	08	09	10	11	12	13	14	15	16	17	18	19	20
①	①	②	①	①	②	④	④	③	③	②	①	①	③	①	④	④	②	②	①
21	22	23	24	25	26	27	28	29	30	31	32	33	34	35	36	37	38	39	40
①	④	④	④	③	②	④	③	③	③	④	④	①	④	②	④	②	④	②	④

각 문항별로 이해도를 체크해 보세요.

문제편 148p

01 법과 도덕의 차이점에 관한 설명으로 옳은 것은?

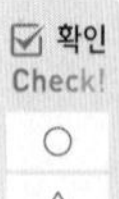

① 법은 양면성이 강하고 도덕은 일면성이 강하다.

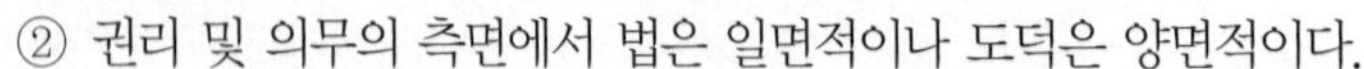

② 권리 및 의무의 측면에서 법은 일면적이나 도덕은 양면적이다.

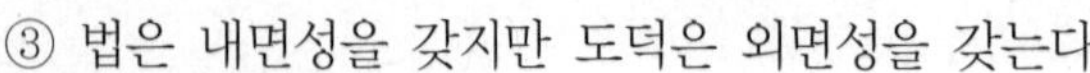

③ 법은 내면성을 갖지만 도덕은 외면성을 갖는다.

④ 자율성의 측면에서 법은 자율적이나 도덕은 타율적이다.

제시된 내용 중 법과 도덕의 차이점으로 옳은 설명은 ①이다.

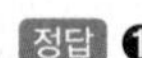

핵심만 콕

법과 도덕의 비교(차이점)★

구 성	법(法)	도덕(道德)
목 적	정의(Justice)의 실현	선(Good)의 실현
규율 대상	평균인의 현실적 행위·결과	평균인의 내면적 의사·동기·양심
규율 주체	국 가	자기 자신
준수 근거	타율성	자율성
표현양식	법률·명령형식의 문자로 표시	표현양식이 다양함
특 징	외면성 : 인간의 외부적 행위·결과 중시	내면성 : 인간의 내면적 양심과 동기를 중시
	강제성 : 위반 시 국가권력에 의해 처벌 받음	비강제성 : 규범의 유지·제재에 강제가 없음
	양면성 : 권리에 대응하는 의무가 존재	일면성(편면성) : 의무에 대응하는 권리가 부존재

02 법 목적의 상관관계에 관한 설명으로 옳지 않은 것은?

① 정의나 합목적성은 법실증주의 시대에서도 중시되었다.
② 정의는 법의 내용을 일반화하고 합목적성은 그것을 개별화하는 경향이 있다.
③ 합목적성을 강조하면 "민중의 행복이 최고의 법률이다."라고 하고, "국민이 원하는 것이 법이다."라고 주장하게 된다.
④ 정의만 강조하면 "세상은 망하더라도 정의는 세우라."고 하고, "정의만이 통치의 기초이다."라고 주장한다.

법실증주의 시대에서는 법의 실증성과 안정성을 유지하기 위하여 정의나 합목적성이 소홀히 취급되었으며, 근대 자연법의 전성기에는 정의를 가장 중시하였다.

03 법의 효력에 관한 설명으로 옳지 않은 것은?

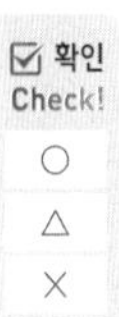

① 법은 시행일부터 폐지일까지 그 효력을 갖는다.
② 법률은 특별한 규정이 없는 한 공포일로부터 30일을 경과하면 효력이 발생한다.
③ 관습법은 성립과 동시에 효력을 갖는다.
④ 동일 사항에 관하여 서로 모순·저촉되는 신법의 제정으로 구법이 당연히 폐지되는 것을 묵시적 폐지라 한다.

법률은 특별한 규정이 없는 한 공포한 날로부터 20일을 경과함으로써 효력을 발생한다(헌법 제53조 제7항).

정답 ❷

헌법 제53조 제7항

법률은 특별한 규정이 없는 한 공포한 날로부터 20일을 경과함으로써 효력을 발생한다.

법령 등 공포에 관한 법률

- 법령 등의 공포일 또는 공고일은 해당 법령 등을 게재한 관보 또는 신문이 발행된 날로 한다(제12조).
- 대통령령, 총리령 및 부령은 특별한 규정이 없으면 공포한 날부터 20일이 경과함으로써 효력을 발생한다(제13조).
- 국민의 권리 제한 또는 의무 부과와 직접 관련되는 법률, 대통령령, 총리령 및 부령은 긴급히 시행하여야 할 특별한 사유가 있는 경우를 제외하고는 공포일부터 적어도 30일이 경과한 날부터 시행되도록 하여야 한다(제13조의2).

해설편 제7회

안심Touch

04 성문법과 불문법에 관한 설명으로 옳지 않은 것은?

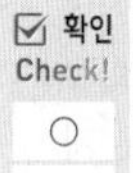

① 성문법은 전통적으로 영미법계 국가에서 취하는 입법태도이다.

② 불문법은 문서의 형식이 아니므로 법의 존재와 그 의미가 명확하지 않은 단점이 있다.

③ 성문법은 법규의 내용을 일반국민에게 알리기에 적합하다는 장점이 있다.

④ 성문법은 입법기간이 짧으며, 입법정책을 통하여 발전적 방향으로 사회제도를 개혁할 수 있는 장점이 있다.

성문법은 전통적으로 프랑스·독일 등 대륙법계 국가에서 취하는 입법태도이고, 불문법은 전통적으로 영국·미국 등 영미법계 국가에서 취하는 입법태도이다.

정답 ❶

핵심만 콕

성문법과 불문법의 장·단점★

구 분	성문법(대륙법계)	불문법(영미법계)
장 점	• 법의 존재와 의미를 명확히 할 수 있다. • 법적 안정성을 기할 수 있다. • 법의 내용을 객관적으로 알려 국민이 법적 문제에 예측 가능성을 갖는다. • 입법기간이 짧다. • 발전적으로 사회제도를 개혁할 수 있다. • 외국법의 계수와 법체계의 통일이 쉽다.	• 사회의 구체적 현실에 잘 대처할 수 있다. • 법의 적용에 융통성이 있다. • 입법자의 횡포가 불가능하다. • 법현실이 유동적이다.
단 점	• 입법자의 횡포가 가능하다. • 문장의 불완전성으로 법해석의 문제가 발생한다. • 개정절차가 필요하므로 사회변동에 능동적으로 대처하지 못하여 법현실이 비유동적이다. • 법이 고정화되기 쉽다.	• 법의 존재와 의미가 불명확하다. • 법의 내용을 객관화하기 곤란하며 법적 변동의 예측이 불가능하다. • 법적 안정성을 기하기 어렵다. • 법적 기능을 갖는 데 기간이 오래 걸린다. • 국법의 계수와 법체계의 통일이 어렵다.

05 법 해석의 방법과 관련하여 (　) 안에 들어갈 용어는?

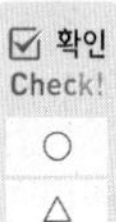

(　)은 두 개의 유사한 사실 중 법규에서 어느 하나의 사실에 관해서만 규정하고 있는 경우에 나머지 다른 사실에 대해서도 마찬가지의 효과를 인정하는 해석방법이다.

① 유추해석　② 물론해석
③ 확장해석　④ 반대해석

법의 해석방법 중 (　) 안에 들어갈 해석방법은 유추해석이다.

정답 ❶

법 해석의 종류★★

해석의 구속력에 따라	• 유권해석 : 입법해석, 사법해석, 행정해석 • 무권해석(학리해석) : 문리해석, 논리해석
해석의 방법에 따라	• 확장해석 : 법규상 용어의 의미를 통상의 의미 이상으로 확장하여 해석 • 축소(제한)해석 : 법규상 용어의 의미를 통상의 의미보다 축소하여 해석 • 반대해석 : 법문이 규정한 이외의 사항에 대하여는 그 규정의 효과와는 반대의 효과를 인정하는 취지로 추리하는 해석 • 물론해석 : 법문에 일정한 사항을 규정하고 있을 때 그 이외의 사항에 관해서도 사물의 성질상 당연히 그 규정에 포함되는 것으로 하는 해석 • 유추해석 : 두 개의 사실 중 법규에서 어느 하나의 사실에 관해서만 규정하고 있는 경우에 나머지 다른 사실에 대해서도 마찬가지의 효과를 인정하는 해석

06 법체계에 관한 설명으로 옳지 않은 것은?

① 논리적 통일성에 맞추어 복수의 법규범에 의하여 형성된 체계를 법체계라고 한다.

② 국제사법은 섭외적 법률관계를 규율하는 것으로 국제법에 속한다.

③ 국제법은 주로 국가 간의 관계를 규율하는 법이나 국내법체계와 같이 통일성이 명확하지 못하다.

④ 국내법체계는 일반적으로 공법・사법・사회법의 3법체계로 나누어진다.

쏙쏙 해설

국제사법은 섭외적 법률관계를 규율하는 사법(私法)에 속하는 국내법이다.

정답 ❷

07 권리와 구별되는 개념에 관한 설명으로 옳은 것은?

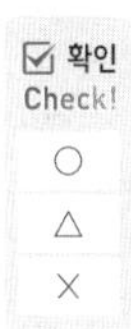

① 반사적 이익은 권리가 될 수 있다.

② 권한은 일정한 법률적 또는 사실적 행위를 정당화시키는 법률상의 원인을 말한다.

③ 권리는 그 내용에 따라 지배권, 청구권, 형성권, 항변권으로 분류된다.

④ 의사무능력자도 권리의 주체가 될 수는 있다.

의사능력은 법률행위의 의미나 결과를 합리적으로 판단할 수 있는 정신적 능력 내지 지능을 말한다. 따라서 의사무능력자의 법률행위는 무효이나, 의사무능력자도 권리나 권능을 갖는 주체가 될 수는 있다.

정답 ❹

① 권리는 법익을 누리기 위하여 법이 허용하는 힘으로, 반사적 이익과는 구별된다.
② 일정한 법률적 또는 사실적 행위를 정당화시키는 법률상의 원인은 권원이며, 권한은 본인 또는 권리자를 위하여 일정한 법률효과를 발생케 하는 법률행위를 할 수 있는 법률상의 자격이다.
③ 권리는 그 내용에 따라 인격권, 가족권(신분권), 재산권, 사원권으로 분류되며, 지배권, 청구권, 형성권, 항변권은 작용에 따른 분류에 해당한다.

08 국제사법상 한 영토 안에 있는 사람은 본국의 국적과 관계없이 누구나 그 나라의 법을 따라야 한다는 원칙은?

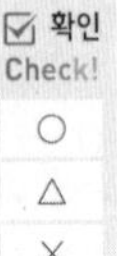

① 보호주의
② 기국주의
③ 속인주의
④ 속지주의

국제사법상 한 영토 안에 있는 사람은 본국의 국적과 관계없이 누구나 그 나라의 법을 따라야 한다는 원칙은 속지주의이다. 형법은 제2조에서 속지주의를 규정하고 있다.

 ❹

형법상 장소적 적용범위★
- 속지주의(제2조) : 본법은 대한민국영역 내에서 죄를 범한 내국인과 외국인에게 적용한다.
- 속인주의(제3조) : 본법은 대한민국영역 외에서 죄를 범한 내국인에게 적용한다.
- 기국주의(제4조) : 본법은 대한민국영역 외에 있는 대한민국의 선박 또는 항공기 내에서 죄를 범한 외국인에게 적용한다.
- 보호주의(제5조) : 본법은 대한민국영역 외에서 다음에 기재한 죄를 범한 외국인에게 적용한다.
  1. 내란의 죄
  2. 외환의 죄
  3. 국기에 관한 죄
  4. 통화에 관한 죄
  5. 유가증권, 우표와 인지에 관한 죄
  6. 문서에 관한 죄 중 공문서관련 죄
  7. 인장에 관한 죄 중 공인 등의 위조, 부정사용
- 보호주의(제6조) : 본법은 대한민국영역 외에서 대한민국 또는 대한민국국민에 대하여 전조에 기재한 이외의 죄를 범한 외국인에게 적용한다. 단, 행위지의 법률에 의하여 범죄를 구성하지 아니하거나 소추 또는 형의 집행을 면제할 경우에는 예외로 한다.
- 세계주의 : 총칙에서는 규정이 없으나 각칙에서는 세계주의를 인정하고 있다(제296조의2)

09 신의성실의 원칙에 관한 설명으로 옳지 않은 것은?

확인 Check! ○ △ ×

① 신의성실의 원칙은 채권관계뿐만 아니라 물권관계나 가족관계에서도 적용된다.

② 신의성실의 원칙은 구체적 내용이 정하여져 있지 않은 일반조항으로서 그 내용은 재판에 의하여 형성된다.

③ 신의성실의 원칙의 파생원칙으로 사적자치의 원칙, 실효의 원칙, 금반언의 원칙이 있다.

④ 신의성실의 원칙은 강행법규의 성질을 가지므로 당사자의 주장이 없더라도 법원이 직권으로 판단할 수 있다.

쏙쏙 해설

신의성실의 원칙의 파생원칙으로는 사정변경의 원칙, 실효의 원칙, 금반언의 원칙이 있다. 사적자치의 원칙은 사법(私法)상의 법률관계는 개인 간의 자유로운 의사에 따라 규율하고, 국가는 이에 간섭하지 않는다는 원칙이다.

정답 ❸

10 헌법의 분류 등에 관한 설명으로 옳지 않은 것은?

확인 Check! ○ △ ×

① 흠정헌법·민정헌법·협약헌법·국약헌법은 제정주체에 따른 분류에 해당한다.

② 경성헌법·연성헌법은 개정 절차의 난이도에 따른 분류에 해당한다.

③ 장식적 헌법은 헌법을 이상적으로 제정하였으나 사회 여건은 이에 불일치하는 헌법이다.

④ 불문헌법은 주요 부분이 관습 등에 의하여 성립된 것으로 헌법전의 형식으로 존재하지 않는 헌법을 의미한다.

쏙쏙 해설

③은 명목적 헌법에 대한 내용에 해당한다.

정답 ❸

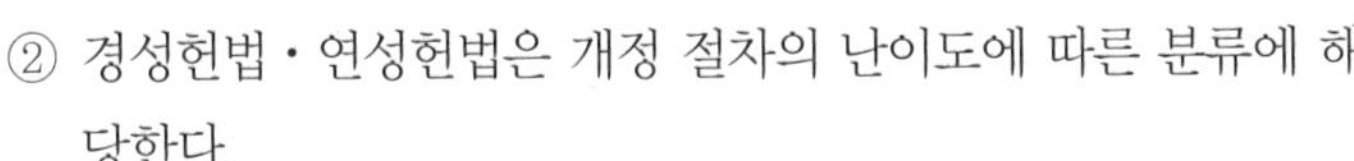

핵심만 콕

효력에 따른 분류(뢰벤슈타인)

구분	내용
규범적 헌법	헌법 규정과 효력 행사의 현실이 일치하는 헌법(서구 여러 나라의 헌법)
명목적 헌법	헌법을 이상적으로 제정하였으나 사회 여건은 이에 불일치하는 헌법(남미 여러 나라의 헌법)
장식적 헌법 (가식적 헌법)	헌법이 권력 장악자의 지배를 안정·영구화하는데 이용되는 수단이나 도구에 지나지 않는 헌법 (구소련 등 공산주의 국가의 헌법)

해설편 제7회

11 우리나라의 비상적 헌법 보장제도에 해당하는 것은?

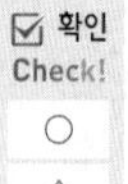

① 헌법소원제도
② 국가긴급권
③ 헌법의 최고규범성 선언
④ 경성헌법

헌법의 보장제도란 협의로는 국가의 최고법으로서의 헌법효력의 보장을 의미하는 것인데 국가긴급권은 비상적 헌법 보장제도의 내용에 해당한다.

 ❷

평상적 · 비상적 헌법수호에 따른 헌법수호수단

평상적 헌법수호	사전예방적 헌법수호	헌법의 최고규범성의 선언(헌법 제107조, 제111조 제1항), 헌법수호의무의 선서(헌법 제69조), 국가권력의 분립(헌법 제40조, 제66조 제4항, 제101조 제1항), 경성헌법성(헌법 제128조 내지 제130조), 방어적 민주주의의 채택(헌법 제8조 제4항), 공무원 및 군의 정치적 중립성의 보장(헌법 제7조 제2항, 제5조 제2항)
	사후교정적 헌법수호	위헌법령 · 처분심사제도(헌법 제107조 제1항 · 제2항), 탄핵제도(헌법 제65조 제1항, 제111조 제1항 제2호), 헌법소원제도(헌법 제113조 제1항), 위헌정당해산제도(헌법 제8조 제4항), 국무총리 및 국무위원 해임건의제도(헌법 제63조 제1항), 국정감사 및 조사제도(헌법 제61조 제1항), 긴급명령 등의 승인제도 및 계엄해제요구제도(헌법 제76조 제3항, 제77조 제5항), 공무원의 책임제도(헌법 제29조 제1항) 등
비상적 헌법수호	국가긴급권[대통령의 계엄선포권(헌법 제77조 제1항), 긴급명령권(헌법 제76조 제2항), 긴급재정경제처분 · 명령권(헌법 제76조 제1항)], 저항권	

12 우리나라 헌법전문에서 명시적으로 규정하고 있는 내용으로 옳은 것은?

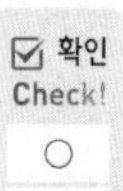

① 대한민국의 건국이념
② 침략전쟁의 부인
③ 자유민주적 기본질서에 입각한 평화적 통일정책
④ 민주공화국, 국가형태

대한민국의 건국이념은 헌법전문에 명시적으로 규정되어 있다.

 ❶

헌법전문

현행 헌법전문에 명문으로 규정되어 있는 것	현행 헌법전문에 명문으로 규정되어 있지 않은 것
• 국민주권주의 • 대한민국의 건국이념(3 · 1운동, 대한민국임시정부의 법통과 4 · 19이념의 계승) • 조국의 민주개혁과 평화적 통일의 사명 • 정의 · 인도와 동포애로써 민족의 단결을 공고히 함 • 모든 사회적 폐습과 불의를 다파 • 자유민주적 기본질서의 확립 • 모든 영역에서 각인의 기회균등 • 국민생활의 균등한 향상 • 국제평화주의 • 제정일자 및 개정 횟수	• 권력분립 • 민주공화국, 국가형태(제1조) • 5 · 16군사정변(제4공화국 헌법) • 침략전쟁의 부인(제5조 제1항) • 자유민주적 기본질서에 입각한 평화적 통일정책(제4조) • 국가의 전통문화계승발전과 민족문화창달의무(제9조) • 대한민국 영토(제3조) • 개인과 기업의 경제상의 자유와 창의(제119조 제1항) • 인간의 존엄과 가치, 행복추구권(제10조)

13 현행 헌법상 정당설립과 활동의 자유에 관한 설명으로 옳지 않은 것은?

① 정당의 목적이나 활동이 자유민주적 기본질서에 위배될 때에는 국회는 헌법재판소에 그 해산을 제소할 수 있다.

② 정당은 그 목적, 조직과 활동이 민주적이어야 한다.

③ 정당은 헌법재판소의 심판에 의하여 해산된다.

④ 국가는 법률이 정하는 바에 의하여 정당의 운영에 필요한 자금을 보조할 수 있다.

쏙쏙 해설

① · ③ 정당의 목적이나 활동이 민주적 기본질서에 위배될 때 정부는 헌법재판소에 그 해산을 제소할 수 있고, 정당은 헌법재판소의 심판에 의하여 해산된다(헌법 제8조 제4항).

② 헌법 제8조 제2항

④ 헌법 제8조 제3항

 ❶

14 청구권적 기본권에 관한 설명으로 옳지 않은 것은?

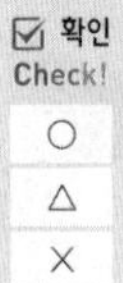

① 국민이 국가기관에 청원할 때에는 법률이 정하는 바에 따라 문서로 해야 한다.
② 재판청구권에는 신속한 재판을 받을 권리도 포함된다.
③ 형사피고인과 달리 형사피의자에게는 형사보상청구권이 없다.
④ 헌법은 범죄행위로 인한 피해구조에 관해 규정하고 있다.

③ 형사피의자 또는 형사피고인으로서 구금되었던 자가 법률이 정하는 불기소처분을 받거나 무죄판결을 받은 때에는 법률이 정한 바에 의하여 국가에 정당한 보상을 청구할 수 있다(헌법 제28조).
① 헌법 제26조 제1항
② 헌법 제27조 제3항 전문
④ 헌법 제30조

정답 ❸

15 다음 중 권리능력에 관한 설명으로 타당한 것은?

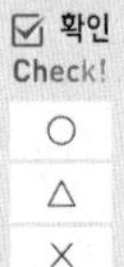

① 대표자 또는 관리인이 있는 비법인사단은 권리능력이 없지만 민사소송법상 당사자능력이 인정된다.
② 민사상 미성년자는 19세 이하인 자를 의미한다.
③ 미성년자가 법정대리인의 동의 없이 행한 법률행위의 경우에 미성년자는 취소할 수 없다.
④ 행위능력은 모든 자연인에게 제한 없이 인정된다.

① 민사소송법 제52조 참고
② 민사상 미성년자는 19세 미만인 자이다(민법 제4조 참고).
③ 미성년자가 법정대리인의 동의 없이 행한 법률행위는 취소할 수 있다(민법 제5조 참고).
④ 자연인 중 미성년자, 피성년후견인, 피한정후견인은 제한능력자이다.

정답 ❶

16 실종선고에 관한 설명으로 옳지 않은 것은?

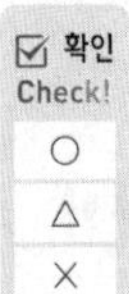

① 부재자의 생사가 불분명하고 그 생사불명이 일정기간 계속되어야 한다.
② 보통실종의 실종기간은 5년이고, 특별실종의 실종기간은 1년이다.
③ 이해관계인은 직접적인 법률상의 이해관계인에 한하며, 사실상의 이해관계를 가진 자는 이에 해당하지 않는다.
④ 실종선고를 받은 자는 실종기간이 만료한 때 사망한 것으로 추정한다.

실종선고를 받은 자는 실종기간이 만료한 때 사망한 것으로 본다(민법 제28조).

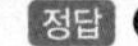
정답 ❹

17 민법상 법인의 기관에 관한 설명 중 옳지 않은 것은?

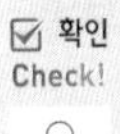

확인 Check! ○ △ ×

① 사원총회와 이사는 비영리 사단법인의 필수기관이고, 감사는 임의기관이다.
② 비영리 재단법인에는 그 성질상 사원총회가 존재하지 않는다.
③ 이사의 임면 방법은 정관의 필요적 기재사항이며, 법인과 이사와의 임면 관계는 민법상 위임에 관한 규정을 준용한다.
④ 이사의 대표권을 정관에 의해 제한하는 경우 이를 정관에 기재하여야 효력이 있고, 악의의 제3자에게는 이를 등기하지 않은 경우에도 대항할 수 있다.

쏙쏙 해설

이사의 대표권을 정관에 의해 제한하는 경우 정관에 기재하여야 효력이 있고, 이를 등기하지 않은 한 선의·악의를 불문하고 제3자에 대항할 수 없다(민법 제60조 참고).

정답 ❹

18 소멸시효에 관한 설명으로 옳지 않은 것은?

확인 Check! ○ △ ×

① 소멸시효는 그 기산일에 소급하여 효력이 생긴다.
② 소멸시효의 이익의 포기는 시효완성 전에도 가능하다.
③ 청구, 압류 또는 가압류, 가처분, 승인은 소멸시효의 중단사유에 해당한다.
④ 시효의 중단은 당사자 및 그 승계인 간에만 효력이 있다.

쏙쏙 해설

② 소멸시효의 이익은 미리 포기하지 못하므로(민법 제184조 제1항), 시효완성 전에는 포기할 수 없다.
① 민법 제167조
③ 민법 제168조
④ 민법 제169조

정답 ❷

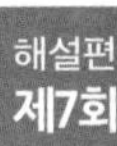

19 동산 물권의 양도에서 당사자의 계약으로 양도인이 그 동산의 점유를 계속하는 것은?

확인 Check! ○ △ ×

① 간이인도
② 점유개정
③ 목적물반환청구권의 양도
④ 혼 동

쏙쏙 해설

설문은 점유개정에 관한 내용이다(민법 제189조).

정답 ❷

핵심만 콕

① 간이인도는 양수인이 이미 그 동산을 점유한 때에는 당사자의 의사표시만으로 동산물권양도의 효력이 생긴다(민법 제188조 제2항).
③ 민법 제190조
④ 혼동은 채권 또는 물권의 소멸원인이다(민법 제191조, 제507조).

20 다음은 무엇에 대한 설명인가?

☑ 확인 Check! ○ △ ×

> 채무불이행에 관하여 채권자에게 과실이 있는 때에는 법원은 손해배상책임 및 그 금액을 정함에 이를 참작하여야 한다.

① 과실상계
② 손익상계
③ 손해배상액의 예정
④ 부당이득

해설

제시문은 민법 제396조 과실상계에 대한 설명이다.

정답 ❶

핵심만 콕

② 손익상계란 불법행위로 인하여 피해자가 손해를 입음과 동시에 이익을 얻은 경우 배상액에 그 이익을 공제하여야 한다는 것을 말한다.
③ 손해배상액의 예정이란 실제 손해와 관계없이 채무를 이행하지 않았을 경우 배상해야 할 손해액을 미리 정하는 것이다.
④ 부당이득이란 법률상 원인 없이 타인의 재산 또는 노무로 인하여 이익을 얻고 이로 인해 타인에게 손해를 가하는 것으로, 손해를 가한 자에게 그 이득의 반환을 요구할 수 있다.

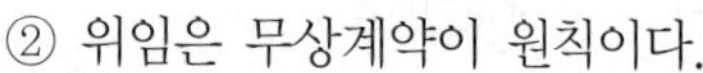

21 민법상 계약에 관한 설명으로 옳지 않은 것은?

☑ 확인 Check! ○ △ ×

① 현상광고는 낙성계약이다.
② 위임은 무상계약이 원칙이다.
③ 무상소비대차, 무상위임, 증여는 편무계약이다.
④ 이자부 소비대차계약은 유상 · 쌍무계약이다.

해설

현상광고란 광고자가 어떤 행위를 한 자에게 일정한 보수를 지급할 의사표시를 하고 응모자가 그 광고에 정한 행위를 함으로써 완료 · 성립하는 계약으로서, 요물 · 유상 · 편무계약에 해당한다. 민법상 전형계약 중 요물계약인 현상광고를 제외하고는 모두 낙성계약에 해당한다.

정답 ❶

22 다음 중 죄형법정주의에서 파생되는 원칙이 아닌 것을 고르면?

① 유추해석금지의 원칙
② 관습형법금지의 원칙
③ 형벌불소급의 원칙
④ 변론주의의 원칙

변론주의의 원칙이란 판결의 기초가 되는 소송자료의 수집·제출의 책임을 당사자에게 맡기고 그것만을 재판의 기초로 삼는 소송법상의 원칙을 말한다.

정답 ❹

죄형법정주의의 파생원칙★★

㉠ 관습형법배제의 원칙 : 관습법은 형법의 법원이 될 수 없다는 원칙이다. 그러나 법률해석상 관습법을 통하여 형벌을 완화하거나 제거하는 것은 인정될 수 있다.
㉡ 소급효금지의 원칙 : 형법은 그 실시 이후의 행위만 규율할 뿐, 그 이전의 행위에는 효력이 미치지 않는다는 원칙이다. 그러나 인권침해의 염려가 없을 때 등에는 예외적으로 소급효가 인정된다.
㉢ 유추해석금지의 원칙 : 형법은 문서에 좇아 엄격히 해석되어야 하며(문리해석), 법문의 의미를 넘는 유추해석은 허용되지 않는다는 원칙이다. 다만 피고인에게 유리한 유추해석은 예외적으로 허용된다.
㉣ 명확성의 원칙 : 범죄의 구성요건과 형사제재에 관한 규정을 구체적으로 명확하게 규정하여야 한다는 원칙이다. 여기에는 절대적 부정기형 금지의 원칙이 포함된다.
㉤ 적정성의 원칙 : 행위자가 어떠한 범죄를 범했을 때 이를 형벌로 적정하게 처벌해야 한다는 원칙이다.

해설편 제7회

23 의사가 환자를 치료하기 위해서 환자의 배를 절개하는 행위는 위법성이 조각되는데 그 근거는 무엇인가?

① 정당방위
② 피해자의 승낙
③ 자구행위
④ 업무상 정당행위

쏙쏙 해설

의사의 치료행위는 업무로 인한 정당행위로 위법성이 조각된다.

정답 ❹

정당행위

사회상규에 위배되지 아니하여 국가적·사회적으로 정당시되는 행위로 법령에 의한 행위 또는 업무로 인한 행위 기타 사회상규에 위배되지 아니하는 행위는 벌하지 아니한다.

- 법령에 의한 행위 : 공무원의 직무집행행위, 징계행위, 사인의 현행범 체포행위, 노동쟁의행위 등
- 업무로 인한 행위 : 의사의 치료행위, 안락사, 변호사·성직자의 직무수행행위 등
- 사회상규에 위배되지 아니하는 행위 : 소극적 저항행위, 징계권 없는 자의 징계행위, 권리실행행위 등

24 **의사 甲이 그 사정을 전혀 알지 못하는 간호사를 이용하여 환자 乙에게 치료약 대신 독극물을 복용하게 하여 乙이 사망에 이른 경우에 甲의 범죄 형태는?**

① 교사범 ② 단독정범
③ 공동정범 ④ 간접정범

간접정범은 타인을 생명 있는 도구로 이용하여 간접적으로 범죄를 실행하는 정범형태로, 형법 제34조 제1항은 "어느 행위로 인하여 처벌되지 아니하는 자 또는 과실범으로 처벌되는 자를 교사 또는 방조하여 범죄행위의 결과를 발생하게 한 자는 교사 또는 방조의 예에 의하여 처벌한다."고 규정하고 있다.

정답 ❹

25 **범죄의 처벌조건과 소추조건에 대한 설명으로 옳지 않은 것은?**

① 범죄의 처벌조건에는 객관적 처벌조건과 인적처벌조각사유가 있다.

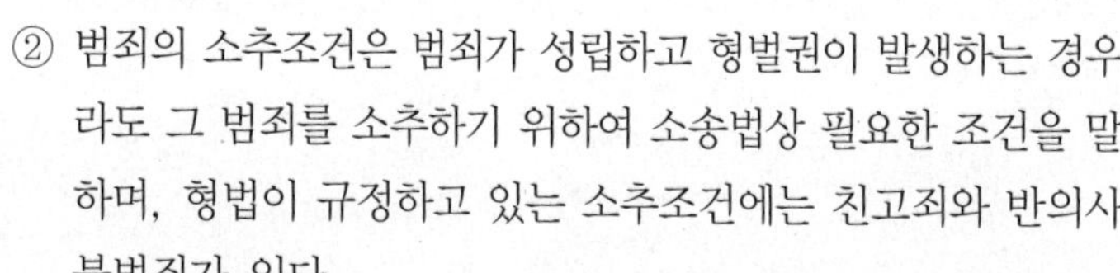

② 범죄의 소추조건은 범죄가 성립하고 형벌권이 발생하는 경우라도 그 범죄를 소추하기 위하여 소송법상 필요한 조건을 말하며, 형법이 규정하고 있는 소추조건에는 친고죄와 반의사불벌죄가 있다.

③ 친고죄에 대하여는 범인을 알게 된 날로부터 1년을 경과하면 고소하지 못한다.

④ 반의사불벌죄는 피해자의 의사에 관계없이 공소를 제기할 수 있으나, 피해자의 명시한 의사에 반하여 처벌할 수 없는 범죄이다.

쏙쏙 해설

친고죄에 대하여는 범인을 알게 된 날로부터 6월을 경과하면 고소하지 못한다(형사소송법 제230조 제1항 본문).

정답 ❸

26 **고소에 관한 설명 중 옳지 않은 것은?**

① 고소를 취소한 자는 다시 고소할 수 없다.
② 고소 또는 고소의 취소는 본인이 직접 하여야 한다.
③ 고소는 제1심 판결선고 전까지 취소할 수 있다.
④ 고소는 구술 또는 서면으로써 검사 또는 사법경찰관에게 하여야 한다.

고소 또는 고소의 취소는 대리가 가능하다.

정답 ❷

핵심만 콕

고 소	고 발
고소권자(범죄로 인한 피해자 및 피해자의 법정대리인 등)만이 고소 가능(형사소송법 제223조 · 제225조)	범죄를 인지한 자는 누구든지 고발 가능(형사소송법 제234조 제1항)
고소를 취하한 자는 다시 고소할 수 없음. 1심 판결선고 전까지 고소를 취하할 수 있음(형사소송법 제232조 제1항 · 제2항)	고발을 취소한 경우에도 다시 고발 가능
친고죄의 경우 범인을 알게 된 날로부터 6개월 내에 고소하여야 함(형사소송법 제230조 제1항 본문)	기간 제한 없음
대리가 허용됨(형사소송법 제236조)	대리가 허용되지 않음

27 형의 집행에 관한 내용으로 옳지 않은 것은?

① 사형은 형무소 내에서 교수하여 집행한다.
② 징역은 형무소 내에 구치하여 정역에 복무하게 한다.
③ 벌금은 판결확정일로부터 30일 내에 납입하여야 한다.
④ 벌금을 납입하지 아니한 자는 1일 이상 30일 미만의 기간 노역장에 유치하여 작업에 복무하게 한다.

④ 벌금을 납입하지 아니한 자는 1일 이상 3년 이하, 과료를 납입하지 아니한 자는 1일 이상 30일 미만의 기간 노역장에 유치하여 작업에 복무하게 한다(형법 제69조 제2항).
① 형법 제66조
② 형법 제67조
③ 형법 제69조 제1항 본문

정답 ❹

28 공소시효의 기간으로 다음 중 옳은 것은?

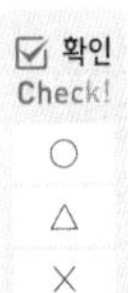

ㄱ. 사형에 해당하는 범죄 : 20년
ㄴ. 무기징역 또는 무기금고에 해당하는 범죄 : 15년
ㄷ. 장기 10년 이상의 징역 또는 금고에 해당하는 범죄 : 10년
ㄹ. 장기 10년 미만의 징역 또는 금고에 해당하는 범죄 : 5년

① ㄱ, ㄴ　　② ㄱ, ㄷ
③ ㄴ, ㄷ　　④ ㄴ, ㄹ

제시된 내용 중 옳은 것은 ㄴ과 ㄷ이다.
ㄱ (×) 사형에 해당하는 범죄의 경우 공소시효의 기간은 25년으로 한다.
ㄹ (×) 장기 10년 미만의 징역 또는 금고에 해당하는 범죄의 경우 공소시효의 기간은 7년으로 한다.

정답 ❸

해설편 제7회

법령

공소시효의 기간(형사소송법 제249조 제1항)

1. 사형에 해당하는 범죄에는 25년
2. 무기징역 또는 무기금고에 해당하는 범죄에는 15년
3. 장기 10년 이상의 징역 또는 금고에 해당하는 범죄에는 10년
4. 장기 10년 미만의 징역 또는 금고에 해당하는 범죄에는 7년
5. 장기 5년 미만의 징역 또는 금고, 장기 10년 이상의 자격정지 또는 벌금에 해당하는 범죄에는 5년
6. 장기 5년 이상의 자격정지에 해당하는 범죄에는 3년
7. 장기 5년 미만의 자격정지, 구류, 과료 또는 몰수에 해당하는 범죄에는 1년

29 법관이 기피의 사유가 있다고 생각하여 스스로 직무집행에서 탈퇴하는 제도는?

확인 Check! ○ △ ×

① 제 척　② 기 피
③ 회 피　④ 포 기

쏙쏙 해설

설문은 회피(忌避)에 대한 내용이다.

정답 ❸

법관의 제척 · 기피 · 회피

제척(除斥)	법관이 불공정한 재판을 할 현저한 법정의 이유가 있을 때 그 법관을 배제하는 제도
기피(忌避)	제척사유가 있는 법관이 재판에 관여하거나, 기타 불공정한 재판을 할 우려가 있을 때 당사자의 신청에 의해 그 법관을 배제하는 제도
회피(回避)	법관이 기피의 사유가 있다고 생각하여 스스로 직무집행에서 탈퇴하는 제도

30 다음 중 상인에 대한 설명으로 옳지 않은 것은?

확인 Check! ○ △ ×

① 상인은 기업활동에 있어서 권리의무가 귀속되는 기업의 주체로 상인의 행위는 영업을 위하여 하는 것으로 추정한다.
② 당연상인은 자기명의로 상행위를 하는 자이다.
③ 의제상인은 점포 기타 유사한 설비에 의하여 상인적 방법으로 영업을 하는 자를 말하고 상행위를 하지 않는 회사는 의제상인이 아니다.
④ 소상인은 소규모 상인으로서 자본금이 1,000만원 미만으로 회사가 아닌 자를 말한다.

쏙쏙 해설

③ 의제상인은 점포 기타 유사한 설비에 의하여 상인적 방법으로 영업을 하는 자와 상행위를 하지 않는 회사를 포함한다(상법 제5조).
① 상법 제47조 제2항 참고
② 상법 제4조
④ 상법 시행령 제2조

정답 ❸

31 인보험에서 보험자란?

① 보험사고가 발생한 때 보험금액의 지급을 받을 자를 말한다.
② 보험자의 상대방으로서 자기명의로 보험계약을 체결하는 자를 말한다.
③ 자신의 생명이나 신체를 보험에 붙인 자연인을 말한다.
④ 보험사고가 발생한 때에 보험금액을 지급할 의무를 부담하는 자를 말한다.

④가 인보험에서 보험자에 대한 설명이다. ①은 보험수익자, ②는 보험계약자, ③은 피보험자에 해당한다.

정답 ❹

핵심만 콕

보험계약의 관계자

보험자	보험료를 받는 대신에 보험사고가 발생하는 경우에 보험금 지급의무를 지는 보험회사를 말한다.
보험계약자	자신의 이름으로 보험자와 보험계약을 체결하여 보험료를 지불할 의무를 진 사람이다.
피보험자	• 손해보험에서는 피보험이익의 주체로서 보험사고가 발생함으로써 손해를 입는 자, 즉 손해배상의 보험금을 받을 입장에 있는 자를 말한다. • 인보험에서는 사람의 생명 또는 신체에 관하여 보험이 붙여진 자를 말한다.
보험수익자	인보험계약을 체결한 후 피보험자의 보험사고 시 보험금을 지급받게 되는 사람이다. 인보험에서만 존재한다.

32 상법상 회사의 종류와 그 해산사유의 연결이 옳지 않은 것은?

① 합명회사 – 사원이 1인으로 된 때
② 유한책임회사 – 사원이 없게 된 때
③ 합자회사 – 무한책임사원 또는 유한책임사원의 전원이 퇴사한 때
④ 주식회사 – 주주총회의 특별결의에 의해서만 해산된다.

④ 상법 제517조
① 상법 제227조 제3호
② 상법 제287조의38 제2호
③ 상법 제285조 제1항

정답 ❹

회사의 해산사유

공통된 해산사유 (합자회사 제외)		• 존립기간의 만료 기타 정관으로 정한 사유의 발생 • 합병, 파산, 법원의 명령 또는 판결
개별 해산 사유	합명회사 (상법 제227조)	• 총사원의 동의 • 사원이 1인으로 된 때
	합자회사 (상법 제285조 제1항)	• 무한책임사원 또는 유한책임사원의 전원이 퇴사한 때

해설편 제7회

개별 해산 사유	유한책임회사 (상법 제287조의38)	• 총사원의 동의 • 사원이 없게 된 경우
	주식회사 (상법 제517조)	• 회사의 분할 또는 분할합병 • 주주총회의 결의
	유한회사 (상법 제609조 제1항 제2호)	• 사원총회의 특별결의

33 다음 중 노동법의 법원(法源)이 아닌 것은 모두 몇 개인가?

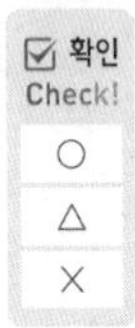

ㄱ. 노사자치법규(단체협약, 취업규칙, 조합규약, 근로계약)
ㄴ. 헌법, 노동관계법령
ㄷ. 우리나라가 비준·공포한 ILO 협약들
ㄹ. 판례 및 행정해석

① 1개　② 2개
③ 3개　④ 4개

제시된 내용 중 노동법의 법원에 해당하는 것은 ㄱ, ㄴ, ㄷ이다.
ㄹ (×) 판례, 고용노동부 등의 예규·질의회신, 지침, 예규 등 행정해석은 노동법의 법원으로 인정되지 않는다.

정답 ❶

34 근로기준법상 해고예고의 적용 예외사유가 아닌 것은?

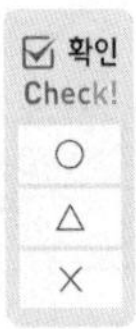

① 근로자가 계속 근로한 기간이 3개월 미만인 경우
② 천재·사변의 사유로 사업을 계속하는 것이 불가능한 경우
③ 근로자가 고의로 사업에 막대한 지장을 초래하거나 재산상 손해를 끼친 경우로서 고용노동부령이 정하는 사유에 해당하는 경우
④ 수습 사용 중인 근로자

①·②·③은 해고예고의 적용 예외사유에 해당하나(근로기준법 제26조 단서 제1호 내지 제3호), ④는 2019년 1월 15일 삭제된 구 근로기준법 제35조 제5호의 내용이다.

정답 ❹

해고의 예고(근로기준법 제26조)

사용자는 근로자를 해고(경영상 이유에 의한 해고를 포함한다)하려면 적어도 30일 전에 예고를 하여야 하고, 30일 전에 예고를 하지 아니하였을 때에는 30일분 이상의 통상임금을 지급하여야 한다. 다만, 다음 각호의 어느 하나에 해당하는 경우에는 그러하지 아니하다. 〈개정 2019. 1. 15.〉

1. 근로자가 계속 근로한 기간이 3개월 미만인 경우
2. 천재·사변, 그 밖의 부득이한 사유로 사업을 계속하는 것이 불가능한 경우
3. 근로자가 고의로 사업에 막대한 지장을 초래하거나 재산상 손해를 끼친 경우로서 고용노동부령으로 정하는 사유에 해당하는 경우

35 근로기준법상 근로시간에 관한 내용 중 옳지 않은 것은?

① 사용자는 근로자에게 1주일에 평균 1회 이상의 유급휴일을 주어야 한다.

② 사용자는 1년간 85% 이상 출근한 근로자에게 15일의 유급휴가를 주어야 한다.

③ 사용자는 연장근로와 야간근로에 대하여는 통상임금의 100분의 50 이상을 가산하여 지급하여야 한다.

④ 당사자 간의 합의로 1주간에 12시간을 한도로 근로시간을 연장할 수 있다.

사용자는 1년간 80% 이상 출근한 근로자에게 15일의 유급휴가를 주어야 한다(근로기준법 제60조 제1항).

정답 ❷

① 근로기준법 제55조 제1항
③ 근로기준법 제56조 제1항·제3항
④ 근로기준법 제53조 제2항

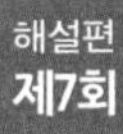

36 다음 중 사회보장법 분야에 해당하지 않는 것은?

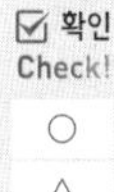

① 아동복지법

② 국민기초생활보장법

③ 국민연금법

④ 근로기준법

근로기준법은 사회법 중 노동법 분야에 해당한다.

핵심만 콕

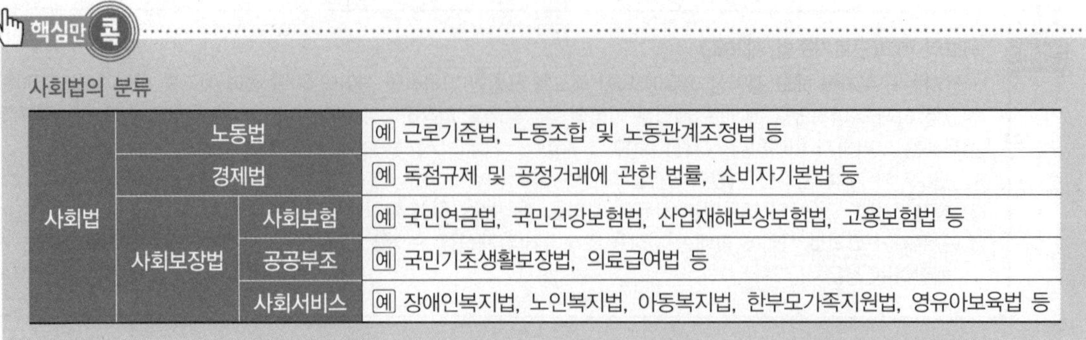

사회법의 분류

사회법			
사회법	노동법		예 근로기준법, 노동조합 및 노동관계조정법 등
	경제법		예 독점규제 및 공정거래에 관한 법률, 소비자기본법 등
	사회보장법	사회보험	예 국민연금법, 국민건강보험법, 산업재해보상보험법, 고용보험법 등
		공공부조	예 국민기초생활보장법, 의료급여법 등
		사회서비스	예 장애인복지법, 노인복지법, 아동복지법, 한부모가족지원법, 영유아보육법 등

37 다음 중 준법률행위적 행정행위가 아닌 것은?

확인 Check! ○ △ ×

① 확 인　② 인 가
③ 공 증　④ 통 지

쏙쏙 해설

인가는 법률행위적 행정행위 중 형성적 행정행위이다.

정답 ❷

핵심만 콕

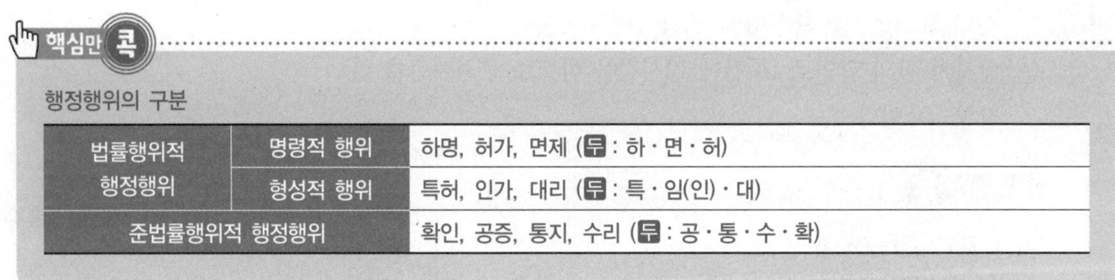

행정행위의 구분

행정행위		
법률행위적 행정행위	명령적 행위	하명, 허가, 면제 (두 : 하 · 면 · 허)
	형성적 행위	특허, 인가, 대리 (두 : 특 · 임(인) · 대)
준법률행위적 행정행위		확인, 공증, 통지, 수리 (두 : 공 · 통 · 수 · 확)

38 행정기관이 그 소관 사무의 범위에서 일정한 행정목적을 실현하기 위하여 특정인에게 일정한 행위를 하거나 하지 아니하도록 지도, 권고, 조언 등을 하는 행정작용은?

확인 Check! ○ △ ×

① 행정예고　② 행정계획
③ 의견제출　④ 행정지도

쏙쏙 해설

설문은 행정지도에 대한 내용으로 행정주체가 조언 · 권고 등의 방법으로 국민이나 기타 관계자의 행동을 유도하여 그 의도하는 바를 실현하기 위해 행하는 비권력적 사실행위에 해당한다(행정절차법 제2조 제3호 참고).

정답 ❹

① 행정예고는 행정절차법 제46조에 따라 국민생활에 매우 큰 영향을 주는 사항, 많은 국민의 이해가 상충되는 사항 등에 대한 정책, 제도 및 계획을 수립·시행하거나 변경하려는 경우 이를 예고하는 행위이다.
② 행정계획은 행정주체가 장래 일정기간 내에 도달하고자 하는 목표를 설정하고, 그 목표를 상호관련성 있는 행정수단의 조정과 종합화의 과정을 통해 실현하기 위한 여러 행정시책의 계획 또는 그 설정행위이다.
③ 의견제출은 행정청이 어떠한 행정작용을 하기 전에 당사자 등이 의견을 제시하는 절차로서 청문이나 공청회에 해당하지 아니하는 절차를 말한다(행정절차법 제2조 제7호).

39 다음 중 행정기관에 의하여 기본권이 침해된 경우의 행정상 구제수단으로서 부적당한 것은?

확인 Check! ○ △ ×

① 행정소송
② 형사재판청구권
③ 국가배상청구권
④ 이의신청과 행정심판청구

형사재판청구권은 불법행위로 인한 개인의 기본권 침해가 발생한 경우 그 회복 또는 구제를 청구하는 것으로, 일반 국민은 직접 형사재판을 청구할 권리를 가지지 아니하며 원칙적으로 검사만이 이를 갖는다(형사소송법 제246조).

정답 ❷

40 다음 중 ( ) 안의 ㄱ과 ㄴ에 들어갈 내용으로 알맞은 것은?

확인 Check! ○ △ ×

> 행정심판청구는 처분이 있음을 알게 된 날부터 (ㄱ)일 이내에 제기하여야 하고, 처분이 있었던 날부터 (ㄴ)일이 지나면 청구하지 못한다.

	ㄱ	ㄴ
①	60일	90일
②	60일	120일
③	90일	120일
④	90일	180일

행정심판청구는 처분이 있음을 알게 된 날부터 90일 이내에 제기하여야 하고, 처분이 있었던 날부터 180일이 지나면 청구하지 못한다(행정심판법 제27조 제1항, 제3항).

정답 ❹

제7회 민간경비론

정답 및 해설

정답 CHECK

41	42	43	44	45	46	47	48	49	50	51	52	53	54	55	56	57	58	59	60
②	②	①	③	①	②	④	④	④	③	④	②	①	④	④	④	②	④	④	②
61	62	63	64	65	66	67	68	69	70	71	72	73	74	75	76	77	78	79	80
④	③	④	④	④	①	②	①	④	④	②	④	④	④	③	③	④	③	①	①

각 문항별로 이해도를 체크해 보세요.

문제편 159p

41 **민간경비와 공경비에 대한 설명으로 옳은 것은?**

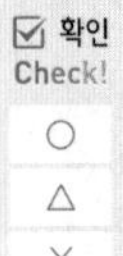

① 민간경비의 대상은 특정인과 일반시민들이다.

② 민간경비업자는 불특정 다수인에게 경비서비스를 제공할 의무가 없다.

③ 현행범의 경우 공경비는 영장 없이 체포할 수 있으나, 민간경비는 영장 없이 체포할 수 없다.

④ 민간경비의 주된 임무는 범죄예방과 범인 구인이다.

② 민간경비는 특정한 의뢰자를 위해 경비서비스를 제공하므로, 불특정 다수인에게 경비서비스를 제공할 의무가 없다.

① 민간경비의 대상은 특정인이다.

③ 현행범의 경우 공경비 및 민간경비 모두 영장 없이 체포할 수 있다.

④ 범인 구인은 민간경비의 주된 임무가 아니다.

정답 ❷

42 **경찰의 공권력 작용은 질서유지, 체제수호와 같은 거시적 측면에서 이루어지고, 개인의 안전과 보호는 해당 개인이 책임져야 한다는 자본주의 체제하에서 주장되는 민간경비 성장이론은 무엇인가?**

확인 Check! ○ △ ×

① 경제환원론적이론

② 수익자부담이론

③ 이익집단이론

④ 공동화이론

설문은 수익자부담이론에 대한 내용이다.

핵심만 콕

민간경비의 이론적 배경★★

- 공동화이론 : 경찰의 범죄예방능력이 국민의 욕구를 충족시키지 못할 때의 공동(Gap)상태를 민간경비가 보충함으로써 민간경비가 발전하게 된다.
- 이익집단이론 : 경제환원론이나 공동화이론을 부정하는 입장에서 출발하며, 그냥 내버려 두면 보호받지 못하는 재산을 민간경비가 보호한다는 이론이다. 또한 민간경비도 자신의 이익을 극대화하기 위해 규모의 팽창, 새로운 규율과 제도의 창출 등의 노력을 기울인다고 본다.
- 경제환원론 : 특정한 사회현상은 경제와 직접적인 관계는 없으나 그 원인을 경제적인 문제에서 찾으려는 입장으로서, 경기침체로 인해 실업자가 늘면 범죄발생률이 증가하고 민간경비가 범죄에 직접 대응하므로 범죄발생률 증가는 곧 민간경비시장의 발전으로 이어진다고 본다.
- 수익자부담이론 : 경찰의 공권력 작용은 거시적인 측면에서 질서유지나 체제수호 같은 역할·기능으로 한정되며, 민간경비는 사회구성원 개개인 차원이나 여타 집단과 조직 등이 담당해야 한다고 본다(개인의 안전보호는 개인이 비용부담).

43 경제환원론에 관한 설명으로 옳지 않은 것은?

확인 Check! ○ △ ×

① 공경비 이론의 배경으로도 설명된다.

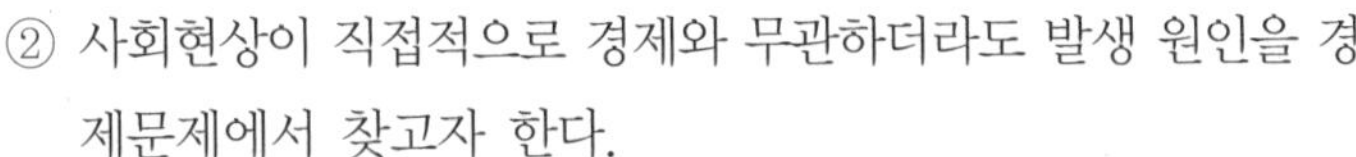

② 사회현상이 직접적으로 경제와 무관하더라도 발생 원인을 경제문제에서 찾고자 한다.

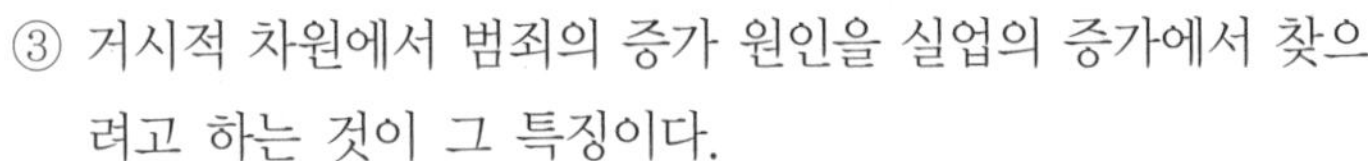

③ 거시적 차원에서 범죄의 증가 원인을 실업의 증가에서 찾으려고 하는 것이 그 특징이다.

④ 경제 침체기 미국 민간경비 시장의 성장과정에 대한 경험적 관찰에 기초한 이론이다.

경제환원론은 민간경비 성장의 이론적 배경으로 설명된다.

정답 ❶

44 민영화이론에서 말하는 민영화의 내용에 관한 설명으로 옳지 않은 것은?

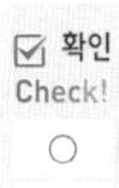

① 작은 정부의 구현이다.

② 비용효과분석 차원에서 기업의 경쟁력과 효율성을 증대시킬 수 있다.

③ 공공지출과 행정비용의 증가효과를 유발하기 위한 방법이다.

④ 재화나 서비스의 생산이 공공분야에서 민간분야로 이전되는 것이다.

민영화이론은 1980년대 이후 복지국가의 이념에 대한 반성으로서 국가 독점에 의한 비효율성을 극복하고자 시장경쟁논리를 도입한 이론으로, 공공지출과 행정비용의 감소효과를 유발하기 위한 방법으로 제시되었다.

정답 ❸

해설편 제7회

45 영미법계와 대륙법계에서의 경비 개념에 대한 설명으로 옳지 않은 것은?

☑ 확인 Check! ○ △ ×

① 영미법계 국가에서는 공경비보다 민간경비의 우월적 지위를 인정한다.
② 대륙법계 국가에서는 민간경비보다 공경비의 우월적 지위를 인정한다.
③ 영미법계 국가는 지방분권적인 경찰조직을 추구한다.
④ 대륙법계 국가는 중앙집권적인 경찰조직을 추구한다.

영미법계 국가에서는 민간경비와 공경비를 대등한 관계로 인정하며, 민간경비는 국민의 생명·신체·재산보호와 사회질서유지의 임무를 수행한다고 본다.

정답 ❶

46 다음 중 조선시대의 공경비가 아닌 것은?

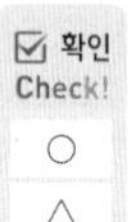

① 내시위 ② 시위부
③ 내금위 ④ 별시위

시위부는 삼국시대 통일신라의 공경비이다.

정답 ❷

① 내시위 : 태종 9년, 내금위, 별시위와 같은 양반 출신으로 시험에 의해 선발, 왕의 시위담당
③ 내금위 : 태종 때에는 무예를 갖춘 외관 자제로 충당되었으나, 세종 때부터 시험 선발, 장번군사(장기간 궁중에 근무하는 군사)
④ 별시위 : 태종 원년, 고려 말 성종애마가 폐지되고 신설된 특수군

47 우리나라 민간경비산업에 대한 설명으로 옳지 않은 것은?

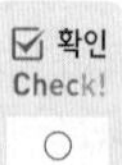

① 아직까지는 기계경비보다 인력경비에 대한 의존도가 높다.
② 청원경찰과 민간경비 간 지휘체계, 신분보장 등 이원화와 관련된 문제가 대두되고 있는 실정이다.
③ 민간경비의 수요 및 시장규모는 일부 지역에 편중되어 있다.
④ 비용절감 등의 효과로 인하여 계약경비보다 자체경비가 발전하고 있다.

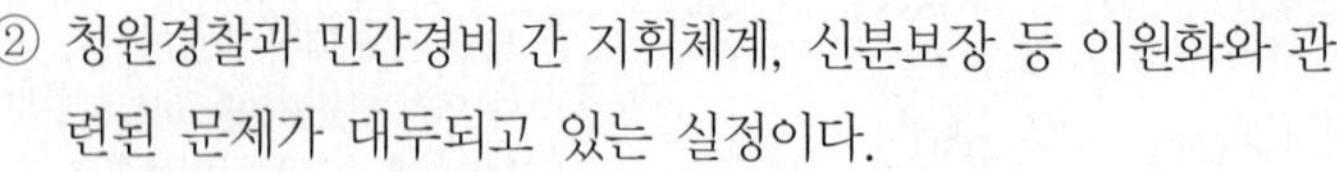

비용절감 등의 효과로 인하여 자체경비보다 계약경비가 발전하고 있다.

정답 ❹

48 미국의 민간경비 발달에 대한 설명으로 옳지 않은 것은?

① 식민지 시대의 법집행과 관련된 기본적 제도로는 영국의 영향을 받은 보안관(sheriff), 치안관(constable), 경비원(watch man) 등이 있었다.

② 남캐롤라이나의 찰스턴 시경비대(A City Guard of Armed Officers)는 1846년 시경찰국으로 발전하였다.

③ 본격적으로 민간경비가 출현한 것은 1800년대 산업혁명과 19세기 중엽 서부개척 시대이다.

④ 시카고 경찰국 최초의 탐정인 핑커톤은 새로 구성된 시카고 경찰에서 물러나 1854년 탐정사무소를 설립한 후 1857년에 핑커톤 국가탐정회사(Pinkerton National Detective Agency)로 회사명을 바꾸고 철도수송 안전 확보에 일익을 담당하였다.

쏙쏙 해설

핑커톤이 탐정사무소를 설립한 연도는 1850년이다.

정답 ❹

49 우리나라 민간경비의 발전과정에 관한 설명으로 옳지 않은 것은?

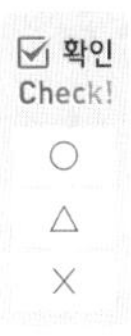

① 1960년대 초 화영기업, 경원기업 2개 회사가 미군의 군납형태로 미8군부대의 용역경비를 담당한 것이 현대적 의미의 민간경비의 효시라 할 수 있다.

② 우리나라는 2013년 경비업법상 경비지도사의 직무로 집단민원현장에 배치된 경비원에 대한 지도・감독이 추가되었다.

③ 1976년 용역경비업법이 제정되었고 1978년에는 사단법인 한국경비협회가 설립되었다.

④ 1999년 「경비업법」이 전면 개정되면서 경비업의 종류에 특수경비업무가 추가되었고, 기계경비업무를 신고제에서 허가제로 변경하였다.

쏙쏙 해설

2001년 「경비업법」이 전면 개정되면서 경비업의 종류에 특수경비업무가 추가되었고, 기계경비산업이 급속히 발전하여 기계경비업무를 신고제에서 허가제로 변경하였으며, 특수경비원제도가 도입되었다.

정답 ❹

50 각국 민간경비의 발전에 관한 설명으로 옳지 않은 것은?

① 미국에서 핑커톤(A. Pinkerton)은 1850년대에 탐정사무소를 설립하였다.
② 일본의 민간경비산업은 1964년 동경 올림픽과 1970년 오사카 만국 박람회를 계기로 급성장하였다.
③ 로버트 필은 시민들 중 지원자로 구성한 소규모 단위의 범죄예방조직을 만들어 보수를 지급하고 최초의 형사기동대에 해당하는 조직을 만들었다.
④ 우리나라는 한국전쟁 이후 주한미군에 대한 군납경비를 통해 민간경비산업이 태동하게 되었다.

보우가의 주자 시대에 헨리 필딩은 시민들 중 지원자로 구성한 소규모 단위의 범죄예방조직을 만들어 보수를 지급하고 1785년경 인류 역사상 최초의 형사기동대에 해당하는 조직을 만들었다.

정답 ❸

51 A. J. Bilek의 민간경비원의 법적 지위 유형에 해당하지 않는 것은?

① 경찰관 신분을 가진 민간경비원
② 일반시민과 같은 민간경비원
③ 특별한 권한이 있는 민간경비원
④ 행정권한을 가진 민간경비원

A. J. Bilek는 민간경비원의 법적 지위를 경찰관 신분을 가진 민간경비원, 특별한 권한이 있는 민간경비원, 일반시민과 같은 민간경비원으로 분류하였다.

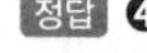
정답 ❹

민간경비원의 법적 지위 유형

유형	내용
경찰관 신분을 가진 민간경비원	• 경찰관 신분으로서 민간경비 분야에서 부업을 하고 있는 자 • 1980년대 중반부터 미국사회에서 문제시됨
특별한 권한이 있는 민간경비원	• 제한된 근무지역인 학교, 공원지역이나, 주지사, 보안관 시당국, 정부기관에 의해 특별한 경찰 업무를 위임받은 민간경비원 • 우리나라의 청원경찰과 같은 개념
일반시민과 같은 민간경비원	• 공공기관으로부터 임명이나 위임, 자격을 받지 못한 상태에서 경비업무를 수행하는 경비원 • 우리나라 대부분의 민간기업체의 경비원이 이에 해당

52 산업스파이와 관련된 내용으로 옳지 않은 것은?

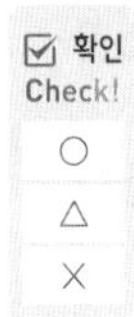

① 산업스파이 활동을 합법적인 방법으로도 할 수 있다.
② 특정정보의 입수를 위한 상대회사 사원의 스카우트는 산업스파이 활동에 해당하지 않는다.
③ 상대회사가 기밀이 누설된 사실을 눈치 채지 못하게 하는데 가장 역점을 두고 있다.
④ 화이트칼라(White-collar) 범죄의 유형으로서 적발이 어려운 편이다.

산업스파이의 활동에 관한 내용으로 ②에서 말하는 활동도 당연 그 활동범위에 포함된다고 볼 수 있다.

정답 ❷

산업스파이

경쟁회사에 관한 최신 산업정보를 입수하거나 교란시키는 공작 등을 전문으로 하는 사람을 말하며, 이 세계는 수단방법을 가리지 않는 약육강식의 법칙에 의해 지배된다. 또, 산업스파이 활동은 상대회사가 기밀이 누설된 사실을 눈치채지 못하게 하는 데 가장 역점을 두는데 협박보다는 매수를, 절취보다는 복사를 앞세워 더욱 음성화한다. 이는 상대방의 정보 누설에 대한 대책 강구를 막기 위한 것이기도 하지만, 한편으로는 기업의 이미지 손상을 우려하기 때문이기도 하다. 이 밖에 도청이나 샘플·우편물 등의 절취도 자주 이용되는 수법이다. 산업스파이 활동에는 다음의 3가지 방법이 동원된다.

첫째, 합법적인 방법으로 경쟁회사의 간행물, 상대회사의 직원이 발설한 내용, 공공기관의 조사보고서, 상대회사의 제품분석 등을 통해 정보를 수집·정리하는 것이다.

둘째, 도덕적인 문제가 생길 수 있는 방법으로 특정정보의 입수를 위한 상대회사 사원의 스카우트, 상대회사의 퇴직사원 포섭, 상대회사의 최근 동향에 관한 정보수집 등을 하는 것이다.

셋째, 불법행위로 상대회사에 잠입하여 매수·협박 또는 본인이 직접 기밀서류를 복사·절취·강탈하는 것이다.

53 민간경비의 국내·외 치안환경 변화에 관한 설명으로 옳지 않은 것은?

① 지역별, 권역별 경제공동체인 EU, 북미자유경제권 등이 붕괴되었다.
② 양극화된 이념체제가 붕괴되면서 다극화된 경제실리체제로 변모하였다.
③ 인접 국가 간의 오랜 종교적·문화적·민족적 갈등과 대립으로 국제 테러리즘의 위협이 증가되고 있다.
④ 마약 및 소형 총기 거래, 해적행위, 컴퓨터범죄, 불법이민, 불법자금세탁 등 초국가적 범죄가 중요 문제로 부각되면서 국제적 연대가 활성화되고 있다.

지역별 또는 권역별 경제공동체인 EU, 북미자유경제권 등이 활성화되고 있다.

정답 ❶

54 다음 중 인력경비의 장점으로 옳지 않은 것은?

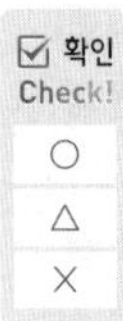

① 경비 업무 이외에 안내, 질서유지, 보호·보관 업무 등을 하나로 통합한 통합서비스의 제공이 가능하다.
② 인력이 상주함으로써 현장의 실시간 상황에 신속한 조치가 가능하다.
③ 고용창출 효과와 고객 접점 서비스 효과가 있다.
④ 야간에도 경비활동의 효율성이 높아진다.

야간에는 경비활동의 제약을 받아 효율성이 감소된다.

정답 ❹

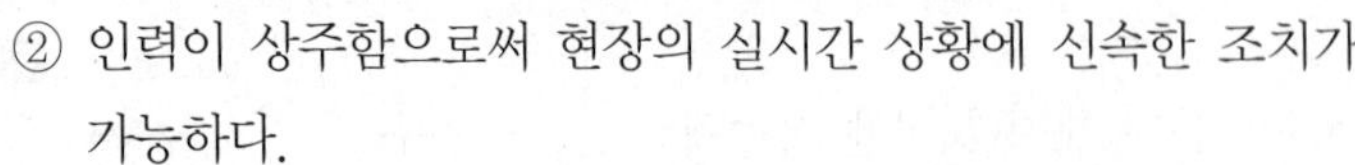

인력경비와 기계경비★

구 분	인력경비	기계경비
장 점	• 경비업무 이외에 안내, 질서유지, 보호·보관 업무 등을 하나로 통합한 통합서비스가 가능 • 인력이 상주함으로써 현장에서 상황이 발생했을 때 신속한 조치가 가능 • 인적 요소이기에 경비업무를 전문화 할 수 있고, 고용창출 효과와 고객 접점 서비스 효과가 있음	• 24시간 경비가 가능 • 장기적으로 소요비용이 절감되는 효과 있음 • 감시 지역이 광범위하고 정확성을 기할 수 있음 • 시간적 취약대인 야간에도 효율성이 높아 시간적 제약을 적게 받음 • 화재예방시스템 등과 동시에 통합운용이 가능 • 강력범죄와 화재, 가스 등에 대한 인명 사상을 예방하거나 최소화할 수 있음 • 기록장치에 의한 사고발생 상황이 저장되어 증거보전의 효과와 책임한계를 명확히 할 수 있음 • 오작동(오경보)률이 낮을 경우 범죄자에겐 경고의 효과가 있고, 사용자로부터 신뢰를 얻을 수 있음
단 점	• 인건비의 부담으로 경비에 많은 비용이 드는 편 • 사건이 발생하였을 때 인명피해의 가능성이 있음 • 상황 연락이 신속하게 이루어지지 않아 사건의 전파에 장애가 발생 • 야간에는 경비활동의 제약을 받아 효율성이 감소 • 경비원이 낮은 보수, 저학력, 고령일 경우 경비의 질 저하가 우려	• 현장에서의 신속한 대처가 어려우며, 현장에 출동하는 시간이 필요 • 최초의 기초 설치비용이 많이 듦 • 허위경보 및 오경보 등의 발생률이 비교적 높음 • 전문 인력이 필요하며 유지보수에 비용이 많이 듦 • 고장 시 신속한 대처가 어려움 • 방범 관련 업무에만 가능하며, 경비시스템을 잘 알고 있는 범죄자들에게 역이용당할 우려가 있음

55 자체경비에 대한 설명으로 옳지 않은 것은?

☑ 확인 Check! ○ △ ×

① 자체경비는 계약경비에 비해 이직률이 낮은 편이다.
② 시설주가 경비원들을 직접 관리함으로써 경비원들에 대한 통제를 강화할 수 있다.
③ 계약경비원보다 고용주(사용자)에 대한 충성심이 더 높다.
④ 계약경비에 비해 인사관리 차원에서 결원의 보충 및 추가인력의 배치가 용이하다.

해설

자체경비는 계약경비에 비하여 해임이나 감원, 충원 등이 필요한 경우에 탄력성이 떨어진다.

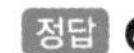
정답 ❹

56 민간경비의 조직형태에 관한 설명으로 옳지 않은 것은?

☑ 확인 Check! ○ △ ×

① 자체경비는 개인 및 기관, 기업 등이 중요하다고 판단되는 자신들의 보호대상을 보호하기 위하여 자체적으로 관련 업무를 수행할 수 있는 경비부서를 조직화하는 것이다.
② 청원경찰은 자체경비의 일종이다.
③ 계약경비는 고용주를 의식하지 않고 소신껏 경비업무에 전념할 수 있다.
④ 자체경비는 이직률이 높은 편이며 고용주의 요구에 신속하게 대처하기 힘들다.

해설

자체경비는 계약경비에 비해 임금이 높고 안정적이므로 이직률이 낮은 편이고, 고용주의 요구에 신속하게 대처할 수 있다.

정답 ❹

57 경비업무형태를 경비실시방식에 따라 분류하였을 경우 포괄적 · 전체적 계획이 없이 필요할 때마다 손실예방 등의 역할을 수행하기 위해 추가되는 경비형태는 무엇인가?

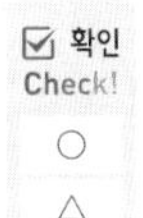
☑ 확인 Check! ○ △ ×

① 1차원적 경비
② 단편적 경비
③ 반응적 경비
④ 총체적 경비

해설

설문은 단편적 경비에 대한 내용이다.

정답 ❷

해설편 제7회

안심Touch

경비실시방식에 따른 분류
- 1차원적 경비 : 경비원에 의한 경비 등과 같이 단일 예방체제에 의존하는 경비형태를 말한다.
- 단편적 경비 : 포괄적 · 전체적 계획 없이 필요할 때마다 단편적으로 손실 예방 등의 역할을 수행하기 위해 추가되는 경비형태를 말한다.
- 반응적 경비 : 단지 특정한 손실이 발생할 때마다 그 사건에만 대응하는 경비형태를 말한다.
- 총체적 경비(종합적 경비) : 모든 상황에 대비하기 위하여 인력경비와 기계경비를 종합한 경비형태를 말한다. 특정의 위해요소와 관계없이 언제 발생할지도 모르는 상황에 대비하여 인력경비와 기계경비를 종합한 표준화된 경비형태를 말한다.

58 민간경비의 조직화 및 관리과정에 관한 설명으로 옳지 않은 것은?

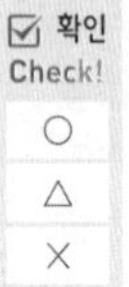

① 민간경비의 조직화 과정에서 위험성, 돌발성, 기동성, 조직성 등 경비업무의 특수성을 고려해야 한다.
② 조직의 목표달성을 위하여 조직구성원의 책임과 의무의 적정한 배분이 이루어져야 한다.
③ 민간경비부서를 독립적으로 설치하지 않고 다른 관리부서와 연계시켜 통합적으로 설치하게 되면 전문성은 저하된다.
④ 자체경비와 계약경비로 구분할 때 편의점, 소규모 상점 등 보호대상 시설의 규모가 작을수록 자체경비를 운용하는 경우가 많다.

편의점, 소규모 상점 등 보호대상 시설의 규모가 작을수록 계약경비를 운용하는 경우가 많다.

정답 ❹

59 위험관리(Risk Management)의 순서를 올바르게 나열한 것은?

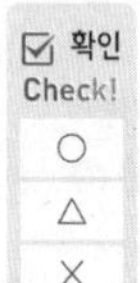

ㄱ. 보안성 · 안전성 평가	ㄴ. 위험요소의 확인
ㄷ. 우선순위의 설정	ㄹ. 위험요소의 감소
ㅁ. 위험요소의 분석	

① ㄱ → ㄴ → ㄷ → ㄹ → ㅁ
② ㄴ → ㄷ → ㄱ → ㄹ → ㅁ
③ ㄱ → ㅁ → ㄹ → ㄷ → ㄴ
④ ㄴ → ㅁ → ㄷ → ㄹ → ㄱ

쏙쏙 해설

위험관리는 위험요소의 확인 → 위험요소의 분석 → 우선순위의 설정 → 위험요소의 감소 → 보안성 · 안전성 평가 등의 순서로 이루어진다.

정답 ❹

60 민간경비조직의 운영원리와 설명이 옳은 것은?

① 계층제의 원리 : 조직의 전체기능을 기능별·특성별로 나누어 임무를 분담시킨다.
② 명령통일의 원리 : 경비원은 직속상관에게 직접 명령을 받고 보고해야 하며, 지휘계통의 일원화로 책임소재를 명확히 해야 한다.
③ 전문화의 원리 : 권한과 책임에 따라 직무를 등급화한 것으로 상하 계층 간에 직무상의 지휘·감독관계를 가지고 있다.
④ 조정·통합의 원리 : 각 개인별 능력을 충분히 고려하여 적재적소에 배치한다.

①,④는 전문화의 원리, ③은 계층제의 원리에 해당하는 내용이다.

정답 ❷

61 민간경비를 활용한 국가중요시설 경비의 효율화 방안으로 옳지 않은 것은?

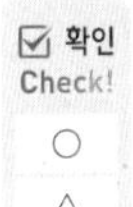

① 전문경비자격증제도 도입
② 경비원의 최저임금보장
③ 경비전문화를 위한 교육훈련의 강화
④ 인력경비의 확대와 기계경비시스템의 최소화

기계경비시스템을 확대하고 인력경비를 줄이는 것이 민간경비를 활용한 국가 중요시설 경비의 효율화 방안이다.

정답 ❹

해설편 제7회

62 다음에서 설명하는 경비계획의 수준으로 옳은 것은?

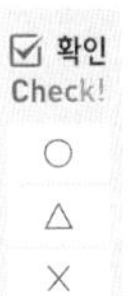

> 대부분의 패턴이 없는 외부 및 내부의 침입을 발견·저지·방어·예방하도록 계획되어진 경비시스템을 말한다. CCTV, 경계경보시스템, 고도로 훈련받은 무장경비원, 고도의 조명시스템, 경비원과 경찰의 협력시스템 등으로 이루어지며, 관계기관과의 조정계획 등을 갖춘 교도소, 제약회사, 전자회사 등이 대표적이다.

① 하위수준경비　　② 중간수준경비
③ 상위수준경비　　④ 최고수준경비

제시문의 내용은 상위수준경비에 관한 설명이다.

정답 ❸

경비의 중요도에 따른 분류(경비계획의 수준)★
최저수준경비, 하위수준경비, 중간수준경비, 상위수준경비, 최고수준경비의 5단계로 구분할 수 있다.

구분	내용
최저수준경비 (Level Ⅰ)	일정한 패턴이 없는 불법적인 외부침입을 방해할 수 있도록 계획된 경비시스템으로, 보통 출입문과 자물쇠를 갖춘 창문과 같은 단순한 물리적 장벽으로 구성된다(예 일반가정 등).
하위수준경비 (Level Ⅱ)	일정한 패턴이 없는 불법적인 외부침입을 방해하고 탐지할 수 있도록 계획된 경비시스템으로, 일단 단순한 물리적 장벽과 자물쇠가 설치되고 거기에 보강된 출입문, 창문의 창살, 보다 복잡한 수준의 자물쇠, 조명시스템, 기본적 경보시스템, 기본적인 안전장치가 설치된다(예 작은 소매상점, 저장창고 등).
중간수준경비 (Level Ⅲ)	대부분의 패턴이 없는 불법적인 외부침입과 일정한 패턴이 없는 일부 내부침입을 방해, 탐지, 사정할 수 있도록 계획된 경비시스템으로, 보다 발전된 원거리 경보시스템, 경계지역의 보다 높은 수준의 물리적 장벽, 기본적 의사소통 장비를 갖춘 경비원 등이 조직되는 수준이다(예 큰 물품창고, 제조공장, 대형 소매점 등).
상위수준경비 (Level Ⅳ)	대부분의 패턴이 없는 외부 및 내부의 침입을 발견·저지·방어·예방하도록 계획되어진 경비시스템으로 CCTV, 경계경보시스템, 고도로 훈련받은 무장경비원, 고도의 조명시스템, 경비원과 경찰의 협력시스템 등으로 이루어진다(예 교도소, 제약회사, 전자회사 등).
최고수준경비 (Level Ⅴ)	일정한 패턴이 전혀 없는 외부 및 내부의 침입을 발견, 억제, 사정, 무력화할 수 있도록 계획된 경비시스템으로, 최첨단의 경보시스템과 현장에서 즉시 대응할 수 있는 24시간 무장체계가 갖추어진다(예 핵시설물, 중요교도소, 중요군사시설, 정부의 특별연구기관, 일부 외국대사관 등).

63 경비계획에 관한 내용으로 옳지 않은 것은?

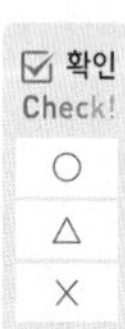

① 경비계획이란 경비위해요소분석과 조사활동을 통해 수집된 자료와 경영상 환경을 종합적으로 고려하여 경비실시의 과정을 구체적으로 결정하는 계획을 말한다.
② 경비계획은 계약처가 요구하는 경비내용을 구체적으로 실시할 방법을 정하는 것이다.
③ 경비계획은 경비부서의 조직관리·실행과정과 평가과정의 관계 속에서 역동적으로 작용하고 있다.
④ 현장조사는 직접 현장에 가서 시설물의 상태를 확인하고 실무자들의 의견을 청취하여 잠재된 위험을 찾아내는 업무이다.

④는 현장조사가 아니라 현장청취에 대한 내용이다. 현장조사는 관련 정보를 확인하고 실제 조사를 통해 잠재된 위험을 찾아내는 업무이다.

정답 ❹

64 외곽시설물 경비에 대한 설명으로 옳지 않은 것은?

① 자연적 장벽은 침입에 대한 적극적인 예방대책이 아니므로 추가적인 경비장치가 필요하며, 다른 구조물에 의해 보강된다.
② 콘서티나 철사는 가시철선을 6각형 모양으로 만든 철사로 강철철사의 코일형이며, 이는 빠른 설치의 필요성 때문에 주로 군부대에서 많이 사용하고 있다.
③ 경계구역 내에서 가시지대를 가능한 한 넓히기 위해서는 모든 장애물을 양쪽 벽으로부터 제거해야 한다.
④ 하수구, 배수로, 배수관, 배기관, 맨홀 뚜껑 등은 경비계획에서 제외시켜야 한다.

쏙쏙 해설

하수구, 배수로, 배수관, 사용하는 터널, 배기관, 공기 흡입관, 맨홀 뚜껑, 낙하장치, 엘리베이터 등도 출입구와 같은 차원에서 경비계획에 포함시켜야 한다.

정답 ❹

65 다음의 경비시스템 중 레이저 광선을 발사하여 비교적 넓은 범위의 경비가 가능한 것은 어느 것인가?

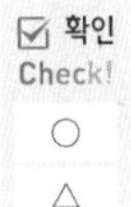

① 진동탐지기
② CCTV
③ 전자파 울타리
④ 광전자식 센서

설문은 광전자식 센서에 대한 내용이다. 광전자식 센서는 레이저 광선을 발사하여 비교적 넓은 범위에서 침입자를 탐지하는 장치로 레이저 광선을 외부 침입자가 건드리면 경보되는 감지기이다.

정답 ❹

해설편 제7회

66 다음 중 높은 가치의 화물만을 취급하고 보관하기 위한 곳으로서 일반적으로 제한지역 내의 조그마한 방, 금고실 등으로 구성되어 있으며, 이 지역의 출입을 허가받은 사람의 수는 지극히 제한되어 있고, 항상 감시하에 있어야 하는 지역을 무엇이라고 하는가?

확인 Check! ○ △ ×

① 배제지역 ② 통제지역
③ 제한지역 ④ 금지지역

설문은 배제지역에 대한 내용이다.
(두 : 통 > 제 > 배)

정답 ❶

안심Touch

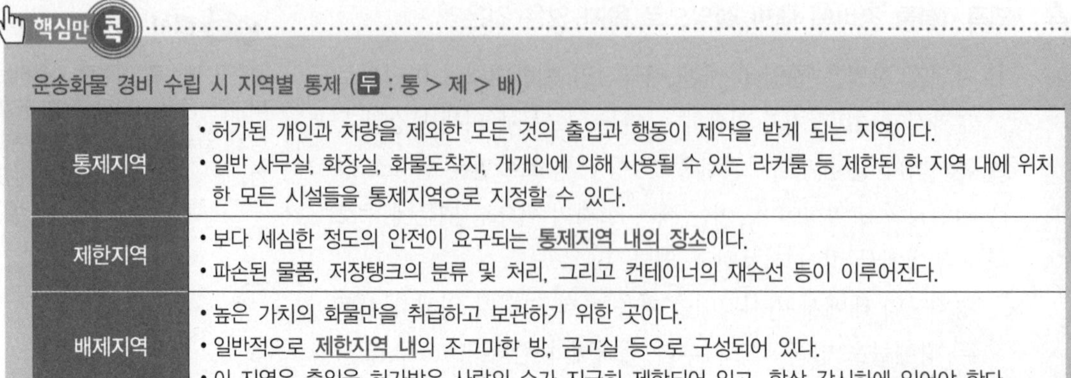

핵심만 콕

운송화물 경비 수립 시 지역별 통제 (두 : 통 > 제 > 배)

구분	내용
통제지역	• 허가된 개인과 차량을 제외한 모든 것의 출입과 행동이 제약을 받게 되는 지역이다. • 일반 사무실, 화장실, 화물도착지, 개개인에 의해 사용될 수 있는 라커룸 등 제한된 한 지역 내에 위치한 모든 시설들을 통제지역으로 지정할 수 있다.
제한지역	• 보다 세심한 정도의 안전이 요구되는 통제지역 내의 장소이다. • 파손된 물품, 저장탱크의 분류 및 처리, 그리고 컨테이너의 재수선 등이 이루어진다.
배제지역	• 높은 가치의 화물만을 취급하고 보관하기 위한 곳이다. • 일반적으로 제한지역 내의 조그마한 방, 금고실 등으로 구성되어 있다. • 이 지역은 출입을 허가받은 사람의 수가 지극히 제한되어 있고, 항상 감시하에 있어야 한다.

67 CCTV(Closed Circuit Television)에 대한 설명 중 옳지 않은 것은?

확인 Check! ○ △ ×

① 사람의 접근이 불가능한 지역도 관찰이 가능하다.
② 고속의 16mm 필름과 신속렌즈를 사용하여 연속적인 사진을 촬영한다.
③ 초기 설치비용이 많이 들어간다.
④ 범죄자의 범법행위가 다른 장소나 대상으로 이동될 수 있다.

쏙쏙 해설

연속촬영 카메라에 대한 설명으로서 침입자가 감지된 경우 센서의 신호를 받아 침입자의 사진을 연속적으로 촬영하는 기기이다.

정답 ❷

68 한 문이 잠길 경우에 전체의 문이 동시에 잠기도록 되어 있는 잠금장치로 교도소에서 많이 사용하는 것은?

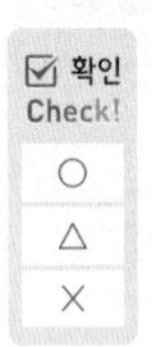

① 일체식 잠금장치
② 압력식 잠금장치
③ 전기식 잠금장치
④ 기억식 잠금장치

쏙쏙 해설

하나의 문이 잠길 경우에 전체의 문이 동시에 잠기도록 되어 있는 잠금장치로 교도소에서 많이 사용하는 것은 일체식 잠금장치이다.

정답 ❶

핵심만 콕

잠금장치

기억식 잠금장치	문에 전자장치가 설치되어 있어서 일정 시간에만 문이 열리는 방식을 말한다. 은행금고나 박물관 등에서 주로 사용된다.
전기식 잠금장치	문이 열리고 닫히는 것이 전기신호에 의해 이루어지는 장치를 말한다. 원거리에서 문을 열고 닫도록 제어하는 장점이 있으며, 특히 마당이 있는 가정집 내부에서 스위치를 누름으로써 외부의 문이 열리도록 작동하는 보안잠금장치이다.
일체식 잠금장치	하나의 문이 잠길 경우에 전체의 문이 동시에 잠기는 방식을 말한다. 교도소 등 동시다발적 사고 발생의 우려가 높은 장소에서 사용된다.
카드식 잠금장치	전기나 전자기 방식으로 암호가 입력된 카드를 인식시킴으로써 출입문이 열리도록 한 장치이다.

69 다음은 화재의 예방과 진압에 대한 설명이다. 내용상 옳지 않은 것은?

① 화재 발생 시 본인의 역할에 대한 사전 분담 교육을 실시하여야 한다.

② 화재진압장비의 사용법에 대한 교육과 대피방법에 대한 교육을 실시하여야 한다.

③ 화재가 직접적으로 발생했을 경우 화재 초동진압과 소방관들이 출동하였을 때 이들에 대한 지원 업무의 담당을 사전에 분배한다.

④ 평상시에 화재예방에 대한 철저한 관리를 해야 하지만, 유사시 일사불란하게 화재진압을 할 수 있는 명령지휘체제까지 유지할 필요는 없다.

쏙쏙 해설

평상시에 화재예방에 대한 철저한 관리를 해야 하는 것은 물론이고, 유사시 일사불란하게 화재를 진압할 수 있는 명령지휘체제를 유지하여야 한다.

정답 ❹

70 경비시설물의 출입통제를 실시하는 근본 목적이 아닌 것은?

① 불필요한 인적·물적 요소의 출입통제

② 외부침입에 의한 내부 재산보호

③ 외부로 반출되는 물품의 확인 및 점검

④ 직원 및 임원들의 개인적인 동태파악 및 보고임무

직원 및 임원들의 개인적인 동태파악 및 보고업무는 출입통제 실시의 근본적인 목적이라 볼 수 없다.

정답 ❹

71 경계구역의 경비조명에 대한 설명으로 옳지 않은 것은?

☑ 확인 Check! ○ △ ×

① 경비조명은 경계구역 내 모든 부분을 충분히 비출 수 있도록 적당한 밝기와 높이로 설치한다.

② 경계지역 내의 건물이 경계선에 가깝거나 건물 자체가 경계선의 일부분일 경우에 조명을 간접적으로 건물에 비춘다.

③ 경비조명은 위험발생 가능성이 있는 지역에 직접적으로 비춰야 한다.

④ 조명시설의 위치는 경비원의 눈을 부시게 하는 것을 피하며, 가능한 한 그림자가 생기지 않도록 해야 한다.

쏙쏙 해설

경계지역 내의 건물이 경계선에 가깝거나 건물 자체가 경계선의 일부분일 경우에 조명을 직접적으로 건물에 비춘다.

정답 ❷

72 다음 중 화재경보 센서에 대한 설명으로 옳지 않은 것은?

☑ 확인 Check! ○ △ ×

① 화재 센서는 공기의 배출구로부터 1.5m 이상 떨어진 장소에 설치한다.

② 연기 센서의 종류로는 이온화식 스포트형, 광전식 스포트형, 광전식 분리형이 있다.

③ 불꽃 센서는 화재 시 불꽃에서 나오는 자외선이나 적외선, 혹은 그 두가지의 일정량을 감지하여 내장된 MPU가 신호를 처리하는 것이다.

④ 화재 센서는 설치장소의 높이가 20m 이상인 장소에 설치해야 한다.

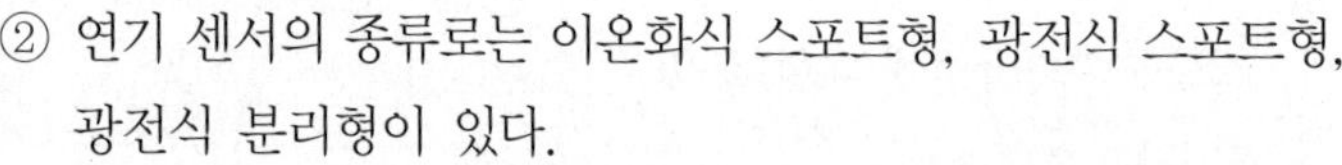

쏙쏙 해설

설치장소의 높이가 20m 이상인 장소는 화재 센서를 설치할 필요가 없다.

정답 ❹

핵심만 콕

화재경보 센서의 설치기준★

- 열 센서는 설치장소의 아래쪽 0.3m 이내, 연기 센서는 0.6m 이내의 위치에 설치한다.
- 공기의 배출구로부터 1.5m 이상 떨어진 장소에 설치한다.
- 다음과 같은 장소는 센서를 설치할 필요가 없다.
  - 설치장소의 높이가 20m 이상인 장소
  - 옥상이나 기타 공기가 유통하는 장소로서, 센서에 따라서는 그 장소의 화재발생을 효과적으로 감지할 수 없는 장소
  - 천장 안쪽의 높이가 0.5m 미만인 장소

73 다음 중 비상계획 수립 시 고려할 사항이 아닌 것은?

확인 Check! ○ △ ×

① 비상위원회 구성에 있어 경비감독관은 반드시 포함되어야 한다.
② 초기에 사태대응을 보다 신속하게 할 수 있도록 체계가 잘 갖추어 있어야 한다.
③ 비상사태에 책임을 지고 있는 자에게는 그 책임관계를 명확히 규정하여야 한다.
④ 비상업무를 수행하면서 대중 및 언론에 대한 정보제공은 최대한 은폐하여야 한다.

비상계획서에는 대중과 언론에 대한 정보제공에 관한 사항이 포함되어야 한다.

정답 ❹

비상계획서에 포함되어야 할 사항

- 비상업무를 수행할 기관명, 명령지휘부 지정
- 비상시 명령체계와 보고업무체계의 수립(전화번호, 기관)
- 경비감독관은 비상위원회에 반드시 포함
- 신속한 이동을 위한 비상팀의 훈련과 조직
- 특별한 대상의 보호, 응급구조 조치
- 비상시 사용될 장비, 시설의 위치 지정(목록, 위치, 수량, 설계도면 등)
- 외부기관과의 통신수단 마련과 대중 및 언론에 대한 정보제공

74 다음 중 컴퓨터범죄의 특징이 아닌 것은?

확인 Check! ○ △ ×

① 범죄행위 측면에서 범행의 연속성, 광역성과 자동성, 발각과 증명의 곤란, 고의의 입증 곤란을 특징으로 한다.
② 일반 형사범에 비해 죄의식이 희박하다.
③ 범죄행위자 측면에서 연소화 경향을 보인다.
④ 대부분이 외부인의 소행이며, 완전범죄의 가능성은 낮다.

컴퓨터범죄의 경우 대부분 내부인 소행이며, 단독범행이 쉽고, 완전범죄의 가능성이 높다.

정답 ❹

75 다음 중 컴퓨터범죄의 유형에 대한 설명으로 옳지 않은 것은?

① 컴퓨터 파괴는 컴퓨터 자체, 프로그램, 컴퓨터 내・외부에 기억되어 있는 자료를 개체(객체)로 하는 파괴행위를 말한다.
② 컴퓨터 스파이는 컴퓨터 시스템의 자료를 권한 없이 획득하거나 불법이용 또는 누설하여 타인에게 재산적 손해를 야기시키는 행위로, 자료와 프로그램의 불법획득과 이용이라는 2개의 행위로 구성된다.
③ 컴퓨터 부정조작의 종류에는 입력・출력 조작, 프로그램 조작, 콘솔 조작, 데이터 파괴 조작이 있다.
④ CD(Cash Dispenser) 범죄는 현금자동지급기를 중심으로 하는 범죄를 말한다.

컴퓨터 부정조작은 입력 조작, 프로그램 조작, 콘솔 조작, 출력 조작으로 구분된다.

정답 ❸

핵심만 콕

컴퓨터 부정조작의 종류

입력 조작	불법적인 목적을 달성하기 위해 입력될 자료를 조작하여 컴퓨터로 하여금 거짓 처리결과를 만들어내게 하는 행위로 천공카드, 천공테이프, 마그네틱테이프, 디스크 등의 입력매체를 이용한 입력장치나 입력타자기에 의하여 행하여진다.
프로그램 조작	프로그램을 구성하는 개개의 명령을 변경 혹은 삭제하거나 새로운 명령을 삽입하여 기존의 프로그램을 변경하는 것이다.
콘솔 조작	컴퓨터의 시동・정지, 운전상태 감시, 정보처리 내용과 방법의 변경・수정의 경우 사용되는 콘솔을 거짓으로 조작하여 컴퓨터의 자료처리 과정에서 프로그램의 지시나 처리될 기억정보를 변경시키는 것을 말한다.
출력 조작	특별한 컴퓨터 지식 없이도 할 수 있는 방법으로 올바르게 출력된 출력인쇄를 사후에 변조하는 것이다.

76 컴퓨터 시스템의 안전대책에 관한 설명으로 옳지 않은 것은?

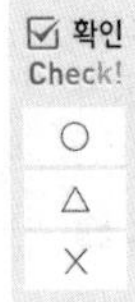

① 컴퓨터실은 벽면이나 바닥을 강화 콘크리트 등으로 보호하고, 화재에 대비하여 불연재를 사용하여야 한다.
② 컴퓨터실은 출입자기록제도를 시행하고, 지정된 비밀번호는 주기적으로 변경해 주는 것이 좋다.
③ 컴퓨터 시스템의 보안성 유지를 위하여 프로그램 개발자와 컴퓨터 운영자를 통합하여 운용하여야 한다.
④ 컴퓨터실의 위치 선정 시 화재, 홍수, 폭발의 위험과 외부 침입자에 의한 위험으로부터 안정성을 고려하여야 한다.

컴퓨터 시스템의 보안성을 유지하기 위해서는 프로그래머, 조작요원, 시험 및 회계요원, 유지보수 요원들 간의 접촉을 최대한 줄이거나 차단시켜야 하며 통합적으로 운용하여서는 안 된다.

정답 ❸

77 다음 사례에 해당하는 신종 금융범죄는?

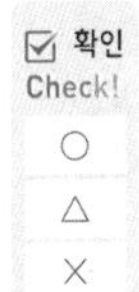

문자메시지(SMS)와 피싱(phishing)의 합성어로 '무료쿠폰 제공, 돌잔치 초대장, 모바일 청첩장' 등을 내용으로 하는 문자메시지 내의 인터넷 주소를 클릭하면 악성코드가 스마트폰에 설치되어 피해자가 모르는 사이에 소액결제 피해 발생 또는 개인의 금융정보를 탈취하는 신종 금융범죄 수법이다.

① 파밍(Pharming)
② 보이스 피싱(voice phishing)
③ 메모리 해킹(Memory Hacking)
④ 스미싱(Smishing)

 해설

제시문의 내용은 스미싱(Smishing)에 대한 설명에 해당한다.

 ❹

신종 금융범죄★

신종 금융범죄란 기망행위로서 타인의 재산을 편취하는 사기범죄의 하나로, 전기통신 수단을 이용한 비대면 거래를 통하여 금융 분야에서 발생하는 일종의 특수사기범죄를 말한다. 그 수법으로는 메모리 해킹, 피싱, 파밍, 스미싱 등이 있다.

구분	내용
메모리 해킹(Memory Hacking)	피해자 PC 메모리에 상주한 악성코드로 인하여 정상 은행사이트에서 보안카드번호 앞·뒤 2자리만 입력해도 부당인출하는 수법을 말한다.
피싱(Phishing)	가짜사이트를 만들어 금융기관 등으로부터 은행 계좌정보나 개인 신상정보를 불법적으로 알아내 이를 이용하는 인터넷 사기수법을 말한다.
파밍(Pharming)	악성코드에 감염된 사용자 PC를 조작하여 금융정보를 빼내는 수법을 말하며, 사용자 PC가 악성코드에 감염되어 정상 홈페이지에 접속하여도 가짜 사이트로 유도하고 금융정보를 탈취당하여 범행계좌로 이체되는 수법을 말한다.
스미싱(Smishing)	문자메시지(SMS)와 피싱(Phishing)의 합성어로 '무료쿠폰 제공, 돌잔치 초대장, 모바일 청첩장' 등을 내용으로 하는 문자메시지 내의 인터넷 주소를 클릭하면 악성코드가 스마트폰에 설치되어 피해자가 모르는 사이에 소액결제 피해가 발생하거나 개인 금융정보를 탈취당하는 신종 금융범죄 수법이다.

78 청원경찰법과 경비업법을 이원적으로 운용함으로써 발생되는 현상이 아닌 것은?

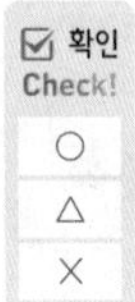

① 청원경찰은 경찰공무원도 경비원도 아닌 이중적인 법적 지위 때문에 업무 수행에 있어서 혼란 등을 겪을 수 있다.

② 현재 대부분의 중요 경비시설에 있어서 특수한 경비대상 시설이나 기타 분야를 제외하고는 청원경찰과 경비가 동시에 이루어지거나, 청원경찰을 점차 경비로 전환하는 추세이다.

③ 청원경찰과 일반경비원 모두 총기 사용에 따른 훈련부족으로 사고가 빈번하다.

④ 민간경비원은 청원경찰보다 직업안정성이 낮고 이직률이 높은 편이다.

청원경찰, 특수경비원과 달리 일반경비원은 총기를 휴대 및 사용할 수 없다.

- 일반경비원의 휴대장비(경비업법 시행규칙 제20조) : 경적, 단봉, 분사기, 안전방패, 무전기, 안전모 및 방검복 등
- 청원경찰의 총기 휴대(청원경찰법 시행규칙 제9조 제3항)
- 특수경비원이 휴대할 수 있는 무기는 권총 및 소총이다(경비업법 시행령 제20조 제5항).

정답 ❸

79 다음 사례에 해당되는 개념은?

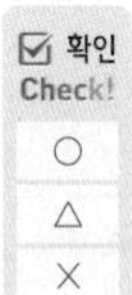

> A회사는 출입통제, 접근감시, 잠금장치 등 물리적 보안요소와 불법 침입자 정보인식시스템 등 정보보안요소를 상호 연계하여 보안의 효과성을 높이고자 한다.

① 융합보안 ② 절차적 통제
③ 방화벽 ④ 정보보호

제시문이 설명하는 내용은 융합보안이다.

정답 ❶

융합보안(Convergence Security)

- 물리적 보안과 정보보안을 융합한 보안 개념으로, 출입통제, 접근감시, 잠금장치 등과 불법 침입자 정보인식시스템 등을 상호 연계하여 보안의 효과성을 높이는 활동이다.
- 보안산업의 새로운 트렌드로 자리 잡은 광역화, 통합화, 융합화의 사회적 요구를 수용하기 위해 각종 내·외부적 정보침해에 따른 대응으로 침입탐지, 재난재해방지, 접근통제, 관제·감시 등을 포함한다.
- 전통 보안산업은 물리영역과 정보(IT)영역으로 구분되어 성장해 왔으나, 현재 보안산업은 출입통제, 주차시설 관리, CCTV, 영상보안 등 물리적 환경에서 이뤄지는 전통적 물리 보안산업이 컴퓨터 네트워크상의 정보를 보호하는 IT 정보보안 기술과의 접목을 통해 차세대 고부가가치 융합보안 서비스산업으로 부상하고 있다.

80 민간경비산업의 전망에 대한 설명 중 옳지 않은 것은?

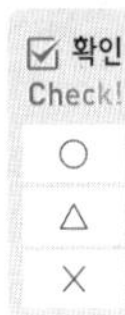

① 시설경비업은 국가중요시설의 경비를 담당하는 경비원 제도로 청원경찰과의 이원적 체제로 인한 문제점이 상존하고 있어 관련 정비가 시급한 실정이다.
② 21세기에는 인력경비보다 기계경비업의 성장속도가 훨씬 빠를 것이다.
③ 지역의 특성과 경비 수요에 맞는 민간경비 상품의 개발이 요구될 것이다.
④ 산업화와 정보화 시대로 접어들면서 경찰 인력의 부족, 경찰장비의 부족, 경찰 업무의 과다로 인해 민간경비업은 급속히 발전할 것이다.

쏙쏙 해설 

①은 시설경비업이 아닌 특수경비업에 대한 설명이다.

정답 ❶

핵심만 콕

우리나라 민간경비산업의 전망

- 산업화와 정보화 시대에 접어들면서 경찰 인력의 부족, 경찰장비의 부족, 경찰 업무의 과다로 인하여 민간경비산업은 급속히 성장할 것이다.
- 지역의 특성과 경비 수요에 맞는 민간경비상품의 개발이 요구될 것이다.
- 민간경비산업의 홍보활동이 적극적으로 전개될 것이다.
- 현재 인력경비 중심의 민간경비산업이 인건비 상승의 여파로 인하여 축소되고, 인건비 절감을 위한 기계경비산업으로의 전환이 빠르게 진행되어 기계경비산업의 성장 속도가 인력경비를 앞설 것이다.
- 물리보안과 사이버보안을 통합한 토탈 시큐리티산업으로 전개될 것이다.

제8회 법학개론

정답 및 해설

정답 CHECK

01	02	03	04	05	06	07	08	09	10	11	12	13	14	15	16	17	18	19	20
②	③	④	②	④	③	③	②	③	④	③	②	②	④	③	①	②	②	③	③
21	22	23	24	25	26	27	28	29	30	31	32	33	34	35	36	37	38	39	40
①	①	③	②	②	③	③	②	①	④	④	②	④	②	④	②	①	④	②	④

각 문항별로 이해도를 체크해 보세요.

문제편 171p

01 "강제를 수반하지 않는 법은 타지 않는 불, 비치지 않는 등불이나 마찬가지로 그 자체가 모순이다."라고 주장한 학자는?

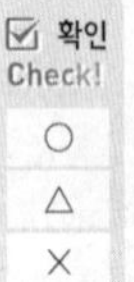

① 라드브루흐(Radbruch) ② 예 링(Jhering)
③ 슈몰러(Schmoller) ④ 옐리네크(Jellinek)

설문은 법규범의 강제규범성과 관련하여 예링이 주장한 내용에 해당한다.

정답 ❷

① 라드브루흐(Radbruch) – "법은 법이념에 봉사한다는 의미를 지니는 현실이다."
③ 슈몰러(Schmoller) – "법은 도덕의 최대한이며, 결코 최소한은 아니다."
④ 옐리네크(Jellinek) – "법은 도덕의 최소한이다."

02 법의 효력에 관한 설명으로 옳지 않은 것은?

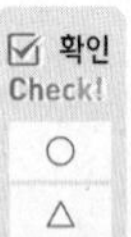

① 민법은 원칙적으로 법률불소급의 원칙이 적용되지 않는다.
② 소급법률에 의한 참정권 제한 금지는 헌법에 규정되어 있다.
③ 법은 타당성만 있어도 효력이 인정된다.
④ 하위 법규범으로 상위 법규범을 개폐할 수 없다.

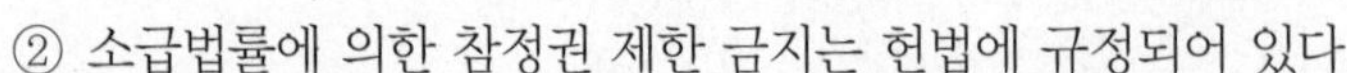

법이 효력을 가지려면 실효성과 타당성이 동시에 있어야 한다.

정답 ❸

① 1960년 1월 1일 시행된 민법 부칙 제2조에서 소급효를 원칙으로 하였다.
② 헌법 제13조 제2항
④ 상위법우선의 원칙

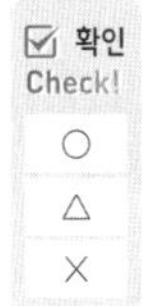

03 형법의 장소적 적용범위에 대한 설명 중 옳은 것은 모두 몇 개인가?

확인 Check! ○ △ ×

ㄱ. 속지주의 : 자국영토 내의 범죄는 자국의 형법을 적용한다.
ㄴ. 속인주의 : 자국민의 범죄에 대해서는 자국의 형법을 적용한다.
ㄷ. 보호주의 : 외국에서의 범죄라도 자국 또는 자국민의 이익이 침해되는 경우에는 자국의 형법을 적용한다.
ㄹ. 세계주의 : 반인도적 범죄행위에 대하여는 세계적 공통의 연대성을 가지고 각국이 자국의 형법을 적용한다.
ㅁ. 우리 형법은 속지주의, 속인주의, 보호주의, 세계주의를 명문화하고 있다.

① 2개 ② 3개
③ 4개 ④ 모두

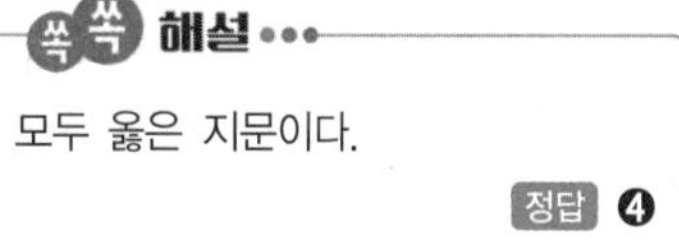

쏙쏙 해설

모두 옳은 지문이다.

정답 ❹

핵심만 콕

형법상 장소적 적용범위★

- 속지주의(제2조) : 본법은 대한민국영역 내에서 죄를 범한 내국인과 외국인에게 적용한다.
- 속인주의(제3조) : 본법은 대한민국영역 외에서 죄를 범한 내국인에게 적용한다.
- 기국주의(제4조) : 본법은 대한민국영역 외에 있는 대한민국의 선박 또는 항공기 내에서 죄를 범한 외국인에게 적용한다.
- 보호주의(제5조) : 본법은 대한민국영역 외에서 다음에 기재한 죄를 범한 외국인에게 적용한다.
  1. 내란의 죄
  2. 외환의 죄
  3. 국기에 관한 죄
  4. 통화에 관한 죄
  5. 유가증권, 우표와 인지에 관한 죄
  6. 문서에 관한 죄 중 공문서 관련 죄
  7. 인장에 관한 죄 중 공인 등의 위조, 부정사용
- 보호주의(제6조) : 본법은 대한민국영역 외에서 대한민국 또는 대한민국국민에 대하여 전조에 기재한 이외의 죄를 범한 외국인에게 적용한다. 단, 행위지의 법률에 의하여 범죄를 구성하지 아니하거나 소추 또는 형의 집행을 면제할 경우에는 예외로 한다.
- 세계주의 : 총칙에서는 규정이 없으나 각칙에서는 세계주의를 인정하고 있다(제296조의2)

04 다음 ( ) 안의 ㄱ, ㄴ, ㄷ에 들어갈 법원(法源)이 바르게 연결된 것은?

확인 Check! ○ △ ×

- (ㄱ) – 국회의 의결을 거치지 않고 행정기관에 의해 제정되는 성문법규
- (ㄴ) – 국가기관이 그 소관 사무에 관하여 법률에 저촉되지 않는 범위 내에서 정하는 내부규율
- (ㄷ) – 지방자치단체의 장이 법령의 범위 내에서 제정한 법규

① ㄱ : 명령, ㄴ : 조례, ㄷ : 규칙
② ㄱ : 명령, ㄴ : 규칙, ㄷ : 규칙
③ ㄱ : 조례, ㄴ : 명령, ㄷ : 조례
④ ㄱ : 규칙, ㄴ : 규칙, ㄷ : 명령

쏙쏙 해설

( ) 안의 ㄱ~ㄷ에는 순서대로 ㄱ : 명령, ㄴ : 규칙, ㄷ : 규칙이 들어간다.

정답 ❷

핵심만 콕

- ㄱ(명령) : 일정한 행정기관이 법률의 형식에 따라 제정하는 성문법의 한 종류. 즉, 법의 일부로서의 명령은 행정입법에 의한 명령을 말한다.★
- ㄴ(규칙) : 헌법이나 법률에 근거하여 정립되는 성문법의 한 형식으로, 행정기관 내부의 사항을 규율하기 위한 일반적 규범으로서의 규칙은 법규의 성질을 갖지 않는다. 헌법 제108조에 따른 대법원규칙 등이 이에 해당한다.
- ㄷ(규칙) : 자치단체의 장이 법령 또는 조례가 위임한 범위 내에서 그 권한에 속하는 사무에 대해 제정하는 자치입법은 규칙에 속한다.★

05 불문법의 법원성에 관한 설명으로 옳은 것은?

확인 Check! ○ △ ×

① 민법은 조리의 법원성을 인정하지 않는다.
② 관습법은 사법보다 공법의 영역에서 중요한 법원이다.
③ 온천권은 우리나라에서 인정되고 있는 관습법이다.
④ 법원조직법 제8조는 상급법원의 판단은 해당 사건에서만 하급법원에 기속력을 지닌다고 규정하여 사실상의 구속력을 인정하고 있다.

법원조직법 제8조에서 상급심재판의 기속력이라는 제목으로 판례의 법원성에 관해 규정하고 있다. 하지만, 통설은 이 규정의 의미를 판례의 법원성을 법적으로 인정한 것으로는 보지 않고, 사실적 구속력을 인정한 것으로 본다.

정답 ❹

핵심만 콕

① 우리 민법 제1조는 성문법·관습법이 없을 때에는 조리에 의하여 재판한다고 규정하여 조리의 법원성을 인정하고 있다.
② 관습법은 사적자치의 원리가 적용되는 사법의 영역에서 중요한 법원이 된다.
③ 온천권은 관습법상 인정되는 물권에 해당하지 않는다. 관습법상 인정되는 제도에는 민법상 동산의 양도담보, 관습법상 법정지상권, 명인방법, 분묘기지권, 사실혼 제도 등이 있다.

06 실체법과 절차법에 관한 설명으로 옳지 않은 것은?

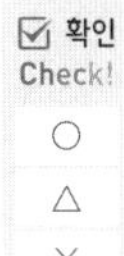

① 실체법은 권리·의무의 실체적인 사항을 규정한 법이다.
② 절차법은 권리·의무의 실현을 위한 수단과 방법을 규정한 법이다.
③ 채무자회생 및 파산에 관한 법률은 실체법이다.
④ 형사소송법, 행정소송법, 부동산등기법은 절차법이다.

채무자회생 및 파산에 관한 법률은 권리나 의무의 행사, 보전, 이행강제 등을 규율하는 절차법에 해당한다.

정답 ❸

07 법의 적용에 관한 설명으로 옳지 않은 것은?

① 법을 적용하기 위한 사실의 확정은 증거에 의한다.
② 사실의 추정은 확정되지 못한 사실을 그대로 가정하여 법률효과를 발생시키는 것이다.
③ 추정된 사실과 다른 주장을 하는 자는 반증을 들어 추정의 효과를 뒤집을 수 없다.
④ 확정의 대상인 사실은 법적으로 가치 있는 구체적 사실이어야 한다.

쏙쏙 해설

추정은 입증부담을 완화하기 위하여 입증이 용이하지 않은 확정되지 않는 사실을 통상의 상태를 기준으로 하여 사실로 인정하고 이에 상당한 법률효과를 주는 것을 말한다. <u>추정된 사실과 다른 주장을 하는 자는 반증을 들어 추정의 효과를 뒤집을 수 있다.</u>

정답 ❸

08 법해석 방법 중 가장 우선적이고 기본적인 것은?

① 논리해석 ② 문리해석
③ 행정해석 ④ 사법해석

법문을 형성하는 용어, 문장을 기초로 하여 그 문자가 가지는 의미에 따라서 법규 전체의 의미를 해석하는 문리해석은 가장 우선적이고 기본적인 법해석 방법이다.

 ❷

핵심만 콕

① 논리해석 : 법의 해석에 문자나 문구의 의미에 구애받지 않고 법의 입법취지 또는 법 전체의 유기적 관련, 법의 목적, 법 제정 시의 사회적 상황, 사회생활의 실태 등을 고려하여 논리적 추리에 의하여 법의 객관적 의미를 밝히는 것을 말한다.
③ 행정해석 : 행정기관이 법을 집행하기 위하여 필요한 경우 법 집행 권한에 근거하여 내리는 해석이다.
④ 사법해석 : 사법기관이 재판을 하는 권한에 근거하여 내리는 해석이다.

안심Touch

09 법규정의 결과로 각 사람이 저절로 받는 이익으로서 적극적으로 어떤 힘이 부여되어 있는 것이 아니기 때문에 타인이 그 이익의 향유를 방해하더라도, 그것의 보호를 청구하지 못하는 것은?

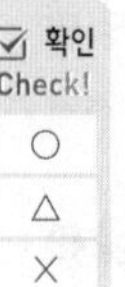

① 권 능
② 권 한
③ 반사적 이익
④ 권 리

설문은 반사적 이익에 대한 내용에 해당한다.

정답 ❸

① 권능 : 권리에서 파생되는 개개의 내용(소유권 – 사용・수익・처분의 권능)
② 권한 : 본인 또는 권리자를 위하여 법률행위를 할 수 있는 법률상의 자격(대표권, 대리권 등)
④ 권리 : 법익을 누리기 위하여 법이 허용하는 힘

10 헌법상 신체의 자유에 관한 설명으로 옳지 않은 것은?

☑ 확인 Check! ○ △ ×

① 모든 국민은 고문을 받지 아니하며, 형사상 자기에게 불리한 진술을 강요당하지 아니한다.
② 누구든지 체포 또는 구속을 당한 때에는 적부의 심사를 법원에 청구할 권리를 가진다.
③ 누구든지 법률에 의하지 아니하고는 체포・구속・압수・수색 또는 심문을 받지 아니하며, 법률과 적법한 절차에 의하지 아니하고는 처벌・보안처분・강제노역을 받지 아니한다.
④ 누구든지 체포 또는 구속을 당한 때에는 즉시 국선변호인의 조력을 받을 권리를 가진다.

④ 누구든지 체포 또는 구속을 당한 때에는 즉시 변호인의 조력을 받을 권리를 가진다. 다만, 형사피고인이 스스로 변호인을 구할 수 없을 때에는 법률이 정하는 바에 의하여 국가가 변호인을 붙인다(헌법 제12조 제4항).
① 헌법 제12조 제2항
② 헌법 제12조 제6항
③ 헌법 제12조 제1항 후문

정답 ❹

11 다음은 재산권에 관한 헌법 제23조 규정이다. ( ) 안의 ㄱ, ㄴ, ㄷ에 들어갈 용어가 옳게 연결된 것은?

☑ 확인 Check! ○ △ ×

> 헌법 제23조
> ① 모든 국민의 재산권은 보장된다. 그 내용과 한계는 (ㄱ)(으)로 정한다.
> ② 재산권의 행사는 (ㄴ)에 적합하도록 하여야 한다.
> ③ 공공필요에 의한 재산권의 수용·사용 또는 제한 및 그에 대한 보상은 법률로써 하되, (ㄷ) 보상을 지급하여야 한다.

	ㄱ	ㄴ	ㄷ
①	민법	공공복리	상당한
②	민법	사회상규	정당한
③	법률	공공복리	정당한
④	법률	사회상규	상당한

쏙쏙 해설

순서대로 ㄱ : 법률, ㄴ : 공공복리, ㄷ : 정당한이 들어간다.

정답 ❸

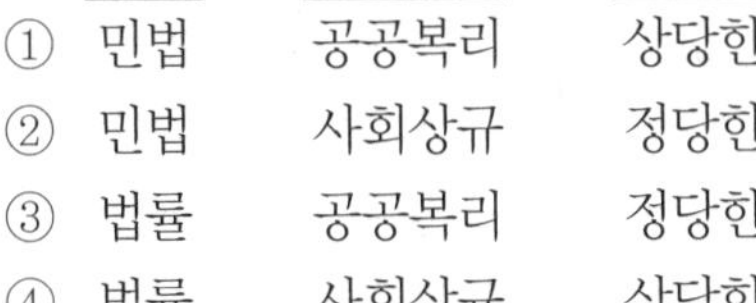

법령

헌법 제23조
① 모든 국민의 재산권은 보장된다. 그 내용과 한계는 법률로 정한다.
② 재산권의 행사는 공공복리에 적합하도록 하여야 한다.
③ 공공필요에 의한 재산권의 수용·사용 또는 제한 및 그에 대한 보상은 법률로써 하되, 정당한 보상을 지급하여야 한다.

해설편 제8회

12 선거구제에 관한 설명 중 옳지 않은 것은?

① 소선거구제하에서는 게리맨더링이 일어날 수 있다.
② 소선거구제하에서는 군소정당이 난립할 가능성이 있다.
③ 소선거구제하에서는 비례대표의 목적이 손상될 우려가 있다.
④ 일반적으로 소선거구제는 1선거구에서 1인의 대표자를 선출하는 제도이고, 중선거구제는 1선거구에서 2~4인의 대표자를 선출하는 제도이며, 대선거구제는 1선거구에서 5인 이상의 대표자를 선출하는 제도이다.

쏙쏙 해설

대선거구제와 비례대표제는 군소정당이 난립하여 정국이 불안정을 가져온다는 단점이 있다. 그에 비해 소선거구제는 양대정당이 육성되어 정국이 안정된다는 장점이 있다.

정답 ❷

선거구제의 장·단점

구 분	중·대선거구제	소선거구제
장 점	• 사표의 방지 • 부정투표의 방지 • 인물선택의 범위 확대	• 양대정당 육성, 정국 안정 • 선거의 공정성 확보 • 의원과 선거민과의 밀접한 유대관계 • 소액의 선거비용 발생
단 점	• 군소정당 출현, 정국 불안정 • 다액의 선거비용 발생 • 보궐선거나 재선거의 실시 곤란 • 후보자 파악의 곤란	• 사표의 가능성 • 게리멘더링(Gerry mandering)의 위험성 • 지방적인 소인물의 배출

13 국회의 특별의결정족수 중 재적의원 과반수의 찬성을 요하는 경우가 아닌 것은?

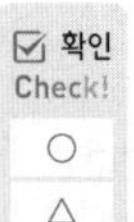

① 헌법개정안 발의
② 대통령을 포함한 탄핵소추 의결
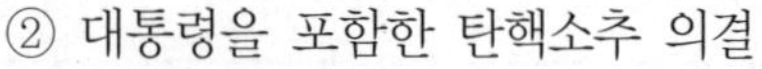
③ 계엄해제 요구
④ 국회의장 및 부의장의 원칙적인 선출

대통령에 대한 탄핵소추 의결은 재적의원 2/3 이상의 찬성이 필요하다.

정답 ❷

국회의 특별의결정족수

정족수	사 항
재적의원 2/3 이상 찬성	• 헌법개정안 의결 • 국회의원 제명 • 대통령에 대한 탄핵소추 의결
재적의원 과반수의 찬성	• 헌법개정안 발의 • 대통령 탄핵소추 발의 • 탄핵소추 의결(대통령은 제외) • 국무총리 등 해임 건의 • 계엄해제 요구 • 국회의장 및 부의장 선출(예외적으로 선거투표제 있음)

재적의원 1/3 이상 찬성	• 국무총리 등 해임 발의 • 탄핵소추 발의(대통령은 제외)
재적의원 과반수 출석과 출석의원 2/3 이상 찬성	법률안의 재의결
재적의원 1/4 이상 찬성	임시국회 집회요구
재적의원 과반수 출석과 출석의원 다수 찬성	• 국회법상 : 임시의장 · 상임위원회의 위원장 선출 • 헌법상 : 국회에서의 대통령 당선자 결정
출석의원 과반수 찬성	본회의 비공개 결정

14 다음 중 의원내각제적 요소를 모두 고르면?

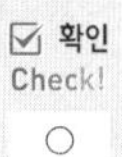

> ㄱ. 행정부 구성원의 탄핵소추
> ㄴ. 국무회의제
> ㄷ. 대통령의 법률안 거부권
> ㄹ. 국회의원과 국무위원의 겸직 허용

① ㄱ, ㄴ ② ㄱ, ㄷ
③ ㄴ, ㄷ ④ ㄴ, ㄹ

해설

ㄱ과 ㄷ은 대통령제적 요소이고 ㄴ과 ㄹ이 의원내각제적 요소이다.

정답 ❹

핵심만 콕

우리나라의 정부형태

대통령제적 요소	의원내각제적 요소
• 대통령이 국가원수 겸 행정부 수반이 됨(집행부가 일원화) • 대통령이 국민에 의해 직접 선출됨 • 행정부 구성원의 탄핵소추 • 법률안 거부권 • 국회가 대통령을 불신임하거나, 대통령이 국회를 해산하지 못함 • 국정조사 및 국정감사 제도	• 정부의 법률안 제출권 • 국무총리와 국무위원에 대한 해임건의권 • 국무총리 및 관계 국무위원의 부서제도 • 국무총리제 • 국회의원과 국무위원의 겸직 허용 • 국무총리 및 국무위원 등의 국회 및 위원회 출석 · 발언권 및 출석 · 발언 요구권 • 국무회의제

15 **민법상 능력에 관한 설명으로 옳지 않은 것은?**

① 피성년후견인의 법률행위는 취소할 수 있다.
② 피한정후견인은 원칙적으로 행위능력을 보유한다.
③ 미성년자가 법정대리인의 동의 없이 행한 법률행위는 무효이다.
④ 피성년후견인, 피한정후견인, 미성년자는 민법상 제한능력자이다.

미성년자가 법률행위를 함에는 법정대리인의 동의를 얻어야 하며, 이에 위반한 행위는 취소할 수 있다(민법 제5조 제2항).

정답 ❸

16 **원칙적으로 무효이나 선의의 제3자에 대해서는 무효를 주장할 수 없는 경우는?**

① 통정허위표시
② 비진의의사표시
③ 반사회질서행위
④ 강박에 의한 의사표시

① 통정허위표시는 원칙적으로 무효이나 선의의 제3자에 대해서는 무효를 주장할 수 없다(민법 제108조 제2항).
② 원칙적 유효(민법 제107조 제1항 본문)
③ 절대적 무효(민법 제103조)
④ 취소할 수 있는 행위(민법 제110조 제1항)

정답 ❶

17 **대리인이 자기의 이름으로 행위하고 효과도 자기가 받는 제도는?**

① 대 리　② 간접대리
③ 사 자　④ 대 표

설문의 제도는 간접대리이다. 간접대리는 대리인이 자기의 이름으로 행위하고 효과도 자기가 받는다는 점에서 대리행위의 효과가 본인에게 귀속되는 대리와 본질적으로 다르다.

정답 ❷

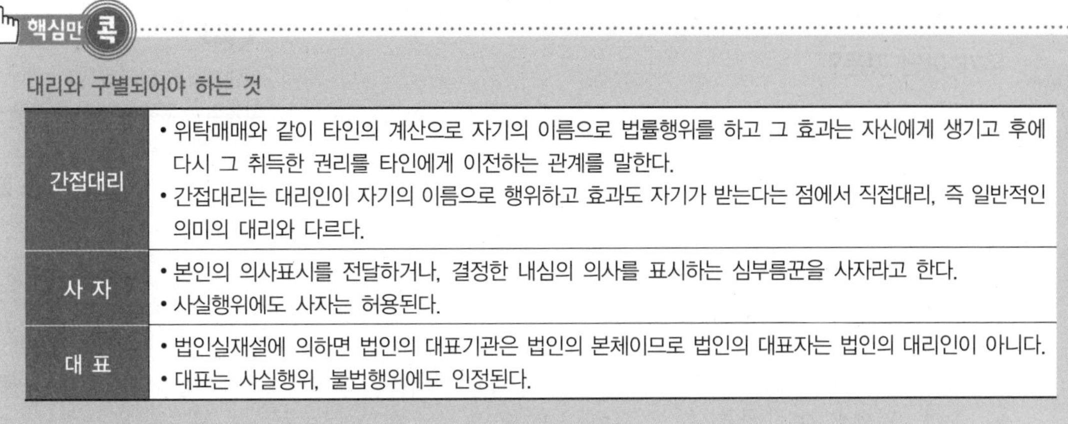

핵심만 콕

대리와 구별되어야 하는 것

간접대리	• 위탁매매와 같이 타인의 계산으로 자기의 이름으로 법률행위를 하고 그 효과는 자신에게 생기고 후에 다시 그 취득한 권리를 타인에게 이전하는 관계를 말한다. • 간접대리는 대리인이 자기의 이름으로 행위하고 효과도 자기가 받는다는 점에서 직접대리, 즉 일반적인 의미의 대리와 다르다.
사 자	• 본인의 의사표시를 전달하거나, 결정한 내심의 의사를 표시하는 심부름꾼을 사자라고 한다. • 사실행위에도 사자는 허용된다.
대 표	• 법인실재설에 의하면 법인의 대표기관은 법인의 본체이므로 법인의 대표자는 법인의 대리인이 아니다. • 대표는 사실행위, 불법행위에도 인정된다.

18 다음 무효행위 중에서 추인이 가능한 것은?

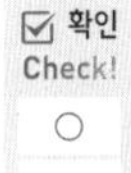

① 사회질서에 반하는 행위
② 허위표시
③ 인륜에 반하는 행위
④ 폭리행위

쏙쏙 해설

민법상의 추인으로서 무권대리행위의 추인(민법 제130조), 무효행위의 추인(민법 제139조), 취소할 수 있는 행위의 추인(민법 제143조) 등이 있으며, 무효행위의 경우 절대적 무효에 대해서는 추인할 수 없으나, 상대적 무효에 대해서는 추인이 가능하다. ②는 상대적 무효이나 ①·③·④는 절대적 무효이다.

정답 ❷

19 민법상 동산과 부동산에 대하여 모두 성립할 수 있는 제한물권은?

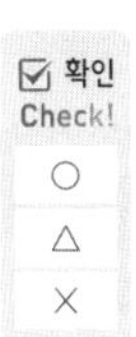

① 지상권 ② 전세권
③ 유치권 ④ 질 권

쏙쏙 해설

유치권은 동산과 부동산 모두에 성립할 수 있다. 반면 지상권·지역권·전세권·저당권은 부동산에만 성립할 수 있으며, 질권은 동산 또는 양도할 수 있는 권리에 성립할 수 있다.

정답 ❸

20 연대채무자 1인에게 생긴 사유의 효력에 절대적 효력이 있는 경우가 아닌 것은?

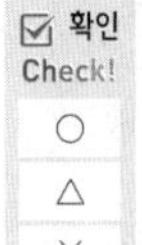

① 변 제　　② 공 탁
③ 이행불능　　④ 경 개

이행불능은 연대채무자 1인에게 생긴 사유의 효력에 상대적 효력이 있는 경우에 해당한다.

정답 ❸

연대채무자 1인에게 생긴 사유의 효력
- 절대적 효력이 있는 경우 : 변제・대물변제・공탁, 상계, 채권자 지체, 이행의 청구, 경개, 면제, 혼동, 시효의 완성
- 상대적 효력이 있는 경우 : 시효의 중단・정지, 이행지체・이행불능(단, 채권자의 청구에 의한 지체는 절대적 효력), 채무자 한 사람에게 내려진 판결

21 계약기간 중 경비하지 않은 날이 있거나, 심야에 경비계약대로 순회하지 않고 경비계약에 정한 인원수보다 적은 수의 경비원을 파견했다. 이 사례에 대한 설명 중 옳지 않은 것은?

① 위 사례는 경비업무에서의 불법행위 사례이다.
② 채권자는 본인이 입은 손해로 지연배상이나 전보배상을 청구할 수 있다.
③ 위 사례의 결과로 이행지체 또는 이행불능이 생긴 때에는 계약을 해제할 수 있다.
④ 이행되더라도 채무의 내용에 하자가 있으면 재차 채무의 내용의 이행을 요구할 수 있다.

경비업무의 불완전이행 사례이다. 불완전이행이란 채무의 이행이 있기는 하지만 본래의 약정된 내용과 같은 완전한 급부를 이행하지 않은 경우이다(민법 제390조).

정답 ❶

22 '법률이 없으면 범죄도, 형벌도 없다.'라는 표현이 나타내는 것으로 가장 적절한 것은?

☑ 확인 Check! ○ △ ×

① 죄형법정주의
② 형벌불소급의 원칙
③ 유추해석금지의 원칙
④ 일사부재리의 원칙

이는 죄형법정주의를 나타내는 표현으로, 일정한 행위를 범죄로 하고 형벌을 과하기 위해서는 반드시 성문의 법규를 필요로 한다는 원칙이며, 근대 형법의 가장 중요한 기본원리이다.

정답 ❶

② 행위시에 범죄가 아니었던 행위에 대해 이후 새로운 법을 만들어 처벌할 수 없다는 원칙이다.
③ 형벌법규에 처벌대상으로 명시되지 아니한 사항에 대해 유추적용을 금지한다는 원칙이다.
④ 어떤 사건에 대한 판결이 확정되면 동일한 사건에 대하여 재차 재판하지 않는다는 원칙이다.

23 다음 중 옳은 내용을 모두 고르면?

확인 Check! ○ △ ×

ㄱ. 작위범은 작위를 구성요건의 내용으로 규정한 범죄이다.
ㄴ. 부작위범은 법규범이 요구하는 의무 있는 행위를 이행하지 않음으로써 성립한다.
ㄷ. 부진정부작위범이란 형법규정에서 부작위에 의해 범할 것을 내용으로 하는 범죄를 말한다.
ㄹ. 작위의무의 근거로 법령, 계약, 조리, 선행행위를 들 수 있다.

① ㄱ, ㄴ
② ㄱ, ㄴ, ㄷ
③ ㄱ, ㄴ, ㄹ
④ ㄴ, ㄷ, ㄹ

제시된 내용 중 옳은 것은 ㄱ, ㄴ, ㄹ이다.
ㄷ (×) 진정부작위범은 부작위에 의한 부작위범이고, 부진정부작위범은 부작위에 의한 작위범이다. 즉, 진정부작위범은 부작위에 의해 범할 것을 내용으로 하는 범죄로 퇴거불응죄, 집합명령위반죄, 다중불해산죄 등이 이에 해당한다. 반면, 부진정부작위범은 형법규정에서 작위에 의해 범할 것을 내용으로 하는 범죄를 부작위에 의해 범하는 범죄이다.

정답 ❸

24 형을 가중·감경할 사유가 경합된 때, 가중·감경의 순서로 옳은 것은?

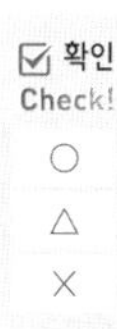

① 각칙 본조에 의한 가중 → 제34조 제2항의 가중 → 경합범 가중 → 법률상 감경 → 누범 가중 → 작량 감경
② 각칙 본조에 의한 가중 → 제34조 제2항의 가중 → 누범 가중 → 법률상 감경 → 경합범 가중 → 작량 감경
③ 제34조 제2항의 가중 → 각칙 본조에 의한 가중 → 경합범 가중 → 법률상 감경 → 누범 가중 → 작량 감경
④ 제34조 제2항의 가중 → 각칙 본조에 의한 가중 → 누범 가중 → 법률상 감경 → 경합범 가중 → 작량 감경

형을 가중·감경할 사유가 경합된 때에는 각칙 본조에 의한 가중 → 제34조 제2항의 가중 → 누범 가중 → 법률상 감경 → 경합범 가중 → 작량 감경의 순서에 의한다(형법 제56조).

정답 ❷

가중감경의 순서(형법 제56조)

형을 가중감경할 사유가 경합된 때에는 다음 순서에 의한다. (두 : 각 · 특 · 누 · 법 · 경 · 작)

1. 각칙 본조에 의한 가중
2. 제34조 제2항의 가중(특수한 교사, 방조에 대한 형의 가중)
3. 누범 가중
4. 법률상 감경
5. 경합범 가중
6. 작량 감경

25 형벌에 대한 설명으로 옳지 않은 것은?

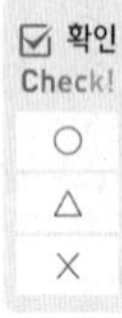

① 유기징역은 1개월 이상 30년 이하(가중 시 50년까지)로 한다.

② 구류는 2천원 이상 5만원 미만이며, 불납 시 1일 이상 30일 미만의 기간 동안 노역장에 유치한다.

③ 벌금은 5만원 이상이며, 판결확정일로부터 30일 이내에 납입하여야 한다.

④ 자격정지와 자격상실은 명예형에 해당한다.

과료에 대한 설명이다. 구류는 수형자를 교도소 내에 구치하는 것으로, 징역 또는 금고와 달리 1일 이상 30일 미만으로 한다(형법 제46조).

정답 ❷

① 형법 제42조
② 형법 제45조 본문, 제69조 제1항 본문
④ 자격정지와 자격상실은 명예형에 해당한다.

26 죄수론에 대한 설명으로 옳지 않은 것은?

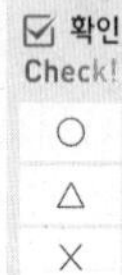

① 법조경합이란 한 개 또는 수개의 행위가 외관상 수개의 형벌법규에 해당하는 것 같이 보이지만 형벌법규의 성질상 하나의 법규만 적용되고 다른 법규는 배척되는 것을 말한다.

② 포괄일죄는 수개의 행위가 포괄적으로 한 개의 구성요건에 해당하여 일죄를 구성하는 경우를 말한다.

상상적 경합법은 1개의 행위가 수개의 죄에 해당하나 처벌상 하나의 죄로 취급되는 경우로 가장 중한 죄에 정한 형으로 처벌한다(형법 제40조).

정답 ❸

③ 상상적 경합범은 1개의 행위가 수개의 죄에 해당하나 처벌상 하나의 죄로 취급되는 경우로, 가장 경한 죄에 정한 형으로 처벌한다.
④ 실체적 경합범은 판결이 확정되지 아니한 수개의 죄 또는 판결이 확정된 죄와 그 판결이 확정되기 전에 범한 죄를 말한다.

27 **다음 중 피의자의 구속기간에 관한 설명으로 옳지 않은 것은?**

확인 Check! ○ △ ×

① 사법경찰관이 피의자를 구속한 때에는 10일 이내에 피의자를 검사에게 인치하지 아니하면 석방하여야 한다.
② 검사가 피의자를 구속한 때 또는 사법경찰관으로부터 피의자의 인치를 받은 때에는 10일 이내에 공소를 제기하지 아니하면 석방하여야 한다.
③ 지방법원 판사는 검사의 신청에 의하여 수사를 계속함이 상당한 이유가 있다고 인정하는 때에는 10일을 초과하지 아니하는 한도에서 구속기간의 연장을 2차에 한해 허가할 수 있다.
④ 구속영장 청구 시 피의자 심문을 하는 경우 법원이 구속영장 청구서 등을 접수한 날부터 구속영장을 발부하여 검찰청에 반환한 날까지의 기간은 수사기관의 구속기간 적용에 있어 산입하지 아니한다.

쏙쏙 해설

③ 10일을 초과하지 아니하는 한도에서 구속기간의 연장을 1차에 한하여 허가할 수 있다(형사소송법 제205조 제1항)
① 형사소송법 제202조, ② 형사소송법 제203조, ④ 형사소송법 201조의2 제7항

정답 ❸

28 **구속적부심사청구권에 관한 기술 중 옳지 않은 것은?**

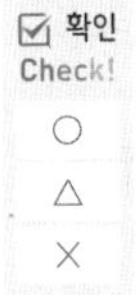

확인 Check! ○ △ ×

① 법관이 발부한 영장에 대한 재심절차의 성격을 갖는다.
② 법원의 구속적부심사결정에 대하여 검사는 즉시항고를 할 수 있다.
③ 현행 헌법은 모든 범죄에 관하여 구속적부심사청구가 가능하다.
④ 영장을 발부한 판사는 일정한 경우 구속적부심에 관여할 수 있다.

쏙쏙 해설

법원의 구속적부심사결정에 대해서는 검사나 피의자 모두 항고할 수 없다(형사소송법 제214조의2 제8항).

정답 ❷

① 구속적부심사청구권은 법관이 발부한 구속영장에 대한 재심절차의 성격을 갖는다.
③ 형사소송법상 구속적부심사를 청구할 수 있는 대상 범죄를 제한하고 있지 않다.
④ 형사소송법 제214조의2 제12항 단서

29 회사에 대한 설명으로 옳은 것은?

확인 Check! ○ △ ×

① 회사는 유증을 받을 수 있다.
② 회사도 독립된 법인격을 가지므로 형법상 범죄능력을 가진다는 것이 학설과 판례의 태도이다.
③ 회사는 다른 회사의 무한책임사원이 될 수 있다.
④ 회사는 자연인과 완전히 동일한 권리능력을 갖는다.

쏙쏙 해설

① 회사는 유증을 받을 수 있다.
② 회사는 형법상 범죄능력이 없다.
③ 회사는 다른 회사의 무한책임사원이 될 수 없다(상법 제173조).
④ 회사의 능력은 성질상・법령상 제한이 있다. 예를 들면, 자연인 특유의 권리의무인 신체・생명에 관한 권리를 회사는 가질 수 없다.

정답 ❶

30 주식회사에 대한 설명으로 옳지 않은 것은?

확인 Check! ○ △ ×

① 주식회사는 설립등기에 의해 법인격을 취득한다.
② 회사설립의 무효는 소에 의해서만 주장할 수 있다.
③ 주식회사의 설립이 강행법규에 반하는 경우 설립무효의 원인이 된다.
④ 상법상 주식은 원칙적으로 타인에게 이를 양도할 수 없다.

쏙쏙 해설

④ 주식은 타인에게 이를 양도할 수 있다(상법 제335조 제1항 본문).
① 상법 제172조
② 상법 제328조
③ 주식회사의 설립이 강행법규에 반하는 경우 설립무효의 원인이 된다(상법 제184조).

정답 ❹

31 회사에 관한 다음의 설명 중 옳지 않은 것은?

☑ 확인 Check!
○
△
×

① 상법상의 회사에는 합명회사, 합자회사, 주식회사, 유한회사, 유한책임회사의 다섯 가지가 있다.
② 합명회사는 2인 이상의 무한책임사원으로 조직된 회사이다.
③ 합자회사는 무한책임사원과 유한책임사원으로 조직된 이원적 회사이다.
④ 유한회사는 사원이 출자금액을 한도로 간접 유한책임을 지는 점에서 주식회사와 같으나, 지분의 양도가 자유스럽지 못한 점에서 주식회사와 다르다. 또한 출자의 종류는 재산출자에 한하지 않는다.

유한회사는 사원이 출자금액을 한도로 간접 유한책임을 지는 점(상법 제553조)에서 주식회사와 같으나, 지분의 양도가 자유스럽지 못한 점에서 주식회사와 다르다(상법 제556조). 또한 출자의 종류는 재산출자에 한한다.

정답 ❹

핵심만 콕

① 상법 제170조
② 상법 제178조 참고
③ 상법 제268조

32 상법상 보험에 관한 설명으로 옳은 것은?

☑ 확인 Check!
○
△
×

① 보험계약의 당사자는 보험자와 보험수익자이다.
② 보험계약은 보험자가 청약에 대해 승낙의 통지를 발송한 때에 성립한다.
③ 보험금청구권과 보험료청구권의 소멸시효기간은 각각 3년이다.
④ 피보험이익은 인보험계약에서의 본질적 요소이다.

보험계약은 보험자가 보험계약자의 청약에 대해 승낙의 통지를 발송한 때에 성립한다(상법 제638조의2 제1항 본문).

정답 ❷

① 보험계약의 당사자는 보험자와 자기 이름으로 보험계약을 맺은 보험계약자이다(상법 제638조의2).
③ 보험금청구권은 3년, 보험료청구권은 2년이다(상법 제662조).
④ 피보험이익은 손해보험에서의 본질적 요소가 된다(상법 제668조).

33 노동조합 및 노동관계조정법상 용어의 정의에 관한 설명으로 옳지 않은 것은?

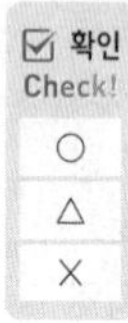

① 근로자는 직업의 종류를 불문하고 임금・급료 기타 이에 준하는 수입에 의하여 생활하는 자를 말한다.

② 사용자는 사업주, 사업의 경영담당자 또는 그 사업의 근로자에 관한 사항에 대하여 사업주를 위하여 행동하는 자를 말한다.

③ 형법 제20조(정당행위)의 규정은 노동조합이 단체교섭・쟁의행위 기타의 행위로서 노동조합의 목적을 달성하기 위하여 한 정당한 행위에 대하여 적용된다. 다만, 어떠한 경우에도 폭력이나 파괴행위는 정당한 행위로 해석되어서는 아니 된다.

④ 노동쟁의는 파업・태업・직장폐쇄 기타 노동관계 당사자가 그 주장을 관철할 목적으로 행하는 행위와 이에 대항하는 행위로서 업무의 정상적인 운영을 저해하는 행위를 말한다.

④는 노동쟁의가 아닌 쟁의행위에 대한 설명에 해당한다(노동조합법 제2조 제6호).

① 노동조합법 제2조 제1호

② 노동조합법 제2조 제2호

③ 노동조합법 제4조

정답 ❹

34 노동법에 관한 다음 설명 중 옳지 않은 것은?

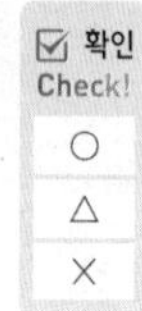

① 노동법은 노동관계, 즉 근로자의 노동력 제공에 관련된 생활관계를 규율하는 법으로, 이 경우 노동은 종속적 노동을 의미한다.

② 직장폐쇄는 근로자가 할 수 있는 쟁의행위에 포함된다.

③ 노동조합 및 노동관계조정법은 집단적 노사관계법에 해당한다.

④ 노동법이란 자본주의사회에서 근로자가 인간다운 생활을 할 수 있도록 노동관계를 규율하는 법규범의 총체를 말한다.

직장폐쇄는 사용자가 근로자측의 쟁의행위에 대한 대항수단으로서 업무의 정상적인 운영을 저해하는 행위를 말한다(노조법 제2조 제6호, 제46조 제1항 참고).

정답 ❷

35 다음 중 사용자의 부당노동행위가 아닌 것은?

☑ 확인 Check! ○ △ ×

① 노동조합에 가입하려고 하는 행위를 이유로 근로자를 해고하는 행위
② 근로자가 특정 노동조합에 가입하지 아니할 것을 고용조건으로 하는 행위
③ 근로자가 노동조합을 조직 또는 운영하는 것을 지배하거나 이에 개입하는 행위
④ 쟁의기간 동안의 임금을 지급하지 않는 행위

쏙쏙 해설

④ 노동조합 및 노동관계조정법 제44조 제1항과 판례(대판[전합] 1995. 12. 21. 94다26721 등 다수판결)에 따르면, 사용자가 쟁의기간 동안의 임금을 지급하지 않는 행위는 부당노동행위에 해당하지 않는다.
①・②・③는 각각 노동조합법 제81조 제1호・제2호・제4호의 부당노동행위에 해당한다.

정답 ❹

36 사회보장법 관련 분야에 해당하는 법률은?

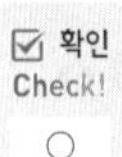

☑ 확인 Check! ○ △ ×

① 노동조합 및 노동관계조정법
② 산업재해보상보험법
③ 소비자기본법
④ 독점규제 및 공정거래에 관한 법률

쏙쏙 해설

산업재해보상보험법은 사회보험제도로서 사회보장법의 한 분야에 해당한다.

정답 ❷

핵심만 콕

사회법의 분류

사회법			
사회법	노동법		예 근로기준법, 노동조합 및 노동관계조정법 등
	경제법		예 독점규제 및 공정거래에 관한 법률, 소비자기본법 등
	사회보장법	사회보험	예 국민연금법, 국민건강보험법, 산업재해보상보험법, 고용보험법 등
		공공부조	예 국민기초생활보장법, 의료급여법 등
		사회서비스	예 장애인복지법, 노인복지법, 아동복지법, 한부모가족지원법, 영유아보육법 등

37 다음 중 형이 확정되지 않은 사람에게 죄수복을 입힌 것은 위헌이라는 판결에서 나타난 행정법의 일반원칙은?

① 비례의 원칙　② 부당결부금지의 원칙
③ 평등의 원칙　④ 신의성실의 원칙

헌법재판소는 형이 확정되지 않은 사람에게 죄수복을 입힌 것은 헌법 제37조 제2항의 기본권 제한과 관련하여 비례원칙에 위반된다 결정함.

정답 ❶

판례 유죄가 확정되지 아니한 미결수용자에게 재소자용 의류를 입게 하는 것은 미결수용자로 하여금 모욕감이나 수치심을 느끼게 하고, 심리적인 위축으로 방어권을 제대로 행사할 수 없게 하여 실체적 진실의 발견을 저해할 우려가 있으므로, 도주 방지 등 어떠한 이유를 내세우더라도 그 제한은 정당화될 수 없어, 헌법 제37조 제2항의 기본권 제한에서의 비례원칙에 위반되는 것으로서, 무죄추정의 원칙에 반하고 인간으로서의 존엄과 가치에서 유래하는 인격권과 행복추구권, 공정한 재판을 받을 권리를 침해하는 것이다(97헌마137).

38 국가나 지방자치단체로부터 공권을 부여받아 자신의 이름으로 공권력을 행사하는 사인이나 사법인을 무엇이라고 하는가?

① 공공조합　② 공재단
③ 영조물법인　④ 공무수탁사인

행정주체는 행정법관계에서 행정권을 행사하고 그 법적효과가 궁극적으로 귀속되는 당사자를 말하는데 설문은 행정주체로서 공무수탁사인에 대한 내용이다.

정답 ❹

행정주체의 종류★★

구분		내용
국 가		고유의 행정주체
공공단체	지방자치단체	일정한 구역을 기초로 그 구역 내의 모든 주민에 대해 지배권을 행사하는 공공단체로, 보통지방자치단체[서울특별시, 광역시, 특별자치시, 도 및 특별자치도와 시・군・자치구(행정구는 제외)]와 특별지방자치단체(지방자치단체조합)가 있다.
	공공조합(공사단)	특정한 국가목적을 위하여 설립된 인적결합체에 법인격이 부여된 것으로, 농업협동조합, 농지개량조합, 산림조합, 상공회의소, 변호사회 등이 있다.
	공재단	재단의 설립자가 출연한 재산을 관리하기 위하여 설립된 공공단체로, 한국학중앙연구원, 한국학술진흥재단 등이 있다.
	영조물법인	행정주체에 의하여 특정한 국가목적에 계속적으로 봉사하도록 정하여진 인적・물적결합체로, 각종의 공사, 국책은행, 서울대학교병원, 적십자병원, 한국과학기술원 등이 있다.
공무수탁사인		국가나 지방자치단체로부터 공권을 부여받아 자신의 이름으로 공권력을 행사하는 사인이나 사법인으로, 사인인 사업시행자, 학위를 수여하는 사립대학 총장, 선박항해 중인 선장, 별정우체국장, 소득세의 원천징수의무자(판례는 행정주체성을 부정) 등이 있다.

39 다음 중 명령적 행정행위에 해당하는 것은?

확인 Check! ○ △ ×

① 공 증　　② 면 제

③ 확 인　　④ 수 리

해설

명령적 행정행위로 하명, 허가, 면제가 있다.

정답 ❷

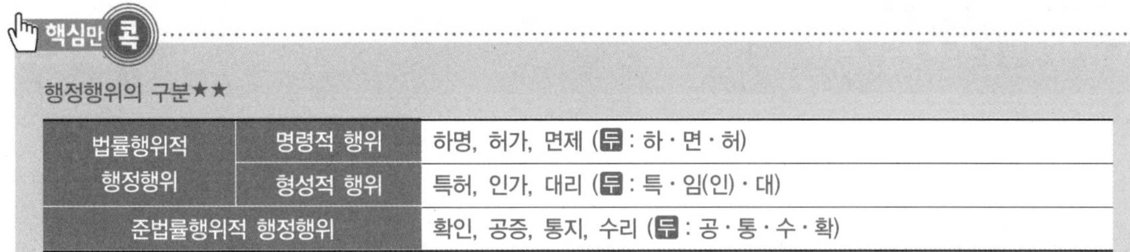

핵심만 콕

행정행위의 구분★★

구분		내용
법률행위적 행정행위	명령적 행위	하명, 허가, 면제 (두 : 하 · 면 · 허)
	형성적 행위	특허, 인가, 대리 (두 : 특 · 임(인) · 대)
준법률행위적 행정행위		확인, 공증, 통지, 수리 (두 : 공 · 통 · 수 · 확)

40 다음 중 행정상 강제집행의 수단을 모두 고르면?

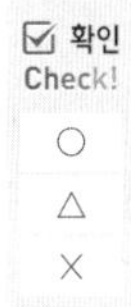

확인 Check! ○ △ ×

ㄱ. 직접강제　　ㄴ. 집행벌

ㄷ. 과태료　　ㄹ. 대집행

① ㄱ, ㄴ　　② ㄴ, ㄹ

③ ㄱ, ㄴ, ㄷ　　④ ㄱ, ㄴ, ㄹ

해설

행정상 강제집행의 수단으로는 직접강제, 집행벌, 대집행, 행정상 강제징수가 있다. 과태료는 행정벌 중 행정질서벌에 해당한다.

정답 ❹

해설편 제8회

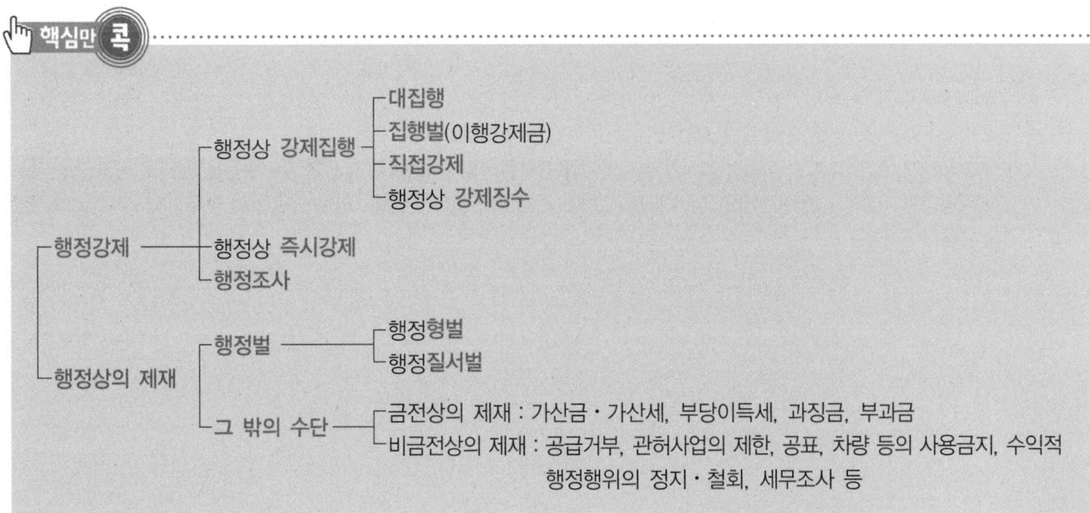

제8회 민간경비론

정답 및 해설

정답 CHECK

41	42	43	44	45	46	47	48	49	50	51	52	53	54	55	56	57	58	59	60
③	②	②	③	④	③	④	③	①	③	④	③	④	④	④	②	①	③	③	①
61	62	63	64	65	66	67	68	69	70	71	72	73	74	75	76	77	78	79	80
④	③	③	③	②	③	③	①	④	②	②	②	④	①	②	④	④	②	④	④

각 문항별로 이해도를 체크해 보세요.

문제편 183p

41 다음 중 민간경비의 개념요소에 관한 설명으로 옳지 않은 것은?(다툼이 있는 경우 경비업법을 전제로 함)

확인 Check! ○ △ ×

① 민간경비는 영리성을 본질적으로 가지고 있다.
② 경비업법상 경비업의 종류는 시설경비, 호송경비, 신변보호, 기계경비, 특수경비에 한한다.
③ 민간경비에게 공공성을 요구하는 것은 민간경비의 본질에 반하는 것이다.
④ 자연인은 신변보호업을 영위할 수 없다.

쏙쏙 해설

민간경비의 주요 업무인 범죄예방, 질서유지, 위험방지 활동은 공공성과 관련되는 활동이므로 민간경비에도 공공성이 요구된다.

정답 ❸

핵심만 콕

① 민간경비는 기본적으로 특정 의뢰자로부터 보수를 받고 경비 및 안전에 필요한 서비스를 제공한다는 점에서 영리성을 본질로 한다.
② 경비업법 제2조 제1호
④ 경비업법 제3조

민간경비의 공공성

- 범죄예방 : 민간경비의 주요 임무로서 공공성이 강한 활동이다.
- 질서유지 : 질서유지는 공동생활의 기본이며, 사회구조를 이루는 토대로 질서의 유지활동은 당연히 공공성을 띠게 된다.
- 위험방지 : 평온을 해치는 자연적 위험 등 위험이 존재하지 않아야 한다. 이는 공경찰의 임무이자 민간경비의 활동으로 공공성을 띤다.

42 다음 도표의 공경비와 민간경비의 비교 내용 중 옳지 않은 것은?

확인 Check! ○ △ ×

	구 분	공경비	민간경비
①	대 상	일반 국민	특정 고객
②	주 체	정부 및 영리기업	영리기업
③	주요기능	법 집행 (범인 체포 및 범죄수사와 조사)	범죄예방
④	권한의 근거	통치권	위탁자의 사권(私權)

해설

통상 공경비의 주체는 정부(경찰)이나, 민간경비의 주체는 영리기업(민간경비 회사 등)이다.

정답 ❷

43 다음에서 설명하는 민간경비 성장이론은 무엇인가?

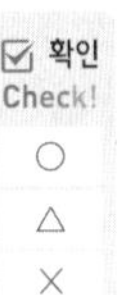
확인 Check! ○ △ ×

> 경찰의 공권력 작용은 원칙적으로 거시적인 측면에서 체제수호 등과 같은 역할과 기능에 한정되고, 사회 구성원 개개인 차원이나 집단과 조직의 안전과 보호는 결국 해당 개인이나 조직이 담당하여야 한다는 인식에 기초를 둔 이론이다.

① 경제환원론적이론
② 수익자부담이론
③ 이익집단이론
④ 공동화이론

해설

제시된 내용은 수익자부담이론에 관한 설명이다.

정답 ❷

핵심만 콕

① 특정한 사회 현상을 설명함에 있어 그 현상이 직접적으로는 경제와 무관한 것임에도 불구하고, 그 발생 원인을 경제문제에서 찾으려는 입장이다.
③ 민간경비도 자신의 집단적 이익을 극대화하기 위하여 규모를 팽창시키고 새로운 규율이나 제도를 창출시키는 등의 노력을 한다는 이론이다.
④ 경찰이 수행하고 있는 경찰 본연의 기능이나 역할을 민간경비가 보완하거나 대체한다는 이론이다.

해설편 제8회

안심Touch

44 **다음 중 공동화이론의 내용과 거리가 먼 것은?**

확인 Check! ○ △ ×

① 경찰이 수행하고 있는 경찰 본연의 기능이나 역할을 민간경비가 보완하거나 대체한다는 이론이다.

② 범죄에 대한 현실적 불안감의 증대에서 민간경비가 성장한다고 보았다.

③ 경찰의 공권력 작용은 질서유지, 체제 수호와 같은 거시적 측면에서 이루어지고, 개인의 안전과 보호는 해당 개인이 책임져야 한다는 자본주의 체제하에서 주장되는 이론이다.

④ 공경비와 민간경비의 관계에 대해서 경쟁적 관계에 있다는 입장과 상호보완적 관계에 있다는 입장이 있다.

쏙쏙 해설

③은 수익자부담이론에 대한 내용이다.

정답 ❸

45 **핑커톤 경비조직에 대한 설명으로 옳지 않은 것은?**

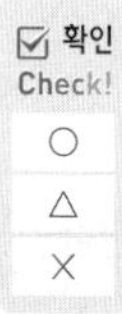

① 시카고 경찰 최초의 형사였던 앨런 핑커톤이 설립했다.

② 50년 동안 미국 철도수송의 안전을 도모하는 미국 유일의 주간(州間) 경비회사였다.

③ 남북전쟁 당시 위조화폐에 대한 적발임무를 수행하였다.

④ 20세기에 들어와 민간대상 정보의 영역을 넘은 정보까지도 집중 관리하는 조사기관이 되었다.

20세기에 들어와 FBI 등 연방법 집행기관이 범죄자 정보를 수집·관리하게 되었기 때문에 핑커톤 회사가 관리하는 정보는 민간대상의 정보에 한정되었다.

정답 ❹

46 **미국 민간경비의 역사적 배경과 관련하여 옳지 않은 것은?**

① 초기 미국의 국민들은 영국에서 이주하였기 때문에 영국 왕실의 권위주의적인 통치방식을 싫어하고 자치적인 지방분권주의적 통치방식을 선호하였다.

② 범죄에 대응하는 방식에 있어서도 강력한 경찰조직보다는 자치 경비조직의 형태를 추구하였다.

③ 지방자치 경비조직인 자경단의 형태 방식으로 1845년 미국 최초의 현대적 경찰인 시카고 주야간 경찰조직이 생겨났다.

④ 18세기 무렵 신개척지에 거주하고 있던 주민들을 보호하기 위해 밤에만 활동하는 야간경비원이 생겨났다.

지방자치 경비조직인 자경단의 형태 방식으로 1845년 미국 최초의 현대적 경찰인 뉴욕시 주야간 경찰조직이 생겨났다.

정답 ❸

47 한국의 민간경비산업의 특징이 아닌 것은?

① 한국의 청원경찰제도는 외국에서는 볼 수 없는 특별한 제도이다.
② 1976년 용역경비업법이 제정되었고 1978년 사단법인 한국용역경비협회가 설립되었다.
③ 현대적 의미의 한국 민간경비제도는 1960년대부터이다.
④ 1993년 대전 엑스포 박람회를 계기로 한국에 기계경비가 도입되었다.

쏙쏙 해설

한국에서 기계경비시스템이 본격적으로 도입되기 시작한 것은 1980년대(아시안게임, 서울올림픽) 이후이다.

정답 ❹

48 미국 민간경비의 발전에 관한 설명으로 옳은 것을 모두 고른 것은?

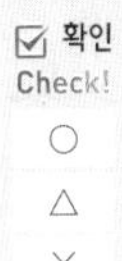

ㄱ. 건국 초기부터 영국식의 강력한 중앙집권적 경찰조직이 발전하였다.
ㄴ. 서부개척시대 철도운송의 발달과 함께 민간경비가 획기적으로 발전하였다.
ㄷ. 핑커톤(A. Pinkerton)은 경찰당국의 자료요청에 응하여 경찰과 민간 경비업체의 바람직한 관계를 정립하는 데 공헌하였다.
ㄹ. 2001년 9·11 테러와 같은 국가적 위기상황은 민간경비가 발전하는 중요한 계기가 되었다.
ㅁ. 현재 산업보안자격증인 CPP(Certified Protection Professional) 제도를 연방정부 차원에서 시행하고 있다.

① ㄱ, ㄴ, ㄷ
② ㄱ, ㄹ, ㅁ
③ ㄴ, ㄷ, ㄹ
④ ㄷ, ㄹ, ㅁ

쏙쏙 해설

제시된 내용 중 옳은 것은 ㄴ, ㄷ, ㄹ이다.
ㄱ (×) 건국 초기 미국 국민들은 영국 왕실의 권위주의적인 통치방식을 싫어하고 자치적인 지방분권주의적 통치방식을 선호하였으며, 범죄에 대응하는 방식에 있어서도 강력한 경찰조직보다는 자치경비조직의 형태를 추구하였다.
ㅁ (×) CPP는 일종의 공인경비사 자격제도로 연방정부 차원이 아닌 민간경비업체가 시행하면서 전국적인 수준으로 발전시킨 것이다. 현재 미국산업안전협회에서 시행하고 있으며, 주정부 관할하에 주정부별로 CPP제도를 시행하고 있다.

정답 ❸

해설편 제8회

49 일본 민간경비에 관한 설명으로 옳지 않은 것은?

① 제2차 세계대전 이전에는 야경, 순시, 보안원 등의 이름으로 계약경비를 실시하여 왔다.
② 제2차 세계대전 이후 전문적인 민간경비업체가 출현하였다.
③ 1964년 도쿄올림픽을 계기로 민간경비가 발전되었다.
④ 일본 민간경비는 1980년대에 한국과 중국에 진출하였다.

쏙쏙 해설

일본은 제2차 세계대전 이전에는 야경, 수위, 순시, 보안원 등의 이름으로 자체경비를 실시하였었다.

정답 ❶

50 **각국의 민간경비 발전과정에 관한 설명으로 옳지 않은 것은?**

확인 Check! ○ △ ×

① 미국은 범죄에 대응하는 방식에 있어서 강력한 경찰조직보다는 자치경비조직의 형태를 추구하였다.
② 일본은 도쿠가와 시대에 장병위라는 이름으로 경비업을 전문으로 하는 직업경비업자가 생겨났다.
③ 우리나라는 청원경찰법이 먼저 제정되고 그 다음 사단법인 한국경비협회가 설립되었으며 그 이후에 용역경비업법이 제정되었다.
④ 레지스 헨리시법은 민간경비차원에서 실시되던 경비활동을 국가적 치안개념으로 발전시킨 것이다.

우리나라는 1962년 청원경찰법이 제정되었고, 1976년 용역경비업법이 제정되었으며, 1978년 사단법인 한국경비협회가 설립되었다.

정답 ❸

51 **한국 민간경비원의 법적 지위에 대한 설명으로 옳지 않은 것은?**

확인 Check! ○ △ ×

① 민간경비원의 법적 지위는 일반시민과 동일하다.
② 민간경비원은 현행범을 체포할 수 있다.

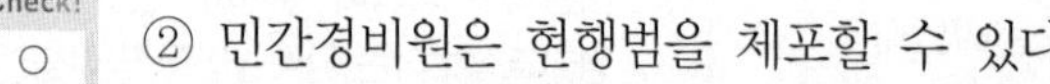

③ 시설주의 관리권 행사 범위 안에서 경비업무를 수행한다.
④ 국가중요시설에 근무하는 특수경비원은 수사권이 인정된다.

국가중요시설에 근무하는 특수경비원은 민간경비원으로서 필요한 경우 무기휴대가 가능하지만, 수사권이 인정되지는 않는다.

정답 ❹

52 **최근 범죄의 변화 양상에 관한 설명으로 옳지 않은 것은?**

확인 Check! ○ △ ×

① 청소년범죄가 흉포화되고 있다.
② 노령인구가 증가하면서 노인범죄가 사회문제로 대두되고 있다.
③ 청소년범죄와 마약범죄는 경찰의 단속으로 감소
④ 화이트칼라범죄의 증가

오늘날 기업의 부도, 실직, 정리해고 및 임금삭감 등의 스트레스 자극들이 가정해체, 폭력 및 범죄행동 등의 사회병리적 현상과 맞물려 그 영향이 청소년들에게까지 미쳐 청소년범죄와 마약범죄가 늘어나는 경향이다.

정답 ❸

53 경찰 방범활동의 한계요인이 아닌 것은?

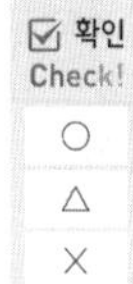

① 경찰관 1인이 담당해야 할 인구가 증가함에 따라 경찰인력 부족현상이 더욱 심화되고 있다.
② 너무 잦은 비상근무와 출퇴근 개념의 실종으로 대부분의 경찰들의 근무의욕이 떨어지고 있다.
③ 개인장비가 표준화되어 있지 않고 기관 단위별로 지급되어 있어 관리상 많은 문제점이 있다.
④ 경찰과 민간경비의 과도한 치안공조로 업무의 효율이 떨어진다.

현재 경찰과 민간경비의 치안공조는 미흡하다. 이는 경찰과 민간경비의 치안공조에 대한 법적 근거가 미약하기 때문이다.

정답 ❹

54 인력경비의 장단점으로 옳지 않은 것은?

① 인건비의 부담으로 경비에 많은 비용이 드는 편이다.
② 고용창출 효과와 고객 접점 서비스 효과가 있다.
③ 상황 발생 시 현장에서 신속하게 대응할 수 있다.
④ 넓은 장소를 효과적으로 감시할 수 있다.

쏙쏙 해설

④는 기계경비의 장점에 해당한다.

정답 ❹

인력경비의 장단점

장 점	단 점
• 경비업무 이외에 안내, 질서유지, 보호・보관 업무 등을 하나로 통합한 통합서비스가 가능하다. • 인력이 상주함으로써 현장에서 상황이 발생했을 때 신속한 조치가 가능하다. • 인적 요소이기에 경비업무를 전문화할 수 있고, 고용창출 효과와 고객 접점 서비스 효과가 있다.	• 인건비의 부담으로 경비에 많은 비용이 드는 편이다. • 사건이 발생하였을 때 인명피해의 가능성이 있다. • 상황연락이 신속하게 이루어지지 않아 사건의 전파에 장애가 발생할 수 있다. • 야간에는 경비활동의 제약을 받아 효율성이 감소된다. • 경비원이 낮은 보수, 저학력, 고령일 경우 경비의 질 저하가 우려된다.

55 혼잡경비에 관한 설명으로 옳지 않은 것은?

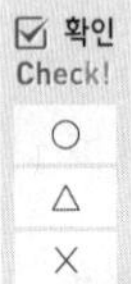

① 혼잡경비란 기념행사, 경기대회, 제례행사, 기타 요인으로 모인 군중에 의하여 발생되는 자연적 · 인위적 혼잡상태를 사전에 예방하거나 경계하고, 위험한 사태가 발생할 경우에는 신속히 진압하여 확대되는 것을 방지하는 예비활동을 말한다.
② 과거에는 혼잡경비를 경찰력에 주로 의존하여 행하여졌으나 이제는 수익자부담의 원칙에 따라 행사를 주관하는 사람 또는 단체가 경비를 책임지는 방향으로 바뀌어 가고 있다.
③ 일본의 경우 혼잡경비를 경비업법에서 규정하고 있으며, 교통유도업무가 대부분을 차지하고 있다.
④ 우리나라도 일본과 마찬가지로 경비업법에서 혼잡경비를 경비업무의 한 유형으로 규정하고 있다.

쏙쏙 해설

우리나라 경비업법에는 혼잡경비를 규정하고 있지 않으나, 일본 경비업법은 혼잡경비, 교통유도업무 등을 규정하고 있다.

정답 ❹

56 다음 중 기계경비의 단점으로 보기 어려운 것은?

① 최초의 기초 설치비용이 많이 든다.
② 경비활동의 효율성이 야간에는 감소된다.

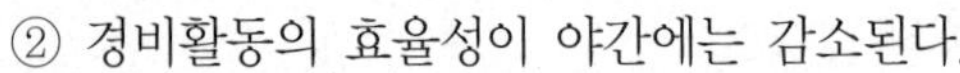

③ 허위경보 및 오경보 등의 발생률이 비교적 높다.
④ 기계성능의 교신은 범죄자들의 활동을 더욱 크게 할 수 있을 가능성이 있다.

기계경비는 시간적 취약대인 야간에는 더욱 경비효율이 증대된다. ②번 지문은 인력경비의 단점에 해당한다.

정답 ❷

57 일반경비원에 대한 신임교육 시 신임교육이수증 교부권자는 누구인가?

① 신임교육실시의 기관 또는 단체의 장
② 시 · 도 경찰청장
③ 경찰청장
④ 경찰서장

일반경비원 신임교육 기관 또는 단체의 장은 일반경비원 신임교육과정을 마친 사람에게 신임교육이수증을 교부하고 그 사실을 신임교육이수증 교부대장에 기록하여야 한다(경비업법 시행규칙 제12조 제4항).

정답 ❶

58 경비부서 조직화에 관한 설명으로 옳지 않은 것은?

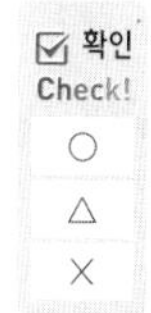

① 권한의 위임은 인원이 소수인 조직보다는 다수인 조직 구조에서 필요하게 된다.
② 통솔의 범위는 한 사람의 관리자가 효과적으로 운용할 수 있고 직접적으로 감독할 수 있는 최대한의 인원수를 말한다.
③ 구성원의 능력이 탁월할수록 통솔범위는 좁다.
④ 일반적으로 경비인력의 수요는 해당 경비시설물의 규모에 비례한다.

구성원의 능력이 탁월할수록 통솔범위는 넓다.

정답 ❸

59 요인경호에 있어서 사전안전대책작용과 거리가 먼 것은?

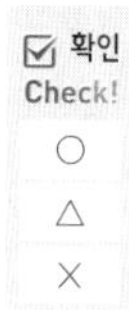

① 안전점검 ② 안전대책
③ 안전대피 ④ 안전검사

안전대피는 경호 중 뜻하지 않은 돌발사태가 발생할 경우 경호대상자를 신속하게 위험지역에서 대피시키는 것으로 사후적인 조치이다.

정답 ❸

요인경호
1. 사전안전대책 : 안전점검, 안전대책, 안전검사
2. 사후안전대책 : 안전대피

60 경비원의 경비순찰활동 중 건물의 출입구나 로비 등 특히 위험하다고 판단되는 곳에서 경비업무를 실시하는 경비형태는?

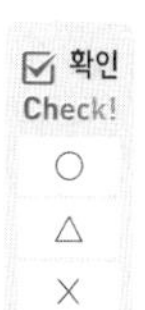

① 고정근무 ② 순찰근무
③ 예비근무 ④ 상근근무

건물의 출입구나 로비 등 특히 위험하다고 판단되는 지역에서 실시하는 경비업무 형태는 고정근무이다.

정답 ❶

해설편 제8회

안심Touch

경비원의 경비순찰활동 형태
- 고정근무 : 시설물 내외의 인적·물적 가치 보호, 일반시설·고층빌딩·금융시설 등의 건물의 출입구나 로비 등 특히 위험하다고 판단되는 지역의 경비업무형태
- 순찰근무 : 도보나 순찰 차량으로 1인 또는 팀으로 근무지역 내에서 정해진 코스를 순찰하는 형태
- 예비근무 : 고정근무 요원이나 순찰근무 요원에게 경비상 필요한 지원업무를 담당하는 형태

61 경비위해분석에 관한 설명으로 옳지 않은 것은?

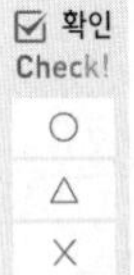

① 경비활동의 대상이 되는 위험요소들을 파악하는 경비진단 활동이다.
② 비용효과분석은 투입비용 대비 산출효과를 비교하여 적정한 경비수준을 결정하는 과정이다.
③ 많은 손실이 예상되는 경비대상에는 종합경비시스템이 설치되도록 해야 한다.
④ 경비위해요소의 분석 시 모든 시설물에 있어서 표준화된 시스템을 적용한다.

경비위해요소를 분석할 때는 경비활동의 대상이 되는 위험요소들을 각 대상별로 추출해 성격을 파악하여 각각의 요소마다 보호수단을 다르게 적용해야 한다.

정답 ❹

62 경비계획의 수립과정에 맞게 (   ) 안의 ㄱ~ㄹ에 들어갈 내용을 순서대로 옳게 나열한 것은?

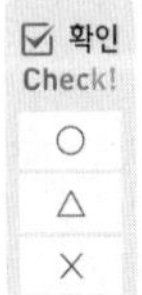

(ㄱ) → (ㄴ) → 자료 및 정보의 분석 → (ㄷ) → (ㄹ) → 최선안 선택 → 실시 → 평가

① ㄱ : 목표의 설정, ㄴ : 문제의 인지, ㄷ : 전체계획 검토, ㄹ : 비교검토
② ㄱ : 문제의 인지, ㄴ : 전체계획 검토, ㄷ : 비교검토, ㄹ : 목표의 설정
③ ㄱ : 문제의 인지, ㄴ : 목표의 설정, ㄷ : 전체계획 검토, ㄹ : 비교검토
④ ㄱ : 비교검토, ㄴ : 문제의 인지, ㄷ : 목표의 설정, ㄹ : 전체계획 검토

경비계획의 수립과정은 문제의 인지 → 목표의 설정 → 경비위해요소 조사·분석 → 전체계획 검토 → 경비계획안 비교검토 → 최선안 선택 → 실시 → 평가 순으로 진행된다. 따라서 ㄱ : 문제의 인지, ㄴ : 목표의 설정, ㄷ : 전체계획 검토, ㄹ : 비교검토가 들어간다.

정답 ❸

63 다음 중 순찰방법에 대한 내용으로 옳지 않은 것은?

확인 Check! ○ △ ×

① 대부분 직원의 퇴근 후에 경비원들의 순찰 및 조사가 이루어져야 한다.
② 외부침입자들이 숨어 있을 만한 장소에 대해서는 집중적으로 조사를 실시해야 한다.
③ 순찰과정에서 문이나 자물쇠 등에 인식이나 표식을 하는 것은 다음 순찰을 편하게 하기 위한 것이다.
④ 경비원 상호 간에 순찰활동 결과에 대한 정보교환도 필요하다.

순찰과정에서 문이나 자물쇠 등에 인식이나 표식을 하는 것은 침입흔적을 확인하기 위한 것이다.

정답 ❸

64 외곽경비에 관한 설명으로 옳지 않은 것은?

확인 Check! ○ △ ×

① 자연적 장벽은 침입에 대한 적극적인 예방대책이 아니므로 추가적인 경비장치가 필요하며, 다른 구조물에 의해 보강된다.
② 외곽경비의 목적은 자연적 장애물과 인공적인 구조물 등을 이용하여 범죄자의 침입을 어렵게 하고, 침입시간을 지연시킴으로써 시설을 보호하는 데 있다.
③ 시설물 경비에서 경보장치는 1차적 방어수단에 해당한다.
④ 외곽경비는 장벽, 출입구, 건물 자체 순으로 수행된다.

경보장치는 2차적 방어수단에 해당하며, 1차적 방어수단에는 외곽방호시설물, 울타리, 담장, 외벽 등이 있다.

정답 ❸

해설편 제8회

65 조명등에 관한 설명으로 옳지 않은 것은?

① 투광조명등은 상당히 밝은 빛을 만들어 주기 때문에 특정지역에 빛을 집중시키거나 직접적으로 비추는데 사용된다.
② 수은등은 연한 노란색의 빛을 내며 안개지역에 사용된다.
③ 석영등은 매우 밝은 하얀 빛을 내며 경계구역과 사고발생 다발지역에 사용된다.
④ 백열등은 가정집에서 주로 사용되며, 가장 보편적으로 사용되나 수명이 짧다.

나트륨등에 관한 설명이다. 수은등은 푸른색의 매우 강한 빛을 방출하며, 수명이 오랫동안 지속된다.

❷

66 금융시설경비에 대한 설명으로 옳지 않은 것은?

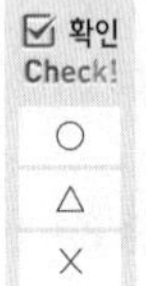

① 경비책임자는 경찰과의 연락 및 방범정보의 교환과 같은 사항이 지속적으로 이루어지도록 점검하여야 한다.
② 금융시설의 특성상 개·폐점 직후나 점심시간 등이 취약시간대로 분석되고 있다.
③ 금융시설경비는 금융시설 내에 한정해야 하므로 외부경계 및 차량감시는 하지 않아도 된다.
④ 자체 현금수송 시에는 가스총 등을 휴대한 청원경찰을 포함한 3명 이상을 확보해야 한다.

금융시설경비는 금융시설 내에 한정하지 않고 외부경계 및 차량감시도 경비활동의 대상에 포함된다.

정답 ❸

67 경보 센서에 대한 설명으로 옳지 않은 것은?

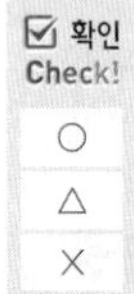

① 진동탐지기는 고미술품이나 전시 중인 물건 보호에 사용한다.
② 창문을 통한 침입을 감지하기 위해 전자기계식 센서가 설치되며 비용면에서도 저렴하다.
③ 열 감지기는 침입자에게서 나오는 열에 의해 전파의 이동이 방해 받으면 그 즉시 경보를 울리는 방식이다.
④ 자석 감지기는 감지장치로서 동작전원이 필요 없고 구조가 간단하여 쉽게 설치할 수 있다.

쏙쏙 해설

열 감지기는 물체나 인체에서 발산하는 원적외선 에너지의 변화량을 감지하는 수동형 감지기이다. 해당 문항은 무선주파수 장치에 관한 설명이다.

정답 ❸

68 교육시설경비에 관한 설명으로 옳지 않은 것은?

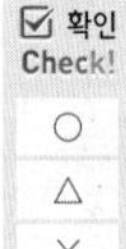

① 교육시설의 위험요소 조사 시 지역사회와의 상호관계는 고려대상에서 제외된다.
② 교육시설의 범죄예방활동은 계획 → 준비 → 실행 → 평가 및 측정의 순서로 이루어진다.
③ 교육시설 보호 및 이용자 안전 확보를 목적으로 한다.
④ 교육시설의 특별범죄예방의 대상에는 컴퓨터와 관련된 정보절도, 사무실 침입절도 등이 포함된다.

교육시설의 위험요소 조사 시 지역사회와의 상호관계는 고려대상에 포함되어야 한다.

정답 ❶

69 폭발물이 설치되어 있는 경우에 대응조치로서 옳지 않은 것은?

확인 Check! ○ △ ×

① 예상되는 지역봉쇄
② 폭탄의 유무 탐색
③ 폭발물 발견 시 용의자 수사
④ 가능한 한 많은 인력이 탐색활동에 참가

폭발물 예상지역을 봉쇄하고 많은 인력이 참가하는 것은 오히려 위험이 될 수 있으므로 전문가를 이용하여 탐색하여야 한다.

정답 ❹

70 군중이 운집한 상황에서 돌발사태 발생 시 기본원칙에 대한 설명으로 옳지 않은 것은?

확인 Check! ○ △ ×

① 밀도의 희박화
② 이동의 다양화
③ 경쟁적 상황의 해소
④ 지시의 철저

대규모 군중이 모이는 장소는 사전에 블록화하며, 군중이 이동 시에는 일정한 방향과 속도로 이동할 수 있도록 하여야 한다.

정답 ❷

군중관리의 기본원칙

- 밀도의 희박화 : 제한된 지역에 많은 사람들이 모이는 것을 피하게 한다.
- 이동의 일정화 : 일정한 방향, 일정한 속도로 군중을 이동시킨다.
- 경쟁적 상황의 해소 : 질서를 지키면 손해를 본다는 경쟁적 상황을 해소한다.
- 지시의 철저 : 자세한 안내방송을 하여 사고와 혼잡상태를 예방한다.

71 다음은 무엇에 대한 설명인가?

확인 Check! ○ △ ×

> 경쟁회사에 관한 최신 산업정보를 입수하거나 교란시키는 공작 등을 전문으로 하는 사람을 말하며, 이 세계는 수단방법을 가리지 않는 약육강식의 법칙에 의해 지배된다. 이들의 활동은 상대회사가 기밀이 누설된 사실을 눈치채지 못하게 하는 데 가장 역점을 두는데 협박보다는 매수를, 절취보다는 복사를 앞세워 더욱 음성화한다.

① 정보 테러리즘
② 산업스파이
③ 크래커
④ 블랙마켓

제시문은 산업스파이에 대한 설명이다.

정답 ❷

산업스파이 활동방법

- 합법적 방법 : 경쟁회사의 간행물, 상대회사의 직원이 발설한 내용, 공공기관의 조사보고서, 상대회사의 제품분석 등을 통해 정보를 수집·정리하는 행위
- 비도덕적 방법 : 특정정보의 입수를 위한 상대회사 사원의 스카우트, 상대회사의 퇴직사원 포섭, 상대회사의 최근 동향에 관한 정보수집 등의 행위
- 불법행위 : 상대회사에 잠입하여 매수·협박 또는 본인이 직접 기밀서류를 복사·절취·강탈하는 행위

72 소화기 중 화재 시 유독성 가스가 발생하는 D형의 화재에 주로 사용되는 소화기는 무엇인가?

확인 Check! ○ △ ×

① 포말소화기 ② 건식 분말소화기
③ 할론소화기 ④ 이산화탄소식 소화기

D형 화재(금속화재)는 건성분말의 화학식 화재진압이 효과적이다.

정답 ❷

① 포말소화기 : 화재의 규모가 작은 A(일반화재), B(유류화재)형의 화재에 효과적이다.
③ 할론소화기 : 할로겐을 이용한 소화기로 B(유류화재), C(전기화재)형의 화재에 주로 이용된다.
④ 이산화탄소식 소화기 : 일반적으로 B(유류화재), C(전기화재)형의 화재에 사용되고 A(일반화재)형의 화재진압을 위해 활용되지만 큰 화재에는 부적합하다.

73 다음 ( ) 안의 ㄱ, ㄴ에 들어갈 내용으로 옳은 것은?

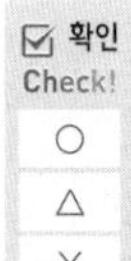

- (ㄱ) : 전압기나 변압기, 기타의 전기설비에 의해 발생한 화재로 일반적인 소화방식으로 화재를 진압하지만 물을 사용할 때는 절연성의 방전복을 입는 것이 중요하다.
- (ㄴ) : 취급자의 부주의와 시설 불량으로 촉발되어 순식간에 대형화재로 발전한다.

	ㄱ	ㄴ
①	A형 화재	B형 화재
②	B형 화재	E형 화재
③	C형 화재	A형 화재
④	C형 화재	E형 화재

ㄱ에는 C형 화재가, ㄴ에는 E형 화재가 각각 들어가야 한다.

정답 ❹

핵심만 콕

화재의 유형★★

- A형 화재(일반화재) : 종이, 쓰레기, 나무와 같이 일반적인 가연성 물질이 발화하는 경우로 백색연기를 발생하는 화재유형이다.
- B형 화재(유류화재) : 휘발성 액체, 알코올, 기름, 기타 잘 타는 유연성 액체에 의한 화재로 물을 뿌리게 되면 더욱 화재가 확대되게 된다.
- C형 화재(전기화재) : 전압기나 변압기, 기타의 전기설비에 의해 발생한 화재로 일반적인 소화방식으로 화재를 진압하지만 물을 사용할 때는 절연성의 방전복을 입는 것이 중요하다.
- D형 화재(금속화재) : 마그네슘, 나트륨, 수소화물, 탄화알루미늄, 황린・금속분류와 알칼리금속의 과산화물 등이 포함된 물질에 화재가 발생한 경우이다.
- E형 화재(가스화재) : 취급자의 부주의와 시설 불량으로 촉발되어 순식간에 대형화재로 발전한다.

74 다음 중 옳지 않은 것은?

① 효과적인 경비를 위해서는 안전경비조명이 설치되어야 하고 물건을 선적하거나 수령하는 지역은 통합되어야 한다.
② 경계구역과 건물 출입구 수는 안전규칙의 범위 내에서 최소한으로 유지되어야 한다.
③ 진동탐지기는 일반적으로 고미술품이나 전시 중인 물건 보호에 사용한다.
④ 경비원의 대기실은 시설물의 출입구와 비상구에서 인접한 곳에 위치해야 한다.

효과적인 경비를 위해서는 안전경비조명이 설치되어야 하고 물건을 선적하거나 수령하는 지역은 분리되어야 한다.

정답 ❶

75 포트(Port)에 대한 설명으로 옳지 않은 것은?

① 네트워킹 용어로서 논리적인 접점, 즉 컴퓨터 통신 이용자들을 대형컴퓨터에 연결해 주는 일종의 접속구이자 정보의 출입구 역할을 하는 곳을 말한다.
② 포트번호들은 서버 보안상 서버관리자가 임의적으로 변경할 수 없다.
③ 컴퓨터를 이용한 정보통신은 포트를 통해 이루어진다.
④ 포트에는 직렬포트와 병렬포트가 있으며 포트로 연결되는 장비에는 모뎀과 마우스, 프린트 등이 있다.

인터넷 서비스를 제공하고 있는 서버에서 가입자들에 대한 응답을 하기 위해 각 서비스별로 네트워크상에서 특정 통신경로에 할당된 번호를 포트번호라고 한다. 이런 포트번호들은 서버관리자가 필요에 의해 변경할 수 있으며 주로 서버 보안을 위해 포트를 변경하는 경우가 있다.

 ❷

해설편 제8회

76 컴퓨터 안전대책에 있어 외부 침입에 대한 안전조치로 옳지 않은 것은?

① 외부 침입자가 은폐물로 이용할 수 있는 장식적인 식수나 조경은 삼가야 한다.
② 환기용 창문, 공기 조절용 배관이나 배수구 등을 통한 침입을 차단할 수 있어야 한다.
③ 각 출입구마다 안전검사 절차를 거치고, 법에서 정해진 규격에 맞춘 방화문이 설치되어야 한다.
④ 시설물이 안전하다 판단되면 외부에는 컴퓨터센터를 보호하는 담이나 장벽을 설치하지 않아도 된다.

어떤 경우에라도 시설물 외부에는 컴퓨터센터를 보호하는 담이나 장벽 같은 것이 설치되어야 하고, 컴퓨터센터 내부에는 충분한 조명시설을 갖추어야 한다.

정답 ❹

77 정보보호의 목표가 아닌 것은?

① 무결성(Integrity)
② 비밀성(Confidentiality)
③ 가용성(Availability)
④ 적법성(Legality)

정보보호의 목표는 비밀성 · 무결성 · 가용성이며, 적법성은 이에 해당하지 않는다.

정답 ❹

78 다음에서 설명하는 해킹방법은 무엇인가?

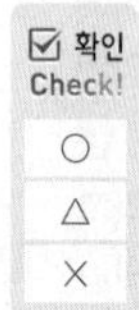

> 인터넷 프로토콜인 TCP/IP의 구조적 결함을 이용한 방법으로서 인증 기능을 가지고 있는 시스템에 침입하기 위해 침입자가 사용하는 시스템을 원래의 호스트로 위장하는 방법이다.

① 데이터 디들링(Data Diddling)
② IP 스푸핑(IP Spoofing)
③ 트랩도어(Trap Door)
④ 패킷 스니퍼링(Packet Sniffering)

제시문이 설명하는 해킹방법은 IP 스푸핑이다.

정답 ❷

핵심만 콕

해킹방법

데이터 디들링 (Data Diddling)	'자료의 부정변개'라고도 하며 데이터를 입력하는 동안이나 변환하는 시점에서 최종적인 입력 순간에 자료를 절취 또는 변경, 추가, 삭제하는 모든 행동을 말한다.
IP 스푸핑 (IP Spoofing)	• 인터넷 프로토콜인 TCP/IP의 구조적 결함, 즉 TCP 시퀀스 번호, 소스 라우팅, 소스 주소를 이용한 인증(Authentication) 메커니즘 등을 이용한 방법이다. • 인증 기능을 가지고 있는 시스템에 침입하기 위해 침입자가 사용하는 시스템을 원래의 호스트로 위장하는 방법이다.
트랩도어 (Trap Door)	OS나 대형 응용프로그램을 개발하면서 전체 시험 실행을 할 때 발견되는 오류를 쉽게 하거나 처음부터 중간에 내용을 볼 수 있는 부정루틴을 삽입해 컴퓨터의 정비나 유지보수를 핑계 삼아 컴퓨터 내부의 자료를 뽑아 가는 행위로, 프로그래머가 프로그램 내부에 일종의 비밀통로를 만들어 두는 것이다.
패킷 스니퍼링 (Packet Sniffering)	• 최근 널리 쓰이고 있는 대표적인 방법으로 Tcpdump, Snoop, Sniffer 등과 같은 네트워크 모니터링 툴을 이용해 네트워크 내에 돌아다니는 패킷의 내용을 분석해 정보를 알아내는 방법이다. • 이 방법은 네트워크에 연동되어 있는 호스트뿐만 아니라 외부에서 내부 네트워크로 접속하는 모든 호스트가 위험 대상이 된다.

79 홈 시큐리티(Home Security)의 기능에 대한 설명으로 옳지 않은 것은?

확인 Check! ○ △ ×

① 홈 시큐리티의 발전은 풍부한 부가가치를 창출할 수 있다.
② 앞으로의 고령화 시대에 있어서 좋은 대안이 되고 있다.
③ 홈 시큐리티는 주로 기계경비시스템을 중심으로 서비스가 실시되고 있다.
④ 비상경보가 전화회선을 통하여 정보가 전달되기 때문에 정보량에 한계가 없다.

쏙쏙 해설

비상경보가 전화회선을 통하여 전달되기 때문에 정보량에 한계가 있는 단점이 있다.

정답 ❹

80 우수한 경비인력 확보의 방안으로 옳지 않은 것은?

확인 Check! ○ △ ×

① 경비원 임용 전 철저한 신원조회
② 적정 보수규정의 체계화
③ 경비업자들 간의 신원정보교환
④ 여자경비원의 고용 제한

현재 여자경비원들의 경비업무는 안내 역할이나 여성고객 검색 등에 한정되고 있으나 점차 경비업무 분야를 확대하고 고급 여성인력들을 적극적으로 참여시켜 경비인력의 부족 현상을 해결할 수도 있다.

정답 ❹

해설편 제8회

제9회 법학개론

정답 및 해설

정답 CHECK

01	02	03	04	05	06	07	08	09	10	11	12	13	14	15	16	17	18	19	20
④	①	③	③	③	④	③	②	①	②	③	④	④	④	②	②	①	④	④	②
21	22	23	24	25	26	27	28	29	30	31	32	33	34	35	36	37	38	39	40
③	④	④	③	③	③	④	③	③	①	③	②	③	④	①	③	④	②	①	③

각 문항별로 이해도를 체크해 보세요.

문제편 195p

01 다음 기사의 밑줄 친 부분과 관련된 법언(法諺)으로 가장 적절한 것은?

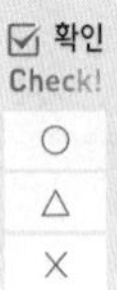

> 정부가 다음 달부터 신규 분양 아파트의 취득·등록세율을 거래가의 4%에서 2%로 내리기로 하자, 이미 아파트에 입주하고 세금을 낸 납세자들의 불만이 커지고 있다. 관련 부처의 홈페이지에는 세율 인하 조치를 소급 적용하여 과다 납부한 세금을 돌려 달라는 민원이 줄을 잇고 있다. 이에 대해 <u>정부는 세제(稅制)를 소급 적용하는 것은 법 원칙에도 맞지 않으며, 세금을 돌려준다면 과세 체계가 크게 흔들리므로 받아들일 수 없다는 입장</u>이다.
>
> – ○○일보

① 국민이 원하는 것이 법이다.
② 사회가 있는 곳에 법이 있다.
③ 세상이 망하더라도 정의는 세우라.
④ 정의롭지 못한 법도 무질서보다는 낫다.

밑줄 친 부분은 법적 안정성을 중시하는 입장이다. 따라서 정의롭지 못한 법도 무질서보다는 낫다는 법언과 연결된다.

정답 ❹

법언(法諺)

시험에서 자주 인용되기 때문에 반드시 의미를 연관 지어 알아두어야 한다.

1. 사회규범 : 사회가 있는 곳에 법이 있다.
2. 강제성 : 강제력이 없는 법은 타지 않는 불이요, 비치지 않는 등불이다.
3. 정의(正義) : 세상이 망하더라도 정의를 세우라.★

4. 합목적성★
   1) 민중의 행복이 최고의 법률
   2) 국민이 원하는 것이 법이다.
5. 법적 안정성★
   1) 정의의 극치는 부정의의 극치이다.
   2) 무질서한 것보다 오히려 불평등한 것이 낫다.
   3) 악법도 법이다.
6. 법과 도덕과의 관계 : 도덕은 법의 최대한이고, 법은 도덕의 최소한이다.★
7. 법치주의 : 국왕도 법 아래에 있다.
8. 권리의 절대성 : 자기 권리를 행사하는 자는 어느 누구도 해하지 않는다.

02 아리스토텔레스의 정의론에서 말하는 평균적 정의에 대한 설명으로 적절한 것은?

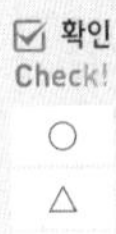

ㄱ. 형식적 · 절대적 평등 ㄴ. 산술적 · 교환적 정의 ㄷ. 실질적 · 상대적 평등 ㄹ. 상대적 · 비례적 정의

① ㄱ, ㄴ ② ㄱ, ㄷ
③ ㄴ, ㄷ ④ ㄴ, ㄹ

쏙쏙 해설

아리스토텔레스가 말하는 평균적 정의란 개인은 동일한 가치를 가지고 평등하게 다루어져야 한다는 형식적 · 절대적 평등과 산술적 · 교환적 정의를 의미한다.

정답 ❶

아리스토텔레스의 정의론

정의를 일반적 정의(광의)와 특수적 정의(협의)로 구분하였고, 특수적 정의는 아래와 같이 나누어진다.

1. 평균적 정의 : 개인은 동일한 가치를 가지고 평등하게 다루어져야 한다는 형식적 · 절대적 평등을 주장하는 산술적 · 교환적 정의
2. 배분적 정의 : 개인 각자의 능력과 가치에 따라 적합하게 분배되어야 한다는 실질적 · 상대적 평등을 주장하는 상대적 · 비례적 정의

*일반적 정의는 법을 지키는 등의 일반적인 옳고 그름을 지키는 것을 의미

해설편 제9회

03 법원(法源)에 관한 설명으로 옳지 않은 것은?

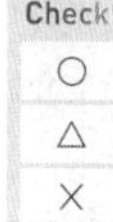

① 법원은 크게 성문법원과 불문법원으로 나누어진다.
② 성문법은 문서화된 법으로, 법률·명령·조약·규칙 등이 있다.
③ 불문법은 관습법·판례법·조례가 있다.
④ 우리나라는 성문법주의를 원칙으로 하고 불문법은 성문법의 결함을 보충한다.

불문법에는 관습법, 판례법, 조리가 있다. 조례는 지방자치단체가 그 권한에 속하는 사무에 관하여 법령의 범위 내에서 지방의회의 의결을 통해 제정하는 성문법이다.

정답 ❸

04 관습법에 관한 설명으로 옳지 않은 것은?

① 죄형법정주의에 따라 관습형법은 인정되지 않는다.
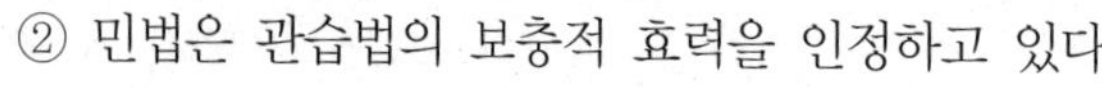
② 민법은 관습법의 보충적 효력을 인정하고 있다.
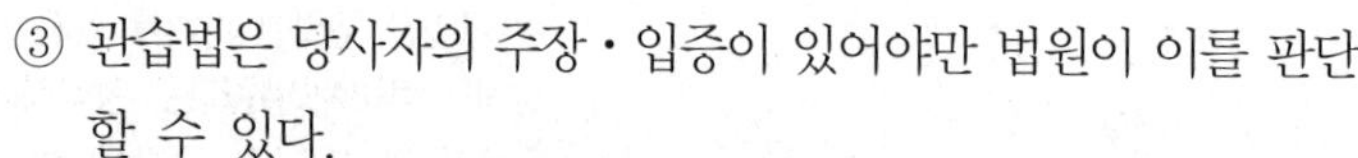
③ 관습법은 당사자의 주장·입증이 있어야만 법원이 이를 판단할 수 있다.
④ 헌법재판소 다수의견에 의하면 관습헌법도 성문헌법과 동등한 효력이 있다.

<u>사실인 관습</u>은 그 존재를 당사자가 주장·입증하여야 하나, <u>관습법</u>은 당사자의 주장·입증을 기다림이 없이 법원이 직권으로 이를 판단할 수 있다(대판 1983.6.14. 80다3231).

정답 ❸

05 다음의 개념들이 나타내는 것은 무엇인가?

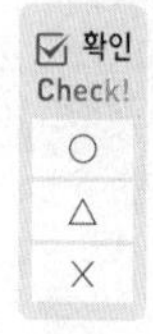

• 경험법칙	• 사회통념	• 공서양속

① 관 행　　② 성문법
③ 조 리　　④ 풍 속

조리란 사람의 건전한 상식으로 판단할 수 있는 사물의 본질적 도리로서 경험법칙, 사회통념, 사회적 타당성, 공서양속, 신의성실, 정의, 형평원칙 등을 총칭하는 것으로, 법의 흠결 시에 최후의 법원으로서 재판의 준거가 된다.

정답 ❸

06 법의 분류에 관한 설명으로 옳지 않은 것은?

확인 Check! ○ △ ×

① 공법과 사법의 구별은 대륙법계의 특징이다.
② 사회법은 법의 사회화·사법의 공법화 경향을 말한다.
③ 일반법과 특별법은 적용되는 법의 효력범위에 따른 구분이다.
④ 자연법론은 형식적 법치주의를 지향한다.

쏙쏙 해설

자연법(自然法)은 시대와 장소를 초월하여 보편타당하게 받아들여지는 법을 일컫는다. 이에 따르면 자연법은 실질적 법치주의를 지향한다.

정답 ❹

07 일본인이 독일 내 공원에서 대한민국국민을 살해한 경우, 대한민국 형법을 적용할 수 있는 근거는?

확인 Check! ○ △ ×

① 속인주의
② 속지주의
③ 보호주의
④ 기국주의

쏙쏙 해설

보호주의(형법 제6조)에 근거하여 대한민국 형법을 적용할 수 있다.

정답 ❸

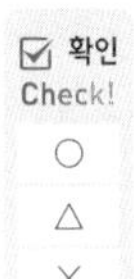

법령

형법상 장소적 적용범위

- 속지주의(제2조) : 본법은 대한민국 영역 내에서 죄를 범한 내국인과 외국인에게 적용한다.
- 속인주의(제3조) : 본법은 대한민국 영역 외에서 죄를 범한 내국인에게 적용한다.
- 기국주의(제4조) : 본법은 대한민국 영역 외에 있는 대한민국의 선박 또는 항공기 내에서 죄를 범한 외국인에게 적용한다.
- 보호주의(제5조) : 본법은 대한민국 영역 외에서 다음에 기재한 죄를 범한 외국인에게 적용한다.
  1. 내란의 죄
  2. 외환의 죄
  3. 국기에 관한 죄
  4. 통화에 관한 죄
  5. 유가증권, 우표와 인지에 관한 죄
  6. 문서에 관한 죄 중 공문서 관련 죄
  7. 인장에 관한 죄 중 공인 등의 위조, 부정사용
- 보호주의(제6조) : 본법은 대한민국 영역 외에서 대한민국 또는 대한민국국민에 대하여 전조에 기재한 이외의 죄를 범한 외국인에게 적용한다. 단, 행위지의 법률에 의하여 범죄를 구성하지 아니하거나 소추 또는 형의 집행을 면제할 경우에는 예외로 한다.
- 세계주의 : 총칙에서는 규정이 없으나 각칙에서는 세계주의를 인정하고 있다(제296조의2).

해설편 제9회

08 법규범을 구체적 사안에 적용할 수 있도록 그 의미·내용을 명확히 하는 과정은 무엇인가?

확인 Check! ○ △ ×

① 사실의 확정
② 법의 해석
③ 법의 적용
④ 입 증

해설

법의 해석은 일반적·추상적으로 규정되어 있는 법규범을 구체적인 사건에 적용하여 집행하기 위해 그 의미와 내용을 명확히 밝히는 것을 말한다.

정답 ❷

09 권리 등과 관련된 설명으로 옳지 않은 것은?

확인 Check! ○ △ ×

① 사권은 권리의 이전성에 따라 절대권과 상대권으로 구분된다.
② 공권은 사권에 대립되는 말로서 국가적 공권과 개인적 공권으로 나눌 수 있다.
③ 국가적 공권은 권리의 목적을 기준으로 군정권·재정권·외교권 등으로 분류할 수 있다.
④ 권능은 권리의 내용을 이루는 개개의 법률상의 힘을 말한다.

해설

사권은 권리의 이전성(양도성)에 따라 일신전속권과 비전속권으로 구분된다. 절대권과 상대권은 권리의 효력 범위에 대한 분류이다.

정답 ❶

10 헌법전문의 법적 효력에 관한 설명 중 옳지 않은 것은?

확인 Check! ○ △ ×

① 헌법전문은 헌법 본문과 기타 법령의 해석기준이 된다.
② 헌법전문으로부터 곧바로 국민의 개별적 기본권을 도출해 낼 수 있다.
③ 헌법재판소는 헌법전문의 재판규범성을 인정하고 있다.
④ 헌법전문의 자구수정은 가능하나 핵심적인 내용은 헌법개정의 한계이다.

해설

헌법전문으로부터 곧바로 국민의 개별적 기본권을 도출해 낼 수는 없다(헌재 2001.3.21. 99헌마139 참고).

정답 ❷

11 다음 ( ) 안의 ㄱ~ㄹ에 들어갈 내용이 알맞게 연결된 것은?

- (ㄱ)선거제는 (ㄴ)선거제에 반대되는 것으로 사회적 신분·재산·납세·교육·신앙·인종·성별 등에 차별을 두지 않고 원칙적으로 모든 성년자에게 선거권을 부여하는 제도이다.
- (ㄷ)선거제는 (ㄹ)선거제에 반대되는 것으로 선거인의 투표가치가 동등하게 취급되는 제도이다.

① ㄱ : 평등, ㄴ : 차등, ㄷ : 보통, ㄹ : 제한
② ㄱ : 보통, ㄴ : 차등, ㄷ : 평등, ㄹ : 제한
③ ㄱ : 보통, ㄴ : 제한, ㄷ : 평등, ㄹ : 차등
④ ㄱ : 평등, ㄴ : 제한, ㄷ : 보통, ㄹ : 차등

쏙쏙 해설

( ) 안에는 순서대로 ㄱ : 보통, ㄴ : 제한, ㄷ : 평등, ㄹ : 차등이 들어간다.

정답 ❸

12 밑줄 친 '이 기본권'을 보장하기 위한 제도에 대한 설명으로 옳은 것을 〈보기〉에서 모두 고르면?

이 기본권은 정신적 자유와 더불어 헌법의 이념인 인간의 존엄과 가치를 구현하기 위한 가장 기본적인 자유로서 모든 기본권 보장의 전제가 된다. 이 기본권이 보장되지 아니하면 그 밖의 자유나 권리는 물론이고, 인간의 존엄성 유지와 민주주의 그 자체의 존립마저 불가능한 것이 되고 만다. 그리하여 현행 헌법 제12조 및 제13조는 이를 보장하기 위한 상세한 규정을 두고 있다.

ㄱ. 체포·구속을 당한 국민은 변호인의 조력을 받을 수 있다.
ㄴ. 모든 국민은 동일한 범죄에 대하여 거듭 처벌되지 아니한다.
ㄷ. 공무원의 직무상 불법행위로 손해를 받은 국민은 국가에 배상을 청구할 수 있다.
ㄹ. 피고인의 자백이 그에게 불리한 유일한 증거인 경우에는 유죄의 증거로 삼을 수 없다.

① ㄱ, ㄴ
② ㄱ, ㄷ
③ ㄷ, ㄹ
④ ㄱ, ㄴ, ㄹ

쏙쏙 해설

밑줄 친 "이 기본권"은 "신체적 자유권"을 의미하는데, 제시된 보기에서 이와 관련된 내용으로 옳은 것은 ㄱ, ㄴ, ㄹ이다.

정답 ❹

해설편 제9회

안심Touch

ㄷ (×) 공무원의 직무상 불법행위로 인한 손해배상청구권은 신체의 자유를 보장하기 위한 직접적인 제도라고 보기 어렵다 (헌법 제29조 제1항).
ㄱ (○) 헌법 제12조 제4항
ㄴ (○) 헌법 제13조 제1항
ㄹ (○) 헌법 제12조 제7항

13 양원제의 장점에 해당하지 않는 것은?

① 신중한 국정 심의
② 다수당의 횡포 방지
③ 직능대표제의 도입이 용이
④ 국회의 책임소재가 명확

양원제는 신중한 국정 심의, 다수당의 횡포 방지, 직능대표제 도입이 용이하다는 등의 장점을 가지고 있다. 국회의 책임소재가 명확한 것은 단원제의 장점이다.

정답 ④

핵심만 콕

단원제와 양원제의 장단점

구 분	단원제	양원제
장 점	• 국정의 신속한 처리 • 국회의 경비절약 • 책임소재의 분명 • 국민의사의 직접적 반영	• 연방국가에 있어서 지방의 이익 옹호 • 직능적 대표로 상원이 원로원 구실을 하여 급진적 개혁방지 • 하원의 경솔한 의결이나 성급한 과오 시정 • 상원이 하원과 정부의 충돌완화
단 점	• 국정심의의 경솔 • 정부와 국회의 충돌 시 해결의 곤란 • 국회의 정부에 대한 횡포의 우려	• 의결의 지연 • 경비과다 • 전체 국민의 의사 왜곡 우려

14 위헌법률심판에 대한 설명으로 옳지 않은 것은?

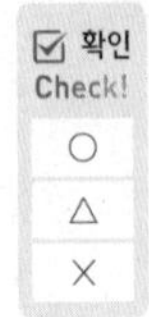

① 법률이 헌법에 위반되는지 여부가 재판의 전제가 된 경우, 법원이 당사자의 신청 또는 직권으로 헌법재판소에 제청한다.
② 위헌법률심판은 해당 법률 등이 당해 소송사건에 적용되어, 그 위헌 여부에 따라 재판의 주문 등이 달라질 수 있는 경우일 것을 요한다.

위헌으로 결정된 법률 또는 법률의 조항은 그 결정이 있는 날부터 효력을 상실한다(헌법재판소법 제47조 제2항).

정답 ④

③ 헌법재판소는 해당 심판의 결정으로 각하, 합헌, 위헌, 헌법불합치 결정을 한다.
④ 위헌으로 결정된 법률 또는 법률의 조항은 그 결정이 있는 다음 날로부터 효력을 상실한다.

15 대리에 관한 설명으로 옳지 않은 것은?

확인 Check! ○ △ ×

① 대리는 사적자치의 확장・보충기능을 한다.
② 제한능력자는 대리인이 될 수 없다.
③ 상대방이 대리인으로서 한 것임을 알았거나 알 수 있었을 때, 그 의사표시는 대리행위로서의 효력이 발생한다.
④ 임의대리인은 본인의 승낙이 있거나 부득이한 사유가 있는 경우에만 예외적으로 복대리인 선임권이 있다.

대리인은 행위능력자임을 요하지 않으므로 제한능력자도 대리가 가능하다(민법 제117조).

정답 ❷

① 법정대리는 사적자치의 보충기능을 하고, 임의대리는 사적자치의 확장기능을 한다.
③ 민법 제115조
④ 민법 제120조

16 민법상 취소에 대한 설명으로 옳은 것을 고르면?

확인 Check! ○ △ ×

① 취소의 의사를 표시하면 장래를 향하여 법률효과가 소멸되는 효력이 발생한다.
② 제한능력자와 하자 있는 의사표시를 한 자와 그 대리인 또는 승계인만이 취소권자가 될 수 있다.
③ 취소를 할 수 있는 기간에는 제한이 없다.
④ 취소할 수 있는 법률행위는 유효한 것으로 만들 수 없다.

제한능력자, 착오로 인하거나 사기・강박에 의하여 의사표시를 한 자, 그의 대리인 또는 승계인만이 취소할 수 있다(민법 제140조).

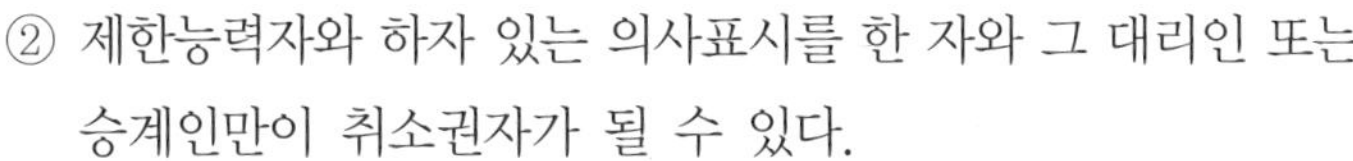

정답 ❷

① 취소의 의사를 표시하면 처음부터 소급하여 법률효과가 소멸한다(민법 제141조 참고).
③ 취소권에는 행사할 수 있는 기간이 정해져 있어서 기간 내에 행사하지 못하면 취소권이 소멸하고 유효한 것으로 확정된다(민법 제146조).
④ 취소할 수 있는 법률행위는 추인에 의하여 확정적으로 유효한 행위로 만들 수 있다(민법 제143조 참고).

17 **타인의 토지를 자기 토지의 편익에 이용할 수 있는 물권은?**

☑ 확인 Check! ○ △ ×

① 지역권 ② 지상권
③ 유치권 ④ 질 권

민법은 용익물권의 하나로 타인의 토지를 자기 토지의 편익에 이용할 수 있는 지역권을 규정하고 있다(민법 제291조).

정답 ❶

18 **유치권에 대한 설명으로 옳지 않은 것은?**

☑ 확인 Check! ○ △ ×

① 유치권자는 채권 전부의 변제를 받을 때까지 유치물 전부에 대하여 그 권리를 행사할 수 있다.
② 유치권자는 유치물의 과실을 수취하여 다른 채권보다 먼저 그 채권의 변제에 충당할 수 있다.
③ 과실이 금전이 아닌 때에는 경매하여야 한다.
④ 과실은 먼저 원본에 충당하고 그 잉여가 있으면 채권의 이자에 충당한다.

쏙쏙 해설

④ 과실은 먼저 채권의 이자에 충당하고 그 잉여가 있으면 원본에 충당한다(민법 제323조 제2항).
① 민법 제321조
②·③ 민법 제323조 제1항

정답 ❹

19 **채권자와 보증인 사이의 보증계약에 의하여 성립하는 채무로서 주 채무자가 그 채무를 이행하지 않을 때 보증인이 보충적으로 이행해야 하는 채무는?**

☑ 확인 Check! ○ △ ×

① 연대채무 ② 분할채권
③ 양도담보 ④ 보증채무

설문은 보증채무에 관한 설명이다(민법 제428조 제1항).

① 연대채무 : 여러 명의 채무자가 채무 전부를 각자 이행할 의무가 있고, 채무자 1인의 이행으로 다른 채무자도 그 의무를 면하게 되는 채무를 말함(민법 제413조)
② 분할채권(가분채권) : 같은 채권에 2인 이상의 채권자 또는 채무자가 있을 때 분할할 수 있는 채권을 말함
③ 양도담보 : 채권담보의 목적으로 일정한 재산을 양도하고, 채무자가 채무를 이행하지 않는 경우에 채권자는 목적물로부터 우선변제(優先辨濟)를 받게 되나, 채무자가 이행을 하는 경우에는 목적물을 채무자에게 반환하는 방법에 의한 담보를 말함

20 과실상계에 대한 다음 설명 중 옳은 것은?

① 과실상계는 불법행위에만 적용되며 채무불이행에는 적용되지 않는다.

② 과실상계에 있어서 과실이란 사회통념상, 신의성실의 원칙상, 공동생활상 요구되는 약한 부주의까지 모두 포함하는 개념이다.

③ 피해자와 신분상 또는 사회생활상 일체를 이루는 자의 과실은 피해자의 과실로 참작될 수 없다.

④ 손익상계를 먼저 적용한 다음 과실상계를 한다.

대판 2001. 3. 23. 99다33397 참고

 ❷

① 과실상계는 채무불이행과 불법행위에 모두 적용된다(민법 제763조 · 제396조).
③ 피해자의 과실뿐만 아니라 피해자와 신분상 또는 사회생활상 일체를 이루는 자의 과실도 피해자의 과실로 참착된다(대판 2010. 8. 26. 2010다37479).
④ 과실상계를 먼저 한 후 손익상계를 한다(대판 2008. 5. 15. 2007다37721).

21 다음에서 설명하는 계약은?

> 당사자 일방이 금전 기타 대체물의 소유권을 상대방에게 이전할 것을 약정하고, 상대방은 그와 동종 · 동질 · 동량의 물건을 반환할 것을 약정하는 계약

① 교 환 ② 매 매
③ 소비대차 ④ 사용대차

 해설

제시문의 내용은 소비대차(민법 제598조)에 대한 설명에 해당한다.

 ❸

① 교환 : 당사자 쌍방이 금전 이외의 재산권을 상호이전할 것을 약정하는 계약(민법 제596조)
② 매매 : 당사자 일방이 재산권을 상대방에게 이전하고 상대방은 그 대금을 지급할 것을 약정하는 계약(민법 제563조)
④ 사용대차 : 당사자 일방이 상대방에게 무상으로 사용 · 수익하게 하기 위하여 목적물을 인도할 것을 약정하고 상대방은 이를 사용, 수익한 후 그 물건을 반환할 것을 약정하는 계약(민법 제609조)

해설편 제9회

22 다음 중 죄형법정주의의 파생원칙으로 옳지 않은 것은?

① 관습형법금지의 원칙
② 유추해석금지의 원칙
③ 형벌법규불소급의 원칙
④ 상대적 부정기형 금지의 원칙

부정기형이란 형의 기간을 확정하지 않고 선고하는 자유형이다. 상한과 하한을 정하고 그 기간 중 수형자의 태도 등을 고려하여 석방 시기를 결정하는 상대적 부정기형은 허용되나, 상한과 하한의 정함이 없이 형의 집행단계에서 석방 시기를 결정하는 절대적 부정기형은 허용되지 않는다.

정답 ❹

핵심만 콕

죄형법정주의의 파생원칙★

관습형법금지의 원칙	관습법은 형법의 법원이 될 수 없다는 원칙이다. 그러나 법률 해석상 관습법을 통하여 형벌을 완화하거나 제거하는 것은 인정될 수 있다.
소급효금지의 원칙	형법은 그 실시 이후의 행위만 규율할 뿐, 그 이전의 행위에는 효력이 미치지 않는다는 원칙이다. 그러나 인권침해의 염려가 없을 때 등에는 예외적으로 소급효가 인정된다.
유추해석금지의 원칙	형법은 문서에 좇아 엄격히 해석되어야 하며(문리해석), 법문의 의미를 넘는 유추해석은 허용되지 않는다는 원칙이다. 다만 피고인에게 유리한 유추해석은 예외적으로 허용된다.
명확성의 원칙	범죄의 구성요건과 형사제재에 관한 규정을 구체적으로 명확하게 규정하여야 한다는 원칙이다. **절대적 부정기형 금지 원칙** 형기를 전혀 정하지 않은 절대적 부정기형은 금지된다는 원칙으로, 형벌권의 자의적인 행사를 예방하기 위한 목적이다. 그러나 교육형주의에 따라 상대적 부정기형은 죄형법정주의에 반하지 않는 것으로 해석되고 있다.
적정성의 원칙	행위자가 어떠한 범죄를 범했을 때 이를 형벌로 적정하게 처벌해야 한다는 원칙이다.

23 요구되는 주의에 대하여 행위자의 주의가 현저하게 결여되어 있는 경우의 과실을 무엇이라고 하는가?

① 업무상과실
② 인식있는 과실
③ 인식없는 과실
④ 중과실

설문은 중과실에 대한 내용이다(예 가스통 옆에서 담배를 피우다 폭발사고를 일으킨 경우).

정답 ❹

24 이미 주된 범죄에 의해 완전히 평가된 범위 내에서는 사후 행위가 구성요건에 해당하더라도 별도의 범죄가 되지 않는 경우는?

① 포괄일죄
② 반의사불벌죄
③ 불가벌적 사후행위
④ 상상적 경합

쏙쏙 해설

설문은 불가벌적 사후행위에 대한 내용이다. 절도범이 절도한 물건을 손괴하여도, 절도죄 외에 손괴죄를 별도로 구성하지 않는 경우를 생각할 수 있다.

정답 ❸

핵심만 콕

① 포괄일죄 : 여러 개의 행위가 포괄적으로 하나의 구성요건에 해당하여 한 개 죄로 평가하는 것
② 반의사불벌죄 : 피해자가 가해자에 대한 처벌의사를 원치 않으면 피해자의 명시한 의사에 반하여 처벌할 수 없는 범죄(단순・존속폭행죄, 과실치상죄 등)
④ 상상적 경합 : 한 개의 행위가 수 개의 죄에 해당하면 가장 중한 죄에 정한 형으로 처벌하는 것(형법 제40조)

25 자기 또는 타인의 법익에 대한 현재의 위난을 피하기 위한 행위가 상당한 이유가 있는 경우 벌하지 않는 것은?

① 정당행위　② 정당방위
③ 긴급피난　④ 자구행위

쏙쏙 해설

설문은 긴급피난에 해당한다(형법 제22조 제1항).

정답 ❸

핵심만 콕

① 정당행위 : 법령에 의한 행위 또는 업무로 인한 행위 기타 사회상규에 위배되지 아니하는 행위는 벌하지 아니한다(형법 제20조).
② 정당방위 : 자기 또는 타인의 법익에 대한 현재의 부당한 침해를 방위하기 위한 행위는 상당한 이유가 있는 때에는 벌하지 아니한다(형법 제21조 제1항).
④ 자구행위 : 법정절차에 의하여 청구권을 보전하기 불능한 경우에 그 청구권의 실행불능 또는 현저한 실행곤란을 피하기 위한 행위는 상당한 이유가 있는 때에는 벌하지 아니한다(형법 제23조 제1항).

26 A 소유의 오토바이를 타고 심부름을 다녀오라고 해서 B가 그 오토바이를 타고 가다가 마음이 변하여 이를 반환하지 아니한 채 그대로 타고 가버린 경우 B의 죄책은?

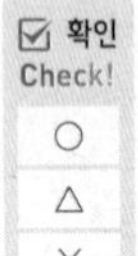

① 절도죄
② 배임죄
③ 횡령죄
④ 절도죄와 횡령죄

B가 A의 승낙을 받고 그의 심부름으로 오토바이를 타고 가서 수표를 현금으로 바꾼 뒤에 마음이 변하여 그 오토바이를 반환하지 아니한 채 그대로 타고 가버렸다 하더라도 그것은 <u>B와 A 사이에 오토바이의 보관에 따른 신임관계를 위배한 것이 되어 횡령죄를 구성함은 별론으로 하고 적어도 절도죄는 구성하지 않는다</u> 할 것이다(대판 1986. 8. 19. 86도1093).

정답 ❸

27 다음 중 임의수사에 해당하지 않은 것은?

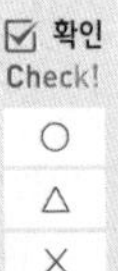

① 출석요구
② 참고인 진술 청취
③ 피의자 신문
④ 증거보전

수사는 임의수사가 원칙이고, 강제수사는 예외적으로 법의 규정이 있을 때 가능하다. 임의수사는 강제력을 요하지 않고 당사자의 승낙을 얻어서 행하는 수사로 임의수사 방법에는 출석요구, 참고인 진술 청취, 통역·번역·감정의 위촉, 피의자 신문, 사실조회 등이 해당한다. 증거보전은 수사기관의 청구에 의해서 법관이 하는 것으로 강제수사에 해당한다.

정답 ❹

핵심만 콕

수사의 방법★★

	임의수사	강제수사
의 의	강제력을 행사하지 않고 당사자의 승낙을 얻어서 행하는 수사	법률의 규정에 의한 강제처분에 의한 수사
방 법	• 출석요구 • 참고인 진술 청취 • 통역·번역·감정의 위촉 • 피의자 신문 • 사실조회 등	• 영장 없는 수사[현행범 체포(형사소송법 제212조), 검증(형사소송법 제216조 제1항 제2호), 공무소에의 조회(형사소송법 제199조 제2항) 등] • 영장에 의한 수사 : 구속, 압수, 수색(형사소송법 제215조) 등 • 수사기관의 청구에 의해서 법관이 하는 것 : 증거보전(형사소송법 제184조) 등

28 우리나라 형사소송법에 관한 설명으로 옳지 않은 것은?

① 형사소송법은 형법을 구체적인 사건에 적용하여 실현하기 위한 형사절차를 규정하는 법률을 의미한다.

② 형사소송법도 형법과 마찬가지로 형사사법의 정의(正義)를 지향하는 것이다.

③ 형사소송법은 국가형벌권의 발생조건과 그 내용 및 법적효과에 관한 법률이다.

④ 민사분쟁의 해결은 반드시 민사소송법이 정한 절차에 따를 것을 요하지 않는 데 반하여 형법은 형사절차에 의하지 않고는 실현될 수 없다.

 해설

③은 형법에 관한 설명이다. 형사소송법은 형사사법에 있어서의 정의를 실현하기 위한 법률을 의미하는 것으로 형사절차 법정주의를 따른다.

정답 ❸

29 상법의 법원 적용순서를 바르게 나열한 것은?

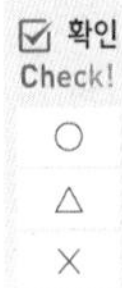

① 상사특별법 → 상사자치법 → 상법 → 상관습법 → 민법 → 조리

② 상사자치법 → 상사특별법 → 민법 → 상관습법 → 상법 → 조리

③ 상사자치법 → 상사특별법 → 상법 → 상관습법 → 민법 → 조리

④ 상사특별법 → 상사자치법 → 상관습법 → 상법 → 민법 → 조리

 해설

상법의 법원 적용순서는 상사자치법 → 상사특별법 → 상법 → 상관습법 → 민법 → 조리의 순으로 이루어진다.

정답 ❸

30 회사에 관한 다음의 설명 중 옳지 않은 것은?

확인 Check! ○ △ ×

① 상법상 회사에는 합명회사, 합자회사, 주식회사, 유한회사의 4종이 있다.
② 합명회사는 2인 이상의 무한책임사원으로 조직된 회사이다.
③ 합자회사는 무한책임사원과 유한책임사원으로 조직된 이원적 회사이다.
④ 유한회사를 설립함에는 사원이 정관을 작성하여야 한다.

① 상법상 회사는 합명회사, 합자회사, 유한책임회사, 주식회사, 유한회사의 5종으로 한다(상법 제170조).
② 상법 제178조 참고
③ 상법 제268조
④ 상법 제543조 제1항

정답 ❶

31 주식회사에 관한 설명으로 옳지 않은 것은?

확인 Check! ○ △ ×

① 주식회사는 무액면주식을 발행할 수 있다.
② 발행주식의 총수는 주식회사 설립등기의 기재사항이다.
③ 회사는 다른 회사의 무한책임사원이 될 수 있다.
④ 주주의 책임은 그가 가진 주식의 인수가액을 한도로 한다.

③ 회사는 다른 회사의 무한책임사원이 되지 못한다(상법 제173조).
① 상법 제329조 제1항 본문
② 상법 제317조 제2항 제3호
④ 상법 제331조

정답 ❸

32 보험계약에 관한 설명으로 옳지 않은 것은?

확인 Check! ○ △ ×

① 유상(有償)·쌍무(雙務)계약(契約)이다.
② 사행계약(射倖契約)이 아니다.
③ 불요식(不要式)의 낙성계약(諾成契約)이다.
④ 부합계약(附合契約)이다.

보험계약은 우연한 사고의 발생으로 인하여 보험금액의 액수가 정해지므로 대표적인 사행계약에 해당한다.

정답 ❷

33 노동조합 및 노동관계조정법상 용어의 정의에 관한 설명으로 옳지 않은 것은?

확인 Check! ○ △ ×

① 근로자는 직업의 종류를 불문하고 임금 · 금료, 기타 이에 준하는 수입에 의하여 생활하는 자를 말한다.

② 사용자는 사업주, 사업의 경영담당자 또는 그 사업의 근로자에 관한 사항에 대하여 사업주를 위하여 행동하는 자를 말한다.

③ 노동조합이 단체교섭 · 쟁의행위, 기타의 행위로서 노동조합의 목적을 달성하기 위하여 한 행위는 정당한 행위에 해당하며 이 과정에서 예외적으로 폭력이나 파괴행위가 수반되더라도 정당한 행위로 해석된다.

④ 노동쟁의는 노동조합과 사용자 또는 사용자단체 간에 임금 · 근로시간 · 복지 · 해고, 기타 대우 등 근로조건의 결정에 관한 주장의 불일치로 인하여 발생한 분쟁상태를 말한다.

해설

노동조합이 단체교섭 · 쟁의행위, 기타의 행위로서 노동조합의 목적을 달성하기 위하여 한 행위는 정당한 행위에 해당하나 어떠한 경우에도 폭력이나 파괴행위가 정당한 행위로 해석되어서는 아니 된다(노동조합법 제4조).

정답 ❸

34 사용자가 근로자를 해고시키기 위해서는 '정당한 사유'가 있어야 하는 바, 다음 중 정리해고의 정당성을 위한 요건이 아닌 것은?

확인 Check! ○ △ ×

① 해고를 하지 않으면 기업경영이 위태로울 정도의 급박한 경영상의 필요성이 존재할 것(급박한 경영상의 필요성)

② 경영방침이나 작업상식의 합리화, 신규채용의 금지, 일시휴직 및 희망퇴직의 활용 등 해고회피를 위한 노력을 다하였어야 할 것(해고회피의 노력)

③ 합리적이고 공정한 기준을 설정하여 이에 따라 해고대상자를 선별할 것(해고대상자 선별의 합리성 · 공정성)

④ 해고대상자의 신속한 재취업 및 조속한 사회복귀와 정서적 불안감의 해소를 고려하여 해고사유 지득 당일 해고를 통보할 것(신속한 해고절차 유지)

해설

④는 해고절차를 무시한 부당한 해고 사례에 해당하여 옳지 않다. 사용자는 근로자를 해고하고자 할 때에는 적어도 30일 전에 그 예고를 하여야 한다.

정답 ❹

해설편 제9회

안심Touch

법령 **해고의 예고(근로기준법 제26조)**

사용자는 근로자를 해고(경영상 이유에 의한 해고를 포함한다)하려면 적어도 30일 전에 예고를 하여야 하고, 30일 전에 예고를 하지 아니하였을 때에는 30일분 이상의 통상임금을 지급하여야 한다. 다만, 다음 각호의 어느 하나에 해당하는 경우에는 그러하지 아니하다. 〈개정 2019. 1. 15.〉★

1. 근로자가 계속 근로한 기간이 3개월 미만인 경우
2. 천재·사변, 그 밖의 부득이한 사유로 사업을 계속하는 것이 불가능한 경우
3. 근로자가 고의로 사업에 막대한 지장을 초래하거나 재산상 손해를 끼친 경우로서 고용노동부령으로 정하는 사유에 해당하는 경우

35 다음은 무엇에 대한 설명인가?

확인 Check! ○ △ ×

> 고용조건에서는 조합원 자격을 문제삼지 않지만 사용자에 의하여 고용된 근로자는 일정기간 내에 노동조합에 가입해야 할 것을 정한 단체협약의 조항

① 유니언 숍 ② 클로즈드 숍
③ 오픈 숍 ④ 프리퍼렌셜 숍

쏙쏙 해설

제시문은 유니언 숍 조항에 대한 설명이다. 유니언 숍 조항에 따르면 고용된 근로자가 일정기간 이내에 조합에 가입하지 아니하거나 가입한 조합으로부터 제명 또는 탈퇴하는 경우에는 사용자는 그 근로자를 해고해야 할 의무를 부담한다.

정답 ❶

핵심만 콕

② 클로즈드 숍 : 근로자 고용 시 노동조합의 가입을 필수조건으로 하는 제도
③ 오픈 숍 : 노동조합의 가입·탈퇴를 근로자가 자유롭게 결정하는 제도
④ 프리퍼렌셜 숍 : 근로자 채용 시 조합원에게 우선 순위를 주는 제도

36 생활이 어려운 사람에게 필요한 급여를 실시하여 이들의 최저생활을 보장하고 자활을 돕는 것을 목적으로 하는 법률은?

확인 Check! ○ △ ×

① 국민연금법
② 최저임금법
③ 국민기초생활보장법
④ 산업재해보상보험법

쏙쏙 해설

국민기초생활보장법은 생활이 어려운 사람에게 필요한 급여를 실시하여 이들의 최저생활을 보장하고 자활을 돕는 것을 목적으로 한다(국민기초생활보장법 제1조).

정답 ❸

① 국민연금법은 국민의 노령, 장애 또는 사망에 대하여 연금급여를 실시함으로써 국민의 생활 안정과 복지 증진에 이바지하는 것을 목적으로 한다(국민연금법 제1조).
② 최저임금법은 근로자에 대하여 임금의 최저수준을 보장하여 근로자의 생활안정과 노동력의 질적 향상을 꾀함으로써 국민경제의 건전한 발전에 이바지하는 것을 목적으로 한다(최저임금법 제1조).
④ 산업재해보상보험법은 산업재해보상보험 사업을 시행하여 근로자의 업무상의 재해를 신속하고 공정하게 보상하며, 재해근로자의 재활 및 사회 복귀를 촉진하기 위하여 이에 필요한 보험시설을 설치·운영하고, 재해 예방과 그 밖에 근로자의 복지 증진을 위한 사업을 시행하여 근로자 보호에 이바지하는 것을 목적으로 한다(산업재해보상보험법 제1조).

37 공법상 계약으로서의 성질을 가지는 것은?

확인 Check! ○ △ ×

① 재개발조합의 설립
② 공사의 도급계약
③ 지방자치단체 간의 협의로 지방자치단체조합을 설립하는 행위
④ 지방자치단체 간에 행해지는 도로·하천의 경비부담에 관한 협의

쏙쏙 해설

공법상 계약은 공법상 법률효과의 발생을 목적으로 하는 복수의 당사자 간의 대항적 의사표시의 합치로 행정계약이라고도 한다. 공법상 계약의 종류에는 (1) 행정주체 상호 간의 계약 (2) 행정주체와 사인 간의 계약 등이 있다. 따라서 공법상 계약에 해당하는 것은 ④이다.

정답 ❹

①·③ 공법상 합동행위(공법적 효과의 발생을 목적으로 하는 복수 당사자의 동일한 방향의 의사표시의 합치에 의하여 성립하는 공법행위)
② 사법상 계약

해설편 제9회

38 행정주체가 국민에 대하여 명령·강제하고, 권리나 이익(利益)을 부여하는 등 법을 집행하는 행위를 무엇이라고 하는가?

확인 Check! ○ △ ×

① 행정조직 ② 행정처분
③ 행정구제 ④ 행정강제

쏙쏙 해설

설문은 행정처분에 대한 내용에 해당한다. 강학상 행정행위라는 용어를 사용하기도 한다.

정답 ❷

안심Touch

39 행정상 강제집행 중 대집행의 순서로 옳은 것은?

① 계고 → 통지 → 실행 → 비용징수
② 계고 → 실행 → 통지 → 비용징수
③ 통지 → 계고 → 실행 → 비용징수
④ 통지 → 실행 → 계고 → 비용징수

대집행은 계고 → 대집행영장 통지 → 대집행의 실행 → 비용징수의 순서로 이루어진다. 계고는 의무이행의 최고 및 불이행 시 대집행을 한다는 것을 알리는 것이며, 통지는 의무이행이 이루어지지 않은 경우 대집행에 관한 사항을 의무자에게 통지하는 것이다.

정답 ❶

40 다음 설명에 해당하는 행정소송은 무엇인가?

> 국가 또는 공공단체의 기관이 법률에 위반되는 행위를 한 때에 직접 자기의 법률상 이익과 관계없이 그 시정을 구하기 위하여 제기하는 소송

① 항고소송
② 당사자소송
③ 민중소송
④ 기관소송

민중소송에 관한 설명이다. 민중소송은 당사자 사이의 구체적인 권리와 의무에 관한 분쟁의 해결을 위한 것이 아니라는 점에서 객관적 소송이자, 법률이 규정하고 있는 경우에 한하여 제기할 수 있다는 점에서 법정주의를 취한다.

정답 ❸

행정소송의 종류(행정소송법 제3조)

행정소송은 다음의 네가지로 구분한다.

1. 항고소송 : 행정청의 처분 등이나 부작위에 대하여 제기하는 소송
2. 당사자소송 : 행정청의 처분 등을 원인으로 하는 법률관계에 관한 소송 그 밖에 공법상의 법률관계에 관한 소송으로서 그 법률관계의 한쪽 당사자를 피고로 하는 소송
3. 민중소송 : 국가 또는 공공단체의 기관이 법률에 위반되는 행위를 한 때에 직접 자기의 법률상 이익과 관계없이 그 시정을 구하기 위하여 제기하는 소송
4. 기관소송 : 국가 또는 공공단체의 기관 상호 간에 있어서의 권한의 존부 또는 그 행사에 관한 다툼이 있을 때에 이에 대하여 제기하는 소송. 다만, 헌법재판소법 제2조의 규정에 의하여 헌법재판소의 관장사항으로 되는 소송은 제외한다.

제9회 민간경비론

정답 및 해설

정답 CHECK

41	42	43	44	45	46	47	48	49	50	51	52	53	54	55	56	57	58	59	60
③	②	②	③	①	②	③	②	④	②	③	①	②	①	④	②	④	①	②	③
61	62	63	64	65	66	67	68	69	70	71	72	73	74	75	76	77	78	79	80
①	②	②	①	③	③	②	③	②	③	③	④	①	③	①	①	③	①	①	①

각 문항별로 이해도를 체크해 보세요.

문제편 206p

41 민간경비의 개념에 관한 설명으로 옳지 않은 것은?

확인 Check!
○
△
×

① 광의적 개념은 방범, 방재, 방화 등을 포함한다.
② 협의적 개념은 고객의 생명과 신체 그리고 재산보호, 질서유지 및 범죄예방활동을 의미한다.
③ 실질적 개념은 공공의 안녕과 질서유지 등의 경찰활동과 본질적으로 차이가 있다.
④ 형식적 개념은 경비업법에서 규정하는 업무를 수행하는 활동을 의미한다.

실질적 의미의 민간경비는 고객(국민)의 생명과 신체, 재산보호, 사회적 손실 감소와 질서유지를 위한 일체의 활동을 의미하는데, 실질적 개념에서는 경찰과 민간경비는 본질적으로 차이가 없다.

 ❸

민간경비의 개념

구분	내용
협의의 민간경비	• 고객의 생명, 재산, 신체보호, 질서유지를 위한 범죄예방활동(방범과 관련된 경비활동)을 의미한다. • 민간이 주체가 되는 모든 경비활동은 협의의 개념이다. • 고객의 생명과 신체 및 재산을 보호하는 활동은 최협의의 개념이다.
광의의 민간경비	• 공경비를 제외한 방범, 방재, 방화 등을 포괄한 포괄적 경비활동을 의미한다.
형식적 의미의 민간경비	• 경비업법에 의해 허가받은 법인이 경비업법상의 업무를 수행하는 활동을 의미한다. • 형식적 의미에서의 민간경비 개념은 공경비와 명확히 구별된다.
실질적 의미의 민간경비	• 고객(국민)의 생명 · 신체 · 재산보호 및 사회적 손실 감소와 질서유지를 위한 일체의 활동을 뜻함(정보보호, 사이버보안도 포함됨) • 실질적 의미의 민간경비 개념은 공경비와 유사하다.

42 고대의 민간경비에 대한 다음 설명 중 옳지 않은 것은?

확인 Check! ○ △ ×

① 고대 바빌론 왕 함무라비에 의해 법 집행 개념이 최초로 명문화되었다.

② 고대 그리스 도시국가에서는 자경단원이라고 불리는 수천 명의 비무장군대를 각 관할 구역의 질서유지를 위해서 임명하였다.

③ 스파르타에서는 일찍부터 법을 집행하기 위한 치안책임자를 임명하는 제도가 발달하였으며, 이는 최초의 국가경찰의 발달을 의미한다.

④ 개인차원의 민간경비의 개념과 국가차원의 공경비의 개념이 분리되기 시작한 것은 함무라비왕 시대이다.

고대 로마의 통치자 아우구스투스 황제는 자경단원이라고 불리는 수천 명의 비무장군대를 각 관할 구역의 질서유지를 위해서 임명하였다. 이는 역사상 최초의 비무장 수도경찰로 간주된다.★

정답 ❷

43 치안서비스 공동생산이론에 관한 내용으로 옳지 않은 것은?

확인 Check! ○ △ ×

① 주민신고체제의 확립

② 민간경비는 공경비의 보조적 차원의 역할 수행

③ 민간경비의 적극적 참여 유도

④ 목격한 범죄행위 신고, 증언행위의 중요성 강조

치안서비스 공동생산이론이란 치안서비스의 전달 과정에서 민간이 치안서비스 생산활동에 주체적으로 참여하는 것을 말하므로, 민간경비가 공경비의 보조적 차원의 역할을 수행한다는 것(공동화이론)은 옳지 않다.

정답 ❷

치안서비스 공동생산이론★

- 치안서비스 생산과정에서 공공부분의 역할수행과 민간부분의 공동참여로 인해 민간경비가 성장했으며, 민간경비가 독립된 주체로서 참여한다는 이론이다.
- 민간경비를 공경비의 보조적 차원이 아닌 주체적 차원으로 인식한다.
- 공동생산이론은 경찰이 안고 있는 한계를 일부 극복하고 시민의 안전욕구를 증대시키기 위하여 민간부문의 능동적 참여를 다각적으로 유도한다.

44 민간경비의 성장이론과 그 내용의 연결이 옳지 않은 것은?

확인 Check! ○ △ ×

[성장이론]
㉠ 수익자부담이론 ㉡ 공동화이론
㉢ 비용공동부담이론 ㉣ 이익집단이론

[내 용]
ⓐ 경기 침체로 인해 실업자가 증가하면 범죄율이 증가하고 민간경비의 발전으로 이어진다는 이론
ⓑ 경찰의 공권력 작용은 질서유지나 체제수호 등과 같은 거시적 역할에 한정하고 개인이나 집단의 안전과 보호는 해당 개인이나 집단이 담당하여야 한다는 이론
ⓒ 경찰이 수행하고 있는 본연의 기능이나 역할을 민간경비가 보완하거나 대체하면서 성장했다는 이론
ⓓ '그냥 내버려두면 보호받지 못한 채로 방치될 재산을 민간경비가 보호한다.'는 시각에서 출발한 이론

① ㉠ - ⓑ ② ㉡ - ⓒ
③ ㉢ - ⓐ ④ ㉣ - ⓓ

경기 침체로 인해 실업자가 증가하면 범죄율이 증가하고 민간경비의 발전으로 이어진다는 이론은 경제환원론에 대한 내용이다. 비용공동부담이론은 민간경비의 성장이론과 직접적인 관련이 없는 이론이다.

정답 ❸

민간경비의 이론적 배경★★

- 공동화이론 : 경찰의 범죄예방능력이 국민의 욕구를 충족시키지 못할 때의 공동(Gap)상태를 민간경비가 보충함으로써 민간경비가 발전하게 된다.★
- 이익집단이론 : 경제환원론적이론이나 공동화이론을 부정하는 입장에서 출발하며, 그냥 내버려 두면 보호받지 못하는 재산을 민간경비가 보호한다는 이론이다. 또한 민간경비도 자신의 집단적 이익을 극대화하기 위해 규모의 팽창, 새로운 규율과 제도의 창출 등의 노력을 기울인다고 본다.★
- 경제환원론 : 특정한 사회현상은 경제와 직접적인 관계는 없으나 그 원인을 경제적인 문제에서 찾으려는 입장으로서, 경기침체로 인해 실업자가 늘면 범죄발생률이 증가하고, 민간경비가 범죄에 직접 대응하므로 범죄발생률 증가는 곧 민간경비시장의 발전으로 이어진다고 본다.
- 수익자부담이론 : 경찰의 공권력 작용은 거시적인 측면에서 질서유지나 체제수호 같은 역할・기능으로 한정되며, 민간경비는 사회구성원 개개인 차원이나 여타 집단과 조직 등이 담당해야 한다고 본다(개인의 안전보호는 개인이 비용부담).★

45 최초의 중앙감시방식의 경보서비스 사업을 시작한 곳은?

① 홈즈방호회사
② 핑커톤 경비조직
③ 미국경비협회
④ 트럭수송회사

쏙쏙 해설

1858년 에드윈 홈즈가 야간경비회사로 설립한 홈즈방호회사는 최초의 중앙감시방식의 경보서비스 사업을 시작한 곳이다.

정답 ❶

46 다음 중 일본 사회에서 민간경비가 성장하게 된 계기를 모두 고른 것은?

ㄱ. 제1차 세계대전
ㄴ. 1964년 동경올림픽
ㄷ. 1970년 오사카 만국 박람회
ㄹ. 1986년 아시안게임

① ㄱ, ㄴ ② ㄴ, ㄷ
③ ㄷ, ㄹ ④ ㄴ, ㄹ

쏙쏙 해설

일본의 민간경비산업은 1964년 동경올림픽과 1970년 오사카 만국 박람회를 계기로 급성장하였다.

정답 ❷

47 청원경찰법상의 내용에 대한 설명으로 옳지 않은 것은?

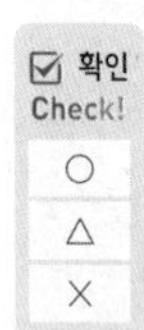

① 청원경찰은 청원주가 임용하되, 임용을 할 때에는 미리 시・도 경찰청장의 승인을 받아야 한다.
② 국가공무원법 제33조 각호의 결격사유에 해당하는 사람은 청원경찰로 임용될 수 없다.
③ 청원경찰의 임용자격・임용방법・교육 및 보수에 관하여는 행정안전부령으로 정한다.
④ 청원경찰은 경찰관직무집행법에 따른 직무 외의 수사활동 등 사법경찰관리의 직무를 수행해서는 아니 된다.

쏙쏙 해설

③ 청원경찰의 임용자격・임용방법・교육 및 보수에 관하여는 대통령령으로 정한다(청원경찰법 제5조 제3항).
① 청원경찰법 제5조 제1항
② 청원경찰법 제5조 제2항
④ 청원경찰법 시행규칙 제21조 제2항

정답 ❸

48 **미국의 민간경비 발전과정에 관한 설명으로 옳지 않은 것은?**

☑ 확인 Check! ○ △ ×

① 제1차 세계대전 시 민간경비업은 군수물자를 생산하는 기업체들을 파업이나 적군의 탐정으로부터 보호해야 하는 임무를 띠게 되었다.

② 핑커톤은 미국 경비협회의 책임자로서 경비원의 기능을 통제하고 역량을 향상시키기 위해 경비원자격증제도가 필요하다고 주장하였다.

③ 제2차 세계대전 이후에는 군사, 산업시설의 안전보호와 군수물자 및 장비 또는 기밀 등의 보호를 위한 경비 수요의 증가가 민간경비 발전의 토대가 되었다.

④ 2001년 9·11테러 이후 국토안보부를 설립하였으며 이는 공항경비 등 민간경비산업이 발전하는 중요한 계기가 되었다.

미국 경비협회의 책임자로서 경비원의 기능을 통제하고 역량을 향상시키기 위해 경비원자격증제도가 필요하다고 주장한 사람은 러셀 콜링이다.

정답 ❷

49 **미국 민간경비원의 법적 지위에 관한 설명으로 옳지 않은 것은?**

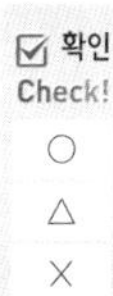

① 빌렉(A. J. Bilek)은 민간경비원의 유형을 '경찰관 신분을 가진 민간경비원', '특별한 권한이 있는 민간경비원', '일반시민과 같은 민간경비원'으로 구분한다.

② 민간경비원의 심문 또는 질문에 일반시민이 응답해야 할 의무는 없다.

③ 불법행위법은 민간경비원에게 특별한 권한을 부여하고 있지 않으며, 민간경비원의 행위에 대하여 어느 정도 제한을 규정하고 있다.

④ 국가권력에 의한 사생활 침해에 대한 규제뿐만 아니라 사인간의 법률관계에 대한 규제도 잘 발달되어 있다.

미국은 국가권력에 의한 사생활 침해에 대한 규제는 잘 발달되어 있으나 사인간의 법률관계는 사적 자치를 원칙으로 하고 있기 때문에 이에 대한 규제는 상대적으로 잘 발달되어 있지 않다.

정답 ❹

50 민간경비의 법적 근거 및 규제에 관한 설명으로 옳지 않은 것은?

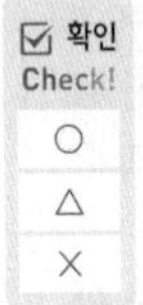

① 개인은 자신의 신체와 재산을 보호하기 위하여 타인의 권리를 침해하지 않는 범위 내에서 민간경비원을 고용할 수 있다.
② 민간경비의 규제와 관련하여 일본에서는 신고제를 취하고 있지만, 우리나라에서는 허가제를 취하고 있어 이에 대한 규제가 보다 엄격하다.
③ 모든 민간경비원을 전형적인 공무수탁사인(公務受託私人)으로 보기는 어렵지만, 경비업법상의 특수경비원의 직무는 공무수탁사인의 한 형태로 볼 수 있다.
④ 민간경비의 활동영역은 경비업법 외에도 청원경찰법, 재난 및 안전관리 기본법 등과도 관련된다.

쏙쏙 해설

민간경비의 규제와 관련하여 일본과 우리나라 모두 허가제를 취하고 있다.

정답 ❷

51 경찰법상 경찰의 사무에 관한 설명으로 옳지 않은 것은?

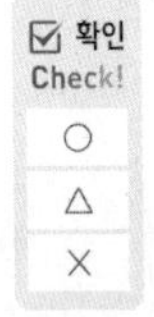

① 국가경찰사무는 경찰법 제3조에서 정한 경찰의 임무를 수행하기 위한 사무를 말한다.
② 자치경찰사무는 경찰법 제3조에서 정한 경찰의 임무 범위에서 관할 지역의 생활안전·교통·경비·수사 등에 관한 일정한 사무를 말한다.
③ 국가경찰사무는 자치경찰사무를 포함한다.
④ 지역 내 주민의 생활안전활동, 교통활동, 대중 운집 행사 관련 혼잡 교통 및 안전관리 등은 자치경찰사무에 해당한다.

쏙쏙 해설

국가경찰사무는 경찰법 제3조에서 정한 경찰의 임무를 수행하기 위한 사무로서 자치경찰사무는 제외한다(경찰법 제4조 제1항 제1호).

정답 ❸

52 우리나라의 경찰 방범능력의 장애요인이 아닌 것은?

① 주민자치에 의한 방범활동
② 경찰인력의 부족
③ 타 부처의 업무협조 기피
④ 방범장비의 부족 및 노후화

쏙쏙 해설

경찰 방범능력의 장애요인으로는 경찰 인력의 부족, 방범장비의 부족 및 노후화, 경찰의 민생치안부서 기피현상, 타 부처의 업무협조 기피, 경찰에 대한 주민들의 고정관념으로 인한 이해 부족 등이 있다.

정답 ❶

53 경찰청 위기관리센터장의 주요 업무에 해당하지 않는 것은?

확인 Check! ○ △ ×

① 예비군 무기·탄약관리의 지도
② 치안상황실 운영에 관한 사항
③ 청원경찰의 운영지도
④ 중요시설의 방호 및 지도

쏙쏙 해설

치안상황실 운영에 관한 사항은 2019. 2. 26. 삭제되었다(구 경찰청과 그 소속기관 직제 시행규칙 제10조 제4항 제9호).

정답 ❷

법령

경비국에 두는 과(경찰청과 그 소속기관 직제 시행규칙 제10조)

④ 위기관리센터의 장은 다음 사항을 분장한다. 〈개정 2017. 2. 28.〉

1. 대테러관련 법령의 연구·개정 및 지침 수립
2. 대테러 종합대책 연구·기획 및 지도
3. 테러대책기구 및 대응조직 운영 업무
4. 대테러 종합훈련 및 교육
5. 경찰작전과 경찰 전시훈련에 관한 계획의 수립 및 지도
6. 비상계획에 관한 계획의 수립 및 지도
7. 중요시설의 방호 및 지도
8. 예비군 무기·탄약관리의 지도
9. 삭제 〈2019. 2. 26.〉
10. 청원경찰의 운영지도
11. 민방위업무의 협조에 관한 사항
12. 삭제 〈2019. 2. 26.〉

해설편 제9회

54 계약경비와 비교하여 자체경비의 장점이 아닌 것은?

확인 Check! ○ △ ×

① 결원의 보충 및 추가 인력의 배치가 용이하다.
② 고용주에 대한 충성심이 상대적으로 높다.
③ 회사의 운영·매출·인사 등에 관한 지식이 높다.
④ 자체경비원은 고용주에 의해 조직의 구성원으로 채용됨으로써 안정적이기 때문에 고용주로부터 업무 수행 능력을 인정받기를 원하며, 자기발전과 자기계발을 위한 노력을 아끼지 않는다.

쏙쏙 해설

자체경비는 계약경비에 비하여 해임이나 감원, 충원 등이 필요한 경우에 탄력성이 떨어진다.

정답 ❶

55 기계경비에 대한 설명으로 옳은 것은?

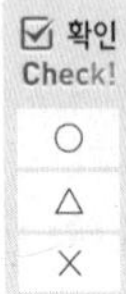

① 단기적으로 설치비용이 적게 든다는 장점이 있다.
② 잠재적인 범죄자 등에 대해 경고 효과가 크지 않다.
③ 정확성을 기할 수 있으나, 넓은 장소를 효과적으로 감시할 수 없다.
④ 유지보수에 적지 않은 비용과 전문인력이 요구된다.

④ 유지보수에 적지 않은 비용과 전문인력이 요구되는 것은 기계경비의 단점에 해당한다.
① 단기적으로 설치비용이 많이 드나, 장기적으로 소요비용이 절감된다.
② 잠재적인 범죄자 등에 대해 경고 효과가 크다.
③ 넓은 장소를 효과적으로 감시할 수 있고, 정확성을 기할 수 있다.

정답 ❹

56 다음에 해당하는 호송경비의 방식은?

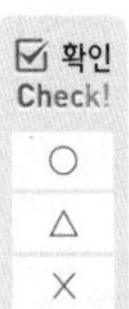

> 호송대상 물건은 운송업자의 차량으로 운송하고, 경비업자는 경비차량과 경비원을 투입하여 물건을 호송하는 방식이다.

① 통합호송방식　　② 분리호송방식
③ 휴대호송방식　　④ 동승호송방식

제시문의 내용은 단독호송방식 중 분리호송방식에 해당한다.

 ❷

호송경비업무의 방식

1. 단독호송방식
   ① 통합호송방식 : 경비업자가 무장호송차량 또는 일반차량을 이용하여 운송과 경비업무를 겸하는 호송경비방식이다.
   ② 분리호송방식 : 호송대상 물건은 운송업자의 차량으로 운송하고, 경비업자는 경비차량과 경비원을 투입하여 물건을 호송하는 방식이다.
   ③ 동승호송방식 : 물건을 운송하는 차량에 호송경비원이 동승하여 호송업무를 수행하는 경비방식이다.
   ④ 휴대호송방식 : 호송경비원이 직접 호송대상 물건을 휴대하여 운반하는 경비방식이다.
2. 편성호송방식 : 호송방식과 방향 등을 고려하여 지역별로 또는 구간별로 조를 편성하여 행하는 경비방식이다.

57 기업에서 자체경비조직의 유지 및 기능 확장의 필요성을 평가할 때 고려사항이 아닌 것은?

확인 Check! ○ △ ×

① 경비안전의 긴급성 ② 예상되는 경비활동
③ 회사성장의 잠재성 ④ 경비회사와의 협력체제

쏙쏙 해설

경비회사와의 협력체제는 고려사항이 아니다.

정답 ❹

58 다음 중 관리자가 직접 감독할 수 있는 통솔의 범위에 해당되는 최대의 인원수로서 알맞은 것은?

확인 Check! ○ △ ×

① 10~12명 ② 30명 이내
③ 20명 이내 ④ 4~5명 이내

쏙쏙 해설

일반적인 경비관리자의 통솔가능 인원은 4~5명이나, 최대 10~12명의 인원을 통솔할 수가 있다.

정답 ❶

59 다음에 해당하는 민간경비의 조직운영원리는?

확인 Check! ○ △ ×

> 상관은 부하에게 권한의 일부를 위임하고 그 부하는 자기의 권한보다 작은 권한을 바로 밑의 부하에게 위임하는 등급화 과정을 거치게 되며, 이를 통해 명령·복종관계를 명확히 하고 명령이 조직의 정점에서부터 최하위에까지 도달하도록 한다.

① 전문화의 원리 ② 계층제의 원리
③ 명령통일의 원리 ④ 통솔범위의 원리

해설

제시문은 계층제의 원리에 해당하는 내용이며, 권한과 책임에 따라 직무를 등급화 하고, 상·하 계층 간에 직무상의 지휘·감독관계를 나타낸다.

정답 ❷

확인된 위험의 대응방법

원리	내용
계층제의 원리	• 권한과 책임에 따라 직무를 등급화함 • 상하 계층 간에 직무상의 지휘·감독관계
명령통일의 원리	• 경비원은 직속상관에게 직접 명령을 받고 보고해야 함 • 지휘계통의 일원화로 책임소재를 명확히 함
전문화의 원리	• 조직의 전체기능을 기능별·특성별로 나누어 임무를 분담 • 각 개인별 능력을 충분히 고려하여 적재적소에 배치
조정·통합의 원리	• 조직전체의 목표, 즉 공동목표를 달성하기 위해 하위조직 사이에 수행하고 있는 업무가 통일성 내지 조화를 이루도록 하는 것 • 조직구조가 분업화, 전문화되어 있을수록 조정·통합의 필요성이 크다.

60 경비실시방식에 따른 분류 중 특정한 손실이 발생할 때마다 그 사건에만 대응하는 경비형태는?

① 1차원적 경비 ② 단편적 경비
③ 반응적 경비 ④ 종합적 경비

특정한 손실이 발생할 때마다 그 사건에만 대응하는 경비는 반응적 경비이다.

정답 ❸

① 1차원적 경비 : 경비원에 의한 경비 등과 같이 단일 예방체제에 의존하는 경비형태
② 단편적 경비 : 필요할 때마다 단편적으로 손실예방 등의 역할을 수행하기 위해 추가되는 경비형태
④ 총체적(종합적) 경비 : 모든 상황에 대비하기 위하여 인력경비와 기계경비를 종합한 경비형태

61 경비업법상 특수경비원이 될 수 없는 경우에 대한 설명으로 옳지 않은 것은?

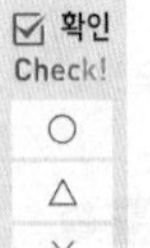

① 18세 미만 또는 60세 이상인 사람, 피성년후견인, 피한정후견인
② 행정안전부령이 정하는 신체조건에 미달되는 자
③ 금고 이상의 형의 선고유예를 받고 그 유예기간 중에 있는 자
④ 파산선고를 받고 복권되지 아니한 자

2021.1.12. 개정된 경비업법에 의하면 피한정후견인은 더 이상 특수경비원 결격사유에 해당하지 않는다.

정답 ❶

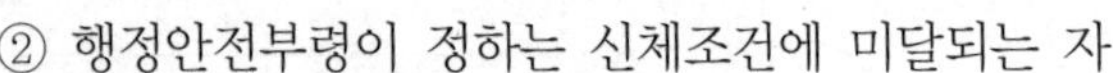

경비지도사 및 경비원의 결격사유(경비업법 제10조)

② 다음 각호의 어느 하나에 해당하는 자는 특수경비원이 될 수 없다.
1. 18세 미만이거나 60세 이상인 사람 또는 피성년후견인
2. 심신상실자, 알코올 중독자 등 대통령령으로 정하는 정신적 제약이 있는 자
3. 제1항 제2호부터 제8호까지의 어느 하나에 해당하는 자
4. 금고 이상의 형의 선고유예를 받고 그 유예기간 중에 있는 자
5. 행정안전부령으로 정하는 신체조건에 미달되는 자

특수경비원의 신체조건(경비업법 시행규칙 제7조)

법 제10조 제2항 제4호에서 "행정안전부령이 정하는 신체조건"이라 함은 팔과 다리가 완전하고 두 눈의 맨눈시력 각각 0.2 이상 또는 교정시력 각각 0.8 이상을 말한다.

62 경비계획에 관한 내용으로 옳지 않은 것은?

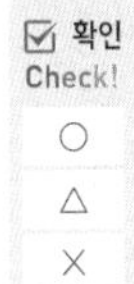

① 경비계획이란 경비업무의 전반적인 방향과 성패를 좌우하는 가장 기초적인 활동으로 경비위해요소 분석과 조사활동을 통해 수집된 자료와 경영상 환경을 종합적으로 고려하여 경비실시의 과정을 구체적으로 결정하는 계획을 말한다.

② 현장청취는 관련 정보를 확인하고 실제 조사를 통해 잠재된 위험을 찾아내는 업무이다.

③ 경비계획은 경비부서의 조직관리·실행 과정과 평가 과정의 관계 속에서 역동적으로 작용하고 있다.

④ 경비계획서는 사전조사를 통한 경비진단에서 파악된 내용을 기초로 작성하는데, 사전조사는 현장청취와 현장조사로 이루어진다.

②는 현장청취가 아니라 현장조사에 대한 내용이다. 현장청취는 직접 현장에 가서 시설물의 상태를 확인하고 실무자들의 의견을 청취하여 잠재된 위험을 찾아내는 업무이다.

정답 ❷

63 환경설계를 통한 범죄예방(CPTED)에 관한 설명으로 옳지 않은 것은?

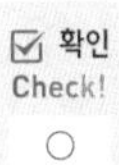

① 기본 전략은 자연적인 접근통제, 자연적인 감시, 영역성의 강화라는 세 가지 차원에서 출발한다.

② 환경의 효율적 이용을 통한 범죄예방을 위하여 자연적 전략에서 기계적 전략으로 그 중심을 바꾸는데 기여하였다.

③ 동심원 영역론(concentric zone theory)도 CPTED의 접근방법의 하나라고 볼 수 있다.

④ 범죄 원인을 개인적 요인보다는 환경적 요인에서 찾고 있다.

CPTED는 환경의 효과적인 이용을 통해 범죄예방을 극대화하기 위하여 본질적으로 조직적이고 기계적인 전략에서 자연적인 전략으로 중점을 바꾸는데 기여하고 있다.

〈출처〉 건양대학교 산학협력단, 「경기도 유해환경 정비를 통한 범죄예방(CPTED) 및 안전도시 구상」, 2016

정답 ❷

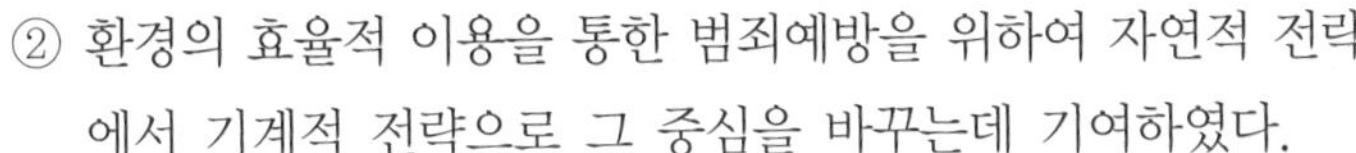

환경설계를 통한 범죄예방(Crime Prevention Through Environmental Design)

- 물리적 환경을 개선함으로써 범죄를 억제하고 주민의 불안감을 해소하는 제도
- 건물과 가로등, 감시장비 등을 범죄를 줄이는 방향으로 설계·건축하는 기법
- 1970년대 미국에서 유래하여 1980년대부터 캐나다·영국·호주·일본 등 선진국의 건축 관계 법령에 반영됨

64 다음 중 방호유리의 궁극적인 목적은?

확인 Check! ○ △ ×

① 경비원이나 경찰출동의 시간적 여유 제공
② 경비원의 순찰활동 강화
③ 완전한 외부침입의 차단효과
④ 비용절감 및 화재예방효과

방호유리(특수유리)나 자물쇠는 파괴되는 데에 시간을 지연시켜 경찰과 경비원들이 출동할 수 있는 여유시간을 확보하는 것에 목적이 있다.

정답 ❶

65 다음 중 경비원의 직업윤리에 관한 내용으로 옳지 않은 것은 모두 몇 개인가?

확인 Check! ○ △ ×

ㄱ. 성희롱 유발요인을 철저히 분석하고, 사전예방보다는 사후처벌을 강화해야 한다.
ㄴ. 총기안전관리 및 정신교육을 강화해야 한다.
ㄷ. 사전예방 경비활동을 위해 경비위해요소에 대한 인지능력을 배양하여야 한다.
ㄹ. 경비임무수행과 위기관리 대응력을 구비하여야 한다.
ㅁ. 자원봉사활동은 경비원 채용 시 활성화시킬 필요가 없다.

① 없음　② 1개
③ 2개　④ 3개

쏙쏙 해설

제시된 내용 중 옳지 않은 것은 ㄱ과 ㅁ이다.

ㄱ (×) 성희롱 유발요인을 철저히 분석하고, 사전예방교육을 강화해야 한다.
ㅁ (×) 경비원은 서비스정신에 입각한 근무 자세가 필요하므로, 경비원 채용 시 인성평가 방법 강화 및 자원봉사활동을 활성화시킬 필요가 있다.

정답 ❸

66 시설경비에 관한 설명으로 옳은 것은?

① 현금수송은 원칙적으로 금융기관 자체에서 실시하되 특별한 경우에는 현금수송 전문경비회사에 의뢰할 수 있다.

② 숙박시설은 내부 자체적인 경비보다는 외부 및 주변에서 발생할 수 있는 문제점을 중시한다.

③ 주거시설경비는 점차 인력경비에서 기계경비로 변화하고 있다.

④ 금융시설경비는 시설 내 경비에 한정하고 외부 경계 및 차량 감시는 경비활동의 대상에 포함되지 않는다.

쏙쏙 해설

③ 주거시설경비는 점차 인력경비에서 홈 시큐리티 시스템(가정용 기계경비시스템)으로 발전하고 있다.

① 현금수송은 원칙적으로 현금수송 전문경비회사에 의뢰해야 하며, 자체 현금수송 시에는 가스총 등을 휴대한 청원경찰을 포함한 3명 이상을 확보해야 한다.

② 숙박시설은 외부 및 주변에서 발생할 수 있는 문제점도 중시해야 하나, 내부의 자체적인 경비도 중시해야 한다.

④ 금융시설경비는 시설 내 경비에 한정하지 않고 외부 경계 및 차량 감시도 경비활동의 대상에 포함된다.

정답 ❸

67 시설물의 외곽경비에 대한 설명 중 옳지 않은 것은?

① 콘서티나 철사는 가시철선을 6각형 모양으로 만든 철사로 강철철사의 코일형이며, 이는 빠른 설치의 필요성 때문에 군부대에서 많이 사용하고 있다.

② 안전유리의 설치 목적은 침입자의 침입시도를 완벽하게 저지하는 것보다는 침입 시간을 지연시키는 데 있다.

③ 철책, 도로상의 방책, 차폐물은 인위적 방벽에 해당된다.

④ 비상시에만 사용하는 문은 평상시에는 잠겨있어야 한다.

쏙쏙 해설

안전유리의 설치 목적은 침입 시간을 지연시키는 것이므로, 지문 자체가 틀렸다고는 볼 수 없으나 안전유리는 내부경비에 속하기 때문에 틀린 내용이 된다.

정답 ❷

68 다음 지문이 설명하고 있는 것은?

확인 Check! ○ △ ×

> 외부의 불법침입에 대비하여 가시적인 범위 내에서의 감시가 가능하도록 양쪽 벽면을 유지시키고, 경계구역 내에서 가시지대를 가능한 한 넓히기 위하여 모든 장애물을 양쪽 벽으로부터 제거하는 것이다.

① Security Zone ② Danger Zone
③ Clear Zone ④ Pedestrian Zone

쏙쏙 해설

제시된 지문은 가시지대(Clear Zone)에 대한 설명이다.

정답 ❸

69 다음 중 카드작동식 자물쇠에 대한 설명으로 적당하지 않은 것은?

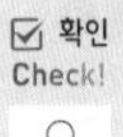

① 전자기 방식을 사용하고 있다.
② 종업원들의 출입이 잦은 곳에 설치한다.
③ 강한 외부압력에도 견딜 수 있다.
④ 카드열쇠는 신분증의 기능도 겸한다.

카드를 꽂음으로써 열리는 자물쇠 장치로서 전자기 방식을 사용하고 있는 카드작동식 자물쇠는 강한 외부압력에도 견디며, 종업원의 출입이 많지 않은 제한구역에서 주로 사용한다.

 ❷

70 안전검측의 방법으로 옳지 않은 것은?

① 지역을 분할해서 실시한다.
② 하부에서 상부로 실시한다.
③ 내부에서 외부로 실시한다.
④ 높이를 분할해서 실시한다.

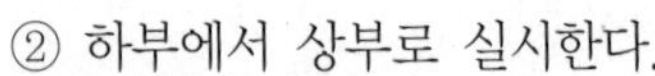

외부에서 내부로 안전검측을 실시한다.

 ❸

검측방법
- 외부에서 내부로, 하부에서 상부로, 가까운 곳에서 먼 곳으로 실시한다.
- 지역을 분할하여, 높이를 분할하여 실시한다

71 확인된 위험의 대응방법과 그에 대한 설명이 올바르게 연결되지 않은 것은?

확인 Check! ○ △ ×

[대응방법]
㉠ 위험의 제거 ㉡ 위험의 회피
㉢ 위험의 감소 ㉣ 위험의 대체

[내 용]
ⓐ 위험관리에서 최선의 방법은 확인된 모든 위험요소를 제거하는 것이다.
ⓑ 범죄 및 손실이 발생할 기회를 아예 제공하지 않는 것이다.
ⓒ 위험성이 높은 보호대상을 한 곳에 집중시키지 않고 여러 곳에 분산시키는 것이다.
ⓓ 직접적으로 위험을 제거하거나 감소 및 최소화시키기보다는 보험과 같은 수단을 통해서 손실을 전보하는 방법이다.

① ㉠ - ⓐ ② ㉡ - ⓑ
③ ㉢ - ⓒ ④ ㉣ - ⓓ

쏙쏙 해설

확인된 위험의 대응방법과 그에 대한 설명의 연결이 올바르지 않은 것은 ③이다. ⓒ는 위험의 분산에 대한 설명이며, ㉢의 위험의 감소는 완벽한 위험의 제거 내지 위험의 회피가 불가능하다면 가장 현실적인 최선의 대응방법은 물리적·절차적 관점에서 위험요소를 감소시키거나 최소화시키는 방법을 강구하는 것을 의미한다.

정답 ❸

핵심만 콕

확인된 위험의 대응방법

위험의 제거	위험관리에서 최선의 방법은 확인된 모든 위험요소를 제거하는 것이다.
위험의 회피	범죄 및 손실이 발생할 기회를 아예 제공하지 않는 것이다.
위험의 감소	물리적·절차적 관점에서 위험요소를 감소시키거나 최소화시키는 방법이다.
위험의 분산	위험성이 높은 보호대상을 한 곳에 집중시키지 않고 여러 곳에 분산시키는 것이다.
위험의 대체	직접적으로 위험을 제거하거나 감소 및 최소화하는 것보다 보험과 같은 대체수단을 통해서 손실을 전보하는 방법이다.

72 브란팅햄(P. J. Brantingham)과 파우스트(F. L. Faust)가 주장한 범죄예방 구조모델론 중 다음에 해당하는 것은?

확인 Check! ○ △ ×

> 실제 범죄자(전과자)를 대상으로 더 이상 범죄가 발생하지 않도록 하는 예방활동

① 상황적 범죄예방 ② 1차적 범죄예방
③ 2차적 범죄예방 ④ 3차적 범죄예방

제시된 내용은 3차적 범죄예방에 대한 내용에 해당한다.

정답 ❹

핵심만 콕

범죄예방의 접근방법 및 과정

구 분	1차적 범죄예방	2차적 범죄예방	3차적 범죄예방
대 상	일반시민	우범자 및 우범집단	범죄자
내 용	일반적 사회환경 중에서 범죄 원인이 되는 조건들을 발견·개선하는 예방활동	잠재적 범죄자를 초기에 발견하고 이들의 범죄행위를 저지하기 위한 예방활동	실제 범죄자(전과자)를 대상으로 더 이상 범죄가 발생하지 않도록 하는 예방활동

〈출처〉 최선우, 「민간경비론」, 진영사, 2015, P. 395

73 다음 중 파동의 변화됨을 감지하는 경보 센서로 센서가 매우 민감하여 오경보 가능성이 높은 것은?

확인 Check! ○ △ ×

① 초음파 탐지장치 ② 자력선식 센서
③ 전자기계식 센서 ④ 적외선 감지기

초음파 탐지장치는 송신장치와 수신장치를 설치하여 양 기계 간에 진동파를 주고받는 과정에서 어떠한 물체가 들어오면 그 파동이 변화됨을 감지하는 장치이다. 센서가 매우 민감하여 오경보 가능성이 높다.

정답 ❶

핵심만 콕

자력선식 센서	• 반도체와 두 단자 간의 전류를 활용하여 자장의 변화와 이동원리를 이용하는 장치로, 자력선(磁力線)을 발생하는 장치를 설치한 후에 자력선을 건드리는 물체가 나타나면 경보를 발하여 각 센서가 발사한 자기력에 조금이라도 이상이 감지되면 중앙관제센터에 알려짐과 동시에 경보나 형광불이 작동하게 된다. • 주로 교도소나 대규모 은행 등의 지붕, 천장, 담벼락 등에 설치한다.
전자기계식 센서	• 접촉의 유무를 감지하는 가장 단순한 경비 센서로 문틀과 문 사이에 접지극을 설치해 두고서 이것이 붙어 있을 경우에는 정상적으로 작동하게 되고 문이 열리게 되면 회로가 차단되어 센서가 작동하게 된다. • 창문을 통한 침입을 감지하기 위해 이 장치가 설치되며 비용 면에서도 저렴하다.
적외선 감지기	사람 눈에 보이지 않는 근적외선을 쏘는 투광기와 이를 받는 수광기로 되어 있는데, 그 사이를 차단하면 감지하는 원리이다.

74 화재의 단계와 감지기의 연결로 옳지 않은 것은?

☑ 확인 Check! ○ △ ×

① 초기 단계 – 이온 감지기
② 그을린 단계 – 광전자 감지기
③ 불꽃 단계 – 연기 감지기
④ 열 단계 – 열 감지기

불꽃(발화) 단계란 불꽃과 연기가 보이고 높은 온도가 짧게 감지되는 단계로, 이 단계에서는 불꽃을 감지원으로 하는 적외선 감지기가 적합하다. 연기 감지기는 그을린 단계에 적합한 감지기이다.

정답 ❸

화재의 단계와 감지기★

구 분	내 용	감지원	적합한 감지기
초기 단계	연기와 불꽃, 빛 등은 보이지 않고 약간의 열기만 감지할 수 있는 단계로, 가연성 물질이 나온다.	가연성 물질	이온 감지기
그을린 단계	불꽃은 보이지 않고 약간의 연기만 감지되는 단계	연 기	연기 감지기, 광전자 감지기
불꽃발화 단계	실제 불은 눈에 보이지 않지만 불꽃과 연기는 보이는 단계	불 꽃	적외선 감지기
열 단계	불꽃과 연기, 그리고 강한 열이 감지되는 단계	열	열 감지기

75 스프링클러의 장·단점을 옳지 않게 설명한 것은?

☑ 확인 Check! ○ △ ×

① 장점 : 초기 진화에 절대적인 효과가 있다.
단점 : 초기 시설비는 저렴하지만 유지비가 많이 든다.
② 장점 : 소화제가 물이라서 비용이 저렴하고 소화 후 복구가 용이하다.
단점 : 시공이 타 시설보다 복잡하다.
③ 장점 : 감지부의 구조가 기계적이므로 오동작이나 오보가 없다.
단점 : 물로 인한 피해가 심하다.
④ 장점 : 조작이 간편하며 안전하다.
단점 : 누전이나 합선으로 인해 컴퓨터의 전자적 기능이 손상될 수도 있다.

스프링클러는 화재발생 시 초기 진화에 절대적인 효과가 있다는 장점을 지니지만, 초기 시설비가 매우 비싸다는 단점이 있다.

정답 ❶

스프링클러의 장단점

- 장 점
  - 초기 진화에 절대적인 효과가 있다.
  - 소화제가 물이라서 비용이 저렴하고 소화 후 복구가 용이하다.
  - 감지부의 구조가 기계적이므로 오동작이나 오보가 없다.
  - 조작이 간편하며 안전하다.
  - 완전 자동으로 사람이 없는 야간이라도 자동적으로 화재를 감지하여 소화 및 경보를 해준다.
- 단 점
  - 초기 시설비가 고가이다.
  - 시공이 타 시설보다 복잡하다.
  - 물로 인한 피해가 심하다. 즉, 물이 컴퓨터 설비에 닿기 전에 전력을 차단하지 않으면 누전이나 합선으로 인해 컴퓨터의 전자적 기능이 손상될 수도 있다.

76 다음 중 경비조명등과 그에 대한 특징의 연결이 옳지 않은 것은?

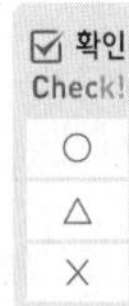

[경비조명등의 형태]

㉠ 가로등　　㉡ 투광조명등
㉢ 프레이넬등　　㉣ 탐조등

[특 징]

ⓐ 특정지역에 빛을 집중시키거나 직접적으로 비추는 광선의 형태로 상당히 많은 빛을 만들 수 있다.
ⓑ 잠재적으로 사고가 발생할 만한 지역을 정확하게 관찰하기 위해 사용되며, 외딴 산간지역이나 작은 배로 쉽게 시설물에 접근할 수 있는 위치에 설치한다.
ⓒ 넓은 폭의 빛을 내는 조명으로 경계구역에의 접근을 방지하기 위해 길고 수평하게 빛을 확장하는데 유용하게 사용된다.
ⓓ 비교적 어두운 시설물의 침입을 감시하는 경우 유용하게 사용된다.

① ㉠ - ⓓ　　② ㉡ - ⓐ
③ ㉢ - ⓒ　　④ ㉣ - ⓑ

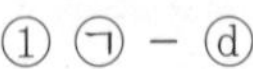

제시된 내용 중 연결이 옳지 않은 것은 ①이다.

㉠ 가로등은 공원이나 거리에서 흔히 볼 수 있는데, 대칭적 설치방법(주로 빛이 비춰지는 지역의 중앙에 위치함)과 비대칭적 설치방법(경비구역에서 다소 떨어진 장소에서 사용함)이 있다.
ⓓ 비교적 어두운 시설물의 침입을 감시하는 경우 유용하게 사용되는 경비조명등은 프레이넬등이다.

정답 ❶

77 사이버공격의 유형에서 멀웨어(malware) 공격이 아닌 것을 모두 고른 것은?

확인 Check! ○ △ ×

ㄱ. 바이러스	ㄴ. 마이둠
ㄷ. 버퍼 오버플로	ㄹ. 트로이 목마
ㅁ. 슬래머	

① ㄱ, ㄴ, ㄷ ② ㄱ, ㄴ, ㄹ
③ ㄴ, ㅁ ④ ㄴ, ㄷ, ㄹ, ㅁ

쏙쏙 해설

멀웨어란 시스템에 해를 입히기 위해 설계된 소프트웨어나 악성코드 등을 의미하는 것으로 첨부파일을 열거나 인터넷페이지의 링크를 클릭만 해도 의도하지 않은 소프트웨어가 설치되거나 시스템이 하이재킹될 수 있다. 멀웨어의 공격으로는 바이러스, 트로이 목마, 버퍼 오버플로 등이 있다.

정답 ❸

핵심만 콕

ㄴ. 마이둠(Mydoom) : windows가 설치된 컴퓨터에 영향을 주는 컴퓨터 웜바이러스이다. 2004년 1월 26일에 처음 발견되었다.

ㅁ. 슬래머(Slammer worm) : 마이크로소프트(Microsoft)의 데이터베이스 관리시스템인 SQL 서버를 특정 포트(port)를 이용해 공격하는 컴퓨터 웜바이러스이다. 웜이 창궐해 2003년 1월 25일에는 국내에서 인터넷 대란이 일어난 바 있다. 웜(Worm)은 하드디스크의 파일에서 파일로 감염되던 바이러스와는 달리 인터넷의 이메일을 통해 마치 살아 움직이는 생명체 같이 자기증식을 하면서 컴퓨터를 감염시킨다. 웜은 기하급수적인 증식속도로 시스템에 부하를 걸리게 하여 시스템을 다운시키기도 한다.

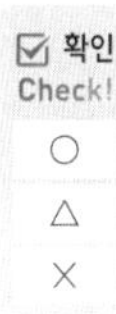

78 컴퓨터범죄의 수법에 관한 설명으로 옳지 않은 것은?

확인 Check! ○ △ ×

① 함정문(Trap Door) – 컴퓨터 시험가동을 이용한 정상작업을 가장하면서 실제로는 컴퓨터를 범행도구로 이용하는 수법이다.
② 트로이 목마(Trojan Horse) – 프로그램 속에 범죄자만 아는 명령문을 삽입하여 이용하는 수법이다.
③ 데이터 디들링(Data Diddling) – '자료의 부정변개'라고도 하며 데이터를 입력하는 동안이나 변환하는 시점에서 최종적인 입력 순간에 자료를 절취 또는 변경, 추가, 삭제하는 모든 행동을 말한다.
④ 슈퍼 재핑(Super Zapping) – 컴퓨터의 고장을 수리하는 것처럼 하면서 그 안에 수록되어 있는 자료를 부정조작하거나 입수하는 컴퓨터범죄의 수법이다.

쏙쏙 해설

①은 시험가동 모델링(Simulation and Modeling) 수법에 해당하는 내용이다. 함정문(Trap Door)은 OS나 대형 응용 프로그램을 개발하면서 전체 시험 실행을 할 때 발견되는 오류를 쉽게 하거나 처음부터 중간에 내용을 볼 수 있는 부정루틴을 삽입해 컴퓨터의 장비나 유지보수를 핑계 삼아 컴퓨터 내부의 자료를 뽑아가는 행위를 말한다.

정답 ❶

79 컴퓨터범죄 예방대책에 관한 설명으로 옳지 않은 것은?

확인 Check! ○ △ ×

① 거래기록 파일 등 데이터 파일에 대한 백업을 할 때는 내부와 외부에 이중으로 파일을 보관해서는 안 된다.

② 극비의 경영자료 등이 수록된 파일이나 중요한 상품의 프로그램이 수록되어 있는 테이프나 디스크 파일에는 별도의 명칭을 부여한다.

③ 컴퓨터 사용에 대한 회계감사나 사후평가를 면밀히 해야 한다.

④ 프로그래머는 기기조작을 하지 않고 오퍼레이터는 프로그래밍을 하지 않는다는 원칙을 철저히 준수한다.

외부장소에 보관한 백업용 기록문서화의 종류는 최소한으로 하는 것이 좋으나, 컴퓨터 운용체제의 추가선택 기능에 대한 설명 및 운용 시스템의 갱신·기록, 사용 중인 업무처리 프로그램의 설명서, 주요 파일구성 내용 및 거래 코드 서명서, 운용매뉴얼, 사용자 매뉴얼, 자료파일, 변경전의 마스터 파일, 거래기록 파일은 재해발생시 컴퓨터 업무처리를 계속 유지하기 위한 기본적인 파일이므로 내부와 외부에 이중으로 파일을 보관하여야 한다.

〈출처〉 김두현·박형규, 「신민간경비론」, 솔과학, 2018, P. 317

정답 ❶

80 우리나라 민간경비산업의 일반적 문제점으로 옳지 않은 것은?

확인 Check! ○ △ ×

① 경비업체들이 활동할 수 있는 경비업종이 다른 국가에 비해 다양하게 되어 있다.

② 경비 입찰단가가 비현실적이다.

③ 청원경찰법과 경비업법과의 단일화가 아직 안 되어 있다.

④ 경비업체는 정규직원보다 임시계약직이나 시간제 근로자로 채용하고, 경비원들은 조금 더 조건이 좋은 경비업체로 쉽게 이직을 하고 있다.

영국과 미국에서는 경비산업이 아니라 안전산업이라는 개념하에, 시설경비 외에 보디가드, 정보수집, 민간탐정, 범인호송, 민간감옥 운용, 환경보호 등 다양한 안전 관련 산업을 포괄하고 있다. 이러한 관점에서 볼 때 한국의 경비산업은 안전산업의 한 분야에 불과하다고 볼 수 있다.

〈출처〉 김두현·박형규, 「민간경비론」, 솔과학, 2018, P. 362

정답 ❶

제10회 법학개론

정답 및 해설

정답 CHECK

01	02	03	04	05	06	07	08	09	10	11	12	13	14	15	16	17	18	19	20
③	③	④	②	①	④	④	④	④	③	③	③	④	④	②	③	①	③	②	④
21	22	23	24	25	26	27	28	29	30	31	32	33	34	35	36	37	38	39	40
④	②	①	①	①	③	①	③	①	④	①	①	②	①	②	③	②	③	②	②

각 문항별로 이해도를 체크해 보세요.

문제편 219p

01 법과 도덕의 차이점에 관한 설명으로 옳지 않은 것은?

확인 Check! ○ △ ×

① 자율성의 측면에서 법은 타율적이나 도덕은 자율적이다.
② 위반시 제재의 측면에서 법은 강제적이나 도덕은 비강제적이다.
③ 권리 및 의무의 측면에서 법은 일면적이나 도덕은 양면적이다.
④ 규율대상의 측면에서 법은 외면적이나 도덕은 내면적이다.

쏙쏙 해설

권리 및 의무의 측면에서 법은 양면적이나 도덕은 일면적이다. 즉, 권리는 없고 의무만 있다.

정답 ❸

02 다음 글에 나타난 법사상에 대한 설명으로 옳은 것을 〈보기〉에서 모두 고른 것은?

확인 Check! ○ △ ×

> 이 사상은 규범 이외의 역사적 · 사회적 · 정치적 · 철학적 요소를 고려하지 않고 법 자체만을 형식 논리적으로 파악하며 법을 만능의 수단으로 이해한 결과, 정의의 관념이나 정당성 대신에 합법성만을 강조하는 결과를 초래하기도 한다.

> ㄱ. 천부인권을 신성불가침의 권리로 인정한다.
> ㄴ. 악법도 법으로 인정될 수 있는 근거가 된다.
> ㄷ. 법과 도덕을 엄격히 구별하여 법의 우위를 강조하고 있다.
> ㄹ. 시 · 공간을 초월하여 존재하는 보편타당한 질서를 추구한다.

① ㄱ, ㄴ　② ㄱ, ㄹ
③ ㄴ, ㄷ　④ ㄴ, ㄹ

쏙쏙 해설

법실증주의는 초경험적인 자연법의 존재를 무시하고 오로지 실정법에 존재가치를 부여하는 사상이다. ㄱ, ㄹ은 자연법사상에 대한 내용이다.

정답 ❸

안심Touch

03 법의 효력에 관한 설명으로 옳지 않은 것은?

① 원칙적으로 법률불소급의 원칙이 인정된다.
② 한 나라의 법은 내·외국인을 구별하지 아니하고 그 영역 내의 모든 사람에게 적용됨을 원칙으로 한다.
③ 소급법률에 의한 참정권 제한 금지는 헌법에 규정되어 있다.
④ 성문법은 공포일로부터 폐지할 때까지 효력을 가진다.

해설

④ 법은 시행일부터 폐지일까지 그 효력을 갖는데, 이를 법의 유효기간이라고 한다.
① 헌법 제13조 제1항·제2항 등
② 속지주의 원칙
③ 헌법 제13조 제2항

정답 ❹

04 다음의 내용이 설명하는 법원(法源)은 무엇인가?

> 지방자치단체의 장이 법령이나 조례가 위임한 범위에서 그 권한에 속하는 사무에 관하여 제정할 수 있다.

① 조 례　② 규 칙
③ 명 령　④ 법 률

해설

제시문이 설명하는 법원은 규칙이다. 반면, 조례는 지방자치단체의 의결기관인 의회가 법령의 범위 안에서 그 사무에 관하여 제정하는 법원에 해당한다.

정답 ❷

05 사회법에 관한 설명으로 옳지 않은 것은?

① 공법영역에 사법적 요소를 가미하는 제3의 법영역이다.
② 노동법, 경제법, 사회보장법은 사회법에 속한다.
③ 사회적·경제적 약자의 이익 보호를 목적으로 한다.
④ 사법에 있어서의 평균적 정의의 원리에 배분적 정의를 폭넓게 가미하였다.

해설

사회법은 사법의 공법화 경향을 말하므로, 사법영역에 공법적 요소를 가미하는 제3의 법영역에 해당한다.

정답 ❶

06 법의 분류에 관한 설명으로 옳지 않은 것은?

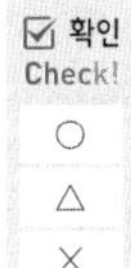

① 당사자가 법의 규정과 다른 의사표시를 한 경우 그 법의 규정을 배제할 수 있는 법은 임의법이다.
② 당사자의 의사와 관계없이 강제적으로 적용되는 법은 강행법이다.
③ 국가의 조직과 기능 및 공익작용을 규율하는 행정법은 공법이다.
④ 대한민국 국민에게 적용되는 헌법은 특별법이다.

헌법은 널리 일반적으로 적용되므로 특별법이 아니라, 일반법에 해당한다.

정답 ❹

07 대한민국영역 외에서 외국인이 범하여도 우리 형법이 적용되는 범죄가 아닌 것은?

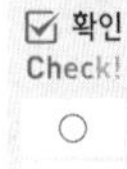

① 외환죄
② 국기에 관한 죄
③ 유가증권, 우표와 인지에 관한 죄
④ 사문서에 관한 죄

공문서에 관한 죄가 외국인의 국외범 적용대상 범죄에 해당한다.

정답 ❹

법령

외국인의 국외범(형법 제5조)★

본법은 대한민국영역 외에서 다음에 기재한 죄를 범한 외국인에게 적용한다.

1. 내란의 죄
2. 외환의 죄
3. 국기에 관한 죄
4. 통화에 관한 죄
5. 유가증권, 우표와 인지에 관한 죄
6. 문서에 관한 죄 중 제225조 내지 제230조(공문서)
7. 인장에 관한 죄 중 제238조(공인장)

08 사실 여하에 상관없이 법에 의하여 일정한 사실관계를 확정하여 법률효과를 발생시키는 것은?

☑ 확인 Check! ○ △ ×

① 입 증　　② 입증책임

③ 사실의 추정　　④ 간 주

쏙쏙 해설

간주란 사실 여하를 불문하고 법에 의하여 일정한 사실관계를 확정하는 것을 말하는 것으로 의제라고도 한다.

정답 ❹

09 (가), (나)에 해당하는 해석방법으로 알맞은 것은?

☑ 확인 Check! ○ △ ×

> (가) 민법 제4조에 의하면 19세로 성년이 되므로 19세 미만인 자는 미성년자로 해석한다.
> (나) 실내에 개를 데리고 들어갈 수 없다는 규정은 개뿐만 아니라 고양이, 돼지 등의 다른 동물도 들어갈 수 없다고 해석한다.

	(가)	(나)
①	문리해석	축소해석
②	확장해석	문리해석
③	축소해석	확장해석
④	반대해석	물론해석

쏙쏙 해설

반대해석이란 법이 규정하는 요건과 반대의 요건이 존재하는 경우 그 반대의 요건에 대하여 반대의 법적 판단을 하는 해석이고, 물론해석이란 법이 규정한 사항 이외의 사항도 당연히 포함되는 것으로 해석하는 것이다.

정답 ❹

10 헌법의 개정에 대한 설명 중 옳지 않은 것은?

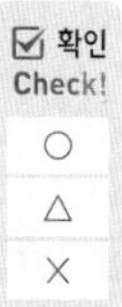

① 헌법개정은 헌법에 규정된 개정절차에 따라 헌법의 동일성을 유지하면서 의식적으로 헌법전의 내용을 수정・삭제・추가하는 것이다.

② 헌법개정의 형식은 개정 조항만을 추가해 나가는 경우와 이미 있는 조항을 수정 또는 삭제하거나 새로운 조항을 설정하는 형식을 취하는 경우가 있다.

③ 대통령이나 국회 재적의원 과반수의 발의로써 제안된 헌법개정안은 대통령이 30일 이상의 기간 동안 공고하여야 한다.

④ 대통령의 헌법개정안 공고일로부터 60일 이내에 국회 재적의원 2/3 이상의 찬성으로 의결하여야 한다.

쏙쏙 해설

대통령이나 국회 재적의원 과반수 발의로써 제안된 헌법개정안은 대통령이 20일 이상의 기간 동안 공고하여야 한다(헌법 제128조 제1항, 제129조).

정답 ❸

11 기본권에 대한 설명으로 옳지 않은 것은?

확인 Check! ○ △ ×

① 자유권적 기본권은 자신의 자유영역에 관하여 국가로부터 침해를 받지 않을 권리이다.
② 평등권은 국가에 대하여 평등한 취급을 받을 권리, 즉 법 앞의 평등으로 법의 정립, 집행 및 적용에 있어서의 평등을 뜻하며 입법·사법·행정기관까지도 구속하는 기본권이다.
③ 사생활의 자유권에 따라 국내 거주·이전의 자유, 국외 거주·이전의 자유, 해외여행, 국적이탈의 자유와 무국적의 자유가 인정된다.
④ 양심의 자유 중 양심형성의 자유는 내용을 제한할 수 없는 절대적 기본권이다.

거주·이전의 자유에는 국내 거주·이전의 자유, 국외 거주·이전의 자유, 해외여행, 국적이탈의 자유가 포함되나 무국적의 자유는 인정되지 않는다.

정답 ❸

12 현행 헌법상 근로의 권리에 관한 설명 중 옳지 않은 것은?

확인 Check! ○ △ ×

① 모든 국민은 근로의 의무를 진다.
② 근로조건의 기준은 인간의 존엄성을 보장하도록 법률로 정한다.
③ 여자의 근로 및 장애인의 근로는 특별한 보호를 받으며, 고용·임금 및 근로조건에 있어서 부당한 차별을 받지 아니한다.
④ 국가유공자·상이군경 및 전몰군경의 유가족은 법률이 정하는 바에 의하여 우선적으로 근로의 기회를 부여받는다.

③ 헌법은 장애인의 근로에 대해 특별한 보호를 규정하고 있지는 않다.
① 헌법 제32조 제2항 전문
② 헌법 제32조 제3항
④ 헌법 제32조 제6항

정답 ❸

법령

제32조(헌법)

① 모든 국민은 근로의 권리를 가진다. 국가는 사회적·경제적 방법으로 근로자의 고용의 증진과 적정임금의 보장에 노력하여야 하며, 법률이 정하는 바에 의하여 최저임금제를 시행하여야 한다.
② 모든 국민은 근로의 의무를 진다. 국가는 근로의 의무의 내용과 조건을 민주주의원칙에 따라 법률로 정한다.
③ 근로조건의 기준은 인간의 존엄성을 보장하도록 법률로 정한다.
④ 여자의 근로는 특별한 보호를 받으며, 고용·임금 및 근로조건에 있어서 부당한 차별을 받지 아니한다.
⑤ 연소자의 근로는 특별한 보호를 받는다.
⑥ 국가유공자·상이군경 및 전몰군경의 유가족은 법률이 정하는 바에 의하여 우선적으로 근로의 기회를 부여받는다.

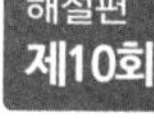

13 다음 (   ) 안의 ㄱ, ㄴ에 들어갈 내용으로 알맞은 것은?

확인 Check! ○ △ ×

(ㄱ)이 정하는 주요방위산업체에 종사하는 근로자의 (ㄴ)은 법률이 정하는 바에 의하여 이를 제한하거나 인정하지 아니할 수 있다.

	ㄱ	ㄴ
①	헌 법	단체교섭권
②	헌 법	단체행동권
③	법 률	단체교섭권
④	법 률	단체행동권

쏙쏙 해설

(법률)이 정하는 주요방위산업체에 종사하는 근로자의 (단체행동권)은 법률이 정하는 바에 의하여 이를 제한하거나 인정하지 아니할 수 있다(헌법 제33조 제3항).

정답 ❹

14 다음 (   ) 안의 ㄱ, ㄴ에 들어갈 내용으로 알맞은 것은?

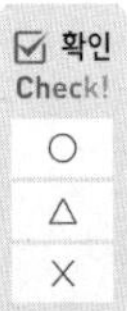

비상계엄이 선포된 때에는 법률이 정하는 바에 의하여 영장제도, 언론・출판・집회・결사의 자유, (ㄱ)나 (ㄴ)의 권한에 관하여 특별한 조치를 할 수 있다.

	ㄱ	ㄴ
①	정 부	국 회
②	국 회	헌법재판소
③	국 회	법 원
④	정 부	법 원

쏙쏙 해설

비상계엄이 선포된 때에는 법률이 정하는 바에 의하여 영장제도, 언론・출판・집회・결사의 자유, (정부)나 (법원)의 권한에 관하여 특별한 조치를 할 수 있다(헌법 제77조 제3항).

정답 ❹

15 민법상 어떤 사유로 이사가 전혀 없게 되거나 정관에서 정한 이사의 수에 결원이 생겨 손해가 생길 염려가 있는 때에는 이해관계인이나 검사의 청구에 의하여 법원이 선임하여야 할 기관은?

확인 Check! ○ △ ×

① 감 사　　② 임시이사
③ 청산인　　④ 특별대리인

쏙쏙 해설

이사가 없거나 결원이 있는 경우에 이로 인하여 손해가 생길 염려 있는 때에는 법원은 이해관계인이나 검사의 청구에 의하여 임시이사를 선임하여야 한다(민법 제63조).

정답 ❷

16 다음 (   ) 안의 ㄱ, ㄴ, ㄷ에 들어갈 내용이 알맞게 연결된 것은?

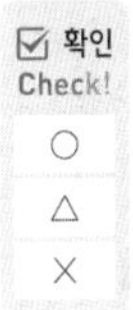

- 목적을 확정할 수 없는 법률행위는 (ㄱ)이다.
- 법률행위의 목적이 개개의 강행법규에 위반하지는 않더라도 '선량한 풍속 기타 사회질서'에 위반하는 경우에는 그 법률행위는 (ㄴ)가 된다.
- 사회질서에 반하는 법률행위는 (ㄷ)로서 이행을 하기 전이면 이행할 필요가 없고, 이미 이행하였으면 반환을 청구하지 못한다.

① ㄱ : 취소, ㄴ : 취소, ㄷ : 취소
② ㄱ : 무효, ㄴ : 무효, ㄷ : 취소
③ ㄱ : 무효, ㄴ : 무효, ㄷ : 무효
④ ㄱ : 취소, ㄴ : 무효, ㄷ : 취소

쏙쏙 해설

ㄱ, ㄴ, ㄷ에는 모두 무효가 들어간다.

정답 ❸

17 민법상 선의취득에 관한 설명으로 옳은 것을 모두 고르면?

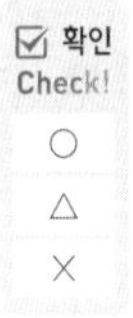

ㄱ. 선의취득할 수 있는 물권은 소유권과 질권이다.
ㄴ. 선의취득을 위해서는 평온 · 공연 · 선의 · 무과실로 점유를 시작해야 한다.
ㄷ. 선의취득에 의한 권리취득은 승계취득으로 본다.
ㄹ. 동산이라면 등기 · 등록에 의해서 공시되는 것이라도 선의취득의 대상이 될 수 있다.

① ㄱ, ㄴ ② ㄴ, ㄷ
③ ㄱ, ㄷ ④ ㄴ, ㄹ

쏙쏙 해설

ㄱ과 ㄴ이 옳은 내용이다.
ㄷ (×) 선의취득에 의한 권리취득은 원시취득이다.
ㄹ (×) 등기 · 등록에 의해서 공시되는 동산은 선의취득의 대상이 될 수 없다.

정답 ❶

18 민법의 규정상 동산을 객체로 할 수 있는 권리로 옳은 것은?

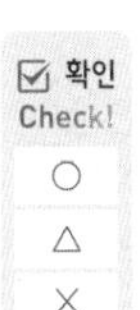

① 지상권 ② 지역권
③ 유치권 ④ 저당권

쏙쏙 해설

유치권은 타인의 물건(동산, 부동산) 또는 유가증권을 객체로 한다(민법 제320조 제1항).

정답 ❸

19 전세권에 관한 설명 중 옳지 않은 것은?

확인 Check! ○ △ ×

① 전세권자는 경매청구권을 갖는다.
② 전세권을 양도하려면 설정자의 동의를 얻어야 한다.
③ 전세권은 등기하여야 취득된다.
④ 건물에 대한 전세권의 존속기간을 6월로 정할 수는 없다.

쏙쏙 해설

설정행위에서 금지되어 있지 않는 한 전세권자는 설정자의 동의 없이 전세권을 자유로이 양도할 수 있다(민법 제306조).

정답 ❷

① 민법 제318조
③ 전세권은 부동산을 객체로 하는 물권으로서 득실변경은 등기하여야 효력이 생긴다(민법 제186조 참고).
④ 건물에 대한 전세권의 존속기간을 1년 미만으로 정한 때에는 이를 1년으로 한다(민법 제312조 제2항).

20 다음 중 임대차의 목적에 관한 내용으로 맞는 것은?

확인 Check! ○ △ ×

① 임대차의 목적물은 부동산에 한한다.
② 권리도 이를 수익하여 대가를 지급하는 계약을 할 수 있으므로 임대차의 목적이 될 수 있다.
③ 전기, 기타 관리할 수 있는 자연력도 민법상 물건이므로 임대차의 목적이 된다.
④ 임대차는 목적물의 소유권의 귀속과는 관계없고, 따라서 타인의 물건을 임대할 수도 있다.

임대차는 목적물의 소유권 귀속과는 관계가 없기 때문에 타인의 물건을 임대할 수도 있다.

정답 ❹

① 임대차의 목적물은 물건(부동산・동산)이다.
② 임대차의 목적물은 물건에 한한다.
③ 민법상 물건 중 무체물은 임대차의 목적이 되지 못한다.

21 민사소송의 심리에 관한 원칙에 해당하지 않은 것은?

확인 Check! ○ △ ×

① 변론주의 ② 쌍방심리주의
③ 구술심리주의 ④ 수시제출주의

민사소송의 심리에 관한 원칙으로 변론주의, 처분권주의, 구술심리주의, 직접심리주의, 공개심리주의, 쌍방심리주의, 적시제출주의를 들 수 있다.

정답 ❹

22 행위자가 결과의 가능성을 예견하고 그의 행위로 인하여 구성요건이 실현되는 것을 묵인한 경우의 고의를 무엇이라고 하는가?

① 택일적 고의　② 미필적 고의
③ 개괄적 고의　④ 확정적 고의

쏙쏙 해설

설문은 미필적 고의에 대한 내용에 해당한다.

정답 ❷

핵심만 콕

고의의 종류

㉠ 확정적 고의 : 적극적으로 범죄의 실현을 행위자가 인식 또는 예견한 경우(직접적 고의)

㉡ 불확정적 고의

- 미필적 고의 : 행위자가 결과의 가능성을 예견하고 그의 행위로 인하여 구성요건이 실현되는 것을 묵인한 경우(회사업무로 과속을 하면서 혹시 사람을 칠 수 있다고 생각했지만, 사람을 치어도 어쩔 수 없다고 생각하고 과속하는 경우)
- 택일적 고의 : 결과발생은 확실하나 객체가 택일적이어서 둘 가운데 하나의 결과만 일어난 경우(총을 쏘면서 甲이나 乙 둘 중에서 누가 죽어도 좋다고 생각하는 경우)
- 개괄적 고의 : 객체가 너무 많아서 무엇에 그 결과가 일어날 것인가가 확정되지 않은 경우(아무나 죽일 생각으로 인파가 붐비는 광장 안으로 차를 돌진한 경우)

23 다음 보기의 사례에 해당하는 위법성조각사유는?

확인 Check! ○ △ ×

> 채권자가 빌린 돈을 갚지 않고 외국으로 도망치려는 때에 채무자가 공항에서 이를 발견하고 비행기를 타지 못하게 여권을 빼앗는 경우

① 자구행위　② 피해자의 승낙
③ 정당행위　④ 정당방위

쏙쏙 해설

① 자구행위(형법 제23조 제1항) : 법정절차에 의하여 청구권을 보전하기 불능한 경우에 그 청구권의 실행불능 또는 현저한 실행곤란을 피하기 위한 행위는 상당한 이유가 있는 때에는 벌하지 아니한다.
② 형법 제24조
③ 형법 제20조
④ 형법 제21조

 ❶

24 다음 중 부진정결과적 가중범이 아닌 것은 모두 몇 개인가?

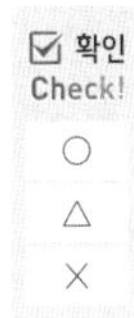

> ㄱ. 현주건조물방화치상죄　ㄴ. 교통방해치상죄
> ㄷ. 상해치사죄　ㄹ. 중상해죄

① 1개　② 2개
③ 3개　④ 4개

쏙쏙 해설

상해치사죄는 진정결과적 가중범에 해당한다.

 ❶

해설편 제10회

결과적 가중범

㉠ 의 의

고의에 의한 기본범죄에 의하여 행위자가 예견하지 않았던 중한 결과가 발생한 때에 형이 가중되는 범죄이다.

㉡ 종 류

- 진정결과적 가중범 : 고의에 의한 기본범죄에 기하여 과실로 중한 결과를 발생케 한 경우에 성립하는 범죄(상해치사죄, 폭행치사죄 등)
- 부진정결과적 가중범 : 중한 결과를 과실로 야기한 경우뿐만 아니라 고의에 의하여 발생케 한 경우에도 성립하는 범죄(교통방해치상죄, 현주건조물방화치상죄, 중상해죄 등)

25 범죄의 실행에 착수한 자가 그 범죄가 완성되기 전에 자의로 실행에 착수한 행위를 중지하거나 그 행위로 인한 결과의 발생을 방지하는 것은?

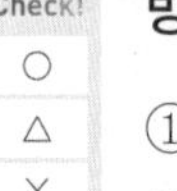

① 중지미수 ② 불능범

③ 장애미수 ④ 불능미수

설문의 내용은 형법 제26조의 중지미수에 해당한다.

정답 ❶

① 중지미수 : 범죄의 실행에 착수한 행위자가 그 범죄가 완성되기 전에 자의로 범죄의 실행에 착수한 행위를 중지하거나 그 행위로 인한 결과의 발생을 방지하는 경우이다.

②・④ 불능범 및 불능미수 : 불능범은 범죄의 실행에 착수하였으나 그 행위의 성질 또는 행위 대상인 객체의 성질상 범죄결과의 발생가능성(위험성)이 없어 미수범으로서도 처벌할 수 없는 경우로, 위험성의 유무가 미수범과 불능범을 구별하는 기준이 된다.

③ 장애미수 : 행위자의 의사에 반하여 장애로 범죄를 완성하지 못한 경우이다.

26 이혼소송 중인 남편이 찾아와 가위로 폭행을 하고 변태적 성행위를 강요하는 데 격분하여 처가 칼로 남편의 복부를 찔러 사망에 이르게 한 경우에 대한 설명으로 옳은 것은?(판례에 의함)

① 정당방위에 해당한다.

② 과잉방위에 해당한다.

③ 정당방위나 과잉방위에 해당하지 않는다.

④ 사회상규에 위배되지 않는 행위로 정당행위에 해당한다.

이혼소송 중인 남편이 찾아와 가위로 폭행을 하고 변태적 성행위를 강요하는 데 격분하여 처가 칼로 남편의 복부를 찔러 사망에 이르게 한 경우는 정당방위나 과잉방위에 해당하지 않는다(대판 2001. 5. 15. 2001도1089).

정답 ❸

27 검사의 공소제기가 없는 사건에 대하여 법원이 독자적으로 심판할 수 없고, 청구한 사실에 대해서만 심리 및 판결을 할 수 있다는 원칙은 무엇인가?

확인 Check! ○ △ ×

① 불고불리의 원칙
② 일사부재리의 원칙
③ 일사부재의의 원칙
④ 불이익변경금지의 원칙

설문은 불고불리의 원칙에 대한 내용이다.

정답 ❶

② 일사부재리의 원칙 : 어떤 사건에 대하여 판결이 확정되면, 그 사건을 다시 소송으로 심리 및 재판하지 않는다는 원칙
③ 일사부재의의 원칙 : 국회에서 부결된 안건을 해당 회기 내에는 재심의하지 않는다는 원칙
④ 불이익변경금지의 원칙 : 피고인만이 상소한 경우, 상소심에서 피고인에게 불리하게 판결을 변경하는 것을 금지하는 원칙

28 상법상 주식회사의 최고의사결정기관은?

확인 Check! ○ △ ×

① 이 사　② 감 사
③ 주주총회　④ 대표이사

주주총회는 주주로서 구성되며 법령 또는 정관에 정한 사항에 관하여 회사의 의사를 결정하는 기관이다. 주주총회는 회사의 최고기관이기는 하나 그 권한은 제한되어 법령 또는 정관에 정한 사항 이외의 사항에 관하여 결의할 수 없다(상법 제361조).

정답 ❸

29 형사소송법상 긴급체포의 요건이 아닌 것은?

확인 Check! ○ △ ×

① 피의자가 일정한 주거가 없는 때
② 피의자가 증거를 인멸할 염려가 있는 때
③ 피의자가 도망한 때
④ 피의자가 도망할 우려가 있는 때

형사소송법 제200조의3에 따라 피의자가 증거를 인멸할 염려가 있는 때, 피의자가 도망하거나 도망할 우려가 있는 때일 것을 요한다. ①의 일정한 주거가 없는 때는 구속의 사유에 해당한다.

정답 ❶

법령

긴급체포(형사소송법 제200조의3)

① 검사 또는 사법경찰관은 피의자가 사형·무기 또는 장기 3년이상의 징역이나 금고에 해당하는 죄를 범하였다고 의심할 만한 상당한 이유가 있고, 다음 각호의 어느 하나에 해당하는 사유가 있는 경우에 긴급을 요하여 지방법원판사의 체포영장을 받을 수 없는 때에는 그 사유를 알리고 영장없이 피의자를 체포할 수 있다. 이 경우 긴급을 요한다 함은 피의자를 우연히 발견한 경우등과 같이 체포영장을 받을 시간적 여유가 없는 때를 말한다.

1. 피의자가 증거를 인멸할 염려가 있는 때
2. 피의자가 도망하거나 도망할 우려가 있는 때

② 사법경찰관이 제1항의 규정에 의하여 피의자를 체포한 경우에는 즉시 검사의 승인을 얻어야 한다.

③ 검사 또는 사법경찰관은 제1항의 규정에 의하여 피의자를 체포한 경우에는 즉시 긴급체포서를 작성하여야 한다.

④ 제3항의 규정에 의한 긴급체포서에는 범죄사실의 요지, 긴급체포의 사유등을 기재하여야 한다.

30 상법상 상인에 관한 설명으로 옳지 않은 것은?

① 점포 기타 유사한 설비에 의하여 상인적 방법으로 영업을 하는 자는 상행위를 하지 아니하더라도 상인으로 본다.

② 소상인은 소규모 상인으로서 자본금이 1,000만원 미만으로 회사가 아닌 자를 말한다.

③ 당연상인은 자기명의로 상행위를 하는 자이다.

④ 회사는 상행위를 하지 않으면 상인으로 보지 않는다.

④ 회사는 상행위를 하지 아니하더라도 상인으로 본다[상법 제5조 제2항(의제상인)].
① 상법 제5조 제1항(의제상인)
② 상법 시행령 제2조
③ 상법 제4조

정답 ④

31 다음 중 상호에 관한 설명으로 옳지 않은 것은?

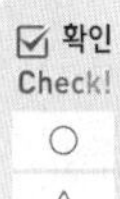

① 지점의 상호에는 본점과의 종속관계를 표시할 필요는 없다.

② 상호는 재산적 가치가 인정되어 상속도 가능하다.

③ 상호는 영업을 폐지하거나 영업과 함께 하는 경우에 한하여 이를 양도할 수 있다.

④ 상호를 등기한 자가 정당한 사유 없이 2년간 상호를 사용하지 아니하는 때에는 이를 폐지한 것으로 본다.

① 지점의 상호에는 본점과의 종속관계를 표시하여야 한다(상법 제21조 제2항).
② 상호는 재산적 가치가 인정되어 양도 및 상속이 가능하다.
③ 상법 제25조 제1항
④ 상법 제26조

정답 ①

32 다음 중 상법이 규정하는 손해보험의 종류에 해당하는 것을 모두 고른 것은?

확인 Check! ○ △ ×

ㄱ. 화재보험	ㄴ. 해상보험
ㄷ. 책임보험	ㄹ. 재보험
ㅁ. 보증보험	ㅂ. 상해보험
ㅅ. 질병보험	ㅇ. 자동차보험

① ㄱ, ㄴ, ㄷ, ㄹ, ㅁ, ㅇ
② ㄱ, ㄴ, ㄷ, ㅁ, ㅇ
③ ㄱ, ㄴ, ㄷ, ㄹ, ㅁ, ㅂ, ㅇ
④ ㄱ, ㄴ, ㄷ, ㄹ, ㅁ, ㅂ, ㅅ, ㅇ

쏙쏙 해설

상법이 규정하는 손해보험으로는 화재보험, 운송보험, 해상보험, 책임보험, 재보험, 자동차보험, 보증보험을 들 수 있다. 상해보험과 질병보험은 생명보험과 더불어 인보험에 해당한다.

정답 ❶

핵심만 콕

상법이 규정하는 손해보험의 종류	상법이 규정하는 인보험의 종류
• 화재보험(상법 제683조 내지 제687조) • 운송보험(상법 제688조 내지 제692조) • 해상보험(상법 제693조 내지 제718조) • 책임보험(상법 제719조 내지 제726조) • 재보험(상법 제661조) • 자동차보험(상법 제726조의2 내지 제726조의4) • 보증보험(상법 제726조의5 내지 제726조의7)	• 생명보험(상법 제730조 내지 제736조) • 상해보험(상법 제737조 내지 제739조) • 질병보험(상법 제739조의2 내지 제739조의3)

33 해고의 예고에 대한 설명으로 옳지 않은 것은?

① 사용자는 근로자를 해고하고자 할 때에는 적어도 30일 전에 그 예고를 하여야 하며, 30일 전에 예고를 하지 아니한 때에는 30일분 이상의 통상 임금을 지급하여야 한다.
② 근로자가 계속 근로한 기간이 6개월 미만인 경우에는 해고 예고제가 적용되지 않는다.
③ 근로자가 고의로 사업에 막대한 지장을 초래하거나 재산상 손해를 끼친 경우로서 고용노동부령으로 정하는 사유에 해당하는 경우에는 해고 예고제가 적용되지 않는다.
④ 천재·사변, 그 밖의 부득이한 사유로 사업을 계속하는 것이 불가능한 경우에도 해고 예고제가 적용되지 않는다.

해설

근로자가 계속 근로한 기간이 3개월 미만인 경우에는 해고 예고제가 적용되지 않는다(근로기준법 제26조 단서 제1호).

정답 ❷

해설편 제10회

안심Touch

법령

해고의 예고(근로기준법 제26조)

사용자는 근로자를 해고(경영상 이유에 의한 해고를 포함한다)하려면 적어도 30일 전에 예고를 하여야 하고, 30일 전에 예고를 하지 아니하였을 때에는 30일분 이상의 통상임금을 지급하여야 한다. 다만, 다음 각호의 어느 하나에 해당하는 경우에는 그러하지 아니하다. 〈개정 2019. 1. 15.〉

1. 근로자가 계속 근로한 기간이 3개월 미만인 경우
2. 천재·사변, 그 밖의 부득이한 사유로 사업을 계속하는 것이 불가능한 경우
3. 근로자가 고의로 사업에 막대한 지장을 초래하거나 재산상 손해를 끼친 경우로서 고용노동부령으로 정하는 사유에 해당하는 경우

34 다음 중 옳은 것은?

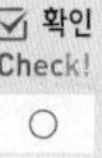

① 노동조합의 파업에 대한 사용자의 직장폐쇄도 쟁의행위에 해당된다.

② 사용자는 중대한 사고발생을 방지하거나 국가안전보장을 위해 긴급한 필요가 있는 경우에 근로자를 폭행할 수 있다.

③ 임금은 매월 1회 이상 지급하면 되고 원칙적으로 일정한 기일을 지정하여 지급하지 않아도 무방하다.

④ 사용자는 근로자가 근무시간 중에 선거권행사를 위해 필요한 시간을 청구하면 이를 거부하거나 변경하지 못한다.

노동조합의 파업에 대한 사용자의 직장폐쇄도 쟁의행위에 해당한다.

② 사용자가 근로자를 폭행할 수 있는 경우는 없다. 폭행 시 형법상 폭행죄 등으로 처벌될 수 있다.
③ 임금은 매월 1회 이상 지급하되, 원칙적으로 일정한 기일을 지정하여 지급하여야 한다(근로기준법 제43조 제2항).
④ 사용자는 거부할 수는 없으나 시간을 변경할 수는 있다(근로기준법 제10조).

35 노동법에 관한 다음 설명 중 옳지 않은 것은?

① 노동법이란 자본주의 사회에서 근로자가 인간다운 생활을 할 수 있도록 노동관계를 규율하는 법규범의 총체를 말한다.

② 집단적 노사관계법에는 노동조합 및 노동관계조정법, 직업안정법, 산업재해보상보험법 등이 있다.

③ 단결권은 근로자가 사용자와 대등한 교섭력을 갖기 위하여 단결해서 집단을 형성할 수 있는 권리이다.

④ 근로자가 할 수 있는 쟁의행위에 직장폐쇄는 포함되지 않는다.

직업안정법, 산업재해보상보험법은 개별적 노사관계법에 해당한다.

정답 ❷

핵심만 콕

개별적 노동관계법과 집단적 노동관계법

구분	내용
개별적 노동관계법 (근로계약법)	• 근로자 개인과 사용자 사이의 근로계약의 체결·전개·종료를 둘러싼 관계를 규율하는 법을 말한다. • 국가에 의한 근로자의 보호 내지 계약자유의 수정·제한을 지도이념으로 한다. • 예 근로기준법, 직업안정법, 산업재해보상보험법 등
집단적 노동관계법 (노동단체법, 노사관계법)	• 근로자의 노동관계상의 이익을 대변하는 노동단체의 조직·운영 및 노동단체와 사용자 측 사이의 단체교섭을 중심으로 전개되는 관계를 규율하는 법을 말한다. • 국가로부터의 자유(단결활동의 자유) 내지 집단적 노사자치를 지도이념으로 한다. • 예 노동조합 및 노동관계조정법, 노동위원회법, 근로자참여 및 협력증진에 관한 법률 등

36 산업재해보상보험법에 관한 설명으로 옳지 않은 것은?

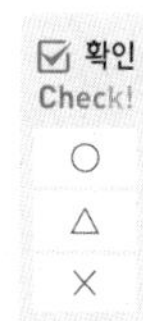

① 「산업재해보상보험법」은 가구 내 고용활동에는 적용되지 않는다.

② 근로자의 업무와 상당인과관계가 없는 재해는 업무상 재해로 인정되지 않는다.

③ 「산업재해보상보험법」에 따른 산업재해보상보험 사업은 보건복지부장관이 관장한다.

④ 사망한 자의 사실혼 관계에 있는 배우자는 유족급여 대상이다.

산업재해보상보험법에 따른 산업재해보상보험 사업은 고용노동부장관이 관장한다(산업재해보상보험법 제2조 제1항).

정답 ❸

해설편 제10회

① 「산업재해보상보험법」은 가구 내 고용활동에는 적용되지 않는다(산업재해보상보험법 제6조, 동법 시행령 제2조 제1항 제4호).
② 근로자의 업무와 상당인과관계가 없는 재해는 업무상 재해로 인정되지 않는다(산업재해보상보험법 제37조 제1항 단서).
④ 산업재해보상보험법 제64조 제1항 제2호의 반대해석상 사망한 자의 사실혼 관계에 있는 배우자는 재혼을 하지 않은 경우 유족보상연금 수급자격이 있으므로, 동법 제62조에 따라 유족급여의 대상이 된다.

37 행정입법에 대한 다음 설명 중 옳지 않은 것은?

확인 Check! ○ △ ×

① 행정입법이란 국가 또는 자치단체와 같은 행정주체가 일반적·추상적인 규범을 정립하는 작용을 말한다.
② 행정규칙이란 행정권이 정립하는 명령으로서 법규의 성질을 가지는 것이다.
③ 자치입법은 제정주체에 따라 조례, 규칙, 교육규칙 등으로 나뉜다.
④ 행정규칙에는 조직규칙, 근무규칙, 영조물규칙 등이 있다.

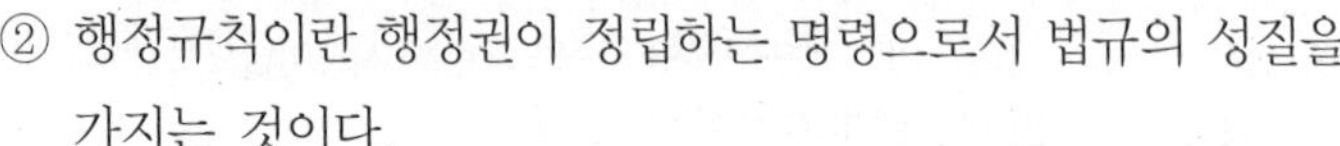

쏙쏙 해설

행정권이 정립하는 명령으로서 법규의 성질을 갖는 것은 행정규칙이 아니라 법규명령이다.

정답 ❷

38 국가배상에 관한 다음 설명 중 옳은 것은?

확인 Check! ○ △ ×

① 도로건설을 위해 자신의 토지를 수용당한 개인은 국가배상청구권을 가진다.
② 공무원이 직무수행 중에 적법하게 타인에게 손해를 입힌 경우 국가가 배상책임을 진다.
③ 도로·하천 등의 설치 또는 관리에 하자가 있어 손해를 받은 개인은 국가가 배상책임을 진다.
④ 공무원은 어떤 경우에도 국가배상청구권을 행사할 수 없다.

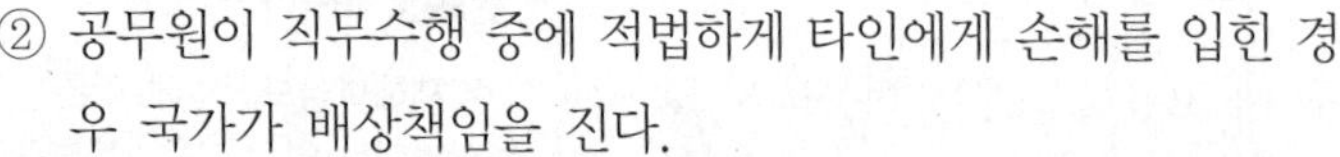

쏙쏙 해설

도로·하천 등의 설치 또는 관리의 하자로 인한 손해에 대하여는 국가 또는 지방자치단체는 국가배상법 제5조의 영조물 책임을 진다.

정답 ❸

① 도로건설을 위해 토지를 수용당한 경우에는 위법한 국가작용이 아니라 적법한 국가작용이므로 개인은 손실보상청구권을 갖는다.
② 공무원이 직무수행 중에 적법하게 타인에게 손해를 입힌 경우 국가는 배상책임이 없다.
④ 공무원도 국가배상법 제2조나 제5조 상의 요건을 갖추면 국가배상청구권을 행사할 수 있다. 다만, 군인·군무원·경찰공무원 또는 예비군대원의 경우에는 일정한 제한이 있다.

39 사정판결에 대한 설명으로 올바른 것은?

확인 Check! ○ △ ×

① 사정판결은 사정재결을 받은 사건에 대해서만 인정되는 판결 유형이다.
② 판례는 법원이 직권으로 사정판결여부를 결정할 수 있다고 하고 있다.
③ 인용판결의 일종이라 할 수 있다.
④ 사정판결을 받은 사건에 대해서는 대상 처분의 위법성이 부정된다.

대법원 판례는 직권심리주의를 규정하고 있는 행정소송법 제28조를 논거로 하여 당사자의 신청 없이도 법원이 직권으로 사정판결 여부를 결정할 수 있다고 한다(대판 1992. 2. 14. 90누9032).

정답 ❷

법령 **사정판결(행정소송법 제28조)**

① 원고의 청구가 이유있다고 인정하는 경우에도 처분 등을 취소하는 것이 현저히 공공복리에 적합하지 아니하다고 인정하는 때에는 법원은 원고의 청구를 기각할 수 있다. 이 경우 법원은 그 판결의 주문에서 그 처분 등이 위법함을 명시하여야 한다.
② 법원이 제1항의 규정에 의한 판결을 함에 있어서는 미리 원고가 그로 인하여 입게 될 손해의 정도와 배상방법 그 밖의 사정을 조사하여야 한다.
③ 원고는 피고인 행정청이 속하는 국가 또는 공공단체를 상대로 손해배상, 제해시설의 설치 그 밖에 적당한 구제방법의 청구를 당해 취소소송 등이 계속된 법원에 병합하여 제기할 수 있다.

40 행정벌에 관한 설명 중 옳지 않은 것은?

확인 Check! ○ △ ×

① 죄형법정주의 원칙상 법률의 근거를 요하며 소급입법은 허용되지 않는다.
② 행정질서벌은 형법총칙이 적용된다.
③ 행정형벌은 형법에 규정되어 있는 벌이 가해지는 행정벌을 의미한다.
④ 행정질서벌은 일반사회의 법익에 직접 영향을 미치지는 않으나 행정상의 질서에 장해를 야기할 우려가 있는 의무위반에 대해 과태료가 가해지는 제재를 말한다.

행정질서벌은 일반사회의 법익에 직접 영향을 미치지는 않으나 행정상의 질서에 장해를 야기할 우려가 있는 의무위반에 대해 과태료가 가해지는 제재로서 형법총칙이 적용되지 않는다.

정답 ❷

해설편 제10회

① 헌법 제13조 제1항
③ 행정형벌은 형법에 규정되어 있는 형명의 벌이 가해지는 행절벌을 의미한다.
④ 행정벌에는 행정형벌과 행정질서벌로 구분되는데 행정질서벌은 과태료가 가해지는 제재를 말한다.

제10회 민간경비론

정답 및 해설

정답 CHECK

41	42	43	44	45	46	47	48	49	50	51	52	53	54	55	56	57	58	59	60
③	②	③	①	④	②	④	④	③	②	③	④	②	④	③	①	①	③	②	②
61	62	63	64	65	66	67	68	69	70	71	72	73	74	75	76	77	78	79	80
③	①	④	①	②	④	④	③	④	④	④	①	④	②	④	③	①	④	②	①

각 문항별로 이해도를 체크해 보세요.

문제편 232p

41 민간경비에 관한 설명으로 옳지 않은 것은?

확인 Check! ○ △ ×

① 국가기관(경찰)에 의한 공경비에 대응되는 개념이다.
② 민간경비의 개념은 각 나라마다 차이가 있다.
③ 정보보호, 사이버보안은 실질적 의미의 민간경비 분야에서 제외된다.
④ 민간경비의 중요한 역할은 범죄예방 및 손실예방이다.

쏙쏙 해설

실질적 의미의 민간경비란 개인 및 단체의 생명·신체·재산보호 및 사회적 손실 감소와 질서유지를 위한 일체의 활동을 말한다. 따라서 정보보호, 사이버보안도 민간경비 분야에 포함된다.

정답 ❸

42 민간경비의 특성으로 옳지 않은 것은?

확인 Check! ○ △ ×

① 범죄예방적 기능을 주요 임무로 한다.
② 일반시민을 수혜대상으로 한다.
③ 공경비에 비하여 한정된 권한과 각종 제약을 받는다.
④ 영리성을 그 특징으로 하지만 공공성도 요구된다.

쏙쏙 해설

민간경비는 일정한 비용을 지불하는 특정고객을 수혜대상으로 한다. 일반시민을 수혜대상으로 하는 것은 공경비이다.

정답 ❷

43 민간경비와 공경비에 관한 설명으로 옳지 않은 것은?

확인 Check! ○ △ ×

① 민간경비는 각종 제약을 받지만 현행범은 영장 없이 체포할 수 있다.
② 공경비는 주로 법 집행을 통하여 공공의 이익을 추구하나 민간경비는 특정한 의뢰자를 대상으로 한다.
③ 민간경비의 주된 임무는 범죄예방과 범인구인이다.
④ 민간경비와 공경비는 공통적으로 범죄예방, 질서유지, 위험방지의 역할을 한다.

해설 •••

범인구인 등의 법 집행권한은 업무수행 측면에서 공경비의 목적에 해당한다.

정답 ❸

핵심만 콕

공경비와 민간경비의 비교★★

구 분	공경비(경찰)	민간경비(개인 또는 경비업체)
대 상	일반 국민(시민)	계약 당사자(고객)
임 무	범죄예방과 범죄 대응	범죄예방
공통점	범죄예방 및 위험방지, 질서유지	
범 위	일반(포괄)적 범위	특정(한정) 범위
주 체	정부(경찰)	영리기업(민간경비회사 등)
목 적	법 집행(범인 체포 및 범죄 수사와 조사)	개인 재산보호 및 손실 감소
제약조건	강제력 있음	강제력 사용에 제약 있음
권한의 근거	통치권	위탁자의 사권(私權)

44 다음에서 설명하는 민간경비 성장의 이론은 무엇인가?

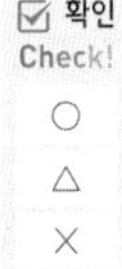

> 경찰의 범죄예방 능력이 국민의 욕구를 충족시키지 못할 때의 공동상태를 민간경비가 보충함으로써 민간경비가 성장한다는 이론이다.

① 공동화이론　② 경제환원론
③ 이익집단이론　④ 수익자부담이론

해설 •••

공동화이론은 경찰이 수행하고 있는 경찰 본연의 기능이나 역할을 민간경비가 보완하거나 대체한다는 이론으로 경찰의 범죄예방 능력이 국민의 욕구를 충족시키지 못할 때의 공동상태를 민간경비가 보충함으로써 민간경비가 성장한다는 이론이다.

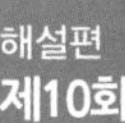

② 경제환원론 : 특정한 사회현상을 설명함에 있어 그 현상이 직접적으로는 경제와 무관한 것임에도 불구하고, 그 발생 원인을 경제문제에서 찾으려는 입장이다.
③ 이익집단이론 : 자신의 집단적 이익을 극대화하기 위하여 규모를 팽창시키고, 새로운 규율이나 제도를 창출시키는 등의 노력을 한다는 이론이다.
④ 수익자부담이론 : 경찰의 공권력 작용은 질서유지, 체제수호와 같은 거시적 측면에서 이루어지고, 개인의 안전과 보호는 해당 개인이 책임져야 한다는 자본주의 체제하에서 주장되는 이론이다.

45 **대규모 상업 · 주거시설의 민간경비에 관한 설명으로 옳지 않은 것은?**

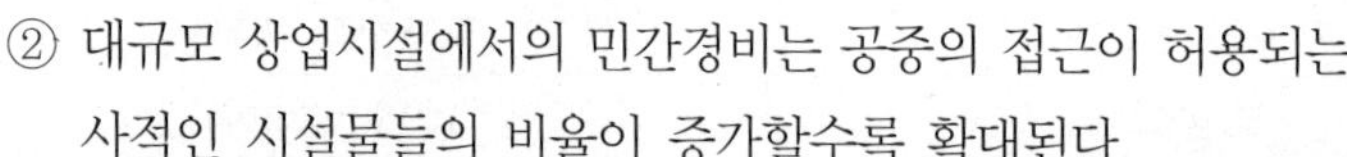

확인 Check! ○ △ ×

① 대규모 주거시설에서의 범죄예방활동과 위험관리는 공동체 구성원의 참여가 중요하다.
② 대규모 상업시설에서의 민간경비는 공중의 접근이 허용되는 사적인 시설물들의 비율이 증가할수록 확대된다.
③ 대규모 상업시설의 소유자들은 시설의 접근성 및 편리성을 극대화 시킴과 동시에 이에 대한 보안과 안전에 대한 책임 역시 비례적으로 증가한다.
④ 고급 주거시설의 경우에는 주변과의 관계성을 구축하는 데에 초점을 둔다.

고급 주거시설의 경우에는 주변과의 관계성을 구축하기보다는 자체적이고 독립적인 규모와 기능의 극대화에 초점을 두는 경향이 있다.

정답 ❹

46 **다음 중 과거 우리나라의 공경비에 속하지 않는 것은?**

확인 Check! ○ △ ×

① 2군 6위
② 도 방
③ 포도청
④ 금 군

② 도방은 무신집권기 경대승이 처음 조직한 무신정권의 사병집단이다.
①·③·④ 2군 6위는 고려시대의 중앙군사제도이고, 포도청과 금군은 조선시대의 공경비에 속한다.

정답 ❷

47 경비업법령상 특수경비원의 교육에 관한 설명으로 옳지 않은 것은?

① 특수경비업자는 특수경비원 신임교육을 받지 아니한 자를 특수경비업무에 종사하게 해서는 안 된다.
② 특수경비원으로 채용되기 전 3년 이내에 특수경비업무에 종사했던 경력이 있는 사람은 신임교육 대상에서 제외될 수 있다.
③ 특수경비업자는 소속 특수경비원에 대하여 매월 6시간 이상의 직무교육을 실시해야 한다.
④ 특수경비원의 교육시 특수경비업자의 요청이 있을 경우 관할경찰서 소속 경찰공무원이 교육기관에 입회하여 지도·감독할 수 있다.

쏙쏙 해설

④ 특수경비원의 교육시 관할경찰서 소속 경찰공무원이 교육기관에 입회하여 대통령령이 정하는 바에 따라 지도·감독하여야 한다(경비업법 제13조 제4항).
① 경비업법 제13조 제3항 후단
② 경비업법 시행령 제19조 제2항
③ 경비업법 시행령 제19조 제3항, 동법 시행규칙 제16조 제1항

정답 ④

48 경비업법령상 경비지도사의 직무에 관한 내용으로 옳지 않은 것은?

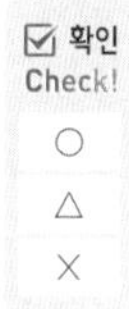

① 기계경비지도사는 월 1회 이상 기계경비업무를 위한 기계장치를 운용·감독한다.
② 기계경비지도사는 월 1회 이상 오경보방지 등을 위하여 기기관리의 감독을 한다.
③ 경비지도사는 경비현장에 배치된 경비원에 대한 순회점검 및 감독을 월 1회 이상 수행하여야 한다.
④ 경비지도사는 경비원 직무교육 실시대장에 그 내용을 기록하여 1년간 보존하여야 한다.

쏙쏙 해설

경비지도사는 경비원에 대한 교육을 실시하고, 직무교육 실시대장에 그 내용을 기록하여 2년간 보존하여야 한다(경비업법 시행령 제17조 제3항).

정답 ④

법령 경비지도사의 선임 등(경비업법 제12조)

② 제1항의 규정에 의하여 선임된 경비지도사의 직무는 다음과 같다.
1. 경비원의 지도·감독·교육에 관한 계획의 수립·실시 및 그 기록의 유지
2. 경비현장에 배치된 경비원에 대한 순회점검 및 감독
3. 경찰기관 및 소방기관과의 연락방법에 대한 지도
4. 집단민원현장에 배치된 경비원에 대한 지도·감독
5. 그 밖에 대통령령이 정하는 직무

경비지도사의 직무 및 준수사항(경비업법 시행규칙 제17조)

① 법 제12조 제2항 제5호에서 "대통령령이 정하는 직무"란 다음 각호의 직무를 말한다.
1. 기계경비업무를 위한 기계장치의 운용·감독(기계경비지도사의 경우에 한한다)
2. 오경보방지 등을 위한 기기관리의 감독(기계경비지도사의 경우에 한한다)

② 경비지도사는 법 제12조 제3항에 따라 같은 조 제2항 제1호·제2호의 직무 및 제1항 각호의 직무를 월 1회 이상 수행하여야 한다.
③ 경비지도사는 법 제12조 제2항 제1호에 따라 경비원에 대한 교육을 실시하고, 행정안전부령으로 정하는 경비원 직무교육 실시대장에 그 내용을 기록하여 2년간 보존하여야 한다.

49 **다음 중 경찰관직무집행법상의 불심검문에 관한 내용으로 옳지 않은 것은?**

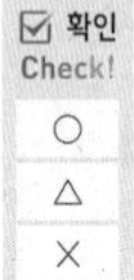

① 불심검문 중인 자를 동행하려 할 때에는 동행장소를 밝혀야 한다.

② 질문을 받거나 동행을 요구받은 사람은 형사소송에 관한 법률에 따르지 아니하고는 신체를 구속당하지 아니하며, 그 의사에 반하여 답변을 강요당하지 아니한다.

③ 경찰관은 동행한 사람을 12시간을 초과하여 경찰관서에 머물게 할 수 없다.

④ 경찰관은 사람을 정지시킨 장소에서 질문을 하는 것이 그 사람에게 불리하거나 교통에 방해가 된다고 인정될 때에는 질문을 하기 위하여 가까운 경찰서 · 지구대 · 파출소 또는 출장소로 동행할 것을 요구할 수 있다. 이 경우 동행을 요구받은 사람은 그 요구를 거절할 수 있다.

쏙쏙 해설

③ 경찰관은 동행한 사람을 6시간을 초과하여 경찰관서에 머물게 할 수 없다(경찰관직무집행법 제3조 제6항).
① 경찰관직무집행법 제3조 제4항 후단
② 경찰관직무집행법 제3조 제7항
④ 경찰관직무집행법 제3조 제2항

정답 ❸

50 **민간경비의 유형에 관한 설명으로 옳은 것은 모두 몇 개인가?**

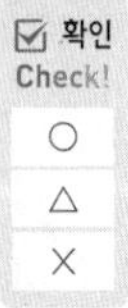

ㄱ. 자체경비는 개인 및 기관, 기업 등이 중요하다고 판단되는 자신들의 보호 대상을 보호하기 위하여 자체적으로 관련 업무를 수행할 수 있는 경비부서를 조직화하는 것이다.
ㄴ. 계약경비는 개인 및 기관, 기업 등이 중요하다고 판단되는 자신들의 보호 대상을 보호하기 위하여 외부와의 계약을 통해서 경비인력 또는 경비 시스템을 도입 · 운영하는 것이다.
ㄷ. 청원경찰은 계약경비의 일종이다.
ㄹ. 현행 경비업법은 자체경비를 전제로 한 것이다.

① 1개 ② 2개
③ 3개 ④ 4개

쏙쏙 해설

제시된 내용 중 옳은 것은 ㄱ과 ㄴ이다.
ㄷ (×) 청원경찰은 기관, 시설 · 사업장 등이 배치하는 자체경찰로 볼 수 있으므로 자체경비의 일종이다.
ㄹ (×) 현행 경비업법은 도급계약 형태이므로 계약경비를 전제로 한다.

정답 ❷

51 기계경비와 인력경비에 관한 설명으로 옳지 않은 것은?

☑ 확인 Check!
○
△
×

① 기계경비는 순수무인기계경비와 혼합기계경비 두 종류로 나눌 수 있다.
② CCTV를 통한 불법침입자 감지는 기계경비의 대표적인 사례라고 할 수 있다.
③ 기계경비는 경비업무 이외에 안내, 질서유지, 보호·보관 업무 등을 하나로 통합한 통합서비스가 가능하다.
④ 인력경비는 경비업무를 전문화할 수 있고, 고용창출 효과와 고객 접점 서비스 효과가 있다.

쏙쏙 해설

경비업무 이외에 안내, 질서유지, 보호·보관 업무 등을 하나로 통합한 통합서비스가 가능한 경비 유형은 인력경비이다. 기계경비는 화재예방시스템 등과 동시에 통합운용이 가능하다.

정답 ❸

핵심만 콕

인력경비와 기계경비

구 분	인력경비	기계경비
장 점	• 경비업무 이외에 안내, 질서유지, 보호·보관 업무 등을 하나로 통합한 통합서비스가 가능 • 인력이 상주함으로써 현장에서 상황이 발생했을 때 신속한 조치가 가능 • 인적 요소이기에 경비업무를 전문화 할 수 있고, 고용창출 효과와 고객 접점 서비스 효과가 있음	• 24시간 경비가 가능 • 장기적으로 소요비용이 절감되는 효과가 있음 • 감시지역이 광범위하고 정확성을 기할 수 있음 • 시간적 취약대인 야간에도 효율성이 높아 시간적 제약을 적게 받음 • 화재예방시스템 등과 동시에 통합운용이 가능 • 강력범죄와 화재, 가스 등에 대한 인명 사상을 예방하거나 최소화할 수 있음 • 기록장치에 의해 사고발생 상황이 저장되어 증거보존의 효과와 책임한계를 명확히 할 수 있음 • 오작동(오경보)률이 낮을 경우 범죄자에겐 경고의 효과가 있고, 사용자로부터 신뢰를 얻을 수 있음
단 점	• 인건비의 부담으로 경비에 많은 비용이 드는 편 • 사건이 발생하였을 때 인명피해의 가능성이 있음 • 상황 연락이 신속하게 이루어지지 않아 사건의 전파에 장애가 발생 • 야간에는 경비활동의 제약을 받아 효율성이 감소 • 경비원이 낮은 보수, 저학력, 고령일 경우 경비의 질 저하가 우려	• 현장에서의 신속한 대처가 어려우며, 현장에 출동하는 시간이 필요 • 최초의 기초 설치비용이 많이 소요 • 허위경보 및 오경보 등의 발생률이 비교적 높음 • 전문인력이 필요하며 유지보수에 비용이 많이 소요 • 고장시 신속한 대처가 어려움 • 방범 관련 업무에만 가능하며, 경비시스템을 잘 알고 있는 범죄자들에게 역이용당할 우려가 있음

52 현행 법령상 국가경찰의 임무에 해당하는 것을 모두 고른 것은?

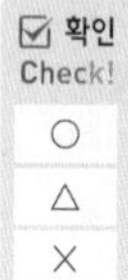

ㄱ. 국민의 생명·신체 및 재산의 보호
ㄴ. 범죄의 예방·진압 및 수사
ㄷ. 범죄피해자 보호
ㄹ. 경비, 주요 인사(人士) 경호 및 대간첩·대테러 작전 수행
ㅁ. 공공안녕에 대한 위험의 예방과 대응을 위한 정보의 수집·작성 및 배포
ㅂ. 교통 단속과 교통 위해(危害)의 방지
ㅅ. 외국 정부기관 및 국제기구와의 국제협력

① ㄱ, ㄹ, ㅅ
② ㄴ, ㄷ, ㄹ, ㅂ
③ ㄱ, ㄴ, ㄷ, ㄹ, ㅁ
④ ㄱ, ㄴ, ㄷ, ㄹ, ㅁ, ㅂ, ㅅ

제시된 〈보기〉 내용 모두 현행법상 국가경찰의 임무에 해당한다(경찰관직무집행법 제2조).

정답 ❹

법령 **직무의 범위(경찰관직무집행법 제2조)**

경찰관은 다음 각호의 직무를 수행한다. 〈개정 2018. 4. 17., 2020. 12. 22.〉
1. 국민의 생명·신체 및 재산의 보호
2. 범죄의 예방·진압 및 수사
2의2. 범죄피해자 보호
3. 경비, 주요 인사(人士) 경호 및 대간첩·대테러 작전 수행
4. 공공안녕에 대한 위험의 예방과 대응을 위한 정보의 수집·작성 및 배포
5. 교통 단속과 교통 위해(危害)의 방지
6. 외국 정부기관 및 국제기구와의 국제협력
7. 그 밖에 공공의 안녕과 질서 유지

53 경찰방범활동의 장애요인으로 옳지 않은 것은?

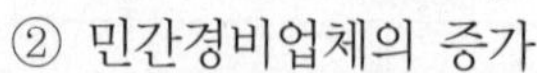
① 경찰인력의 부족
② 민간경비업체의 증가
③ 타 부처의 업무협조 증가
④ 경찰관의 민생안전부서 근무 기피

경찰방범활동의 장애(한계)요인에는 경찰인력의 부족, 경찰장비의 부족 및 노후화, 경찰의 민생치안부서 근무 기피현상, 타 부처 업무협조의 증가, 경찰에 대한 주민들의 고정관념으로 인한 이해부족 등을 꼽을 수 있는데, ②를 통해서 이러한 장애요인을 극복할 수 있다.

정답 ❷

54 다음 중 인력경비의 종류에 해당하지 않는 것은?

확인 Check! ○ △ ×

① 상주경비 ② 순찰경비
③ 요인경호 ④ 혼합경비

인력경비의 종류에는 상주경비, 순찰경비, 요인경호, 혼잡경비가 있다. 혼합경비는 인력경비와 기계경비를 혼합한 시스템으로 기계경비의 종류에 속한다.

정답 ❹

55 계약경비에 대한 설명으로 옳지 않은 것은?

확인 Check! ○ △ ×

① 계약경비는 고용, 훈련, 보험 등의 비용을 절감할 수 있어 비용 면에서 저렴하다.
② 자체경비에 비해 인사관리 차원에서 결원의 보충 및 추가인력의 배치가 용이하다.
③ 비교적 높은 급료를 받을 뿐만 아니라, 경비원에 대한 위상이 높기 때문에 자질이 우수한 사람들이 지원한다.
④ 경비업무의 수행에 있어서 고용주를 의식하지 않고 소신껏 경비업무에 임할 수 있다.

비교적 높은 급료를 받고, 경비원에 대한 위상이 높기 때문에 자질이 우수한 사람들이 지원하는 것은 자체경비의 장점이다.

정답 ❸

핵심만 콕

계약경비와 자체경비의 장단점★

구 분	계약경비	자체경비
장 점	• 전문성을 갖춘 인력을 쉽게 제공한다. • 인사관리에서의 비용이 절감된다. • 결원 보충, 추가 인력 배치가 용이하다. • 경비 수요 변화에 따른 대처가 용이하다. • 구성원 중에 질병이나 해임 등으로 인해 업무 수행상의 문제가 발생했을 때 인사이동과 대처(대책)가(이) 용이하다.	• 계약경비에 비해 이직률이 낮은 편이다. • 경비원에 대한 통제를 강화할 수 있다. • 자질이 우수한 사람들이 지원한다. • 고용주에 대한 충성심이 높다. • 고용주의 요구를 신속히 반영한다. • 자기계발을 위한 노력을 다한다.
단 점	• 조직(시설주)에 대한 충성심이 낮다. • 급료가 낮고 이직률이 높은 편이다. • 외부에 정보유출 가능성이 높다.	• 인사관리가 힘들고 비용이 많이 든다. • 계약경비에 비하여 해임이나 감원, 충원 등이 필요한 경우에 탄력성이 떨어진다.

해설편 제10회

56 다음 중 경비업무 형태가 경비업법상의 분류에 해당하지 않는 것은?

확인 Check! ○ △ ×

① 혼잡경비 ② 호송경비
③ 기계경비 ④ 특수경비

쏙쏙 해설

경비업법에는 혼잡경비라는 용어가 쓰이지 않는다. 혼잡경비는 목적에 따른 분류에 해당하며, 경비업무를 목적에 따라서 분류하였을 때에는 신변보호경비, 호송경비, 특수경비, 시설경비, 혼잡경비로 분류하게 된다.

정답 ❶

57 경비원의 교육훈련에 관한 사항으로 옳지 않은 것은?

확인 Check! ○ △ ×

① 경비업자는 경비업무를 적정하게 실시하기 위하여 경비원으로 하여금 행정안전부령이 정하는 바에 따라 경비원 신임교육 및 직무교육을 받게 하여야 한다.
② 경비업자는 경비원에 대한 직무교육을 매월 행정안전부령이 정하는 시간 이상 실시하여야 한다.
③ 채용 전 일반경비원 신임교육은 경비원이 될 사람이 본인부담으로 교육을 받을 수 있다
④ 경비지도사는 경비원 직무교육 실시대장에 그 내용을 기록하여 2년간 보존하여야 한다.

쏙쏙 해설

① 경비업자는 경비원으로 하여금 대통령령으로 정하는 바에 따라 경비원 신임교육 및 직무교육을 받게 하여야 한다(경비업법 제13조 제1항 본문).
② 경비업법 시행령 제18조 제3항
③ 경비업법 제13조 제2항
④ 경비업법 시행령 제17조 제3항

정답 ❶

58 국가중요시설경비에 관한 설명으로 옳지 않은 것은?

확인 Check! ○ △ ×

① 국가중요시설의 통합방위사태는 갑종사태, 을종사태, 병종사태로 구분된다.
② 적의 침투・도발 위협이 예상되거나 소규모의 적이 침투하였을 때에 시・도 경찰청장, 지역군사령관 또는 함대사령관의 지휘・통제하에 통합방위작전을 수행하여 단기간 내에 치안이 회복될 수 있는 사태는 병종사태이다.
③ 3지대 방호개념에서 제1지대는 핵심방어지대, 제2지대는 주방어지대, 제3지대는 경계지대이다.
④ 국가중요시설은 공공기관 등이 적에 의하여 점령 또는 파괴되거나 기능이 마비될 경우 국가안보와 국민생활에 심각한 영향을 주는 시설을 의미한다.

3지대 방호개념에서 제1지대는 경계지대, 제2지대는 주방어지대, 제3지대는 핵심방어지대이다.

정답 ❸

통합방위사태

1. 갑종사태 : 일정한 조직체계를 갖춘 적의 대규모 병력 침투 또는 대량살상무기 공격 등의 도발로 발생한 비상사태로서 통합방위본부장 또는 지역군사령관의 지휘·통제하에 통합방위작전을 수행하여야 할 사태를 말한다.
2. 을종사태 : 일부 또는 여러 지역에서 적이 침투·도발하여 단기간 내에 치안이 회복되기 어려워 지역 군사령관의 지휘·통제하에 통합방위작전을 수행하여야 할 사태를 말한다.
3. 병종사태 : 적의 침투·도발 위협이 예상되거나 소규모의 적이 침투하였을 때에 시·도 경찰청장, 지역군사령관 또는 함대사령관의 지휘·통제하에 통합방위작전을 수행하여 단기간 내에 치안이 회복될 수 있는 사태를 말한다.

59 경비부서의 조직화에서 통솔범위의 결정요인에 대한 설명으로 옳지 않은 것은?

확인 Check! ○ △ ×

① 업무가 비전문적이고 단순할수록 상관의 통솔범위가 넓다.
② 부하의 자질이 높을수록 상관의 통솔범위가 좁다.
③ 계층의 수가 적을수록 상관의 통솔범위가 넓다.
④ 작업장소의 지역적 분산 정도가 작을수록 상관의 통솔범위가 넓다.

쏙쏙 해설

부하의 자질이 높을수록 상관의 통솔범위가 넓다.

정답 ❷

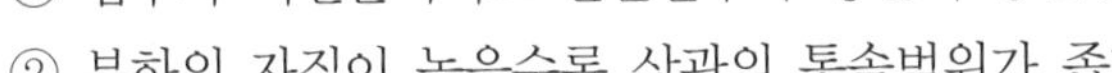

통솔범위의 결정요인★

구 분	내 용	통솔범위
시간적 요인	신설조직보다 구조직이	넓다.
장소적 요인	지역적 분산이 적을수록	
직무의 성질	직무의 성질이 단순할수록	
리더의 능력	리더의 능력이 탁월할수록	
구성원의 능력	구성원의 능력이 탁월할수록	
참모기관과 정보관리체계	발달할수록	
교통, 통신의 발달	교통 및 통신기술이 발달할수록	
계층제의 수	계층제의 수가 적을수록	

해설편 제10회

60 다음 설명 중 타당하지 않은 것은?

☑ 확인 Check!
○
△
×

① 1차원적 경비란 경비원에 의한 경비 등과 같이 단일예방체제에 의존하는 경비를 말한다.

② 단편적 경비란 포괄적이고 전체적인 계획하에 필요할 때마다 손실예방 등의 역할을 수행하는 경비이다.

③ 반응적 경비란 단지 특정한 손실이 발생하는 사건에만 대응하는 경비이다.

④ 총체적 경비란 특정의 위해요소와 관계없이 언제 발생할지도 모르는 사항에 대비하여 인적경비와 기계경비를 종합한 표준화된 경비행태이다.

단편적 경비란 포괄적이고 종합적인 계획 없이 필요할 때마다 손실예방의 역할을 수행하기 위해 추가되는 경비형태를 말한다.

정답 ❷

경비실시방식에 따른 분류

- 1차원적 경비 : 경비원에 의한 경비 등과 같이 단일 예방체제에 의존하는 경비형태를 말한다.
- 단편적 경비 : 포괄적·전체적 계획 없이 필요할 때마다 단편적으로 손실예방 등의 역할을 수행하기 위해 추가되는 경비형태를 말한다.
- 반응적 경비 : 단지 특정한 손실이 발생할 때마다 그 사건에만 대응하는 경비형태를 말한다.
- 총체적 경비(종합적 경비) : 모든 상황에 대비하기 위하여 인력경비와 기계경비를 종합한 경비형태를 말한다. 특정의 위해요소와 관계없이 언제 발생할지도 모르는 상황에 대비하여 인력경비와 기계경비를 종합한 표준화된 경비형태를 말한다.

61 경비계획수립의 기본원칙에 대한 설명 중 옳지 않은 것은?

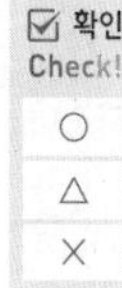

① 외딴 곳이나 비상구의 출입구는 경보장치를 설치하여 둔다.

② 항구·부두 지역은 차량 운전자가 바로 물건을 창고 지역으로 움직이지 못하도록 하고, 경비원에게 물건의 선적이나 하차를 보고할 수 있도록 설계되어야 한다.

③ 유리창이 지면으로부터 약 4m 이내 높이에 설치되어 있는 경우에는 강화유리 등 안전장치를 설치할 필요가 없다.

④ 비상시에만 사용하는 외부 출입구에는 경보장치를 설치하여야 하고, 외부 출입구의 통행은 통제가 가능하여야 한다.

유리창이 지면으로부터 약 4m 이내 높이에 설치되어 있는 경우에는 센서, 강화유리 등 안전장치를 설치해야 한다.

정답 ❸

62 시설물의 물리적 통제시스템 구축과 관련하여 보호가치가 높은 자산일수록 보다 많은 방어공간을 형성해야 한다는 이론을 제시한 사람은 누구인가?

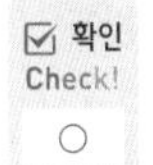

① J. Dingle
② Jonathan Wild
③ V.L. Folley
④ Henry Fielding

설문은 동심원영역론(Concentric Zone Theory)에 대한 내용으로 J. Dingle이 제시하였다.

정답 ❶

63 금융시설경비에 대한 설명으로 옳지 않은 것은?

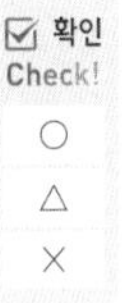

① 경비원은 경계를 가능한 2인 이상이 하는 것으로 하여야 하며 점포 내 순찰, 출입자 감시 등 구체적인 근무요령에 의해 실시한다.
② ATM의 증가는 범죄자들의 범행욕구를 충분히 유발시킬 수 있으므로 지속적인 경비순찰을 실시하고 경비조명뿐 아니라 CCTV를 설치하는 등 안전대책이 수립되어야 한다.
③ 경비책임자는 경찰과의 연락 및 방범정보의 교환과 같은 사항이 지속적으로 이루어지도록 점검하여야 한다.
④ 현금수송은 원칙적으로 금융기관 자체에서 실시하되 특별한 경우에는 현금수송 전문경비회사에 의뢰할 수 있다.

현금수송은 원칙적으로 현금수송 전문경비회사에 의뢰해야 하며, 자체 현금수송시에는 가스총 등을 휴대한 청원경찰을 포함한 3명 이상을 확보해야 한다.

정답 ❹

금융시설경비

- 경비원의 경계는 가능한 2인 이상이 하는 것으로 하여야 하며 점포 내 순찰, 출입자 감시 등 구체적인 근무요령에 의해 실시한다.
- 경비책임자는 경찰과의 연락 및 방범정보의 교환과 같은 사항이 지속적으로 이루어지도록 점검하여야 한다.
- ATM의 증가는 범죄자들의 범행 욕구를 충분히 유발시킬 수 있으므로 지속적인 경비순찰을 실시하고 경비조명뿐만 아니라 CCTV를 설치하는 등 안전대책이 수립되어야 한다.
- 현금수송은 원칙적으로 현금수송 전문경비회사에 의뢰해야 하며, 자체 현금수송 시에는 가스총 등을 휴대한 청원경찰을 포함한 3명 이상을 확보해야 한다.
- 금융시설의 특성상 개・폐점 직후나 점심시간 등이 취약시간대로 분석되고 있다.
- 금융시설 내에 한정하지 않고 외부경계 및 차량감시도 경비활동의 대상에 포함된다.
- 금융시설에서 사건이 발생할 경우를 대비하여 신속한 대응을 위한 사전 모의훈련이 필요하다.
- 금융시설의 위험요소는 외부인에 의한 침입뿐만 아니라 내부인에 의한 범죄까지 포함한다.
- 미국은 금융시설의 강도 등 외부침입을 예방・대응하기 위하여 은행보호법을 제정・시행하고 있다.

64 **다음은 무엇을 방지하기 위한 조치인가?**

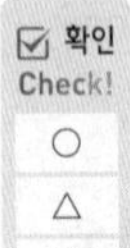

> • 직원들의 건물 내 출입구와 주차장을 멀리 설치한다.
> • 건물 내의 모든 직원은 허가된 문만 사용하도록 한다.

① 사내 절도 ② 화 재
③ 컴퓨터 보안 ④ 테 러

사내 절도란 회사 조직 내 내부 직원에 의해 이루어지는 절도행위를 말한다. 사내 절도의 유형으로 회사의 비품을 훔치거나 기계를 폐물처리하여 이를 팔아치우는 행위가 빈번한데, 제시된 내용은 사내 절도를 방지하기 위한 조치들이다.

정답 ❶

65 **다음 중 구매자에게 다소 모욕적일 수 있지만 범죄유발 동기를 낮출 수 있는 들치기의 방어수단은?**

① 감 시 ② 경고표시
③ 상품전시 ④ 거 울

들치기란 일종의 좀도둑으로 훔친 물건을 가방이나 호주머니 등에 넣거나 고가품이나 저가품의 가격을 바꿔치기 하는 수법으로, 들치기의 방어수단에는 감시, 거울, 경고표시, 상품전시, 물품금액계산 방법 등이 사용된다. 이 중 경고표시는 구매자에게는 다소 모욕적일 수 있지만 범죄유발 동기를 낮출 수 있다.

정답 ❷

66 다음 (   ) 안의 ㄱ과 ㄴ에 들어갈 내용을 알맞게 고른 것은?

> (ㄱ) : 건물의 낙서를 비롯하여 무차별적으로 문화재 및 타인의 물건이나 건물, 시설물 등을 파괴하는 반사회적인 행동이다. 어떠한 사전경고도 없으며, 목적 없이 무차별적으로 발생하므로 주의를 기울이는 것만이 최선의 예방책이다.
>
> (ㄴ) : 고의적인 사유재산 파괴나 태업(怠業) 등을 통한 노동자의 쟁의행위로, 중세 유럽 농민들이 영주의 부당한 처사에 항의하여 수확물을 사보(Sabot : 나막신)로 짓밟은 데서 유래하였다.

	ㄱ	ㄴ
①	사보타주	반달리즘
②	사보타주	훌리거니즘
③	반달리즘	훌리거니즘
④	반달리즘	사보타주

쏙쏙 해설

제시문의 (   ) 안에 들어갈 내용은 ㄱ : 반달리즘, ㄴ : 사보타주이다.

정답 ④

핵심만 콕

- 사보타주(Sabotage) : 프랑스어의 사보(Sabot : 나막신)에서 나온 말로, 중세 유럽 농민들이 영주의 부당한 처사에 항의하여 수확물을 사보로 짓밟은 데서 연유한다. 한국에서는 흔히 태업(怠業)으로 번역하는데, 실제로는 태업보다 넓은 내용이다. 태업은 파업과는 달리 노동자가 고용주에 대해 노무제공을 전면적으로 거부하는 것이 아니라 형식상으로는 취업태세를 취하면서 몰래 작업능률을 저하시키는 것을 말한다.
- 반달리즘(Vandalism) : 공공물이나 문화 파괴행위를 일컫는 말로서, 서로마제국을 약탈하고 파괴한 반달족의 이름에서 유래했다. 반달리즘의 대표적인 사례로는 숭례문(남대문) 방화사건, 탈레반의 바미안 석불 파괴사건 등이다.
- 훌리거니즘(Hooliganism) : 축구장에서 팬들 사이에 발생하는 무질서한 폭력사태를 말한다.

67 시설물의 물리적 통제시스템에 대한 설명으로 옳지 않은 것은?

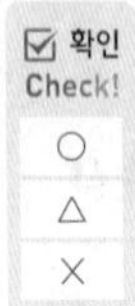

① 기본적으로 경계지역, 건물 외부지역, 건물 내부지역이라는 3가지 방어선으로 구분된다.

② 외부 침입 시 경비시스템 중 1차 보호시스템은 외부 출입통제시스템이고, 2차 보호시스템은 내부 출입통제시스템이다.

③ 시설물 내에 존재하는 내부자산들은 그 가치가 다르기 때문에 상이한 경비보호계획을 수립하여 대응해야 한다.

④ 안전유리는 콘크리트나 석재 담장과 유사한 보호기능을 하면서도 저렴하다는 장점이 있다.

콘크리트나 석재 담장과 유사한 보호기능을 하면서도 저렴하다는 장점이 있는 구조물은 체인링크(Chain Link)이다. 안전유리는 동일한 두께의 콘크리트 벽에 비해 충격에 강하고 외관상 미적 효과가 있다.

정답 ❹

68 브란팅햄(P. J. Brantingham)과 파우스트(F. L. Faust)가 주장한 범죄예방 구조모델론 중 다음에 해당하는 것은?

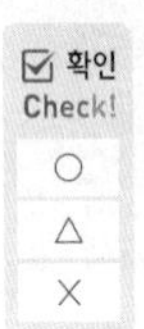

> 잠재적 범죄자를 초기에 발견하고 이들의 범죄행위를 저지하기 위한 예방활동

① 상황적 범죄예방 ② 1차적 범죄예방
③ 2차적 범죄예방 ④ 3차적 범죄예방

제시문은 2차적 범죄예방에 해당하는 내용이다.

정답 ❸

범죄예방의 접근방법 및 과정

구 분	1차적 범죄예방	2차적 범죄예방	3차적 범죄예방
대 상	일반시민	우범자 및 우범집단	범죄자
내 용	일반적 사회환경 중에서 범죄 원인이 되는 조건들을 발견·개선하는 예방활동	잠재적 범죄자를 초기에 발견하고 이들의 범죄행위를 저지하기 위한 예방활동	실제 범죄자(전과자)를 대상으로 더 이상 범죄가 발생하지 않도록 하는 예방활동

〈출처〉 최선우, 「민간경비론」, 진영사, 2015, P. 395

69 다음 중 CCTV의 장점으로 옳은 것을 모두 고른 것은?

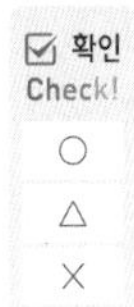

ㄱ. 원거리에서는 관찰이 불가능하며, 근거리에서만 관찰이 가능하다.
ㄴ. 비공개된 장소에서 비밀관찰이 가능하다.
ㄷ. 사람의 접근이 불가능한 지역은 관찰이 불가능하다.
ㄹ. 다수인에 의해 동시관찰이 가능하다.
ㅁ. 경비원이 일일이 가보지 않아도 된다.

① ㄱ, ㄴ, ㄷ ② ㄱ, ㄷ, ㄹ
③ ㄴ, ㄷ, ㅁ ④ ㄴ, ㄹ, ㅁ

쏙쏙 해설

ㄴ, ㄹ, ㅁ이 CCTV의 장점으로 옳다.
ㄱ (×) 원거리에서 관찰이 가능하다.
ㄷ (×) 사람의 접근이 불가능한 지역도 관찰이 가능하다.

정답 ❹

70 다음에서 설명하는 화재의 유형은 무엇인가?

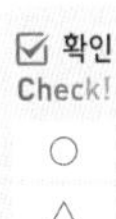

마그네슘, 나트륨, 수소화물, 탄화알루미늄, 황린·금속분류와 알칼리금속의 과산화물 등이 포함된 물질에 화재가 발생한 경우로 건성분말의 화학식 화재진압이 효과적이다.

① A형 화재 ② B형 화재
③ C형 화재 ④ D형 화재

쏙쏙 해설

제시된 내용은 화재의 유형 중 D형 화재(금속화재)에 대한 설명이다.

정답 ❹

핵심만 콕

① A형 화재(일반화재) : 종이, 쓰레기, 나무와 같이 일반적인 가연성 물질이 발화하는 경우로 백색연기를 발생하는 화재유형이다. 물을 사용하여 발화점 밑으로 온도를 떨어뜨려 진압하는 것이 가장 효과적이다.
② B형 화재(유류화재) : 휘발성 액체, 알코올, 기름, 기타 잘 타는 유연성 액체에 의한 화재이다. 산소공급을 중단시키거나 불연성의 무해한 기체인 이산화탄소의 살포 등이 가장 효과적인 진화방법이다.
③ C형 화재(전기화재) : 전압기나 변압기, 기타의 전기설비에 의해 발생한 화재로 일반적인 소화방식을 이용하지만, 물을 사용할 때에는 절연성의 방전복을 입는 것이 중요하다.

71 다음 중 경비원의 바람직한 근무자세에 대한 내용 중 옳은 것을 모두 고른 것은?

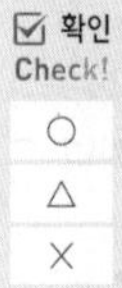

ㄱ. 사명감을 가진 근무자세
ㄴ. 책임감과 소명의식을 구비한 근무자세
ㄷ. 청렴하고 도덕성을 지닌 근무자세
ㄹ. 자신의 안전을 고려하지 않고, 고객의 안전을 중시하는 근무자세
ㅁ. 서비스정신에 입각한 근무자세
ㅂ. 상급자의 지시명령에 절대복종하는 근무자세

① ㄱ, ㄴ, ㄷ
② ㄱ, ㄴ, ㄷ, ㅁ
③ ㄱ, ㄴ, ㄷ, ㄹ, ㅁ
④ ㄱ, ㄴ, ㄷ, ㅁ, ㅂ

제시된 내용 중 ㄹ을 제외한 나머지 내용은 모두 경비원의 바람직한 근무자세로 옳다.

ㄹ (×) 경비원은 고객의 안전도 중요하지만 자신의 안전도 고려해서 근무해야 한다.

ㅂ (○) 상급자의 정당한 지시명령에 대하여 경비원은 절대복종하여야 한다.

정답 ❹

72 다음 중 열 센서가 아닌 것은?

① 이온화식 스포트형
② 차동식 스포트형
③ 보상식 스포트형
④ 정온식 스포트형

이온화식 스포트형은 열 센서가 아닌 연기 센서의 한 종류이다.

정답 ❶

연기 센서	열 센서
• 이온화식 스포트형 • 광전식 스포트형 • 광전식 분리형 • 공기흡입형 (두 : 연 · 이 · 광전 · 공)	• 차동식 스포트형 • 차동식 분포형 • 정온식 스포트형 • 정온식 감지선형 • 보상식 스포트형 (두 : 열 · 차 · 정 · 보)

73 다음 중 경보센서(감지기)와 그에 대한 특징의 연결이 옳지 않은 것은?

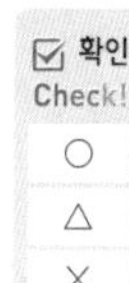

[경보센서]
㉠ 광전자식 센서 ㉡ 자력선식 센서
㉢ 전자기계식 센서 ㉣ 압력반응식 센서

[특 징]
ⓐ 반도체와 두 단자 간의 전류를 활용하여 자장의 변화와 이동 원리를 이용하는 장치로 주로 교도소나 대규모 은행 등의 지붕, 천장, 담벼락 등에 설치한다.
ⓑ 비교적 넓은 범위에서 침입자를 탐지하는 장치로 레이저광선을 외부 침입자가 건드리면 경보되는 감지기이다.
ⓒ 금고와 금고문, 각종 철제로 제작된 문, 담 등 모든 종류의 금속장치를 보호하기 위해 개발된 장치이다.
ⓓ 접촉의 유무를 감지하는 가장 단순한 경비센서로 문틀과 문 사이에 접지극을 설치해 두고서 이것이 붙어 있을 경우에는 정상적으로 작동하게 되고 문이 열리게 되면 회로가 차단되어 센서가 작동하게 된다.
ⓔ 센서에 직·간접적인 압력이 가해지면 작동하는 센서로 주로 자동문이나 카펫 밑에 지뢰 매설식으로 설치한다.

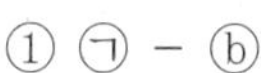

① ㉠ - ⓑ ② ㉡ - ⓐ
③ ㉢ - ⓓ ④ ㉣ - ⓒ

제시된 내용 중 경보센서와 그에 대한 특징의 연결이 옳지 않은 것은 ④이다. ㉣ 압력반응식 센서는 ⓔ와 연결된다. ⓒ는 콘덴서 경보시스템에 대한 설명이다.

정답 ❹

해설편 제10회

안심Touch

74 **경보시스템에 관한 설명으로 옳지 않은 것은?**

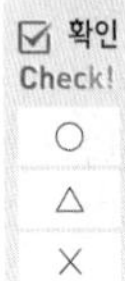

① 상주경보시스템은 주요 지점마다 경비원을 배치하여 경비하는 방식으로 즉각적인 대응이 가능한 시스템이다.

② 중앙관제시스템은 전용전화회선을 통해 비상감지 시 직접 외부의 각 관계기관에 자동으로 연락이 취해지는 방식이다.

③ 제한적 경보시스템은 사이렌이나 종, 비상등과 같은 제한된 경보장치를 설치하여 화재예방시설에 주로 사용되며 사람이 없으면 대응할 수 없는 단점이 있다.

④ 다이얼 경보시스템은 비상사태가 발생하였을 경우 사전에 입력된 전화번호로 긴급연락을 하는 것으로 설치가 간단하고 유지비가 저렴하다.

해설 •••

전용전화회선을 통하여 비상감지 시에 직접 외부의 각 관계기관에 자동으로 연락이 취해지는 경보체계는 외래지원 경보시스템이다.

정답 ❷

핵심만 콕

경보체계(시스템)의 종류

구분	내용
중앙관제시스템 (중앙통제관리시스템)	• 일반적으로 활용하고 있는 경보체계로서 경계가 필요한 곳에 CCTV를 설치하여 활용 • 사태파악이나 조치가 빠르고 오경보나 오작동에 대한 염려가 거의 없음
다이얼 경보시스템	• 비상사태가 발생하였을 경우 사전에 입력된 전화번호(강도 등의 침입이 감지되는 경우는 112, 화재 발생 시는 119)로 긴급연락을 하는 시스템 • 설치가 간단하고 유지비가 저렴한 반면에, 전화선이 끊기거나 통화 중인 경우에는 전혀 연락이 되지 않는 단점이 있음
상주경보시스템	• 조직이 자체적으로 경비부서를 조직하고 경비활동을 실시하는 가장 고전적인 방법으로 각 주요 지점마다 경비원을 배치하여 비상시에 대응하는 방식 • 즉각적인 대응이 가능하고 가장 신속한 대응방법이지만 많은 인력이 필요함
제한적 경보시스템	• 사이렌이나 종, 비상등과 같은 제한된 경보장치를 설치한 시스템으로, 일반적으로 화재예방시설이 이 시스템의 전형 • 사람이 없으면 대응할 수 없다는 단점이 있음
국부적 경보시스템	• 가장 원시적인 경보체계 • 일정 지역에 국한해 한 두 개의 경보장치를 설치하여 단순히 사이렌이나 경보음이 울리게 하거나 비상 경고등이 켜지게 하는 방식
로컬경비시스템	경비원들이 시설물의 감시센터에 근무를 하면서 이상이 발견되거나 감지될 때 사고 발생 현장으로 출동하여 사고에 대처하는 방식
외래경보시스템 (외래지원경보시스템)	전용 전화회선을 통하여 비상 감지 시에 직접 외부의 각 관계기관에 자동으로 연락이 취해지는 방식

75 다음 중 강력한 고온의 열이 감지되며 계속적으로 불이 외부로 확장되며 공기는 가열되어 위험할 정도로 팽창되는 상태는 화재의 4단계 중 어느 단계에 속하는가?

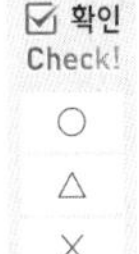

① 초기 단계 ② 그을린 단계
③ 불꽃발화 단계 ④ 열 단계

쏙쏙 해설

설문은 화재의 4단계 중 열 단계에 대한 내용이다.

정답 ❹

핵심만 콕

화재 발생의 단계★

구 분	내 용	감지원	적합한 감지기
초기 단계	연기와 불꽃, 빛 등은 보이지 않고 약간의 열기만 감지할 수 있고 열과 빛이 나타나지 않은 발화상태로, 가연성 물질이 나온다.	가연성 물질	이온감지기
그을린 단계	불꽃은 보이지 않고 약간의 연기만 감지된다.	연 기	연기감지기, 광전자감지기
불꽃발화 단계	실제 불은 눈에 보이지 않지만 불꽃과 연기는 보이는 상태이다.	불 꽃	적외선감지기
열 단계	불꽃과 연기, 그리고 강한 열이 감지되면서 계속적으로 불이 외부로 확장되는 상태로, 공기는 가열되어 위험할 정도로 팽창되는 상태이다.	열	열감지기

76 다음 중 노사분규에 대응하는 방법으로 옳지 않은 것은?

① 경비원들에 대한 사전교육을 실시하고 규율을 확인·점검한다.
② 파업이 일어나면 주변 시설물 내의 가연성 물질을 제거한다.
③ 시위 근로자들과의 연락망을 완전히 차단한다.
④ 평화적인 시위에 대해서는 보호하고자 노력한다.

쏙쏙 해설

노사분규가 발생하면 시위 근로자들과의 연락망을 지속적으로 유지하도록 한다.

정답 ❸

해설편 제10회

77 **입법적 대책과 관련하여 형법에 규정된 컴퓨터범죄에 관한 설명으로 옳지 않은 것은?**

확인 Check! ○ △ ×

① 재물손괴죄 : 컴퓨터 등 정보처리장치를 손괴하여 정보처리에 장애를 발생하게 하여 타인의 업무를 방해한 행위

② 컴퓨터 등 사용사기죄 : 컴퓨터 등 정보처리장치에 허위의 정보를 입력하여 정보처리를 하게 함으로써 제3자로 하여금 재산상의 이득을 취득하게 하는 행위

③ 비밀침해죄 : 봉함 기타 비밀장치한 전자기록 등을 기술적 수단을 이용하여 그 내용을 알아낸 행위

④ 사전자기록의 위작·변작죄 : 사무처리를 그르치게 할 목적으로 타인의 권리·의무 또는 사실증명에 관한 전자기록을 위작 또는 변작한 행위

쏙쏙 해설

① 컴퓨터 등 정보처리장치를 손괴하여 정보처리에 장애를 발생하게 하여 타인의 업무를 방해하는 행위는 컴퓨터 업무방해죄에 해당한다(형법 제314조 제2항).
② 컴퓨터 등 사용사기죄(형법 제347조의2)
③ 비밀침해죄(형법 제316조 제2항)
④ 사전자기록의 위작·변작죄(형법 제232조의2)

정답 ❶

78 **컴퓨터의 각종 사이버테러에 관한 설명으로 옳지 않은 것은?**

확인 Check! ○ △ ×

① 허프건(Huffgun) : 컴퓨터에 고출력 전자기장을 발생시켜 컴퓨터의 하드디스크 자기기록 정보를 파괴시키는 행위

② 스팸(Spam) : 악의적인 내용을 담은 전자우편을 인터넷 상의 불특정 다수에게 무차별로 살포하여 컴퓨터 시스템을 마비시키거나 온라인 공해를 일으키는 행위

③ 플레임(Flame) : 네티즌들이 공통의 관심사를 논의하기 위해 개설한 토론방에 고의로 가입하여 개인 등에 대한 악성루머를 유포하는 행위

④ 스푸핑(Spoofing) : 인터넷상에 떠도는 IP(Internet Protocol) 정보를 몰래 가로채는 행위

쏙쏙 해설

스푸핑(Spoofing)은 어떤 프로그램이 마치 정상적인 상태로 유지되는 것처럼 믿도록 속임수를 쓰는 행위를 말하고, 스누핑(Snuffing)은 인터넷상에 떠도는 IP(Internet Protocol) 정보를 몰래 가로채는 행위를 말한다.

정답 ❹

79 **컴퓨터 부정조작의 종류에 대한 설명 중 옳지 않은 것은?**

① 불법적인 목적을 달성하기 위해 입력될 자료를 조작하여 컴퓨터로 하여금 거짓 처리결과를 만들어내게 하는 행위를 입력 조작이라 한다.
② 컴퓨터의 시동·정지, 운전상태 감시, 정보처리 내용과 방법의 변경·수정의 경우에 사용되는 콘솔을 거짓으로 조작하여 컴퓨터의 자료처리 과정에서 프로그램의 지시나 처리될 기억정보를 변경시키는 행위를 프로그램 조작이라고 한다.
③ 입력 조작은 천공카드, 천공테이프, 마그네틱테이프, 디스크 등의 입력매체를 이용한 입력장치나 입력타자기에 의하여 행하여진다.
④ 출력 조작은 특별한 컴퓨터 지식 없이도 할 수 있는 방법이다.

쏙쏙 해설

프로그램 조작이란 프로그램을 구성하는 개개의 명령물 변경, 혹은 삭제하거나 새로운 명령을 삽입하여 기존의 프로그램을 변경하는 것이다. ②는 콘솔 조작에 대한 내용이다.

정답 ❷

80 **우리나라의 민간경비와 경찰의 관계 개선방안으로 옳지 않은 것은?**

① 범죄에 대한 예방활동을 위해 서로 경쟁의식을 보유
② 경비자문서비스센터를 공동으로 운영
③ 상호 비상연락망 구축
④ 전임책임자제도와 합동순찰제도 실시

쏙쏙 해설

경찰과 민간경비의 협력 증진방안으로는 정기적인 책임자 간담회 개최, 전임책임자제도와 합동순찰제도 실시, 상호 업무기준 설정, 상호 비상연락망 구축, 경비자문서비스센터의 공동운영 등이 있다. 경쟁의식은 민간경비와 경찰의 갈등 요인에 해당한다.

정답 ❶

좋은 책을 만드는 길
독자님과 함께하겠습니다.

2021 EBS 특강 경비지도사 1차 시험 최종점검 Final 모의고사

개정8판1쇄 발행	2021년 07월 05일(인쇄 2021년 06월 23일)
초 판 발 행	2013년 05월 10일(인쇄 2013년 05월 03일)
발 행 인	박영일
책 임 편 집	이해욱
저 자	EBS 경비지도사 교수진
편 집 진 행	이재성 · 이호욱
표지디자인	김도연
편집디자인	김민설 · 장성복
발 행 처	(주)시대고시기획
출 판 등 록	제10-1521호
주 소	서울시 마포구 큰우물로 75 [도화동 538 성지 B/D] 9F
전 화	1600-3600
팩 스	02-701-8823
홈 페 이 지	www.sidaegosi.com
I S B N	979-11-383-0088-9 (13350)
정 가	23,000원

정답 마킹표(40문/4지선다)

연 도					과 목				
시 간					회 독				
문 번	CHECK				문 번	CHECK			
1	①	②	③	④	21	①	②	③	④
2	①	②	③	④	22	①	②	③	④
3	①	②	③	④	23	①	②	③	④
4	①	②	③	④	24	①	②	③	④
5	①	②	③	④	25	①	②	③	④
6	①	②	③	④	26	①	②	③	④
7	①	②	③	④	27	①	②	③	④
8	①	②	③	④	28	①	②	③	④
9	①	②	③	④	29	①	②	③	④
10	①	②	③	④	30	①	②	③	④
11	①	②	③	④	31	①	②	③	④
12	①	②	③	④	32	①	②	③	④
13	①	②	③	④	33	①	②	③	④
14	①	②	③	④	34	①	②	③	④
15	①	②	③	④	35	①	②	③	④
16	①	②	③	④	36	①	②	③	④
17	①	②	③	④	37	①	②	③	④
18	①	②	③	④	38	①	②	③	④
19	①	②	③	④	39	①	②	③	④
20	①	②	③	④	40	①	②	③	④
정 답					오 답				
점 수									

MEMO

정답 마킹표(40문/4지선다)

연 도					과 목				
시 간					회 독				
문 번	CHECK				문 번	CHECK			
1	①	②	③	④	21	①	②	③	④
2	①	②	③	④	22	①	②	③	④
3	①	②	③	④	23	①	②	③	④
4	①	②	③	④	24	①	②	③	④
5	①	②	③	④	25	①	②	③	④
6	①	②	③	④	26	①	②	③	④
7	①	②	③	④	27	①	②	③	④
8	①	②	③	④	28	①	②	③	④
9	①	②	③	④	29	①	②	③	④
10	①	②	③	④	30	①	②	③	④
11	①	②	③	④	31	①	②	③	④
12	①	②	③	④	32	①	②	③	④
13	①	②	③	④	33	①	②	③	④
14	①	②	③	④	34	①	②	③	④
15	①	②	③	④	35	①	②	③	④
16	①	②	③	④	36	①	②	③	④
17	①	②	③	④	37	①	②	③	④
18	①	②	③	④	38	①	②	③	④
19	①	②	③	④	39	①	②	③	④
20	①	②	③	④	40	①	②	③	④
정 답					오 답				
점 수									

MEMO

정답 마킹표(40문/4지선다)

연 도		과 목	
시 간		회 독	
문 번	CHECK	문 번	CHECK
41	① ② ③ ④	61	① ② ③ ④
42	① ② ③ ④	62	① ② ③ ④
43	① ② ③ ④	63	① ② ③ ④
44	① ② ③ ④	64	① ② ③ ④
45	① ② ③ ④	65	① ② ③ ④
46	① ② ③ ④	66	① ② ③ ④
47	① ② ③ ④	67	① ② ③ ④
48	① ② ③ ④	68	① ② ③ ④
49	① ② ③ ④	69	① ② ③ ④
50	① ② ③ ④	70	① ② ③ ④
51	① ② ③ ④	71	① ② ③ ④
52	① ② ③ ④	72	① ② ③ ④
53	① ② ③ ④	73	① ② ③ ④
54	① ② ③ ④	74	① ② ③ ④
55	① ② ③ ④	75	① ② ③ ④
56	① ② ③ ④	76	① ② ③ ④
57	① ② ③ ④	77	① ② ③ ④
58	① ② ③ ④	78	① ② ③ ④
59	① ② ③ ④	79	① ② ③ ④
60	① ② ③ ④	80	① ② ③ ④
정 답		오 답	
점 수			

MEMO

정답 마킹표(40문/4지선다)

연 도		과 목	
시 간		회 독	
문 번	CHECK	문 번	CHECK
41	① ② ③ ④	61	① ② ③ ④
42	① ② ③ ④	62	① ② ③ ④
43	① ② ③ ④	63	① ② ③ ④
44	① ② ③ ④	64	① ② ③ ④
45	① ② ③ ④	65	① ② ③ ④
46	① ② ③ ④	66	① ② ③ ④
47	① ② ③ ④	67	① ② ③ ④
48	① ② ③ ④	68	① ② ③ ④
49	① ② ③ ④	69	① ② ③ ④
50	① ② ③ ④	70	① ② ③ ④
51	① ② ③ ④	71	① ② ③ ④
52	① ② ③ ④	72	① ② ③ ④
53	① ② ③ ④	73	① ② ③ ④
54	① ② ③ ④	74	① ② ③ ④
55	① ② ③ ④	75	① ② ③ ④
56	① ② ③ ④	76	① ② ③ ④
57	① ② ③ ④	77	① ② ③ ④
58	① ② ③ ④	78	① ② ③ ④
59	① ② ③ ④	79	① ② ③ ④
60	① ② ③ ④	80	① ② ③ ④
정 답		오 답	
점 수			

MEMO

정답 마킹표(40문/4지선다)

연 도					과 목				
시 간					회 독				
문 번	CHECK				문 번	CHECK			
1	①	②	③	④	21	①	②	③	④
2	①	②	③	④	22	①	②	③	④
3	①	②	③	④	23	①	②	③	④
4	①	②	③	④	24	①	②	③	④
5	①	②	③	④	25	①	②	③	④
6	①	②	③	④	26	①	②	③	④
7	①	②	③	④	27	①	②	③	④
8	①	②	③	④	28	①	②	③	④
9	①	②	③	④	29	①	②	③	④
10	①	②	③	④	30	①	②	③	④
11	①	②	③	④	31	①	②	③	④
12	①	②	③	④	32	①	②	③	④
13	①	②	③	④	33	①	②	③	④
14	①	②	③	④	34	①	②	③	④
15	①	②	③	④	35	①	②	③	④
16	①	②	③	④	36	①	②	③	④
17	①	②	③	④	37	①	②	③	④
18	①	②	③	④	38	①	②	③	④
19	①	②	③	④	39	①	②	③	④
20	①	②	③	④	40	①	②	③	④
정 답					오 답				
점 수									

MEMO

정답 마킹표(40문/4지선다)

연 도					과 목				
시 간					회 독				
문 번	CHECK				문 번	CHECK			
1	①	②	③	④	21	①	②	③	④
2	①	②	③	④	22	①	②	③	④
3	①	②	③	④	23	①	②	③	④
4	①	②	③	④	24	①	②	③	④
5	①	②	③	④	25	①	②	③	④
6	①	②	③	④	26	①	②	③	④
7	①	②	③	④	27	①	②	③	④
8	①	②	③	④	28	①	②	③	④
9	①	②	③	④	29	①	②	③	④
10	①	②	③	④	30	①	②	③	④
11	①	②	③	④	31	①	②	③	④
12	①	②	③	④	32	①	②	③	④
13	①	②	③	④	33	①	②	③	④
14	①	②	③	④	34	①	②	③	④
15	①	②	③	④	35	①	②	③	④
16	①	②	③	④	36	①	②	③	④
17	①	②	③	④	37	①	②	③	④
18	①	②	③	④	38	①	②	③	④
19	①	②	③	④	39	①	②	③	④
20	①	②	③	④	40	①	②	③	④
정 답					오 답				
점 수									

MEMO

정답 마킹표(40문/4지선다)

연 도					과 목				
시 간					회 독				
문 번	CHECK				문 번	CHECK			
41	①	②	③	④	61	①	②	③	④
42	①	②	③	④	62	①	②	③	④
43	①	②	③	④	63	①	②	③	④
44	①	②	③	④	64	①	②	③	④
45	①	②	③	④	65	①	②	③	④
46	①	②	③	④	66	①	②	③	④
47	①	②	③	④	67	①	②	③	④
48	①	②	③	④	68	①	②	③	④
49	①	②	③	④	69	①	②	③	④
50	①	②	③	④	70	①	②	③	④
51	①	②	③	④	71	①	②	③	④
52	①	②	③	④	72	①	②	③	④
53	①	②	③	④	73	①	②	③	④
54	①	②	③	④	74	①	②	③	④
55	①	②	③	④	75	①	②	③	④
56	①	②	③	④	76	①	②	③	④
57	①	②	③	④	77	①	②	③	④
58	①	②	③	④	78	①	②	③	④
59	①	②	③	④	79	①	②	③	④
60	①	②	③	④	80	①	②	③	④
정 답					오 답				
점 수									

MEMO

정답 마킹표(40문/4지선다)

연 도					과 목				
시 간					회 독				
문 번	CHECK				문 번	CHECK			
41	①	②	③	④	61	①	②	③	④
42	①	②	③	④	62	①	②	③	④
43	①	②	③	④	63	①	②	③	④
44	①	②	③	④	64	①	②	③	④
45	①	②	③	④	65	①	②	③	④
46	①	②	③	④	66	①	②	③	④
47	①	②	③	④	67	①	②	③	④
48	①	②	③	④	68	①	②	③	④
49	①	②	③	④	69	①	②	③	④
50	①	②	③	④	70	①	②	③	④
51	①	②	③	④	71	①	②	③	④
52	①	②	③	④	72	①	②	③	④
53	①	②	③	④	73	①	②	③	④
54	①	②	③	④	74	①	②	③	④
55	①	②	③	④	75	①	②	③	④
56	①	②	③	④	76	①	②	③	④
57	①	②	③	④	77	①	②	③	④
58	①	②	③	④	78	①	②	③	④
59	①	②	③	④	79	①	②	③	④
60	①	②	③	④	80	①	②	③	④
정 답					오 답				
점 수									

MEMO

정답 마킹표(40문/4지선다)

연 도					과 목				
시 간					회 독				
문 번	CHECK				문 번	CHECK			
1	①	②	③	④	21	①	②	③	④
2	①	②	③	④	22	①	②	③	④
3	①	②	③	④	23	①	②	③	④
4	①	②	③	④	24	①	②	③	④
5	①	②	③	④	25	①	②	③	④
6	①	②	③	④	26	①	②	③	④
7	①	②	③	④	27	①	②	③	④
8	①	②	③	④	28	①	②	③	④
9	①	②	③	④	29	①	②	③	④
10	①	②	③	④	30	①	②	③	④
11	①	②	③	④	31	①	②	③	④
12	①	②	③	④	32	①	②	③	④
13	①	②	③	④	33	①	②	③	④
14	①	②	③	④	34	①	②	③	④
15	①	②	③	④	35	①	②	③	④
16	①	②	③	④	36	①	②	③	④
17	①	②	③	④	37	①	②	③	④
18	①	②	③	④	38	①	②	③	④
19	①	②	③	④	39	①	②	③	④
20	①	②	③	④	40	①	②	③	④
정 답					오 답				
점 수									

MEMO

정답 마킹표(40문/4지선다)

연 도					과 목				
시 간					회 독				
문 번	CHECK				문 번	CHECK			
1	①	②	③	④	21	①	②	③	④
2	①	②	③	④	22	①	②	③	④
3	①	②	③	④	23	①	②	③	④
4	①	②	③	④	24	①	②	③	④
5	①	②	③	④	25	①	②	③	④
6	①	②	③	④	26	①	②	③	④
7	①	②	③	④	27	①	②	③	④
8	①	②	③	④	28	①	②	③	④
9	①	②	③	④	29	①	②	③	④
10	①	②	③	④	30	①	②	③	④
11	①	②	③	④	31	①	②	③	④
12	①	②	③	④	32	①	②	③	④
13	①	②	③	④	33	①	②	③	④
14	①	②	③	④	34	①	②	③	④
15	①	②	③	④	35	①	②	③	④
16	①	②	③	④	36	①	②	③	④
17	①	②	③	④	37	①	②	③	④
18	①	②	③	④	38	①	②	③	④
19	①	②	③	④	39	①	②	③	④
20	①	②	③	④	40	①	②	③	④
정 답					오 답				
점 수									

MEMO

정답 마킹표(40문/4지선다)

연 도					과 목				
시 간					회 독				
문 번	CHECK				문 번	CHECK			
41	①	②	③	④	61	①	②	③	④
42	①	②	③	④	62	①	②	③	④
43	①	②	③	④	63	①	②	③	④
44	①	②	③	④	64	①	②	③	④
45	①	②	③	④	65	①	②	③	④
46	①	②	③	④	66	①	②	③	④
47	①	②	③	④	67	①	②	③	④
48	①	②	③	④	68	①	②	③	④
49	①	②	③	④	69	①	②	③	④
50	①	②	③	④	70	①	②	③	④
51	①	②	③	④	71	①	②	③	④
52	①	②	③	④	72	①	②	③	④
53	①	②	③	④	73	①	②	③	④
54	①	②	③	④	74	①	②	③	④
55	①	②	③	④	75	①	②	③	④
56	①	②	③	④	76	①	②	③	④
57	①	②	③	④	77	①	②	③	④
58	①	②	③	④	78	①	②	③	④
59	①	②	③	④	79	①	②	③	④
60	①	②	③	④	80	①	②	③	④
정 답					오 답				
점 수									

MEMO

정답 마킹표(40문/4지선다)

연 도					과 목				
시 간					회 독				
문 번	CHECK				문 번	CHECK			
41	①	②	③	④	61	①	②	③	④
42	①	②	③	④	62	①	②	③	④
43	①	②	③	④	63	①	②	③	④
44	①	②	③	④	64	①	②	③	④
45	①	②	③	④	65	①	②	③	④
46	①	②	③	④	66	①	②	③	④
47	①	②	③	④	67	①	②	③	④
48	①	②	③	④	68	①	②	③	④
49	①	②	③	④	69	①	②	③	④
50	①	②	③	④	70	①	②	③	④
51	①	②	③	④	71	①	②	③	④
52	①	②	③	④	72	①	②	③	④
53	①	②	③	④	73	①	②	③	④
54	①	②	③	④	74	①	②	③	④
55	①	②	③	④	75	①	②	③	④
56	①	②	③	④	76	①	②	③	④
57	①	②	③	④	77	①	②	③	④
58	①	②	③	④	78	①	②	③	④
59	①	②	③	④	79	①	②	③	④
60	①	②	③	④	80	①	②	③	④
정 답					오 답				
점 수									

MEMO

정답 마킹표(40문/4지선다)

연 도					과 목				
시 간					회 독				
문 번	CHECK				문 번	CHECK			
1	①	②	③	④	21	①	②	③	④
2	①	②	③	④	22	①	②	③	④
3	①	②	③	④	23	①	②	③	④
4	①	②	③	④	24	①	②	③	④
5	①	②	③	④	25	①	②	③	④
6	①	②	③	④	26	①	②	③	④
7	①	②	③	④	27	①	②	③	④
8	①	②	③	④	28	①	②	③	④
9	①	②	③	④	29	①	②	③	④
10	①	②	③	④	30	①	②	③	④
11	①	②	③	④	31	①	②	③	④
12	①	②	③	④	32	①	②	③	④
13	①	②	③	④	33	①	②	③	④
14	①	②	③	④	34	①	②	③	④
15	①	②	③	④	35	①	②	③	④
16	①	②	③	④	36	①	②	③	④
17	①	②	③	④	37	①	②	③	④
18	①	②	③	④	38	①	②	③	④
19	①	②	③	④	39	①	②	③	④
20	①	②	③	④	40	①	②	③	④
정 답					오 답				
점 수									

MEMO

정답 마킹표(40문/4지선다)

연 도					과 목				
시 간					회 독				
문 번	CHECK				문 번	CHECK			
1	①	②	③	④	21	①	②	③	④
2	①	②	③	④	22	①	②	③	④
3	①	②	③	④	23	①	②	③	④
4	①	②	③	④	24	①	②	③	④
5	①	②	③	④	25	①	②	③	④
6	①	②	③	④	26	①	②	③	④
7	①	②	③	④	27	①	②	③	④
8	①	②	③	④	28	①	②	③	④
9	①	②	③	④	29	①	②	③	④
10	①	②	③	④	30	①	②	③	④
11	①	②	③	④	31	①	②	③	④
12	①	②	③	④	32	①	②	③	④
13	①	②	③	④	33	①	②	③	④
14	①	②	③	④	34	①	②	③	④
15	①	②	③	④	35	①	②	③	④
16	①	②	③	④	36	①	②	③	④
17	①	②	③	④	37	①	②	③	④
18	①	②	③	④	38	①	②	③	④
19	①	②	③	④	39	①	②	③	④
20	①	②	③	④	40	①	②	③	④
정 답					오 답				
점 수									

MEMO

정답 마킹표(40문/4지선다)

연 도					과 목				
시 간					회 독				
문 번	CHECK				문 번	CHECK			
41	①	②	③	④	61	①	②	③	④
42	①	②	③	④	62	①	②	③	④
43	①	②	③	④	63	①	②	③	④
44	①	②	③	④	64	①	②	③	④
45	①	②	③	④	65	①	②	③	④
46	①	②	③	④	66	①	②	③	④
47	①	②	③	④	67	①	②	③	④
48	①	②	③	④	68	①	②	③	④
49	①	②	③	④	69	①	②	③	④
50	①	②	③	④	70	①	②	③	④
51	①	②	③	④	71	①	②	③	④
52	①	②	③	④	72	①	②	③	④
53	①	②	③	④	73	①	②	③	④
54	①	②	③	④	74	①	②	③	④
55	①	②	③	④	75	①	②	③	④
56	①	②	③	④	76	①	②	③	④
57	①	②	③	④	77	①	②	③	④
58	①	②	③	④	78	①	②	③	④
59	①	②	③	④	79	①	②	③	④
60	①	②	③	④	80	①	②	③	④
정 답					오 답				
점 수									

MEMO

정답 마킹표(40문/4지선다)

연 도					과 목				
시 간					회 독				
문 번	CHECK				문 번	CHECK			
41	①	②	③	④	61	①	②	③	④
42	①	②	③	④	62	①	②	③	④
43	①	②	③	④	63	①	②	③	④
44	①	②	③	④	64	①	②	③	④
45	①	②	③	④	65	①	②	③	④
46	①	②	③	④	66	①	②	③	④
47	①	②	③	④	67	①	②	③	④
48	①	②	③	④	68	①	②	③	④
49	①	②	③	④	69	①	②	③	④
50	①	②	③	④	70	①	②	③	④
51	①	②	③	④	71	①	②	③	④
52	①	②	③	④	72	①	②	③	④
53	①	②	③	④	73	①	②	③	④
54	①	②	③	④	74	①	②	③	④
55	①	②	③	④	75	①	②	③	④
56	①	②	③	④	76	①	②	③	④
57	①	②	③	④	77	①	②	③	④
58	①	②	③	④	78	①	②	③	④
59	①	②	③	④	79	①	②	③	④
60	①	②	③	④	80	①	②	③	④
정 답					오 답				
점 수									

MEMO

정답 마킹표(40문/4지선다)

연 도		과 목	
시 간		회 독	
문 번	CHECK	문 번	CHECK
1	① ② ③ ④	21	① ② ③ ④
2	① ② ③ ④	22	① ② ③ ④
3	① ② ③ ④	23	① ② ③ ④
4	① ② ③ ④	24	① ② ③ ④
5	① ② ③ ④	25	① ② ③ ④
6	① ② ③ ④	26	① ② ③ ④
7	① ② ③ ④	27	① ② ③ ④
8	① ② ③ ④	28	① ② ③ ④
9	① ② ③ ④	29	① ② ③ ④
10	① ② ③ ④	30	① ② ③ ④
11	① ② ③ ④	31	① ② ③ ④
12	① ② ③ ④	32	① ② ③ ④
13	① ② ③ ④	33	① ② ③ ④
14	① ② ③ ④	34	① ② ③ ④
15	① ② ③ ④	35	① ② ③ ④
16	① ② ③ ④	36	① ② ③ ④
17	① ② ③ ④	37	① ② ③ ④
18	① ② ③ ④	38	① ② ③ ④
19	① ② ③ ④	39	① ② ③ ④
20	① ② ③ ④	40	① ② ③ ④
정 답		오 답	
점 수			

MEMO

정답 마킹표(40문/4지선다)

연 도		과 목	
시 간		회 독	
문 번	CHECK	문 번	CHECK
1	① ② ③ ④	21	① ② ③ ④
2	① ② ③ ④	22	① ② ③ ④
3	① ② ③ ④	23	① ② ③ ④
4	① ② ③ ④	24	① ② ③ ④
5	① ② ③ ④	25	① ② ③ ④
6	① ② ③ ④	26	① ② ③ ④
7	① ② ③ ④	27	① ② ③ ④
8	① ② ③ ④	28	① ② ③ ④
9	① ② ③ ④	29	① ② ③ ④
10	① ② ③ ④	30	① ② ③ ④
11	① ② ③ ④	31	① ② ③ ④
12	① ② ③ ④	32	① ② ③ ④
13	① ② ③ ④	33	① ② ③ ④
14	① ② ③ ④	34	① ② ③ ④
15	① ② ③ ④	35	① ② ③ ④
16	① ② ③ ④	36	① ② ③ ④
17	① ② ③ ④	37	① ② ③ ④
18	① ② ③ ④	38	① ② ③ ④
19	① ② ③ ④	39	① ② ③ ④
20	① ② ③ ④	40	① ② ③ ④
정 답		오 답	
점 수			

MEMO

정답 마킹표(40문/4지선다)

연 도		과 목	
시 간		회 독	
문 번	CHECK	문 번	CHECK
41	① ② ③ ④	61	① ② ③ ④
42	① ② ③ ④	62	① ② ③ ④
43	① ② ③ ④	63	① ② ③ ④
44	① ② ③ ④	64	① ② ③ ④
45	① ② ③ ④	65	① ② ③ ④
46	① ② ③ ④	66	① ② ③ ④
47	① ② ③ ④	67	① ② ③ ④
48	① ② ③ ④	68	① ② ③ ④
49	① ② ③ ④	69	① ② ③ ④
50	① ② ③ ④	70	① ② ③ ④
51	① ② ③ ④	71	① ② ③ ④
52	① ② ③ ④	72	① ② ③ ④
53	① ② ③ ④	73	① ② ③ ④
54	① ② ③ ④	74	① ② ③ ④
55	① ② ③ ④	75	① ② ③ ④
56	① ② ③ ④	76	① ② ③ ④
57	① ② ③ ④	77	① ② ③ ④
58	① ② ③ ④	78	① ② ③ ④
59	① ② ③ ④	79	① ② ③ ④
60	① ② ③ ④	80	① ② ③ ④
정 답		오 답	
점 수			

MEMO

정답 마킹표(40문/4지선다)

연 도		과 목	
시 간		회 독	
문 번	CHECK	문 번	CHECK
41	① ② ③ ④	61	① ② ③ ④
42	① ② ③ ④	62	① ② ③ ④
43	① ② ③ ④	63	① ② ③ ④
44	① ② ③ ④	64	① ② ③ ④
45	① ② ③ ④	65	① ② ③ ④
46	① ② ③ ④	66	① ② ③ ④
47	① ② ③ ④	67	① ② ③ ④
48	① ② ③ ④	68	① ② ③ ④
49	① ② ③ ④	69	① ② ③ ④
50	① ② ③ ④	70	① ② ③ ④
51	① ② ③ ④	71	① ② ③ ④
52	① ② ③ ④	72	① ② ③ ④
53	① ② ③ ④	73	① ② ③ ④
54	① ② ③ ④	74	① ② ③ ④
55	① ② ③ ④	75	① ② ③ ④
56	① ② ③ ④	76	① ② ③ ④
57	① ② ③ ④	77	① ② ③ ④
58	① ② ③ ④	78	① ② ③ ④
59	① ② ③ ④	79	① ② ③ ④
60	① ② ③ ④	80	① ② ③ ④
정 답		오 답	
점 수			

MEMO

정답 마킹표(40문/4지선다)

연 도		과 목	
시 간		회 독	
문 번	CHECK	문 번	CHECK
1	① ② ③ ④	21	① ② ③ ④
2	① ② ③ ④	22	① ② ③ ④
3	① ② ③ ④	23	① ② ③ ④
4	① ② ③ ④	24	① ② ③ ④
5	① ② ③ ④	25	① ② ③ ④
6	① ② ③ ④	26	① ② ③ ④
7	① ② ③ ④	27	① ② ③ ④
8	① ② ③ ④	28	① ② ③ ④
9	① ② ③ ④	29	① ② ③ ④
10	① ② ③ ④	30	① ② ③ ④
11	① ② ③ ④	31	① ② ③ ④
12	① ② ③ ④	32	① ② ③ ④
13	① ② ③ ④	33	① ② ③ ④
14	① ② ③ ④	34	① ② ③ ④
15	① ② ③ ④	35	① ② ③ ④
16	① ② ③ ④	36	① ② ③ ④
17	① ② ③ ④	37	① ② ③ ④
18	① ② ③ ④	38	① ② ③ ④
19	① ② ③ ④	39	① ② ③ ④
20	① ② ③ ④	40	① ② ③ ④
정 답		오 답	
점 수			

MEMO

정답 마킹표(40문/4지선다)

연 도		과 목	
시 간		회 독	
문 번	CHECK	문 번	CHECK
1	① ② ③ ④	21	① ② ③ ④
2	① ② ③ ④	22	① ② ③ ④
3	① ② ③ ④	23	① ② ③ ④
4	① ② ③ ④	24	① ② ③ ④
5	① ② ③ ④	25	① ② ③ ④
6	① ② ③ ④	26	① ② ③ ④
7	① ② ③ ④	27	① ② ③ ④
8	① ② ③ ④	28	① ② ③ ④
9	① ② ③ ④	29	① ② ③ ④
10	① ② ③ ④	30	① ② ③ ④
11	① ② ③ ④	31	① ② ③ ④
12	① ② ③ ④	32	① ② ③ ④
13	① ② ③ ④	33	① ② ③ ④
14	① ② ③ ④	34	① ② ③ ④
15	① ② ③ ④	35	① ② ③ ④
16	① ② ③ ④	36	① ② ③ ④
17	① ② ③ ④	37	① ② ③ ④
18	① ② ③ ④	38	① ② ③ ④
19	① ② ③ ④	39	① ② ③ ④
20	① ② ③ ④	40	① ② ③ ④
정 답		오 답	
점 수			

MEMO

정답 마킹표(40문/4지선다)

연 도					과 목				
시 간					회 독				
문 번	CHECK				문 번	CHECK			
41	①	②	③	④	61	①	②	③	④
42	①	②	③	④	62	①	②	③	④
43	①	②	③	④	63	①	②	③	④
44	①	②	③	④	64	①	②	③	④
45	①	②	③	④	65	①	②	③	④
46	①	②	③	④	66	①	②	③	④
47	①	②	③	④	67	①	②	③	④
48	①	②	③	④	68	①	②	③	④
49	①	②	③	④	69	①	②	③	④
50	①	②	③	④	70	①	②	③	④
51	①	②	③	④	71	①	②	③	④
52	①	②	③	④	72	①	②	③	④
53	①	②	③	④	73	①	②	③	④
54	①	②	③	④	74	①	②	③	④
55	①	②	③	④	75	①	②	③	④
56	①	②	③	④	76	①	②	③	④
57	①	②	③	④	77	①	②	③	④
58	①	②	③	④	78	①	②	③	④
59	①	②	③	④	79	①	②	③	④
60	①	②	③	④	80	①	②	③	④
정 답					오 답				
점 수									

MEMO

정답 마킹표(40문/4지선다)

연 도					과 목				
시 간					회 독				
문 번	CHECK				문 번	CHECK			
41	①	②	③	④	61	①	②	③	④
42	①	②	③	④	62	①	②	③	④
43	①	②	③	④	63	①	②	③	④
44	①	②	③	④	64	①	②	③	④
45	①	②	③	④	65	①	②	③	④
46	①	②	③	④	66	①	②	③	④
47	①	②	③	④	67	①	②	③	④
48	①	②	③	④	68	①	②	③	④
49	①	②	③	④	69	①	②	③	④
50	①	②	③	④	70	①	②	③	④
51	①	②	③	④	71	①	②	③	④
52	①	②	③	④	72	①	②	③	④
53	①	②	③	④	73	①	②	③	④
54	①	②	③	④	74	①	②	③	④
55	①	②	③	④	75	①	②	③	④
56	①	②	③	④	76	①	②	③	④
57	①	②	③	④	77	①	②	③	④
58	①	②	③	④	78	①	②	③	④
59	①	②	③	④	79	①	②	③	④
60	①	②	③	④	80	①	②	③	④
정 답					오 답				
점 수									

MEMO